本书为国家社会科学基金重大委托项目"中华思想史"（20@ZH026）、中国社会科学院重大学术创新工程"中华思想通史"项目阶段性成果

唯物史观·社会形态理论与大的历史时代观

——铸就中华思想史当代中国马克思主义学派

王伟光◎著　桁林◎整理

中国社会科学出版社

图书在版编目（CIP）数据

唯物史观·社会形态理论与大的历史时代观：铸就中华思想史当代中国马克思主义学派 / 王伟光著；桁林整理 . —北京：中国社会科学出版社，2023.10

ISBN 978-7-5227-2605-2

Ⅰ.①唯… Ⅱ.①王…②桁… Ⅲ.①历史唯物主义—研究 Ⅳ.①B03

中国国家版本馆 CIP 数据核字（2023）第 178462 号

出 版 人	赵剑英
责任编辑	刘 洋　田 文
责任校对	赵雪姣
责任印制	王 超

出　　版	中国社会科学出版社
社　　址	北京鼓楼西大街甲 158 号
邮　　编	100720
网　　址	http://www.csspw.cn
发 行 部	010-84083685
门 市 部	010-84029450
经　　销	新华书店及其他书店
印刷装订	北京君升印刷有限公司
版　　次	2023 年 10 月第 1 版
印　　次	2023 年 10 月第 1 次印刷
开　　本	710×1000　1/16
印　　张	52.5
字　　数	725 千字
定　　价	298.00 元

凡购买中国社会科学出版社图书，如有质量问题请与本社营销中心联系调换
电话：010-84083683
版权所有　侵权必究

作者简介

王伟光，1950年2月出生于辽宁丹东，祖籍山东省海阳市，中国社会科学院学部委员、中国社会科学院大学教授、南开大学终身教授、中共中央党校教授，博士生导师。1981年毕业于北京大学哲学系，获哲学学士学位，后考入中共中央党校理论部，先后获哲学硕士、哲学博士学位。中国共产党第十七届中央候补委员、第十八届中央委员；第十届全国人大代表、法律委员会委员；第十三届全国政协常委、民族和宗教委员会主任。南开大学—中国社会科学院大学21世纪马克思主义研究院院长，中国辩证唯物主义研究会会长，马克思主义理论和建设工程咨询委员会委员、首席专家，马克思主义理论一级学科、哲学一级学科学术带头人。曾任中共中央党校副校长、中国社会科学院常务副院长、院长和党组书记、学部主席团主席、中国地方志指导小组组长、中国社会科学院大学校长，中国马克思主义研究基金会理事长。1991年荣获国务院颁发的国家有突出贡献的博士学位获得者荣誉称号，享受国务院政府特殊津贴。

作者长期从事马克思主义哲学、马克思主义中国化、中国特色社会主义理论体系、习近平新时代中国特色社会主义思想、中国特色社会主义重大理论与实践问题、中华思想通史等领域研究，出版学术著作50余部，在国家级报刊发表论文六百余篇，主持多项国家社科基金项目。其中，专著有《社会矛盾论》《利益论》《王伟光自选集》《王伟光讲习录》《哲林漫步》《马克思主义学习文稿》《马克思主义与社会主义的历史命运》《改革开放与中国特色社会主义道路》《当代中国马克思主义的最新理论成果》《马克思主义哲学中国化论稿》《中华思想史文论（一至四）》；主编《新大众哲学》《马克思列宁主义基本问题》《中国特色社会主义理论体系研究》《共产党员必备哲学修养》《开辟当代马克思主义哲学新境界》《中国社会形态史纲》《中华思想通史绪论》《社会主义通史（八卷）》《世界社会主义与资本主义前途命运暨当代国际形势研究（一至八）》《国际金融垄断资本主义论》《新时代我们一起学雷锋（系列读本）》；主要译著《历史和阶级意识》（合译）等。

前　　言

　　唯物史观科学地解释和说明了人类历史发展规律，揭示了社会主义和共产主义代替资本主义的客观必然趋势，从而把唯心主义彻底逐出对人类社会认知的历史科学领域，赋予工人阶级解放自己、最后解放全人类的最强大的思想武器。唯物史观是马克思同时也是恩格斯对人类思想史、对工人阶级及广大劳动人民的解放与幸福的最伟大的贡献。

　　我16岁走上社会，即开始了对中国前途命运和人类社会发展规律的理性追索，接触并接受了马克思主义唯物史观，认识到没有任何思想武器，能如唯物史观那样如此科学地说明人类所要探索、认知和改造的人类世界。在长达50多年的工作实践中，我深刻体会到唯物史观的犀利和威力，它是认识处理人们所面对的社会历史、现实和工作实践最管用的认识工具。

　　在大学学习马克思主义哲学专业时，我就选择了唯物史观的研修方向。在攻读马克思主义哲学硕士研究生和博士研究生期间，我研读的方向仍是唯物史观，选定的论文题目也是关于唯物史观的选题。1984年，我留在中央党校哲学研究室任教，主动要求分配到历史唯物主义教研组，随后担任该教研组副组长，组长是知名的历史唯物主义理论专家高光同志。我的整个哲学教学研究生涯、党的理论工作和意识形态工作的全部经历，始终没有离开唯物史观这一大的方向。在唯物史观的教学研究过程中，我努力注重学习运用唯物史观的立场、观点、方法认识问题、分析问题和解决问题。故我的很多科研成果都与唯物史观及其在实践中的应用相关。

中国革命的胜利和中国特色社会主义的成就，就是马克思主义唯物史观在中国的胜利与创新。改革开放以来，在中国特色社会主义伟大实践中，我们党继毛泽东思想之后，极大地推进了马克思主义中国化、时代化的理论创新，极大地推进了唯物史观中国化、时代化的理论创新，创造了一系列唯物史观中国化、时代化的新成果，极大地推进了21世纪马克思主义、当代中国马克思主义守正创新，实现了更大的发展。

马克思主义唯物史观在中国的胜利，同时也极大地刺激了各种反马克思主义、反社会主义、反人民的顽固势力对社会主义中国、对马克思主义、对历史唯物主义的诋毁、攻击和污蔑。曾几何时，我国的思想理论战线出现了一股否定马克思主义唯物史观、否定社会主义、否定中国革命、否定中国共产党及其伟大领袖、否定英雄模范人物、否定中国历史的历史虚无主义错误思潮。譬如，否定"历史唯物主义"科学用法，胡说"历史唯物主义"的提法不是马克思、恩格斯的原意，而是列宁、斯大林等人硬加在马克思主义经典作家头上的标签，企图用资产阶级人道主义、用实践本体论的"实践唯物主义"取代唯物史观；企图用资产阶级人性论、宪政民主、全民国家、全民党和普世价值观否定马克思主义的阶级和阶级斗争观点、无产阶级专政理论、科学社会主义和中国特色社会主义理论体系；把人类历史归结为"王朝更替的历史""宫廷斗争的历史""文明冲突的历史"，否定人类经过原始社会、奴隶社会、封建社会、资本主义社会，将来通过社会主义社会过渡到共产主义社会的五种社会形态一般发展规律的理论；编造社会主义"终结论"的谎言，鼓吹资本主义、私有化永存，否定社会主义、共产主义代替资本主义的历史必然性；主张"告别革命"，抹黑领袖和英雄，抹黑历史上一切有利于社会进步的历史人物，甚至替历史上的反动势力和反动人物翻案，把白的说成黑的、黑的说成白的……针对以上对唯物史观的非难、诘问与否定，以及否认斗争、虚无历史、告别革命的叫嚣，我撰写了一系列关于捍卫唯物史观、反对历史虚无主义的文稿：一是宣传、捍卫、坚持唯物史观及其一系列重要观点；二是批判历史虚无主义和资产阶级自由化思潮。

中国社会科学院马克思主义研究院教授桁林同志长期从事历史唯物主义研究，主持完成2012—2020年国家社科基金重点项目"马克思主义发展史视域中的马克思主义经典著作研究"，著有《马克思主义发生史探源》等，在积极参与"中华思想通史"编撰工作这项重大工程中，认为我的关于唯物史观的文稿很有指导价值，可以起到借鉴作用，因而力促将这些文稿集结成册，以飨读者，我欣然应允。在我与桁林同志共同努力下，编选了这部文稿，书名拟定"唯物史观·社会形态理论与大的历史时代观——铸就中华思想史当代中国马克思主义学派"。文稿的选文共分六编，除了首末编，主要由四部分组成：一是关于坚持、捍卫和阐述唯物史观的文稿，二是关于坚持、捍卫和阐述唯物史观及其社会形态演变一般规律理论、大的历史时代观的文稿，三是关于铸就中华思想史当代中国马克思主义学派的文稿，四是关于坚持、捍卫和阐述唯物史观阶级与阶级斗争、民主与专政、国家与革命的观点，批驳和反对历史虚无主义、资产阶级关于人权、民主、普世价值的错误观点的文稿。其中每一部分，除绪论外，基本上都是按写作或发表时间先后顺序编排。

出于选题需要，除了选编以往一系列文稿外，还包括我近年已然出版的文稿。这些文稿是在不同时间、不同场合、针对不同问题而撰写的，故难免有某些重复，但为了尊重历史并无大的改动，只作减法，作些必要的删减。虽然所选文稿时间跨度大，但整体思想是连贯一致的，涵盖了上述六个方面内容，内在有着不可分割的联系，故汇编在一起。当然，对于马克思主义及其唯物史观的认识有一个不断提高的过程，特别是随着中国特色社会主义实践的深入发展，要求更宏阔、更深厚、更扎实的理论创新，因而回头再看过去的研究成果，难免存在局限性以及这样或那样的不足，有待进一步提高和完善，还望读者指正。

王伟光

2022 年 9 月 20 日于北京海淀大有庄 100 号

目 录

绪 论

把学好马克思主义作为共产党人的看家本领 …………………（1）
坚持马克思主义，发展马克思主义，不断推进马克思主义
　中国化 ………………………………………………………（15）
学习历史唯物主义，运用历史唯物主义 ……………………（33）
坚持唯物史观及其社会形态理论与大的历史时代观 ………（55）
以唯物史观为指导，加快构建中国特色马克思主义史学
　理论和学科创新体系 ………………………………………（74）

第一部分　坚持唯物史观基本原理

关于历史唯物主义的若干问题 ………………………………（91）
唯物主义历史观 ………………………………………………（120）
物质动力原则和历史唯物主义社会分析方法 ………………（152）
学习掌握马克思主义"两个伟大发现"的重要意义 ………（169）
不断彰显当代中国马克思主义的实践贡献和时代价值 ……（183）
历史唯物主义永远是我们党的理论指南，是马克思主义
　史学理论的灵魂和精髓 ……………………………………（190）

坚持和发展马克思主义，必须始终不渝地坚持和发展
　列宁主义 ………………………………………………… （229）
中国共产党百年历程与唯物史观在中国的伟大胜利 ……… （265）

第二部分　捍卫唯物史观及其社会形态理论与大的历史时代观

社会形态理论与社会形态演变一般规律 …………………… （304）
社会形态演变规律理论初探 ………………………………… （312）
深入研究中国发展道路和发展经验，丰富和发展
　马克思主义社会形态理论 ………………………………… （324）
当代中国坚持和发展科学社会主义的三大基本问题 ……… （332）
马克思主义世界历史理论与中国特色社会主义道路 ……… （344）
以唯物史观作为历史时代的根本判断标准 ………………… （349）
中国特色社会主义进入了以习近平同志为核心的党中央
　坚强领导、全国人民共同创造的新时代 ………………… （358）
历史唯物主义大的历史时代观与习近平新时代中国特色
　社会主义思想 ……………………………………………… （400）
坚持唯物史观社会形态演变一般规律理论，正确认识
　中国社会形态发展道路 …………………………………… （420）
中国特色社会主义创造"人类文明新形态"和"中国式
　现代化道路" ……………………………………………… （439）

第三部分　铸就中华思想史当代中国马克思主义学派

构建思想史研究的中国学派 ………………………… （456）
高扬唯物史观旗帜，创建中华思想史当代中国马克思主义
　学派 ………………………………………………………… （463）

以习近平新时代中国特色社会主义思想为指导，追溯中华
　　思想核心基因，坚定文化自信 …………………………（470）
立足中国特色社会主义新时代，科学探索中华思想发展
　　阶段与演变规律 ………………………………………（483）
立足中国社会形态演变，科学探索中华思想发展 ………（494）
坚持社会形态与思想史融通，继承和弘扬中华优秀
　　传统思想 ………………………………………………（505）
坚持历史唯物主义，以习近平新时代中国特色社会主义
　　思想为指导，实现马克思主义与中国优秀传统文化相
　　结合 ……………………………………………………（518）

第四部分　旗帜鲜明地反对历史虚无主义，坚守党的意识形态主阵地

坚决捍卫唯物史观，彻底批判历史虚无主义是事关全局的
　　战斗任务 ………………………………………………（529）
关于民主、国家、阶级和专政 ……………………………（534）
坚持和发展唯物史观，旗帜鲜明地反对历史虚无主义，
　　推进马克思主义史学理论研究 ………………………（592）
谈谈"普世价值"的反科学性、虚伪性和欺骗性 ………（613）
反对历史虚无主义是一场严肃的斗争 ……………………（631）
列宁主义及《帝国主义是资本主义的最高阶段》的
　　当代价值 ………………………………………………（633）
当代垄断资本主义新形态新特征：新型帝国主义论 ……（647）

展　望

开创当代中国马克思主义新境界 …………………………（702）
实施哲学社会科学创新工程，建设具有中国特色、中国风格、
　　中国气派的哲学社会科学 ……………………………（710）

学习贯彻落实习近平总书记关于哲学社会科学重要讲话精神，
　　加快构建中国特色哲学社会科学创新体系 ……………（719）
深入学习贯彻习近平总书记重要讲话精神，全面推进我国
　　哲学社会科学话语体系建设 …………………………（748）
加快推进中国特色哲学社会科学话语体系建设，巩固
　　马克思主义思想舆论阵地 ……………………………（761）
构建中华思想史当代中国马克思主义学派 ………………（775）

附　录

《历史唯物主义研读笔记》目录 ……………………………（827）

编后记 …………………………………………………………（829）

绪　论

把学好马克思主义作为
共产党人的看家本领[*]

学习掌握马克思主义，必须坚定马克思主义信仰，必须树立马克思主义学风，必须掌握马克思主义思想方法和工作方法。把学好马克思主义作为共产党人的看家本领，是习近平总书记对全党提出的时代要求，是党的思想理论建设的一项极其重要的战略任务。

习近平总书记关于把马克思主义作为我们的"看家本领"学精、悟透、用好的重要论述，充分体现了以习近平同志为核心的党中央对

---

[*] 该文系作者2018年5月7日在中国社会科学院纪念马克思诞辰二百周年理论研讨会上的讲话，原载《世界社会主义研究》2018年第5期、《马克思主义研究》2018年第7期。

坚持发展马克思主义的深刻认识和学习掌握马克思主义的高度重视。①只有学精、悟透、用好马克思主义，把马克思主义真理转化为观察问题的立场和解决问题的思想方法、工作方法，不断增强理论思维能力，提高驾驭复杂局面、处理复杂问题的本领，不断提高分析矛盾和解决问题的水平，才能准确把握党和国家事业发展大势和历史发展规律，能动地推进中国特色社会主义伟大事业。

一　掌握好看家本领，必须坚定马克思主义信仰

习近平总书记指出，党的各级领导干部要原原本本学习和研读经典著作，努力把马克思主义作为自己的看家本领，坚定理想信念，坚持正确政治方向，提高战略思维能力、综合决策能力、驾驭全局能力，团结带领人民不断书写改革开放历史新篇章。习近平总书记强调要把马克思主义作为我们的"看家本领"，充分体现了以习近平同志为核心的党中央对马克思主义地位的充分认识和高度重视，是总书记基于理论逻辑、历史经验和现实发展需要对全党提出的要求。

学习掌握马克思主义，最重要的是掌握马克思主义放之四海而皆准的立场、观点和方法，即马克思主义哲学世界观和方法论，又称为辩证唯物主义和历史唯物主义。马克思主义的辩证唯物主义和历史唯物主义揭示了自然、社会和人类思维发展的本质和规律，是

---

① 习近平总书记2013年3月1日在中央党校春季学期开学典礼上的讲话指出："认真学习马克思主义理论，这是我们做好一切工作的看家本领，也是领导干部必须普遍掌握的工作制胜的看家本领。"习近平总书记2013年12月3日在中央政治局第十一次集体学习时的讲话、2013年8月19日在全国宣传思想工作会议上的讲话、2015年12月11日在全国党校工作会议上的讲话都反复强调，要求党的各级领导干部特别是高级干部，要原原本本学习和研读经典著作，努力把马克思主义立场、观点、方法学到手，作为自己的看家本领。2022年3月1日在中央党校（国家行政学院）中青年干部培训班开班式上的讲话对年轻干部提出同样的要求："年轻干部要胜任领导工作，需要掌握的本领是很多的。最根本的本领是理论素养。马克思主义立场、观点、方法是做好工作的看家本领，是指导我们认识世界、改造世界的强大思想武器。"（编者注）

科学的世界观和方法论,是马克思主义理论体系的核心。学好、用好马克思主义,把马克思主义的真理转化为观察问题的立场和解决问题的思想方法、工作方法,不断增强理论思维能力和提高应对复杂局面、处理复杂问题的本领,不断提高分析矛盾和解决问题的能力,准确把握党和国家事业发展大势和历史发展规律,从而能动地推进中国特色社会主义事业建设,是党的思想理论建设的一项重要战略任务。

习近平总书记指出,理想信念是共产党人精神上的"钙",没有理想信念,或理想信念不坚定,精神上就会"缺钙",就会得"软骨病"。马克思主义是指导我们事业的理论基础,也是每一位共产党人坚不可摧的精神支柱,必须把对马克思主义的信仰、对社会主义和共产主义的信念作为毕生追求,在改造客观世界的同时不断改造主观世界,解决好世界观、人生观、价值观这个"总开关"问题,真正成为马克思主义的坚定信仰者和忠实的践行者。

马克思主义为什么能成为每一个共产党人坚不可摧的精神支柱?

第一,辩证唯物主义与历史唯物主义是马克思主义最根本的世界观和方法论,体现了马克思主义的科学性。辩证唯物主义揭示了自然、人类社会和人类思维的三大规律。在马克思主义诞生以前的人类哲学思想发展中,唯物论和辩证法各自都曾发展到自己的历史巅峰,但又都表现出一定的局限性。马克思主义继承了以往人类哲学思想中唯物论和辩证法的精髓,把二者有机结合,形成了辩证唯物主义,克服了唯物论、辩证法各自发展的局限,达到了唯物辩证法的高度。历史唯物主义把辩证唯物主义运用到社会历史领域,揭示了人类历史的一般规律,是马克思对人类认识的伟大贡献。以辩证唯物主义和历史唯物主义作为最根本的世界观和方法论,决定了马克思主义理论体系的科学性。

目前我们仍然处于马克思所判定的唯物史观"大的历史时代"。虽然具体时代条件、格局、特点和形势等方面发生了变化,但"大的历史时代"所贯穿的社会主义与资本主义两种社会形态、两种社会制度、两种前途、两条道路、两种力量的反复较量和生死博弈的世界格局并没有完全改变。必须始终坚定马克思主义信仰,用辩证唯物主义与历史唯物主义的基本观点和科学方法分析问题、解决问题,准确判断中国特色社会主义新时代的历史方位,明确发展中国特色社会主义事业的伟大意义。

第二,致力于实现以劳动人民为主体的最广大人民的根本利益是马克思主义最鲜明的政治立场,体现了马克思主义的革命性。毛泽东同志在 1938 年召开的中共六届六中全会上指出:

> 我们的任务,是领导一个几万万人口的大民族,进行空前的伟大的斗争。所以,普遍地深入地研究马克思列宁主义的理论的任务,对于我们,是一个亟待解决并须着重地致力才能解决的大问题。[①]

没有革命的理论就没有革命的行动。马克思主义是在无产阶级革命实践中产生、发展起来的,是无产阶级根本利益的科学表现,是革命的理论。新中国正是在马克思主义指导下建立起社会主义制度,人民群众真正掌握了自己的命运,成为国家和社会的主人。今天,对于领导 14 亿中国人民发展中国特色社会主义伟大事业、实现中华民族伟大复兴的中国共产党来说,必须始终坚定对马克思主义的信仰,坚持以人民为中心的发展思想,顺应人民群众对美好生活的向往,增进人民福祉、促进人的全面发展和社会全面进步。

第三,坚持一切从实际出发,理论联系实际,实事求是,在实践中检验真理和发展真理,是马克思主义最重要的理论品质,体现了马克思主义的实践性。不满足于"解释世界",致力于"改变世界",是马克思主义具有的鲜明的实践品格。马克思说:

[①] 《毛泽东选集》第 2 卷,人民出版社 1991 年版,第 533 页。

哲学家们只是用不同的方式解释世界，问题在于改变世界。[①]

社会主义是干出来的。空谈误国，实干兴邦，推进中国特色社会主义伟大事业进程中面临的机遇和挑战，需要从实践的角度进行认知，并在实践层面得到解决。马克思主义是在无产阶级革命实践中产生、发展起来的科学道理。必须始终坚定对马克思主义的信仰，坚持用科学的理论指导中国特色社会主义伟大实践，把我国建成富强民主文明和谐美丽的社会主义现代化强国。

第四，实现物质财富极大丰富、人民精神境界极大提高、每个人自由而全面发展的共产主义社会，是马克思主义最崇高的社会理想，体现了马克思主义的高尚性。革命理想高于天。中国共产党之所以叫共产党，就是因为从成立之日起我们党就把共产主义确立为远大理想。我们党之所以能够经受一次次挫折而又一次次奋起，归根到底是因为我们党有远大理想和崇高追求。"砍头不要紧，只要主义真"，"敌人只能砍下我们的头颅，决不能动摇我们的信仰"，这些视死如归、大义凛然的铿锵誓言生动表达了共产党人对远大理想的坚贞。今天，我们党面临"四大危险"和"四大考验"，[②]必须始终坚定对马克思主义的信仰，坚持共产主义远大理想和中国特色社会主义共同理想的高度统一。

二 掌握好看家本领，必须坚持马克思主义学风

当今世界发展变化很快，当代中国发展变化更快，新情况新问

[①] 《马克思恩格斯选集》第1卷，人民出版社1995年版，第57页。

[②] 2009年党的十七届四中全会明确提出"四大考验"。"四大考验"分别指执政考验、改革开放考验、市场经济考验、外部环境考验；2011年胡锦涛同志在庆祝中国共产党成立九十周年大会上的讲话首次正式提出"四大危险"。"四大危险"分别指精神懈怠危险、能力不足危险、脱离群众危险、消极腐败危险。党的十八大报告将"四大考验""四大危险"并提，认为它们是现阶段党的建设面临的巨大挑战和前进道路上必须克服的障碍。（编者注）

题新事物层出不穷。同过去相比，我们今天的学习任务不是轻了，而是更重了。这是因为，我们遇到的问题中，有些是老问题，或者是我们长期努力解决但还没有解决好的问题，或者是有新的表现形式的老问题，而大量是新涌现出的问题，出现了"新办法不会用，老办法不管用，硬办法不敢用，软办法不顶用"的情况。要认识好、解决好这些问题，唯一的途径就是增强我们自身的本领。只有加强学习，才能增强工作的科学性、预见性、主动性，才能使领导和决策体现时代性、把握规律性、富于创造性，避免陷入少知而迷、不知而盲、无知而乱的困境，克服本领不足、本领恐慌、本领落后的问题。

学习的根本目的在于运用，通过学习增强工作本领、提高解决实际问题的水平。古人讲，"纸上得来终觉浅，绝知此事要躬行"①，"耳闻之不如目见之，目见之不如足践之"②，说的就是学以致用这个道理。学习马克思主义，要发扬理论联系实际的学风，带着问题学，拜人民为师，做到干中学、学中干，学以致用、用以促学、学用相长，千万不能夸夸其谈、陷于"假大空"。

第一，学习马克思主义必须坚持问题意识、问题导向。事物矛盾运动的基本原理要求我们不断强化问题意识，坚持问题导向，瞄着问题去、奔着问题来，积极面对和化解前进中遇到的矛盾。学习马克思主义是为了能够把马克思主义运用到实践中，用马克思主义指导实践，因此，学习马克思主义必须带着问题学，在解决问题的过程中深化对马克思主义的认识。毛泽东同志指出：

> 要有目的地去研究马克思列宁主义的理论，要使马克思列宁主义的理论和中国革命的实际运动结合起来，是为着解决中国革命的理论问题和策略问题而去从它找立场，找观点，找方

---

① 出自南宋陆游《冬夜读书示子聿》。（编者注）
② 2013年6月28日习近平总书记在全国组织工作会议上的讲话曾引用此句，原句出自西汉刘向《说苑·政理》。（编者注）

法的。这种态度,就是有的放矢的态度。"的"就是中国革命,"矢"就是马克思列宁主义。我们中国共产党人所以要找这根"矢",就是为了要射中国革命和东方革命这个"的"的。这种态度,就是实事求是的态度。①

党的十九大报告指出,我国社会主要矛盾已经转化为人民日益增长的美好生活需要和不平衡不充分的发展之间的矛盾。当前我国社会的主要矛盾就是我们学习马克思主义的"的",学习马克思主义要聚焦我国社会主要矛盾,着力在马克思主义中找到解决矛盾的观点、方法,做到理论与实际的统一。

第二,学习马克思主义关键是学习马克思主义的基本观点和科学方法。马克思主义理论体系包括马克思主义的基本观点和科学方法。马克思和恩格斯在《共产党宣言》1872 年德文版序言中指出:

> 这些原理的实际运用,正如《宣言》中所说的,随时随地都要以当时的历史条件为转移。②

由于每个具体时代的条件、格局、特点和形势各有不同,因此,学习马克思主义的关键是学习马克思主义的基本观点和科学方法,将基本观点和科学方法运用于不同地域、不同历史时期的革命实践中,增强马克思主义在实践领域的有效性,实现理论与实践的高度统一。

第三,学习马克思主义要不断推进马克思主义中国化的发展。马克思主义关于认识的本质及发展规律告诉我们,认识发展的总过程就是实践—认识—再实践—再认识,逐步深化和提高的过程。学

---

① 《毛泽东选集》第 3 卷,人民出版社 1991 年版,第 801 页。
② 《马克思恩格斯文集》第 2 卷,人民出版社 2009 年版,第 5 页。

习马克思主义的目的在于实践，而不同时期的实践经验也为进一步丰富和深化马克思主义提供了质料。毛泽东同志曾说过，不如马克思，不是马克思主义者；等于马克思，不是马克思主义者；只有超过马克思，才是真正的马克思主义者。[①] 这是中国共产党人数十年来对坚持马克思主义的经验总结。我们党将马克思主义的基本原理同中国革命、建设、改革实践的不断结合就是对马克思主义的不断超越，只有超过马克思，才能发展马克思主义，只有不断发展马克思主义，才能从根本上坚持马克思主义。习近平新时代中国特色社会主义思想，是对马克思列宁主义、毛泽东思想、邓小平理论、"三个代表"重要思想、科学发展观的继承和发展，是马克思主义中国化的最新成果，是党和人民实践经验和集体智慧的结晶，是中国特色社会主义理论体系的重要组成部分，是全党全国人民为实现中华民族伟大复兴而奋斗的行动指南，必须长期坚持并不断发展。今天，学习马克思主义关键是学懂、弄通、做实习近平新时代中国特色社会主义思想。

三 掌握好看家本领，必须学会运用马克思主义思想方法和工作方法

马克思主义思想方法和科学的工作方法，是马克思主义世界观、方法论，即马克思主义立场、观点、方法的具体化，是马克思主义的思想宝藏和哲学精华。恩格斯强调指出：

> 马克思的整个世界观不是教义，而是方法。它提供的不是现成的教条，而是进一步研究的出发点和供这种研究使用的方法。[②]

[①] 王任重：《实事求是的典范》，《中国青年》1978年第4期。（编者注）
[②] 《马克思恩格斯全集》第39卷，人民出版社1974年版，第406页。

列宁指出：

> 马克思主义者从马克思的理论中，无疑地只是借用了宝贵的方法。①

学习掌握马克思主义，说到底就是学习和掌握马克思主义思想方法和工作方法，正确而灵活地运用到实际工作中，发现问题、解决问题。

习近平新时代中国特色社会主义思想蕴含着辩证唯物主义和历史唯物主义哲学精华，蕴含着马克思主义思想方法和工作方法思想精髓，为我们树立了灵活运用马克思主义思想方法和工作方法的光辉典范。习近平新时代中国特色社会主义思想是科学世界观和方法论的有机统一，是马克思主义思想方法和工作方法的有机统一，既讲是什么、怎么看，又讲怎么办、怎么干；既部署"过河"的任务，又指导解决"桥"或"船"的问题，让人豁然开朗、茅塞顿开，为我们认识问题、分析问题和解决问题提供了有效的"武器"和"钥匙"。

学懂、弄通、做实习近平新时代中国特色社会主义思想，最根本的就是认真学习、深刻领会、牢固把握、灵活运用其中贯穿的马克思主义思想方法和工作方法。这就要求我们站在马克思主义世界观和方法论的高度，从马克思主义一贯坚持的基本立场出发观察世界，掌握马克思主义一贯坚持的基本观点认识世界，运用马克思主义一贯坚持的基本方法改造世界。

（一）坚持以人民为中心的立场，把握马克思主义思想方法和工作方法的根本落脚点

是不是站在工人阶级和广大劳动人民的立场上认识问题、解决

---

① 《列宁全集》第1卷，人民出版社1984年版，第163—164页。

问题,这是马克思主义思想方法和工作方法区别于其他哲学思想方法和工作方法的显著特征。马克思主义思想方法和工作方法作为工人阶级的科学世界观和方法论,是科学性与价值性的统一,具有鲜明的党性原则和政治立场。马克思主义从不掩饰认识和解决问题的政治立场,这使其与一切打着价值中立的旗帜、鼓吹进行"纯粹客观"研究的旧哲学的思想方法和工作方法从根本上区分开来。观察问题的立场不同,对问题的认识就不同,解决问题的方法也不同,实践的结果更不同。马克思说:

> 哲学把无产阶级当作自己的物质武器,同样,无产阶级也把哲学当作自己的精神武器。①

习近平总书记为我们确立了以人民为中心的思想方法和工作方法的立场导向和价值取向,为我们树立了尊重人民主体地位、聚焦人民实践创造的学习榜样。习近平新时代中国特色社会主义思想贯穿着以人民为中心这一马克思主义思想方法和工作方法的基本立场。世界上从来就没有纯而又纯的无立场的思想方法和工作方法,为少数人还是为绝大多数人,是马克思主义思想方法和工作方法的首要问题。习近平总书记指出:

> 人民立场是中国共产党的根本政治立场,是马克思主义政党区别于其他政党的显著标志。②
>
> 党的一切工作,必须以最广大人民根本利益为最高标准。检验我们一切工作的成效,最终都要看人民是否真正得到了实惠,人民生活是否真正得到了改善,人民权益是否真正得到了保障。③

---

① 《马克思恩格斯选集》第1卷,人民出版社1995年版,第15页。
② 《习近平谈治国理政》第2卷,外文出版社2017年版,第40页。
③ 《习近平谈治国理政》,外文出版社2014年版,第28页。

对于马克思主义思想方法和工作方法而言,"为什么人"的问题是根本性、原则性问题。一切为了人民、一切依靠人民、一切从人民出发,是马克思主义思想方法和工作方法认识一切问题、分析一切问题、解决一切问题的着眼点和落脚点。在习近平新时代中国特色社会主义思想中,人民占据着最高位置。人心是最大的政治,人民立场是最为根本的立场,这就决定了我们观察问题、认识问题、分析问题、解决问题的认识准则、判断准则和行动准则。

(二)坚持实事求是、一切从实际出发的思想路线,把握马克思主义思想方法和工作方法的基本出发点

实事求是、一切从实际出发是马克思主义哲学的精髓要义,是马克思主义思想方法和工作方法的精髓要义,也是习近平新时代中国特色社会主义思想的精髓要义。实事求是、一切从实际出发,是我们党运用马克思主义思想方法和工作方法认识和解决问题一贯秉持的基本出发点。习近平总书记指出:

> 实事求是,是马克思主义的根本观点,是中国共产党人认识世界、改造世界的根本要求,是我们党的基本思想方法、工作方法、领导方法。不论过去、现在和将来,我们都要坚持一切从实际出发,理论联系实际,在实践中检验真理和发展真理。[①]

马克思主义思想方法和工作方法本身就是实事求是思想路线的产物。对于中国共产党人而言,实事求是从来都不是一个抽象空洞的哲学命题,而是解决现实问题的强大思想武器。在建党 90 多年的艰苦历程中,中国共产党人就是用实事求是、一切从实际出发这

---

① 习近平:《在纪念毛泽东同志诞辰 120 周年座谈会上的讲话》,人民出版社 2013 年版,第 15 页。

把钥匙,在历史发展的一个又一个关键点上作出了正确的选择,开启了马克思主义中国化的一个又一个新境界。其间所取得的成功和胜利,无不得益于实事求是的思想路线;所遭遇的挫折和失误,也无不源于背离了实事求是这一思想路线。

习近平新时代中国特色社会主义思想本身就是坚持实事求是思想路线,准确把握客观实际、科学掌握客观规律的创新成果。习近平总书记牢牢坚持实事求是这一精髓,深刻把握当今世界发展不断变化的特征,正确认识和把握我国社会发展的阶段性特征,牢牢把握中国仍处于并将长期处于社会主义初级阶段的最大国情,并从这一最大的实际出发,科学总结党的十八大以来我国发展的历史性变革,准确判断中国特色社会主义进入一个新时代,前进到一个新的历史起点上,进而提出解决中国与世界当代问题的科学方案,并付诸实践。这一过程,既是运用马克思主义思想方法和工作方法进行理论探索的过程,也是运用马克思主义思想方法和工作方法进行实践探索的过程,更是不断开辟 21 世纪当代中国马克思主义发展新境界和中国特色社会主义实践新境界的过程。

(三) 坚持唯物辩证法的科学方法,把握马克思主义思想方法和工作方法的正确思维方式

唯物辩证法要求我们必须运用辩证思维方式和方法认识和解决问题。唯物辩证法既是观察认识世界的科学世界观,又是改造世界的正确方法论;既是承认矛盾、认识矛盾,找准重点、抓住关键,洞察事物发展规律的思想方法,又是分析矛盾、抓住主要矛盾,解决矛盾、推进实践的工作方法。

习近平新时代中国特色社会主义思想处处体现着唯物辩证法的思想方法和工作方法。习近平总书记号召我们要提高辩证思维能力,就是要求我们充分掌握唯物辩证法的思想方法和工作方法,唯物辩证地而不是唯心形而上学地、客观地而不是主观地、发展地而不是静止地、全面地而不是片面地、系统地而不是零散地、普遍联

系地而不是孤立地观察和看待事物，在矛盾双方对立统一的过程中把握住事物的发展规律，克服极端化、片面化，从而达到分析问题、解决问题的目的。习近平总书记要求我们提高辩证思维能力，把辩证思维与战略思维、历史思维、创新思维、底线思维统一起来，作为一个完整的思想方法和工作方法体系予以学习和掌握，并运用到解决中国的实际问题中去。习近平总书记不仅强调学习唯物辩证法的极端重要性，还为我们提供了坚持唯物辩证法、坚持辩证思维，灵活运用马克思主义思想方法和工作方法的学习榜样。

（四）坚持唯物史观的历史思维方式，把握马克思主义思想方法和工作方法关于社会历史问题总看法、总方法

唯物史观是马克思主义关于社会历史发展问题的总观点、总说明和总方法，是我们共产党人观察和解决一切社会历史问题的望远镜、显微镜和金钥匙，也是习近平新时代中国特色社会主义思想的历史观依据和方法论武器。习近平总书记强调必须坚持以唯物史观为指导，强调提高以唯物史观为基础的历史思维能力，即坚持唯物史观的思想方法和工作方法，用以解决复杂的社会问题。他指出：

> 历史和现实都表明，只有坚持历史唯物主义，我们才能不断把对中国特色社会主义规律的认识提高到新的水平，不断开辟当代中国马克思主义发展新境界。[①]

历史和现实的实践已经不可辩驳地证明，中国革命、建设和改革开放取得的每一个伟大胜利，都离不开唯物史观的正确指导和成功运用。习近平总书记站在新的历史起点上，自觉运用生产、群众和社会基本矛盾等唯物史观基本观点，运用唯物史观思想方法和工

---

① 习近平：《推动全党学习和掌握历史唯物主义 更好认识规律更加能动地推进工作》，《人民日报》2013年12月5日。

作方法，深刻思考当代中国和当今世界的重大理论和实践问题，准确把握人类历史发展的基本规律和总趋势，把握中国共产党、中华人民共和国和中国特色社会主义的发展规律和发展趋势，把树立坚定的共产主义远大理想和中国特色社会主义共同理想高度统一起来，科学回答了中国当代社会发展的一系列重大问题，提出新时代坚持和发展中国特色社会主义的一系列战略、策略和举措，扎实推进中国特色社会主义伟大实践，为我们树立了运用唯物史观思想方法和工作方法认识社会、改造世界的成功范例。

坚持马克思主义，发展马克思主义，不断推进马克思主义中国化[*]

中国共产党是以马克思主义为理论基础和指导思想的工人阶级政党，是靠马克思主义建党、靠马克思主义立党，离开马克思主义的正确指导，党就会失去灵魂、失去方向、失去生命力，最终失去其所从事的事业。1954年，在中华人民共和国第一届全国人民代表大会第一次会议的开幕式上，毛泽东同志明确指出：

> 领导我们事业的核心力量是中国共产党。指导我们思想的理论基础是马克思列宁主义。①

这句掷地有声的至理名言，道出了中国共产党及其领导的人民事业永远立于不败之地的根本原则。坚持和发展马克思主义是一个根本原则问题，是关系到中国共产党成败兴衰、关系到中国共产党领导的中国特色社会主义事业成功与否的头等大事，必须从理论和实践上说清楚坚持和发展马克思主义的极端重要性和必要性。坚持和发展马克思主义，必须要回答"为什么坚持马克思主义、怎样坚持马克思主义""为什么发展马克思主义、怎样发展马克思主

---

[*] 该文系作者2015年1月9日在中国社会科学院马克思主义学院博士生高峰论坛上的演讲，原载《世界社会主义研究动态》2015年2月2日。

① 《毛泽东文集》第6卷，人民出版社1999年版，第350页。

义"这两个重大问题。

坚持与发展是两个不可分割的方面结合在一起的统一体，不坚持就谈不上发展，坚持是前提和基础，不坚持，就会偏离、放弃、背叛马克思主义；不发展就无法坚持，发展是坚持的支撑和保障，不发展，马克思主义就会被僵化、歪曲、修正。

一　只有始终坚持马克思主义，中国共产党才能成功、中国才有出路

为什么中国共产党人选择马克思主义，始终把马克思主义作为自己的理论基础和指导思想，这不仅是一个理论问题，更是一个实践问题。

自1840年鸦片战争时起，中国逐步沦为半殖民地半封建国家。如何振兴中华民族？如何实现中国梦，使中华民族再创辉煌？这是中华民族一切有志之士的一个共同理想和奋斗的目标。在风起云涌的中国近代历史进程中，涌现出了一大批有作为的英雄人物，为着中华民族的振兴，作出了不懈的努力，提出种种救国方案。以洪秀全为代表的太平天国农民运动，吸收部分西方文明思想，提出具有农民起义局限性的革命方案，虽然轰轰烈烈，给封建统治阶级以沉重的打击，但在中外反动势力联合镇压下惨遭失败；林则徐发动的禁烟运动，在维护封建统治的基础上，试图通过禁销鸦片阻止西方列强荼毒生灵的行径以恢复中华民族的生气，但这条路也走不通。林则徐是最早提出学习西方坚船利炮、学习西方文明的中国高级官僚之一，后来又有了李鸿章等人搞的洋务运动，引进西方先进的工业和武器，然而甲午海战，北洋水师全军覆没，标志着洋务运动失败，求富求强的愿望最终化为泡影。洋务运动是在保持原有封建制度的基础上走一条引进西方工业化之路，也走不通。日本明治维新的经验曾经给国人带来希望，日本通过资产阶级改良式革命，走了一条资本主义发展的道路，日本强盛起来了，中国许多有志之士东

渡日本，向日本学习，试图选择改良主义的道路，在维护封建统治的制度框架内，通过改良解救中国，以康有为、梁启超为代表的维新派发动了戊戌变法，百日维新，结果依旧失败；孙中山领导的辛亥革命，推翻了中国几千年的封建帝制，但是孙中山发动的革命是资产阶级旧民主主义革命，没有从根本上改变旧中国的面貌，中国仍然处于封建主义、帝国主义、官僚资本主义的黑暗统治之下。

在近代中国历史上，旨在救国救民的斗争和探索，每一次都在一定的历史条件下推动了中国进步，但为什么一次又一次归于失败呢？究其主观上的根本原因，就是没有正确的理论指导。除了一些旧式农民起义方案外，其他的民族复兴方案，其指导思想都是资产阶级政治理论，主要学习对象也是西方资本主义文明，是发展资本主义的经济、政治和文化，目标是建立资本主义国家。为什么西方在资产阶级思想武器指导下，资本主义民主革命可以成功，而旧中国却不能成功，资产阶级思想武器为什么在中国失灵了呢？

这是由国内外的客观条件决定的。国内外条件不允许中国建立独立富强的资产阶级民主共和国。帝国主义列强入侵中国的目的，决不是为了把封建落后的中国变成强大的资本主义国家，帝国主义列强从自身利益考虑，要永久地控制、剥削中国，绝不容许中国变成一个强大的资产阶级民主共和国，必须要维持和强化中国的半殖民地半封建性质。为了维持旧制度，帝国主义列强势必要与国内的封建势力和官僚资本勾结，不允许中国资产阶级强大起来，中国资产阶级必然成为一个软弱的、依附性的阶级，担当不了革命的领导重任。因此，在资产阶级思想指导下的资产阶级旧民主主义革命注定解救不了中国。

历史告诉我们，在旧中国，运用资产阶级思想武器，走改良的、资产阶级旧民主主义的革命道路走不通，只有中国工人阶级及其政党登上政治舞台，选择以马克思主义理论为指导、走社会主义道路，才能解救中国，解民于倒悬，救民于水火。1919年的五四运动，直接导致马克思主义在中国的传播，导致中国工人阶级走上政治舞台，导致中国共产党成立，导致中国人民选择十月社会主义革命道路。毛泽东同志指出：

> 十月革命一声炮响，给我们送来了马克思列宁主义。十月革命帮助了全世界的也帮助了中国的先进分子，用无产阶级的宇宙观作为观察国家命运的工具，重新考虑自己的问题。走俄国人的路——这就是结论。[①]

五四运动是一个重大的历史事件，其发生和发展是世界历史和中国社会矛盾发展趋势的必然结果，它的产生和发展趋势受到处于十月革命爆发和社会主义革命前夜的世界局势的深刻影响。

辛亥革命以后，帝国主义国家日益走向腐朽和无产阶级革命方兴未艾的世界局势，以及旧中国继续延续甚至更加恶化的黑暗现实，特别是1914年爆发的帝国主义战争，使中国先进知识分子对资本主义制度及其思想武器产生了怀疑，感到资产阶级的民主、平等等思想武器解决不了中国的问题，三民主义也无法解救中国。那到底什么思想武器能够解决中国问题？十月革命的成功，对中国先进知识分子产生巨大的震撼和影响，使他们开阔了眼界，认识到决定中国人民命运的不是资产阶级，不是资本主义，也不是资产阶级思想武器，而是工人阶级、科学社会主义和马克思主义。辛亥革命为什么失败，救中国的目的为什么达不到？中国先进知识分子经过比较、通过十月革命接受了马克思主义，开始在马克思主义中寻找革命道理，冲破资产阶级民主思想的藩篱，冲破旧民主主义民主、科学、爱国主义的精神羁绊，最终把马克思主义作为新的思想武器，选择了社会主义这个唯一正确的道路。

用马克思主义武装起来的中国共产党的成立是中国革命的大事件。中国共产党用马克思主义指导中国革命，中国革命的面貌从此

[①] 《毛泽东选集》第4卷，人民出版社1991年版，第1471页。

焕然一新。中国先后完成了新民主主义革命和社会主义革命，取得巨大成功，中国人民从此走上社会主义的康庄大道。选择马克思主义指导，是被中国革命成功的实践所雄辩地证明了的一条颠扑不破的真理。

二 今天，马克思主义并没有过时，马克思主义依然是我们党的指导思想

有人虽不否认马克思主义对中国革命的指导意义，但认为现在时过境迁，时代变了，马克思主义过时了，不管用了，对此，我们可以斩钉截铁地回答：马克思主义没有过时，马克思主义仍然具有强大的生命力，仍然具有强大的现实指导意义。

（一）我们今天所处的时代仍然是马克思主义经典作家所判断的大的历史时代，时代没有根本改变，马克思主义是当之无愧的当代理论最高峰

按照马克思主义历史唯物主义观点，从人类历史发展长河的总体上来说，人类依次经历了原始社会、奴隶社会、封建社会，进入资本主义社会，经过社会主义社会过渡，未来一定会走向更美好、更高级的共产主义社会，对于这个历史大趋势，马克思主义者深信不疑，坚定不移为之一代接一代地不懈奋斗。

迄今为止，马克思主义经典作家揭示的大的历史时代并没有改变，我们现在正处在资本主义历史时代，正处在资本主义逐步走向灭亡、社会主义逐步取代资本主义的历史时代。从马克思主义经典作家揭示该时代的总体特征和发展趋势至今，已经经历了不同的发展阶段：已经经历了第一个历史阶段，走过了第二个历史阶段，目前正处在第三个历史阶段。

这三个阶段分别呈现出不同的阶段性特征。从世界近代以来的历史发展进程来看，第一个阶段是资本主义的确立阶段。资产阶级

革命战胜了封建主义，在世界上确立了资本主义制度。然而资本主义自其诞生时起，就在不断生成自己的对立面——社会主义，资产阶级造就了自己的掘墓人——工人阶级。第二个阶段是马克思、恩格斯所处的自由竞争资本主义和工人运动、社会主义运动兴起阶段。由于自由竞争资本主义不可克服的内在矛盾已经十分尖锐、完全暴露出来了，阶级对立、两极分化，工人阶级作为新生产力的代表已经完全登上政治舞台，工人阶级与资产阶级的阶级搏斗已经充分展开，工人运动和社会主义运动兴起，马克思、恩格斯对该阶段的特征作出了科学的判断。

第三个阶段是列宁所处的垄断资本主义阶段，即帝国主义战争与无产阶级革命阶段。列宁当时所看到的垄断资本主义是私人垄断资本主义。第二次世界大战之后，垄断资本主义进一步发展到了国家垄断资本主义，而当代垄断资本主义业已发展成为国际性、以金融垄断为主要形式的垄断资本主义。为此，列宁所判定的垄断资本主义，已经历了两个时期，先后具有了三种形态，目前正处于第三个时期。列宁判断垄断资本主义就是帝国主义，是资本主义的最高、最后阶段，揭示了垄断资本主义的特征。列宁认为当时的垄断资本主义正处于帝国主义战争和无产阶级革命时段，主题是战争与革命。列宁的判断切合19世纪末、20世纪初自由竞争资本主义发展到垄断资本主义阶段性变化的实际特点，资本主义由其自身不可克服的内在矛盾导致内外交困局面，呈现出走向灭亡的趋势：从自由竞争到垄断，资本主义内部矛盾进一步激化，造成战争与革命，由此引起连锁反应，第一次世界大战引发俄国十月革命，第二次世界大战引发一系列国家的社会主义革命，包括中国革命在内都发生在这个环节，这些历史事实证明列宁所作的历史性判断是正确的，不仅符合历史，而且引导历史，为历史发展指明了方向。

现在正处于垄断资本主义发展的第三个时期。随着国际形势的变化，总的历史进程又发生了新的阶段性变化，出现了新的阶段性特征。对时代的阶段性特征的变化应该作出符合新的历史特点的判断。如果还是停留在原有的判断上，无异于守株待兔，势必影响国内政策和对外政策，无法作出适时反应和调整。

我们党对历史时代阶段性特征的判断的改变，是邓小平同志率先提出来的。20世纪六七十年代东西方"冷战"还没有完全结束，东西对抗、美苏争霸还是国际形势的主要方面，进入七八十年代之后，国际形势逐渐发生变化，1989年"柏林墙"倒塌，东欧剧变，1991年苏联解体，"冷战"结束，国际格局由两个超级大国变成一个超级大国，美苏两霸争夺变成了一霸独占，国际形势发生逆转。针对新的世界格局，邓小平同志第一个作出准确判断，认为总的历史时代没有变，但有了新的阶段性特征变化，指出当今世界面临两大问题，一是和平，二是发展。这个前瞻性判断抓住了我国发展的有利战略机遇期，决定了我国内政外交总方针的重大转变，据此实行社会主义改革开放的总国策，构建和平的外部环境，集中力量搞好国内建设，走中国特色社会主义和平发展道路。

需要指出的是，邓小平同志的判断只是对今天资本主义与社会主义两大力量对比发生阶段性变化的科学分析，并没有改变对总的历史时代特征的判断，必须正确理解邓小平同志的科学判断，否则就会得出另一种结论，以为马克思、恩格斯所概括的历史时代已经改变，得出马克思主义"过时论"这样的错误结论。

早在1984年，邓小平同志就根据国际形势的新变化认为："现在世界上问题很多，有两个比较突出。一是和平问题。……二是南北问题。"[①] 后来他把南北问题进一步概括为发展问题，明确提出："和平和发展是当代世界的两大问题"[②]。1990年，他再次指出："现在旧的格局在改变中，但实际上并没有结束，新的格局还没有形成。和平与发展两大问题，和平问题没有得到解决，发展问题更

[①] 《邓小平文选》第3卷，人民出版社1993年版，第56页。
[②] 《邓小平文选》第3卷，人民出版社1993年版，第104页。

加严重。"① 1992 年，他又进一步指出："世界和平与发展这两大问题，至今一个也没有解决。"② 邓小平同志特别重视反对西方资本主义搞"和平演变"的问题并对此保持高度警惕："我希望冷战结束，但现在我感到失望。可能是一个冷战结束了，另外两个冷战又已经开始。一个是针对整个南方、第三世界的，另一个是针对社会主义的。"③ 他把帝国主义对社会主义国家推行和平演变的战略，比喻为"打一场没有硝烟的第三次世界大战"，一针见血地指出："所谓没有硝烟，就是要社会主义国家和平演变"，西方国家"不喜欢中国坚持社会主义道路"，"如果中国搞资产阶级自由化，那末肯定会有动乱"。④ 邓小平同志从战略的高度十分警醒地认识到，只要中国的社会主义旗帜不倒，这场"没有硝烟的世界大战"就不会结束，这就是国际大局势大走向的基本现实，是基于社会主义与资本主义两种社会制度的博弈仍然是马克思主义经典作家所揭示的历史时代总特征的科学结论而得出的判断。

从邓小平同志的一系列论述中，可以认识到以下几点基本思想。

第一，不管苏东怎么变化、国际形势怎么变化，社会主义与资本主义对立与斗争的国际格局并没有结束，西方资本主义同社会主义、同全世界人民之间对立这一根本的时代性质并没有改变，全世界广大人民渴望和平与发展，这成为当代世界的两大问题，迫切需要解决。与此同时，邓小平同志从来没有说过时代的性质改变了，变成"和平与发展的新时代"了。

第二，和平与发展是当今时代的主题，并不是说社会化大生产和生产资料的资本主义私人占有之间的矛盾就从此消失了。2008年爆发的国际金融危机，更能说明其基本矛盾依然存在、依然起作

---

① 《邓小平文选》第 3 卷，人民出版社 1993 年版，第 353 页。
② 《邓小平文选》第 3 卷，人民出版社 1993 年版，第 383 页。
③ 《邓小平文选》第 3 卷，人民出版社 1993 年版，第 344 页。
④ 《邓小平文选》第 3 卷，人民出版社 1993 年版，第 344 页。

用、依然不可克服，只不过表现形式不同，而总的历史趋势没有改变，相反地，由于西方资本主义的发展，南北差距、贫富差距进一步扩大、加剧。

第三，我们仍处在马克思列宁主义所判断的总的、大的历史时代，其时代特征实质上仍然是新的社会形态与旧的社会形态、资本主义与社会主义、工人阶级与资产阶级两种社会形态、两条道路、两大力量的反复较量。目前，在和平、发展两大主题上的较量，中国及其他发展中国家要和平、要发展，西方资本主义国家也要发展，但它们更要霸权，反对其他国家发展，反对中国发展，蓄意动用武力干预他国内政，挑衅发动局部战争，因而成为世界和平发展的反对力量。这两大力量、两种历史趋势在较量中不时出现你上我下、你下我上局面，既斗争又联合，也有策略上的妥协，双方对立，但也有争取发展的共同点，你中有我、我中有你，呈现出极其复杂的角斗局面。总体上，资本主义走向衰落，但目前还是强的，毕竟还有老本可以吃；社会主义是新生的力量，但还是弱的，毕竟起点相对较低，起步相对较晚。

第四，两种社会形态、两条道路、两大力量的较量，必然会在意识形态领域表现出来，表现为马克思主义的、社会主义的意识形态、价值取向与资产阶级的、资本主义的意识形态、价值取向的反复交锋和较量，而这种较量又同当今复杂的国家利益、民族利益的诉求，同当今复杂的民族、宗教问题，同全世界维护人类生存环境的共同要求纠缠在一起，同求和平、求发展的利益争斗纠缠在一起，变得更为复杂，资本主义意识形态为掩盖其贪婪的本质，往往披上普世的、人权的、全人类的、中立的、抽象的外衣，用来蛊惑人心，达到浑水摸鱼的目的，极具迷惑性。

总之，马克思主义经典作家所判断的历史时代根本没有改变，马克思主义根本没有过时，这就是任何人改变不了的客观事实，是明眼人都能看得出来的客观事实。

（二）马克思主义是科学，是有生命力的，始终是我们党的思想基础和理论指南

20世纪的东欧剧变、苏联解体，是世界社会主义运动遭受到的最严重的挫折。一时间，"历史终结论""社会主义失败论""马克思主义过时论"甚嚣尘上，对此，邓小平同志以坚定的马克思主义信念，斩钉截铁地回答：

不要惊慌失措，不要认为马克思主义就消失了，没用了，失败了。哪有这回事！[①]

我坚信，世界上赞成马克思主义的人会多起来的，因为马克思主义是科学。[②]

马克思主义并不过时，在今天仍然是我们党的指导思想，这是由马克思主义的科学性所决定的。马克思主义除了显著的阶级性之外，其科学性在于实践性、发展性和创造性。马克思主义的实践性、发展性和创造性，决定了马克思主义是科学，是有生命力的，不过时。

马克思主义的第一个特点是实践性。马克思主义之所以永不枯竭、永远具有蓬勃的生命力，首先在于它的实践性。实践的观点是马克思主义首要的根本的观点，是马克思主义科学性的根本所在。实践是理论的源泉，是理论正确与否的检验标准，是推动理论不断发展的动力。从马克思实践的观点，到列宁的"实践第一"的观点，到毛泽东的"实事求是"的观点，到中国特色社会主义理论体系的"解放思想、实事求是、与时俱进、求真务实"的观点，都是一脉相承的，它们都强调实践，强调要根据实践的变化特点不

[①]《邓小平文选》第3卷，人民出版社1993年版，第383页。
[②]《邓小平文选》第3卷，人民出版社1993年版，第382页。

断充实马克思主义新的内容。毛泽东同志讲过：

> 真理的标准只能是社会的实践。实践的观点是辩证唯物论的认识论之第一的和基本的观点。①

邓小平同志也讲过：

> 一个新的科学理论的提出，都是总结、概括实践经验的结果。没有前人或今人、中国人或外国人的实践经验，怎么能概括、提出新的理论？②

马克思主义特别强调实践性。列宁把马克思主义理论同俄国革命实践结合起来，找到俄国革命的正确道路，创立了具有生命力的列宁主义。毛泽东把马克思列宁主义理论同中国革命实践结合起来，找到中国革命的正确道路，创立了具有生命力的毛泽东思想。当代中国共产党人把马克思列宁主义、毛泽东思想同当代中国社会主义现代化建设的实践结合起来，找到中华民族伟大复兴的正确道路，创立了具有生命力的中国特色社会主义理论体系。实践性决定了马克思主义始终要与常新的实践相结合，实践永无止境，推动理论创新永无止境，创新的实践不断为理论提供源泉和发展动力。实践推动理论创新，同时又需要创新的理论指导，正因为有实践作源泉、作动力、作检验标准，马克思主义才永葆蓬勃的生机和活力。

马克思主义的另一个特点是发展性。马克思主义之所以是真理，在于它永远不会停留在同一个水平上，而是永远向更高的水平发展。这种发展性，是由实践性带来的。马克思主义需要实践、实践、再实践，同时也就需要对实践认识、认识、再认识。因此，马

---

① 《毛泽东选集》第1卷，人民出版社1991年版，第284页。
② 《邓小平文选》第2卷，人民出版社1994年版，第57—58页。

克思主义必然随着实践的发展而发展。实践常新,理论也常新。恩格斯强调:

> 我们的理论是发展着的理论,而不是必须背得烂熟并机械地加以重复的教条。①

马克思主义是世界观和方法论的统一,只有运用它的立场、观点和方法不断地解决新的问题,才具有蓬勃的生命力,才会不断地向前发展。任何时候,马克思主义都不能窒息自己的生命力,成为静止不变的、封闭的体系,而要不断地随着实践的发展而发展。毛泽东同志在 1959 年年底到 1960 年年初读《苏联政治经济学教科书》的时候讲过,马克思、恩格斯、列宁的书必须读,这是第一,但是任何国家的共产党人,任何无产阶级的思想家都要形成新的理论,写出新的著作,产生自己的理论家。他还说,我在第二次国内革命战争中和抗日战争初期,写了《实践论》和《矛盾论》,都是适应当时需要不能不写的,现在我们进入社会主义时代,出现了一系列的问题,如果不适应新的需要,写出新的著作,这是不行的。② 邓小平同志 1979 年春在理论工作务虚会上讲:

> 科学社会主义是在实际斗争中发展着,马列主义、毛泽东思想是在实际斗争中发展着。我们当然不会由科学的社会主义退回到空想的社会主义,也不会让马克思主义停留在几十年或一百多年前的个别论断的水平上。③

江泽民同志在党的十五大报告中指出:

---

① 《马克思恩格斯选集》第 4 卷,人民出版社 1995 年版,第 681 页。
② 龚育之等:《毛泽东的读书生活》,生活·读书·新知三联书店 1986 年版,第 36 页。
③ 《邓小平文选》第 2 卷,人民出版社 1994 年版,第 179 页。

离开本国实际和时代发展来谈马克思主义，没有意义。静止地孤立地研究马克思主义，把马克思主义同它在现实生活中的生动发展割裂开来、对立起来，没有出路。①

总之，马克思主义是发展的，必须随着实践的发展而形成新的理论，写出时代新篇。

马克思主义还有一个特点就是创造性。马克思主义是科学的理论，因为它同实际相结合，不断地在实践中解决新问题，提出新观点，形成新理论，这就决定了马克思主义具有创造性的特点。创造性这一点，首先在马克思、恩格斯身上就淋漓尽致地体现出来。马克思、恩格斯在创建科学社会主义的过程中不是停留在某个固定水平上，而是随着实践的发展不断地思考和研究新问题，在实践应用中不断充实和完善自己的理论。列宁主义、毛泽东思想都是在马克思、恩格斯创建的理论基础上丰富、发展和创新的。夺取政权之后，毛泽东又领导我们完成了社会主义改造，现在摆在面前的挑战是，怎样在一个落后的国家建设社会主义现代化，过去马克思主义经典作家虽然有过探索，但没有彻底解决，按图索骥、完全按照书本上说的去做，行不通；照抄其他国家的发展模式，也行不通，怎么办？只有创新。中国特色社会主义理论体系就是在马克思列宁主义、毛泽东思想基础上的伟大创新，是不断创新的中国化的马克思主义。

正因为马克思主义的实践性、发展性和创造性，决定了马克思主义是科学，是有生命力的。其生命力就体现在马克思主义不是教条，也不是宗教信仰，而是建立在人类社会自然科学和社会科学优秀成果基础上的科学体系。

首先，马克思主义的立场、观点、方法，马克思主义的世界观、方法论是科学的、正确的，是指南，是思想方法，是有生命力

---

① 《江泽民文选》第2卷，人民出版社2006年版，第12页。

的。毛泽东同志说：

> 马克思主义有几门学问……基础的东西是马克思主义哲学。这个东西没有学通，我们就没有共同的语言，没有共同的方法，扯了许多皮，还扯不清楚。有了辩证唯物论的思想，就省得许多事，也少犯许多错误。[①]

所谓具有普遍指导意义的真理，就是指马克思主义哲学世界观和方法论。其次，马克思主义的基本原理是有生命力的。马克思主义所揭示的客观规律和历史趋势、得出的一般结论，是科学的、正确的原理。最后，即使马克思主义经典作家的个别结论具有历史局限性，也并不说明可以否定马克思主义的科学性。从历史发展的规律来讲，任何一个历史人物都是有历史局限性的，任何一个理论形态也是一定历史时代的产物。马克思、列宁、毛泽东的某些具体结论必然受到各自所处的历史和时代条件的制约，不能不具有一定的历史局限性。马克思主义的科学性主要在于它对社会历史发展客观规律的深刻洞察与揭示，个别结论和论断的过时并不说明可以否定马克思主义的科学性。马克思主义的科学性决定了马克思主义永远是我们党的指导思想，这点是不可动摇的，一旦动摇了、放弃了马克思主义的指导，党就会蜕化变质，必然会发生东欧剧变、苏联解体那样山崩地裂的改变，出现历史性倒退。这是前车之鉴，而不是什么危言耸听的假设。

三 坚持马克思主义必须根据实践不断地发展马克思主义，在坚持的基础上不断发展马克思主义

解决了为什么坚持马克思主义的问题，继之而来的是第二个问

[①] 《毛泽东文集》第6卷，人民出版社1999年版，第396页。

题：怎样坚持马克思主义。也就是必须在坚持马克思主义的基础上发展马克思主义，不发展马克思主义就无法真正地坚持马克思主义。怎样发展马克思主义，一定意义上取决于对待马克思主义的根本态度。

对于中国共产党人来说，怎样坚持马克思主义，实质上是对待马克思主义采取什么样态度的问题，是原封不动地把马克思主义拿来、生搬硬套地指导中国实际，还是把马克思主义与中国实际结合，形成中国化的马克思主义用以指导中国实际，这就是对待马克思主义的根本态度问题。重视马克思主义的指导作用，但离开了中国实际，照抄照搬马克思主义是不行的。这是关系到党和革命事业生死存亡的大问题。

对待马克思主义有两种截然不同的态度，一种是正确的态度，把马克思主义同中国实际结合，既坚持马克思主义，又发展马克思主义，形成中国化的马克思主义，用中国化的马克思主义指导中国实践。另一种是错误的态度，其表现有三，一是否定马克思主义的指导作用。否定马克思主义指导，是右的表现，企图用别的什么理论取代马克思主义的指导地位。资产阶级自由化思潮就是从右的方面否定马克思主义，"过时论"认为马克思主义是100多年前讲过的话，现在已经过时了，马克思主义已经没有了当初的生命力。当前右的表现，就是企图用民主社会主义、用历史虚无主义、用新自由主义思潮、用普世价值观、用宪政民主来取代马克思主义的指导地位。二是轻视马克思主义。当前有一种经验主义倾向在滋生蔓延，只相信自己有限的经验，不相信马克思主义理论的指导作用。三是对马克思主义采取教条主义态度。教条主义或者叫本本主义，就是一切从书本出发、一切从条条出发，脱离实际，照抄照搬马克思主义。这三种表现无论过去还是现在都会对党和人民的事业造成极大的危害。

在我们党成立之初，在党尚处于幼年、不成熟时期，很容易犯生吞活剥马克思主义、消化不良、照抄照搬的毛病。在党的历史上，曾犯过几次严重的教条主义错误，给党的事业带来极大的危害。教条主义有右的表现，也有"左"的表现，但无论是右或"左"，都以理论脱离实际为主要特征。除了陈独秀右倾机会主义给党带来重大挫折，危害最大的就是王明"左"倾教条主义。王明的教条主义表现极"左"，危害极大，教训极其深刻。他打着马克思主义旗号，披着马克思主义外衣，欺骗性极强，王明教条主义危害，几乎亡了党、亡了革命。遵义会议及时纠正了王明的"左"倾路线，挽救了红军，挽救了党，挽救了革命。延安整风运动从思想路线上彻底清算了王明教条主义，树立了实事求是的思想路线，确立了马克思主义与中国实际相结合的中国化的马克思主义——毛泽东思想的指导地位。在毛泽东思想指引下，不断取得胜利，中国革命最终取得成功。在社会主义建设时期，"左"的错误导致我国社会主义建设走了一段弯路，从思想路线上说，"左"的错误也是犯了教条主义错误。党的十一届三中全会纠正了错误路线，恢复了实事求是的思想路线，开创了建设中国特色社会主义的正确道路。

坚持马克思主义，必须发展马克思主义，这就需要不断实现马克思主义中国化的理论创新。没有创造性，就没有中国特色社会主义事业；没有创造性，马克思主义就没有生命力；没有创造性，工作也就不可能做得有声有色，有所前进。马克思、恩格斯创立的科学社会主义，有一个重要的结论，就是社会主义革命不能在一国首先取得胜利，必须在数国同时取得胜利，这是马克思、恩格斯当时的结论。列宁如果不在原有理论基础上前进一步的话，就不可能有俄国革命的成功，即使成功也要拱手相让。列宁分析了当时他所处的帝国主义和无产阶级革命时代，提出在资本主义发展的帝国主义时代，经济政治发展更加不平衡，形成了帝国主义统治最薄弱的环节，社会主义革命就有可能在帝国主义统治薄弱的环节发生，可以在一国首先取得胜利，这就将马克思主义推进到了马克思列宁主义阶段。

列宁主义只是解决了在俄国这样相对落后的国家如何进行社

主义革命，至于像中国这样的半殖民地半封建国家怎样进行社会主义革命、怎样夺取政权、怎样建立社会主义制度，需要中国的同志自己身体力行去探索，去求解答案。事实上，马克思主义传播到东方、传入中国之后，形成了马克思主义中国化的理论成果——毛泽东思想。毛泽东同志指出，在落后的国家，像中国这样半殖民地半封建的国家要搞革命必须分两步走，第一步要搞新民主主义革命，第二步要不间断地搞社会主义革命，同时要走一条和中心城市暴动夺取政权不同的道路，即农村包围城市、最后夺取全国政权的道路，中国革命走出了一条自己的道路。

夺取政权之后，毛泽东同志对新的历史条件下如何建设社会主义的问题作了一系列艰辛的探索，取得了伟大成就，同时也走了一段弯路，使中国社会主义建设遭受损失。实践使我们必须面对这样一个问题，在中国建设什么样的社会主义，怎样建设社会主义，即中国建设社会主义应走什么样的道路？在改革开放实践的基础上，中国特色社会主义理论科学地回答了这个问题，解决了在中国这样落后的国家夺取政权建立社会主义制度之后，如何建设社会主义，建设什么样的社会主义的问题。所以说，只有随着实践的发展，不断发展马克思主义，才是真正的马克思主义，才能把马克思主义发展到中国化的新高度。

党的十八大以来，习近平总书记在党和国家重要会议、国内考察、出国访问和国际论坛等多个场合，发表了一系列重要讲话，习近平总书记的系列重要讲话，站在时代和实践发展的战略高度，立足国际国内发展大局，适应时代和实践发展的新要求，把握人民群众的新期待，继往开来，面向未来，围绕坚持和发展中国特色社会主义，围绕实现"两个百年"奋斗目标，实现中华民族伟大复兴的中国梦，围绕推进经济建设、政治建设、文化建设、社会建设、生态文明建设和党的建设，围绕推进社会主义市场经济的改革开放，围绕贯彻落实党的群众路线，反对"四风"、转变作风等，运用马克思主义立场、观点和方法，对中国特色社会主义的重大理论和现实问题给予明确回答，作出深刻论述，提出并形成了一系列富有创建的新思想、新观点、新论断、新要求、新举措，进一步升华了党对人类历史发展规律、社会主义发展规律、马克思主义执政党建设规律的认识，为在新的起点上实现中华民族伟大复兴中国梦的奋斗目标提供了基本遵循，为中国特色社会主义伟大事业提供了行动指南，是对中国特色社会主义理论体系的进一步丰富、发展和创新，是对进一步推进马克思主义中国化、时代化和大众化的重要贡献。

历史的经验和新鲜的实践告诉我们，必须坚持马克思主义理论指导，而坚持马克思主义指导，在中国，就要坚持用不断发展的中国化的马克思主义指导。只有坚持马克思主义、发展马克思主义，不断地推进马克思主义中国化，用中国化的马克思主义指导中国特色社会主义伟大实践，才能不断推进中国特色社会主义不断取得新的胜利。

学习历史唯物主义，运用历史唯物主义[*]

历史唯物主义即唯物主义历史观，简称唯物史观，是人类思想史上全新的历史观。作为马克思主义哲学的重要组成部分，它揭示了人类社会历史发展的客观规律，是关于人类社会发展一般规律的科学。它既是世界观，为人们提供认识社会历史问题的根本看法，又是方法论，为人们提供处理社会历史问题的基本方法，是正确认识、改造人与社会，推进人与社会自由全面发展的锐利思想武器。

一 历史唯物主义的创立及其伟大历史功绩

历史唯物主义的创立是人类思想史上的一场伟大革命。它将唯心主义从社会历史领域中彻底清除出去，实现了自然观上的唯物主义与历史观上的唯物主义的统一，使马克思主义哲学成为彻底的和完备的唯物主义学说。

（一）历史唯物主义创立的历史条件和过程

历史唯物主义是特定社会历史条件的产物，是人类社会思想发展的必然结果。

---

[*] 该文系作者 2014 年 3 月的研究笔记，原载《党委中心组学习》2014 年第 3 期。

资本主义社会化大生产为历史唯物主义的创立提供了物质前提。社会化大生产在极大地提高生产力的同时，造就了历史上最为复杂的生产组织，社会日益分裂为两大对立阶级——工人阶级和资产阶级。社会化生产同生产资料私人占有的资本主义社会基本矛盾，为理解社会发展趋势提供了充足、客观的依据。资本主义的社会结构和关系变得容易解剖起来，以往私有制社会的结构和关系也能够为人们所看透。资本主义开创了"世界历史"，让社会规律越来越清晰地呈现出来，剥削阶级再也不能够肆意地以阶级偏见来歪曲历史，人们再也不会片面地了解社会历史。

近代英法的思想家始终致力于对社会历史的探索，并在经济学和历史学上取得了难能可贵的研究成果。以圣西门、傅立叶、欧文为代表的空想社会主义者提出了许多宝贵的社会改革方案，德国古典哲学家黑格尔和费尔巴哈也分别阐述了辩证法和唯物主义思想，这都为既唯物又辩证的新的社会历史理论的创立准备了扎实的思想基础。

马克思、恩格斯顺应了时代的要求，承担起创立历史唯物主义的重任。早在1842—1843年，马克思就遇到了"对所谓物质利益发表意见的难事"，促使他努力地探寻社会发展的内在规律。马克思于1845年春完成的《关于费尔巴哈的提纲》表明科学的实践观已经形成，新世界观的萌芽在此产生，这是历史唯物主义的起源。1845年，马克思和恩格斯合著了《德意志意识形态》，系统地论述物质生产是社会生活的前提和基础，指出一切历史都发端于物质生产，生产力的总和决定了社会的总体状况。

1847年马克思的《哲学的贫困》和1848年马克思恩格斯合著的《共产党宣言》，向世人公开阐明了历史唯物主义原理。马克思、恩格斯一再强调，无产阶级只有坚决地改变现存的社会关系才能真正地解放自己，社会革命是生产力发展的历史结果，废除资产阶级的私有制是历史铁律，不以任何人的主观意志为转移。1859年，马克思在《〈政治经济学批判〉序言》中对历史唯物主义基本观点作了更加简明、精辟、系统的表述。至此，历史唯物主义的基本原理得以确立起来。

（二）历史唯物主义的伟大历史功绩

历史唯物主义的创立具有划时代的伟大意义。它的创立是社会历史观的空前变革，使得哲学从此不再是束之高阁的学术专利品，而是面向现实、改变世界的强大的思想武器。

1. 历史唯物主义揭示了社会历史的运动规律。

自古及今，人们都在不断地追问社会发展的原因，探索社会发展的规律和趋势，试图解释人类社会何以产生、何以运行、何以发展的问题。但在马克思创立唯物史观之前，人类始终陷于唯心史观的思想迷途而不能自拔。马克思与唯心史观相反，不是从主观意识、客观精神、上帝、神意或抽象的人性出发，而是从现实的人及其活动出发，从现实的人的物质生活条件出发。在马克思看来，"有生命的个人的存在"是全部人类历史的第一个前提。人们为了创造历史，必须能够生活；为了生活，就必须进行物质生活资料的生产；物质生产是人类的第一个历史活动，是一切历史的基本条件。任何一个民族，如果停止生产，不用说一年，就是几个星期，也要灭亡。追求生存发展需要的满足，是人们的一切思想动机背后的最深刻的物质根源；人们所从事的物质资料生产，是社会发展的根本原因。人类社会的一切经济关系、政治关系、社会关系、思想文化关系，都是在物质生产基础上建构起来的，并随着物质生产的发展变化而发展变化；必须从人类生存发展的物质经济基础出发来说明人类社会的发展变化，来说明一切人类社会历史现象。从原始社会到现在，没有例外的。马克思对历史规律的揭示和把握，清晰地给出了人类历史活动的总体目标和方向，人类能动地改造世界不再仅仅是一个美好的愿望，而以往的唯心史观由于理论的不彻底性和受自身阶级利益羁绊，给出的目标和方向往往不甚明了，甚至于自相矛盾。

2. 历史唯物主义使社会主义由空想变为现实。

历史唯物主义和剩余价值理论是马克思一生的两大发现。历史唯物主义告诉人们,社会主义的建立是历史发展的大趋势,是符合社会发展规律的。剩余价值理论则证明了资本主义制度绝不像资本家鼓吹的那样完美无瑕,它只是人类历史上最终形式的私有制,必将被生产资料公有制的社会主义所取代。至此,社会主义再也不是天才头脑的偶然发现和理想家的"梦的呓语",而是实实在在的运动,它起源于粗糙的物质生产,是人民遵循社会历史规律而必然要走的社会发展道路。历史唯物主义和剩余价值理论共同将社会主义理论建立在了科学的基础之上。

3. 历史唯物主义赋予无产阶级战无不胜的思想武器。

历史唯物主义帮助无产阶级认清了自己的历史地位和社会使命,无产者用自己的双手去实现自身的解放。"对实践的唯物主义者即共产主义者来说,全部问题都在于使现存世界革命化,实际地反对并改变现存的事物。"[1] 在历史唯物主义的指导下,无产阶级能够准确、客观、真实地认识革命或建设的实际状况,实事求是地改变世界,创造未来。共产主义运动史已经证明,无论是在过去还是现在,不论是在北半球还是在南半球,无产阶级都取得了令人骄傲的革命或建设成就,历史唯物主义是无产阶级无坚不摧、无往不利的思想武器。

二 历史唯物主义的基本原理

历史唯物主义是关于社会发展的根本动因、总体进程、一般规

---

[1] 《马克思恩格斯选集》第 1 卷,人民出版社 2012 年版,第 155 页。

律和必然趋势的学说。它揭示了人类社会发展的基本规律和历史必然性，也指明了实现这一历史必然性的动力和主体力量。它所包含的内容非常丰富，撮其要者，主要包括社会存在决定社会意识、社会基本矛盾是社会历史发展的根本动力、人民群众是历史的创造者等基本原理。这些基本原理各有侧重，相辅相成，是内在统一的。

（一）社会存在和社会意识的唯物辩证关系

社会存在和社会意识的关系问题是哲学基本问题在历史观上的延伸，正确认识这一问题是解决其他社会历史观问题的基础和前提。对这个问题的回答，历来存在两种根本对立的观点：历史唯物主义和历史唯心主义。在马克思主义哲学产生之前，历史唯心主义长期占据主导地位，但它的缺陷显而易见：历史唯心主义主张社会意识决定社会存在，至多考察了人们活动的思想动机，而没有进一步考究思想动机背后的物质动因和经济根源，因而历史唯心主义把社会历史看成是精神发展史，从根本上否认了人民群众在社会历史发展中的决定作用。马克思在1859年总结自己的理论和实践活动时进一步阐明了历史唯物主义的基本观点，即"物质生活的生产方式制约着整个社会生活、政治生活和精神生活的过程。不是人们的意识决定人们的存在，相反，是人们的社会存在决定人们的意识"[①]。

社会存在是社会生活的物质方面，主要是指物质生活资料的生产及生产方式，也包括地理环境和人口因素。其中，生产方式包括生产力和生产关系，是社会历史发展的决定力量，是人类社会赖以存在和发展的基础，是人类其他一切活动的首要前提。物质生产活动及生产方式决定着社会的结构、性质和面貌，制约着人们的全部社会生活，它的变化发展决定着整个社会历史的发展变化。

社会意识是社会生活的精神方面，是社会存在的反映，总括了人的一切意识要素和观念形态，包括政治、法律、道德、艺术、宗

---

① 《马克思恩格斯选集》第2卷，人民出版社2012年版，第2页。

教、哲学和科学等思想和观点。社会意识与社会存在的发展有时会产生不完全同步性和不平衡性，社会经济发展水平较高的国家、民族或地区，社会意识的发展水平未必都是最高的；某些经济水平相对落后的国家、民族或地区，其社会意识的某些方面却可以领先于经济发达的国家、民族或地区。中国特色社会主义理论体系就是先进的社会意识，我们不能因综合国力上的暂时落后而妄自菲薄，要对中国特色社会主义理论体系和我们的优秀文化充满信心，对中国道路充满信心。

社会存在和社会意识是辩证统一的。社会存在决定社会意识，社会意识反作用于社会存在。当社会意识反映了社会发展的趋势和要求，对社会发展就起着积极的促进作用；相反，落后的社会意识不符合社会发展的趋势和要求，对社会发展起着阻碍的作用。因此，正确而充分地发挥社会意识的能动作用，有赖于先进文化特别是社会主义先进文化的建设。

（二）社会基本矛盾是社会历史发展的根本动力

生产力和生产关系、经济基础和上层建筑构成的社会基本矛盾，是社会历史发展的根本动力。

生产的目的是满足人的需要，人类第一个历史活动就是生产物质资料。生产力是人类社会生活和全部历史的基础，它是人类在生产实践中形成的改造和影响自然以使其适合社会需要的物质力量。生产力由劳动资料、劳动对象和劳动者等要素构成，劳动者在生产力诸因素中最重要、最活跃、最具能动性，因而人才资源是第一资源。生产力中还包括科学技术。科学技术能够应用于生产过程，渗透在生产力诸要素之中而转化为实际生产能力。机器代替手工、人工智能取代体力劳动和部分脑力劳动，是生产力发展的趋势，现代科学技术对于生产发展的作用越来越大，日益成为生产发展的决定性因素，是先进生产力的集中体现和主要标志。在这个意义上，"科学技术是第一生产力"。

生产关系是人们在物质生产过程中形成的客观的社会经济关系，是生产力得以在其中发展的社会形式。狭义的生产关系是指人们在直接生产过程中结成的相互关系，包括生产资料所有制关系、生产中人与人的关系和产品分配关系。广义的生产关系是指人们在再生产的过程中结成的相互关系，包括生产、分配、交换和消费等诸多关系在内的生产关系体系。在生产关系中，生产资料的所有制关系是最基本的，它决定着物质资料的生产、分配、交换和消费。

生产力和生产关系是社会生产不可分割的两个方面，二者是有机的结合和统一。生产力决定生产关系，生产关系又反作用于生产力。

生产力状况决定生产关系的性质，并决定生产关系的发展变化。当生产关系不能适应生产力的发展要求时，人们就要变革旧的生产关系，以适应生产力的发展。否则，落后的生产关系就会阻碍生产力的发展，从而使整个社会停止发展乃至倒退。生产关系一定要适合生产状况，这是自人类社会出现以来的一条亘古不变的规律。

同生产力发展一定阶段相适应的生产关系的总和就是社会的经济基础。经济基础的实质是社会一定发展阶段上的基本经济制度，是制度化的物质社会关系。上层建筑是建立在一定经济基础之上的意识形态及相应的制度、组织和设施，以及与之相适应的政治、法律、宗教、艺术、哲学等观点的总和。上层建筑可分为政治上层建筑和观念上层建筑。政治上层建筑即政治、法律制度和设施，观念上层建筑即意识形态。在整个上层建筑中，政治上层建筑居主导地位，国家政权是其核心。

经济基础和上层建筑是辩证统一的。经济基础决定上层建筑，上层建筑对经济基础具有反作用。有什么样的经济基础，就有什么样的上层建筑，经济基础的变革必然引起上层建筑的变革，并决定其变革的方向。上层建筑可以形成、维护、巩固和加强经济基础在社会中的统治地位，对内排除异己、打击敌对势力，对外保护国家主权不受侵犯。当上层建筑为适合生产力发展要求的经济基础服务时，就会成为推动社会发展的进步力量；反之，就会成为阻碍社会发展的消极力量。因此，上层建筑一定要适合经济基础状况，这也是一条客观规律。当上层建筑不适合经济基础状况时，就要对其进行改革。

生产力和生产关系、经济基础和上层建筑的矛盾是社会基本矛盾。这两对矛盾贯穿人类社会发展过程的始终，决定和制约着其他社会矛盾的产生与解决，影响着整个社会的总体面貌，并推动着社会发展的历史进程。

社会基本矛盾是社会发展的根本动力。生产力是社会基本矛盾运动中最基本的动力因素，是人类社会发展和进步的最终决定力量。生产力是社会存在和发展的物质基础，是不能任意选择的物质力量和历史活动的前提，它是社会进步的根本内容，是衡量社会进步的根本尺度。生产力发展既是社会物质文明发展的基本内容，也是制约政治文明、精神文明和生态文明发展的基本物质条件。只有在生产力发展的基础上，才有可能充分满足人民群众的物质生活和精神生活的需要。

在社会基本矛盾的运动中，生产力和生产关系的矛盾是更为基本的矛盾。生产力和生产关系的矛盾决定经济基础和上层建筑的矛盾的产生和发展，"一切历史冲突都根源于生产力和交往形式之间的矛盾"[①]。但经济基础和上层建筑的矛盾也会影响和制约生产力和生产关系的矛盾。这是因为，生产力和生产关系的矛盾的最终解决也要有赖于经济基础和上层建筑的矛盾的解决。生产关系的变革或经济基础的变化受制于社会意识形态和政治法律制度即上层建筑的变化或变革，当上层建筑适应新的经济基础时，就必然会促进经济和社会的进步。当上层建筑不适应经济基础状况并阻碍生产力的发展时，只有对其进行坚决和彻底的变革，才能解决经济基础和上

---

① 《马克思恩格斯文集》第 1 卷，人民出版社 2009 年版，第 567—568 页。

层建筑的矛盾，进而解决生产力和生产关系的矛盾，达到解放生产力、发展生产力的目的。

（三）人民群众是社会历史的主体，人民群众的物质生产是创造历史的根本动力

社会历史在生产力和生产关系、经济基础和上层建筑的矛盾运动中进行，而历史的主体是人。人的历史活动创造了历史。

在"谁是历史的创作者"这个问题上，很多历史唯心主义者都只承认英雄人物的历史作用，而无视人民群众的力量。"我们所见到的世界上存在的一切成就，本是来到世上的伟人的内在思想转化为外部物质的结果，也是他们思想的实际体现和具体化。"[①] 这种历史观被称为英雄史观。早在 1844 年，马克思和恩格斯就指出"历史活动是群众的活动"[②]，决定历史发展的是"行动着的群众"[③]。这是马克思主义哲学的群众史观。群众史观和英雄史观集中反映了历史唯物主义和历史唯心主义在历史创造者上的主要分歧。

历史中的每个人都发挥着自己的作用。杰出个人的作用当然更为明显，他们被称为历史人物，是历史事件的当事人，是历史任务的提出者和承担者。但是，不管什么样的历史人物、在历史上发挥多大的作用，都受到客观物质生产条件制约，受到社会发展规律的制约，而不能随心所欲地改写历史，即无法决定和改变历史发展的总进程和总方向。历史人物的思想、行为必须符合社会发展规律，必须符合人民群众的意愿。顺应历史发展要求和人民群众意愿的历史人物就是能够起到推动社会前进的积极作用的杰出人物；相反，违背社会历史发展的规律性和必然性的历史人物，就违抗了人民群

---

① ［英］托马斯·卡莱尔：《论历史上的英雄、英雄崇拜和英雄业绩》，周祖达译，商务印书馆 2005 年版，第 1 页。
② 《马克思恩格斯文集》第 1 卷，人民出版社 2009 年版，第 287 页。
③ 《马克思恩格斯文集》第 1 卷，人民出版社 2009 年版，第 287 页。

众的意愿，是反面人物。

历史唯物主义不否认杰出人物、英雄在历史上的作用，但更强调人民群众在历史发展中起决定性作用。毛泽东同志指出：

> 人民，只有人民，才是创造世界历史的动力。①

因为人民群众是社会历史实践的主体，生产力的决定作用是通过人民群众的历史创造活动来实现的。生产力的主体是劳动者，劳动群众是人民群众的基本部分。人民群众是社会物质财富的创造者，是社会精神财富的创造者，是社会变革的决定力量。所以，生产力主体和历史主体是一致的，生产力的决定作用即意味着人民群众的决定作用。中国共产党领导革命和建设取得成功的一条基本经验，就是坚持群众史观，贯彻"一切为了群众，一切依靠群众，从群众中来，到群众中去"的群众路线。② 历史证明，群众路线是我们党的生命线和根本工作路线，是克敌制胜的重要法宝。

人民群众不仅是社会历史发展的主体，而且也是享用社会发展成果的主体。劳动者享用自己的劳动成果，是天经地义的事情。但在历来的私有制社会，劳动者都无法享用自己的劳动成果。社会主义国家是以公有制为主体的社会，注重尊重、彰显人民的主体地位，在历史发展中满足人民群众的利益需求，促进人民群众的自由全面发展。因此，领导干部要时刻关注最广大人民群众的利益和愿望，把"人民拥护不拥护，人民赞成不赞成，人民高兴不高兴，人民答应不答应"作为制定各项方针、政策的出发点和归宿；要代表最广大人民的根本利益，重视同人民保持血肉联系，坚持以人为本，始终把人民利益放在第一位，始终与人民心连心、同呼吸、共命运，把实现好、维护好、发展好最广大人民根本利益作为一切

---

① 《毛泽东选集》第 3 卷，人民出版社 1991 年版，第 1031 页。
② 《改革开放三十年重要文献选编》（下），人民出版社 2008 年版，第 1194 页。

工作的出发点和落脚点；要尊重和发挥人民群众的首创精神，走共同富裕道路，促进人的全面发展，做到发展为了人民、发展依靠人民、发展成果由人民共享；要更好倾听群众呼声，维护群众合法权益，着力解决人民群众反映强烈的突出问题，多干让人民满意的好事实事，始终全心全意为人民服务。

总之，社会存在决定社会意识，生产力决定生产关系，经济基础决定上层建筑，人民群众决定历史发展是历史唯物主义基本原理最重要的内容，是理解社会存在和发展的一条主线。自这一科学原理被揭示出来以后，已深刻地影响人类历史的进程，历史运动从盲目、被动受制于历史规律，走向自觉、主动运用历史规律，一个多世纪以来的社会主义的革命、建设和改革，反复证明了历史唯物主义基本原理的科学性、正确性和指导性。

（四）阶级与阶级斗争理论是马克思主义的一个基本观点

自从人类社会进入奴隶社会，经过封建社会，到资本主义社会，在这漫长的历史长河中，一直存在阶级、阶级差别、阶级矛盾和阶级斗争。在奴隶社会和封建社会，阶级和阶级斗争事实被纷杂的社会矛盾、森严的等级制度等表面的社会现象所掩盖，再加上统治阶级的欺骗宣传，不易被人们所识别，以为天然如此。到了近代资本主义社会产生，随着大工业产生发展，阶级关系变得越发简单明了，各个阶级同经济活动的联系更直接、更明显了，正如《共产党宣言》所指出的那样：

> 资产阶级撕下了罩在家庭关系上的温情脉脉的面纱，把这种关系变成了纯粹的金钱关系。[1]

这就为人们正确认识阶级与阶级斗争提供了客观条件。然而，

---

[1] 《马克思恩格斯选集》第 1 卷，人民出版社 2012 年版，第 275 页。

确认阶级和阶级斗争事实，并不是马克思的发明。在马克思之前，资产阶级思想家已经发现资本主义社会中有阶级的存在，发现了各阶级之间的斗争。马克思自己就曾说过：

> 无论是发现现代社会中有阶级存在或发现各阶级间的斗争，都不是我的功劳。在我以前很久，资产阶级历史编纂学家就已经叙述过阶级斗争的历史发展，资产阶级经济学家也已经对各个阶级作过经济上的分析。[①]

英国资产阶级古典经济学的重要代表人物亚当·斯密，第一次从经济上揭示了资本主义社会的阶级结构和阶级分野，他认为，资本主义社会有三大基本阶级：地主阶级、工人阶级和资产阶级，他们分别以土地地租、劳动工资和资本利润为其经济收入。同样也是英国资产阶级古典经济学代表人物大卫·李嘉图，揭示并说明了阶级以及阶级之间的经济对立。19世纪法国复辟时期的历史学家基佐、梯也尔、米涅等，已经阐述了中世纪以来阶级斗争的发展历程，指出阶级斗争是理解中世纪以来法国历史的钥匙，是推动历史发展的动力。19世纪空想社会主义者也认识到了阶级与阶级斗争，恩格斯认为圣西门"认识到法国革命是贵族、资产阶级和无财产者之间的阶级斗争，这在1802年是极为天才的发现"[②]。但是由于他们都是站在唯心史观的立场上，并不认识资本主义生产方式的内在矛盾，不可能揭示阶级产生和消灭的根源和途径。

在资产阶级思想家已有的思想成果基础上，马克思在给约瑟夫·魏德迈的信中谈到，关于阶级和阶级斗争，"我所加上的新内容就是证明了下列几点：（1）阶级的存在仅仅同生产发展的一定历史阶段相联系；（2）阶级斗争必然导致无产阶级专政；（3）这

[①] 《马克思恩格斯选集》第4卷，人民出版社2012年版，第425—426页。
[②] 《马克思恩格斯选集》第3卷，人民出版社1995年版，第609页。

个专政不过是达到消灭一切阶级和进入无阶级社会的过渡"①。

"阶级的存在仅仅同生产发展的一定历史阶段相联系",相应地,也就存在阶级产生和消亡的历史条件,而表明这些具体的历史条件,才是马克思的理论贡献。阶级是一个历史范畴,它的产生和消亡是一个历史过程。阶级的产生只是社会生产力发展到一定历史阶段,出现了剩余产品,有了私有制,才出现的。阶级随着生产力的发展也会走向消亡。当生产力发展到社会创造的产品可以满足所有人的需要时,也就是马克思所说的社会产品实行按需分配时,阶级也就消亡了。可见,阶级的产生和消亡是和生产力发展状态完全连在一起的,阶级仅仅同生产发展的一定历史阶段相联系,阶级不是永恒的。

"阶级斗争必然导致无产阶级专政",指明了阶级和阶级斗争的发展趋势。阶级发展到一定阶段,就产生了国家、监狱、法庭等暴力统治的工具。阶级斗争,有经济、思想、政治三种斗争形式。政治斗争的最高形式是暴力革命,用武装夺取政权。阶级斗争的进程经过历史上的奴隶阶级和奴隶主阶级、农民阶级和地主阶级的斗争几个大的发展阶段,发展到无产阶级和资产阶级之间的阶级斗争,最后必然要走到无产阶级革命和无产阶级专政这条道路上来,这是阶级斗争的最高形式。

"这个专政不过是达到消灭一切阶级和进入无阶级社会的过渡",指出了阶级消亡的途径。无产阶级专政是要达到无阶级社会必须经过的唯一途径。阶级的产生是个自发过程,但阶级的消亡不是自发的。并不能说生产力发展起来以后,阶级自然就没有了。阶级消亡必须经过无产阶级专政的途径。无产阶级专政是为了达到消灭阶级的目的而必须采取的阶级专政的形式,是由阶级社会向无阶级社会过渡的一个桥梁,人类社会必定走向无阶级的社会。

马克思主义关于阶级和阶级斗争的观点,是对阶级社会的本质

---

① 《马克思恩格斯选集》第4卷,人民出版社2012年版,第426页。

及其规律的正确认识，它提供了分析阶级社会现象的科学方法。阶级斗争贯穿阶级社会的始终，体现在社会生活的各个方面，如果离开阶级分析方法，就不可能认识复杂的社会现象，就不可能把握社会复杂现象。列宁指出："马克思主义给我们指出了一条指导性的线索，使我们能在这种看来迷离混沌的状态中发现规律性。这条线索就是阶级斗争的理论"①。工人阶级政党要指导事业发展并取得成功，就必须运用阶级分析方法分析阶级社会各阶级的经济、政治、思想、文化状况，了解各阶级的相互关系及其变化，才能正确把握阶级社会的发展规律，认清社会性质，正确估计形势，分清敌我友，从而制定正确的路线、方针和战略、策略。譬如，在中国革命斗争时期，毛泽东同志的《中国社会各阶级的分析》，正确分析了中国社会的阶级关系和力量对比，科学分清了谁是中国革命的领导阶级、谁是朋友、谁是敌人，制定了正确的路线方针和战略策略，从而引导中国革命到胜利。马克思主义阶级分析方法是指引中国共产党人取得革命胜利的指南针。

阶级和阶级斗争理论是运用马克思主义的基本立场、观点和方法于阶级社会本质与规律的科学概括。如果共产党人背离马克思主义阶级斗争学说，放弃阶级分析，那就是背离马克思主义。列宁指出：

> 阶级关系——这是一种根本的和主要的东西，没有它，也就没有马克思主义。②

美国原驻苏联大使马特洛克在《苏联解体亲历记》一书中谈到当年戈尔巴乔夫提出新思维、放弃马克思主义关于阶级斗争学说时指出："如果苏联领导人真的抛弃这个观点，那么，他们是否继

---

① 《列宁选集》第2卷，人民出版社1972年版，第587页。
② 《列宁专题文集·论无产阶级政党》，人民出版社2009年版，第306页。

续称他们的思想为'马克思主义'也就无关紧要了，这已是别样社会里实行的'马克思主义'，这样的马克思主义是我们大家都可以接受的。"① 看来美国资产阶级外交家已经看清阶级斗争学说在马克思主义理论体系中的地位了。它从另一侧方面说明，放弃阶级斗争学说，就是放弃马克思主义。

在社会主义建设时期，特别是中国特色社会主义发展到今天，时代条件发生了重大变化，国际形势发生了重大变化，国内情况也发生了重大变化，还要不要继续运用阶级分析方法、怎样运用阶级分析方法？

第一，在国内，我国正处于社会主义初级阶段，虽然旧的剥削阶级已经被消灭了，旧的剥削制度已经被消灭了，阶级对阶级的整体对抗、阶级对阶级的整体剥削已不存在，阶级斗争不是主要矛盾，经常的、大量的、反复出现的是人民内部矛盾，人民内部矛盾是人与人之间的主要矛盾，是社会主义政治生活的主题。但这并不意味着阶级、阶级差别、阶级矛盾、阶级斗争消亡了、没有了。在我国国内现阶段，阶级、阶级差别、阶级矛盾还存在，还存在带有阶级斗争性质的现象和矛盾，一定范围内的阶级斗争还存在，有时在一定条件下，阶级斗争还有可能激化。这就需要我们运用马克思主义阶级分析方法，来认识我国国内的阶级和一定范围的阶级斗争。

第二，在国际，始终存在社会主义与资本主义、工人阶级与资产阶级两种社会前途、两种社会力量、两条发展道路的博弈，存在工人阶级和资产阶级两种根本对立的意识形态的斗争，存在错综复杂的阶级关系和阶级矛盾，存在尖锐激烈的阶级斗争。只不过是，这种斗争往往为国与国、民族与民族、地区与地区之间经济、政治、文化的错综复杂的利益关系所掩盖。拨开迷雾，才见真日；剔

---

① [美]小杰克·F. 马特洛克：《苏联解体亲历记》（上），吴乃华等译，世界知识出版社1996年版，第169页。

除繁杂的表面现象，才能看到事物的实质。我国和西方发达资本主义国家的关系，既有国家之间、民族之间的利益差别与争夺、文化差别与冲突，同时又有利益互惠、文化互补，既有冲突矛盾，又有合作共赢。在对策上，既有对立斗争，又有友好合作，既有原则坚持，又有灵活策略。然而，从本质上判断，我们与西方发达资本主义之间始终存在、贯穿着社会主义与资本主义不同社会性质的前途命运的反复较量，这种较量又集中表现为意识形态之争。对世界形势的分析，显然离不开阶级分析。离开阶级分析，是分不清、辨不明、看不透世界各种力量较量和世界发展趋势的实质的。把马克思主义阶级和阶级斗争理论运用于对国际形势的分析，并不过时。

第三，国际上错综复杂的总的阶级斗争形势，国内一定范围内，特别是意识形态领域的阶级斗争还在影响着、渗透着我国社会生活的各个领域、各个方面。按照马克思主义唯物史观的观点，社会可以分为人类物质生活和精神生活两大现象。社会存在决定社会意识，社会意识离不开社会存在。然而社会意识对社会存在具有相对独立性，这种独立性表现为社会意识可以反作用于社会存在。物质可以变精神，精神也可以变物质，社会存在和社会意识存在同一性就是这个道理。意识形态的相对独立性表现为社会形态已经发生了变化，但与该社会形态相适应的意识形态还会持久地存在一段时间，还会对社会存在发生更为持久的影响。

比如，在我国封建社会总体上已进入博物馆（当然封建社会残余因素还在某种程度上存在），但封建社会意识形态还在今天的我国持续存在并继续发酵。我国已进入社会主义建设阶段，但封建主义、资本主义意识形态还存在，还产生影响。况且我国的社会主义是初级阶段的社会主义，尚有一定的旧的社会形态的经济基础、上层建筑存在。再者，以西方资本主义强国为主导的全球化、市场化将全世界连成一气，阶级与阶级斗争大环境是不分国界的，国际上意识形态的斗争是不分国界的，势必对我国社会生活产生深刻的、挥之不去的影响。这些都注定我们共产党人在分析国内国际形势、制定战略策略时，离不开运用马克思主义阶级分析方法。不运用阶级分析方法，不仅看不透形势的实质和发展趋势，还会产生误判，导致不正确的战略策略。

当然，也不能用阶级分析代替一切，到处贴标签。在处理我国国内社会生活时既不能完全放弃阶级分析，但也要反对以阶级斗争为纲的错误做法。在对外领域，既不能完全放弃对国际形势、国际斗争进行阶级分析，但也不能用阶级斗争为纲的做法代替一切对外工作和国际合作。两个方面都必须注意。

三 运用历史唯物主义的原理和方法推动各项工作

历史唯物主义是马克思主义关于社会历史发展问题的哲学总说明，是我们认识社会问题、解决社会问题、推进社会进步的思想武器。习近平总书记告诫我们，历史和现实都充分表明，只有坚持历史唯物主义，科学分析中国社会运动及其发展规律，才能不断把对中国特色社会主义规律的认识提高到新水平，才能不断推进中国特色社会主义的发展。各级领导干部要学会运用历史唯物主义的立场观点方法认识问题、分析问题和解决问题，推动各项工作。

（一）深入领会社会存在和社会意识的唯物辩证关系原理，一切从实际出发，制定、实施正确的路线、方针、政策

社会存在决定社会意识，这要求各级领导干部坚持实事求是的思想路线，一切从中国国情实际出发，从客观事物本身具有的规律出发分析问题、解决问题，制定和实施符合现实情况的路线、方针、政策。在革命、建设、改革各个历史时期，我们党系统、具体、历史地分析中国社会运动及其发展规律，在认识世界和改造世界过程中不断把握规律、积极运用规律，推动党和人民的事业取得了一个又一个胜利。应对当前我国发展面临的一系列矛盾和挑战，关键仍然在于尊重和把握客观规律，按客观规律办事。党的十八届三中全会作出全面深化改革总体部署，就是从我国基本国情和发展要求出发的。各级领导干部要充分考虑各部门、各地区的基本情况和发展要求，注意从社会物质条件的总和出发来对工作策略、决策和方式进行部署、安排和选择，脚踏实地、客观理性地处理和解决发展难题。

同时，各级领导干部也要重视社会意识对社会存在的反作用，时刻注意社会意识的变化和动态，积极、合理地引导社会意识的发展方向，以使其正确反映社会存在，促进社会的建设与发展。领导干部要体民意、接地气，多关心群众的心声与意见，勤体会百姓的思想与意识，了解、掌握各部门、各地区人民的真实想法，急群众所急，想群众所想，真心实意地为百姓解决实际问题，团结人民为共同的社会发展目标努力奋斗。

正确而充分地发挥社会意识的能动作用，就要推动社会主义先进文化大发展大繁荣。社会主义先进文化是对中国特色社会主义发展的趋势和要求的正确反映，它适应先进生产力的发展要求，代表人民群众的长远利益，能起到促进人类社会进步和发展的作用。各级领导干部要坚持走中国特色社会主义文化道路，坚持社会主义先进文化的前进方向，传承和弘扬中华民族优秀文化，推进社会主义核心价值观建设，树立高度的文化自觉和文化自信，提高文化软实力，发挥文化引领风尚、教育人民、服务社会、推动发展的作用，促进人和社会的自由全面发展。思想是行动的先导，各级领导干部要坚定对中国特色社会主义道路的自信，并将这种自信深深地植根于人民群众的心中，为中国特色社会主义建设事业打下坚实的精神基础。

（二）深刻领悟生产力标准，不断解放和发展生产力

所谓生产力标准，就是把是否有利于解放和发展社会生产力作为检验工作成败得失的根本标准。解放生产力、发展生产力是社会主义的根本任务。由于我国处于并将长期处于社会主义初级阶段，解放和发展生产力始终是各级领导干部工作的重中之重。

坚持生产力标准，就是要把握生产力在社会基本要素中的根本地位，坚持用发展来解决我国当前所面临的众多问题。社会是一个有机系统，由许多要素构成，包括生产力、生产关系、经济基础、上层建筑等。生产力是推动社会进步的最活跃、最革命的要素，其他要素的调整与变动，都要遵循生产力的客观要求和发展水平。只有生产力向前发展，整个社会才能持续、健康地向前发展。各级领导干部在实际工作中，要依据社会先进生产力的发展趋势和要求，坚持"发展是硬道理"的战略思想，坚持以经济建设为中心，坚持以人民为本的科学发展，加快转变经济发展方式，不断推进理论创新、制度创新和科技创新，把国家、各部门、各地区的建设事业推向前进。

坚持生产力标准，要把握好生产力中"物"的要素和"人"的要素的关系，推动社会全面进步和人的全面发展。在生产力三个基本要素中，生产资料和劳动对象属于"物"的要素，劳动者属于"人"的要素。把握生产力标准，既要注重社会物质财富的积累，又要注重人的全面发展，不能只见物不见人，"唯 GDP 论英雄"。生产力的解放与发展，归根结底是人的能力的解放和发展，人的劳动积极性和创造性的提高。各级领导干部在工作中应该尊重劳动、尊重知识、尊重人才、尊重创造，大力推进人才建设，发展好教育和科学事业，将生产力的解放和人的发展结合起来。

（三）学习和掌握社会矛盾分析法，全面推进各领域的改革和发展

社会基本矛盾是理解全面深化改革的钥匙。生产关系一定要适应生产力状况，上层建筑一定要适应经济基础状况，它们的共同作用构成整个社会的矛盾运动。只有把生产力和生产关系的矛盾运动同经济基础和上层建筑的矛盾运动结合起来观察，把社会基本矛盾作为一个整体来观察，才能全面把握整个社会的基本面貌和发展方

向。坚持和发展中国特色社会主义，必须不断适应社会生产力发展调整生产关系，不断适应经济基础发展完善上层建筑。当前之所以要全面深化改革，是因为我国生产力获得了快速发展，但发展中不平衡、不协调、不可持续问题依然突出，人口、资源、环境压力越来越大，上层建筑中的不适应问题也不断产生，因而必须适应社会基本矛盾运动的变化来推进社会发展。而社会基本矛盾总是不断发展的，所以调整生产关系、完善上层建筑需要相应地不断进行下去。实践发展永无止境，改革开放也永无止境。改革开放只有进行时，没有完成时。各级领导干部要始终保持一颗勇于进取、勇于改革、勇于创新的心，不能畏首畏尾，前怕狼后怕虎，对不适应生产力发展要求的生产关系要坚决地改革，对不适应经济基础的上层建筑要坚决地完善，要以壮士断腕的勇气和魄力去支持和推进全面深化改革。

在全面深化改革过程中，既要坚持重点论，又要坚持全面的观点。一方面，生产力是推动社会发展的决定力量。只有紧紧围绕发展这个第一要务来部署各方面改革，以解放和发展社会生产力为改革提供强大牵引，才能更好推动生产关系与生产力、上层建筑与经济基础相适应。要坚定地以经济建设为工作的重心，使市场在资源配置中发挥决定性作用，并更好地发挥政府的宏观调控和服务作用，推动我国社会生产力不断向前发展，推动实现物的不断丰富和人的全面发展的统一。另一方面，生产力和生产关系、经济基础和上层建筑之间有着作用和反作用的现实过程，并不是单线式的简单决定和被决定逻辑。党中央提出全面深化改革的方案，是因为要解决我们面临的突出矛盾和问题，仅仅依靠单个领域、单个层次的改革难以奏效，必须加强顶层设计、整体谋划，增强各项改革的关联性、系统性、协同性。既解决好生产关系中不适应的问题，又解决好上层建筑中不适应的问题，才能实现又好又快的发展，产生良好的综合效应。

因此，各级领导干部要有整体和全局观念，充分重视社会结构的有机联系和社会发展的整体性要求，切实将社会各个领域、各个层次的发展作为一个统一的进程加以推进。在社会结构体系中，经济、政治、社会、文化、生态是有机联系的，各级干部要按照"五位一体"的总体布局，兼顾社会各个领域、各个层次的发展，使不同领域、不同层次之间达到一种有效的协调，不能顾此失彼，产生各种失衡、错位和脱节的现象；要坚决拥护党中央的顶层设计和总体部署，不能打自己的如意算盘，搞"上有政策下有对策"那一套，让全面改革在自己工作的这一环节中断。

（四）遵循历史发展规律和坚持人民主体地位相统一的方法，以科学的态度进行改革与实践

社会历史领域与自然领域一样，存在不以人的意志为转移的客观规律；而人作为实践主体，又具有特殊的能动作用。这就需要领导干部把握好遵循客观规律与发挥人的主观能动性之间的关系，以科学的态度、既务实又开创性地进行实践。在实际工作中，既要遵循客观规律，按照客观规律办事，又要重视人的主观能动性的发挥，创造性地开展工作。建设中国特色社会主义，坚持科学精神，尊重和遵循客观规律是事业成功的根本保证，尤其是当社会发展进入关键时期、遇到多种复杂矛盾的情况下，更应强调这一点。同时，中国特色社会主义建设是一项前无古人的崭新事业，没有什么现成的经验可以借鉴，这就要求充分发挥主体的能动作用，创造性地进行实践。这绝不是不顾客观规律的任意而为，而是在实践探索中不断达到对客观规律的认识，并努力使行动与客观规律的要求相符合，尽可能防止偏差和失误。

人民群众是社会历史的主体，人民是历史的创造者。各级领导干部要紧紧依靠人民群众，发挥人民群众的主体能动性，推进改革的深入和各项工作的进行。同时，又要坚持一切为了群众，一切从人民的利益出发，将历史发展规律的客观要求与人民主体需求相统一。要进一步实现社会公平正义，优化制度安排，更好保障人民群

众各方面权益。要在全体人民共同奋斗、经济社会不断发展的基础上，通过制度安排，依法保障人民权益，让全体人民依法平等享有权利和履行义务。要坚持把实现好、维护好、发展好最广大人民根本利益作为推进改革的出发点和落脚点，让发展成果更多更公平惠及全体人民。

从群众中来、到群众中去，是建立在唯物史观基础上的党的根本工作路线。人民是创造历史的真正主人。正是坚持一切依靠人民，一切为了人民，从群众中来、到群众中去的马克思主义群众观，习近平总书记大力倡导转变作风、密切联系群众，推动在全党深入开展群众路线教育实践活动，在全面转变作风方面取得良好效果。习近平总书记强调：

> 人民群众中有的是能者和智者，要虚心向他们求教问策，把政治智慧的增长、执政本领的增强、领导艺术的提高深深扎根于人民群众的实践沃土之中，不断从人民群众中吸收营养和力量。[①]

总之，历史唯物主义深刻揭示了人类社会发展一般规律，在当今时代依然有着强大生命力，它能够指导我们更好地认识国情，更好地认识党和国家事业发展大势，更好地认识历史发展规律，更加能动地推进各项工作。各级领导干部要积极响应习近平总书记的号召，以历史唯物主义思想武装头脑，深入学习历史唯物主义的基本原理和方法，坚定理想信念，坚持正确政治方向，提高战略思维能力、综合决策能力、驾驭全局能力，团结带领人民不断书写改革开放历史新篇章，实现中华民族伟大复兴的"中国梦"。

[①] 人民日报社理论部编：《深入学习习近平同志系列讲话精神》，人民出版社2013年版，第88页。

坚持唯物史观及其社会形态理论与大的历史时代观[*]

在人类社会发展的历史长河中，我们国家和民族现在正处在一个什么样的时代和历史方位上、会向哪个方向发展、历史命运和前途会是怎样的？在科学判断时代和历史方位的前提下，如何认识中国特色社会主义的内外形势，如何判断我国发展的重要战略机遇期，如何推进中国特色社会主义科学发展？这些都是必须及时作出科学回答的重大战略选择问题。

一 马克思主义社会形态演变理论

20世纪80年代，我国理论界有一场关于马克思主义社会形态演变理论的争论，主要围绕"五形态说"和"三形态说"展开。所谓"五形态说"，是根据马克思恩格斯经典著作关于社会发展形态演变论述而概括的论点，即通常所讲的人类社会发展必然依次经过原始共产主义社会、奴隶社会、封建社会、资本主义社会、共产主义社会（社会主义社会是其发展的第一阶段）这五个阶段。所谓"三形态说"，则是根据马克思《1857—1958年经济学手稿》

---

[*] 原载《世界社会主义研究动态》2012年10月11日，原标题为"时代和历史方位问题"。

(即"伦敦手稿")中对社会历史进程看法而概括的论点,马克思指出:

> 人的依赖关系(起初完全是自然发生的),是最初的社会形态,在这种形态下,人的生产能力只是在狭窄的范围内和孤立的地点上发展着。以物的依赖性为基础的人的独立性,是第二大形态,在这种形态下,才形成普遍的社会物质变换,全面的关系,多方面的需求以及全面的能力的体系。建立在个人全面发展和他们共同的社会生产能力成为他们的社会财富这一基础上的自由个性,是第三个阶段。第二个阶段为第三个阶段创造条件。①

依据马克思关于人的依赖关系、物的依赖关系、个人全面发展这三大阶段的划分,可以认为,人类社会依次经过自然经济、市场经济和产品经济这三个阶段。

围绕着"五形态说"和"三形态说"的争论产生了某些思想混乱。有的人用"三形态说"否定"五形态说",认为马克思从来没有说过人类社会有五种基本的社会形态更替,"五形态说"是斯大林提出来的,不是马克思的本意,不是历史发展的普遍规律;也有的人看不到人类社会必然要经过市场经济阶段,才能过渡到最后的产品经济阶段。实际上,无论是"五形态说",还是"三形态说",都是马克思主义根据生产力发展历史状况,对人类社会形态发展历史进程的科学概括。大家对"五形态说"比较熟悉了,认真研读马克思恩格斯全部经典著作,可以看到,他们已经清晰地勾画出了人类社会发展的"五形态"的历史进程。按照马克思恩格斯的"三形态说",第一阶段"人的依赖关系"实质上是自然经济社会,由于生产力落后,原始人依赖原始群体、奴隶人身依附于奴

---

① 《马克思恩格斯全集》第46卷(上),人民出版社1979年版,第104页。

隶主、农民人身依附于地主，表现为个人对他人、对社会组织的依赖；第二阶段"人对物的依赖关系"实质上是市场经济社会，人依附于商品、金钱，表现为人受物的支配；第三阶段"人的全面发展"则是市场经济消亡以后的产品经济社会，人成为自身的主人。

"三形态说"实际上同"五形态说"并不矛盾，马克思、恩格斯对社会形态进程的这两种划分，都是根据唯物史观分析社会形态演变而得出的正确结论，二者是一致的，只不过是角度不同。"三形态说"是从人类社会必然经历的自然历史过程，即物质的、生产力的、经济的性质和状态来说的，而"五形态说"则是从由生产力所决定的生产关系和上层建筑的性质与状况、从社会制度的性质与状况来说的，其根据都是依据生产力发展性质与状况来判断的。

这场争论的实质，在于马克思主义关于人类社会发展规律及社会形态演变进程的判断是不是客观真理，社会主义、共产主义是不是历史必然；市场经济能不能与公有制相结合，社会主义要不要发展市场经济，涉及问题的症结，就在于社会主义、共产主义是不是必然趋势，马克思主义是不是真理、有没有生命力。

人类社会和万事万物一样，有一个由低级向高级不断发展的历史进程。唯物史观认为人类社会经历了原始社会、奴隶社会、封建社会、资本主义社会，还要发展到未来共产主义社会（社会主义是共产主义社会的第一阶段）。每一个社会形态都有一个由生到死的过程。而人类社会发展五个社会形态从物质的、生产力的、经济的状况的自然历史过程来说，又可以分别属于自然经济、市场经济和产品经济三大阶段。自然经济社会就是原始社会、奴隶社会和封建社会；市场经济社会就是资本主义社会，现在看来，至少社会主义初级阶段也应当大力发展市场经济；产品经济社会是未来的共产主义社会。马克思、恩格斯证明，资本主义社会发展由于其不可克服的内在矛盾而导致灭亡，最终要被更高级的社会形态——共产主义社会所代替，而共产主义在其发展过程中首先经历社会主义阶段。

第一，迄今为止的考古学、人类学、社会学等已经从实证的角度完全证明了马克思主义关于人类依次经历了原始社会、奴隶社会、封建社会的结论是正确的。自16世纪，资本主义形成至今的各种历史事实以及活生生的现实，充分地表明资本主义社会产生、发展和衰落是不争的历史事实。

第二，从马克思、恩格斯逝世后的第一个社会主义国家产生，到社会主义发展受挫，再到今天中国特色社会主义成功的一个半世纪的历史事实，到金融危机和西方资本主义衰退的事实，证明马克思主义关于社会主义必然代替资本主义的判断是符合历史发展规律的，是正确的。

第三，马克思、恩格斯只是揭示历史发展的一般规律和总体趋势，并不排斥一般规律和总体趋势之中的特例和偶然。因为人类社会进程就是由无数次特例和偶然所组成的，一般规律和总体趋势也往往靠特例和偶然开辟道路。也就是说，人类历史总体经历过"五个形态"，但具体到哪个国家、哪个民族就不一定全部依次经历每个社会形态，因为这个历史进程是从人类社会总体上看的。马克思、恩格斯所揭示的人类社会必然经历的自然经济、市场经济和产品经济则是人类社会必然要经历的、不可逾越的自然历史过程。

第四，马克思主义关于社会主义和未来共产主义社会的科学结论，是根据历史发展趋势和客观规律所作的理论预期。马克思、恩格斯是在历史必然性的客观趋势中预测社会主义这一新生事物的，至于具体的社会主义是什么样子，马克思、恩格斯当时也只有大体上的描述。但至少有一条，因为社会主义是从资本主义母体中脱胎出来的，在资本主义母体中已经有社会主义新生因素产生，如社会化的大生产、社会保障福利体制、股份制，等等。社会主义作为一个新生事物，必然有一个曲折漫长的生长发育过程，社会主义到底怎样建设，要在实践中摸索。

第五，现代资本主义还有一定的发展空间。许多同志提出这样一个问题：马克思、恩格斯讲资本主义丧钟已经敲响了，为什么150多年过去了，资本主义还没有灭亡呢？其实，这个问题不难回答。马克思、恩格斯对资本主义必然灭亡、社会主义必然兴盛的总的历史趋势的判断是科学的，但他们所描述的是要经过一个历史的长时段和一定的过程。比如其中所讲的前夜，并不是指天文和地球自然中的前夜。马克思、恩格斯在讲社会主义必然性时，认为当资本主义生产力高度成熟，成熟到资本主义生产关系再也不能容纳资本主义生产力发展时，社会主义革命就到来了。革命后所建立的社会主义，一是全社会公有制，二是没有商品、货币，实行计划经济，三是按劳分配，四是最终实现人的全面发展和自由人的联合体。生产力与生产关系的矛盾是社会变革的内在动力，生产关系好比蛋壳，生产力好比蛋黄，当适合时，蛋壳对蛋黄起促进作用，当不适合时，起阻碍作用。因此，小鸡成熟后，就要冲破蛋壳的束缚。当然，革命成功要具有一定的客观条件，同时具有一定的主观条件。在具备一定客观条件下，再经过主观努力，落后国家的社会主义革命可以先行展开，但革命成功后，必须大力发展生产力，不能让生产关系一直超越，不适应生产力。马克思、恩格斯当时的判断是基于他们所看到的自由竞争资本主义生产力与生产关系的矛盾不可克服的尖锐性、激化性，活生生的现实显示出社会主义革命前夜已经来临、资本主义丧钟已经敲响，其结论是在这样一种客观形势下作出的判断，当时的情况正像《国际歌》歌词所反映的那样，"这是最后的斗争，团结起来到明天"。但后来的事实是垄断资本主义的矛盾进一步激化，带来了一系列战争、危机与革命，迫使资本主义调整生产关系，进行改良，到现代资本主义，进入今天相对缓和的发展期，资本主义生产关系对生产力还有适应的一面，所以资本主义还有生命，死期未到。而社会主义，由于是在落后国家进行社会主义革命和建设的，客观上没有现成的社会主义发展道路可走，面临很多困难，再加上主观上社会主义国家领导人一度犯了错误，特别是旧的社会留给新的社会的旧痕迹的作用，体制上又出现了阻碍生产力发展的不适应情况，因而遭受挫折。东欧剧变、苏联解体，最根本的原因在于苏联东欧国家的领导集团背离了马克思主义，放弃了党的领导和科学社会主义事业。

二　当今时代和历史方位的科学判断

学习唯物史观，运用马克思主义的社会形态演变理论加以分析，可以进一步得出对时代和历史方位的判断，即从人类历史发展长河的总体上来说，我们正处在资本主义仍然占据世界统治地位的历史时代，处在资本主义要逐步走向灭亡、社会主义要逐步走向取代资本主义的历史时代，在该时代，工人阶级处于努力进行社会主义革命和社会主义建设的历史方位上。我们正处在这样一个历史发展的路径上，这就是我们所处的时代和历史方位。

（一）迄今为止，总的时代特征并没有改变，但是在该时代总的发展进程中，已经经历了第一、第二个历史阶段，正处在第三个历史阶段的新的发展时期

除去资本主义的孕育阶段，资本主义发展经历了两个阶段，已到了第三个阶段。这三个阶段分别呈现出不同的阶段性特征。从近代以来的世界历史发展进程来看，第一个阶段是原始积累资本主义阶段，也就是资本主义生产方式和政治制度的确立阶段。第二个阶段是马克思、恩格斯所处的自由竞争资本主义和工人运动、社会主义运动兴起阶段，也就是资本主义成熟阶段。由于自由竞争资本主义不可克服的内在矛盾已经十分尖锐、完全暴露出来了，阶级对立、两极分化，工人阶级作为新生产力的代表已经登上政治舞台，工人阶级与资产阶级的阶级搏斗已经展开，工人运动和社会主义运动兴起，马克思、恩格斯对该阶段的特征作出了科学的判断。第三个阶段是列宁所处的垄断资本主义阶段，也就是资本主义的最高、

最后阶段，即帝国主义战争与无产阶级革命阶段。列宁揭示了该阶段的特征。列宁当时所判定的垄断资本主义，是处于私人垄断资本主义时期，其后经过私人垄断、国家垄断两个时期，进入国际金融垄断时期。我们现在正处于这第三个历史阶段的第三个时期。

马克思、恩格斯对自由竞争资本主义阶段的特征作了科学明确的判断。之后随着历史进程不断展开其内容，马克思列宁主义者对垄断资本主义的阶段特征又有两个重要判断。一个是列宁1916年的判断。他认为，当时正处于帝国主义战争和无产阶级革命时期，即时代的阶段性主题是战争与革命。19世纪末、20世纪初自由竞争资本主义过渡到垄断资本主义，由其自身不可克服的内在矛盾而导致并呈现出内外交困的局面，呈现出资本主义走向灭亡的趋势，列宁的判断是符合当时时代所呈现出来的阶段性特征的。从自由竞争到垄断，资本主义内部矛盾激化，造成战争与革命，第一次世界大战爆发，引发十月革命；第二次世界大战爆发，引发一系列社会主义革命（包括中国革命），这些历史事实证明列宁的判断是正确的。列宁的论断对中国和世界社会主义革命具有指导作用。第二次世界大战后，新中国成立后的很长一段时间，我们面对东西方对峙冷战、新中国受到帝国主义的遏制包围、后来的中苏关系紧张等国际局势，我们党一直坚持战争与革命的判断，指导判断我国外部环境，决定我国对内对外政策。1965年9月29日，陈毅副总理在中外记者招待会上说："你们都来吧，苏联人从北边来，印度人从西边来，美国人、台湾人从南边来，我等得你们头发都等白了。"这是关于形势和战争的很著名的一段讲话。毛泽东同志在20世纪70年代判断国际形势时说："山雨欲来风满楼，燕子已经低飞了。"因为暴风雨来临前夕，燕子低飞，意指战争即将来临。从新中国成立初期的抗美援朝，到1958年炮轰金门、1959年中印边境自卫反击战、60年代支持越南抗美斗争、1969年中苏珍宝岛边界反击战、1969年5月9日与苏联在新疆的边界冲突、1973年西沙反击战、

1979年中越边界反击战，等等，除了抗美援朝是大仗外，其余小打也不断。毛泽东同志对形势的估计就是要"准备打仗"，"准备打世界大战"，"先打烂坛坛罐罐，再搞建设"，"深挖洞，广积粮，备战备荒为人民"，抓"三线"建设、沿海地区不投入或少投入，整个策略都是对外准备打仗，表达了我们党对形势、对战争的看法及采取的方略。因当时霸权主义和强权政治对我国的严重威胁确实存在，我们打赢了抗美援朝、抗美援越这两场战争，勒紧裤腰带，有了"两弹一星"，才真正有了我们的大国地位，才迎来和平与发展的时代阶段性主题。

邓小平同志1978年的判断敏锐地观察到时代阶段性特征，抓住了难得的战略机遇期，让中国迎头赶上发展的时代潮流。随着国际形势的变化，资本主义由私人垄断进入国家垄断，总的历史进程又发生了新的阶段性的变化，出现了新的阶段性特征，因此对时代的阶段性特征的变化应该作出新的判断。如果仍然停留在原来的判断上，则势必影响国内政策和对外政策的调整制定。当然，毛泽东同志到晚年也开始作政策上的调整，如采取中美建交等重大举措。我们党对时代的阶段性特征的判断的改变是邓小平同志率先提出来的。20世纪60—70年代东西方冷战还没有完全结束，东西方对抗、美苏争夺还是国际形势的主要方面，但进入70—80年代以后，国际形势逐渐发生变化。1989年柏林墙倒塌、东欧剧变，1991年苏联解体，冷战结束，国际形势又发生了逆转。尽管国际形势波澜起伏、暗潮涌动，邓小平紧紧把握历史发展的总体态势，第一个作出"总的时代没有变，但有了新的阶段性特征的变化"的重大判断。他认为当今世界面临两大问题，一是和平，二是发展，不是战争与革命，和平与发展是两大时代阶段性主题，但这两个问题都没有解决，局部战争不断，此起彼伏。这个战略性判断决定了我们国内政策和对外关系总方针发生重大转变，处理国内国际问题的策略发生改变，开始实行社会主义改革开放的总国策，构建和平的外部环境，集中力量搞国内建设，走中国特色的社会主义和平发展道路。邓小平的判断只是对资本主义与社会主义两大力量对比发生阶段性变化的科学分析，并不影响对总的时代特征的判断。邓小平的科学判断使我们抓住了发展的有利时机。

和平发展是主题，并不是说资本主义生产的社会化和占有的私人性质的基本矛盾就消失了，这次金融危机就说明其基本矛盾依然存在、依然起作用、依然不可克服，只不过表现形式不同，总的历史趋势没有改变。比如，由于西方资本主义的发展，南北差距、贫富差距进一步扩大。现在世界上的穷人人均生活费每天不到 1 美元的有 12 亿人，2010 年世界人口 67 亿，也有统计显示世界人口已超过 69 亿，总之每 6 人中就有 1 人赤贫，每天生活费不到 2 美元的有 20 亿人，占世界总人口的 1/3 以上，贫穷人口比重相当大。世界很不安宁，局部战争从未消停过。当今世界的动乱、战争的根子还在于资本主义世界的内在矛盾。

（二）我们仍处在马克思列宁主义所判明了的大的历史时代，仍然是资本主义生产方式占统治地位的历史时代，总的时代主线是新的社会形态与旧的社会形态、资本主义与社会主义、工人阶级与资产阶级，两种社会形态、两条道路、两大力量的反复较量

目前，在和平、发展两大主题上的较量，中国和发展中国家要和平、要发展，以美国为首的西方主要发达资本主义国家也要发展，但它们反对中国崛起，也反对其他发展中国家崛起，为了维护国际金融垄断资本的利益，为了达到有效控制其他国家的目的，不惜诉诸武力发动局部战争，因而成为世界和平与发展的抑制者和反对力量。这两大力量、两种历史趋势交织在一起，在较量中有时我上你下，有时我下你上，你中有我，我中有你，有斗争，也有策略上的妥协，有对立不同，也有共同争取发展的共同点，呈现出极其复杂的角斗局面。总体上资本主义走向衰退，但还是强的，社会主义是新生的，但还是弱的。

（三）两种社会形态、两条道路、两大力量的较量必然在意识形态领域表现出来

两种社会形态、两条道路、两大力量在意识形态领域表现为马克思主义的、社会主义的意识形态、价值取向与资产阶级的、资本主义的意识形态、价值取向的反复交锋和较量，而这种较量又同当今复杂的国家利益、民族利益的诉求，同当今复杂的民族、宗教问题，同全世界维护人类生存环境的共同要求纠结在一起，同求和平、求发展的利益争斗纠结在一起，资本主义意识形态为了掩盖其实质，往往披上普世的、人权的、全人类的、中立的、抽象的外衣，混淆视听，以便迷惑和蛊惑民众，包藏其真实意图和用心，使人上当受骗。

（四）当前和今后一个时期，中国特色社会主义发展仍处于可以大有作为的难得的战略机遇期

当前和今后一个时期既是发展的黄金期，又是矛盾的突发期，机遇与挑战并存、成绩与问题并存、和平与斗争并存。和平与发展的时代阶段性主题没有变，我国基本国情没有变，以经济建设为中心的根本任务没有变，我国正处于发展的战略机遇期和我国发展机遇大于挑战的基本格局没有变，国际环境和平发展的总体态势没有变。由此判断，当前我国正处于全面建设小康社会的关键时期，爬坡上坎、深化改革开放、加快转变发展方式、推进经济社会全面发展的攻坚期。必须抓住我国发展的重要战略机遇期，大力推进科学发展。

三　必须运用马克思主义大的历史时代观认识和处理国际问题[①]

马克思主义的眼光首先是时代的眼光，也就是站在历史唯物主

---

① 该文系作者 2018 年 8—12 月在国家社科基金重大委托项目"世界社会主义与资本主义命运暨当代国际形势研究"课题组 1—4 次全体会议上讲话的一部分，现作为本文第三部分，标题为作者新加。

义的高度，科学判断历史时代，从历史时代的基本矛盾、主要矛盾，以及由其基本矛盾所决定的时代本质和特点出发来观察世界。习近平总书记在 2017 年 9 月 29 日中共中央政治局集体学习时明确指出：

> 时代在变化，社会在发展，但马克思主义基本原理依然是科学真理。尽管我们所处的时代同马克思所处的时代相比发生了巨大而深刻的变化，但从世界社会主义 500 年的大视野来看，我们依然处在马克思主义所指明的历史时代。这是我们对马克思主义保持坚定信心、对社会主义保持必胜信念的科学根据。[1]

我们现在仍处在马克思主义经典作家所判断的历史时代。马克思所指明的历史时代是什么时代呢？马克思、恩格斯按照唯物史观关于社会形态演变理论，根据"经济的社会形态"的根本性质来划分历史时代，把历史时代划分为原始社会、奴隶社会、封建社会、资产阶级社会等历史时代，经过无产阶级专政的社会主义过渡，将进入共产主义社会历史时代。社会主义社会是共产主义社会的第一阶段。《共产党宣言》明确指出："我们的时代，资产阶级时代。"[2] 马克思主义经典作家这里所讲的"时代"概念，不是我们从党和国家发展角度提出的中国特色社会主义进入"新时代"的时代概念，而是唯物主义历史观所阐述的大的"历史时代"概念。唯物史观大的"历史时代"是指占统治地位的社会形态所历经的整个历史进程，该历史时代的进程从该社会形态取代前一社会形态在人类社会占据统治地位起，历经兴盛、衰落，直到为下一社会形态所取代而不再占据统治地位止。从时代的根本性质和大的历

---

[1] 《习近平谈治国理政》第 2 卷，外文出版社 2017 年版，第 66 页。
[2] 《马克思恩格斯选集》第 1 卷，人民出版社 1995 年版，第 273 页。

史进程来看，从全球范围来讲，现在仍然是资本主义社会形态占主导地位的历史时代，而这个时代又发展到经过社会主义过渡，最终取代资本主义而进入共产主义的历史阶段，该时代充满了社会主义与资本主义两种制度、两条道路、两种命运的斗争。

当然，我们当下所处的大的历史时代，在其发展进程中，又分为不同的发展阶段，每个发展阶段其基本矛盾和主要矛盾的具体表现又有所不同，时代的具体情况和特点又有所变化。迄今为止，资本主义历史时代已经经历了三个阶段。可以简略地回顾一下，第一个阶段是原始积累资本主义阶段（当然，在原始积累资本主义阶段之前，资本主义还有一个孕育准备阶段），这是资本主义确立阶段，也是资产阶级上升、革命的阶段。这个阶段表现为，一方面是资本主义血腥残酷的物质财富积累，另一方面也是资本主义生产方式的积累，既存在资产阶级对工人阶级、农民阶级和其他劳动人民的剥削，又存在资产阶级领导受封建阶级统治压迫的各阶级向封建主义展开的革命斗争，因而资产阶级革命是该时代阶段性主题。第二个阶段是资本主义成熟阶段，即自由竞争资本主义阶段。这就是马克思写作《资本论》时所看到的世界，工人阶级由自在状态转为自为状态，工人和社会主义运动的兴起，是该时代的阶段性主题。第三个阶段是垄断资本主义阶段，又可以称作帝国主义阶段。资本主义从竞争走向垄断，就是列宁写作《帝国主义论》时所看到的世界。资本主义以垄断代替竞争，进入资本主义发展进程中最高的、腐朽的、垂死的阶段。垄断资本主义就是帝国主义，帝国主义是资本主义的最高阶段，也是最后阶段。在该阶段，帝国主义把世界瓜分完毕，为争夺殖民地而"狗咬狗"地打了起来，挑起了两次世界大战。无产阶级革命兴起，科学社会主义从理论走向实践。列宁把这个阶段称作"帝国主义和无产阶级革命时代"。列宁这里所讲的时代不是指"大的历史时代"，而是指大的历史时代的不同历史阶段。列宁所处的垄断资本主义是垄断资本主义的私人垄断资本主义时期。列宁认为该时代阶段性主题是革命与战争。当然，列宁关于垄断资本主义的科学判断，既是对垄断资本主义一般规律、本质特征的科学认识，也是对私人垄断资本主义特征、规律的科学认识。列宁的判断是正确的，在帝国主义和无产阶级革命时代，爆发了十月革命、中国革命以及东方殖民地与半殖民地国家的民主革命，出现了一个社会主义阵营和一系列摆脱殖民统治的发展中国家。

现在处于什么样的阶段，有两种不同的看法。一种看法认为现在仍处在列宁所判定的垄断资本主义，即帝国主义阶段，然而情况发生了巨大变化，时代阶段性主题由战争与革命转变为和平与发展；还有一种看法认为现在已经进入第三个阶段，有的叫新帝国主义阶段，有的叫国际垄断资本主义阶段，有的叫金融垄断资本主义阶段，有的叫现代垄断资本主义阶段，等等。究竟是原来的阶段还是新阶段，可以讨论。我认为，现在我们仍然处于垄断资本主义阶段，只不过已经从私人垄断资本主义时期发展到国家垄断资本主义时期，现在进入了国际金融垄断资本主义时期。当然，不管怎样判断，马克思主义所指明的大的历史时代都没有改变，资本主义的基本矛盾没有改变，垄断资本主义、帝国主义的基本特征没有改变，资本主义必然灭亡，社会主义必然胜利的历史必然趋势，没有改变。由于殖民地或半殖民地人民的斗争、工人阶级的斗争，争取独立和社会主义的斗争、争取和平与发展的斗争成为一波又一波的时代潮流。当今，垄断资本再用过去直接野蛮掠夺殖民地或半殖民地人民的盘剥办法已经过时了，形势迫使垄断资本改变了掠夺方式，采取了间接的盘剥办法即国际金融垄断资本主义的掠夺。争取和平与发展成为时代阶段性主题。

总体上看，当下我们仍然处于资本主义生产关系占统治地位的历史时代，然而该历史时代已经前进到社会主义逐步取代资本主义的历史阶段，也就是说资本主义经过革命时期、兴盛时期以后，正处于衰落时期，当然其衰落期也是很漫长的。资本主义的替代物——社会主义以及将来的共产主义，已经从"一个幽灵"即弱小的新生儿时期走向现实实践时期，在资本主义社会体系内部形成了崭新的社会形态——社会主义制度,占世界人口近 1/4 的中国,已经成功地走出了一条中国特色社会主义道路,世界社会主义力量不断壮大,进入一个新的发展时期。资本主义力量下降,社会主义力量上升。虽然在该进程中,社会主义相对于资本主义来说仍然不占优势,但它却是不可忽视的社会进步力量,代表着人类的未来。辩证法告诉我们,一切新生事物都是不可战胜的,社会主义必胜。

在准确判断历史时代的基础上,就可以对当前国际社会基本矛盾、主要矛盾和主要态势作出判断。当今世界是资本主义生产方式占统治地位的世界,分析当今世界基本矛盾绕不开对资本主义社会基本矛盾的分析。马克思主义经典作家分析资本主义社会基本矛盾,认为是生产力的社会化和资本主义私人占有之间的矛盾,这个基本矛盾表现在阶级关系上就是工人阶级及广大劳动人民与资产阶级的矛盾,表现在社会制度上、发展走势和道路选择上,表现为社会主义与资本主义两条道路、两种制度、两个前途、两种命运、两股力量的矛盾与斗争。在今天,社会主义代替资本主义的博弈更为尖锐、更为激烈,也更为突出。这正像习近平总书记所指出的那样,科学社会主义创立至今,社会主义和资本主义两条道路、两种制度的斗争一刻也没有停止,绝不是今天才有的。[①]

当然,按照辩证法来看,社会主义的发展也是曲折地前进、波浪式发展、螺旋形上升的,绝不是一帆风顺、一马平川、一路凯歌的。放在大的历史时空跨度上观察,作为代表新的社会形态的社会主义,从空想主义到科学理论,从科学理论到实践运动,从实践运动到制度现实;从 1848 年《共产党宣言》问世,一个"在欧洲游荡"的"幽灵",到十月革命胜利、俄国社会主义成功,再到中国革命胜利和社会主义阵营的形成,一路向上发展,当然其中也有挫折和起伏。20 世纪 80 年代末 90 年代初,东欧剧变、苏联解体,社

---

① 洪晓楠、邱金英:《当代文化帝国主义思潮研究》,人民出版社 2018 年版,第 277—278 页。

会主义一下子跌入低谷。从那时到现在又过去了几十年，正所谓"三十年河东，三十年河西"，中国高举社会主义旗帜，坚持改革开放，走出了一条中国特色社会主义道路，风景这边独好，而西方资本主义诸国经过 2008 年国际金融危机的打击，走入下坡路。社会主义走出低谷，资本主义进入衰落期。这就是社会主义与资本主义两种社会形态斗争的历史与趋势。

资本主义发展到今天，资本主义社会基本矛盾没有改变，而且更为尖锐、更为激化。资本主义社会的基本矛盾，展开为社会主义与资本主义的矛盾、国际垄断资本主义国家与其他发展中国家的矛盾、国际垄断资本主义国家之间的矛盾。从矛盾上观察世界，就可以对国际问题、国际关系、国际局势及其走向作出判定。资本主义的基本矛盾，国际金融垄断资本主义的矛盾，必然转为不断爆发的国际性金融危机，乃至全面性的经济危机。这种危机是国际社会的各类矛盾更加激化的集中表现。资本主义的矛盾和危机是当前一切国际斗争激化、争端激烈、战争爆发的总根源、总原因。当前国际上各类热点、焦点问题，爆发的各类争端，都是由这些矛盾引发的。

我们观察世界，必须从这一矛盾主线出发，用这样的观点来看中美关系问题就会看得很清楚。当今世界资本主义和社会主义两条道路、两种制度的根本矛盾决定了美国等西方国家必然会竭尽所能对我国以战略上围堵、发展上牵制、形象上丑化。这种斗争不是哪个人的心血来潮，也不是突发事件，而是两条道路、两种制度的历史时代的根本性矛盾所决定的，这是不以我们的意志为转移的，将伴随着我国全面建设社会主义现代化强国的全进程。必须深刻认识两条道路、两种制度斗争的长期性、复杂性、尖锐性。我们和美国之间的矛盾从根本上说是两种制度、两条道路的矛盾，这是不可调和的矛盾，我们一定要作长期斗争的准备。然而，由于社会主义力量的不断壮大，资本主义力量的下降，社会主义和一切爱好和平的力量寻求和平发展成为时代主流。由于中国特色社会主义的成功，中国的发展壮大，再加上美国国内爱好和平力量的牵制，美国垄断资本也是不可能为所欲为的。也就是说，由于各种力量的抗衡、制衡、平衡，现阶段国际形势仍处于可控的相对和平状态。虽然局部争端、战争不断，爆发世界大战的可能性仍然存在，但和平发展还是主流，我们仍然可以争取到和平发展的战略机遇。从这个现状出发判断，我们应尽最大努力创造并利用和平发展的机遇，发展自己，壮大社会主义生产力，把自己的事情办好，这是当前的主要任务。中美之间斗争是长期的、不可躲避的、绝对的，但又是相对的，存在合作的可能性和现实性，我们应最大限度地争取和平发展、合作发展，这是我们当前的重要策略，只有这样才能发展壮大社会主义、发展壮大社会主义力量。一切都要从这个战略策略出发观察问题、分析问题、处理问题。

毛泽东"三个世界"理论的基本精神依然适用于今天，它符合马克思主义对历史时代的总判断，符合对世界基本矛盾和主要矛盾的总判断，符合对当前国际形势、力量对比变化和我们当前任务的总判断，符合对我们当下采取的战略和策略的总判断。

1963年至1964年，面对美苏冷战，同时美苏又都在反华的严峻国际环境，毛泽东同志提出了"两个中间地带"的战略判断：

> 我看中间地带有两个，一个是亚、非、拉，一个是欧洲。日本、加拿大对美国是不满意的。①

1974年，也就是10年之后，他进一步提出了"三个世界"的战略判断：

> 我看美国、苏联是第一世界。中间派，日本、欧洲、澳大利亚、加拿大是第二世界。咱们是第三世界。美国、苏联原子

---

① 《毛泽东文集》第8卷，人民出版社1999年版，第343页。

弹多，也比较富。第二世界，欧洲、日本、澳大利亚、加拿大，原子弹没有那么多，也没有那么富，但是比较第三世界要富。第三世界人口很多。亚洲除了日本，都是第三世界。整个非洲都是第三世界，拉丁美洲也是第三世界。①

"三个世界"理论的提出，是毛泽东同志运用辩证唯物主义和历史唯物主义分析当时的国际形势而得出的正确结论。在"三个世界"理论指导下，我们党正确地领导了当时的国际斗争和对外工作，取得了中华人民共和国对外工作的成功。中国进入联合国是马克思主义、毛泽东思想的伟大胜利，也证明"三个世界"理论的判断正确。

毛泽东同志提出"三个世界"理论以来，世界已经发生了很大变化，处于百年未有之大变局，要作出符合当前国际力量对比变化的调整。我以为，现在仍然可以把全世界划分为"三个世界"。毛泽东同志讲的第一世界原来是美苏。美国是全球霸主。而苏联在与美国争霸的冷战进程中，在推进大国沙文主义政策的进程中，在背离马克思主义正确路线的进程中，把自己逐步异化成为一个"社会帝国主义国家"，即列宁所批判的"口头上的社会主义者，实际上的帝国主义者"②。形成"两霸"争夺世界的态势。1974年2月25日，毛泽东同志在会见第三世界领导人时说："这个世界上是有帝国主义存在，俄国也叫社会帝国主义，这种制度也就酝酿着战争。"③ 帝国主义就是战争，包括社会帝国主义。现在世界格局一大变化就是两极变成了一极，变成了单极。美国成为单极主义或单边主义的第一世界。第二世界就是日本、欧洲、澳大利亚、加拿大等发达资本主义诸国，它们跟美国一样在对外剥夺发展中国家的

---

① 《毛泽东年谱（1949—1976）》第6卷，中央文献出版社2013年版，第520—521页。
② 《列宁选集》第2卷，人民出版社1972年版，第827页。
③ 《毛泽东年谱（1949—1976）》第6卷，中央文献出版社2013年版，第521页。

发展权等重大利益问题上是一致的。但它们之间又充满了矛盾，"狗咬狗一嘴毛"。第一世界与第二世界由于各有各的垄断资本利益，其矛盾是不可调和的，这就是马克思主义经典作家所讲的帝国主义国家之间的矛盾。这对矛盾曾经引发了第一次和第二次世界大战。第三世界就是中国等发展中国家，包括俄罗斯。当然第三世界也在变化。原来的以俄罗斯为主的苏联，垮台前堕落为社会帝国主义，成为第一世界，解体之后纷纷加入第三世界，俄罗斯也为第三世界。当然，也有的把俄罗斯放在第二世界。无论如何，巩固与发展同俄罗斯的战略合作伙伴关系，是中国的战略选择，符合中国人民的利益。有些人不怀好意老想把中国推到第一世界，鼓吹"中国威胁论"。我们不能上当，我们仍然是发展中国家。中国还有很多落后的地方，就经济总量来讲是第二，但就人均来讲还只是达到小康水平、解决了温饱问题。论文明程度，中国也有短板，需要各方面全面发展，这是最大的软实力差距。

更重要的是，我们仍处在社会主义初级阶段的基本国情没有改变，我们走社会主义道路的决心和信心也永远不会改变，这就决定了我们必须走和平发展的道路，永不追求霸权。"三个世界"的划分，其基本考量仍然基于马克思主义关于历史时代问题的认识，关于资本主义基本矛盾和主要矛盾的认识。有关"三个世界"划分，有从经济规模、发展总量上的区分判断，但应当从世界观、方法论的高度来认识，从制度的高度来认识。第一世界、第二世界都是垄断资本主义国家，是传统的帝国主义国家，过去拥有大片殖民地。第一世界与第二世界之间，存在不可调和的矛盾，这是垄断资本主义国家之间的矛盾。美国是超级垄断资本主义国家，要独霸全世界，与其他垄断资本主义国家的矛盾不可调和、不可化解。第三世界绝大多数过去是殖民地或半殖民地国家，第二次世界大战以来纷纷独立，希望走独立自主的发展道路，独立自主地发展本国经济，搞好自己的建设。然而，"树欲静而风不止"，我们打算集中力量搞建设、搞好自己的事情，但垄断资本主义怕当不了老大、怕利益丢失，故而找各种借口打击、贬损一切现实的、可能的竞争对手，让你发展不起来，经济制裁、"颜色革命"、金融打击、政治恫吓、军事围剿等，各种手段无所不用其极。当头号垄断资本主义国家与其他垄断资本主义国家利益一致时，它们就会联合起来打击、制裁第三世界国家；利益不一致时，就会"狗咬狗"。从社会制度上讲，俄罗斯搞的不是社会主义，但是反对美国单边主义的，希望民族独立富强，它与第一世界、第二世界的矛盾很尖锐，与美国的矛盾尤其尖锐。我们在作战略考量时，必须把这些平衡因素纳入进来，把发展同俄罗斯的战略伙伴关系放在重要位置上，促进和平发展的国际环境，维护世界人民的共同利益。

以唯物史观为指导，加快构建中国特色马克思主义史学理论和学科创新体系[*]

坚持以唯物史观指导我国史学研究，批判历史虚无主义，是我国史学发展必须解决好的首要问题，为此，必须坚持唯物史观的基本立场、基本观点、基本方法。历史学具有鲜明的意识形态属性，因此，要深刻认识到唯物史观是史学研究的利器，弘扬我国史学研究的马克思主义优良传统，坚持用唯物史观指导史学研究。以马克思主义为指导的中国特色史学建设，需要树立强烈的社会责任感，灵活运用马克思主义世界观方法论，努力为人民而从事史学研究；需要不辜负时代要求，努力推进我国马克思主义史学理论及其话语体系创新建设；需要加大马克思主义史学理论与史学研究成果普及，反对历史虚无主义。

一 坚持唯物史观的立场、观点和方法

为了更好地贯彻落实习近平总书记在哲学社会科学工作座谈会上的重要讲话精神，必须把巩固马克思主义在我国哲学社会科学领域的指导地位，坚持以唯物史观为指导，加快构建中国特色马克思

---

[*] 该文系作者2016年9月9日在北京召开的第二届唯物史观与马克思主义史学理论论坛上的主旨报告，原载《世界社会主义研究动态》2016年9月22日、《世界社会主义研究》2016年第1期。

主义史学理论和史学学科创新体系作为中国史学界的重要任务。

唯物史观的创立，是人类思想史上的一次伟大革命。它将唯心主义从社会历史领域彻底清除出去，从而彻底解决了历史观领域唯心史观长期占统治地位的状况，实现了自然观上的唯物主义与历史观上的唯物主义的统一，马克思主义哲学成为彻底的和完备的唯物主义学说。

在革命、建设、改革各个历史时期，我们党运用历史唯物主义，系统、具体、历史地分析中国社会运动及其发展规律，在认识世界和改造世界过程中不断把握规律、积极运用规律，推动党和人民事业取得了一个又一个胜利。[1] 历史和现实都表明，只有坚持唯物史观，我们才能更好地识别各种唯心主义观点、更好地抵御各种历史虚无主义谬论，不断把对中国特色社会主义规律的认识提高到新的水平，不断开辟当代中国马克思主义发展新境界。

坚持唯物史观，需要准确理解和全面掌握历史唯物主义的科学体系。历史唯物主义理论体系的内容十分丰富。马克思《〈政治经济学批判〉序言》、恩格斯《路德维希·费尔巴哈和德国古典哲学的终结》等著作对唯物史观的基本思想都作了精辟论述，论证了唯物史观的基本范畴和规律，勾划出了唯物史观理论体系的基本框架和主要理论观点，如生产观点、群众观点、阶级和阶级斗争观点，以及社会存在和社会意识相互关系理论，社会经济形态理论，社会基本矛盾理论，国家、社会革命和无产阶级专政理论，社会意识形态理论，社会利益理论，人和人的自由全面发展理论，等等。

唯物史观是一个完整的、系统的、科学的理论体系，只有弄懂弄通唯物史观的基本观点，才能更自觉更坚定地坚持工人阶级和人民群众的立场。而始终坚守工人阶级和人民群众的立场，又可以坚定地把握唯物史观的基本观点，就可以把这些基本观点作为思想方

---

[1] 习近平：《坚持历史唯物主义不断开辟当代中国马克思主义发展新境界》，《求是》2020年第2期。

法和工作方法运用到实践中去，认识世界、改造世界；就可以坚守崇高理想信念，坚持正确方向，驳斥种种谬误，不断取得胜利。

近年来，唯物史观受到历史虚无主义思潮的严重挑战。当前，在我国存在一股否定历史唯物主义、否定马克思主义史学理论的错误倾向，集中体现为"三化"：一是把历史唯物主义、马克思主义史学理论"边缘化"，二是在史学研究中"去政治化"，三是在史学研究中"去意识形态化"。这"三化"集中起来可以称作彻底的"告别革命"。这个"告别革命"，不仅是要告别中国共产党领导的新民主主义革命和社会主义革命，而且对于历史上一切推进社会进步的革命，都要告别。这股"告别革命"的错误思潮，实际上是一种逆历史而动的唯心主义历史观，形成了一股历史虚无主义思潮。

批判历史虚无主义，就应该坚持唯物史观的基本立场、基本观点、基本方法。江泽民同志多次强调：

> 在任何时候任何情况下，与人民群众同呼吸、共命运的立场不能变，全心全意为人民服务的宗旨不能忘，坚信群众是真正英雄的历史唯物主义观点不能丢。[①]
>
> 要在全党范围内进行马克思主义唯物史观的教育，批判各种否定、贬低人民群众在社会发展中的地位和作用的历史唯心主义观点，牢固树立推动历史前进的决定性力量是人民群众的科学观点。[②]

唯物史观是批判历史虚无主义最有力的思想武器，要进一步落实习近平总书记2013年12月在中共中央政治局就历史唯物主义基本原理和方法论进行集体学习时的要求：

---

① 《江泽民文选》第3卷，人民出版社2006年版，第271页。
② 《江泽民文选》第1卷，人民出版社2006年版，第98—99页。

推动全党学习历史唯物主义基本原理和方法论，更好认识国情，更好认识党和国家事业发展大势，更好认识历史发展规律，更加能动地推进各项工作。①

二 坚持唯物史观对历史学的指导作用

坚持以唯物史观指导我国史学研究，是我国史学发展必须解决好的首要问题。习近平总书记在哲学社会科学工作座谈会上指出：

> 坚持以马克思主义为指导，是当代中国哲学社会科学区别于其他哲学社会科学的根本标志，必须旗帜鲜明加以坚持。②

我们必须牢牢把握坚持以唯物史观为指导的灵魂和方向。历史研究离不开唯物史观的指导，一旦离开了唯物史观的指导，就会迷失方向，丧失灵魂。

（一）历史学具有鲜明的意识形态属性

历史学是研究人类社会历史运动过程及其规律的科学，历史学的研究对象离不开社会历史现象、历史事件、历史人物、历史思潮。历史学的任务，是在广泛收集、占有、鉴别史料的基础上，揭示历史的真相，说明历史规律，以便科学地总结历史经验，准确地阐释人类社会历史活动的本质和规律。人类社会处于阶级社会阶段的历史特点决定了历史学鲜明的意识形态属性和政治属性。我国当代历史学，作为思想精神力量，作为观念形态的文化，首先是社会主义方向、性质的理论学术，是为中国特色社

---

① 《习近平在中共中央政治局第十一次集体学习时强调，推动全党学习和掌握历史唯物主义，更好认识规律更加能动地推进各项工作》，《人民日报》2013年12月5日。

② 习近平：《在哲学社会科学工作座谈会上的讲话》，《光明日报》2016年5月19日。

会主义的政治经济服务的，是党的思想文化和意识形态的重要战线，从属、服务于社会主义主流意识形态，不能脱离党的政治领导和马克思主义指导。正确认识这一问题，关系到我国当代历史学的性质方向和繁荣发展。我们不否认也不反对个人研究兴趣、爱好和追求，但作为党领导的历史学工作者，个人的兴趣要服从于人民、党和国家的需要，要为现实服务、为人民服务、为中国特色社会主义服务。

强调历史学的意识形态属性，绝对不会否定或削弱其科学属性和文化、学术价值。在历史研究中，必须处理好学术与政治、与意识形态的关系，正确区分学术问题和政治问题，既不把一般的学术问题当成政治问题，也不把政治问题仅仅当作一般的学术问题；既反对把学术问题、理论问题和不同观点的讨论无限上纲，与政治问题、意识形态问题不加区别地混淆在一起，反对"打棍子、扣帽子、抓辫子、装袋子"的阶级斗争扩大化做法和用解决政治问题的办法对待学术问题的简单化做法，也反对打着学术研究旗号从事违背历史学属性、背离学术道德、违反宪法法律，与中国特色社会主义、与人民群众背道而驰的虚假的"学术"行为。

（二）唯物史观是史学研究的利器

坚持以唯物史观为指导，是中国特色历史学最鲜明的特色，是中国特色历史学繁荣发展的题中应有之义，是我们在错综复杂的形势下，保持清醒头脑，保持坚定正确的政治方向和学术导向的思想政治保证。习近平总书记指出：

> 无论时代如何变迁、科学如何进步，马克思主义依然显示出科学思想的伟力，依然占据着真理和道义的制高点。[①]

[①] 习近平：《在哲学社会科学工作座谈会上的讲话》，《光明日报》2016年5月19日。

当年，郭沫若在谈到唯物史观对他学问和人生的作用时说：

> 尤其辩证唯物论给了我精神上的启蒙，我从学习着使用这个钥匙，才认真把人生和学问上的无门关参破了。我才认真明白了做人和做学问的意义。①

我国老一辈马克思主义历史学家在研究历史问题时始终坚持历史唯物主义世界观和方法论，坚持阶级分析法。著名马克思主义历史学家翦伯赞精辟地指出：

> 要严格地运用历史唯物主义的原则，把历史事件和历史人物放在他们自己的历史条件之下，用无产阶级的阶级观点加以说明。如果离开无产阶级立场，不用阶级观点进行分析，而只是用历史条件与历史倾向、历史局限性等为某一历史事件或人物的落后、反动进行辩护，这就不是历史唯物主义而是客观主义。②

著名马克思主义历史学家尚钺提出要对史料进行阶级性分析：

> 运用史料还要严肃地掌握阶级性，马列主义告诉我们：历史科学就是严肃的党性科学，所以必须掌握阶级观点，因为不严肃掌握阶级观点，就要犯大的原则上的错误，同时我们搞历史的人是知道的，过去历史记录权不掌握在人民群众手里，掌握在奴隶主阶级手里，掌握在封建主阶级手里，掌握在资产阶级手里，因此我们运用过去史料，要不严格地批判地来看这些

---

① 郭沫若：《中国古代社会研究（外二种）》（下），河北人民出版社2000年版，第1041页。
② 翦伯赞：《对处理若干历史问题的初步意见》，《光明日报》1963年12月22日。

史料，就很容易落在地主阶级和资产阶级那个迷魂阵里边去。①

我国一些国学功底很深的史学家同样坚信唯物史观的立场、观点和方法，坚持阶级分析方法。著名史学家吕思勉在晚年自述中说：

> 予之将马列主义与予旧见解相结合融化，其重要之点如下：（一）旧说皆以为智巧日开，则诈欺愈盛……得今社会学家之说，乃知欺诈之甚，实由于社会组织之变坏，非由于智识之进步……（二）超阶级之观点，希望有一个或一群贤明之人，其人不可必得……今知社会改进之关键，在于阶级斗争……（三）国家民族之危机，非全体动员，不能挽救，而阶级矛盾存在，即无从全体动员……故今日之社会主义，实使人类之行动，转变一新方向也。②

著名经学家周予同总结用阶级分析方法分析中国经学演变时说：

> 根据经学家在不同历史时期中对某些"经学"问题的一定共同点的思想体系而形成经学派别，而这种派别归根到底又受经学家的世界观的直接支配。就其"继承"的形式来看，有其师承关系或治学方法的基本一致性；但就其本质来说，是有其阶级性的，是和时代的特点密切相关的。③

唯物史观是科学的历史观，是史学研究的思想武器，任何时候都不能丢。

---

① 《尚钺史学论文选集》，人民出版社1984年版，第33页。
② 《吕思勉遗文集》（上），华东师范大学出版社1997年版，第440—441页。
③ 《周予同经学史论著选集》（增订本），上海人民出版社1983年版，第768—769页。

（三）弘扬我国史学研究的马克思主义优良传统

近代以来，马克思主义传入中国，我国许多老一辈历史学家深受马克思主义影响，学习、运用唯物史观的立场、观点、方法于史学研究，开创了我国史学研究的崭新局面。李大钊曾这样描述唯物史观在中国早期的传播：

> 晚近以来，高等教育机关里的史学教授，几无人不被唯物史观的影响，而热心创造一种社会的新生。①

1922年，著名清史专家萧一山在《史学之研究》一文中专门论述了"唯物史观在史学上之价值"。他说：

> 唯物史观在史学之价值，既如此其重大，而人生所被之影响，又如此其紧要，我辈不可不明其真义，借得一新人生之了解。②

新中国成立后，一大批历史学家更加自觉地接受唯物史观指导，努力构建马克思主义史学理论，形成用马克思主义指导史学研究的一代新风。著名经学家周予同在自传中记述了他对唯物史观的看法：

> 我研究中国的经学与史学，主观上是要从思想上文化上清算长期的封建社会……清算封建社会，如同医学家解剖尸体，需要有犀利而合适的解剖刀。我年轻时试用过多种解剖刀，也就是中国的和西方的社会历史学说，主要是进化论。但用来用

---

① 《李大钊文集》（下），人民出版社1984年版，第365页。
② 萧一山：《史学之研究》，《国风日报·学汇副刊》1922年1月10日。

去，还是认定只有马克思主义的唯物史观，才能帮助我们解决封建的、资产阶级的学者们总是纠缠不清的问题，指引我们把社会历史的研究变成科学。我在五四时代就已结识毛泽东同志，听过李大钊同志的演说，也访问过鲁迅先生。他们努力把马克思主义的普遍真理同中国革命的具体实践相结合，实事求是地解决中国面临的各种问题，使我十分钦仰。我觉得我们研究学问，也应该走他们开辟的道路，解剖刀才能发挥作用，既不会泥古不化，也不会乱砍一气。①

著名魏晋南北朝史专家唐长孺在1955年出版的《魏晋南北朝史论丛》跋语中写道：

在研究过程中，我深刻体会到企图解决历史上的根本问题，必须掌握马克思列宁主义的理论。②

著名历史地理学家谭其骧1979年回忆新中国成立初期学习唯物史观带来史学的巨大进步时讲道：

记得建国初期，史学工作者都在努力学习马克思主义理论，并试图应用到自己的专业研究中去。在史学界展开了关于古史分期、汉民族形成、资本主义萌芽……一系列的讨论，编辑了大部头的史料丛刊。史学界出现了一片欣欣向荣的新气象。③

著名历史学家何兹全晚年表示：

辩证唯物主义和历史唯物主义仍是指导历史研究的最正确

---

① 《周予同自传》，《晋阳学刊》1981年第1期。
② 唐长孺：《魏晋南北朝史论丛》，河北教育出版社2000年版，第433页。
③ 谭其骧：《勿空破，认真立》，《中国史研究》1979年第3期。

的历史理论和方法。①

史学研究一旦脱离阶级分析方法、物质利益观点和人民立场，就无法真正解释历史，成了隔靴搔痒的空洞说教。

（四）坚持用唯物史观指导史学研究

习近平总书记在哲学社会科学工作座谈会上的讲话指出，我国广大哲学社会科学工作者要自觉坚持以马克思主义为指导，自觉把中国特色社会主义理论体系贯穿研究和教学全过程，转化为清醒的理论自觉、坚定的政治信念、科学的思维方法。② 广大史学工作者落实、贯彻习近平总书记的讲话精神，要自觉以唯物史观为指导，必须首先做到解决好真学真懂真信，最终要落实到怎么用上来。

马克思主义不仅在于解释世界，更重要的在于改造世界。掌握马克思主义必须体现在用上。1944 年 2 月，毛泽东同志在《整顿党的作风》一文中指出：

> 对于马克思主义的理论，要能够精通它、应用它，精通的目的全在于应用。③

对于史学工作者来说，体现在运用唯物史观于史学研究，提出历史问题、分析历史问题、认识历史问题，出成果，出人才。当前，史学工作者的一个重要任务就是要坚持运用唯物史观，反对历史虚无主义思潮的蔓延和危害，坚持史学研究的正确政治方向和学术导向。

---

① 《何兹全学述》，浙江人民出版社 2009 年版，第 123 页。
② 习近平：《在哲学社会科学工作座谈会上的讲话》，《光明日报》2016 年 5 月 19 日。
③ 《毛泽东选集》第 3 卷，人民出版社 1991 年版，第 815 页。

三 努力推进以马克思主义为指导的中国特色史学建设

人事有代谢,往来成古今。习近平总书记在致第二十二届国际历史科学大会的贺信中指出:

> 历史研究是一切社会科学的基础,承担着"究天人之际,通古今之变"的使命。重视历史、研究历史、借鉴历史,可以给人类带来很多了解昨天、把握今天、开创明天的智慧。所以说,历史是人类最好的老师。①

希望广大历史工作者能够深入学习贯彻习近平总书记在哲学社会科学工作座谈会上重要讲话精神,积极构建以马克思主义为指导的中国特色史学创新体系。

(一) 树立强烈的社会责任感,灵活运用马克思主义世界观方法论,努力为人民而从事史学研究

今天,党所领导的中国特色史学,特就特在坚持马克思主义历史观的指导地位上。坚持马克思主义指导,首先必须解决好史学研究为什么人的问题。习近平总书记指出:

> 我国哲学社会科学要有所作为,就必须坚持以人民为中心的研究导向。②

---

① 《习近平致第二十二届国际历史科学大会的贺信》,《人民日报》2015 年 8 月 24 日。
② 习近平:《在哲学社会科学工作座谈会上的讲话》,《光明日报》2016 年 5 月 19 日。

作为历史研究者,核心是要解决好"为什么人"的问题,时刻关注人民对历史研究的需求。如果无法满足人民的需求、脱离了人民,史学便不能吸引人、感染人、影响人,也就失去了生命力,更不可能发挥自己的社会功能。侯外庐先生曾说过,伟大的时代驱使我将全身心投入新史学的踏勘。著名历史学家陈垣在反思解放前"为学术而学术"的治学方法时说,以前的研究"谈不到大众化,更谈不到为人民服务","糊里糊涂做了一辈子学问,也不知为谁服务"。新中国成立后,"我们可以按照人民的迫切需要、国家当前的任务来从事科学研究工作了"①。历史学界坚持为人民书写历史,撰写了一大批反映劳动人民的史学著作。譬如加强了农民战争的研究,开辟了中国农民战争史新学科。英国著名历史学家巴勒克拉夫对此评价说,新中国历史研究由于强调了农民战争的革命性以及对促进社会变革的推动作用,"从根本上改变了中国历史的语言","建立了评估和重现中国过去历史的标准","这个问题为中国历史学增添了一个新领域,却是毫无争议的"②。

坚持马克思主义指导地位,自觉为人民做学问,就要站在人民的立场上,坚持科学性与革命性的统一。科学性和革命性在马克思主义中是内在地、不可分割地结合在一起的。马克思主义要求历史学必须把严格的、高度的科学性和革命性结合起来。研究立场是任何一位史学工作者都无法回避的。列宁明确指出:

> 唯物主义本身包含有所谓党性,要求在对事变作任何评价时都必须直率而公开地站到一定社会集团的立场上。③

只有坚持马克思主义的严肃立场,才不会让个人私心、个人恩

---

① 周少川:《陈垣晚年史学及学术思想的升华》,《史学史研究》2000年第4期。
② [英]杰弗里·巴勒克拉夫:《当代史学主要趋势》,杨豫译,上海译文出版社1987年版,第222、220页。
③ 《列宁全集》第1卷,人民出版社1984年版,第363页。

怨和狭隘利益蒙蔽了自己的眼睛,从而在纷繁复杂的历史现象中敏锐地抓住本质。站在工人阶级和广大劳动人民群众的立场,运用唯物史观研究历史,才能得出有益于广大人民群众的观点和结论;如果站在剥削阶级立场,运用唯心史观,就会得出不利于人民群众的观点和结论。郭沫若在阐明自己的历史研究时说:

> 我是以一个史学家的立场来阐明各家学说的真相。我并不是以一个宣教师的态度企图传播任何教条。①
> 是什么还他个什么,这是史学家的态度,也是科学家的态度。②

翦伯赞也说过:

> 历史学是一门科学,第一是科学性,第二是革命性。③

党领导下的历史学工作者要学会运用马克思主义立场、观点、方法从事史学研究。

(二) 不辜负时代要求,努力推进我国马克思主义史学理论及其话语体系创新建设

习近平总书记对哲学社会科学界提出了"不断推进学科体系、学术体系、话语体系建设和创新"的任务。习近平总书记指出:

> 面对世界范围内各种思想文化交流交融交锋的新形势,如

---

① 郭沫若:《中国古代社会研究(外二种)》(上),河北人民出版社2000年版,第589页。
② 郭沫若:《中国古代社会研究(外二种)》(上),河北人民出版社2000年版,第590页。
③ 翦伯赞:《关于历史教学和研究的几个问题》,《广西师范学院学报》1978年第4期。

何加快建设社会主义文化强国、增强文化软实力、提高我国在国际上的话语权，迫切需要哲学社会科学更好发挥作用。①

在我国发展的重要阶段，推进哲学社会科学理论和话语体系建设具有十分重要的意义。我国史学界应直面不足，努力在马克思主义指导下，体现继承性、民族性、原创性、时代性、系统性、专业性，推进中国特色史学创新体系建设，努力掌握学术话语权。

一要坚持我国老一辈马克思主义史学家形成的史学共识。自20世纪20年代始，李大钊、陈独秀、李达、郭沫若、吕振羽、范文澜、翦伯赞、侯外庐等一批中国学者就开始自觉地坚持以马克思主义为指导，运用唯物史观研究中国历史，形成了最基本的马克思主义史学共识。这些基本共识是我们构建中国特色史学理论和话语体系的重要前提。今天，建设中国特色史学学术体系、提升话语权，关键在继承前辈学者的基础上，总结、概括出新的科学概念和学科范式。要坚持原始社会、奴隶社会、封建社会、资本主义社会、社会主义社会和共产主义社会的社会形态演变规律和我国半殖民地半封建社会、社会主义初级阶段社会性质判断等一系列科学范畴，要坚持反帝反封建反官僚资本主义斗争，旧三民主义和新三民主义，旧民主主义革命、新民主主义革命和社会主义革命等科学概念，在更多史料的支持下进一步论证和丰富这些范畴概念；要对我国学者有较多话语权的，以马克思主义为指导的，关于社会历史发展规律，以及关于历史现象、历史事件、历史人物、历史思潮的学说、观点进行更加深入的学术研究和论证……只有在这些方面进行努力，我国史学界才能把中国特色史学创新体系提升到一个新的水平，而不是跟在西方学者后面亦步亦趋。

二要开展扎实深入的史学研究。史学工作者要大力弘扬实事求

---

① 习近平：《在哲学社会科学工作座谈会上的讲话》，《光明日报》2016年5月19日。

是、理论联系实际的优良学风,推动形成崇尚精品、严谨治学、注重诚信、讲究责任、扎实深入的道德风尚,营造风清气正、互学互鉴、积极向上的学术生态;树立良好学术道德,自觉遵守学术规范,讲究博学、审问、慎思、明辨、笃行,崇尚"士以弘道"的价值追求,真正把做人、做事、做学问统一起来;要有"十年磨一剑"的执着坚守,耐得住寂寞,经得起诱惑,守得住底线,立志做大学问、做真学问;要把社会责任放在首位,严肃对待学术研究的社会效果,自觉践行社会主义核心价值观,做真善美的追求者和传播者,以深厚的学识修养赢得尊重,以高尚的人格魅力引领风气,在为祖国、为人民立德立言中成就自我、实现价值。历史学者要有甘坐冷板凳的精神,研究要有十分扎实的史料根据、十分严谨的论证逻辑,要有令人信服的阐释力。只有这样的研究,才能在学术上有说服力,才有助于提高我国史学创新体系建设水平。

三要自觉贯彻"双百"方针,提倡学术创新。百花齐放、百家争鸣是繁荣发展我国哲学社会科学的重要方针。要提倡理论创新和知识创新,鼓励大胆探索,开展平等、健康、活泼和充分说理的学术争鸣,活跃学术空气。要坚持和发扬学术民主,尊重差异,包容多样,提倡不同学术观点、不同风格学派相互切磋、平等讨论。著名马克思主义史学家刘大年1954年就提出:

> 只有创造性的讨论,自由的批评,科学才能发展;反之,如果放弃了争论,取消了批评,任何科学都是不可能发展,不可能进步的……如果我们要学习马克思主义而又不要批评的精神,这就抛弃了马克思主义的灵魂。有了批评与自我批评,就可以使我们学习马克思主义的速度加快。[1]

四要发挥集体和个人的双重积极性。建设中国特色史学创新

---

[1] 刘大年:《历史研究所第三所的研究工作》,《科学通报》1954年第8期。

体系，既需要学者个人开展深入的研究，产出一系列运用史料得当、见解独到的精深专著；又需要发挥我国制度的优越性，运用集体力量组织学者攻关，产出多种体系宏大、结构严密的大部头著作；还需要具有战略思考能力的学者在专门研究的基础上对研究成果进行新的概括，提出具有主体性、原创性的概念和理论，使我们的研究在史学理论和史学方法论意义上对国际史学界产生重要影响。

（三）加大马克思主义史学理论与史学研究成果普及，反对历史虚无主义

值得注意的现象是，当前一些历史研究成果和历史题材作品竭力淡化马克思主义关于生产力与生产关系、经济基础与上层建筑的矛盾运动是推动人类社会历史前进动力的观点，淡化人民群众在历史上的地位，淡化阶级分析方法，淡化主流意识形态，去政治化、去意识形态化，"告别革命"，从而使历史发展的动力观、阶级观、群众观、社会形态观等许多牵涉唯物史观的重大基本理论问题受到挑战。在某些历史著述和作品中，剥削阶级意识形态沉渣泛起，剥削阶级价值观得到弘扬，客观上形成了与当前建设社会主义先进文化的冲突。某些历史著述和作品肆意曲解中国历史的发展道路，某些历史著述和作品不顾历史背景、历史事实，颠倒是非，甚至盲目宣传某些在历史上曾经对中国犯有侵略行为的历史事件、人物等。这些都需要引起我们史学工作者的高度警惕！毛泽东同志1959年就说过：

> 历史上不管中国与外国，凡是不应该否定一切的而否定一切，凡是这么做了的，结果统统毁灭了他们自己。[①]

[①]《毛泽东在省、市、自治区党委书记会议上的讲话》(1959年2月2日)，《党的文献》2007年第5期。

我们在构建中国特色史学体系过程中，要注重普及马克思主义史学理论创新和史学研究成果，旗帜鲜明地反对历史虚无主义思潮的侵袭。

史学研究成果要真正能够服务于人民群众，服务于中国特色社会主义事业。要坚决反对错误的历史观，将科学的历史观和历史知识传播给大众，杜绝人为杜撰的虚假历史。要积极运用现代科学技术，创新历史研究的手段、方法、载体。要注重发挥互联网等现代传媒在人们工作和生活中的独特作用，弘扬20世纪50—60年代大家写小书的传统，加大科学历史观的宣传教育和历史知识普及力度，遏制历史虚无主义思潮的影响。

中国特色社会主义事业是前无古人的伟大实践，为历史学的发展提供了广大的舞台、空间和不竭的源泉。习近平总书记在哲学社会科学工作座谈会上指出：

> 历史表明，社会大变革的时代，一定是哲学社会科学大发展的时代。当代中国正经历着我国历史上最为广泛而深刻的社会变革，也正在进行着人类历史上最为宏大而独特的实践创新。这种前无古人的伟大实践，必将给理论创造、学术繁荣提供强大动力和广阔空间。这是一个需要理论而且一定能够产生理论的时代，这是一个需要思想而且一定能够产生思想的时代。我们不能辜负了这个时代。[①]

中国历史学不仅要记录这个人类历史上的重要篇章，更要参与这个重要历史篇章的创造。中国历史学工作者应该不辜负这个伟大的时代，要大有可为，一定可为，一定能够创造出无愧于伟大时代和伟大实践的灿烂的中国特色的历史学。

---

① 习近平：《在哲学社会科学工作座谈会上的讲话》，《光明日报》2016年5月19日。

第一部分
坚持唯物史观基本原理

关于历史唯物主义的若干问题[*]

历史唯物主义揭示了人类社会发展的客观历史过程和一般规律，为无产阶级提供了科学的历史观，使人类对于社会历史的研究第一次定位在这一科学的基础之上，历史唯物主义的创立是人类历史观的伟大变革。列宁说：

> 马克思的历史唯物主义是科学思想中的最大成果。人们过

---

[*] 该文系作者1983年的读书笔记，原载王伟光《哲林漫步》，中国社会科学出版社2013年版，第219—241页。曾分别以"关于历史唯物主义的几个问题"（1990年3月）、"历史唯物主义和社会主义社会矛盾"（1990年9月）、"历史唯物主义和初级阶段社会矛盾"（1992年10月）为题在中共中央党校主体班次讲授，收入《王伟光讲习录》，中共中央党校出版社2008年版，第122—149页。

去对于历史和政治所持的极其混乱和武断的见解,为一种极其完整严密的科学理论所代替。①

一 在历史唯物主义创立之前,人们始终没有摆脱唯心史观的束缚

历史唯物主义创立的理论逻辑起点,便是唯心史观终结的理论逻辑终点。在历史唯物主义创立之前,尽管历史上有不少有作为的思想家,特别是18世纪以来的一些资产阶级思想家,在探讨历史发展的最后原因方面,提出了不少有价值的思想,但始终摆脱不了唯心史观的束缚,在社会历史领域基本上是唯心主义统治一切。唯物史观创立的最直接的、现成的理论条件便是18世纪以来的资产阶级社会历史观。资产阶级的社会历史理论,一方面本质上是唯心的,另一方面却提出了许多有价值的东西。马克思是在批判他们唯心的实质、吸收借鉴他们有价值的成果的基础之上创立了马克思主义的唯物史观的。

(一) 18世纪法国唯物主义者的历史观

18世纪法国唯物主义者[②]对社会历史发展的动因,也曾经做过一些有益的探讨,提出了"人是环境的产物"的著名命题,这在历史观上是一个进步。在他们看来,如果人依赖于周围环境,那么人的全部性格都是由社会环境所决定的,人的缺点也是由社会环境所决定。所以,要改变人的缺点,就必须首先改变造成其缺点的社会环境。依据这个命题本质推出,人是环境产物,人类思想也为其周围环境所决定,那么人类的思想发展也就必须为社会环境的发展、社会关系的历史所决定。因而,必然转入研究社会环境的历

---

① 《列宁选集》第2卷,人民出版社1972年版,第443页。
② 代表人物有拉美特利、爱尔维修、狄德罗、德尔巴赫,他们都是"百科全书派"核心成员,反映了新兴资产阶级的利益诉求。(编者注)

史、社会关系的历史及其社会发展的规律性。但是法国唯物主义者只是接近这个任务，他们在这个任务面前却拐到了另外一条唯心主义道路上去了。他们认为，"环境"指的是法律和执行法律的制度，这样一来，"环境决定一切"便转变成"法律造成一切"，法律和政治制度则成为社会历史发展的原因，而好的法律和政治制度又取决于人的理性，理性是教育的结果，教育能帮助民众克服愚昧、偏见、无知、轻信、惊慌失措、缺乏经验、志愿和预见等错误意见。这样一来，便出现了与"人是环境的产物"相反的命题"意见支配世界"。到底是环境决定人的观念、意见，还是人的观念、意见决定环境呢？法国唯物主义陷入了"二律背反"。

（二）19 世纪空想社会主义者的历史观

空想社会主义的杰出代表圣西门（1760—1825 年）认为，历史不是偶然事件的堆积，是有规律可遵守的；要发现这个规律，就必须了解人类的过去。他找到了所有制对社会制度的决定作用这个重要的观点，"所有制的制宪工作才是基本。因此，这项制宪工作才是社会大厦的基石"[①]。所有制指的是财产关系。为什么财产关系起这么大的作用？他认为，答案应当从产业发展的需要中去找，企图用生产因素来解释社会发展的原因。圣西门还看到阶级生产对历史发展的作用，看到了财产关系、社会环境引起了阶级斗争，阶级斗争又促进了社会发展。这些看法要比法国的唯物主义要高明一些，但他只是似乎接近这个思想，却永远没能得出正确结论。

（三）法国复辟时代的历史学家的历史观

法国复辟时代的历史学家，在历史观上继承了 18 世纪法国唯物主义者和 19 世纪空想社会主义者的许多重要观点，同时又在革命方面有所推进。首先，他们注意到了人民群众的历史作用。当

---

① 《圣西门选集》第 1 卷，商务印书馆 1979 年版，第 188 页。

然，他们所说的人民群众主要指资产阶级。其次，对阶级斗争在社会发展中的作用也予以重视，并试图探讨阶级斗争的经济根源。最后，他们所看到的财产关系是一个国家的政治制度的基础。但是，财产关系又是由什么决定的，由于他们不理解生产关系是财产关系的基础，财产关系只不过是生产关系在法律上的表现，突出上层建筑，因而不得不用"征服"来解释财产关系及其起源，而为什么要征服呢，是为了实际利益。这样他们又陷入了征服决定财产关系，财产关系反过来又说明征服这样一个无法解决的矛盾之中。他们引用"人性"来解脱这个矛盾的困境，认为在人类本性中有一种征服欲、统治欲，这便是产生征服的原因。

（四）黑格尔的唯心主义历史观

黑格尔（1770—1831年）的历史观基本上是唯心主义的，但是黑格尔的辩证法决定了他在历史观方面的贡献，提出了许多合理的思想，对唯物史观的创立有一定启发作用。黑格尔认为：

> 绝对观念是一切社会制度、政治制度、宗教观点、伦理观点、道德观点、道德状况、智力状况决定者，是历史发展的最后动力。

列宁说，黑格尔的见解"接近历史唯物主义""已经有历史唯物主义的萌芽"，是历史唯物主义"直接的理论前提"。黑格尔认为：(1) 人类历史不是一成不变的，是由低级向高级发展的辩证过程，任何一个历史阶段都有产生、发展和消灭的过程；(2) 人类历史发展服从客观规律，历史人物的表面动机和真实动机都不是历史事变的最终原因，在这些动机后面，还应有其他探索的动力，历史动力不在人性中，而在人性之外；(3) 猜测到历史活动中人的主观能动性。

（五）费尔巴哈的人本主义历史观

费尔巴哈（1804—1872年）是唯物史观创立之前的最后一个资产阶级的唯心主义历史观理论形态。费尔巴哈批判了宗教和黑格尔的唯心主义体系，返回到唯物主义，这是费尔巴哈的巨大功绩。列宁认为："马克思离开黑格尔，是从费尔巴哈走向历史唯物主义的。"

费尔巴哈认为，以自己的感性存在为基础的人是社会历史发展的基础，并且从以自己的感性存在为基础的人出发，考察和证明社会历史发展，这是他的历史观的重要之处。费尔巴哈的历史观是：（1）力图用自然唯物主义作为历史观的基础，批判了唯心主义历史观的哲学基础；（2）反对历史的动力是理性意见的唯心史观的说法，把历史动力归结于"人"的能动，虽然这种人是抽象的人，却是从神、理性降到世间的人，这也是一个进步。但是费尔巴哈由于旧唯物主义的局限性，在历史领域并没有摆脱唯心主义的束缚：（1）费尔巴哈的"人"是抽象的人，他企图从这个抽象"人"的概念出发，从首先存在"固定不变的人"本质出发来说明历史；（2）把历史看成是抽象"人"本性的展开；（3）过分夸大宗教的作用，把宗教变迁说成历史变迁的动因。

马克思以前的思想家为什么不能够从根本上摆脱历史唯心主义呢？这里既有阶级立场、社会历史条件的限制，还有认识上的根源。

我们知道，人类社会历史发展过程和自然过程不同，在自然界中起作用的主要是不自觉的力量，而在社会历史中，起作用的是人，"是具有意识的、经过思虑或凭激情行动的、追求某种目的的人；任何事情的发生都不是没有自觉的意图，没有预期的目的的"[1]。这个特殊的社会历史发展形式很容易使人发生迷惑：以为

---

[1] 《马克思恩格斯选集》第4卷，人民出版社2012年版，第253页。

人的历史发展决定于人的主观意识，把社会历史看成个人意见所支配的偶然事件的堆积。

所以，列宁认为，一切历史理论有两个主要缺点。第一，考究产生这些思考动机的原因，没有看出物质生产发展始终是这种社会关系的根源；第二，过去的历史理论恰恰没有说明人民群众的运动。

马克思是通过什么途径，从哪里开始克服唯心主义上述两个根本缺陷，建立唯物史观的？法国18世纪唯物主义历史观看到"人是环境的产物"，然而这又陷入"意见支配世界的矛盾"；空想社会主义历史观看到了生产因素在社会发展中的作用，然而自然逃脱不了人类历史是理性进化的历史唯心主义结论；法国复辟时代的历史学家发现了阶级斗争在社会发展中的作用，并试图探讨阶级斗争的经济根源，然而却用征服来说明经济关系，并且用历史之外的人性来证明征服的起源；黑格尔把理性说成是社会历史的动力，在唯心主义前提下，纠正意见支配世界的观点，企图从历史本身，而不是从历史之外去寻找历史发展的动因，但最终回归到理性上；费尔巴哈表面上把历史归结为人的历史，但是由于他讲的人是抽象的人，因而历史也不过是人的本质抽象概括的历史，还是陷在唯心史观的老圈子里。他们都力图去找寻历史的动因，但终又回到意志动力的解释上。这说明，这里面有一个基本的理论上的问题需要解决，只有解决了这个基本理论，才能克服上述历史观徘徊不前的状况。

二　同一切旧哲学根本对立的唯物史观

马克思在《关于费尔巴哈的提纲》（1845年）（以下称《提纲》）中彻底解决了从唯心史观向唯物史观转变的理论难题，恩格斯在《费尔巴哈和德国古典哲学的终结》（1886年）（以下称《终结》）中又作了进一步的详尽论述和总结。

（一）第一次从根本上批判了资产阶级和一切旧唯物主义的局限性，第一次把社会实践当作历史（辩证）唯物主义的基本范畴提出来

费尔巴哈和其他唯物主义的主要缺点就是看不到社会实践的作用，离开社会实践去理解客观事物、理解社会现实的人。马克思在《提纲》中指出：

> 从前的一切唯物主义（包括费尔巴哈的唯物主义）的主要缺点是：对对象、现实、感性，只是从客体的或者直观的形式去理解，而不是把它们当做感性的人的活动，当做实践去理解，不是从主体方面去理解。①

因而，他们只能形而上学地把人与环境对立起来，或者把人归结为理性的人。具体表现在：（1）把客观世界仅仅看成了人的认识对象，而不是人的改造对象；（2）把人看成单纯的、被动的感性客体，而没有看成是从事实践活动的人，忽视了人对客观外界的能动的改造活动；（3）人们对客观世界的认识，是在改造客观世界中形成的；（4）马克思把革命实践理解为"改变世界"，认为"全部社会生活在本质上是实践的"②。马克思把社会实践作为历史唯物主义的基本概念，说明实践是社会生活的基础，是人类社会生活的本质和规律。马克思的哲学"在劳动发展史中找到了理解全部社会史的锁钥的新派别"③。他把社会发展更看成个人的物质生产实践的活历史，看成进行物质生产资料生产的劳动群众实践史，从而才揭示了社会历史的客观规律。旧唯物主义者，包括费尔巴哈

---

① 《马克思恩格斯选集》第 1 卷，人民出版社 2012 年版，第 133 页。
② 《马克思恩格斯选集》第 1 卷，人民出版社 2012 年版，第 135 页。
③ 《马克思恩格斯全集》第 21 卷，人民出版社 1965 年版，第 353 页。

在内，就因为离开实践去考察客观世界，而陷入唯心史观。

马克思把实践观念引入唯物史观，从社会实践出发，从而能够对任何社会现象作出正确的解释。比如在人与环境和教育的关系上，唯心主义认为人是环境的产物，但是环境怎样改变的呢，旧唯物主义不能说明。马克思指出："环境正是由人来改变的，而教育者本人一定是受教育的"，"环境的改变和人的活动或自我改变的一致，只能被看做是并合理地理解为革命的实践"。①

人在实践中改变环境，因而也改变了人自身。环境和人的改变都是以社会实践为基础的。马克思正确地阐述了实践范畴，从而从旧唯物主义历史观的迷宫中迈了出来。

马克思批判费尔巴哈由于离开了社会实践，从而对宗教的认识和批判也是不彻底的，他虽然把宗教归结为世俗基础，却不能从社会实践出发，正确阐述宗教的社会根源和克服宗教的正确途径。马克思在《终结》中，用历史唯物主义的观点和阶级分析的方法，彻底地批判了以往的历史唯心主义。

因此，通过人类能动的物质实践活动，既能解决主观唯物主义把外界事物单纯看成客体，把人看成静态的感性存在的缺陷，又能克服片面强调人的主观能动性，把理性看成历史动力的黑格尔唯心主义的缺陷，构建了唯物史观的认识论上的桥梁。

（二）第一次正确地说明人的本质问题，超越了以抽象的人的本质为出发点的费尔巴哈人本主义唯物史观，找到了唯物史观的新出发点

用关于现实的人及其历史发展的科学来代替对抽象的人的崇拜。只有克服费尔巴哈的人本主义哲学，才能建立唯物史观。费尔巴哈观察社会的基本方法是从抽象的人、人性，从本性出发来证明社会，因此，只有正确地证明人的本质问题，才能突破费尔巴哈的

---

① 《马克思恩格斯选集》第 1 卷，人民出版社 2012 年版，第 134、138 页。

人本主义理论，用唯物史观代替人本哲学。马克思指出：

> 人的本质不是单个人所固有的抽象物，在其现实性上，它是一切社会关系的总和。①

这里包含两层意思：一是马克思正确地说明了人的本质问题，二是指出了唯物主义观察人和解决人的问题的基本原则，就是说从社会关系出发，从社会物质生产的高度出发，从社会实践出发来说明人性、人的本质。马克思在哲学上彻底扬弃了18世纪唯物主义和费尔巴哈唯心史观的作用，指出18世纪唯物主义的三个局限性：（1）机械性；（2）形而上学性；（3）唯心史观。指出费尔巴哈没有提出唯心史观的原因就在于把自己和人当作自己哲学的出发点。他所说的人是抽象的人，他不能找到通向物质生产观念世界的道路，仅仅把这些人作为历史中抽象的人来考察，而不理解人的社会属性，忽视革命的实践。"旧唯物主义的立脚点是市民社会，新唯物主义的立脚点则是人类社会或社会的人类"②。新唯物主义——实践唯物主义——历史唯物主义的立脚点是人类社会关系。这就是唯物史观的出发点。费尔巴哈从抽象的、孤立的人出发把人的本质理解为一种内在的，与具体个人自然地脱离出来的共同性，由此来证明社会。这是一种唯心主义历史观。正是通过对人的本质的正确探讨，马克思找出新的世界观——唯物史观的出发点——社会的物质关系，认识到由此出发才能证明一切人类社会现象。

马克思把他的唯物史观哲学同一切旧哲学的根本对立，归结于它们的阶级基础和理论出发点的对立。旧哲学立足于资本主义私有制、资产阶级世界观，新唯物主义——实践唯物主义——唯物史观则是无产阶级世界观。旧哲学离开社会实践去这样或那样地解释过

---

① 《马克思恩格斯选集》第1卷，人民出版社2012年版，第139页。
② 《马克思恩格斯选集》第1卷，人民出版社2012年版，第136页。

去，新的唯物主义不是局限于解释世界，而是把"改变世界"、把社会实践作为自己的根本出发点和最终目的。运用唯物史观的批判性和实践性，深刻地阐明了马克思在实现哲学变革中的伟大意义和看法。

三 唯物史观的创立是人类认识史上最壮观的一次日出

马克思在《提纲》中开辟了创立唯物史观的理论途径。紧接着在《德意志意识形态》（以下称《形态》）等一系列成熟著作中，创立了一种崭新的唯物史观。唯物史观的创立是人类历史观的一次伟大变革。

（一）它把唯心主义从它最后的避难所——社会历史领域中清除出去，建立了完备的、彻底的、统一的、辩证唯物主义和历史唯物主义紧密结合在一起的马克思主义哲学

恩格斯在《终结》中肯定了费尔巴哈的功绩，但同时指出费尔巴哈在历史领域是唯心主义。马克思、恩格斯克服其局限性，"第一次对唯物主义世界观采取了真正严肃的态度，把这个世界观彻底地（至少在主要方面）运用到所研究的一切知识领域"[①]，把唯物辩证法贯彻到社会领域，第一次正确分析和回答社会历史问题，创立了唯物史观。在《反杜林论》中，恩格斯说：

> 这样一来[②]，唯心主义从它的最后的避难所即历史观中被驱逐出去了。[③]

在马克思主义以前，只有自然观上的唯物主义，没有历史观上

[①]《马克思恩格斯选集》第 4 卷，人民出版社 2012 年版，第 249 页。
[②] 指历史唯物主义的创立。（引者注）
[③]《马克思恩格斯选集》第 3 卷，人民出版社 2012 年版，第 401 页。

的唯物主义。当自然观上的唯物主义占统治地位的时候，唯心主义还可以在历史领域栖身。一旦社会历史也用唯物主义观点解释，唯心主义就彻底失去了容身之所。唯物史观是马克思主义哲学不可分割的一部分。历史唯物主义的创立使马克思主义哲学成为这种辩证唯物主义和历史唯物主义的彻底的、完备的唯物主义学说。恩格斯在《终结》中也同样概括地阐明马克思主义哲学的伟大之处。马克思主义哲学的产生，不仅把旧哲学从自然领域中驱逐出去，而且把它从历史领域中驱逐出去了。马克思主义哲学成为包括自然、人类社会、思维的，并用唯物主义解释的、完整的唯物主义世界观。

（二）历史唯物主义的建立使社会主义由空想变成科学

在马克思主义之前，空想社会主义只是在一定程度上批判了资本主义，仍不够彻底。究其原因，在于没有掌握科学的理论。马克思主义使得社会主义从空想变成了科学。恩格斯在《反杜林论》中说：

> 这两个伟大的发现——唯物主义历史观和通过剩余价值揭开资本主义生产的秘密，都应当归功于马克思。由于这两个发现，社会主义变成了科学。①

历史唯物论的基本原理揭示了阶级的产生、发展和消灭的历史过程，指出了阶级的存亡仅是物质生产发展到一定历史阶段的产物，资本主义社会有不可克服的矛盾因而必然灭亡，无产阶级将通过革命推翻资产阶级国家，建立无产阶级专政，并过渡到共产主义，从而使社会主义由空想变为科学。

（三）历史唯物主义的建立，为人们研究社会历史提供了指南

历史唯物主义原理对各门具体科学都有指导意义。有了它，才

---

① 《马克思恩格斯选集》第 3 卷，人民出版社 2012 年版，第 797 页。

使各种研究社会的学问成为科学。恩格斯说:

> 如果不把唯物主义方法当做研究历史的指南,而把它当做现成的公式,按照它来剪裁各种历史事实,那它就会转变为自己的对立物。①
>
> 我们的历史观首先是进行研究工作的指南,并不是按照黑格尔学派的方式构造体系的杠杆。②

唯物史观为我们提供了研究社会历史发展的方法论准则。历史唯物主义实践观和方法论,只能当作研究各门社会科学的指导方法,而不能把它当成现成的公式乱套,更不能把历史唯物主义当作标签贴到各种事物上去。

(四)历史唯物主义为无产阶级建立社会主义和共产主义提供了可靠的理论武器

历史唯物主义是无产阶级的科学历史观,无产阶级依靠这个科学认识,透彻地了解过去,分析现实斗争,就未来的发展趋势,制定无产阶级的政治路线,指导无产阶级的斗争。历史唯物主义使共产党人和人民看清前途、增强信心,把握自己的现实斗争活动,是无产阶级及其劳动群众的强大思想武器。在今天,历史唯物主义也是指导我国社会主义建设的重要理论武器。

四 对唯物史观基本原理的详尽阐明

马克思在《提纲》、马克思恩格斯在《形态》等成熟作品中创立了唯物史观,马克思1859年在《〈政治经济学批判〉序言》中

---

① 《马克思恩格斯选集》第4卷,人民出版社2012年版,第595页。
② 《马克思恩格斯选集》第4卷,人民出版社2012年版,第599页。

对唯物主义历史观的基本内容作了科学的概括，恩格斯在《反杜林论》和《终结》两篇重要著作中进一步详尽地论述和发挥了唯物史观的一系列基本原理。恩格斯认为在自己的这两部书里对历史唯物主义作了"就我所知是目前最为详尽的阐述"[①]。

（一）在《反杜林论》中，恩格斯通过对杜林唯心史观的批判，阐述了经济与政治、经济基础与上层建筑的关系，指出经济关系对政治暴力、社会意识形态的决定作用

杜林考察社会历史问题的观点和方法是唯心主义的。他不是从现实本身去认识现实，而是从观念推证出现实，根本颠倒了存在与意识、基础与建筑、经济与政治的关系。恩格斯对唯心主义进行的深刻批判，从根本上阐明了历史唯物主义的基本原理：人类社会"以往的全部历史，都是阶级斗争的历史；这些互相斗争的社会阶级在任何时候都是生产关系和交换关系的产物，一句话，都是自己时代的经济关系的产物；因而每一时代的社会经济结构形成现实基础，每一个历史时期的由法的设施和政治设施以及宗教的、哲学的和其他的观念形式所构成的全部上层建筑，归根到底都应由这个基础来说明"[②]。恩格斯站在这个基本立场上，揭露了杜林唯心史观的实质，批判了杜林在一系列社会问题上的唯心主义历史观的看法，阐明了唯物史观的一系列基本思想。

1. 阐明了无产阶级的道德观、平等观和自由观。

道德观念作为一种社会意识形式，是社会存在的反映。"一切以往的道德论归根到底都是当时的社会经济状况的产物。"[③] 道德是由社会生产关系决定的，在不同社会经济历史条件下具有不同的社会道德。道德是具有历史性的。随着历史的发展，道德的具体内

[①] 《马克思恩格斯选集》第 4 卷，人民出版社 2012 年版，第 606 页。
[②] 《马克思恩格斯选集》第 3 卷，人民出版社 2012 年版，第 401 页。
[③] 《马克思恩格斯选集》第 3 卷，人民出版社 2012 年版，第 471 页。

容也在改变。没有什么永恒的、抽象的道德。在阶级社会中，道德是有阶级性的。在阶级社会中，"道德始终是阶级的道德"[①]。关于未来共产主义道德，恩格斯认为，只有不仅消灭了阶级对立，而且在实际生活中也忘却了这种对立的社会发展阶段，超越阶级对立和超越这种对立的回忆的、真正人的道德才成为可能。恩格斯还认为，对同样或差不多同样的经济发展阶段来说，道德发展有一定的继承性；对于同一历史发展阶段有着共同历史背景的道德观念来说，道德具有一定的共同性。

关于马克思主义的平等观，恩格斯指出，平等观念是历史的产物，是一定社会经济基础的反映。平等是一个法权概念，属于上层建筑，是由经济基础决定并为经济基础服务的，平等观念是历史的产物，具有鲜明的阶级性。恩格斯批判了杜林在平等问题上的超阶级的和非历史主义的观点，论述了平等观念的历史发展。他指出：在不同历史阶段，不同的阶级有着不同的平等要求。无产阶级的平等要求是伴随着资产阶级的平等要求而出现的。它的实际内容就是消灭阶级。"无产阶级平等要求的实际内容都是消灭阶级的要求。任何超出这个范围的平等要求，都必然要流于荒谬。"[②] 剥削阶级和被剥削阶级之间没有什么平等而言。对无产阶级来说，消灭资本主义，消灭阶级，建立共产主义，解放全人类，才能实现真正的事实上的平等。因此，"平等的观念，无论以资产阶级的形式出现，还是以无产阶级的形式出现，本身都是一种历史的产物，这一观念的形成，需要一定的历史条件，而这种历史条件本身又以长期的以往的历史为前提"[③]。平等观念是历史的范畴，是一定社会存在的产物。

关于自由，恩格斯认为，承认客观必然性是自由的前提，客观

[①] 《马克思恩格斯选集》第 3 卷，人民出版社 2012 年版，第 471 页。
[②] 《马克思恩格斯选集》第 3 卷，人民出版社 2012 年版，第 484 页。
[③] 《马克思恩格斯选集》第 3 卷，人民出版社 2012 年版，第 484—485 页。

规律、自然界的必然性是第一位的，人的意志自由是第二位的，后者依赖、适应前者，只有首先承认必然性，才能谈得上进一步去认识和把握必然性。必然是客观的，同时又是可知的。自由就是对必然的认识，人对必然的认识越深刻，行动就越自由。自由是历史发展的产物。自由是随着人们在社会实践中对客观规律的认识的不断发展而发展的，在各个历史发展阶段，人对客观必然性的认识和支配是有限度的，因而人的自由是相对的。同样，在社会生活领域，人的自由也是相对的、历史的。从来没有绝对的、永恒的、不受任何限制的自由。在阶级社会中，自由是有阶级性的，自由是受一定社会历史条件限制的相对的自由。

2. 深刻批判了杜林的暴力论的唯心主义本质，着重论述了经济决定政治，经济基础决定上层建筑的历史唯物主义原理，同时也论述了政治上层建筑对经济基础的一定作用。

恩格斯详尽地论述了经济基础决定上层建筑的道理。杜林认为，政治是"历史上基础性的东西"，经济不过是"第二等事实"，政治暴力是全部历史的出发点和基本事实，他用政治暴力来解释一切经济现象。恩格斯指出：

> 暴力仅仅是手段，相反，经济利益才是目的。目的比用来达到目的的手段要具有大得多的"基础性"，同样，在历史上，关系的经济方面也比政治方面具有大得多的基础性。[①]

奴隶主要强迫别人当奴隶，单纯凭借暴力是不行的。他首先必须掌握使奴隶劳动得以进行的工具和对象，以及维持奴隶劳动能力的生活资料。这些东西固然可以通过暴力获得，但财产必然

[①] 《马克思恩格斯选集》第 3 卷，人民出版社 2012 年版，第 539 页。

先由劳动生产出来，然后才能被持有。私有财产的产生同样也是经济发展的结果。相反，政治暴力倒需要用经济原因来说明。可见，经济是基础，政治暴力是从属于经济基础的，经济基础决定政治暴力，说明政治暴力。恩格斯还从军事暴力和经济的关系上，阐明战争的物质基础，以及人和武器在战争中的作用，进一步论证了经济决定政治的原理，指明暴力本身也不是单纯的意志行为，它必须有物质基础和前提，人和武器，武器和人则是同整个生产条件、经济条件相联系的。恩格斯还从阶级和政治关系的产生上，进一步论述了经济决定政治暴力的原理。他认为：阶级和政治关系的出现，是一种历史现象，是同生产发展的一定历史阶段相联系，是社会经济发展的产物，一切社会权力和一切政治暴力都起源于经济条件，随着社会历史的前进，一切政治权力、政治暴力将归于消亡。

恩格斯同时也指出了上层建筑、政治暴力对经济基础的反作用。它或者符合客观规律的要求，促进和保护经济发展；或者违背客观规律，阻碍社会经济发展。但在后一种情况下，经常会因经济发展的强大压力而土崩瓦解。恩格斯非常重视顺应历史发展的革命暴力的作用，把它比喻成为"孕育着新社会的旧社会的助产婆"。

3. 阐明了马克思主义在国家、宗教、家庭、教育等问题上的基本立场。

恩格斯从上层建筑和社会生活方面揭露和批判杜林在国家、宗教、家庭、教育等问题上的资产阶级观点，阐述了马克思主义在这些问题上的一些基本思想。马克思主义认为，国家是一个阶级压迫另一个阶级的工具，是对被统治阶级实行暴力的机器，根本不存在什么超阶级的国家。在阶级社会中，个人的权利是由所属阶级地位决定的；权利总是属于统治阶级，而被统治阶级是没有什么权利的。到共产主义社会，随着阶级对立和差别的消灭，国家也将消亡。

恩格斯还深刻阐明了宗教的本质及其产生的根源和消亡的条件。"一切宗教都不过是支配着人们日常生活的外部力量在人们头脑中的幻想的反映,在这种反映中,人间的力量采取了超人间的力量的形式。"① 原始宗教起源于人们受异己的自然力量的支配。阶级产生后,宗教的存在和发展主要是社会原因造成的。只有当社会通过占有并有计划地使用全部资料而使一切社会成员摆脱奴役状态时,宗教才随之消亡。因此,工人阶级必须首先参加消灭资本主义剥削制度的阶级斗争,才能为逐步消灭宗教创造条件。

恩格斯在家庭问题上指出,家庭是历史的产物,家庭的形成是由一切的经济条件决定的。资产阶级家庭是资本主义经济基础的产物,它必然随着资本主义制度的消灭而改变,不变革资本主义的经济基础,资产阶级家庭是得不到改造的。新的家庭只能随着社会主义制度的建立而产生。

恩格斯还引述了马克思关于无产阶级教育的基本原则:生产劳动同智育和体育相结合,论述了马克思教育理论的极其重要的原则。恩格斯在上述问题的论述中,进一步说明经济基础决定上层建筑,社会存在决定社会意识的基本原则。

4. 论述了马克思主义政治经济学和科学社会主义理论,坚持了历史唯物主义的基本原理。

恩格斯在论述政治经济学的对象和方法时,坚持并论证唯物主义和历史唯物主义原理,运用阶级分析的方法和矛盾分析的方法,从分析生产力和生产关系,经济基础和上层建筑的矛盾运动出发,阐明了生产、交换和分配在社会经济基础过程中的各自地位以及它们之间的交互作用,揭示了生产关系内在矛盾运动的规律性,指出

---

① 《马克思恩格斯选集》第3卷,人民出版社2012年版,第703页。

了马克思主义政治经济学的任务就在于揭示社会弊病的经济根源，指出某种生产方式产生、发展和灭亡的经济规律。

恩格斯从历史唯物主义的基本原理出发，阐明了科学社会主义的社会经济根源，深刻分析了资本主义的基本矛盾，揭示了资本主义必然灭亡和社会主义必然胜利的规律，论述了社会主义社会和共产主义社会的一些基本特征。

总之，马克思在论述政治经济和科学社会主义时，坚持和发挥了社会存在决定社会意识，经济基础决定上层建筑，经济基础和上层建筑、生产力和生产关系的矛盾运动是社会发展的动力。在阶级社会中，表现为阶级斗争的动力的一系列唯物史观的基本原理。

（二）在《终结》里，恩格斯批判了费尔巴哈的唯心史观，着重从社会发展的客观规律阐明历史唯物主义的基本原理

1. 论证社会历史的发展和自然界的发展一样，也有自己发展的客观规律，关键是发现这种规律，并掌握这种规律的基本内容。

马克思主义以前的历史观把历史看成是英雄豪杰的个人思想史和活动史，认为社会历史的发展是由伟大人物的主观思想决定的，是偶然事件的叠加，没有什么规律可言。这些历史观只看到思想动机的作用，而看不到思想动机背后的更深刻的原因。恩格斯指出，社会历史发展和自然界的发展一样，有它本身的客观规律，但社会历史同自然界不同，是在人们自觉的、有目的的行动中发展的，因此，要寻找社会历史的真正的动因，就必须研究隐藏在人们动机背后的动力。恩格斯进而说明如何发现隐藏在人们动机背后的动力。恩格斯指出，要研究使广大群众、整个民族和整个阶级行动起来的动机，要研究那些持久的、引起伟大历史变迁的行动的动机，通过研究这些动机去发现隐藏着的动力，即社会的经济条件，才能发现社会历史

的客观规律。恩格斯在这里提出了群众史观即"人民群众是历史创造者"这一重要原理。

2. 说明社会的经济基础决定上层建筑，论述上层建筑各个组成部分同经济基础的关系，以及它们互相之间的关系。

恩格斯首先指出了政治、法律制度同经济基础的关系。任何政治斗争都是阶级斗争，这种斗争归根到底是由经济基础所决定的。"国家、政治制度是从属的东西"[①]，"经济关系的领域是决定性的因素"[②]。国家、法律都是由经济基础决定的。恩格斯还分析了政治观点、法律观点、哲学、宗教等意识形态和经济基础的关系，他认为这些上层建筑和意识形态，都是由经济关系决定的，但它们同经济关系的距离有远有近，同经济的联系有直接有间接。其中，国家、政治制度同经济基础的距离最短，哲学是远离物质基础的意识形态，宗教离物质生活最远，好像同物质生活毫不相干，但是这些意识形态归根到底是由经济基础决定的。恩格斯还指出，意识形态、上层建筑具有相对的独立性，有继承性，它们要利用前人所创造的思想成果和思想材料，并同现有观念材料相结合而发展起来，但是归根到底仍然是由造成这些思想材料形成、发展、变化的经济关系决定的。

3. 通过对费尔巴哈唯心史观的批判，阐明了用历史唯物主义关于社会存在决定社会意识的基本原理，用阶级和阶级斗争的基本观点，去观察和分析社会现象的重要意义。

恩格斯针对费尔巴哈在宗教上的唯心主义观点，指出，在阶级社会中，人的感情总是有阶级性的，根本就无所谓纯粹的人类感情，更没有理由把这种感情尊崇为宗教，阶级社会的历史是阶级斗争的历史，如果把阶级斗争历史歪曲为宗教变迁史，那是对历史的

---

① 《马克思恩格斯选集》第 4 卷，人民出版社 2012 年版，第 258 页。
② 《马克思恩格斯选集》第 4 卷，人民出版社 2012 年版，第 258 页。

极大歪曲。恩格斯针对费尔巴哈的唯心主义伦理学，阐明了马克思主义的道德观，指出永恒的、超历史的、超阶级的道德，实际上根本不存在。在阶级社会中，道德具有阶级性，"每一个阶级，甚至每一个行业，都各有各的道德"①。费尔巴哈鼓吹抽象的爱的道德观，只能起到麻痹被剥削阶级的极其有害的作用。

4. 指出了生产方式的内在矛盾运动是社会发展的决定力量，阶级斗争是阶级社会发展的动力。

恩格斯在分析社会动因时，论证了阶级斗争是阶级社会发展的直接动力。他指出，自从资本主义经济开始在封建社会内部成长以来，社会的阶级斗争不仅日益尖锐，而且日益明朗化了，这就使人们探究历史发展的真实动因有了可能。恩格斯依次分析了人类社会发展的阶级斗争的动力的事实，并指出，在资产阶级时代，土地贵族、资产阶级和无产阶级"这三大阶级的斗争和它们的利益冲突是现代历史的动力"②。

恩格斯进一步指出，阶级斗争虽然是动力，但阶级斗争本身又是被经济原因，即被生产方式所决定的，因此，归根到底，还是生产方式决定社会的发展。历史唯物主义认为，阶级的产生和存在，以及阶级斗争的变化和发展，都是被经济原因决定的，都是被生产方式内部生产力和生产关系之间的矛盾决定的。恩格斯以封建社会和资本主义社会为例，证明阶级和阶级斗争的产生和发展是如何被生产方式决定的。因此，人类社会的发展，归根到底是由生产方式，由生产力和生产关系的矛盾运动所决定的。资本主义社会矛盾的最终解决，只能通过改变资本主义生产方式，使生产力得到解放。生产关系一定要符合生产力的性质，这是历史唯物主义的一条基本原理。

---

① 《马克思恩格斯选集》第 4 卷，人民出版社 2012 年版，第 247 页。
② 《马克思恩格斯选集》第 4 卷，人民出版社 2012 年版，第 256 页。

五　对历史唯物主义基本原理的进一步补充

马克思、恩格斯关于唯物史观的有关书信，主要是指著名的历史唯物主义的八封信。这八封信，对历史唯物主义的基本原理作了进一步的补充论述。

（一）马克思 1846 年 12 月 28 日致安年柯夫的信，痛斥了蒲鲁东宣扬的客观唯心史观，着重阐明社会历史是在生产发展的基础上不以人的意志为转移的客观必然过程，论述了社会存在决定社会意识，生产力决定生产关系并最终决定整个社会关系的原理

蒲鲁东把社会历史说成是"一种普遍理性在自我表现"①。马克思指出蒲鲁东不是从经济关系出发去理解人类社会发展，而是反过来从经济范畴的发展去理解人类历史，因而陷入唯心史观的泥坑。马克思认为，人们在一定物质生产水平上，不但建立了抽象的社会关系，而且按照自己的生产关系生产出相应的观念、范畴。观念范畴是社会关系的理论表现。马克思认为，人们不能任意选择自己的生产关系。"社会——不管其形式如何——是什么呢？是人们交互活动的产物。人们能否自由选择某一社会形式呢？决不能。"② 生产关系是人们互相交往关系的基本的、基础性的关系，而一定的生产关系又受一定的社会生产力制约。所以，任何一种社会形态的改变和发展，都是生产力发展的结果，而不是人们自由选择的结果。马克思进一步证明了，在生产力发展的一定状况下，社会有一定的交换和消费的生产关系；在生产、交换和消费发展的一定阶段上，就会产生一定的政治制度等上层建筑。因而，马克思认为，人们不仅不能选择自己的生产关系，而

---

① 《马克思恩格斯选集》第 4 卷，人民出版社 2012 年版，第 408 页。
② 《马克思恩格斯选集》第 4 卷，人民出版社 2012 年版，第 408 页。

且也不能自由地选择自己的生产力。"后来的每一代人都得到前一代人已经取得的生产力并当做原料来为自己新的生产服务"①，都是前代人实践的结果，因此，人们决不能超越历史去自由选择自己的生产力。马克思认为，人类历史就是生产发展的历史，生产力是人类全部历史的基础，"人们的社会历史始终只是他们的个体发展的历史，而不管他们是否意识到这一点。他们的物质关系形成他们的一切关系的基础"②。人类的历史就是世代相传的劳动者的历史，这样的历史发展，是不以人的意志为转移的，是由社会经济的发展来决定的。马克思还指出，当生产关系不适合新的生产力时，就要发生革命。用新的生产关系来代替旧的生产关系，为生产力发展开辟道路。人们"为了不致丧失已经取得的成果，为了不致失掉文明的果实，人们在他们的交往［commerce］方式不再适合于既得的生产力时，就不得不改变他们继承下来的一切社会形式"③。马克思以封建主义的生产关系被资本主义生产关系所代替的事实，具体地说明了这个问题，生产力与生产关系的矛盾运动引起了无产阶级推翻资产阶级的革命运动。

（二）马克思在 1852 年 3 月 5 日致约·魏德迈的信中，概括地表述了自己对阶级斗争和无产阶级专政学说的具有伟大历史意义的主要贡献，论述了唯物史观的主要内容——阶级斗争和无产阶级专政的学说

马克思划清了无产阶级的阶级斗争学说同资产阶级的阶级斗争学说、马克思主义和机会主义的区别，阐明了自己对于阶级斗争和无产阶级专政学说的三点贡献：（1）说明了阶级的产生、发展和灭亡是由人类物质生产状况决定的，阶级是一个历史的范畴；（2）指出阶级斗争必然导致无产阶级专政，这是阶级斗争发展的客观规

---

① 《马克思恩格斯选集》第 4 卷，人民出版社 2012 年版，第 409 页。
② 《马克思恩格斯选集》第 4 卷，人民出版社 2012 年版，第 409 页。
③ 《马克思恩格斯选集》第 4 卷，人民出版社 2012 年版，第 409 页。

律；(3) 指出无产阶级夺取政权后所建立的无产阶级专政，其历史使命和最终目的是向消灭阶级社会过渡，指明了共产主义必然实现以及实现的途径。马克思关于阶级斗争和无产阶级专政学说的主要贡献，是历史唯物主义的科学原理，深刻说明了阶级存在同物质生产状况的关系，阶级斗争同无产阶级专政的关系以及无产阶级专政同阶级灭亡、国家灭亡的关系，从而阐明了无产阶级专政在整个历史发展中的必然性和必要性。

(三) 马克思在1868年7月11日致库格曼的信中，驳斥了资产阶级庸俗经济学家对马克思经济理论的攻击，阐明了历史唯物主义的根本观点，并且简要地论述了他的经济理论

物质生产资料的生产，是人类赖以存在和发展的基础。马克思说，任何一个民族，如果停止劳动，不用说一年，就是几个星期也要灭亡，"这是每一个小孩都知道的"[①]。道理很明显，人类要存在和发展，首先必须获得吃、穿、住等基本生活资料；而要获得这些资料，就必须进行生产，在这个基础上，才谈得上从事政治、科学、艺术等活动。这是历史唯物主义的根本观点。马克思从这个基本观点出发阐明了马克思主义的劳动价值理论。

(四) 恩格斯晚年在1890年到1894年致施莱特、布法赫、博尔吉乌斯等人的信中，批驳机会主义者和资产阶级学者对历史唯物主义的歪曲和篡改，全面阐述经济与政治、经济基础与上层建筑的辩证关系，进一步揭示了社会意识形态的特点和作用，同时阐明了历史唯物主义原理，进一步发展了马克思、恩格斯创立的唯物主义历史观

在19世纪80年代以前，社会历史观主要是反对唯心史观。因而，马克思和恩格斯当时的研究"把重点放在从作为基础的经济

---

① 《马克思恩格斯选集》第4卷，人民出版社1995年版，第580页。

事实中探索出政治观念，法权观念和其他思想观念以及由这些观念所制约的行动"[1]，较多地强调经济基础的决定作用，对于上层建筑的反作用的论述就显得相对不够充分。到了19世纪80—90年代，机会主义滋生起来，肆意歪曲和篡改唯物史观，否定上层建筑的反作用，宣扬和平长入资本主义的谬论。一些资产阶级反动学者也把唯物史观庸俗化，把它说成只承认经济的决定作用。同时，德国社会民主党内的一些青年党员，由于对马克思主义理论缺乏深入研究和思考，把唯物主义当作公式生搬硬套。在这种情形下，恩格斯站了出来，完整、全面地论述了经济基础与上层建筑的辩证关系，在充分肯定经济基础对上层建筑的决定性作用的前提下，着重论述了上层建筑对经济基础的反作用。

1. 论述了社会存在和社会意识的辩证关系，在肯定社会存在是第一性、决定性的作用的前提下，论述了意识形态的相对独立性和反作用。

在社会存在和社会意识的关系问题上，不应忽视意识形态的能动作用。恩格斯指出：

> 物质存在方式虽然是始因，但是这并不排斥思想领域也反过来对物质存在方式起作用，然而是第二性的作用。[2]

这段话至少说明了两点：

一是说物质生活条件是人类社会存在和发展的基础。社会存在包括物质生产方式、地理环境和人口等，物质生产方式是决定性原因。马克思在致梅林的信中，批判了把意识形态的形成和发展看成是脱离物质基础的看法，指出人们的活动虽然是受人们思想动机支

---

[1] 《马克思恩格斯选集》第4卷，人民出版社1972年版，第500页。
[2] 《马克思恩格斯选集》第4卷，人民出版社2012年版，第598页。

配的，但是人们的思想动机又是一定物质原因引起的，物质决定意识。

二是说社会意识对社会物质生活条件，即社会存在，具有反作用。恩格斯在致梅林的信中进一步指出，当社会意识一旦被经济原因造成以后，"就能够对它的环境，甚至对产生它的原因发生反作用"①。但是社会意识的反作用是第二性的，是受制于第一性的社会存在的。恩格斯认为，只要从事哲学、宗教等研究的人们形成社会分工的一个特殊部分、独立集体，他们的学说、观点，包括他们的错误在内，"就要反过来影响全部社会发展，甚至影响经济发展"。但是，"他们本身又处于经济发展的起支配作用的影响之下"。②

恩格斯在反复强调经济因素对社会意识形态的决定作用的前提下，论述了意识形态的特点和作用。社会意识形态一旦由一定的经济条件产生出来以后，便具有相对的独立性，具有它本身的继承性和运动、发展的特殊规律。

恩格斯认为，思想、理论具有历史的继承性，还是社会意识形态相对独立性的具体表现。"历史思想家……在每一科学部门中都有一定的材料，这些材料是从以前的各代人的思维中独立形成的，并且在这些世代相继的人们的头脑中经过了自己的独立的发展道路。"③"每一个时代的哲学作为分工的一个特定的领域，都具有由它的先驱者传给它而它便由以出发的特定的思想资料作为前提。"④但是，意识形态的这种继承性，容易造成似乎与经济无关的假象，给唯心主义造成可乘之机。恩格斯总结说，实际上意识形态的继承性质，甚至继承什么、摈弃什么、发展什么也是受经济基础制约的。

由于意识形态的历史继承性，造成了社会意识的发展与经济发展的不平衡性。历史上一些落后国家，在思想上都有可能超过经济

---

① 《马克思恩格斯选集》第4卷，人民出版社2012年版，第644页。
② 《马克思恩格斯选集》第4卷，人民出版社2012年版，第612页。
③ 《马克思恩格斯全集》第39卷，人民出版社1974年版，第95页。
④ 《马克思恩格斯选集》第4卷，人民出版社1972年版，第485页。

比较发达的国家，但是这种情况归根到底也是以一定经济发展的水平为前提的。

各种思想之间存在相互作用和影响。恩格斯指出：各种社会意识形态的发展，除了以经济的发展为基础外，它们又都互相影响，产生各种思想之间的交互作用。在社会意识形态之间，政治思想和哲学思想起到了重要作用，影响和支配其他意识形态。哲学是作为世界观和方法论来影响其他意识形态的，但是哲学本身不仅不能代替其他各种意识形态，而且还直接受政治、法律和道德的影响。政治是经济的集中表现，一定的政治思想对哲学、宗教等意识形态起着直接的影响，起着领导的作用。

2. 论述了经济基础与上层建筑的辩证关系，提出了上层建筑的反作用。

恩格斯认为，首先，经济基础是第一性的，是社会历史发展的基础，对历史进程起着决定性的作用。"根据唯物史观，历史过程中的决定性因素归根到底是现实生活的生产和再生产。"[①] 其次，上层建筑各种因素是第二性的，它的性质、状况、发展和变化归根到底是由经济基础决定的。但是，上层建筑的各种因素一旦产生出来，就有着自身的特殊发展规律和特点，并能决定历史发展的特点或特殊形式。这种反作用比起经济因素的作用当然是次要的，但不容忽视。再次，经济基础和上层建筑、经济基础之间、上层建筑之间各种要素的交互作用，影响历史发展，但归根到底是生产关系一定要适应生产力的需要。生产关系与生产力之间的矛盾运动决定经济基础的发展和改变，经济基础又决定上层建筑，归根到底是经济必然性起主要的、决定的作用。

恩格斯驳斥保·巴尔特对唯物史观的歪曲，着重指出了上层建筑在历史进程中的作用。他指出：

[①]《马克思恩格斯选集》第4卷，人民出版社2012年版，第604页。

> 一种历史因素一旦被其他的、归根到底是经济的原因造成了，它也就起作用，就能够对它的环境，甚至对产生它的原因发生反作用。①

关于上层建筑在历史进程中究竟具有什么样的作用，恩格斯指出：

> 对历史斗争的进程发生影响并且在许多情况下主要是决定着这一斗争的形式的，还有上层建筑的各种因素。②

恩格斯论述了国家和法的产生、相对独立性及对经济基础的反作用，恩格斯以国家权力为例说明上层建筑是怎样反作用于经济基础的，有三种可能的情形：一是国家权力如果沿着经济发展的同一方向起作用，经济的发展就比较快；二是国家权力如果沿着与经济发展相反的方向起作用，就会阻碍经济的发展，经过一定的时期，国家本身也必然崩溃；三是国家权力"阻碍经济发展沿着某些方向走，而推动它沿着另一种方向走"③，这第三种情况归根到底还是为前两种情况中的第二种。在第二种或第三种情况下，政治权力能给经济发展造成极大的损害。恩格斯还讲了国家权力对经济发展的反作用。

恩格斯驳斥了保尔·巴尔特之流对马克思主义的攻击，说明马克思一贯重视政治对经济的反作用。恩格斯指出，马克思在《路易·波拿巴的雾月十八日》和《资本论》等著作中，肯定了政治普遍依赖于经济条件，同时充分论述了政治斗争所起的特殊作用。

上层建筑对经济基础产生的反作用，是由于上层建筑各部分都有不同程度的相对独立性，形成它自己发展的特殊规律和相对独立

---

① 《马克思恩格斯选集》第4卷，人民出版社2012年版，第644页。
② 《马克思恩格斯选集》第4卷，人民出版社2012年版，第604页。
③ 《马克思恩格斯选集》第4卷，人民出版社1972年版，第483页。

的历史，因而就能积极主动地反映经济基础并反作用于经济基础。但是上层建筑决不会离开经济基础而单独起作用，它的反作用是在经济必然性的基础上产生和发挥的，"生产归根到底是决定性的东西"①。离开经济基础去谈上层建筑必然陷入唯心主义历史观。

3. 论述了其他唯物史观的原理。

恩格斯在有关书信中指出，唯物史观不但是科学的理论，而且是研究社会历史的唯一科学方法，但唯物史观不是教条，而是"进行研究工作的指南"②。

恩格斯论述了人们创造历史过程中的客观规律性和个人意志的关系。为了通俗地说明历史的客观规律和个人意志的关系，恩格斯举了"平行四边形"的例子。历史中，无数个人意志就好像无数力的平行四边形的邻边；无数个人意志相互冲突的结果，就好像无数个力的平行四边形引出的无数根合力线。历史的最终结果，就好像是总的合力线。这说明：社会规律同自然规律一样，有其客观性；社会规律又不同于自然规律。社会规律表现为个人的目的和愿望；个人的目的表面上很少如愿以偿，在无数个人背后有一个物质的总动力；个人的意志对历史的发展不是不起作用的，无数个人意志表现为历史的合力。由此阐明了客观规律和个人意志的关系。恩格斯还提出要正确对待个人在历史发展中的作用，阐明了马克思作为无产阶级的伟大导师出现在历史上，是有其历史必然性的。历史人物在于顺应历史的潮流，应当肯定个人在历史上的地位和作用。

恩格斯指出，在人们的生产方式和交换方式中"也包括生产和运输的全部技术装备"③。技术装备是指科学技术说的，科学技术是生产力，恩格斯表达了这个思想。同时，恩格斯还阐述了生产对科学技术的重要作用，"社会一旦有技术上的需要，则这种需要

---

① 《马克思恩格斯选集》第 4 卷，人民出版社 1972 年版，第 481 页。
② 《马克思恩格斯选集》第 4 卷，人民出版社 1972 年版，第 475 页。
③ 《马克思恩格斯选集》第 4 卷，人民出版社 1972 年版，第 505 页。

就会比十所大学更能把科学推向前进"①。自然科学的产生和发展最终是由生产的需要和实践决定的。

最后,恩格斯阐述了历史发展中的偶然性和必然性的关系,正像曲线(指偶然性)和中轴线(指必然性)的关系,这个轴线归根到底是经济发展的轴线,它"构成一条贯穿于全部发展进程并唯一能使我们理解这个发展进程的红线"②。

总之,马克思在《提纲》中为历史唯物论的创立开辟了新的理论起点,提出了唯物史观这一崭新的思想。马克思在历史唯物主义的书信里又补充论述了历史唯物论的基本原理。恩格斯在《反杜林论》《终结》中全面、详细地论述了历史唯物主义的基本原理。恩格斯晚年在历史唯物主义书信中全面论述了经济基础与上层建筑、社会存在与社会意识的辩证关系,阐述了上层建筑的相对独立性和作用,进一步丰富了唯物史观。

---

① 《马克思恩格斯选集》第 4 卷,人民出版社 1972 年版,第 505 页。
② 《马克思恩格斯选集》第 4 卷,人民出版社 1972 年版,第 506 页。

唯物主义历史观[*]

唯物主义历史观是工人阶级的科学历史观，是关于人类社会发展最一般规律的学说，它是工人阶级及广大劳动人民认识社会、改造社会、推翻旧社会、创造新社会最锐利、最强大的思想武器。

一　划时代的伟大发现

在马克思主义哲学体系中，唯物史观集中、鲜明地体现了马克思对人类思想史的独创性和伟大贡献。1883年3月17日，恩格斯站在生死与共的战友——马克思的葬礼上，发表了一篇著名的悼词，高度评价马克思创立唯物史观的划时代的历史功绩，赞誉唯物史观是马克思一生的第一个伟大发现。

在人类社会中，究竟是什么力量使个人、整个民族、整个阶级行动起来？是什么原因促使人类之间发生冲突、纷争，直至爆发战争？又是什么力量推动人类社会像万里长江那样奔腾不息，一往向前？一句话，人类社会是遵循怎样的规律发展变化的？人类历史万年计，人类文明上下几千年，这一直是一个具有巨大诱惑力的社会奥秘。在马克思主义哲学诞生之前，在自然科学领域有许多重大发

---

[*] 原载苏星主编《马克思主义基本理论概述》，中国青年出版社1991年版，第159—193页。

现，犹如夏夜的灿烂群星，闪烁着智慧的光辉。然而，尽管人们在社会历史领域进行了长期的探究，却一直是在唯心主义历史观笼罩的黑暗中摸索，从来没有真正发现历史之谜，真正揭示历史发展的规律。

在古代，神学观念占据人类思想的统治地位，"一切民族都以为上帝支配他们的历史"[1]。神学历史观点的形成是由于当时的历史条件造成的。远古人的生产劳动水平极端低下，理论思维能力非常贫乏，他们既受强大自然力的支配，又摆脱不了氏族血缘关系的束缚，无法理解自然和社会现象，就用一种超自然、超历史的观点来解释控制、支配他们命运的强大的盲目力量，这就是唯心主义历史观的萌芽。

随着生产力的发展，人类进入奴隶社会，对社会的认识有所前进。古希腊罗马时期的许多思想家开始把物质因素，人，人的需要、利益、情欲要求放到历史支点的位置，这是人类认识自己历史的伟大开端。当然，这些观点都还是素朴的猜测，缺乏科学的理论论证。

人要生活就离不开吃、穿、住，这是任何一个正常思维的人都无法回避的事实。面对这些经验的事实，一些勇敢的理论探索者开始悟到了社会之谜语的真谛。柏拉图的《理想国》中的人物斯拉雪麦格，在反驳苏格拉底的"公道"论时说："余谓公道者无他，即强者之利益耳"[2]，强者的利益即是公道，道出了利益的重要性。著名古代原子论者德谟克利特在探讨社会和国家的起源问题时，明确指出："需要"起了决定性作用，"模仿"又使人们的需要成为现实。德谟克利特是人类思想史上最早明确接触到需要和利益问题的思想家。另外还有一些著名的历史学家诸如希罗多德、修昔底德、波里比阿、普鲁塔克等，写了许多关于希腊、罗马的历史，关

---

[1] ［法］拉法格：《思想起源论》，王子野译，生活·读书·新知三联书店1963年版，第9页。

[2] ［古希腊］柏拉图：《理想国》，吴献书译，商务印书馆1957年版，第25页。

于古代波希战争、伯罗奔尼撒战争的著作，努力探索历史事件的原因，也提出了许多有价值的思想。

几乎在同一时代，中国历史上也有了许多类似的思想探索。春秋时期随国的季梁说："夫民，神之主也"①，肯定了民是神的寄托之处，强调了人的重要性。墨子提出，"兼相爱，交相利"，注意行为的社会效果，把利作为社会生活的基本内容。后期墨家继承了墨子"利"的思想，特别强调实际的功利，认为"义"离不开"利"，"义、利也"②，离开了实际的"利"也就无所谓"义"。他们以功利为衡量一切社会行为的标准。战国思想家荀况说："今人之性，饥而欲饱，寒而欲暖，劳而欲休，此人之情性也。""人之性，生而好利"③，他明确认为，吃饭、穿衣、休息，这是人的正当情欲要求。

春秋战国以后，中国封建社会的许多思想家都把衣食之利放到了重要位置上。汉代著名史学家司马迁认为，利益是人们行为的动力，"天下熙熙，皆为利来"。东汉杰出的唯物主义者、被称为"战斗的无神论者"的王充，把人的衣食之利放在首位，主张"去信存食"。北宋改革家王安石，认为人同外物接触时便引起情感欲望，因此，正常的情欲发作就是善。南宋著名思想家陈亮和叶适大力主张功利主义。叶适认为，仁义道德不能脱离功利，否则不过是空话罢了。"仁人正谊不谋利，明道不计功，此话初看极好，细看全疏阔。"④ 明清之际反封建礼教的斗士李贽，大力宣传个人利己主义，强调物质生活的重要性。他说："吃饭穿衣即是人伦物理，除却吃饭穿衣，无论物矣。"⑤ 把衣食之类的物质需求放在第一位。这些思想都不同程度地包含唯物主义历史观的因素。

---

① 《左传·桓公六年》。
② 《经书》。
③ 《荀子·性恶》。
④ （宋）叶适：《习学记言》卷23。
⑤ （明）李贽：《焚书·答邓石阳》。

在欧洲中世纪，宗教哲学把古代神学历史观体系精织成庞杂的经院哲学，用来解释历史发展和社会生活。从被神学家视为中世纪天主教"真理的台柱"的北非主教奥略里·奥古斯丁，到经院哲学的完成者、意大利的托·斯·阿奎那，都是神学历史观的积极鼓吹者。他们用天意、天命、命运解释历史本身的必然性，用唯心主义的宿命论来说明历史现实的因果关系。

在欧洲文艺复兴时期，资产阶级人道主义思潮逐步摈弃了神学历史观，把天国的历史逐步变成世俗的历史，力图从人自身，而不是从神的意志来探索历史的秘密，这是一个伟大的思想进步。

被拉法格称为"历史哲学之父"的17世纪意大利思想家乔·维科，是第一个排除神学对历史学的干扰，探求历史共同规律的人。他认为"社会是人创造的"，也是人能认识的。维科的巨大历史功绩在于，他强调了各种社会力量的斗争在社会发展中的重要作用，强调了历史规律的共同性，从而在一定程度上排除了神对历史的干预。但是，由于维科并没有完全摆脱神学历史观的局限，因而他对历史规律的认识也不可能达到唯物主义的高度。他最终又陷入了认为历史发展像个体发育那样，是一个不断由童年、青年、壮年、老年到死亡的反复循环的历史循环论观点的泥淖。

18世纪法国启蒙学派，在维科的基础上前进了一步，他们从人与周围环境的关系出发，来探讨社会历史形成的原因。著名法国启蒙学家孟德斯鸠试图从人类社会不可缺少的自然环境中寻找社会发展和存在的原因，提出了著名的地理环境决定论的观点。他认为寒冷的气候造就健康和勇敢的人，炎热的气候造就软弱和怯懦的人，狭小的领土宜于共和制，大小适中的领土宜于君主制，广袤的领土则宜于专制制度。

不可否认，地理环境对人及其社会存在重要影响，但是，显而易见地，立足于变化缓慢的地理环境，无法解释迅速变化的社会，无法解释有组织、有目的地活动的人。这一事实必然迫使人们把视线从地理环境转向人所存在的社会环境。18世纪法国唯物主义完成了这一步。他们不是从地理环境这个外部条件，而是从社会环境和人的活动的相互关系中探讨社会的发展。例如，18世纪法国唯物主义者爱尔维修提出了"人是环境的产物"的带有唯物主义倾向的命题。可是爱尔维修并不理解社会生活的本质，他把社会环境看成是一定的政治制度和法律制度。他认为，人的性格和善恶是随政府的形成和法律的改变而变化、社会制度和法律又是由人的理性所决定的。在他看来，只有真正的立法者，才能制定出好的法律，创立好的政府。爱尔维修又返回到"意见支配世界"的唯心主义老路上去了。

法国唯物主义关于人与环境关系的论断是前后互相矛盾的，要走出这种认识困境，必须作进一步的探索。法国复辟时期的历史学家基佐、梯也尔、米涅等人，把研究的重点转向社会环境是怎样产生的这个问题上，开始表现出突破唯心史观的倾向。他们在历史观上有两个主要的贡献，第一，他们不是到人的意见中，而是到财产关系中寻找政治制度存在的依据。例如，基佐在研究西罗马灭亡后的状况时指出，要理解该社会的政治制度，应当研究社会中不同阶层及其关系。要知道这些阶层及其相互关系，必须研究土地关系。第二，他们已经看到了欧洲中世纪以来阶级斗争的历史发展及其作用。

既然财产关系决定社会制度，那么财产关系是怎样起源的呢？复辟时代的历史学家援引抽象的人性来作为答案，说明社会财产关系的起点。他们认为，正是由于人的与生俱来的本性决定了财产的归属。这样一来，他们虽然在人与环境的关系问题上走出了一步，但仍然没有逃脱出资产阶级唯心主义人性论的束缚。

黑格尔是资产阶级变革时代的一位伟大的哲学家，他看到人性历史观不可克服的认识矛盾。他试图不在人性之中，而是到人性之外去寻找人性形成的原因。但是他所坚持的唯心主义的前提，已经事先决定了他必然会到虚构的绝对理性中去寻找历史的动力，用绝对理性的内在的自我矛盾运动来描绘历史发展的源泉和规律。黑格尔从唯心主义角度，为人们正确说明历史的动力和规律提供了卓有价值的思想。

克服前人在历史观方面的致命缺陷，集前人一切优秀思想成果之大成，揭示人类历史发展的千古之谜，完成人类思想史上的伟大突变的时代重任落在了马克思、恩格斯肩上。

在马克思主义唯物史观形成之前，人类历史观陷入了某种意义上的逻辑悖论中，也就是说，陷入了左右为难、无法解决的互相矛盾的问题中。是什么力量推动人类社会发展，也就是说人类社会发展遵循怎样的客观规律，这是社会历史观所要回答的根本问题。唯心主义哲学一直是用人的思想、动机和意志，用"理念""绝对精神""抽象的人性"来解答历史发展和社会现象。旧的、直观的、形而上学的唯物主义哲学简单地从物质方面，从客体方面来说明历史发展的规律，仍然又返回到唯心主义的结论上。即使一些有见地的唯物主义者试图解决人类历史的秘密，提出一些有价值的思想，但也只是仅仅涉及历史的表面现象，在他们的正确观点中往往掺杂有荒谬和自相矛盾的成分，最终也陷入唯心主义泥坑而不能自拔。可以说，唯心主义也好，旧唯物主义也好，在社会历史观的基本问题上绕来绕去，总是绕不出社会意识决定社会存在的唯心主义圈子，当然也就根本谈不上正确揭示社会发展的客观规律了。

唯心主义之所以能够在社会历史领域盘桓延续上千年之久，长期占据解释社会历史现象的统治地位，是有其深刻根源的。

首先，唯心史观长期占据统治地位，同社会实践的发展水平，社会历史条件的限制相联系。在资本主义大工业出现以前，生产规模狭小，生产发展速度缓慢，生产关系长期停滞，生产力和生产关系的历史作用往往经过很长的时间才显示出根本变化的明显迹象；人们进行社会历史活动的物质和经济利益的动因，往往又被政治的、法律的、宗法的、等级的、思想的、道德的等社会现象所掩盖，难以显示出来。只有到了资本主义大工业时期，生产力突飞猛进的发展，生产关系急剧变化，社会的经济利益关系、阶级关系明晰化，才为科学地理解历史发展动力及其规律提供了客观可能性。

其次，除了社会历史原因之外，唯心史观处于垄断地位，还有深刻的阶级根源。马克思主义以前的科学家、社会历史理论家，多数都是剥削阶级的思想代表，剥削阶级的偏见和专门从事精神活动的特殊社会地位，使得他们在解释历史时总是夸大精神的作用，夸大个别英雄人物的作用。唯心史观符合剥削阶级的利益要求。

最后，从认识根源上来说，唯心主义历史观的结论同社会历史这种特殊的认识对象有关。社会是自然的一部分，但又是十分特殊的一部分。社会不是自然的简单延伸，它有自己特殊的表现形式和规律。在自然界中起作用的是没有人和人的意识活动参与的自发力量，而社会历史过程却是由人参加的，是人的有意识、有目的的活动结果。社会历史过程或现象的这种特殊性和复杂性，很容易给人们造成一种假象：似乎社会历史纯粹是由人的意识、人的思想动机所支配，人的思想动机，特别是少数英雄人物的思想动机，是历史发展的动力和根源。这种假象很容易使人们陷入唯心主义认识的泥坑，难以自拔。

由于旧哲学存在致命的认识论病源，所以它对社会历史的认识不可避免地带有两个根本的缺陷：第一，只是考察了人们历史活动的思想动机，而没有考察产生这些动机的物质原因；第二，没有说明人民群众活动的历史地位。旧历史观是无法解开社会历史之谜的。

马克思、恩格斯的伟大发现就在于，把唯物主义彻底贯彻到社会历史领域，发现了物质资料的生产是社会存在和发展的基础，揭示了物质生活的生产方式制约着整个社会生活、政治生活和精神生活的过程。不是人的意识决定人的存在，而是人的存在决定人的意识，新的历史观破天荒地第一次彻底解决了社会存在和社会意识这个人类历史观的基本问题，找到了认识社会的物质基础——生产力和生产关系，创立了唯物史观。借助唯物史观，马克思和恩格斯揭示了社会历史发展的最终动力和发展规律。历史唯物主义的创立为人们走出唯心史观的迷宫开辟了正确的道路。

以社会存在决定社会意识原理为核心的唯物史观，把人类社会看作整个自然界的一部分，认为人类社会是自然界长期发展的产物，人类社会的发展是一个"自然历史过程"。但是，探索人类社会动力之谜，仅仅认识到社会与自然的一致显然是不够的，还必须深刻认识到社会同自然的差别和对立，人同动物的差别和对立。

首先，人类社会既是自然界的一部分，同时又是自然界中特殊的部分，它具有自己的特点和规律。在自然界中起作用的是没有人和人的意识参与的自发的力量，而社会历史的一切过程是人的有意识、有目的的活动的共同结果。社会是人的社会，历史是人的历史，社会历史是由人的有目的的活动创造的。处于一定社会关系之中从事具体生产活动的人是社会活动的主体，是历史的主人，社会历史就是人类有意识活动的历史，每一个社会现象都留下人的活动的轨迹，打上人的意志的烙印。

其次，人既是动物的一部分，又是动物中十分特殊的一部分，人与动物存在本质的差别。自然界中低等动物的活动是盲目的、无意识的、被动的活动。而在社会历史领域内进行活动的，是有意识的、追求一定目的的人。支配人们行动的动机、意图是各种各样的，"而这许多按不同方向活动的愿望及其对外部世界的各种各样作用的合力，就是历史"[①]。人与动物的一个区别点就在于，人是自觉的、有意识的主动活动者，而动物则是无意识、无目的的被动活动者。

因此，考察社会历史过程必须考察人的活动；考察汇合历史的动力必须考察人的历史活动的动因；考察人的历史活动的动因，必然首先涉及人的意愿、欲望、目的等思想动机。从表面上看，正是这些思想动机促使人们去参与社会活动。

社会与自然界的一致与区别，人与动物的一致与区别，使得人

---

① 《马克思恩格斯选集》第4卷，人民出版社2012年版，第254页。

们在对社会历史之谜的探讨过程中，很容易在认识上陷入"二律背反"的境地：承认社会是一个自然历史过程，承认人是动物的一部分，势必要把历史的终极动因归结为物质原因；然而，社会与自然、人与动物的差别似乎又造成一个假象，在自然界，纯粹是自然规律、盲目的客观力量在起推动作用，而在社会、在人的活动领域，又好像是人的意愿、目的、性爱等思想动机在起决定作用。这样一来就出现了一个二元动力的局面，那么，究竟什么才是最根本的动力呢？

人类社会与自然界的一致与差别，人与动物的一致与差别，使我们在考虑历史发展动力时，既要考虑到历史动力的物质根源，又不能囿于庸俗唯物主义的具体物质动因说。要寻找与人的主观能动性相联系、相一致的物质根源，既要避免为社会历史是由人的思想动机所支配的假象所蒙蔽，同时又要避免庸俗地、简单地把人的历史活动归结为某种僵硬的具体物质。恩格斯在《路德维希·费尔巴哈和德国古典哲学的终结》一书中写道：

> 旧唯物主义在历史领域内自己背叛了自己，因为它认为在历史领域中起作用的精神的动力是最终原因，而不去研究隐藏在这些动力后面的是什么，这些动力的动力是什么。[①]

把历史发展的最终动力归之于精神是荒谬的，然而历史唯物论和历史唯心论的区别不在于是否承认精神动力的作用，而在于是停留在精神动力的结论上，还是进一步寻找精神动力背后的动力。恩格斯在致约·布洛赫的信中进一步强调：

> 根据唯物史观，历史过程中的决定性因素归根到底是现实生活的生产和再生产。无论马克思或我都从来没有肯定过比这

---

① 《马克思恩格斯选集》第4卷，人民出版社2012年版，第255页。

更多的东西。如果有人在这里加以歪曲，说经济因素是唯一决定性的因素，那么他就是把这个命题变成毫无内容的、抽象的、荒诞无稽的空话。①

如果贴标签式地、简单地把历史动因归之于唯一的物质因素，那就是离开辩证法的形而上学的空洞废话。

如何正确地探讨人类历史活动的奥秘呢？恩格斯指出了正确的认识途径：

> 如果要去探究那些隐藏在——自觉地或不自觉地，而且往往是不自觉地——历史人物的动机背后并且构成历史的真正的最后动力的动力，那么问题涉及的，与其说是个别人物、即使是非常杰出的人物的动机，不如说是使广大群众、使整个整个的民族，并且在每一民族中间又是使整个整个阶级行动起来的动机；而且也不是短暂的爆发和转瞬即逝的火光，而是持久的、引起重大历史变迁的行动。探讨那些作为自觉的动机明显地或不明显地，直接地或以意识形态的形式、甚至以被神圣化的形式反映在行动着的群众及其领袖即所谓伟大人物的头脑中的动因，——这是能够引导我们去探索那些在整个历史中以及个别时期和个别国家的历史中起支配作用的规律的唯一途径。②

这一途径就是，透过纷杂的社会历史现象，抓住广大群众持久的、引起伟大历史变迁的行动，然后找到触发这些行动的思想形式的动机，最后再去寻找思想动机背后最终的动力。

如何探讨思想动机背后的动力呢？可以从对人的特殊性的认识

---

① 《马克思恩格斯选集》第4卷，人民出版社2012年版，第604页。
② 《马克思恩格斯选集》第4卷，人民出版社1995年版，第249页。

入手。马克思说，人的本质是一切社会关系的总和，人是社会动物，只有从社会关系，首先从生产关系入手，才能把握人的特殊本性。动物的行为是其生物机体的功能表现形式，动物的生物机体结构决定着动物的本能欲求，从而决定动物的行为：求食、配偶、自卫等。可见，动物行为的动因是外界环境作用于生物机体而产生的直观式的欲求本能反射。动物的行为是自发的、被动的，动物的个体行为同时就是全体动物的一般行为。而人的行为情况就不同了。人的行为是有意识的自觉行为，人的个体行为首先是社会行为，然后才是人的行为。人的行为的社会性是不能单纯用人的生物机体结构来解释，也不能单纯用遗传基因来解释。直观地说，人类社会行为取决于直接的思想动机，没有意识也就不可能有人的行为。然而，人的意识来自社会实践，人的实践行为又最终决定意识。这样一来就提出一系列尖锐的问题：到哪里去寻找决定人的历史行为的最终原因？每个人都具有自己的有意识的行为，那么个人有意识的行为怎样才能汇集成不以人的意志为转移的客观动力？看来，必须从存在于人的意识之外，而又包含行为主体，体现出人的能动性的某种东西那里去寻找"动力的动力"。

第一，劳动是理解社会历史动力的基本范畴，是打开历史之谜的钥匙。动物的行为是由生理欲求决定的，而生理欲求是由动物的生物机体及其同外界环境的相互作用而决定的。人同动物的本质区别就在于人具有社会性，因此，是人的社会机体（社会关系），而不是人本身的个体生物机体决定了人的社会需求，从而决定人的行为。人的社会需要是人的行为的直接动因，社会机体（社会关系）又决定了人的社会需求。

但是，人们不禁要问，社会机体决定人的意识，决定人的行为，那么社会机体是从哪里产生的呢？唯物史观的答案是，劳动创造了人，从而"产生了新的因素——社会"①。人的劳动，首先是

---

① 《马克思恩格斯选集》第3卷，人民出版社1972年版，第512页。

社会劳动，也就是说，人们在劳动中必须结成一定的劳动分工和协作关系，发生一定的经济关系，劳动才能够进行。劳动不仅创造了人，而且在创造人的同时创造了社会关系，一定的社会关系构成了一定的社会机体。由此看来，劳动创造了社会机体，劳动是历史的创造性力量。

劳动创造了人和社会，而劳动只是人的劳动。人既是劳动客体、对象，同时又是劳动主体；劳动既是客观的物质力量的运动，又是有意识的、能动的、包括有精神活动的主体力量的运动。社会劳动实践是主体与客体、物质与精神有机地联系起来的中介。把劳动实践作为创造社会历史的根本力量，既可以避免庸俗唯物主义，又可以避免唯心主义。劳动是人类最初始的、最基本的实践活动，它决定其他一切社会行为和社会活动。所以，探讨社会之谜，首先应当探讨人的生产劳动及其生产关系。探讨人的生产活动必然涉及人的劳动动机和目的，探讨人的劳动动机背后的原因，也就找到了人类历史活动的根本动因。这样一来，人们在"劳动发展史中找到了理解全部社会史的锁钥的新派别"[①]。

第二，历史是由人有意识的活动创造的，但是，人们创造的历史却具有不依人的意志为转移的客观规律。历史发展的动力是通过人的活动、人的主观能动性而表现出来的，但是历史发展的动力又表现为支配人的、不依人的意志为转移的客观规律的力量。因此，要揭示社会历史动力，必须去发现不以人的意志为转移的动力发展的客观规律。这样的认识任务使人面临着一个复杂的思维困难：社会物质生产和生产关系的客观性是同人的意识、动机等思想形式的东西纠缠在一起的。如果否认人的意志的能动作用，只承认不可抗拒的客观规律性，必然导致历史宿命论；如果否认支配人的活动的客观规律性，只承认人的主观能动性，必然导致唯意志论。

以往旧的历史学家们解决不了这个认识上的矛盾，最终都把历

---

① 《马克思恩格斯选集》第4卷，人民出版社2012年版，第265页。

史动因归之于精神性的因素。唯心主义的辩证法大师黑格尔敏锐地猜测到了这个认识矛盾。黑格尔断言，人的思想动机决不是历史的最终动因，人的思想动机背后肯定隐藏着深刻的原因，这些原因是未曾被人们所意识到的，而又支配人们行动的最终动因。遗憾的是，黑格尔并没有沿着这一正确的认识深入下去。他认为，人的思想动机背后是"世界精神"，"世界精神"统治着历史。每个人固然都在追求和满足自己的目的，但这只是"世界精神"满足自己的目的的手段和工具，每个人都无意识地或不自觉地实现了"理性的狡计"。也就是说，每个人虽然都是有目的地活动的，但最终结果往往事与愿违，人们都中了理性（世界精神）的计谋，理性实现了自己的目的。虽然黑格尔得到了错误的结论，但他对人们的主观能动性同客观规律的辩证关系，对社会历史发展不以人的意志为转移的客观规律性的揭示，还是深刻的。恩格斯对黑格尔的历史性贡献是这样评价的：

> 至于黑格尔没有解决这个任务，在这里是无关紧要的。他的划时代的功绩是在于提出了这个任务。①

为什么历史是由人的有意识的活动创造的，但社会历史发展的总趋势却不依人的意志为转移呢？恩格斯是这样分析的：

> 历史是这样创造的：最终的结果总是从许多单个的意志的相互冲突中产生出来的，而其中每一个意志，又是由于许多特殊的生活条件，才成为它所成为的那样。这样就有无数互相交错的力量，有无数个力的平行四边形，由此就产生出一个合力，即历史结果，而这个结果又可以看做一个作为整体的、不自觉地和不自主地起着作用的力量的产物。因为任何一个人的

---

① 《马克思恩格斯选集》第3卷，人民出版社1972年版，第63页。

愿望都会受到任何另一个人的妨碍，而最后出现的结果就是谁都没有希望过的事物。所以到目前为止的历史总是像一种自然过程一样地进行，而且实质上也是服从于同一运动规律的。但是，各个人的意志——其中的每一个都希望得到他的体质和外部的、归根到底是经济的情况（或是他个人的，或是一般社会性的）使他向往的东西——虽然都达不到自己的愿望，而是融合为一个总的平均数，一个总的合力，然而从这一事实中决不应作出结论说，这些意志等于零。相反，每个意志都对合力有所贡献，因而是包括在这个合力里面的。①

第三，隐藏在人的思想动机背后的最终动因是社会物质的、经济的因素。马克思和恩格斯为了探究历史发展的真正原因，倾注了毕生的心血。在《路德维希·费尔巴哈和德国古典哲学的终结》一书中，恩格斯谈到三个非常重要的思想：一是人类历史发展的最后动力或终极原因是经济因素；二是阶级斗争是历史发展的直接动力；三是需要和利益是人们进行社会活动的具体动因。他指出：

> 那些隐藏在……历史人物的动机背后并且构成历史的真正的最后动力的动力……与其说是个别人物、即使是非常杰出的人物的动机，不如说是使广大群众、使整个整个的民族，并且在每一民族中间又是使整个整个阶级行动起来的动机。②

恩格斯在这里提出了"最后动力"的概念。最后动力指的就是使个人乃至整个民族、整个阶级行动起来的动机背后的起最终决定性作用的力量或终极的原因。他认为，经济利益构成了人们从事历史活动的动因，但经济利益又是由一定的生产力和生产关系的发

---

① 《马克思恩格斯选集》第 4 卷，人民出版社 2012 年版，第 605—606 页。
② 《马克思恩格斯选集》第 4 卷，人民出版社 1995 年版，第 249 页。

展所决定的。"生产力和交换关系"，这就是社会历史发展的最后动力或终极原因，社会历史发展的最终动力是纯粹的物质经济因素。

由此可见，利益是使人们行动起来的动因，阶级间的利益冲突构成阶级社会历史发展的直接动力。认识历史发展的"直接动力"，必须探究"终极原因"或"最后动力"，最后动力或终极原因与直接动力相比，前者更根本，后者是派生的。所以，我们有时又把最后动力或终极原因称为根本动力。物质经济因素是历史发展的最终决定性力量，从这个意义上来说，生产力和生产关系的矛盾运动就是历史发展的根本动力，生产力则是决定性的因素。

二 客观规律与人的主观能动性

历史唯物主义所要解决的一个重要问题是，历史发展规律的客观性和人们自觉的创造历史的主观能动性的关系。能否正确地认识这个主观能动性问题，是关系到我们在社会实践中能否正确地认识社会和有效地改造社会，以促进历史进步的一个根本性的问题。

在说明客观规律之前，我们先说一说客观条件。什么是客观条件？社会的客观条件是指同社会历史相联系的、对社会历史的存在和发展发生作用的诸要素的总和。人类社会存在的物质条件是社会的最基本的客观条件，它是指构成社会形态诸物质要素的总和，包括自然地理环境、人口因素和社会生产方式。自然地理环境是指社会所处的自然环境条件的总和，如气候、土壤、山脉、河流、矿藏以及植物和动物，等等。自然地理环境对人类社会生活及其发展的重要作用和影响是多方面的。比如，天然财富的富饶程度、自然资源的多少，直接关系到一个国家发展的潜力和前景。自然地理环境虽然是社会发展的经常的、必要的条件，但不是社会发展的决定因素。它的好坏、优劣可以加速或延续社会的发展，但绝不能决定社会的性质，不能决定社会制度的交替。"地理环境决定论"无限夸大地理环境的作用,是同历史发展的事实相违背的,因而是错误的。同地理环境一样,人口因素作为社会发展的经常的、必要的条件,对社会发展有着重要影响和作用,没有人和人的肉体组织的存在,一切人类历史都是空话。但人口因素的作用决不意味着人越多越好,如果人口的增长同社会发展不协调,就会影响社会的进步。人口密度多少不能说明一个社会的性质,不能决定社会制度,更不是产生社会革命的根本原因。所以人口作为自然前提,同地理环境一样,对社会发展不起决定性作用。在社会物质生活中,只有生产力和生产关系构成的生产方式才是社会发展的决定性力量。社会历史,归根到底是社会物质生产的历史,是生产方式更替的历史,而生产方式的发展,由生产方式所决定的整个社会的发展,是通过生产力和生产关系的矛盾运动而展现出来的。

在社会物质条件基础上,社会的存在和发展还囿于其自身复杂的政治、文化、意识、伦理等上层建筑及社会生活各个方面的客观条件。其中,上层建筑诸因素是社会存在的仅次于社会物质条件的重要客观条件。上层建筑是建立在一定的社会经济基础之上的社会政治、法律、宗教、艺术、哲学和其他意识形态等观点,以及同这些观点相应的政治、法律制度。这些社会因素是在社会物质条件基础上形成和发展起来的社会自身的构成要素,同时它也是制约社会发展的重要客观条件。

社会客观条件,归根到底是人类社会赖以存在发展的客观前提和依据。离开了一定的客观条件,也就无所谓社会,无所谓人的活动,更谈不上什么社会发展了。因此,社会存在和发展、人的主体自觉活动都要受社会客观条件的局限。在所有的社会条件中,起着首要作用的是物质经济条件,即物质资料的生产方式。其次,是政治条件,即生产方式所决定的阶级结构和政治制度、政治体制。最后,还有思想文化、传统习俗条件,即在一定的经济基础上所形成的意识形态、文化因素、传统习惯、社会习俗。社会客观条件又可以分为内部条件和外部条件。内部条件是指作为条件存在的社会本身的构成要素，如生产力和生产关系等。外部条件是指社会的外部自然环境。人的思想意识，人的文化习俗，当它们作为社会的构成要素时，也是社会的内部条件。

社会的客观条件具有绝对性、普遍联系性、复杂性、多样性和易变性的特点。从一定的社会发展离不开一定的客观条件来说，社会的客观条件是绝对的、不可违背的。整个人类社会是一个复杂的有机整体，其环境、条件和因素也是相互联系、相互制约、相互影响的，社会客观条件具有普遍联系的特点，具有复杂多样的特点。宇宙间的万事万物都是发展变化的，社会的客观条件也是不断变化的，永远不会停留在一个水平上，保持绝对静止的状态。

什么是客观规律？社会发展的客观规律，是指社会自身发展的固有规律，即社会作为一个客观事物，其本身内部固有的、普遍的、稳定的、重复出现的本质联系。同自然界的任何规律一样，社会规律具有客观性、普遍性、稳定性等基本属性和主要特征。所谓客观性，就是指社会发展规律具有不以人的意志为转移的客观属性，它是不可违背的，违背了就要受到惩罚。既然是规律，那么社会规律就具有普遍性和稳定性的特点。除此以外，社会发展的客观规律还具有不同于一般自然规律的特点，这就是社会发展的客观规律离不开人的自觉活动，社会规律的运动要打上人的意志的烙印。社会发展的客观规律根源于社会存在的客观条件，首先根源于社会生活的物质条件，并通过这些条件表现出来而发生作用。例如，生产关系一定要适合生产力性质的规律，就离不开社会生产方式这个根本的社会存在条件，它是社会生产方式这个物质条件的表现及其作用的结果。

社会发展的客观规律分一般性规律和特殊性规律。社会发展的一般规律是指在社会的不同层次、不同领域、不同阶段、不同时期共同起作用的规律，如社会存在决定社会意识的规律，生产方式决定社会基本结构、性质和面貌的规律，等等。生产关系一定要适合生产力状况，上层建筑一定要适合经济基础状况的规律，是人类社会发展的一般性规律。

所谓特殊规律是分别在社会的不同层次、不同领域、不同阶段、不同时期各自起作用的规律。例如，有些是在社会发展几个阶段和几种社会形态中起作用的规律，像阶级斗争推动社会发展的规律，私有制决定阶级的产生的规律，这都是在阶级剥削社会形态中起作用的规律；还有一些是在社会发展的某个阶段或某个特定社会形态中起作用的规律，像帝国主义垄断发展的规律，社会主义的经济规律，等等；也有一些则是在社会生活的某个层次、某个领域内起作用的规律，像社会科学中不同的学科，都是以本学科的特殊对象，即社会生活的某个领域、某个层次、某个方面的个别规律为研究对象的。

社会发展一般规律和特殊规律之间存在一般和特殊的关系。特殊规律要服从一般规律，同时一般规律又寓于特殊规律之中。离开了特殊规律，也就无所谓一般规律了。不应强调具体规律的特殊性，而否认一般规律的普遍性，也不应强调一般规律的普遍性，而否认具体规律的特殊性。我们不仅要认真研究社会发展的一般规律，也要认真研究它的特殊规律。

什么是人的主观能动性？主观能动性是人之所以区别于动物的本质特点之一。人的主观能动性，是对客观条件、客观规律具有一定认识和把握的人，在一定目的和意识的支配下，所表现出来的对外部世界的积极影响和改造能力的属性。社会历史发展离不开人的自觉活动，人的自觉活动表现出人具有一定的主观能动性。人的主观能动性表现为人对客观条件、客观规律具有一定的反映、认识、利用和改造能力，人对客观条件、客观规律的反映程度、认识程度、利用程度和改造程度，反映了人的主观能动性的发挥程度。

在搞清什么是社会的客观条件和客观规律，什么是人的主观能动性的基础上，就比较容易正确理解社会发展客观规律和人的主观能动性的关系了。

首先，社会的客观条件和客观规律对人的主观能动性具有决定和制约的作用。社会历史的客观条件、社会发展的客观规律是独立于人的意识、人的主观能动性、人的自觉活动之外的第一位的东西。作为有意识的、有目的的人的活动及其能动的属性则是第二位的东西。人的自觉活动、人的主观能动性要受客观条件的限制、受客观规律的制约。当人们对客观条件和客观规律缺乏认识的时候，社会的客观条件和客观规律作为一种异己的、统治人的客观力量，起着盲目的、强制性的和破坏性的作用，人们任凭客观条件和客观规律的戏弄和摆布，没有行动自由。当人们逐步认识客观条件和客观规律时，客观条件和客观规律则成为人们进行实践活动的依据、准则和检验标准。但是，人们既不能凭空制造客观条件，"创造"和"制定"规律，也不能否认客观条件，"废除"和"消灭"规律。如果人的主观能动性超出了条件允许的限度，违背了规律，就会受到客观条件和客观规律的惩罚；如果人们的主观能动性及其社会实践符合客观条件，遵循客观规律时，人们就可以从客观条件和客观规律那里获得"奖赏"。人的主观能动性是否符合客观条件的要求，遵循客观规律的发展，也就是我们通常所讲的主观与客观是否相一致，这是关系到人的自觉活动能否达到预期目的的关键。

其次，人的主观能动性对客观条件、客观规律具有一定的反作用。人的自觉活动离不开人的主观能动性，人的主观能动性在客观条件、客观规律面前并不是束手无策，处于完全消极、被动的地位。人的主观能动性表现为人能够正确认识与运用客观条件、客观规律，在一定的客观条件限度内，按客观规律办事，以实现自己的预期的目的。当然，正确认识客观条件和客观规律，是正确把握客观条件，运用客观规律的前提。人们正确地认识客观条件，正确地认识客观规律，就可以在实践中驾驭、控制和利用它们，达到改造世界、改造自身的目的。反之，像我们过去出现过的对我国社会发展的具体国情缺乏认识，离开了客观条件讲主观能动性，办了许多超越客观条件的事情，违背了客观规律，就会给社会主义建设带来巨大的损失。

在认识和处理客观条件、客观规律和人的主观能动性这对矛盾时，我们必须反对两种倾向：一是唯条件论倾向。唯条件论实质上是一种机械论，它否认和抹杀人的主观能动性，只讲条件，不讲人的主观能动性，认为人在客观规律面前束手无策，无所作为。二是唯意志论倾向。唯意志论实际上是一种主观唯心主义，它否认客观条件和客观规律的决定性作用，无限夸大人的主观能动性，离开条件，不讲规律，认为人的主观意志决定一切、支配一切。总之，在处理客观条件、客观规律和人的自觉活动、人的主观能动性的关系时，既要反对唯条件论，又要反对唯意志论，坚持有条件论，但不是唯条件论，这就是历史唯物主义的根本态度。

研究社会历史发展的客观规律和人的自觉活动的关系，必然要涉及历史活动中的主体和客体问题。所谓历史主体，就是历史活动中实践着的现实的人。在马克思主义哲学产生之前，黑格尔把神秘的"绝对精神"看作历史的主体。著名的唯物主义者费尔巴哈批判了黑格尔唯心主义历史观，重新把社会历史看成人的历史，但是他从人本主义立场出发来理解人，把"抽象的人"看成历史的主体。马克思肯定人是历史的主体，但他所讲的人，不仅是作为自然存在物的人，更重要的是作为社会存在物的人，是作为"一切社会关系总和"的人。作为一切社会关系总和的人，其一个重要的特性就是具有主体能动性，能够进行各种社会实践，人类的历史只是"作为既定的主体的人的现实的历史"[①]。

什么是历史客体？历史客体是相对历史主体而言的范畴。相对历史主体来说，历史客体是历史主体存在的环境和条件，历史主体认识和实践的对象。历史主体的存在和力量正是从历史客体的存在和变化中得到印证。人所接触到的自然环境，社会的生产方式、上层建筑，整个社会有机体，是历史客体的主要成分。人自身，当作为人自我认识和自我改造的对象时，也成为历史客体的范畴。

---

① 《马克思恩格斯全集》第42卷，人民出版社1979年版，第159页。

历史的主客体问题和历史观的基本问题各有其特定的角度和内容，二者不完全一致。社会存在和社会意识的关系问题是历史观的基本问题，社会存在不能同历史客体完全画等号，社会意识也不能同历史主体完全画等号。但历史基本问题的解决，又是历史主客体问题解决的基础和前提。同时，社会存在和社会意识，二者关系问题的唯物辩证地解决，又借助于历史主客体及其关系的正确解决。

历史观中主客体问题同认识论中的主客观问题，既互相交叉、叠合，但又不完全等同。从主体来说，历史主体和认识主体同是一个主体，即实践的、现实的人。从客体来说，历史的客体和认识的客体都是认识的对象、改造和实践的对象。但另一方面历史的主客体同认识的主客体在各自的范围内又有区别，认识的客观对象，主要是指人的主体所认识和实践的一切对象，而历史客体主要是指人类活动所创造的那部分自然（包括人类社会和人自身）。

如何认识历史发展中的主体和客体关系问题呢？马克思在《路易·波拿巴的雾月十八日》一文中，唯物辩证地解决了历史领域内的主客体关系问题。马克思认为：

> 人们自己创造自己的历史，但是他们并不是随心所欲地创造，并不是在他们自己选定的条件下创造，而是在直接碰到的、既定的、从过去承继下来的条件下创造。①

历史主体和客体是一对关系范畴，二者互为条件。没有历史主体，也就无所谓历史客体，而没有历史客体，就无所谓历史主体。历史主体与历史客体互相渗透、互相转化、互相关联、互相作用，二者的持续统一过程正是历史发展的辩证过程。马克思充分肯定人的历史主体的地位，肯定人的自觉创造性，但又科学地揭示了作为历史客体的社会客观条件和客观规律对人的思想和行为的制约性。

---

① 《马克思恩格斯选集》第1卷，人民出版社2012年版，第669页。

历史发展并不存在于历史主体的行为之外，而是存在于历史主体的行为之中，但它又是通过受客观条件和客观规律制约的单个人的意志和行为的相互冲突、相互矛盾，来为自身的发展开辟道路。一方面，受既定的历史客体限制、制约的历史主体改造历史客体，把自身的力量凝聚在历史客体之中；另一方面，凝结了历史主体力量的历史客体又规定和塑造历史主体。每一代人都遇到既定的历史客体的条件和规律对其活动的制约和限制，但他们又不是仅仅被动地屈服于这种限制，而是通过主体的历史实践不断地超越这种限制。

围绕着历史主客体及其关系问题，理论界展开了一场"历史决定论"和"历史选择论"的争论。所谓历史决定论，就是认为社会历史的发展有着不依人们的意志为转移的客观规律，这个客观规律决定着历史发展的必然趋势；所谓历史选择论，则认为历史是人创造的，人们可以自由自主地作出历史的选择，人的自主的选择直接影响历史发展的趋势、过程，有时会造成重大的历史变化。历史决定论和历史选择论这两种意见，公说公有理、婆说婆有理，各执己见，争执不下，前者否认后者，后者又反对前者。

历史唯物主义认为，生产方式，从而生产力是社会历史发展的最终力量，是全部历史发展的基础和前提。正是在这个社会存在的物质基础上，社会历史发展有着不以人的意志为转移的客观规律，社会存在的物质客观条件和客观规律决定了历史发展的必然趋势。然而，历史是由人创造的，历史规律是通过人的自觉活动而体现出来的，人虽然不能随心所欲地创造历史，但人却是用自己的创造活动谱写着历史之歌。在一定的客观条件下，历史主体的自然素质和社会素质不同，历史主体的意识状况不同，对客观规律的认识程度不同，以及其他一些复杂的社会历史因素不同，人们对历史进程的影响和作用也就不同。正因为在一定条件下，人具有一定的历史主动性，社会历史规律展开的具体表现是千差万别的，因而历史的发展也就表现出偶然性、随机性和多样性的特点。所以，历史唯物主义是在社会存在和社会意识辩证关系正确解决的基础上，在历史主客体及其关系正确解决的前提下，坚持历史决定性和历史主动性相统一，认为历史的发展正是一致性与多样性、必然性与偶然性、规律的客观性与人的主观能动性相统一的过程。既要坚持社会物质因素对历史发展的决定作用、社会发展规律的客观必然性，又不能忽视人的自觉活动对历史发展的一定的选择性；既要尊重规律的客观性，又要重视主体的能动性；既不能打着尊重历史规律的幌子，完全否认主体的能动作用，又不能随意夸大人的选择作用，否定和抹杀历史规律的客观性。走到哪个极端，都会重新跌入唯心史观泥坑。

三　社会历史发展的动力

　　历史唯物主义揭示的是整个人类社会发展的一般规律，同时它也必须能够说明不同社会形态、不同社会发展阶段的特殊规律。马克思主义的创始人既揭示了社会发展的一般规律，同时又具体揭示了资本主义社会的特殊规律，他们在分析资本主义必然灭亡规律的基础上，论证了社会主义必然胜利的客观趋势。用列宁的话来说，就是"科学社会主义其实从未描绘过任何未来的远景，它仅限于分析现代资产阶级制度和研究资本主义社会组织的发展趋势"①。马克思主义创始人把对社会主义发展规律的具体认识（包括对资本主义发展新情况的再认识），留给了实践社会主义的后来人。实际上，马克思主义创始人逝世以后，世界历史发生了巨大的变化，社会主义从理论形态变成了活生生的实践，资本主义世界出现了许多马克思未曾论述过的事情。特别是第二次世界大战之后，社会主义和资本主义的发展出现了大量的新情况、新问题，这就为历史唯物主义的发展提供了广阔的时代背景，提出了许多值得研究的重大理论问题，其中最重要的是对社会主义社会发展动力的认识。

---

　　① 《列宁选集》第 1 卷，人民出版社 1972 年版，第 50 页。

对社会主义社会发展动力的认识，不仅具有重大的理论指导意义，而且还有迫切的现实意义。按照科学社会主义经典作家的说法，社会主义一旦建立，就会以比资本主义高得多的劳动生产率和快得多的速度来发展自身的生产力。尽管社会主义各国已经取得了极其伟大的经济建设成就，显示了社会主义制度的优越性，但是就目前社会主义国家经济发展状况而言，它并没有达到人们预想的结果，许多社会主义国家都曾遇到或正在遇到未曾估计到的经济困难。这表明，社会主义生产力并没有得到应有的发展，社会主义制度所具有的强大的发展动力也没有充分发挥出来。因此，如何认识和充分发挥社会主义社会的内在发展动力，就成为当代社会主义所面临的重大而又迫切的现实理论问题。

社会动力理论所要回答的问题是，社会历史是由哪些力量推动前进的，在这些力量中间哪些力量起着最终的决定作用，其他力量又起着什么作用。在马克思主义哲学产生之前，在社会历史领域，人们一直是用人的思想、动机和意志来解释历史发展的动力的。马克思主义的社会动力理论，站在唯物主义基本立场上，从根本上揭示了社会历史发展的力量及其作用规律。

如何认识社会发展的动力？马克思主义的唯物史观为我们提供了三个最基本的认识方法：一是从社会的物质经济入手，从社会生产方式入手认识社会发展的动力；二是抓住社会矛盾是社会发展动力源泉这个纲；三是既要认识社会发展的客观力量，又要认识人作为社会动力的主体力量的能动作用。

先从社会发展的动力说起。恩格斯在《社会主义从空想到科学的发展》英文版导言中指出，"历史唯物主义"这个名词表明这样一种观点，这种观点"认为一切重要历史事件的终极原因和伟大动力是社会的经济发展、生产方式和交换方式的改变、由此产生的社会之划分为不同的阶级，以及这些阶级彼此之间的斗争"①。

---

① 《马克思恩格斯全集》第 22 卷，人民出版社 1965 年版，第 346 页。

这是历史唯物主义关于社会发展动力的最精辟、最集中的论述。《路德维希·费尔巴哈和德国古典哲学的终结》一书，关于历史发展真正动力的探讨，同这段论述是一致的。马克思主义社会发展动力理论大体上有这样几个方面：（1）历史是人的创造性活动的历史，需要和利益构成了人类从事社会历史活动的动因，是人类一切社会矛盾和冲突产生的根源；（2）社会生产是社会需要、利益产生的物质前提和基础，生产力决定生产关系，生产关系决定利益关系，决定上层建筑，从而物质的、经济的原因是历史发展的最终动力和终极原因；（3）社会矛盾是社会发展的根本源泉，生产力和生产关系的矛盾运动是社会发展的根本动力，其中生产力是决定性力量；（4）生产力中最能动、最活跃的因素是劳动者，广大劳动人民群众是社会历史的能动的主体力量；（5）在阶级社会中，生产力与生产关系的矛盾必然表现为阶级利益矛盾、表现为阶级斗争，阶级斗争就成为阶级社会的直接动力；（6）社会动力是一个合力系统。从政治、法律、法学、哲学、教育等对社会经济运动的反作用来看，从物质和精神、存在和意识的相互作用的角度来看，从历史活动的全体参与者的总的合力来看，历史发展动力是一个合力系统。马克思主义的社会发展动力理论是我们认识社会主义社会发展动力的理论依据。

　　社会主义社会和其他任何社会一样，具有自己内在的发展动力，正是内在发展动力发生作用的结果，才推动社会主义社会向前发展。社会主义制度的建立，只是为社会主义社会动力作用的充分发挥提供前提条件，但是社会主义发展动力的作用是不可能自发地发挥出来的。其发挥的基本条件是，是否建立起有利于社会主义发展动力充分发挥的社会体制。

　　怎样认识社会主义社会发展动力？从马克思主义的社会动力理论来看，认识社会发展动力，大致可以从两个角度来探讨，一个是探讨推动社会历史活动的主体——人进行社会活动的动力是什么；另一个是探讨依不以人的意志为转移的客观规律而运动的社会客体发展的动力是什么。我们研究社会主义社会的发展动力，必须认清促使社会主义社会成员，即社会主义发展的主体力量——人，从事社会活动的动力是什么？再认清作为客体的社会主义社会的发展动力又是什么？

首先，需要、利益是社会主义社会主体从事社会活动的动因。无论在任何社会，利益都构成作为社会主体的人类进行历史活动的思想动机背后的具体动因。但是，在不同的社会历史条件下，利益的动力形式表现是不同的。在原始共产主义社会，原始群落的集体利益是推动社会发展的动因。在私有制的社会中，利益集中表现为私人利益，"统治阶级的利益就会成为生产的推动因素"[1]，私利成为社会统治阶级从事历史活动的具体动因。在奴隶社会，最大限度地追求奴隶的剩余劳动，是奴隶社会经济发展的主要动因。在封建社会，追求地租又是封建社会生产发展的主要动因。追求利润，则成为资本主义社会经济发展的动力。在私利作为驱使人们进行历史活动的社会中，劳动人民只是剥削阶级为达到自己私利而被驱动的工具，劳动者的个人利益得不到应有的满足，劳动人民自觉的活动受到极大的限制。公有制的建立使劳动者直接为自身获取劳动成果而进行劳动，人民群众的利益真正成为劳动者进行社会历史活动的动力，成为社会主义向前发展的推动因素。在公有制的条件下，利益的动力作用也不需要经过歪曲的、曲折的、间接的剥削阶级的私利的形式表现出来。利益的这种直接动力形式，能够比私有制社会中的私利形式释放出更大的动力能量。

在社会主义条件下，需要、利益的动力作用有以下几个特点。（1）由于社会主义还存在旧式分工的局限，劳动还没有成为人们生活的第一需要，在整个利益体系中，个人利益是刺激个人活动积极性的有效的动力因素。（2）社会主义公有制使个人利益、集体利益、国家利益三种动力因素在做方向上趋于一致。社会主义劳动

---

[1]《马克思恩格斯选集》第3卷，人民出版社2012年版，第1000页。

者个人为个人利益劳动同时也就是为集体和为国家劳动,这就在同一方向上加强了三种利益因素的合力作用。(3)社会主义制度本身可以自觉地调整各个利益主体之间的矛盾关系,降低利益竞争中的内耗效应,最优化地发挥社会主义利益动力的合力效率。(4)社会主义的整个社会需要和利益直接构成了社会生产发展的内在动力。社会生产是人类第一个历史活动,社会经济运动是整个社会历史发展的骨骼、主流和基础。探索人类社会历史动力的秘密,重点要探索社会生产发展、社会经济运动的动力。利益是个人乃至群体从事历史活动,首先是经济活动的动力,那么,整体的社会生产发展和经济活动的内在动力是什么呢?毫无疑问,社会生产和社会经济活动,是由无数个劳动者个人和劳动群体的活动构成的。但是,每个个人和每个劳动组织的生产行为和经济行为的简单相加,并不构成社会生产和社会经济运行的整体。只有当个人和劳动组织作为社会生产力的一个因素,作为社会经济运行的一个要素,并且由社会经济关系把这些要素有机地协调起来,形成一个共同的社会生产整体行为和经济整体行为,才能构成社会生产和社会经济的整体运动。尽管每个人都是有意识的生产活动者和经济行为者,但是任何个体行为都不过是整个社会生产运动和经济运动的一个零部件。这样,社会生产和社会经济,就成为不以任何个人和任何单独劳动组织的意志和行为为转移的物质运动。就整个社会生产(经济)来说,社会需要和利益就成为社会生产的目的和动机,从而构成社会经济发展的内在动力。在不同的社会形态里,生产资料所有制使社会需要具有不同的社会形式,从而决定了生产目的和内在动机也具有不同的表现形式。社会主义社会的生产目的直接表现为,为了最大限度地满足全体人民不断增长的物质文化需要,社会整体需要、整体利益直接表现为社会生产的目的,直接构成社会经济发展的内在动力。当然,社会整体需要、整体利益是社会主义生产的内在动机,同利益是人们从事具体历史活动的内在动因是一致的。社会主义生产的直接目的,是为了满足全体人民的社会需要,社会主义的劳动者为了获得更多的生活资料，就必须付出更多的劳动，这样，社会需要对生产的内在动力，就同个人利益对劳动者生产活动的具体刺激作用一致起来。（5）随着人们的精神文化需要不断提高，精神动力的作用越来越大。在社会主义条件下，劳动者的劳动开始具有自主劳动的特点，劳动者的个人利益同整个国家利益越来越一致，这就使得劳动者为集体、为国家而劳动的觉悟不断提高。同时整个社会主义物质文明和精神文明的发展，劳动者的思想品德不断提高，这就使得一定物质条件下的精神动力的作用越来越大。

其次，基本矛盾是作为客体的社会主义社会发展的根本动力，人民内部矛盾构成社会主义社会发展的直接动力。我们在前面提出，需要和利益是推动社会历史活动的主体——人进行社会活动的动力，需要和利益的动力作用，必须经过一系列的传递，转变成生产力和生产关系的矛盾运动才能对作为客体的社会历史过程发生动力作用。因此，利益和需要本身并不能够直接构成社会历史发展的根本动力和决定性因素。这是因为：

首先，需要和利益不能离开一定的生产关系来发挥其动力作用。我们讲需要，讲利益，是讲人的需要、人的利益。追求一定物质利益需要的人不是抽象的人，是处于一定社会关系总和之中的社会的人，人的需要和利益必然要受到一定社会关系的制约。人的利益需求是否能够实现，在什么程度上实现，取决于一定的生产资料所有制及其消费品的分配制度。利益是社会经济关系的体现，讲需要和利益对人的历史活动的促进作用，离不开社会生产关系。

其次，人们的需要和利益的实现程度最终是由生产力所决定的。从人类进行生产活动的个体行为过程来看，任何个人进行生产活动，都必须首先在大脑里萌发出行为动机，然后才能有生产的行为。从人类进行生产活动的整体行为过程来看，整体行为的思想动机，也是促使人类整体进行生产活动的内在动机。因此，需要和利益就构成了人们生产活动的观念上的起点。从表面上看，利益和需要似乎成为个人生产活动、整个社会生产活动的最终动力。然而，任何生产都离不开前人创造的生产力条件，而整个社会生产又都是在前人既定的生产力条件下开始的。因此，既定的生产力条件，就构成任何个人生产和整个社会生产的现实前提和起点。那么，有人不禁会发问，人类历史上第一个拿起工具从事劳动活动的人，难道首先不是因为生活需求的刺激，产生劳动的念头，才有了劳动行为吗？是的，就人类任何劳动个体来说，他的第一次劳动行为都是由于需要的刺激，有了动机才产生劳动行为。但是，就整个人类发展的历史来看，人类的生产活动是在猿人长期劳动而演变成人的历史过程中所积累的历史前提下，是在人类自身肉体的生产和再生产，以及这种肉体的生产同自然条件的结合而积累起来的物质前提下进行的，任何个人的生产行为都受这种历史前提的制约。所以，人类社会的生产是在既定物质生产条件下发展起来的，不是有了人的第一次需要的主观刺激以后才产生和发展起来的。正是既定的生产不断地创造出新的需要，新的需要反过来又刺激生产的进步。既定的社会生产力和在既定的社会生产力基础上发展的社会生产关系，是需要和利益实现的基础和条件。

再次，需要和利益对人从事历史活动的动力作用，必须通过需求竞争和利益矛盾运动，才能发挥出其动力作用。就"动力"这个词的本义来讲，是指本身可以做功的力量。实际上，需要也好，利益也好，其本身是无法做功的。需要、利益的动力作用，是通过处于一定生产关系条件下的人们之间的利益矛盾、利益冲突、利益竞争而发挥出动力作用的。比如，在社会主义社会，人们之存在着一定利益分配上的差别，在这种利益差别的基础上，又形成了一定的利益矛盾和竞争，人们为了取得比他人更多更好的利益享受，就会激发起更为积极的生产活动。利益的动力作用正是通过这种利益竞争而发挥出动力效应的。

最后，需要和利益所引起的人们的有意识的创造活动，最终要受不可抗拒的客观的社会规律的支配。需要和利益体现了人作为需求主体，对作为需求客体的物质和精神生活条件的依存关系，表现为人作为需求主体对作为需求客体的物质和精神生活条件的渴望、追求和享受。需要和利益的内容是客观的，而其形式却具有主观性，反映了主体的一定的主观愿望、目的和动机，从而激起人们有意识的谋利活动。所以需要和利益的动力作用是有一定的主观指向性的。但是，在实际的社会生活中，在最终的劳动成果的分配和享有方面，人们并不一定能够完全获得预先设想的利益欲求目标。人们的有意识的谋利活动结果，往往不一定能遂人愿，甚至还会产生相反的结果。这说明在人的需要和利益的背后，还存在一种不以人的意志为转移的客观决定性力量，这种决定性力量就是"生产力和交换关系"。

  以上分析表明，需要和利益只是刺激社会主义社会成员自主活动的内在动因。社会历史过程作为不以人的意志为转移的自然过程的一部分，它应当具有同人的自主的、有意识的创造活动既相互联系又有区别的动力。所以，生产力和生产关系的矛盾运动是作为客体的社会主义社会发展的根本动力，其中生产力是决定性的因素。作为社会主体动力的利益同作为客体动力的生产力与生产关系，是怎样互相联系起来的呢？生产力与生产关系的矛盾是社会发展的根本动力，这一提法同利益是人类社会历史活动的动力的提法并不相悖。生产力中最活跃的因素是劳动者，最大限度地满足劳动者的利益需要，就可以调动起劳动者的积极性，从而促进生产力的发展。人们正是在生产活动中实现自己的物质利益的，在生产关系中处于不同地位的人有着不同的物质利益，生产关系实质上反映了人们之间的物质利益关系。代表旧的既得利益的阶级总是固守旧的生产关系，利用旧的生产关系来保护自身的既得利益。代表新的生产力的阶级总是通过改变旧的生产关系，反对维护旧的生产关系的统治阶级的既得利益，获取本阶级的应得利益。生产力和生产关系的矛盾运动通过利益的动力传递，而展现为人与人之间的矛盾关系。利益是社会物质生产活动的中介，把体现在物与物的矛盾关系上的力的作用传递到人与人之间的矛盾关系上，利益通过人与人之间的矛盾冲突，又把动力传递给生产力与生产关系的矛盾运动中。

生产力是最终决定性力量，这同利益动力的提法也并不相矛盾。利益、需要可以促进生产，生产又引起新的需要，新的需要推动生产向深度和广度发展，从而需要和利益变成社会生产发展的最根本的内在动力。生产力的发展，从而生产力和生产关系的矛盾运动成为社会发展的根本动力。人民内部矛盾虽然是社会主体人与人之间的矛盾，但是它的动力作用最终表现为不受任何个人意志转移的合力规律，受生产力与生产关系矛盾运动的支配。这样，社会主义社会的主体力量——人所从事活动的动力，同作为客体的社会主义社会的发展动力就相互联结起来了。在社会生活中，人是一切社会动力发生作用的主体，生产关系、上层建筑对生产力的反作用也要通过人来实现，社会利益矛盾、生产力和生产关系的矛盾总是需要通过社会生活的主体——人的行为表现出来，表现为人与人之间的矛盾。

在社会主义社会里，生产力与生产关系、经济基础与上层建筑之间基本上是相适应的，但也有不适应、相矛盾的方面。这种相矛盾的方面就表现为人民内部的利益矛盾、表现为人民内部的先进与落后、正确与错误之间的矛盾和斗争。人民内部的利益矛盾，引起人民内部经济领域内的生产竞争和劳动竞赛、引起社会主义商品经济的竞争。经济领域内的这种竞争，使得社会主义经济充满活力。人民内部的利益矛盾在政治上、思想上又集中表现为先进与落后、正确与错误的矛盾和斗争。比如，人民群众反对违背群众利益的官僚主义的斗争，反对侵犯群众利益的种种腐败和落后现象的斗争，人民群众通过批评和自我批评不断战胜自己内部的落后倾向的斗争。一般来说，人民内部的先进分子，人民内部的正确思想和真善美的东西，反映和代表了人民群众的利益。人民内部的落后分子，人民内部的错误思想和假恶丑的东西违背了人民的利益。代表人民利益的先进分子和正确思想，顺应并有利于社会生产力的发展。违背人民群众利益的落后分子和错误思想，有害于社会生产力的发展。当在社会主义经济基础和上层建筑中，某些不适应社会生产力发展的环节阻碍生产力发展时，代表社会根本利益的人民内部的先进分子就会动员、说服并领导人民群众进行社会主义的改革。在改革过程中，必然存在先进与落后、正确与错误的斗争，正是这种斗争促进社会主义社会向前发展。所以，我们说人民内部的矛盾是社会主义前进的直接动力，社会主义改革正是这种直接动力作用的集中表现。当然，社会主义社会也存在一定程度的阶级斗争，这种斗争对于战胜腐朽落后的社会因素和旧社会的残余物是必要的，这也是现阶段社会主义发展的一个动力因素。

物质动力原则和历史唯物主义
社会分析方法[*]

历史唯物主义是无产阶级的科学历史观，它既为我们提供了对社会一般发展规律的根本看法，成为指导人们社会实践的根本方法论，为我们观察、分析和说明一切社会现象提供了基本的分析方法，是指导人们认识和处理繁杂的社会问题的思想武器。

经济原因是一切社会赖以存在和发展的前提条件，经济关系是一切社会关系存在和变化的基础。在现实社会生活中，一定的经济关系必然表现为一定的利益关系，利益是一定社会经济关系的体现。在阶级社会中，经济关系集中表现为一定的阶级关系，表现为一定的阶级利益关系。列宁认为：

> 必须到生产关系中间去探求社会现象的根源，必须把这些现象归结到一定阶级的利益。[①]

认识社会现象，重要的是从社会存在的经济基础出发进行分析，从经济入手进行分析，必然要分析社会的利益关系。在阶级社会中，对社会现象进行经济分析、利益分析，必然导致阶级分析，

---

[*] 原载张永谦等《自然·社会·科学的辩证法》，中国商业出版社1991年版；收入《王伟光自选集》，学习出版社2007年版，第99—120页。

[①] 《列宁全集》第1卷，人民出版社1955年版，第480页。

经济分析、阶级分析、利益分析是历史唯物主义分析社会现象的基本方法。

一 坚持物质动力原则，遵循探究社会历史规律的正确认识途径

社会历史唯物主义告诉我们，物质的、经济的原因是人类社会历史发展的最终原因。必须运用辩证唯物主义和历史唯物主义的世界观和方法论，坚持物质动力原则和历史唯物主义社会分析方法论，沿着正确的途径，才能科学地揭示人类社会发展的物质、经济的最终秘密。

如何正确地探讨人类历史发展的奥秘呢？这就是透过纷杂的社会历史现象，抓住广大群众持久的、引起伟大历史变迁的行动，然后找到触发这些行动的思想形式的动机，最后再去寻找思想动机背后的最终的动力。如何探讨思想动机背后的动力呢？首先，人类社会历史既是个"自然历史过程"，同时又是一个有意识的创造活动的历史。在自然界中，起作用的是没有人和人的意识参与的自发力量，而社会历史的一切过程，则是人的有意识、有目的的活动的共同结果。社会是人的社会，社会历史是由人的有目的的活动创造的。处于一定社会关系中，从事具体生产劳动活动的人是社会活动的主体，是历史的主人。每一个社会现象，都留下人的活动的轨迹，打上人的意志的烙印。

其次，人既是动物的一部分，同时又是动物中十分特殊的一部分，人与动物存在本质的差别。自然界中低级动物的活动是盲目的、无意识的、被动的活动，而在历史领域内进行活动的是有意识、追求一定目的的人。人与动物的一个重要区别就在于，人是自觉的、有意识的主动活动者，而动物则是无意识、无目的的被动活动者。

最后，人们从事的一切社会活动，必须通过大脑，通过思维，

才能有意识地进行。这样一来，考察社会历史过程，必须要考察人的活动；考察社会历史的动力，必须要考察人的历史活动动因；考察人的历史活动动因，必然首先涉及人的意愿、欲望、目的等思想动机。按照合力论的原理，个人意志一定要服从整个民族、整个阶级的意志，个人的意志和动机通过合力定律合成为整个阶级或民族的动机。因此，与其说是考察个人活动的思想动机，不如说是考察整个阶级、整个民族行动起来的思想动机。

于是，从表面上看，似乎是思想动机促使人们去参加社会活动，这就势必造成一种假象，使人们误以为在自然界里纯粹是盲目的客观力量在起推动作用；在社会、人的活动领域，又好像是人的意愿、目的、情爱等思想动机在起决定作用。这样，就很容易得出精神是人类历史发展的最后的动力的历史唯心主义的结论来。历史唯物论和历史唯心论的区别，不在于是否承认思想动机，即精神动力的作用，而在于是停留在精神动力的结论上，还是进一步寻找精神动力背后的动力。所以，探讨历史发展的终极原因，必须首先抓住使整个阶级、整个民族行动起来的思想动机，然后，进一步去探讨使整个民族乃至整个阶级行动起来的思想动机背后的动力。同时，又必须首先从人的经济活动中，发掘思想动机背后物质的、经济的动力。

马克思和恩格斯为了探究历史发展的真正原因，倾注了毕生的心血。在《路德维希·费尔巴哈和德国古典哲学的终结》一书中，恩格斯谈到三个非常重要的思想：一是人类历史发展的最后动力或终极原因是经济因素；二是阶级斗争是历史发展的直接动力；三是需要和利益是人们进行社会活动的具体动因。他指出隐藏在历史人物的动机背后并且构成历史的真正的最后动力的动机，才使得广大群众、整个民族、整个阶级行动起来。[①] 恩格斯在这里提出"最后动力"的概念，即推动历史发展起最终决定性作用的力量或终极

[①] 《马克思恩格斯选集》第4卷，人民出版社2012年版，第255—256页。

的原因。恩格斯以西欧资本主义社会历史发展为例，说明土地贵族、资产阶级和无产阶级"这三大阶级的斗争和它们的利益冲突是现代历史的动力"①。随后他进一步剖析了阶级斗争背后的经济原因，指出这些阶级斗争"首先是为了经济利益而进行的，政治权力不过是用来实现经济利益的手段"②。至于这些阶级是怎样产生的，"显而易见，这两大阶级的起源和发展是由于纯粹经济的原因"③。进而，国家意志总的来说也"是由市民社会的不断变化的需要，是由某个阶级的优势地位，归根到底，是由生产力和交换关系的发展决定的"④。从这些推断中不难得出以下结论：阶级斗争是历史发展的直接动力，而阶级斗争是由经济利益决定的，经济利益构成了人们从事历史活动的动因，是由一定的生产力和生产关系的矛盾运动所决定的。一定的生产力决定一定的生产关系，生产力与生产关系的矛盾运动，最终是由不断变化发展的生产力所决定的。这就是社会历史发展的最后动力或终极原因，是纯粹的物质经济因素。阶级间的利益冲突则构成了历史发展的直接动力。历史发展的直接动力和最后动力、直接原因和终极原因，交织在一起，最后动力决定直接动力，终极原因决定直接原因，物质经济因素是历史发展的最终决定性力量。从这个意义上来说，生产力和生产关系的矛盾运动是历史发展的根本动力，生产力是决定性的因素。

历史是人的历史，人是历史活动的主体，探讨历史发展的动力，必须首先探讨推动人们进行历史活动的动力。而人们的一切活动都要经过人的意识，也就是说，人的活动必须采取思想动机的形式。思想动机是一种心理现象，凡是反映在人们的头脑中并促成人的活动，引导人的活动去满足人的某种需要的念头、想法、意向，就叫作思想动机。它是推动人们进行活动的内在动力，是激励人去

---

① 《马克思恩格斯选集》第4卷，人民出版社2012年版，第256页。
② 《马克思恩格斯选集》第4卷，人民出版社2012年版，第257页。
③ 《马克思恩格斯选集》第4卷，人民出版社2012年版，第257页。
④ 《马克思恩格斯选集》第4卷，人民出版社2012年版，第258页。

行动以达到一定目的的内在原因,即行为的心理动因。所以,马克思说:"就个别人说,他的行动的一切动力,都一定要通过他的头脑,一定要转变为他的愿望的动机,才能使他行动起来"①。在思想动机中,经济活动的动机是人们从事经济活动的原因,它是人类活动的基本动机,它决定其他一切思想动机。马克思说,"生产的观念上的内在动机……作为内心的图象、作为需要、作为动力和目的"②,是生产的前提。任何一个人要进行生产活动,直接取决于他思想的意向。作为生产力要素的人同作为生产力要素的工具,所不同的是人是有意向的、主动的,而工具是无意向的、被动的。"生产观念上的内在动机"就是劳动者的劳动意向、目的,就是触发人们生产活动的思想动机。

人的衣食住行是最基本的生活要求,它是直接推动人们行动起来进行生产斗争和其他社会实践的第一位的动机和念头。人的衣食住行等基本的需求、情欲是由人的基本生活需要所触发的。"因为消费创造出新的生产的需要,因而……创造出生产的动力……消费在观念上提出生产的对象,把它作为内心的图象、作为需要、作为动力和目的提出来。"③ 人的消费需要形成了思想形式的动机,引起了人们的生产活动。生活需要是隐藏在人们动机背后的前提和动力。

人的需要在本质上是社会需要,经过经济关系的过滤和渗透,经过经济关系的编织,人的需要就不是单个的个体需要,而是成为互相联系、互相矛盾、互相冲突的社会需要。这样,处于一定经济关系中的人的情欲、需求关系就成为利益和利益关系。在社会生活中,人的需要采取了利益的形式,利益是一定经济关系中人的需要的高级的社会形式。由此看来,人的需要是促发人的动机,推动人们从事社会活动的动力,这同利益是促发人的动机,引起人们从事

---

① 《马克思恩格斯全集》第 21 卷,人民出版社 1965 年版,第 345 页。
② 《马克思恩格斯全集》第 46 卷(上),人民出版社 1979 年版,第 28—29 页。
③ 《马克思恩格斯全集》第 46 卷(上),人民出版社 1979 年版,第 28—29 页。

社会活动的动力作用是一致的。

既然利益是人们进行社会历史活动的动机,那么这就提出了两个重要问题:一是作为推动个体活动的动力的个人利益,如何转变成推动集体乃至整个民族和国家行动的动力;二是作为推动主体活动的动力的利益,如何转变成在整个客观的社会历史发展中起作用的动力,也就是说,利益的动力作用同生产力和生产关系的矛盾运动这个社会发展的根本动力如何联系。个人的生产劳动行为是在个人物质利益的刺激下所产生的行为,它带动并决定人的其他具体社会行为,个人的物质利益是人从事正常社会活动,首先是生产劳动活动的动力。在整体性的社会经济活动中,虽然每个活动的个人都受自己的个人的经济利益的支配,可是个人的经济利益又受整个社会经济关系的制约,单个人的经济利益,无论对个人是起积极的影响,还是起消极的影响,都会在整个社会经济活动中相互抵消、相互融合,构成受生产关系制约的总的历史合力——整体经济利益的动力。整体的共同经济利益构成了个人所期望的行动目的背后的动力,这种共同的经济利益就成为整个社会经济活动的动力。共同经济利益并不是单个的个人经济利益的简单相加,而是单个经济利益的有机结合。共同经济利益的动力作用方向,是不因任何一个单个经济利益的动力方向而改变的。这样,利益的动力作用就由个人活动的层次传递到社会活动的层次。经济利益的动力支配非经济利益的动力,非经济利益的动力作用又传递给社会一般利益,从而利益就成为人类社会活动的一般动力,利益的动力作用就从经济活动层次传递给一般社会活动的层次。人们正是在生产活动中实现自己的物质利益的,在生产关系中处于不同的地位的人有着不同的物质利益,生产关系实质上是人们之间的物质利益关系。代表旧的既得利益的阶级总是固守旧的生产关系,利用旧的生产关系来保护自身的既得利益。代表新的生产力的阶级总是通过改变旧的生产关系,反对维护旧的生产关系的统治阶级的既得利益,获取本阶级的应得利益。生产力与生产关系的矛盾运动通过利益的动力传递,展现人与人之间的矛盾关系。利益是社会物质生产活动的中介，把体现在物与物之间的矛盾关系上的力的作用传递到人与人之间的矛盾关系上，利益通过人与人之间的矛盾冲突，又把动力传递给生产力与生产关系的矛盾运动。生产力是最终决定性力量，这同利益动力的提法并不相矛盾。利益可以还原为需要，需要又促进生产，生产又引起新的需要，新的需要又推动生产向深度和广度发展，从而需要和利益就成为社会生产发展的最重要的内在动因。生产力的发展，从而生产力和生产关系的矛盾运动成为社会发展的根本动力。

以上分析表明，探索社会历史发展客观规律的正确途径，应从个人活动的利益动机入手，抓住使整个民族乃至整个阶级、整个人类行动起来的利益动机，从满足人的物质利益需求的人的生产劳动实践活动入手，探究促使人们进行生产活动的思想动机背后的动力，从而去探索人类社会发展的根本动力和决定性因素。

二 认识社会现象必须从经济分析入手，揭示思想动机背后的最终物质原因

历史唯物主义坚持社会存在决定社会意识，必然把社会发展的终极原因理解为物质的、经济的因素，因而它是从物质的、经济的原因出发来说明一切社会现象的。历史唯心主义坚持社会意识决定社会存在，必然把社会发展的终极原因归之为某种精神的力量，因而它是从社会意识出发来说明一切社会现象的。是从物质的、经济的因素出发，还是从精神力量出发说明社会历史现象，这是历史唯物主义和历史唯心主义认识方法上的根本区别。

根据社会历史发展的特点，要发现社会发展的一般规律，要分析复杂的社会现象，既要看到人们的思想动机在社会发展中的作用，又不能停留在人们的思想动机上，关键在于找出决定人们思想动机的物质、经济原因。

马克思为我们提供了进行经济分析的范例。1835—1841 年，

马克思在政治上是坚定的革命民主主义者，但是在哲学倾向上基本上还是黑格尔唯心主义者。1842—1843年，马克思从学校走向社会以后，接触到物质利益问题，使他从对社会的哲学批判和政治批判，转向经济学的研究，把研究重点转向当时被称作"市民社会"的物质的经济关系，集中剖析了资本主义的经济结构，批判了资本主义的政治经济学。从经济入手对社会现象进行分析，使马克思认识到了劳动实践的社会意义，发现了物质资料的生产是社会存在和发展的基础，生产力是社会发展的最终原因，生产关系是社会生活最基本的经济关系，揭示了物质生活的生产方式制约着整个社会经济生活、政治生活和精神生活的过程，从而科学地解决了社会存在和社会意识二者关系这个基本问题，创立了历史唯物主义。可见，经济分析是马克思创立历史唯物主义过程中所遵循的基本分析方法。物质的、经济的因素是全部社会生活的基础，是推动社会发展的决定性力量，一切社会问题都植根于最深厚的经济事实之中，一切社会现象最终都受一定的经济原因的制约和影响，因此，认识社会问题，就必须从经济问题入手进行分析。

进行经济分析，必须首先坚持生产力标准。生产力是社会历史发展的最终的物质决定力量，人类社会发展和历史的进步，归根到底是生产力发展的结果，这是历史唯物主义的一个基本观点，也是我们认识和说明社会历史现象的一个基本出发点。列宁在阐述马克思主义唯物史观时指出：

> 只有把社会关系归结于生产关系，把生产关系归结于生产力的高度，才能有可靠的根据把社会形态的发展看做自然历史过程。[1]

后来，他明确提到"生产力的发展"是判断"社会进步的最

---

[1] 《列宁选集》第1卷，人民出版社1972年版，第8页。

高标准"。① 毛泽东同志在民主革命时期指出，是否有利于生产力的发展，是检验中国一切政党的政策及其实践的作用的好坏和大小的标准。党的十三大报告明确提出"生产力标准"这一概念，并具体指出："是否有利于发展生产力，应当成为我们考虑一切问题的出发点和检验一切工作的根本标准。"

所谓生产力标准，实际上就是要把是否有利于生产力的发展，作为衡量社会进步和一切工作的根本标准，作为认识和说明社会历史问题的根本方法。运用生产力标准来认识社会历史问题，就必须把生产力看作衡量一个社会形态的生产关系、上层建筑及其具体体制是否适合的根本标准；把生产力作为决定社会的性质、衡量社会发展阶段的特征、评价社会进步的主要标准；把生产力作为评价一个政党的路线、方针、政策、措施及其工作好坏和成败的最高标准；把是否有利于生产力的发展作为判断一个人、一个阶级、一个政党的言行是非的基本标准。当然，我们在运用生产力标准分析社会历史问题时，必须要科学地、全面地、正确地把握生产力标准，要把坚持生产力标准同考察社会发展的整体效益和局部效益、长远效益和暂时效益、物质效益和精神效益结合起来；要把根本标准、最高标准、主要标准、基本标准同考察具体工作的具体标准统一起来，不能用生产力标准来代替其他一切具体标准。在实践中，不能把生产力标准当作标签到处乱贴，切忌绝对化、简单化、庸俗化地对待生产力标准问题。生产力标准只能是我们认识社会现象的总的原则、总的标准。

进行经济分析，必须坚持物质关系决定思想关系、经济关系决定非经济关系的原则，从物质的、经济的关系出发来说明思想的、政治的及其他的关系。在社会生产过程中，人们不仅同自然界发生关系，而且人们之间也要发生一定的社会关系。马克思说：人们"只有以一定的方式共同活动和互相交换其活动，才能进行生产。

---

① 《列宁全集》第13卷，人民出版社1959年版，第223页。

为了进行生产，人们相互之间便发生一定的联系和关系；只有在这些社会联系和社会关系的范围内，才会有他们对自然界的影响，才会有生产"[1]。人们在生产过程中结成的社会关系就是生产关系，生产关系就是人们的经济关系，它从本质上来说是一种物质的关系。生产关系包括生产资料所有制关系、人们在社会生产中的地位作用和相互联系、劳动产品的分配关系这三个方面，这三个方面又贯彻于人类社会生产、交换、分配和消费四个环节。在这里，所有制关系是生产关系中的主要内容，它是判断社会性质和社会进步的直接标准。在人类社会生活中，社会的生产关系，即社会的物质、经济关系是第一性的社会关系，它决定思想的、伦理的、家庭的、政治的和思想的等一切其他社会关系，它决定社会的上层建筑及其具体形式。因此，在一定生产力基础上，从一定的生产关系出发来分析社会现象，也是一个重要的方法。

坚持从物质的、经济的关系出发说明社会问题，就是要把生产关系的性质和状况作为衡量上层建筑是否适合的直接标准；把生产关系的性质和状况作为判断社会形态及其发展阶段的性质和特征的直接标志；把生产关系作为分析一切社会关系发展变化规律的基点；把人们对生产资料占有的形式和多寡，把人们在生产中的地位及其作用，把人们在产品分配上的形式，作为判断一个人、一个社会集团、一个政党的阶级属性、政治态度、社会行为和思想表现的重要标准。

坚持经济分析，必须避免把"经济因素"看作"唯一决定性因素"，把经济分析看成分析社会现象的唯一方法的庸俗化倾向。思想关系对物质关系，政治关系对经济关系具有相对独立性，具有一定的反作用。社会意识对社会存在具有相对独立性，具有一定的反作用。上层建筑对经济基础具有相对独立性，具有一定的反作用。生产关系对生产力也具有一定的反作用。社会生活是极其复杂

---

[1] 《马克思恩格斯选集》第1卷，人民出版社2012年版，第340页。

的，在社会生活中起作用的因素也是复杂多样的。从经济出发分析社会问题，否认其他社会因素的作用，同样无法正确说明复杂的社会历史现象。

三　阶级分析是经济分析方法的延伸，是分析阶级社会历史现象的基本方法

所谓阶级分析方法，就是用马克思主义关于阶级和阶级斗争的观点去分析阶级社会的社会历史现象的方法。这种方法是坚持用经济方法分析社会历史现象的必然延伸，是矛盾分析方法在社会领域中的具体运用，是无产阶级及其政党研究阶级社会现象的科学方法。

阶级的产生同生产力发展的一定阶段相联系。私有制的形成是社会分裂成为阶级的经济原因。阶级的划分必须根据人们生产资料的占有、在生产关系中的地位和作用、获得产品的分配方式等基本经济标准来进行。阶级斗争则根源于社会经济关系的对立和冲突。坚持对社会历史现象进行经济分析，必然会得出阶级社会存在阶级和阶级斗争，人是按一定的阶级来划分的，人的社会性集中表现为鲜明的阶级性，人的思想无不打上阶级的烙印，阶级斗争是阶级社会的基本线索和直接动力等正确结论。面对着阶级社会纷繁复杂的阶级关系，变动不居的阶级斗争现象，"马克思主义给我们指出了一条指导性的线索，使我们能在这种看来迷离混沌的状态中发现规律性。这条线索就是阶级斗争的理论"[1]。阶级斗争理论，既是分析阶级社会历史现象的根本方法，也是对阶级社会进行分析的基本方法。

为了正确掌握和运用阶级分析的科学方法，必须坚持唯物论和辩证法，反对主观主义和形而上学。

---

[1] 《列宁选集》第 2 卷，人民出版社 1972 年版，第 587 页。

第一，进行阶级分析，必须坚持实事求是的原则。在阶级社会中，阶级现象是大量的、普遍存在的现象，但又不是唯一的、囊括一切的现象；阶级关系是人与人关系中的基本关系，但并不是一切社会关系都属于阶级关系；阶级斗争是重要的社会实践，但并不是唯一的社会实践形式。也就是说，既要认识到阶级分析方法的普遍性、重要性，又不能把它绝对化。必须坚持"观察的客观性"，从实际出发，实事求是，对确实存在的阶级斗争现象，必须如实地承认它，对于严酷的阶级斗争不能视而不见；对于确属非阶级斗争的现象，又绝不能不顾事实无限上纲，硬是要分析出阶级斗争来。

第二，进行阶级分析，必须坚持全面性，力戒片面性。社会的阶级现象是复杂多样的，阶级斗争首先表现为经济斗争，同时又表现为政治斗争、思想斗争，不仅表现在经济领域，还表现在思想领域、政治领域、文化领域等社会生活的各个方面、各个领域。因此，阶级分析方法就要求把握阶级和阶级斗争现实中的"多种多样的关系的全部总和"[1]，坚持全面性的观察原则，切忌片面性。既要分析经济领域的阶级斗争事实，又不能忽视政治、思想、文化等领域的阶级斗争现象；既要分析社会各集团的经济地位，同时又要观察它们的政治态度；既要分析该阶级的经济地位、政治态度和思想倾向，又要分析该阶级同其他阶级的关系，该阶级的社会环境变化，以及可能的发展趋势。总之，要全面地、辩证地、发展地把握复杂的阶级斗争事实。切忌孤立地、静止地、片面地观察阶级斗争的现象。

第三，进行阶级分析，必须要坚持具体问题具体分析这一马克思主义活的灵魂。阶级和阶级斗争是会因时间、地点、条件的不同，而具有不同的表现形式和表现特点。在不同的社会形态，在同一社会形态的不同的发展阶段，在同一社会形态、同一发展阶段，

---

[1] 《列宁选集》第2卷，人民出版社1972年版，第607页。

而又处于不同的国度，甚至在同一国度，却又在不同的地区、不同的民族，或不同的时间跨度，阶级结构、阶级阵线、阶级敌人、阶级朋友、阶级依靠对象，以及阶级斗争的表现形式和特点都是不同的。这就需要我们根据时间、地点、条件的变化来具体把握阶级斗争的特殊规律。比如，我国正处于社会主义社会发展的初级阶段，剥削阶级作为一个阶级已经被消灭了，阶级斗争已经不是主要矛盾了，阶级斗争只是在一定范围内存在，阶级斗争的对象、范围、规模、解决办法已经同革命战争年代不同了。如果离开了具体问题具体分析这一活的灵魂，仍然用革命战争时期的眼光来看待社会主义时期的阶级斗争问题，用革命战争时期的办法来处理社会主义时期的阶级斗争问题，必然要犯大的错误。在今天的具体情况下，我们既不能再把阶级斗争看作主要矛盾，搞阶级斗争为纲那一套，犯"阶级斗争扩大化"的错误，又不能否认一定范围内存在的阶级斗争，忽视一定范围存在的阶级斗争。

总之，阶级分析方法是科学严谨的方法，必须运用唯物辩证法对阶级和阶级斗争现象进行具体的、历史的、现实的、全面的分析。如果把阶级分析当作固定的思维模式到处乱套，就会背离历史唯物主义阶级分析方法的正确原则。

四 利益分析方法有特殊的意义，是洞察社会历史实践的重要方法

利益支配人们的社会历史活动，一定的经济关系必然体现一定的利益关系，这是一条重要的历史唯物主义原则。根据利益原则，对复杂的经济、政治、思想、文化等社会生活及其关系进行利益分析，这是洞察社会历史奥秘的重要方法。列宁指出：

> 如果你们没有指出哪些阶级的利益，哪些当前的主要利益决定着各政党的本质和他们的政策的本质，那末，事实上你们

就是没有运用马克思主义……①

要理解利益分析方法，必须首先理解利益范畴。为了阐明利益问题，马克思和恩格斯在理论研究中做了许多开拓性的和奠基性的工作。（1）指出利益是人类一切社会活动的动因，"人们奋斗所争取的一切，都同他们的利益有关"②。（2）明确提出利益是思想的基础，利益决定思想，"'思想'一旦离开'利益'，就一定会使自己出丑"③。（3）阐明了阶级斗争产生的物质利益根源，认为，阶级斗争"是基于物质利益的"根本冲突。④（4）说明了利益冲突的动力作用。恩格斯针对英法两国的封建贵族、资产阶级和无产阶级的斗争情况，指出"这三大阶级的斗争和它们的利益冲突是现代历史的动力"⑤。（5）指明了利益的社会本质和社会基础，说明只有从生产关系出发才能说明利益问题，"每一既定社会的经济关系首先表现为利益"⑥。（6）揭示利益对政治权力、政治活动的决定作用，"政治权力不过是用来实现经济利益的手段"⑦。马克思、恩格斯关于利益问题的基本原理，是我们进一步认识利益范畴的理论前提。

利益范畴是历史唯物主义观察社会历史的重要范畴。人们对生产和生活条件的需要及其需求关系，就表现为人与人之间的一种利益关系。可见，一定的社会经济关系是利益的社会本质。在阶级社会，人与人之间的利益关系表现为一定的阶级对立关系。所谓利益分析，就是依据利益原则，揭示出人们社会活动背后的利益动因，找出利益关系所赖以表现出来的生产关系，然后从这种利益动因和

---

① 《列宁全集》第 12 卷，人民出版社 1959 年版，第 485 页。
② 《马克思恩格斯全集》第 1 卷，人民出版社 1956 年版，第 82 页。
③ 《马克思恩格斯全集》第 2 卷，人民出版社 1957 年版，第 103 页。
④ 《马克思恩格斯选集》第 3 卷，人民出版社 1972 年版，第 365 页。
⑤ 《马克思恩格斯选集》第 4 卷，人民出版社 2012 年版，第 256 页。
⑥ 《马克思恩格斯选集》第 3 卷，人民出版社 2012 年版，第 258 页。
⑦ 《马克思恩格斯选集》第 4 卷，人民出版社 2012 年版，第 257 页。

利益关系出发来说明各种社会关系和社会历史现象。在历史唯物主义的方法论体系中，经济分析、阶级分析和利益分析是一致的、互相补充的，而不是互相排斥、互相对立的。无论是经济分析、阶级分析还是利益分析，都是建立在历史唯物主义"生产力和生产关系"是全部社会的前提这一基本原理的基础上的。经济分析坚持从物质的生产及其关系出发来分析社会历史现象。阶级分析方法是经济分析方法观察阶级社会的社会生活现象的进一步具体运用，利益分析方法又是经济分析方法的具体化。在阶级社会中，利益分析方法同阶级分析方法是一致的，利益分析方法是以分析阶级社会中阶级利益的矛盾和冲突为基本线索。然而，利益分析方法又具有自己特殊的意义。

首先，利益分析方法比阶级分析方法和经济分析方法更加具体化。经济分析方法着重从宏观领域来分析社会历史发展的根本原因，阶级分析方法侧重于从经济关系出发来划分阶级和分析阶级斗争的基本线索，而利益分析方法则从人与人的具体利益关系入手，来分析具体的社会历史问题。在阶级社会中，生产关系表现为一定的阶级关系，一定的阶级关系表现为一定的利益关系，利益分析则从更直接和更具体的利益关系中来剖析阶级斗争的现象。

其次，利益分析方法可以作为阶级分析方法的补充。在阶级社会中，并不是一切社会现象都是阶级斗争现象，也不是一切社会关系都是阶级关系。这样，在非阶级斗争领域，就可以运用利益分析的方法。在阶级社会中，阶级之间存在阶级利益的差别，在同一阶级内部又存在不同的阶层和利益集团，利益分析可以在对该阶级内阶层和利益集团的划分上发挥作用。在非阶级社会，阶级关系不存在了，阶级斗争现象不存在了，但一定的利益差别和利益矛盾仍然存在。比如，原始社会部落之间的利益矛盾。这时，利益分析方法就具有普遍性的意义了。

最后，在社会主义社会的一定发展阶段上，利益分析具有特殊的意义。在社会主义社会，剥削阶级作为一个阶级已经被消灭了，阶级斗争、对抗性的阶级矛盾，只在一定范围内存在。在阶级矛盾和阶级斗争不占主导地位的条件下，如何认识劳动人民内部的矛盾呢？在这里，利益分析方法就具有特殊的方法论意义了。进行利益分析，关键是运用利益分析方法，科学地划分利益群体，进一步考察利益群体在利益关系中的地位和作用，分析不同的利益群体之间的矛盾，从中找出规律性的东西来。在社会主义社会，剥削阶级作为阶级已经不存在了，阶级矛盾居于次要的地位。在认识一定范围内存在的阶级矛盾和阶级斗争的前提下，如何认识社会主义不同利益群体之间的矛盾，具有极其重要的现实意义。

进行利益分析，科学地划分利益群体，关键问题是掌握好群体划分的标准，那么以什么标准来划分利益群体呢？

第一，以生产资料占有关系来界定利益群体的基本属性。人们在社会生产资料的所有关系中，地位不同，起的作用不同，就决定了人们分别属于不同的经济利益群体。在社会主义条件下，存在不同的公有制及其不同的公有制实现形式，在同一种社会主义公有制形式内部还存在"两权"相对分离的关系，使分属两种不同公有制形式的社会成员具有一定利益差异，使不同的生产单位成为具有相对独立的经济利益群体。因此，从所有制关系出发，是进行利益群体分析的大前提。

第二，从分配关系以及其他经济关系出发来划分利益群体。由于分配的方式和形式不同，利益实现方式不同，收入不同，必定形成存在一定经济差别的不同的利益群体。在社会主义条件下，人们之间的利益差别突出地反映在分配问题上。按照按劳分配原则来实现个人劳动收入的群体，同按照其他分配方式来实现个人收入的群体就构成了不同的利益群体。不仅分配关系，人们在生产、交换和消费等各个经济活动的具体环节上所发生的关系，也同样决定不同利益群体的存在。比如，在生产过程中，人们可以划分为管理者群体、工程技术人员群体；在交换过程中，人们可以划分为商品生产者群体、商品销售者群体和商品购买者群体；在消费过程中，人们可以划分为生产消费者群体和生活消费者群体……

第三，在坚持从经济出发来划分利益群体的前提下，也可以适当考察到按职工分工的不同，根据经济和其他社会原因所造成的社会地位的差别来划分利益群体。

总之，必须坚持从人们在社会经济关系中对生产资料的占有不同，在生产过程中所起的作用不同，在分配中的收入多少不同等这些基本的经济关系出发，同时考虑到其他社会因素的影响来作为划分利益群体的标准。关于社会利益群体的基本划分标准表明，马克思主义以生产资料所有制占有的不同来划分阶级的理论，仍然具有方法论的意义，它同社会利益群体的基本划分标准是一致的。不同的利益群体具有不同的利益要求，不同的利益群体之间存在一定的利益差别和利益矛盾，这是分析社会现象的一条重要线索。

运用利益分析方法分析社会历史现象，绝对不能排斥和否定经济分析的基本方法，排斥和否定阶级分析的方法，要善于在历史唯物主义科学历史观的指导下，把三者有机地结合起来，有效地运用到对社会历史现象的观察、分析和说明中去。

学习掌握马克思主义"两个伟大发现"的重要意义[*]

马克思的两大发现是：揭示了人类历史的发展规律，发现了唯物史观，创立了历史唯物主义；运用历史唯物主义分析资本主义社会，发现了现代资本主义生产方式及其特殊的运动规律，创立了剩余价值学说。他以此为基础，指明了资本主义必然灭亡的历史趋势和人类社会发展的共产主义前途，揭示了无产阶级的历史使命，找到了工人阶级这一实现深刻社会变革的主体力量，从而使社会主义从空想变成了科学。马克思的"两个伟大发现"构筑了马克思主义全部理论的坚实基础，这"两个伟大"发现在当今仍然具有重要的现实意义。

一 唯物史观完成了人类思想史上历史观的伟大变革，是工人阶级政党必须掌握的最锐利的思想武器

纵观整个人类思想发展史，马克思一生对人类思想作出两个最伟大的贡献：一是揭示了人类历史的发展规律，发现了唯物史观，创立了马克思主义哲学，即辩证唯物主义和历史唯物主义；二是揭示了资本家剥削工人的秘密，发现了剩余价值，在此基础上创立了

---

[*] 该文系作者 2016 年 8 月的研究笔记，原载《马克思主义研究》2016 年第 8 期。

马克思主义政治经济学。恩格斯把唯物史观看作马克思的"第一个伟大发现"。列宁认为：

> 马克思的历史唯物主义是科学思想中的最大成果。①

正像达尔文发现有机界的发展规律一样，马克思发现了人类历史的发展规律，即历来被纷繁复杂的意识形态所掩盖的一个简单事实：人们首先必须吃、喝、穿、住，然后才能从事政治、科学、艺术、宗教等活动，所以直接的物质的生活资料生产，从而一个民族或一个时代的一定的经济发展便构成基础，国家设施、法的观点、艺术乃至宗教观念都是在这个基础上发展起来的。不仅如此，马克思还发现了现代资本主义的生产方式及其特殊的运动规律，发现了剩余价值。正如恩格斯所说，一生中能有这样两个发现，该是很够了。即使只能作出一个这样的发现，也已经是幸福的了。②

唯物史观的发现是马克思对人类思想史的一次划时代的伟大贡献。

（一）创立唯物史观的重要意义

在马克思之前，从古希腊时期的德谟克利特、赫拉克利特唯物主义到19世纪德国古典哲学的费尔巴哈唯物主义，应该说唯物论已经发展到了人类思想的高峰；在马克思之前，黑格尔唯心主义辩证法已经发展到了人类思想的高峰。黑格尔是辩证法大师，但他的辩证法是装在唯心主义框架里的，费尔巴哈唯物主义则是形而上学的，而且在历史观上仍是唯心论的。马克思站在人类思想史的最高峰，把唯物主义与辩证法有机地结合起来，创立了辩证唯物主义。

---

① 《列宁全集》第23卷，人民出版社1990年版，第45页。
② 《马克思恩格斯全集》第25卷，人民出版社2001年版，第597页。

在马克思的第一个伟大发现产生之前，人类始终陷于唯心主义历史观的思想迷途中不能自拔，众多思想家对社会历史进行过多方面探索，但对于历史之谜的回答却只有两类：一类是唯心主义的回答，即或是把历史发展归结为神、天命的作用，或是归结为精神的作用。例如，主观唯心主义的主观精神决定论，将历史发展归结为人的理性、情感、动机和意识等；客观唯心主义的客观精神决定论，将历史发展归结为早于自然界和人类社会而产生的、客观存在的和无人身的理性。另一类是旧唯物主义的回答。一些旧唯物主义者虽然在自然观上坚持了唯物主义立场，但在考察社会历史时，却被社会领域和历史过程的特殊性所迷惑，只是看到了人们从事历史活动的思想动机，而没有进一步探究隐藏在思想动机背后的原因；只是看到了在社会历史领域中起作用的精神动力，而没有看到隐藏在精神动力背后的物质动因，将精神动力看成社会发展的终极原因，从而在历史观上仍旧陷入唯心主义的泥沼。综观一切旧历史观不难发现，它们有两个根本缺陷：一是从思想原因而不是从物质经济根源来说明人类历史活动的动因和社会发展的动力，这就是旧历史观的思想动机论；二是只看到少数历史人物的作用，忽视人民群众是真正的历史主人，抹杀了人民群众在历史发展中的决定作用，这就是旧历史观的英雄史观。英雄史观将历史发展的根本原因归于帝王将相、英雄豪杰的个人意志，认为这些人的一个好念头可以使国泰民安，一个坏想法可以使国破家亡、生灵涂炭。英雄史观说到底还是唯心主义的旧历史观。

历史唯物主义作为科学的社会历史观，是特定社会历史条件下的产物，也是人类认识发展的必然结果。资本主义社会化大生产为历史唯物主义的创立提供了物质前提。社会化大生产造就了历史上最复杂的生产组织，而社会却日益分裂为鲜明的两大对立阶级：工人阶级和资产阶级。资本主义开创了"世界历史"，使人们可以通过对不同国家、不同民族社会历史的比较研究，发现其中的规律，使人们能够透视资本主义社会结构和关系，透视以往私有制社会的结构和关系，揭示资本主义社会化大生产和私人占有之间的矛盾，为理解社会历史规律提供了客观依据。然而资本主义的诞生只是为唯物史观的产生创造了必要的客观条件，唯物史观的创立离不开马克思基于实践的理论创新。

马克思所具有的历史观的超人之处、伟大之处，让人想到英国著名哲学家罗素1901年提出的"理发师的胡子该由谁来刮"的著名悖论。在某个城镇中只有一位理发师，他打出这样的广告："我只为本城所有不给自己刮脸的人刮脸"，而该镇还有一条不成文的规定：每一位自己不刮脸的男子，都必须由这位理发师刮脸。可是有一天，这位理发师从镜子里看见自己的胡子长了，他本能地抓起剃刀，他能不能给自己刮脸呢？如果他不给自己刮脸，他就属于"不给自己刮脸的人"，按照镇里的规定，他应该由作为理发师的自己刮脸；而如果他给自己刮脸呢，他又属于"给自己刮脸的人"，就不该由作为理发师的他给自己刮脸。这就成为化解不开的悖论。

悖论是指二律背反、互相矛盾、无法解开的难题。实际上，对历史发展最终动力的解释在人类思想史的发展进程中，不要说唯心主义者，连一些著名的唯物主义哲学家也陷入了不可解的悖论之中。比如，法国资产阶级启蒙哲学家孟德斯鸠认为，不同气候的特殊性对各民族生理、心理、气质、宗教信仰、政治制度有决定性作用，提出了"地理环境决定论"，这个结论显然具有唯物主义倾向。但他认为，地理环境决定人的理性，人的理性又决定政治、法律制度。显然，孟德斯鸠的地理环境决定论从唯物主义命题出发，又返回到人的理性决定社会存在的唯心主义的老路上了。再如，18世纪法国唯物主义哲学家爱尔维修有句名言"人是环境的产物"，他认为环境主要体现为政治制度，政治制度是由人的意志决定的，同样绕了一圈又绕回来了，怎么也绕不开唯心主义的结论。

列宁在《哲学笔记》中提及，黑格尔的形式是唯心的，但是他所讲的历史规律恰恰又是最接近唯物史观的，"聪明的唯心主义比愚蠢的唯物主义更接近于聪明的唯物主义"①。在黑格尔那里，把独立于人之外的某种理念转化为自然和历史，把历史规律的辩证过程描述得非常清晰，接近了唯物史观的答案，但他是放在唯心主义框架里解释的。费尔巴哈冲破了黑格尔的唯心主义，认为是感性的、肉体的人决定了历史的发展。但是在费尔巴哈眼中，感性的、肉体的人是没有能动性的，是被动的，不是社会的、实践的人，不是现实社会的活生生的人，而是抽象的人。他认为，历史是由抽象的人所具有的抽象的、永恒的普遍之爱决定的，抽象的"爱"是决定历史发展的动力，这又回到了二律背反的悖论问题上了。用唯心主义来解释历史，显然是错误的；而旧唯物主义者把历史发展归结为某种实在的物质，归结为被动的、抽象的人，看上去是唯物的，但实际上又回到抽象的人性、人的理念、人的自我意识等唯心的结论上，肯定也是不行的。

马克思在《关于费尔巴哈的提纲》中提出了"实践活动的唯物主义"②，彻底解决了旧历史观的悖论问题。他强调"感性的人的活动"，即实践的作用，"环境的改变和人的活动或自我改变的一致，只能被看做是并合理地理解为革命的实践"③。人的本质在其现实性上，"是一切社会关系的总和"，"全部社会生活在本质上是实践的"。④ 马克思在批判费尔巴哈人本唯物主义观点的基础上，形成了科学实践观，找到既是肉体的、物质的，又是能动的、实践的、现实的人，而人的物质生产劳动实践活动是马克思全部发现的核心秘诀，他把人的物质性和能动性全部结合在人的生产劳动实践中，从而既唯物地又辩证地解开了唯心主义历史观的悖论死结。《关于费尔巴哈的提纲》是包含着新世界观的天才萌芽的第一个文

---

① 《列宁全集》第55卷，人民出版社1990年版，第235页。
② 《马克思恩格斯文集》第1卷，人民出版社2009年版，第502页。
③ 《马克思恩格斯文集》第1卷，人民出版社2009年版，第500页。
④ 《马克思恩格斯文集》第1卷，人民出版社2009年版，第501页。

献，标志着历史唯物主义的诞生。

与以往的唯心主义历史观相反，马克思在考察社会历史、寻找社会发展的真实动因时，不是从主观意识、客观精神、上帝、神意或抽象的人性出发，而是从现实的人及其活动出发，从现实的人的物质生活条件出发，从现实的人的生产活动实践出发。在马克思看来，"有生命的个人的存在"是全部人类历史的第一个前提。人们为了创造历史，必须能够生活。为了生活，就必须进行物质生活资料的生产。物质生产是人类的第一个历史活动，是一切历史的基本条件。追求生存发展需要满足的物质生产活动，是人们的一切思想动机背后的、最深刻的物质根源。人们所从事的物质资料生产，是社会发展的根本原因。人类社会的经济关系及其派生的政治关系、思想文化关系等一切社会关系，都是在物质生产基础上建构起来的，并随着物质生产的发展变化而发展变化；必须从人类生存发展的物质经济基础出发来说明人类社会的发展变化，来说明一切人类社会历史现象。

历史唯物主义的创立，是人类思想史上的一场伟大革命，它将唯心主义从社会历史领域中彻底清除，从而彻底地解决了历史观领域唯心主义占统治地位的状况，实现了自然观上的唯物主义与历史观上的唯物主义的统一，使马克思主义哲学成为彻底的和完备的唯物主义学说。中国共产党人接受了马克思的历史唯物主义，并将马克思主义唯物史观作为自己的指导思想，带领中国人民取得了革命、建设和改革的巨大胜利。正如习近平总书记指出的，在革命、建设、改革各个历史时期，我们党运用历史唯物主义，系统、具体、历史地分析中国社会发展的规律，在认识世界和改造世界的过程中不断把握规律、积极运用规律，推动党和人民事业取得了一个又一个胜利。历史和现实都表明，只有坚持历史唯物主义，我们才能不断把对中国特色社会主义规律的认识提高到新的水平，不断开辟当代中国马克思主义发展的新境界。

（二）唯物史观的主要内容

历史唯物主义理论体系的内容十分丰富。马克思在《〈政治经济学批判〉序言》中对于历史唯物主义基本思想作了精辟论述，论证了历史唯物主义的基本范畴和规律，大致勾画出历史唯物主义理论体系的基本框架和主要观点，如生产观点、群众观点、阶级和阶级斗争观点，社会存在和社会意识相互关系理论、社会经济形态理论、社会基本矛盾理论、国家理论、社会革命导致社会形态更替并最终导致无产阶级专政的理论、社会意识形态理论、社会利益理论、人和人的自由全面发展理论……学习、掌握历史唯物主义，要贯彻少而精的原则，最重要的是理解和掌握历史唯物主义的基本观点和基本原理，理解和掌握其中所贯彻的科学世界观、方法论，并将其运用到认识社会、改造社会的实践中去。

唯物史观最根本的三大基本观点：

一是生产的观点。人类的物质生产劳动实践是一切社会存在的前提和基础。在生产劳动中，人与自然发生关系，构成生产力；人与人之间发生关系，构成生产关系。生产力与生产关系结合成生产方式，生产方式的演变决定社会形态的演变。生产关系的总和构成经济基础，经济基础之上是上层建筑，上层建筑又分为政治的上层建筑和意识形态的上层建筑。生产力与生产关系、经济基础与上层建筑的对立统一关系，构成社会基本矛盾。社会基本矛盾运动推动社会历史发展，生产力是社会历史发展的决定性力量。当然，上层建筑相对经济基础来说，生产关系相对生产力来说，具有相对独立性；意识形态上层建筑可以反作用于政治上层建筑，从而反作用于经济基础；生产关系可以反作用于生产力。生产关系一定要适应生产力的发展，上层建筑一定要适合经济基础的需要，这是社会历史的基本规律。

二是阶级的观点。社会基本矛盾在阶级社会表现为阶级差别（或对立）、阶级矛盾和阶级斗争。原始社会解体以来的历史就是阶级斗争的历史，阶级斗争贯穿阶级社会的全部发展过程，正是阶级斗争推动了阶级社会的发展。阶级与阶级斗争理论是马克思主义的一个基本理论，但最早发现阶级和阶级斗争的并不是马克思。在马克思之前，资产阶级思想家已经发现资本主义社会中有阶级的存在，发现了各阶级之间的斗争。马克思自己就曾说过：

> 无论是发现现代社会中有阶级存在或发现各阶级间的斗争，都不是我的功劳。在我以前很久，资产阶级历史编纂学家就已经叙述过阶级斗争的历史发展，资产阶级经济学家也已经对各个阶级作过经济上的分析。①

英国资产阶级古典经济学的重要代表人物亚当·斯密第一次从经济上揭示了资本主义社会的阶级结构和阶级分类。他认为，资本主义社会有三大基本阶级：地主阶级、工人阶级和资产阶级，他们分别以土地地租、劳动工资和资本利润为经济收入。同样也是英国资产阶级古典经济学的代表人物大卫·李嘉图揭示并说明了阶级以及阶级之间的经济对立。此外，19世纪法国复辟时期的历史学家基佐、梯也尔、米涅，19世纪的空想社会主义者等也都意识到了阶级与阶级斗争。但是，由于他们都是站在唯心史观的立场上，并未认识资本主义生产方式的内在矛盾，因而不可能揭示阶级产生和消灭的根源和途径。

在资产阶级思想家已有的思想成果基础上，马克思在给约瑟夫·魏德迈的信中谈到关于阶级和阶级斗争，"我所加上的新内容就是证明了下列几点：（1）阶级的存在仅仅同生产发展的一定历史阶段相联系；（2）阶级斗争必然导致无产阶级专政；（3）这个专政不过是达到消灭一切阶级和进入无阶级社会的过渡"②。既然

---

① 《马克思恩格斯文集》第10卷，人民出版社2009年版，第106页。
② 《马克思恩格斯文集》第10卷，人民出版社2009年版，第106页。

阶级和阶级斗争是一定历史阶段的客观存在，在研究阶级社会的历史现象时，就不能不使用阶级分析方法。如果不承认马克思主义的阶级观点和无产阶级专政学说，就等于阉割了唯物史观，就不是马克思主义。当前对历史虚无主义、普世价值、宪政民主、新自由主义等错误思潮的批判，从根本上说，如果没有唯物史观作指导，不使用阶级分析的方法去阐释，是批不透彻的。2000年6月江泽民同志就讲过：

> 我们纠正过去一度发生的"以阶级斗争为纲"的错误是完全正确的，但这不等于阶级斗争已不存在了。只要阶级斗争还在一定范围内存在，我们就不能丢弃马克思主义的阶级和阶级分析的观点和方法。这种观点和方法始终是我们观察社会主义同各种敌对势力斗争的复杂政治现象的一把钥匙。①

《党章》《宪法》和《关于建国以来党的若干历史问题的决议》都强调并重申过这样的观点。

三是群众的观点。只有人民才是历史发展的真正动力。人民群众是历史的创造者，是物质财富和精神财富的创造者，是社会变革的决定力量，他们推动着社会制度的变革。一切为了群众、一切依靠群众，从群众中来、到群众中去，密切联系群众，一直是我们党的根本路线。

二 马克思主义政治经济学是经过时间和实践检验的真理，是无产阶级政党伟大事业的理论指南

剩余价值理论是马克思的又一个伟大发现，奠定了马克思主义政治经济学的基础。习近平总书记强调，马克思主义政治经济学是

---

① 《江泽民文选》第3卷，人民出版社2006年版，第83页。

马克思主义的重要组成部分,也是我们坚持和发展马克思主义的必修课。现在各种经济学理论五花八门,但我们的政治经济学只能是马克思主义政治经济学,而不能是别的什么经济理论。经济学虽然是研究经济问题,但不可能脱离社会政治而纯之又纯。在我们的政治经济学教学中,不能食洋不化,必须要讲马克思主义政治经济学。当代中国特色马克思主义政治经济学要大讲特讲,不能被边缘化。

(一) 掌握马克思主义政治经济学的立场、观点和方法

读《资本论》、学习马克思主义政治经济学,最根本的是要掌握其中一以贯之的立场、观点和方法,这是我们必须掌握的思想武器。毛泽东同志在1941年发表的《改造我们的学习》一文中指出,学习马克思主义,正确的态度是从马克思主义中找立场、找观点、找方法,并且学会运用马克思主义的立场、观点和方法分析具体问题,从中找出规律,指导我们的实践。

一是立场。马克思主义政治经济学为我们提供了认识问题的基本立场。现在许多人讲经济学不讲政治,这是错误的。讲政治,首先就是要讲立场。站在什么人的立场上,为什么人说话,为什么人摇旗呐喊,为什么人摇笔杆子,这就是立场问题。

马克思是站在工人阶级的立场上来看待资本主义经济现象的,因为站在这个立场上,他才揭示了资本主义剩余价值的秘密。立场问题非常重要,立场错了,出发点就错了。工人阶级就阶级性来讲,是消灭剥削制度和阶级差别的最后一个阶级,是最大公无私的、代表先进生产力的先进阶级,站在工人阶级立场上就会秉持正确的世界观、方法论。习近平总书记强调,要坚持以人民为中心的发展思想,这就是马克思主义政治经济学所坚持的根本立场。

今天我们搞研究、写文章,立场问题非常重要,是站在人民的立场上还是站在少数人的立场上呢? 习近平总书记强调,部署经济工作、制定经济政策、推动经济发展都要牢牢坚持以人民为中心这

个根本立场。当马克思还没有成为马克思主义者时，就已经把"为了千百万人"的幸福作为自己职业选择的方向。后来写作《资本论》是站在无产阶级立场上，为无产阶级说话。恩格斯写作《英国工人阶级状况》时，也是站在无产阶级立场上的。我们现在端着人民给我们的饭碗，我们就得为人民说话。

二是观点。劳动价值论和剩余价值论是马克思主义政治经济学最根本的观点，为我们提供了认识资本主义经济的基本原理。现在有人讲政治经济学时，把这两个观点剔除了，这就把马克思主义政治经济学变了味、变了性。

在马克思之前，英国古典经济学家配第、亚当·斯密和大卫·李嘉图虽然提出了劳动价值论，认为劳动是价值的源泉，但他们不知道在商品生产中，劳动具有抽象劳动和具体劳动、活劳动和物化劳动、个人劳动和社会劳动的两重性，不懂得劳动和劳动力这两者是有区别的，他们的劳动价值论是有缺陷的，因此不可能发现剩余价值理论。马克思主义的劳动价值论告诉我们，劳动过程中的活劳动与生产资料相结合才产生新的价值，而物化的劳动，即生产资料的消耗只转移价值，并不产生新的价值。

马克思的劳动价值论是贯彻到底的，是劳动价值一元论。当时的庸俗经济学家提出"生产费用决定论"和"边际效益决定论"，认为一切参与劳动过程的生产要素都产生新的价值。马克思批判了这种观点，认为劳动是一个过程，劳动和劳动力是有区别的，在资本主义市场经济中劳动力成为商品，资本家在市场购买了工人的劳动力，并付给工人相当于劳动力价值的工资，但是工人在劳动过程中付出的活劳动产生的新价值高于劳动力价值，二者之间的差额就是剩余价值，它被资本家无偿占有了。其他生产要素虽然参与价值的生产，但是本身不创造新的价值。现在有人又提出，所有参与劳动过程的要素都产生新的价值，又回到了马克思批评的庸俗经济学的老调上了。正因为有了剩余价值论，马克思才发现了资本的秘密，才揭示了资本主义不可避免的内在矛盾和经济危机。迄今为止的资本主义发展实践证明了马克思主义政治经济学的论断是完全正确的。

三是方法。毛泽东同志认为,正确的哲学思维是经济学家写出好的经济学论著的必要条件。"没有哲学家头脑的作家,要写出好的经济学来是不可能的。马克思能够写出《资本论》,列宁能够写出《帝国主义论》,因为他们同时是哲学家,有哲学家的头脑,有辩证法这个武器。"① 正因为有了辩证法与唯物论、有了哲学的方法论,马克思才写出诸多科学的论著,写出了马克思主义政治经济学,即《资本论》。马克思主义政治经济学主要用到以下四种方法。

一是从基本的经济事实出发来分析社会问题的唯物论方法。马克思写作《资本论》时,主要依靠大量的数据,从资本主义最基本的细胞——商品开始,从最基本的经济事实出发,经过深入研究得出科学的结论。"如果没有伦敦图书馆,马克思就写不出《资本论》。"②

二是从具体到抽象,再由抽象到具体的综合分析方法。从感性的具体上升到理性的抽象;再运用理性的抽象分析具体的现实,透过现象抓住本质,从而揭示事物的一般规律,这既是人类认识运动的一般规律,也正是马克思对资本主义发展规律和必然灭亡趋势的科学分析方法。马克思从最具体、最常见的资本主义经济细胞——商品分析入手,上升到对资本主义一般规律的抽象概括。

三是矛盾分析方法。马克思用矛盾分析方法贯穿对资本主义的分析。马克思认为,劳动二重性的矛盾决定了商品二重性的矛盾,而商品二重性的矛盾又是资本主义内在矛盾的萌芽。矛盾分析方法彻底揭示了资本主义不可克服的内在矛盾。

四是阶级分析方法。《资本论》正是通过揭露剩余价值秘密,

---

① 《毛泽东文集》第 8 卷,人民出版社 1999 年版,第 140 页。
② 《毛泽东文集》第 8 卷,人民出版社 1999 年版,第 262 页。

揭示了无产阶级和资产阶级两大阶级对抗的经济根源。马克思认为，正是资本主义社会基本矛盾引发了工人阶级反抗资本主义的阶级斗争，从而将导致社会主义和共产主义社会的最终实现。阶级分析法是马克思主义的基本分析方法，没有阶级分析法，就没有马克思主义的历史观。

（二）马克思主义政治经济学的时代意义

首先，时代的根本性质没有改变，作为时代精神的马克思主义政治经济学的一般原理依然管用。马克思主义政治经济学的真理性是颠扑不破的，其深刻性是难以超越的。

马克思主义政治经济学的魅力和影响在当代有增无减。法国哲学家萨特曾说过："在17世纪后和20世纪之间，我看有三个时代可以称为著名的时代：笛卡尔和洛克的时代，康德和黑格尔的时代以及马克思的时代。这三种哲学依次成为任何特定思想的土壤和任何文化的前景，只要它们表达的历史时代未被超越，它们就不会被超越。"[①]《共产党宣言》指出"我们的时代"，是"资产阶级时代"，[②] 即资本主义占统治地位的社会形态的发展时代。在这个时代，一方面资本主义在积累财富，在推动发展；另一方面资本主义又在积累矛盾，制造自己的对立面和掘墓人，从而必然走向自己的反面。这个大的历史时代现在还没有过去。马克思在1878年研究东方社会得出世界历史的理论，他认为资本主义使人类历史进入世界历史，具有"世界性"，就是今天所说的"全球化"。"全球化"是一把双刃剑，一方面推进了世界经济的发展，另一方面带来了两极分化，加剧了资本主义的内在矛盾。20世纪以来，特别是第二次世界大战结束以后，尽管世界发生了巨大变化，尽管时代主题发生了重大转换，但马克思主义所揭示的资本主义必然灭亡、社会主

---

① [法]让-保罗·萨特：《辩证理性批判》，林骧华、徐和瑾、陈伟丰译，安徽文艺出版社1998年版，第10页。

② 《马克思恩格斯文集》第2卷，人民出版社2009年版，第32页。

义必然胜利的历史趋势没有变,所揭示的时代本质没有发生根本转变,2008年以来爆发的世界金融危机就是最好的证明。因此,马克思主义政治经济学揭示的历史发展规律的基本原理没有过时。

其次,马克思主义政治经济学所揭示的关于市场经济的一般原理,对我国发展市场经济具有指导作用。现在我们正在发展社会主义市场经济,市场经济所具有的一般属性和规律,我们都碰到了。马克思主义政治经济学关于市场经济一般规律的概括仍然管用。

党的十一届三中全会以来,我们党把马克思主义政治经济学基本原理同改革开放的新实践结合起来,不断丰富和发展马克思主义政治经济学,形成了当代中国马克思主义政治经济学的许多重要理论成果,比如关于中国特色社会主义政治经济学的六大基本原则,关于社会主义制度与市场经济相结合的理论,关于社会主义本质的理论,关于社会主义初级阶段基本经济制度的理论,关于树立和落实创新、协调、绿色、开放、共享的发展理念的理论,关于使市场在资源配置中起决定性作用和更好发挥政府作用的理论,关于我国经济发展进入新常态的理论,关于推动新型工业化、信息化、城镇化、农业现代化相互协调的理论,关于用好国际国内两个市场、两种资源的理论,关于促进社会公平正义、逐步实现全体人民共同富裕的理论,等等。这些理论成果,是马克思主义政治经济学的基本原理与中国社会主义市场经济的实际相结合的产物,是适应当代中国国情和时代特点的政治经济学,这些理论不仅有力地指导了我国经济发展实践,而且开拓了马克思主义政治经济学的新境界。

不断彰显当代中国马克思主义的
实践贡献和时代价值*

2018年是马克思主义的创始人、伟大的思想家和革命实践家卡尔·马克思诞辰200周年，也是标志着马克思主义诞生的《共产党宣言》发表170周年。马克思之所以被誉为"千年第一思想家"，不仅因为他创立的学说开创了人类思想革命的新纪元，是迄今为止人类理论思维的最高峰，而且因为马克思主义引导世界无产阶级和进步力量极其深刻地改变了人类历史发展进程，改变了整个世界的面貌。习近平总书记在纪念马克思诞辰200周年大会上指出：

> 共产党人要把读马克思主义经典、悟马克思主义原理当作一种生活习惯、当作一种精神追求，用经典涵养正气、淬炼思想、升华境界、指导实践。①

这是习近平总书记基于理论逻辑、历史经验和现实发展对全党提出的明确要求，充分体现了以习近平同志为核心的党中央对马克

---

* 原载《光明日报》2018年6月1日，副标题为"学习习近平总书记在纪念马克思诞辰200周年大会上的重要讲话"。

① 习近平：《在纪念马克思诞辰200周年大会上的讲话》，人民出版社2018年版，第26页。

思主义的深刻认识和高度重视,也是对马克思最有价值、最有意义的纪念。我们一定要遵循习近平总书记的重要讲话精神,真正把马克思主义这个看家本领学精悟透用好,继承和发扬马克思的崇高理想和革命斗志,不断坚持和发展马克思开创的事业,不断彰显当代中国马克思主义的伟大实践贡献和时代意义。

一 马克思主义是与时俱进、颠扑不破的真理体系

科学性即真理性是马克思主义的本质特征。马克思主义诞生于19世纪初叶,处于同时代的英国文学家狄更斯(1812—1870年)认为"这是最好的时代也是最坏的时代",这个时代使得一切都有可能发生。资本主义机器大生产的发展,一方面创造了空前的社会财富,另一方面造成并暴露了尖锐的社会矛盾,两极分化严重,经济危机频发,劳动人民备受压迫。马克思和恩格斯深入剖析当时的社会矛盾,在吸收前人研究成果的基础上,在人类认识史上实现了革命性变革,创立了辩证唯物主义和历史唯物主义;发现了剩余价值学说,揭露了资本主义生产和剥削的秘密,说明了无产阶级和资产阶级对立和斗争的根源,创立了马克思主义政治经济学;使社会主义从空想变成了科学,揭示了人类社会发展规律,证明了资本主义为社会主义所代替是历史发展的必然。马克思主义是无产阶级的科学世界观和方法论。

19世纪后期到20世纪前期,第二次科技革命使资本主义社会由自由竞争进入垄断阶段,资本主义列强为重新瓜分世界进行了世界大战,革命风起云涌,出现了马克思、恩格斯不曾预见的新情况、新问题。列宁深入研究了当时的时代特征,指出帝国主义是资本主义的最高阶段,认为在资本主义统治链条最薄弱的环节可以率先实现社会主义革命,建立无产阶级政权,实行社会主义制度和劳动人民自己的政权。列宁领导俄国无产阶级和广大劳苦大众成功地在资本主义世界打开了缺口,取得了十月革命的胜利,建立了世界

上第一个社会主义国家，使科学社会主义从理想变为现实。列宁主义是无产阶级革命实践经验的结晶，是帝国主义时代和无产阶级革命时代的马克思主义。

十月革命一声炮响，给中国送来了马克思列宁主义。中国先进分子从马克思列宁主义的科学真理中找到了解决中国问题的正确出路。从此，中国人民在精神上由被动转为主动，中华民族的精神面貌和历史命运被极大改变。毛泽东同志牢牢把握时代发展特征和中国革命实际，创造性地把马克思主义与中国具体实际相结合，带领中国人民找到了一条农村包围城市、武装夺取政权的正确革命道路，经过28年浴血奋战，建立了中华人民共和国，又成功领导了社会主义革命，确立了符合我国实际的先进的社会主义制度。在伟大的革命实践和国家建设中，毛泽东思想应运而生，并不断丰富发展，实现了马克思主义中国化的第一次历史性飞跃。

改革开放以来，以邓小平、江泽民、胡锦涛为代表的中国共产党人，精辟分析国际国内重大变化，紧密联系中国实际和时代特征，深刻回答了"什么是社会主义、怎样建设社会主义""建设什么样的党、怎样建设党""实现什么样的发展、怎样发展"三大基本问题，形成了包括邓小平理论、"三个代表"重要思想、科学发展观在内的中国特色社会主义理论体系，实现了马克思主义中国化的第二次历史性飞跃，为推进改革开放和社会主义现代化建设提供了科学指南。

党的十八大以来，以习近平同志为核心的党中央举旗定向、谋篇布局，统筹推进"五位一体"总体布局，协调推进"四个全面"战略布局，提出了一系列治国理政新理念新思想新战略，解决了许多长期想解决而没有解决的难题，办成了许多过去想办而没有办成的大事，推动党和国家事业发生历史性变革，中国特色社会主义进入了新时代。习近平总书记以马克思主义政治家、思想家的政治自觉、政治勇气、政治毅力、政治定力，带领全党全国人民统揽伟大斗争、伟大工程、伟大事业、伟大梦想，从理论和实践结合上系统回答了"新时代坚持和发展什么样的中国特色社会主义、怎样坚持和发展中国特色社会主义"这一重大时代课题,为党和国家事业开辟了光明前景,在伟大的社会实践中形成了习近平新时代中国特色社会主义思想。习近平新时代中国特色社会主义思想攀登了马克思主义理论思维的新高峰,开创了当代中国马克思主义的新境界,是马克思主义和中国特色社会主义伟大实践相结合的最新成果。习近平新时代中国特色社会主义思想将马克思主义中国化的理论成果提高到了前所未有的高度,实现了马克思主义中国化的又一次历史性飞跃,开辟了马克思主义新境界。

历史已经雄辩地证明,马克思主义是一脉相承又不断发展的科学理论,是与时俱进、颠扑不破的伟大真理,是始终指引中国人民和世界人民推进历史前进的永不熄灭的灯塔。

二 当代中国马克思主义的历史性实践贡献

实践性是马克思主义优于人类一切理论体系的鲜明特质。党的十八大以来,习近平总书记准确把握当今世界和中国发展大势,顺应实践要求和人民愿望,推动党和国家事业发生历史性变革。这些变革力度之大、范围之广、效果之显、影响之深,在党的历史上、中华人民共和国历史上、中华民族发展史上,都具有开创性意义。正是这些伟大的社会实践孕育了当代中国马克思主义、21世纪马克思主义——习近平新时代中国特色社会主义思想,也正是习近平新时代中国特色社会主义思想指引了中国人民的伟大社会实践。

实践探索没有止境,理论创新也没有止境。创新的科学理论必须通过伟大的社会实践才能展现其真理性。习近平新时代中国特色社会主义思想具有高度的理论价值和实践意义,其实践要求突出体现在新时代坚持和发展中国特色社会主义的基本方略上。基本方略首先明确了新时代中国特色社会主义事业的领导核心,要求坚持党对一切工作的领导。党的领导地位是历史的选择、人民的选择。中国革命建设改革的伟大实践表明，没有党的领导，就没有新中国，就没有社会主义在中国的实践，就没有中国特色社会主义的开创和发展，中华民族伟大复兴必然会沦为空谈。基本方略还规划了新时代中国特色社会主义实践的全新格局，全面体现了"五位一体"总体布局和"四个全面"战略布局，提出坚持以人民为中心、坚持全面深化改革、坚持新发展理念、坚持人民当家作主、坚持全面依法治国、坚持社会主义核心价值体系、坚持在发展中保障和改善民生等。新时代坚持和发展中国特色社会主义的基本方略，是对习近平新时代中国特色社会主义思想的实践展开，每一个都有很强的现实针对性和指导性，是思想化为行动的导航仪、路线图、方法论。

20世纪末，世界社会主义运动遭遇挫折，有人妄言历史已经终结，有人认定只有西方发展模式才能实现现代化。事实证明了这些观点的错误性。几十年来，我们党坚持聚精会神搞建设、一心一意谋发展，创造了人类历史的奇迹。中国人民生活从短缺走向充裕、从贫困走向小康，并将在2020年全面建成小康社会，在2035年基本实现社会主义现代化，在21世纪中叶把中国建成富强民主文明和谐美丽的社会主义现代化强国。中国人民的成功实践昭示世人，中国道路、中国方案是通向现代化的光明之路，只要找准方向、确定道路、坚定不移、驰而不息，就一定能够到达胜利的彼岸。

中国共产党是为中国人民谋幸福的伟大政党，也是为人类进步事业而奋斗的伟大政党，中国共产党始终把为人类作出新的更大的贡献作为自己的使命。习近平总书记提出的人类命运共同体理念体现了马克思主义宏大的世界视野，彰显为世界谋大同的伟大情怀。作为构建人类命运共同体的伟大探索，"一带一路"指明了新型经济全球化发展的方向，使相关国家能够共同发展、共享繁荣。在习近平新时代中国特色社会主义思想指引下，中国特色社会主义道路、理论、制度、文化不断发展，拓展了发展中国家走向现代化的途径，给世界上那些既希望加快发展又希望保持自身独立性的国家和民族提供了全新选择，为解决人类问题贡献了中国智慧和中国方案。这是当代中国马克思主义对全人类最重要的实践贡献。

三 习近平新时代中国特色社会主义思想具有伟大的时代意义

习近平新时代中国特色社会主义思想是马克思主义时代化的最新成果，既是社会发展大的"历史时代"的产物，又深深植根于中国特色社会主义新时代的实际国情。一方面，从世界社会主义500年的大视野来看，我们依然处在马克思主义所指明的历史时代，在这一历史进程中，资本主义基本矛盾没有改变，人类社会演进的历史趋势也没有改变。另一方面，经过长期努力，中国特色社会主义进入了新时代，这是我国发展新的历史方位，它紧扣当今中国和世界的时代特征，准确把握党的十八大以来我国社会主要矛盾的变化和社会发展的新特征，从而科学地回答了21世纪中国和世界面临的新的时代课题，极大地拓展了马克思主义在21世纪的时代视野，使科学社会主义在21世纪的中国焕发出强大生机活力，奏响了马克思主义在21世纪的最强音。习近平新时代中国特色社会主义思想是当之无愧的当代中国马克思主义、21世纪马克思主义，这一重要思想不仅开启了新时代，也必将引领新时代。

中国所处的当今世界，既是一个充满机遇与挑战的时代，又是一个正在深刻变革的时代。一方面，新一轮科技和产业革命给人类社会发展带来新的机遇，人类文明发展到历史最高水平；另一方面，世界两极分化进一步扩大，矛盾更加尖锐化，一些国家和地区的人民仍然生活在战争和冲突的阴影之下。"面对复杂变化的世界，人类社会向何处去？亚洲前途在哪里？"习近平总书记在博鳌亚洲论坛2018年年会上发出了"时代之问"。世界潮流，浩浩荡荡，顺之者昌，逆之者亡。习近平总书记深刻分析了21世纪的世界大势和时代潮流，总结了"和平合作""开放融通""变革创新"三个关键词,明确提出共创和平、安宁、繁荣、开放、美丽的亚洲和世界的中国方案,为世界发展贡献了中国智慧。在新世纪,马克思主义愈加显现出跨越时代的真理魅力。作为当代中国马克思主义、21 世纪马克思主义,习近平新时代中国特色社会主义思想在把握历史规律,认清世界大势,顺应时代潮流的基础上,完美地回答了"时代之问",充分彰显了伟大的时代意义。

时代是思想之母,实践是理论之源。要聆听时代声音,回应时代呼唤,把握历史脉络,在新时代中国特色社会主义伟大实践中坚持和发展当代中国马克思主义、21 世纪马克思主义。习近平新时代中国特色社会主义思想是历史性与时代性的辩证统一,是理论性与实践性的高度统一,为马克思主义的发展、世界社会主义运动的发展、全人类的发展作出了极其重要的贡献,具有伟大的时代意义。

历史唯物主义永远是我们党的理论指南，是马克思主义史学理论的灵魂和精髓[*]

历史唯物主义是我党的理论指南，是马克思主义史学理论的灵魂和精髓。而历史虚无主义是当前巩固马克思主义在意识形态领域指导地位面临的最重大挑战，它采用多种手段反对、歪曲、否定历史唯物主义。其主要手法包括：否定马克思主义哲学是辩证唯物主义和历史唯物主义的完整体系的科学提法；割裂辩证唯物主义和历史唯物主义的内在联系；抽掉历史唯物主义的核心观点，阉割历史唯物主义；以批判反思所谓"传统的历史唯物主义"为名，以人道主义和异化理论来诠释历史唯物主义；等等。要彻底战胜历史虚无主义，就必须站在历史唯物主义的基本立场上，运用历史唯物主义的观点和方法对其进行剖析、揭露和批判。

---

[*] 该文系作者2020年9月26日在天津市滨海新区召开的第五届唯物史观与马克思主义史学理论论坛上的主旨报告，副标题为"学习习近平总书记关于历史唯物主义的重要讲话精神"，原载《天津日报》2020年11月9日。全文发表在《世界社会主义研究》2021年第5期、《马克思主义哲学论丛》2020年第4期、《世界社会主义研究动态》2021年1月20日；部分内容曾以"恩格斯最大的理论贡献：在于与马克思共同创立并捍卫和丰富了历史唯物主义——纪念恩格斯诞辰200周年"为题摘要发表在《马克思主义理论教学与研究》2021年第1期。

一 深刻理解习近平总书记关于历史唯物主义的重要讲话精神，学习掌握历史唯物主义

2013年12月3日，习近平总书记主持十八届中央政治局第十一次集体学习，发表题为"坚持历史唯物主义不断开辟当代中国马克思主义发展新境界"的重要讲话。《求是》2020年第2期全文刊登了习近平总书记这篇关于历史唯物主义的重要讲话。深刻理解习近平总书记关于历史唯物主义的重要讲话精神，学习历史唯物主义的基本原理和精神实质，坚持和发展历史唯物主义，运用历史唯物主义的立场、观点和方法，指导中国特色社会主义伟大实践，是摆在全党全国人民面前的一项重大的政治任务。

习近平总书记的重要讲话，首先，强调学习和掌握马克思主义哲学的极端重要性。习近平总书记指出：

> 马克思主义哲学包括辩证唯物主义和历史唯物主义，是马克思主义立场、观点、方法的集中体现，是马克思主义学说的思想基础……马克思主义哲学尽管诞生在一个半世纪之前，但由于它深刻揭示了客观世界特别是人类社会发展一般规律，被历史和实践证明是科学的理论，在当今时代依然有着强大生命力，依然是指导我们共产党人前进的强大思想武器。[1]

坚持用马克思主义哲学教育和武装全党，学好哲学、用好哲学是我们党加强思想理论建设的一个优良传统、根本经验和基本做法。陈云同志说：

---

[1] 习近平：《坚持历史唯物主义不断开辟当代中国马克思主义发展新境界》，《求是》2020年第2期。

学习理论,最要紧的,是把思想方法搞对头。因此,首先要学哲学,学习正确观察问题的思想方法。如果对辩证唯物主义一窍不通,就总是要犯错误。①

习近平总书记在兼任中共中央党校校长期间,大力倡导全党学习马克思主义哲学基本著作,掌握科学世界观和方法论,不断增强工作的原则性、系统性、预见性和创造性。党的十八大以来,他反复强调学哲学、用哲学的极端重要性,并且身体力行,带领全党学习运用马克思主义哲学的科学世界观和方法论,认识和解决工作中的实际问题,为全党树立了学习和运用马克思主义哲学的光辉典范。

其次,强调学习和掌握历史唯物主义的现实意义、目的和方法。习近平总书记指出:

历史唯物主义作为马克思主义哲学的重要组成部分,是关于人类社会发展一般规律的科学。在革命、建设、改革各个历史时期,我们党运用历史唯物主义,系统、具体、历史地分析中国社会运动及其发展规律,在认识世界和改造世界过程中不断把握规律、积极运用规律,推动党和人民事业取得了一个又一个胜利。②

中国共产党的缔造者们,正是首先学习和接受了马克思主义历史唯物主义,科学认识了中国社会和中国革命的性质,选择了马克思列宁主义作为党的指导思想,选择了社会主义这条必由之路,明白了创建中国共产党于中国革命的重要性、必要性和迫切性,建立了中国共产党,从此中国人民的精神面貌和中国革命发生了根本性变化。

---

① 《陈云文选》第3卷,人民出版社1995年版,第46页。
② 习近平:《坚持历史唯物主义不断开辟当代中国马克思主义发展新境界》,《求是》2020年第2期。

在新民主主义革命和社会主义革命时期，毛泽东同志带领我们党提出了新民主主义革命理论、路线、方针和政策，走出了一条以农村包围城市，武装夺取政权的道路，推翻了封建主义、帝国主义和官僚资本主义三座大山，建立了中华人民共和国，又不间断地把新民主主义革命转变为社会主义革命，提出社会主义过渡时期的总路线，完成生产资料所有制的社会主义改造，确立了社会主义制度。在社会主义建设时期，毛泽东同志又带领我们党科学分析我国社会主要矛盾，以发展社会主义生产力为根本任务，进行了艰辛的社会主义建设的探索，取得了社会主义建设的伟大成就，为中国特色社会主义提供了制度前提、物质基础和理论准备。在新的历史时期，邓小平同志带领我们党科学分析我国社会主要矛盾，果断决定把党和国家工作中心转到经济建设上来，实行改革开放，走出了一条中国特色社会主义道路。进入中国特色社会主义新时代，习近平总书记带领我们党作出我国社会主要矛盾发生新的转化的重要论断，坚持并进一步提出中国特色社会主义建设的基本理论、基本路线和基本方略，带领中国人民取得了建设中国特色社会主义的历史性成就……所有这一切都是正确运用历史唯物主义的结果。

建党百年来，我们党在实践中不断回答"什么是社会主义、怎样建设社会主义"，"建设什么样的党、怎样建设党"，"实现什么样的发展、怎样发展"，以及"在新时代建设什么样的中国特色社会主义、怎样建设中国特色社会主义"这些重大历史性课题，也都是正确运用历史唯物主义的结果。习近平总书记强调：

> 历史和现实都表明，只有坚持历史唯物主义，我们才能不断把对中国特色社会主义规律的认识提高到新的水平，不断开辟当代中国马克思主义发展新境界。[①]

---

① 习近平：《坚持历史唯物主义不断开辟当代中国马克思主义发展新境界》，《求是》2020年第2期。

一定要学习历史唯物主义科学世界观和方法论，坚持理论联系实际的方法，更好地认识国情、认识党和国家事业发展大势、认识历史发展规律，更加能动地推进中国特色社会主义伟大事业。

最后，强调结合当前实际，重点学习和掌握历史唯物主义的几个重要观点。一是学习和掌握社会存在决定社会意识的观点，始终坚持一切从实际出发，实事求是。我们党之所以从革命、改革、建设一路走来，不断地取得成功，特别是我们党在现阶段提出和实施的理论、路线、方针和政策之所以正确，之所以取得改革开放的伟大成就，都是因为以我国的社会存在为基础，一切从我国的实际国情出发来认识问题、解决问题。党的十八大以来，我们之所以取得历史性的重大成就，也是因为在习近平总书记领导下，我们党所采取的一系列战略举措，都是从我国社会存在实际出发，从我国社会物质条件的总和出发，从我国的基本国情和发展要求出发而提出并付诸实践的。坚持社会存在决定社会意识，一切从我国国情实际出发，实事求是，这是必须学习和掌握的首要的基本观点。

二是学习和掌握社会基本矛盾的观点，始终坚持全面深化改革。生产力和生产关系、经济基础和上层建筑之间相互作用的社会基本矛盾，支配着整个社会发展的进程，生产关系一定要适合生产力的状况，上层建筑一定要适合经济基础状况，这是社会发展的普遍规律。只有从基本矛盾和普遍规律出发，才能全面把握整个社会的基本面貌和发展方向，才能清醒地认识到坚持和发展中国特色社会主义，就必须不断地推进全面的改革。我国的社会主义制度决定了现存的生产关系和上层建筑从根本上、总体上是适应生产力和经济基础的，但同时存在不适应生产力和上层建筑的某些方面和环节。只有根据社会基本矛盾的要求、遵从并利用社会发展普遍规律，不断进行全面深入的改革，改掉生产关系和上层建筑不适应的方面和环节，才能推动中国特色社会主义不断发展。改革是中国特色社会主义不断取得胜利的关键一招。我们现在正在进行的经济体制、政治体制、文化体制、社会体制、生态文明和党的建设制度的改革，根本目的就是推进和发展中国特色社会主义。

三是学习和掌握物质生产是社会生活的基础的观点，始终坚持发展生产力这个根本任务。生产力是全部社会生活的物质前提，生产力是推动社会进步的最活跃最革命的因素，生产力是衡量社会发展的根本标准，社会主义的根本任务就是解放和发展生产力。对历史唯物主义这一观点是丝毫不能动摇的。邓小平同志在回答"什么是社会主义、怎样建设社会主义"这一根本的首要问题时，首先并主要回答了社会主义的根本任务。今天要发展中国特色社会主义，必须坚持发展是解决我国所有问题关键的重大战略思想，大力推进社会主义市场经济发展，推进市场在资源配置中起决定作用和更好地发挥政府作用，推动我国社会生产力健康向前发展，推动实现物质不断丰富和人的全面发展的统一。

四是学习和掌握人民群众是历史创造者的观点，始终坚持一切以人民为中心。历史唯物主义认为，人民群众是历史的伟大创造者，这是历史观的重大问题。遵循人民是历史的创造者这一重要观点，我们党提出了一切依靠群众，一切为了群众的群众路线，把它作为党的生命线和出发点、落脚点。只有一切为了人民、一切依靠人民，以人民为主体、以人民为中心，充分尊重和调动人民的首创精神和积极性，才能取得中国特色社会主义一个又一个伟大胜利。

我们一定要按照习近平总书记的要求，坚定不移地把历史唯物主义作为我们党战胜一切困难和风险挑战的思想武器，加强对历史唯物主义的学习运用，提高运用历史唯物主义的立场、观点、方法分析和解决实际问题的能力，以全面指导中国特色社会主义的伟大实践。

二 马克思发现唯物史观是人类思想史上最伟大的革命，是人类思想史上的一次灿烂日出

恩格斯在《在马克思墓前的讲话》一文中高度评价马克思对

整个人类思想发展作出的两个最伟大的贡献：一是发现唯物史观，二是发现剩余价值学说。在马克思"两大发现"之前，在历史观领域是历史唯心主义占据统治地位，对历史规律的认识，即使有个别的思想火花闪现，但总体上长期处于迷离混沌状态，人们在社会历史领域的一切探究和认识都是在黑暗中摸索。正是这"两大发现"，才使人们彻底冲破了唯心主义在社会历史领域的统治防线，突破了先前资产阶级经济学家或者社会主义批评家对资本主义所做的一切研究。正是这"两大发现"，揭示了人类历史发展的规律，发现了资本主义的秘密，认识到了社会主义前途，找到了工人阶级这一实现社会变革的物质力量，使社会主义由空想变成科学。在这"两大发现"的基础上，马克思、恩格斯毕生努力，不断丰富，形成了马克思主义哲学、马克思主义政治经济学和科学社会主义学说的理论体系，赋予工人阶级及其政党最锐利的理论武器。在这"两大发现"中，恩格斯把唯物史观排在前面，看作马克思的"第一个伟大发现"。

历史唯物主义的创立，最终克服了旧哲学的两大根本缺陷，正如列宁所说：

> 第一，以往的历史理论，至多是考察了人们历史活动的思想动机，而没有考究产生这些动机的原因，没有摸到社会关系体系发展的客观规律性，没有看出物质生产发展程度是这种关系的根源；第二，过去的历史理论恰恰没有说明人民群众的活动，只有历史唯物主义才第一次使我们能以自然史的精确性去考察群众生活的社会条件以及这些条件的变更。①

历史唯物主义彻底揭开了人类社会历史的秘密，正确概括了人类社会的发展规律，实现了人类思想史上的一次伟大革命，是人类

---

① 《列宁选集》第2卷，人民出版社1972年版，第586页。

思想史上的一次灿烂的日出。唯物史观的创立是马克思对人类思想的划时代的伟大贡献，列宁把唯物史观看作马克思"科学思想中的最大成果"[①]。

历史唯物主义的精神实质和基本原理是什么呢？可以从马克思和恩格斯的两段经典论述中深刻体会到历史唯物主义的精粹。

第一段是 1883 年恩格斯在《在马克思墓前的讲话》中指出的：

> 正像达尔文发现有机界的发展规律一样，马克思发现了人类历史的发展规律，即历来为繁芜丛杂的意识形态所掩盖着的一个简单事实：人们首先必须吃、喝、住、穿，然后才能从事政治、科学、艺术、宗教等等；所以，直接的物质的生活资料的生产，从而一个民族或一个时代的一定的经济发展阶段，便构成基础，人们的国家设施、法的观点、艺术以至宗教观念，就是从这个基础上发展起来的，因而，也必须由这个基础来解释，而不是像过去那样做得相反。[②]

第二段是 1859 年马克思在《〈政治经济学批判〉序言》中指出的：

> 人们在自己生活的社会生产中发生一定的、必然的、不以他们的意志为转移的关系，即同他们的物质生产力的一定发展阶段相适合的生产关系。这些生产关系的总和构成社会的经济结构，即有法律的和政治的上层建筑竖立其上并有一定的社会意识形式与之相适应的现实基础。物质生活的生产方式制约着整个社会生活、政治生活和精神生活的过程。不是人们的意识

[①] 《列宁选集》第 2 卷，人民出版社 1995 年版，第 311 页。
[②] 《马克思恩格斯选集》第 3 卷，人民出版社 1995 年版，第 776 页。

决定人们的存在，相反，是人们的社会存在决定人们的意识。社会的物质生产力发展到一定阶段，便同它们一直在其中运动的现存生产关系或财产关系（这只是生产关系的法律用语）发生矛盾。于是这些关系便由生产力的发展形式变成生产力的桎梏。那时社会革命的时代就到来了。随着经济基础的变更，全部庞大的上层建筑也或慢或快地发生变革。在考察这些变革时，必须时刻把下面两者区别开来：一种是生产的经济条件方面所发生的物质的、可以用自然科学的精确性指明的变革，一种是人们借以意识到这个冲突并力求把它克服的那些法律的、政治的、宗教的、艺术的或哲学的，简言之，意识形态的形式。我们判断一个人不能以他对自己的看法为根据，同样，我们判断这样一个变革时代也不能以它的意识为根据；相反，这个意识必须从物质生活的矛盾中，从社会生产力和生产关系之间的现存冲突中去解释。无论哪一个社会形态，在它所能容纳的全部生产力发挥出来以前，是决不会灭亡的；而新的更高的生产关系，在它的物质存在条件在旧社会的胎胞里成熟以前，是决不会出现的。所以人类始终只提出自己能够解决的任务，因为只要仔细考察就可以发现，任务本身，只有在解决它的物质条件已经存在或者至少是在生成过程中的时候，才会产生。大体说来，亚细亚的、古代的、封建的和现代资产阶级的生产方式可以看作是经济的社会形态演进的几个时代。资产阶级的生产关系是社会生产过程的最后一个对抗形式，这里所说的对抗，不是指个人的对抗，而是指从个人的社会生活条件中生长出来的对抗；但是，在资产阶级社会的胎胞里发展的生产力，同时又创造着解决这种对抗的物质条件。因此，人类社会的史前时期就以这种社会形态而告终。[1]

---

[1] 《马克思恩格斯选集》第2卷，人民出版社1995年版，第32—33页。

马克思和恩格斯的这两段讲话既明白准确地说明马克思创立唯物史观是人类思想史上的"第一个伟大发现",又高度浓缩地概括唯物史观的基本思想和精神实质。

弄懂了这两段话,就可以深刻地理解和把握马克思主义唯物史观的基本立场、观点和方法。唯物史观的立场就是工人阶级及广大劳动人民的立场,具有鲜明的工人阶级的阶级性,是工人阶级的世界观和方法论。

唯物史观的基本观点就是:关于社会存在决定社会意识的观点。不是社会意识决定社会存在,而是社会存在决定社会意识,社会意识具有相对独立性,可以反作用于社会存在。关于物质生活资料的生产是人类社会历史的全部基础和前提的观点。人们在生产中与自然发生关系构成生产力,人与人发生关系构成生产关系,生产力决定生产关系,生产力与生产关系构成人类社会的生产方式,物质生产资料的生产方式是决定社会历史存在、发展、变化的全部基础,生产力是社会历史发展的决定性力量。生产关系的总和构成人类社会的经济基础,在经济基础之上构成人类社会的政治的、意识形态的上层建筑,不是上层建筑决定经济基础,而是经济基础决定上层建筑,上层建筑具有相对独立性,对经济基础具有反作用。关于社会基本矛盾的观点。生产力与生产关系、经济基础与上层建筑的矛盾运动决定了社会历史的发展,生产关系一定要适应生产力,上层建筑一定要适合经济基础,这是社会历史发展的基本规律。当生产关系不适合生产力、阻碍生产力发展,上层建筑不适合经济基础、阻碍经济基础发展,社会革命或早或迟总会发生。关于阶级、阶级矛盾和阶级斗争的观点。当社会生产力发展到一定阶段,便产生了私有制、产生了国家、产生了阶级和阶级对立,自原始公社所有制解体以来的一切历史都是阶级斗争的历史,社会基本矛盾在阶级社会中表现为阶级矛盾,阶级斗争是阶级社会的直接动力。关于国家、民主和无产阶级专政的观点。自私有制产生,人类社会分裂为阶级对抗、阶级剥削的阶级社会,国家是阶级斗争的工具,无产阶级夺取政权，取得无产阶级的政治统治，必须实现无产阶级专政和社会主义新型民主，才能最后消灭阶级，通向无阶级的共产主义社会。关于人类社会形态演变一般规律的观点。人类社会从无阶级社会进入阶级社会，将来必将为无阶级社会所替代，人类社会已经依次经历了原始、奴隶、封建、资本主义四个"经济的社会形态"，共产主义社会形态必将经过其第一阶段社会主义社会形态的过渡，最终代替资本主义社会形态，五种社会形态是人类社会历史发展的一般规律和必然趋势。关于人类社会生活在本质上是实践的观点。实践是历史唯物主义的基本范畴，是马克思主义基本的首要的观点，劳动实践创造了人和人类社会，人的本质就是社会关系的总和，实践决定人的认识，实践是认识的来源、动力和检验标准，实践、认识、再认识、再实践……构成了马克思主义革命的、能动的反映论。关于人民群众是社会历史的真正创造者的观点。以人民为中心、为主体，人民是社会物质财富和精神财富的创造者，不是英雄创造了历史，而是人民创造了历史……这些构成了唯物史观基本的观点。其中，生产的观点、阶级的观点、群众的观点是历史唯物主义最基本的观点。

为什么说马克思的唯物主义历史观是"第一个伟大发现"呢？究其原因，主要在于：

1. 马克思主义经典作家的一大功绩是把唯物主义与辩证法结合在一起，创立了唯物论的辩证法、辩证法的唯物论，形成了辩证唯物主义。

在马克思主义哲学产生之前的旧唯物主义哲学，如17世纪英国的经验论唯物主义，18世纪法国的机械论唯物主义或形而上学唯物主义，19世纪德国的人本唯物主义，已经把唯物主义发展到了当时旧哲学所能达到的高峰。旧唯物主义哲学家们在唯物论领域探索的基本概念、范畴、规律等哲学认识都提了出来并已形成。辩证法在马克思主义哲学诞生之前，已经达到了黑格尔唯心主义辩证法的高峰。德国古典哲学从康德哲学发展到黑格尔，把人类思想的辩证法精华已经发展到了在唯心主义框架中的最高峰。旧辩证法哲学家们在辩证法领域探索的基本概念、范畴和规律等哲学认识都被提了出来并已形成。然而，这些旧哲学存在两个根本的缺陷。第一个缺陷是割裂唯物主义与辩证法关系，使之相互分离，讲唯物论的往往不讲辩证法，讲辩证法的往往不讲唯物论（这里说的不是完全不讲，而是只讲一些，并没有根本地、彻底地、全部地讲）。旧哲学的唯物论总体上是朴素的、机械的、形而上学的乃至直观的。旧哲学的辩证法又是唯心主义的，其真理性发现几乎被唯心主义体系所闷死。旧哲学发展到19世纪中叶马克思主义哲学产生之前，一派是形而上学唯物主义，一派是唯心主义辩证法，马克思主义经典作家克服了这两派的一切弊端。在唯物论和辩证法领域，马克思所做的创造性工作是把唯物论与辩证法统一起来，把唯物论辩证法的自然观和历史观统一起来，既克服了形而上学唯物主义又克服了唯心主义辩证法的不彻底性，创立了最彻底、最完备的唯物论和辩证法，即辩证唯物论，又称辩证唯物主义。因为宇宙间的一切事物既是唯物的，又是辩证的，唯物的、辩证的存在是宇宙间一切事物的根本存在状况和最一般规律。马克思的辩证唯物主义还原了宇宙间一切事物存在、变化的本来面貌，揭示了宇宙间一切事物的一般本质与规律。

第二个缺陷是，一切旧哲学无论是讲辩证法的，还是讲唯物论的，在历史观领域都是唯心主义。人们对历史一般规律的认识几乎仍是空白，人们对社会历史现象的认识是盲人摸象，仅仅是猜测而已，并没有对社会历史的真实存在、客观本质和一般规律形成科学认识，顶多只是零零散散的认识。如果没有马克思发现唯物史观，人们在历史观领域仍是在黑暗中摸索。马克思主义经典作家把唯物论和辩证法结合在一起，贯彻到一切科学领域，特别是社会历史领域，克服了旧唯物主义和唯心主义的唯心史观的根本缺陷，创立了科学的历史观，解开了人类历史之谜，彻底填补了人类思想史上对社会历史科学认识的空白。

2. 从马克思主义哲学形成的过程来看，不完成对人类历史一般规律的认识，也就不可能创立彻底、完备的马克思主义哲学体系。

没有对历史及人类思维一般规律的认识，唯物论也好，辩证法也好都是不完全、不彻底的，没有完成对社会、人类思维最一般规律的认识，也就不可能完成对自然的全部、彻底的认识。没有完成对社会及人类思维的科学认识，既不唯物又不辩证。没有历史唯物主义，就不可能创立辩证唯物主义。人类社会是自然的一部分，人类社会历史就是自然历史过程，没有对人类社会一般规律的科学认识、对自然一般规律的认识就是不完全、不彻底的。思维是人类特有的精神现象，但人类思维也是自然的一部分。人类思维的器官就是自然物质的人脑，意识和思维不过是人脑的机能，是自然存在包括社会存在的反映而已，没有对人类思维一般规律的科学认识，对自然一般规律的科学认识也是不完全、不彻底的。人类社会生活在本质上是实践的，实践既是人作为物质的、客观存在的物质运动，又是人所特有的能动的、主体的、有意识、有目的的活动。马克思发现了实践的伟大功能，彻底地告别了旧历史观，完成了人类思想史上的伟大变革。没有对人类社会实践的科学认识，也就没有对人的认识来源、动力、检验标准和认识的辩证运动的科学认识，就不可能产生辩证唯物主义的能动的、革命的反映论，就不可能形成对人类思维一般规律的认识，没有对人类思维一般规律的认识，也就不能建立健全对社会一般规律的认识，以至对自然最一般规律的认识。正是在这个意义上说，不完成新的历史观的创立，就不可能完成辩证唯物主义的创立。正因为马克思完成了对社会历史和人类思维的科学认识，马克思主义哲学，即辩证唯物主义才完成了关于自然、社会、人类思维最一般规律的认识，才创立了最彻底、最完备的辩证唯物主义。

3. 马克思主义哲学不仅是要认识世界，更重要的是改造世界。

马克思在《关于费尔巴哈的提纲》中指出"哲学家们只是用不同的方式解释世界，问题在于改变世界"①，旗帜鲜明地表达了以实践为改造旧哲学关键转折性范畴的新哲学不同于一切旧哲学的显著特点，明确宣告马克思主义哲学认识世界的目的在于改造世界。

在马克思的哲学视野里，改造世界不仅包括改造自然，还包括改造社会；不仅包括改造客观世界，还包括改造主观世界，在改造客观世界（自然、社会）的同时，改造自己的主观世界。马克思主义哲学揭示自然、社会和人类思维最一般规律的目的，在于改造自然、改造社会、改造人及人的认识。改造世界是马克思主义哲学的历史使命，旧哲学不可能承担这个任务。改造自然、社会、人类及其主观认识，首先是正确认识社会、人及其主观世界，唯物史观恰恰解决了对社会、人及其主观世界的认识。有了唯物史观，人们才有了对社会、人及其主观世界最一般规律的认识，才有了改造社会、改造人及其主观认识的理论武器。

4. 马克思主义哲学是无产阶级开展伟大斗争求解放、谋幸福的思想武器。

马克思主义经典作家告诉我们，无产阶级只有解放全人类，才能最后解放自己，最终实现共产主义的远大理想和历史任务。为了实现无产阶级的历史使命，必须与自己的对立面资产阶级开展阶级斗争，通过阶级斗争夺取政权，建立无产阶级的政治统治，即无产阶级专政，再通过无产阶级专政过渡到社会主义乃至共产主义。

在这一过程中，既要同反动势力斗争，还要同大自然斗争，

---

① 《马克思恩格斯选集》第 1 卷，人民出版社 1995 年版，第 57 页。

无产阶级必须开展包括阶级斗争、自然斗争在内的伟大斗争，无产阶级开展伟大斗争的历史使命决定了唯物史观的伟大历史作用。

三 恩格斯与马克思共同创立唯物史观并赋予这一新的历史观以"历史唯物主义"的明确称谓和科学定义，为唯物史观更系统、更全面、更完备作出了独特贡献

历史唯物主义，又称唯物主义历史观、唯物史观、历史唯物论。它首先是马克思的伟大发现，在创立唯物史观的过程中，马克思作出了卓越贡献，是马克思第一个发现，并在1859年《〈政治经济学批判〉序言》中对这一科学历史观的基本原理作了经典性的阐述。正因此，恩格斯把这一历史功绩主要归于马克思，把马克思称作"第一小提琴手"[1]。但是，绝不能忽视恩格斯在创立和发展唯物史观的过程中，也起到了极其重要的作用。恩格斯自谦地称自己"就是拉第二小提琴，而且我想我做得还不错"[2]。从一定意义上说，唯物史观同时又是马克思与恩格斯共同创造的，离不开二人的杰出贡献。

一是马克思在《〈政治经济学批判〉序言》中说："自从弗里德里希·恩格斯批判经济学范畴的天才大纲（在《德法年鉴》上）发表以后，我同他不断通信交换意见，他从另一条道路（参看他的《英国工人阶级状况》）得出同我一样的结果"[3]。这就是说，恩格斯也是独立地发现了唯物史观的。恩格斯在《路德维希·费尔巴哈和德国古典哲学的终结》中指出：

> 我和马克思共同工作40年……我在一定程度上独立地参

---

[1] 《马克思恩格斯文集》第10卷，人民出版社2009年版，第525页。
[2] 《马克思恩格斯文集》第10卷，人民出版社2009年版，第525页。
[3] 《马克思恩格斯选集》第2卷，人民出版社1995年版，第33页。

加了这一理论的创立，特别是对这一理论的阐发。但是，绝大部分基本指导思想（特别是在经济和历史领域内），尤其是对这些指导思想的最后的明确的表述，都是属于马克思的。[1]

恩格斯既把发现唯物史观的头功归于马克思，同时承认自己是独立地发现了这一新的历史观。恩格斯在《反杜林论》三个版本的序言中指出：

> 本书所阐述的世界观，绝大部分是由马克思确立和阐发的，而只有极小的部分是属于我的。[2]

二是在马克思与恩格斯合作的一系列著作（如《神圣家族》《德意志意识形态》《共产党宣言》等）中，他们共同阐发了唯物史观的基本思想。

三是恩格斯对这一理论的充分论证，使之更加完善和系统化，有着不可磨灭的特殊贡献。恩格斯对历史唯物主义发展所作的贡献，主要反映在他的《反杜林论》《家庭、私有制和国家的起源》及《路德维希·费尔巴哈和德国古典哲学的终结》等一系列重要著作中。他明确提出了历史观的基本问题，即社会存在和社会意识的关系问题，指出新的历史观对这一问题的科学解决，使"唯心主义从它的最后的避难所即历史观中被驱逐出去了，一种唯物主义的历史观被提出来了"[3]。唯物史观的产生，使社会历史成为真正的科学研究对象。

四是恩格斯赋予这一新的历史观以科学的称谓和严格的定义。恩格斯是第一个把他们共同发现的新历史观称为"历史唯物主义"，并赋予它以科学的内涵和定义的。

---

[1] 《马克思恩格斯文集》第4卷，人民出版社2009年版，第296—297页。
[2] 《马克思恩格斯选集》第3卷，人民出版社1995年版，第347页。
[3] 《马克思恩格斯选集》第3卷，人民出版社1995年版，第365页。

马克思发现了唯物史观，但当时马克思对这一新的历史观还没有给出一个专门的名称和严格的定义。在马克思单独阐述唯物史观的著作（如《关于费尔巴哈的提纲》《马克思致帕·瓦·安年科夫》《路易·波拿巴的雾月十八日》《资本论》）中，以及在他与恩格斯合作的一系列著作中都没有明确提出过"历史唯物主义、唯物主义历史观、唯物史观、历史唯物论"等字眼，这些著作中也只是以"新唯物主义"①"现代唯物主义"②"实践的唯物主义"③的称呼来论述新的历史观或新的世界观。而赋予这一科学思想明确称谓和定义的工作则是由恩格斯最终完成的。

作为马克思的亲密战友，恩格斯在马克思逝世后担负起整理马克思遗稿、阐述和传播马克思思想、同形形色色的歪曲乃至攻击马克思主义的资产阶级思潮作斗争的重任。在完成历史重任的过程中，他把马克思创立的新历史观或新世界观称作"彻底的唯物主义"④。在提出"历史唯物主义"这一最明确的称谓之前，恩格斯已经使用了"唯物主义历史观""唯物史观"等术语。例如，1859年，恩格斯在《卡尔·马克思〈政治经济学批判。第一分册〉》中指出唯物主义历史观是德国无产阶级政党的全部理论——当然包括其政治经济学理论的基础，"德国的经济学本质上是建立在唯物主义历史观的基础上的"⑤。在1870年出版的《德国农民战争》第二版序言中，恩格斯写道，"这个唯一唯物主义的历史观不是由我，而是由马克思发现的"⑥。在1872年5月至1873年1月撰写的《论住宅问题》中，恩格斯把"唯物主义历史观"简称为"唯物史观"，指出"德国的唯物史观是以一定历史时期的物质经济生活条

---

① 《马克思恩格斯选集》第1卷，人民出版社1995年版，第57页。
② 《马克思恩格斯选集》第3卷，人民出版社1995年版，第364页。
③ 《马克思恩格斯选集》第1卷，人民出版社1995年版，第75页。
④ 《列宁选集》第2卷，人民出版社1995年版，第230页。
⑤ 《马克思恩格斯选集》第2卷，人民出版社1995年版，第37—38页。
⑥ 《马克思恩格斯选集》第2卷，人民出版社1995年版，第623页。

件来说明一切历史事件和观念、一切政治、哲学和宗教的"①。恩格斯在《反杜林论》中从历史唯物主义基本原理出发对"唯物主义历史观"这一称谓作了全面表述:"唯物主义历史观从下述原理出发:生产以及随生产而来的产品交换是一切社会制度的基础"②。

恩格斯在1890年8月5日致康·施米特的信中,最早使用"历史唯物主义"这一科学用语。在这封信中,恩格斯严肃批评了自称"马克思主义者"的德国社会民主党的"青年派"把唯物史观歪曲为"经济唯物主义""经济决定论",批评他们不是把马克思主义的唯物史观当作行动指南,而是当作死板的公式任意剪裁历史,是把经济因素的决定作用看作唯一因素,而简单运用于社会发展的复杂过程的经济唯物主义。他指出:

> 他们只是用历史唯物主义的套语(一切都可能被变成套语)来把自己的相当贫乏的历史知识(经济史还处在襁褓之中呢!)尽速构成体系,于是就自以为非常了不起了。③

1890年9月21—22日,恩格斯在致约·布洛赫的信中再次使用了"历史唯物主义"这一用语。他是在阐述唯物史观的基本观点,对历史唯物主义和历史辩证法作了详尽说明,提出了"历史合力论",指出阐述历史唯物主义原理的代表性著作不仅有马克思的《路易·波拿巴的雾月十八日》和《资本论》,还有他的《反杜林论》和《路德维希·费尔巴哈和德国古典哲学的终结》时说:"我在这两部书里对历史唯物主义作了就我所知是目前最为详尽的阐述。"④

1890年10月27日,恩格斯在致康·施米特的书信中又进一步

---

① 《马克思恩格斯选集》第3卷,人民出版社1995年版,第209页。
② 《马克思恩格斯选集》第3卷,人民出版社1995年版,第617页。
③ 《马克思恩格斯选集》第4卷,人民出版社1995年版,第692页。
④ 《马克思恩格斯选集》第4卷,人民出版社1995年版,第698页。

对"历史唯物主义"这一术语的科学内涵作了更为详尽的、具体增补性的说明,他对施米特说:"我基本上也已经回答了您关于历史唯物主义本身的问题。"①

后来在《社会主义从空想到科学的发展》一书的英文版导言中,恩格斯在两处更为明确地使用了"历史唯物主义"这一术语。第一处,恩格斯说明写作《社会主义从空想到科学的发展》的目的,"本书所捍卫的是我们称之为'历史唯物主义'的东西"②。第二处,他阐明了把这一新历史观科学定义为"历史唯物主义"的科学内涵。他提出"我在英语中如果也像在其他许多语言中那样用'历史唯物主义'这个名词来表达一种关于历史过程的观点"③,"这种观点认为一切重要历史事件的终极原因和伟大动力是社会的经济发展,是生产方式和交换方式的改变,是由此产生的社会之划分为不同的阶级,是这些阶级彼此之间的斗争"④。

恩格斯在1892年6月将英文版导言翻译成德文,直接以"论历史唯物主义"为标题,结合欧洲阶级斗争具体状况论述了历史唯物主义与旧唯物主义的根本区别和伟大意义,发表在1892年第1、2期的《新时代》杂志上。在《论历史唯物主义》出版6个月后,1893年2月7日,恩格斯在致弗·雅·施穆伊洛夫的信中再次明确指出:

> 关于历史唯物主义的起源,在我看来,您在我的《费尔巴哈》(《路德维希·费尔巴哈和德国古典哲学的终结》)中就可以找到足够的东西——马克思的附录其实就是它的起源!其次,在《宣言》(1892年柏林新版)的序言和《揭露共产党

---

① 《马克思恩格斯选集》第4卷,人民出版社1995年版,第700页。
② 《马克思恩格斯选集》第3卷,人民出版社1995年版,第698页。
③ 《马克思恩格斯选集》第3卷,人民出版社1995年版,第704页。
④ 《马克思恩格斯选集》第3卷,人民出版社1995年版,第704—705页。

人案件》的序言中也可以找到。①

恩格斯坚持、捍卫和完善了历史唯物主义基本原理，对"历史唯物主义"进行了科学命名和定义，从根本上与历史唯心主义，与"经济决定论""唯生产力论"等形而上学机械论历史观彻底划清了界限，也为今天战胜否定和歪曲历史唯物主义，取消和否定阶级与阶级斗争，告别革命、反对无产阶级专政的所谓"人道的""人性的"马克思主义、民主社会主义和历史虚无主义提供了思想武器。历史唯物主义正是在马克思、恩格斯与各种非马克思主义、反马克思主义的斗争中不断完善、丰富和充实起来的。

四 辩证唯物主义和历史唯物主义是一块整钢铸成的完整、系统、科学的哲学体系，绝不可去掉任何一个重要部分

综上所述，我们可以准确无误地认为，唯物史观是马克思的"第一个伟大发现"，同时也是马克思和恩格斯共同创造的。恩格斯也独立地发现了这一新历史观，特别是19世纪中后期，恩格斯对马克思首创，也是与他共同合作创造的唯物史观作了更为完备的、系统的、彻底的阐发，并把这一新历史观科学界定并命名为"历史唯物主义"，对后人关于历史唯物主义的曲解，也作了彻底的澄清，为唯物史观的阐述、丰富和发展作出了自己独特的贡献。

马克思主义哲学就是辩证唯物主义和历史唯物主义，是辩证唯物主义与历史唯物主义高度统一的完整系统的哲学体系。恩格斯已经开始形成马克思主义哲学是辩证唯物主义和历史唯物主义的科学提法，列宁则明确把马克思主义哲学称为辩证唯物主义与历史唯物主义，并把它们看作马克思主义哲学的完整体系。

---

① 《马克思恩格斯选集》第4卷，人民出版社1995年版，第721—722页。

然而，马克思主义哲学的对手们却罔顾以上所列举的一切事实，竭尽所能歪曲并否定历史唯物主义的科学历史观和世界观，否定马克思主义哲学就是辩证唯物主义和历史唯物主义这一科学提法，割裂辩证唯物主义与历史唯物主义不可分割的内在联系，从而达到否定马克思主义哲学的目的。其手法是：不承认历史唯物主义是新的历史观、也是新的世界观，是马克思的第一个伟大发现，是人类认识史的一场革命；人为地把辩证唯物主义和历史唯物主义割裂开来，不承认辩证唯物主义和历史唯物主义是紧密结合在一起的马克思主义哲学的完整体系；抽掉历史唯物主义最核心的观点，如生产的观点、阶级的观点和群众的观点，阉割历史唯物主义；以批判反思所谓"传统的历史唯物主义"为名，以人道主义和异化理论来诠释历史唯物主义，把马克思主义以唯物史观和剩余价值学说为理论武器并诉诸无产阶级革命实践的科学社会主义庸俗化为抽象的"意识形态批判""文化批判""普世价值""抽象人性""人道主义""民主社会主义"，等等。

当然，也有人对马克思主义哲学的科学体系缺乏深刻理解与正确认识，对马克思主义哲学是"辩证唯物主义与历史唯物主义"的提法产生种种误解。譬如，把历史唯物主义当作教条，而不是当作指南、当作世界观和方法论；误认为先有辩证唯物主义，后有历史唯物主义；简单地把辩证唯物主义等同于不包括社会历史在内的狭窄的自然观，把辩证唯物主义与历史唯物主义割裂开来，认为历史唯物主义只不过是辩证唯物主义在社会历史领域的具体推广，把历史唯物主义仅看作马克思主义哲学的具体理论，割裂了马克思主义哲学的系统整体性和逻辑严密性；甚至有人把辩证唯物主义和历史唯物主义误说成列宁与斯大林硬加在马克思主义哲学经典作家身上的，不是他们本意的提法，是苏联意识形态制度制造出来的马克思主义哲学体系的片面提法……这些错误说法既损害了关于马克思主义哲学是辩证唯物主义和历史唯物主义完整体系的正确认识，又贬低了恩格斯对唯物史观是马克思对人类思想的"第一个伟大发现"的科学评价，严重误读并大大降低了历史唯物主义在马克思主义哲学中的重要地位，更歪曲了对马克思主义哲学科学体系的真理性、系统性、完整性和科学性的认识。

辩证唯物主义和历史唯物主义再恰当不过地概括了马克思主义哲学的本质和特征。在哲学史上，某种哲学的称谓往往要后人来命名，都不是当事人提出的，同样地，把马克思主义哲学概括为"辩证唯物主义和历史唯物主义"，从其严格的文本学意义上考察，也同样如此，马克思、恩格斯本人都没有把自己的哲学直接命名为"辩证唯物主义和历史唯物主义"，但这不能成为否定"辩证唯物主义和历史唯物主义"科学提法的依据。在他们的著作中，特别是在恩格斯的著作中，这个科学的提法已经跃然纸上。恩格斯已经明确地给出了"历史唯物主义"的科学命名，"辩证唯物主义和历史唯物主义"提法的意思已经在恩格斯的著作中明显地表现出来了。

在创立历史唯物主义新的历史观或世界观的进程中，马克思、恩格斯同时也创立了辩证唯物主义，他们共同把马克思主义哲学构筑成辩证唯物主义和历史唯物主义的完整体系。但是由于当时创立新历史观或新世界观的艰巨复杂情况，况且这种创立是在同形形色色的非马克思主义、反马克思主义思潮斗争中进行的，所以，马克思在其经典文本中并未明确地把自己的新历史观称为"历史唯物主义"，把自己的哲学世界观称为"辩证唯物主义和历史唯物主义"。马克思逝世以后，恩格斯明确提出"历史唯物主义"的称谓，关于马克思主义哲学是辩证唯物主义和历史唯物主义，在恩格斯的著述中也已显见端倪。恩格斯认为，"马克思和我，可以说是把自觉的辩证法从德国唯心主义哲学中拯救出来并用于唯物主义的自然观和历史观的唯一的人。可是要确立辩证的同时又是唯物主义的自然观，需要具备数学和自然科学的知识"[①]。恩格斯所谓"自

---

① 《马克思恩格斯选集》第3卷，人民出版社1995年版，第349页。

觉的辩证法""唯物主义的自然观和历史观""辩证的同时又是唯物主义的自然观",在这里显而易见说的是辩证唯物主义和历史唯物主义。

列宁第一个把马克思主义哲学明确称为"辩证唯物主义和历史唯物主义"。他把辩证唯物主义和历史唯物主义有机地连接在一起,称其为马克思主义哲学,认为"辩证唯物主义和历史唯物主义"是对马克思主义哲学的科学称谓。在《论工人政党对宗教的态度》一书中,他指出,"马克思主义的哲学基础是辩证唯物主义"[1],"辩证唯物主义的原理即马克思和恩格斯哲学的原理"[2],"马克思和恩格斯的辩证唯物主义比百科全书派和费尔巴哈更进一步,它把唯物主义哲学应用到历史领域,应用到社会科学领域"[3]。在《拉萨尔〈爱非斯的晦涩哲人赫拉克利特的哲学〉一书摘要》中,列宁指出,"马克思在1844—1847年离开黑格尔走向费尔巴哈,又超过费尔巴哈走向历史(和辩证)唯物主义"[4]。在《唯物主义和经验批判主义》中,列宁指出:

> 马克思和恩格斯在他们的著作中特别强调的是辩证唯物主义,而不是辩证唯物主义,特别坚持的是历史唯物主义,而不是历史唯物主义。[5]

后来的斯大林和苏联共产党人都把马克思主义哲学称为"辩证唯物主义和历史唯物主义"。20世纪20年代,苏联马克思主义哲学教科书大多以历史唯物主义命名。30年代,苏联马克思主义理论界以1938年斯大林的《论辩证唯物主义和历史唯物主义》为

---

[1] 《列宁选集》第2卷,人民出版社1995年版,第247页。
[2] 《列宁选集》第2卷,人民出版社1995年版,第251页。
[3] 《列宁选集》第2卷,人民出版社1995年版,第250页。
[4] 《列宁全集》第55卷,人民出版社1990年版,第293页。
[5] 《列宁选集》第2卷,人民出版社1995年版,第225页。

标志，强调了以"辩证唯物主义和历史唯物主义"提法命名的马克思主义哲学理论体系。中国共产党从接受马克思主义哲学、运用马克思主义哲学认识、指导中国革命开始，就一直坚持马克思主义哲学就是"辩证唯物主义和历史唯物主义"的科学提法。毛泽东同志强调马克思、恩格斯创造的辩证唯物主义和历史唯物主义是一个伟大的革命，指出马克思和恩格斯"创造了辩证唯物论和历史唯物论这个伟大的理论，才在人类认识史上起了一个空前的大革命"[①]。

从艾思奇同志按照中央决定在1961年主持编写出版《辩证唯物主义和历史唯物主义》教材起，多届高校学生和广大读者都受到这本书的教育而接受了马克思主义哲学。然而，随着历史进程的推进，辩证唯物主义和历史唯物主义的提法却悄悄地逐渐淡出人们的哲学视野。在1981年肖前同志主持编写的《辩证唯物主义原理》，1982年李秀林同志主持编写的《辩证唯物主义和历史唯物主义原理》之后，使用"辩证唯物主义和历史唯物主义"冠以书名的马克思主义教材极为罕见。

从党的十八大担任总书记以来，习近平同志先后两次主持中央政治局集体学习马克思主义哲学。一次是2013年12月3日，学习历史唯物主义；一次是2015年1月23日，学习辩证唯物主义。在两次集体学习时，他发表了关于辩证唯物主义和历史唯物主义的重要讲话。习近平总书记指出"马克思主义哲学包括辩证唯物主义和历史唯物主义，是马克思主义立场、观点、方法的集中体现，是马克思主义学说的思想基础"[②]，坚持并强调了马克思主义哲学是辩证唯物主义与历史唯物主义的科学提法。

严格地讲，无论是从马克思主义哲学科学体系的内在逻辑来看，还是从马克思主义哲学的形成发展历史过程来看，辩证唯物主

---

① 《毛泽东选集》第1卷，人民出版社1991年版，第303—304页。
② 习近平：《坚持历史唯物主义不断开辟当代中国马克思主义发展新境界》，《求是》2020年第2期。

义和历史唯物主义都是不可分割地紧密结合在一起的一块整钢，是马克思主义哲学完整的科学体系。列宁认为：

> 一般唯物主义认为客观真实的存在（物质）不依赖于人类的意识、感觉、经验等等。历史唯物主义认为社会存在不依赖于人类的社会意识。在这两种场合下，意识都不过是存在的反映，至多也只是存在的近似正确的（恰当的、十分确切的）反映。在这个由一整块钢铸成的马克思主义哲学中，决不可去掉任何一个基本前提、任何一个重要部分，不然就会离开客观真理，就会落入资产阶级反动谬论的怀抱。①

辩证唯物主义和历史唯物主义不是两个主义，也不是两个分开的部分，而是一个不可分离的完整的主义，即马克思主义哲学，是对世界一般规律的总体看法。自然、社会、人类思维是有机联系在一起的世界的三个现象，自然、社会、思维既为一个自然整体同时又有区别。人类社会说到底是自然的一部分，社会发展过程是一个自然历史过程，但又是自然的特殊部分，是自然界中由有意识的人有意识地利用自然、改造自然、对象化自然的自然历史的特殊过程。思维是人的思维，说到底也是自然的一部分，是自然更为特殊的部分，是人在社会实践中对外部世界的反映。自然、社会、人类思维都归于整体的自然。人对自然的科学认识，如果不包括对社会历史一般规律、对人类思维一般规律的认识，就不可能完成对整个自然的科学认识。只有完成对社会历史、人类思维一般规律的科学认识，才能完成对整个自然一般规律的全部科学认识，才能完成对旧哲学的彻底改造，实现哲学革命，形成最为彻底的马克思主义哲学。

没有对社会历史和人类思维一般规律的科学认识，唯物论和辩

---

① 《列宁选集》第 2 卷，人民出版社 1995 年版，第 221—222 页。

证法都是不完整的。马克思主义经典作家只有将唯物主义和辩证法结合在一起，创立了科学的历史观，即历史唯物主义，又称唯物史观，才真正地创造了最彻底、最完备的辩证唯物主义。没有对社会历史的科学揭示，只有从唯物论视角认识到物质决定精神，并没有从历史观角度认识到实践决定认识，那么对人类思维一般规律的认识也是不彻底的。只有完成对社会、人类思维一般规律的科学认识，才彻底完成对全部自然一般规律的科学认识，才创立了辩证唯物主义。当马克思主义完成了对自然，同时完成了对社会历史和人类思维的认识，创造了历史唯物主义和唯物主义认识论，才彻底创造了辩证唯物主义，创造了马克思主义哲学。没有辩证唯物主义，也就没有历史唯物主义；没有历史唯物主义，也就没有辩证唯物主义。辩证唯物主义与历史唯物主义的形成没有先后之分，二者不可分离，它们是同时形成又不可分割地联系在一起的一个马克思主义哲学的整体体系。

那么，有人就要问了，既然辩证唯物主义与历史唯物主义是不可分割的、形成又不分先后，那么为什么不把马克思主义哲学就称为辩证唯物主义，为什么还要加一个历史唯物主义呢？不错，马克思主义哲学就是辩证唯物主义，但增加了历史唯物主义，就更加突出了马克思主义哲学"第一个伟大发现"的鲜明的独创性。我们强调历史唯物主义的重要性，并不是否定辩证唯物主义。马克思主义哲学是辩证唯物主义与历史唯物主义结合在一起的、不可分割的、完整的科学理论体系，历史唯物主义又是其不可缺少的必要组成部分。

五　中国共产党人接受马克思主义，首先接受的是历史唯物主义

从马克思主义在中国的传播史来看，先是创建中国共产党的先进知识分子，后是建党后的中国共产党人接受马克思主义，首先接

受的是历史唯物主义。当然在首先接受历史唯物主义的思想转变过程中，也同时接受了辩证唯物主义的立场、观点和方法。

最早可以追溯到19世纪末、20世纪初，即1899—1917年，马克思主义传播到中国，首先传入的是历史唯物主义，当时普遍称为唯物史观。1899年中国人第一次提到马克思，马克思主义第一次传播到中国，主要是通过宣传马克思的社会主义思想联结到唯物史观，而传播到中国的。当然那时马克思主义只是涌入中国的西方思潮之一，对中国的思想政治影响并不大。1899年英国人李提摩太翻译的《大同学》，最早提到了马克思和恩格斯，把他们介绍到中国，介绍的主要内容就是马克思的社会主义思想和唯物史观。梁启超是最早提到马克思主义的中国人。1902—1906年，他作为资产阶级民主主义者，出于介绍西方社会改革以推进中国社会改良的目的，介绍了马克思的社会主义思想，同时介绍了唯物史观，当时他把马克思翻译成"麦喀士"。1903年马君武在《社会主义与进化论比较》一文中提到"马克司者，以唯物论解历史学之人也。马氏尝谓阶级竞争为历史之钥"，对马克思的社会主义和唯物史观作了简略的宣介。同年，赵必振翻译出版日本学者福井准造的《近世社会主义》，专辟一章推介马克思的学说，这是近代中国比较系统地介绍社会主义学说和唯物史观的第一本译作。被毛泽东同志称为马克思在中国传播的"拓荒者"的朱执信，在1905年和1906年发表的《论社会革命与政治革命的并行》中，讲到马克思的科学社会主义思想，并以此为依据探讨中国社会的变革，论及唯物史观。

辛亥革命后，社会主义学说在中国迅速传播，唯物史观也随之迅速传播。孙中山在1912年的一次演说中说："今吾国之革命，乃为国利民福革命。拥护国利民福者，实社会主义。"[①] 他高度赞扬马克思的科学社会主义，某种程度上也就赞同了唯物史观。

十月革命一声炮响，送来了马克思列宁主义。俄国社会主义革

---

① 《孙中山选集》，人民出版社1981年版，第104页。

命的成功极大地震撼、影响和教育了中国先进知识分子，使他们认识到只有马克思主义才是救中国的唯一思想武器。1917年十月革命爆发到1921年中国共产党成立，是创建中国共产党的重要准备阶段。以李大钊、陈独秀为代表的中国先进知识分子集中地、大量地传播、研究、宣传马克思主义，首先是科学社会主义思想和唯物史观，他们在接受马克思主义的过程中，首先接受的是唯物史观。

马克思主义在中国得到了空前的传播、研究和发展，其中一个最鲜明的特点就是唯物史观成为马克思主义在中国研究、传播的主要内容。李大钊是第一个认识到马克思主义的真理性及其改造社会巨大威力的革命者，也是第一个系统阐述唯物史观的马克思主义理论家。他发表的《我的马克思主义观》，系统地介绍了唯物史观。陈独秀在五四运动中实现了从激进民族主义者向马克思主义者的转变，转变的关键是对唯物史观的认识和掌握。1920年夏，他参与组织成立"马克思主义研究会"；在《新青年》第8卷第1号发表《谈政治》一文，批判无政府主义，运用唯物史观分析中国革命问题。

在中国共产党创建时期，《新青年》《每周评论》《向导》《先驱》《共产党》以及北京《晨报》副刊、《民国日报》副刊和上海《星期评论》等报刊登载了大量马克思主义文章，论涉的主要内容是唯物史观。

马克思、恩格斯的著作被大量翻译成中文，由于当时中国革命的需要，这些译著主要集中在科学社会主义和唯物史观问题上。中国共产党建立之初，在上海成立的第一个党的出版机构——人民出版社，1923年11月成立的党的第二个出版机构——上海书店，专门从事马克思主义书籍的出版。从当年出版马克思主义原著的中译本看，印刷发行版本和次数最多的是《共产党宣言》《社会主义从空想到科学的发展》《家庭、私有制和国家的起源》等全译本，还有《资本论》第1卷及《哥达纲领批判》《反杜林论》《〈政治经济学批判〉序言》等节译本，多是科学社会主义思想和唯物史观论著。

  为什么唯物史观成为中国共产党创建者和中国共产党人在中国传播马克思主义的主要内容，成为他们最先接受的马克思主义？

  首先，在20世纪20年代之前，唯物史观往往成为马克思主义的代名词。这个说法不仅符合马克思、恩格斯自己的文本表述，譬如在1859年《〈政治经济学批判〉序言》、恩格斯晚年历史唯物主义书信中，都可以看到唯物史观是马克思、恩格斯对他们共同思想的指认。唯物史观的提法得到了第二国际以来马克思主义者的普遍认同。日本马克思主义学者河上肇等关于阶级斗争与唯物史观关系的解说，俄国马克思主义者普列汉诺夫等突出地强调了马克思主义的唯物史观特征，都是例证。

  其次，由于中国共产党人将注意力集中于中国的实际社会问题。要集中解决对中国社会性质、中国革命的战略和策略问题的认识和把握，决定了对马克思主义的学习、宣传、研究往往集中在唯物史观上。中国共产党人对于马克思主义，不是把它作为一个纯粹的学术流派，作为一个学术问题来接受，而是为了寻找解决中国最急迫的现实社会问题，为了摆脱中国的落后状况，而寻找最直接、最现实、最管用的解决方案和思想武器的，这就自然而然地寻求并运用唯物史观。十月革命取得成功，苏联走上社会主义道路，这使得中国共产党人必然而然地把注意力集中到唯物史观。从最先接受资产阶级民主主义思想到接受科学社会主义和唯物史观，这是中国先进知识分子转变成共产主义者的一个共同特点。在这一转变过程中，我们会发现有一条贯彻始终的红线，这就是对中国社会性质、对中国革命、对中国革命道路的探索，是运用唯物史观寻求一条既不同于资本主义道路，也不同于改良主义道路的新的中国革命道路。唯物史观是能动、革命的新哲学，不是具体科学，也不是某个学科，而是意识形态，作为未来社会的理想和信仰，是最直接地用于改造社会的认识工具，也是同社会革命、社会改造紧紧结合在一起的思想武器。这就不难理解中国共产党人为什么首先接受唯物史观。李大钊明确提出要以社会主义改造经济组织，就是在唯物史观指导下形成的正确认识。

最后，五四运动关于中国文化、中国社会、中国革命等一系列相关问题的争论，推动了中国先进知识分子和中国共产党人对唯物史观的研究和宣传。新文化运动打着"民主、科学"的大旗，批判传统的儒家思想体系，提出要关注劳工阶级和实际的经济科学，必须彻底地与旧传统文化决裂、与旧制度决裂，这与唯物史观有着内在的契合性。唯物史观使中国先进知识分子找到了解释中国社会性质、解释中国革命性质、寻找中国革命道路的正确答案。譬如在关于"问题与主义"的论战中，在对基尔特社会主义、无政府主义等形形色色的反马克思主义思潮的批判比较中，中国先进知识分子学习和研究了马克思主义，学习和研究了唯物史观，澄清了对一些重大问题的认识，扩大了唯物史观的影响。李大钊驳斥了胡适反对根本解决问题的改良主义主张，强调要实行经济革命，注重唯物史观的阶级斗争学说。从新文化运动出发，到批判"孔家店"，再到探讨中国社会未来发展道路，以李大钊、陈独秀为代表的中国先进分子，进一步宣传研究了唯物史观，为中国共产党的诞生，也为马克思主义中国化的第一个理论成果——毛泽东思想——提供了思想准备，为中国新民主主义革命和社会主义革命、社会主义建设奠定了理论前提。

毛泽东思想的形成和确立也得益于唯物史观。毛泽东本人在完成由唯心主义历史观向唯物主义历史观的转变，完成由资产阶级民主主义者向共产主义者转变的过程中，接受唯物史观是一个重要转折点，毛泽东也是首先接受了唯物史观，成为坚定的马克思主义者。

毛泽东是为了探求救国救民的真理而走上革命道路的。到1920年年底，由于先进理论的武装和社会实践经验的积累，毛泽东同各种资产阶级改良主义思想、资产阶级民主主义思想实行了彻底的决裂，从而把唯物史观视为改造中国的唯一思想武器，使自己开始转变为一个彻底的马克思主义者。1921年1月21日，毛泽东在致蔡和森的信中写道：

> 唯物史观是吾党哲学的根据，这是事实，不像唯理观之不能证实而容易被人摇动。我固无研究，但我现在不承认无政府的原理是可以证实的原理，有很强固的理由。①

毛泽东之所以能够通过接受唯物史论而成为一名坚定的马克思列宁主义者，是因为他认为这一学说是"对历史的正确解释"，能够成为无产阶级政党的哲学基础。从接受唯物史观的第一天开始，他就极其注意把这一崭新的历史观当作武器，用来分析和解决中国革命的实际问题。他曾回忆道：

> 记得我在一九二〇年，第一次看了考茨基著的《阶级斗争》，陈望道翻译的《共产党宣言》，和一个英国人作的《社会主义史》，我才知道人类自有史以来就有阶级斗争，阶级斗争是社会发展的原动力，初步地得到认识问题的方法论。可是这些书上，并没有中国的湖南、湖北，也没有中国的蒋介石和陈独秀。我只取了它四个字："阶级斗争"，老老实实地来开始研究实际的阶级斗争。②

毛泽东同志还认为，唯物史观虽然是科学的世界观，但它只指出了解决问题的方向和提供解决问题的一般方法，并没有提供解决中国问题的具体方案，因此有关中国革命的一切问题都必须以唯物史观为指导结合中国实际加以深入的研究。可以说，毛泽东同志学习唯物史观从一开始就注重结合实际、抓住问题的实质，并着手把它当作认识问题的方法论，去观察和认识中国社会的现实。终其一生，毛泽东学习、研究唯物史观的过程，也就是马克思主义普遍真

---

① 《毛泽东文集》第1卷，人民出版社1993年版，第4页。
② 《毛泽东文集》第2卷，人民出版社1993年版，第378—379页。

理与中国革命的具体实践相结合的过程。《中国共产党中央委员会关于建国以来党的若干历史问题的决议》指出：

> 以毛泽东同志为主要代表的中国共产党人，根据马克思列宁主义的基本原理，把中国长期革命实践中的一系列独创性经验作了理论概括，形成了适合中国情况的科学的指导思想，这就是马克思列宁主义普遍原理和中国革命具体实践相结合的产物——毛泽东思想。[①]

毛泽东思想是马克思列宁主义在中国革命中的运用和发展，当然包括对唯物史观的运用和发展。

六 坚持和发展历史唯物主义，反对历史虚无主义是我们当前重要的战斗任务

正当我们凯歌行进在中国特色社会主义康庄大道之时，有人乘我们实行解放思想、改革开放之机，掀起了一股历史虚无主义思潮，对此我们必须保持高度警醒，认清其本质与真实意图，及时扫除思想垃圾和理论障碍，坚定"道路自信、制度自信、理论自信、文化自信"，坚定不移地走我们该走的路。

历史虚无主义，说到底就是历史唯心主义的当代变种，是资产阶级自由化思潮的典型表现，极具欺骗性、迷惑性和杀伤性。历史虚无主义的实质就是历史唯心主义，它是以所谓"反思历史""还原历史""重新评价"为名，歪曲"解放思想"的真意，行歪曲中国历史、世界历史、中国近代革命史、社会主义发展史、国际共产主义运动史、中国共产党党史、中华人民共和国国史、中国人民解放军军史，抹黑无产阶级革命领袖、当今一切英雄模范、历史上一

[①]《十一届三中全会以来重要文献选读》（上册），人民出版社1987年版，第331页。

切进步人物和民族英雄，否定中国革命、否定世界革命、否定历史上一切具有进步意义的革命之实，以达到反对马克思主义、反对人民民主专政、反对中国共产党、反对社会主义，颠覆中国特色社会主义制度，复辟资本主义的目的。

历史虚无主义是历史唯物主义的死敌。为了达到虚无历史、虚无革命、虚无英雄、虚无领袖、虚无共产党、虚无社会主义、虚无马克思主义的目的，它从根本上推翻历史唯物主义的正确观点，全面地否定历史唯物主义。

在立场上，它不是站在人民的立场上，而是站在反人民的立场上，彻底地反对历史唯物主义所坚持的人民立场。在阶级社会，人民的立场不是空的、不是虚的、不是无阶级的，而是无产阶级的阶级立场。是站在被压迫、被剥削阶级及广大人民的立场上，还是站在压迫、剥削阶级少数人的立场，为谁发声，代表谁的利益，这是个根本问题。中国共产党是工人阶级政党，代表工人阶级和最广大劳动人民的利益，反对中国共产党就是反对人民，反对工人阶级。历史虚无主义攻击的矛头始终对准代表工人阶级和广大劳动人民利益的共产党，立场完全站错了。反对中国共产党，必定反对工人阶级的世界观和方法论——马克思主义，反对主张共同富裕的社会主义，反对对敌人实行专政、对人民实行最广泛民主的人民民主专政。

历史虚无主义不代表人民，是代表站在人民的对立面的人民公敌。历史上的一切奴隶们的起义、农民们的造反、工人们的革命它们一概反对，对正面人物一概否定、对反面人物一概肯定，这是由它们所持的立场所决定的。恩格斯指出：

> 资产阶级把一切都变成商品，对历史学也是如此。资产阶级的本性，它生存的条件，就是要伪造一切商品，因而也要伪造历史。伪造得最符合于资产阶级利益的历史著作，所获得的

报酬也最多。①

在科学历史观的真理上，它不是站在历史唯物主义真理一面，而是站在真理的对立面，凡是历史唯物主义的真理它都反对。历史虚无主义之所以向我们疯狂地进攻，是因为它釜底抽薪，把历史唯物主义的基本观点，一点点地就像抽丝剥茧似的，剥得干干净净，把唯物史观最重要的观点彻底阉割、完全抽净。历史虚无主义攻击历史唯物主义的一个集中表现，就是否定唯物史观的关键性核心观点，如果把这些核心观点阉割出去，唯物史观就不成其为唯物史观了。习近平总书记在纪念马克思诞辰200周年大会上的讲话中强调：

> 坚持和运用马克思主义的实践观、群众观、阶级观、发展观、矛盾观，真正把马克思主义这个看家本领学精悟透用好。②

譬如，否定唯物史观关于社会形态演变的一般规律的原理，反对原始社会、封建社会、资本主义社会、经社会主义社会过渡到共产主义社会的五种社会形态学说，用皇权更替史、个人奋斗史代替社会形态演变史，达到消解唯物史观的目的，从而抽掉社会主义必然战胜资本主义、共产主义一定要实现的共产党人的理念与信念；否定阶级、阶级斗争原理，反对社会革命的学说，用"文明冲突""文化冲突""种族对立""宗教分歧"代替阶级分野，不讲阶级分析，以阶层划分代替阶级划分、阶级差别和阶级矛盾，从而达到抵消无产阶级战胜资产阶级、社会主义战胜共产主义的伟大斗争；否定国家、民主的阶级性原理，反对无产阶级革命和无产阶级专政学说，用"普世价值"论、"宪政民主""民主社会主义""西式民主"代替社会主义革命和人民民主专政；否定社会矛盾和社会基本矛盾原理，只讲和谐、不讲矛盾，只讲中庸、不讲斗争，既看

---

① 《马克思恩格斯全集》第16卷，人民出版社1964年版，第573页。
② 《习近平谈治国理政》第3卷，外文出版社2020年版，第75页。

不到生产力的根本作用，经济基础是社会存在的前提，又看不到生产关系对生产力、上层建筑对经济基础的反作用；否定意识形态的阶级性和斗争性，一味"去政治化""淡化意识形态"，以达到"和平演变"社会主义的目的；否定人民是历史真正创造者的观点，无视人民的伟大历史作用，无限夸大历史人物在历史上的作用，把帝王将相、才子佳人作为历史的中心人物，甚至把历史上一些反面人物打扮成改变历史的英雄，从而达到否定人民的历史地位，反对党的群众路线，反对以人民利益为根本利益、以为人民服务为宗旨的我们党的根本方针，等等。

历史虚无主义是当前巩固马克思主义在意识形态领域的指导地位面临的最重大的挑战。历史虚无主义思潮出现和蔓延的理论根源，就在于放弃唯物史观的指导，落入唯心史观的陷阱。历史虚无主义抽去唯物史观的核心观点，特别是生产的观点、阶级的观点和群众的观点，站在反人民的立场，用错误世界观去观察历史，用唯心史观去解释历史，完全把历史头脚倒立起来，颠倒黑白、不分是非。

历史虚无主义在分析方法上，完全是历史唯心主义的分析方法。违背唯物、全面、客观，一切从历史事实出发的历史研究方法。从主观臆想、假设、猜测出发，以偏概全，用一些片面、个别、零散、枝节的，也可能是真实的材料，轻易地推翻普遍的历史规律和已有的定论，大做翻案文章，并把它们当作"创新成果"向人们兜售。翻案文章历来有人做，翻案并不一定就是坏事，关键是看是否合乎历史的整体的真实。西子湖畔岳飞墓前有一副名联"正邪自古同冰炭，毁誉于今判伪真"，做的也是翻案文章，扶正压邪，涤浊扬清，是正直的史学工作者的史德良知。然而，今天有人热衷于美化、拔高像慈禧、琦善、汪精卫这样一等反面人物，而对林则徐、谭嗣同、孙中山等则加以非难、贬低。这样的翻案，唯物史观断难接受。历史虚无主义用错误的方法分析认识历史事件和历史人物，离开社会形态发展一般规律、离开阶级和阶级斗争的总线索分析历史。在历史虚无主义错误的世界观和方法论的笔下，

"历史成为任人随意打扮的小姑娘"。

反对历史虚无主义，是意识形态领域的一场殊死搏斗。党的十八大以来，习近平总书记旗帜鲜明地带领全党、全国人民开展了反对历史虚无主义的伟大斗争，取得了决定性的阶段性胜利，形势大为好转。但这并不意味着历史虚无主义就偃旗息鼓、挂免战牌，宣布投降了。反对历史虚无主义的战斗远未结束，伟大斗争必须继续。反对历史虚无主义的斗争是一场长期的、艰巨的，也会出现反复的斗争。"凡是反动的东西，你不打，他就不倒。这也和扫地一样，扫帚不到，灰尘照例不会自己跑掉。"[①] 我们必须作好充分的准备，开展伟大斗争，拿起历史唯物主义的武器，把历史虚无主义彻底打扫干净。

彻底战胜历史虚无主义，只有拿起唯物主义历史观这把利器，站在历史唯物主义的基本立场上，运用历史唯物主义的观点和方法，剖析、揭露、批判历史虚无主义，才能把历史虚无主义彻底地击败。当病毒、细菌侵入人的肌体，毒害人的器官、吞噬人的生命时，最有效地战胜病毒，就是增强人自身的免疫力，让身体内部产生对抗病毒的抗体。而战胜历史虚无主义的抗体就是历史唯物主义，免疫力来自唯物史观。为什么多年来历史虚无主义乘虚而入、大肆进攻，正因为有些人失去了抗体，丢掉了唯物史观这一最有力的武器。

要彻底战胜历史虚无主义，必须坚持唯物史观，拨乱反正，把被抛在一边的唯物史观的正确观点恢复起来、坚持下去。当然这项工作做起来难度比较大。一些历史唯物主义重要观点，如五种社会形态的观点、阶级的观点、无产阶级专政的观点、意识形态的观点、社会矛盾的观点、社会革命的观点、伟大斗争的观点，在有的宣传媒体、出版物、展陈馆、互联网，甚至教科书上都销声匿迹了。譬如阶级和阶级分析的观点，国家、意识形态阶级性的观点，甚至在一些马克思主义理论教材中都不见了。可见坚持和恢复正确的东西是需要斗争的。然而如果不坚持和发展唯物史观，就不能彻

---

① 《毛泽东选集》第 4 卷，人民出版社 1991 年版，第 1131 页。

底战胜历史虚无主义。这正如列宁所说的：

> 只有承认阶级斗争、同时也承认无产阶级专政的人，才是马克思主义者。马克思主义者同平庸的小资产者（以及大资产者）之间的最深刻的区别就在这里。必须用这块试金石来检验是否真正理解和承认马克思主义。①

拨乱反正，恢复唯物史观的真正面貌，让我们干部、群众掌握唯物史观，这是一场战胜历史虚无主义的艰巨战斗。如果不从理论上战胜历史虚无主义，而让历史虚无主义长驱直入，占领一切思想舆论阵地，那么亡党亡国就是必然的了。

我们马克思主义理论工作者和党的史学工作者，对历史虚无主义思潮，绝不能放任自流，要积极响应习近平总书记的号召，与之开展斗争，消除恶劣影响。反对历史虚无主义思潮，是我们当前重要的战斗任务，也是我们理论和史学工作者义不容辞的历史责任。

七　坚持唯物史观，构建中华思想史当代中国马克思主义学派

马克思主义中国化的一个重要方面就是马克思主义同中华民族优秀传统思想的有机结合。1938年10月，毛泽东同志在党的六届六中全会上提出马克思主义中国化概念时，就特别强调要学习和继承中华民族优秀传统思想。1943年5月，《中国共产党中央委员会关于共产国际执委主席团提议解散共产国际的决定》明确指出，中国共产党人"就是要使马克思列宁主义这一科学更进一步地和中国革命实践、中国历史、中国文化相结合起来"。正是有了这样的思想自觉，中国共产党人不仅把马克思主义同中国

---

① 《列宁选集》第3卷，人民出版社1995年版，第139页。

革命的具体实践结合起来，领导伟大的社会革命，而且把马克思主义同中华优秀传统思想创造性地结合起来，让马克思主义深植于中华优秀传统思想的土壤之中，指导中国传统思想的创造性转化和创新性发展，创造了中国化马克思主义这一中华思想发展的新形态，即毛泽东思想、中国特色社会主义理论体系、习近平新时代中国特色社会主义思想等，形成了理论上的最新科学概括，把我国人民的思想水平提到了新的科学高度，使中华民族的智慧跃升到了新的高峰。

在中国特色社会主义新时代，以习近平为杰出代表的当代中国共产党人，从理论和实践结合上系统回答"新时代坚持和发展什么样的中国特色社会主义、怎样坚持和发展中国特色社会主义"这个重大时代课题，以全新的视野深化对共产党执政规律、社会主义建设规律、人类社会发展规律的认识，创立了习近平新时代中国特色社会主义这一马克思主义中国化的最新成果，同时也形成了中华优秀思想的最新内容，提供了全党全国人民为实现中华民族伟大复兴而奋斗的行动指南。

在对待历史遗产和中华传统思想方面，中国共产党人一直坚持绝不能割断历史、割断思想，绝不能成为历史虚无主义者、文化虚无主义者；既不能像全盘西化论者那样照搬照抄西方思想，也不能像文化复古论者那样不加分析地全盘继承传统思想，而是在马克思主义指导下，既要回首过去、追溯历史，又要超越成规、创新发展。进入新时代，习近平总书记强调：

> 我们从来认为，马克思主义基本原理必须同中国具体实际紧密结合起来，应该科学对待民族传统文化，科学对待世界各国文化，用人类创造的一切优秀思想文化成果武装自己。在带领中国人民进行革命、建设、改革的长期历史实践中，中国共产党人始终是中国优秀传统文化的忠实继承者和弘扬者，从孔

夫子到孙中山,我们都注意汲取其中积极的养分。[①]

这就是说,要坚持从当代中国的实践和未来中国的发展这两个角度去观察和审视中华传统思想,创造性地传承和发展中华传统思想的优秀成果,弘扬其优良传统,为我所用、为今所用、为将来所用,实现历史思想、当代实践和未来发展的良好贯通。

[①] 习近平:《在纪念孔子诞辰2565周年国际学术研讨会暨国际儒学联合会第五届会员大会开幕会上的讲话》,人民出版社2014年版,第13页。

坚持和发展马克思主义，必须始终不渝地坚持和发展列宁主义[*]

中国共产党的全部理论和实践表明，马克思主义和列宁主义是紧密联系在一起的科学完整的理论体系，坚持和发展马克思主义，就必须坚持和发展列宁主义。作为无产阶级的伟大领袖，列宁创建了第一个无产阶级革命政党，建立了第一个社会主义国家，缔造了第一支人民的军队，对巩固社会主义苏维埃的人民政权、领导社会主义建设进行了实践探索，为国际共产主义运动和人类社会进步作出了不朽的伟大贡献。作为伟大的马克思主义者，列宁结合俄国国情和无产阶级革命、社会主义建设的实际特点，创造性运用和发展了马克思主义，形成关于时代本质特征、帝国主义和无产阶级革命的理论，关于国家、无产阶级专政和无产阶级新型民主的理论，关于新型无产阶级政党的理论，关于新经济政策和社会主义建设的理论，关于创新和发展马克思主义哲学的理论，把马克思主义推进到列宁主义新境界，创造了马克思主义新的理论形态。在新时代中国特色社会主义实践中，加强马克思主义学习，就必须加强列宁主义学习，准确地把握列宁主义的发展脉络和基本精神，用以指导中国特色社会主义伟大实践，不断发展和创新21世纪马克思主义、当

---

[*] 该文系作者为纪念列宁诞辰150周年而作，载《中国社会科学院研究生院学报》2020年第6期、《马克思主义研究》2020年第10期、《世界社会主义研究动态》2020年11月13日、《世界社会主义研究》2021年第11期，原标题"马克思列宁主义是我们党的理论基础，绝对不能丢掉列宁主义"。

代中国马克思主义。

一 马克思列宁主义是紧密联系在一起的科学完整的理论体系，始终是我们党的指导思想

2020年是无产阶级伟大领袖列宁诞辰150周年，纪念列宁最好的方式，就是坚持和发展列宁主义。列宁运用马克思主义立场、观点、方法，分析、认识、把握时代本质和俄国具体国情，把马克思主义与无产阶级革命、帝国主义的时代条件以及俄国的国情实际相结合，科学地解答了马克思主义在当时历史条件下所面临的时代课题，制定了适合俄国国情的社会主义革命理论、路线、方针和政策，推动马克思主义付诸俄国革命实践，成功地发动了十月社会主义革命，建立了人类历史上第一个社会主义国家，创造性地领导了社会主义建设的实践探索，开拓了人类历史的新纪元，创造了马克思主义新的理论形态，把马克思主义推向列宁主义阶段。

从党的历史上看，中国共产党人是在俄国十月社会主义革命的影响下，在列宁主义的教育下，接受和掌握了马克思主义，总结俄国的革命经验将马克思主义具体运用到中国实际的。中国新民主主义革命和社会主义革命的成功如此，中国社会主义建设和改革开放的成功亦是如此。

中国共产党把马克思主义作为自己的旗帜和理论指南，从来都是把马克思列宁主义放在一起，作为一个完整的思想体系，作为最锐利的思想武器用以指导中国的实践。在中华人民共和国第一届全国人民代表大会第一次会议开幕式上，毛泽东同志代表中国共产党开宗明义地指出：

指导我们思想的理论基础是马克思列宁主义。[1]

---

[1] 《第一届全国人民代表大会第一次会议开幕》，《人民日报》1954年9月16日。

中国共产党的全部理论和实践表明，马克思主义和列宁主义是不可分割的，马克思列宁主义是完整的、系统的、科学的理论体系。在中国革命、建设和改革近百年的历史进程中，正是由于马克思列宁主义的指导，中国共产党才能够领导中国人民取得了一个又一个伟大胜利。坚持和发展马克思主义，必须坚持和发展列宁主义，必须把马克思列宁主义作为我们党始终坚持而不可改变的指导思想，这是我们党的一条根本经验。

坚持马克思列宁主义，并根据新的实践不断丰富和创新马克思列宁主义，是我们党必须始终不渝坚持的重大原则。苏联和东欧社会主义失败的根本原因就在于背离和放弃了马克思主义，而背离和放弃马克思主义的一个重要表现，就是背离和放弃了列宁主义。一是抹黑列宁，否定列宁领导的俄国十月社会主义革命。二是制造列宁主义和马克思主义的分离和对立，否定列宁主义，提出所谓列宁主义离开了马克思主义，列宁主义不是马克思主义的谬论。受国际上抹黑列宁、否定列宁主义的影响，国内也出现了抹黑列宁、否定列宁主义的错误思潮，有的人只提马克思主义，不提列宁主义，试图把我们党的马克思列宁主义这一理论基础抽掉。抹黑列宁、否定列宁主义思潮的目的，就在于通过抹黑列宁、否定列宁主义，来否定马克思主义，进而否定继承和发展列宁主义的毛泽东思想和中国特色社会主义理论体系，从而达到取消马克思主义的指导地位，否定中国共产党的领导，颠覆社会主义制度的目的。

马克思列宁主义是不可分割的，针对否定列宁主义、把马克思主义与列宁主义对立起来的错误思潮，习近平总书记坚定地高举马克思列宁主义伟大旗帜，强调坚持和发展马克思列宁主义的重要性，针锋相对地开展斗争。他明确指出：

  马克思列宁主义、毛泽东思想一定不能丢，丢了就丧失根本。[①]

[①] 《习近平谈治国理政》，外文出版社2014年版，第9页。

马克思列宁主义，为中国人民点亮了前进的灯塔。①

在党的十九大报告中，习近平总书记再次强调：

> 新时代中国特色社会主义思想，是对马克思列宁主义、毛泽东思想、邓小平理论、"三个代表"重要思想、科学发展观的继承和发展。②

马克思列宁主义是中国共产党的根和魂，丢掉了马克思列宁主义这个根和魂，中国共产党就失去了灵魂和方向，就会走上一条完全相反的道路。

二 列宁是无产阶级的伟大领袖，为国际共产主义运动和人类社会进步作出了不朽的伟大贡献

"对历史人物的评价，应该放在其所处时代和社会的历史条件下去分析"③。列宁作为无产阶级的伟大领袖，准确地把握当时时代的发展脉搏，回答了新的时代之问，发动了适应当时时代发展需要实际的革命行动，在实践上引领了当时时代发展和社会进步新潮流。列宁为俄国十月革命和社会主义建设，为全世界无产阶级解放作出了历史性功绩，为人类历史进步作出了伟大的贡献。斯大林曾高度评价列宁：

> 在过去这个时期中，我们在社会主义建设的各个战线上取

---

① 习近平：《在纪念毛泽东同志诞辰120周年座谈会上的讲话》，《人民日报》2013年12月27日。
② 习近平：《决胜全面建成小康社会 夺取新时代中国特色社会主义伟大胜利——在中国共产党第十九次全国代表大会上的报告》，人民出版社2017年版，第20页。
③ 习近平：《在纪念毛泽东同志诞辰120周年座谈会上的讲话》，《人民日报》2013年12月27日。

得了一系列决定性的成就。我们所以取得这些成就，是因为我们能够高举伟大的列宁旗帜。如果我们想要胜利，那我们今后还应当高举列宁的旗帜。①

列宁不仅成功地领导了俄国十月社会主义革命，建立了全世界第一个社会主义国家，捍卫和巩固了苏维埃社会主义政权，而且在领导社会主义建设的进程中赢得了伟大成就。列宁所领导的十月社会主义革命和所创造的社会主义事业，突破了帝国主义在全球统治的薄弱环节，在资本主义世界体系内创造了新的社会主义社会形态。世界上出现了资本主义社会与社会主义社会并存竞争的新格局，人类历史开启从资本主义社会向社会主义社会过渡的新纪元。

（一）领导十月社会主义革命，建立第一个社会主义国家

第一次世界大战的爆发激化了资产阶级与无产阶级之间的矛盾，也给世界人民的生产和生活带来深重的灾难。俄国作为经济文化相对落后的国家，劳动人民的生活颇为艰难，无产阶级及广大劳动人民要求革命的需求极为迫切，革命热情极为高涨。第一次世界大战加剧了俄国原有的尖锐的社会矛盾，"如果没有战争，俄国也许会过上几年甚至几十年而不发生反对资本家的革命"②。1917年3月，俄国爆发了二月革命，推翻了沙皇的专制统治，取得了俄国资产阶级革命的成功。二月革命胜利后，俄国同时存在苏维埃政府和资产阶级临时政府两个政权。"这种史无前例的异常独特的情况，使两种专政交织在一起：一种是资产阶级专政（因为李沃夫之流的政府是一种专政，就是说，是既不依靠法律，也不依靠预先表示出来的民意，而是依靠暴力夺取的一种政权，而且这种夺取是

---

① 《斯大林全集》第12卷，人民出版社1955年版，第324页。
② 《列宁全集》第30卷，人民出版社1985年版，第27—28页。

由一定的阶级即资产阶级来实现的）；另一种是无产阶级和农民的专政（工兵代表苏维埃）。"[1] 孟什维克和小资产阶级社会革命党占据苏维埃政权中的多数，自愿把政权让给资产阶级临时政府，"自己则只是充当监视和监督立宪会议的召开"[2]。资产阶级临时政府执行反动政策，"在各处拚命用各种办法排除、削弱和消灭兵工代表苏维埃"[3]，试图扑灭国内革命的火焰，实现资产阶级的统治。

在这种局势之下，列宁主张从资产阶级民主革命转变为社会主义革命，为布尔什维克统一到这一思想上而进行不懈的努力。当时党内有人主张推翻临时政府；有人主张继续资产阶级民主革命，反对转向社会主义革命；有的支持临时政府，对其进行监督。列宁严肃地批评党内的错误观点，宣传资产阶级民主革命转变为社会主义革命的可能性、现实性和必要性，揭露临时政府的虚伪性，批判孟什维克和社会革命党人的背叛行为，争取群众的支持，推动全党的认识趋于统一，努力实现"全部政权归苏维埃"[4]的目标。1917年4月17日，列宁在全俄工兵代表苏维埃会议的布尔什维克代表的会议上作的报告《论无产阶级在这次革命中的任务》中明确指出：

> 俄国当前形势的特点是从革命的第一阶段向革命的第二阶段过渡，第一阶段由于无产阶级的觉悟和组织程度不够，政权落到了资产阶级手中，第二阶段则应当使政权转到无产阶级和贫苦农民手中。[5]

他明确表示：

---

[1] 《列宁全集》第29卷，人民出版社1985年版，第153—154页。
[2] 《列宁全集》第29卷，人民出版社1985年版，第153页。
[3] 《列宁全集》第29卷，人民出版社1985年版，第154页。
[4] 《列宁全集》第30卷，人民出版社1985年版，第383页。
[5] 《列宁全集》第29卷，人民出版社1985年版，第114页。

> 只有苏维埃政权才能成为真正依靠大多数人民的稳固的政权。
>
> 只有苏维埃政权才能是稳固的政权，才是在最猛烈的革命风暴中也不会被推翻的政权，只有这个政权才能保证革命不断地广泛地发展，保证苏维埃内部和平地进行党派斗争。不建立这个政权，就必然会产生犹豫、动荡和摇摆，不断发生"政权危机"和更换阁员的滑稽剧，忽而从左面、忽而从右面爆发。①

列宁反复强调，只有苏维埃政权才能真正地代表人民的利益，解决人民的关切。因此，无产阶级通过武装夺取政权被提上了日程，列宁提出了准备武装斗争的策略，并开始部署起义的各项工作。1917年7月至10月，列宁给党中央写了《布尔什维克应当夺取政权》和《马克思主义和起义》两封信，根据形势的发展制定了社会主义革命的系列纲领。1917年11月，布尔什维克发动彼得格勒武装起义，占领了临时政府所在地——冬宫，通过全俄工人士兵苏维埃代表大会选举产生了人民委员会，列宁当选为委员会的主席，列宁领导的布尔什维克成功取得了十月社会主义革命的胜利，建立了第一个无产阶级和劳动人民群众的苏维埃政权，创立了第一个社会主义国家，为全世界无产阶级及广大劳动人民获得解放提供了成功的经验。毛泽东同志多次高度评价十月革命的世界意义，指出：

> 第一次帝国主义世界大战和第一次胜利的社会主义十月革命，改变了整个世界历史的方向，划分了整个世界历史的时代。②

从此以后，开始了第二种世界革命，即无产阶级的社会主

---

① 《列宁全集》第32卷，人民出版社1985年版，第159页。
② 《毛泽东选集》第2卷，人民出版社1991年版，第667页。

义的世界革命。①

十月革命给世界人民解放事业开辟了广大的可能性和现实的道路，十月革命建立了一条从西方无产者经过俄国革命到东方被压迫民族的新的反对世界帝国主义的革命战线。②

他充分肯定列宁领导的俄国十月革命的成功给我国带来的深远影响，指出：

一向孤立的中国革命斗争，自从十月革命胜利以后，就不再感觉孤立了。我们有全世界的共产党和工人阶级的援助。③

中国人从思想到生活，才出现了一个崭新的时期。中国人找到了马克思列宁主义这个放之四海而皆准的普遍真理，中国的面目就起了变化了。④

列宁所领导的无产阶级革命实践，为世界社会主义革命、殖民地半殖民地人民民主解放运动提供了实践榜样。

（二）坚持马克思主义指导思想，创建第一个无产阶级革命政党

马克思、恩格斯强调，无产阶级要实现推翻资本主义、实现共产主义的历史使命，必须建立一个不同于资产阶级、小资产阶级民主派和其他社会主义流派的无产阶级政党。恩格斯在1889年致格尔松·特里尔的信中指出：

无产阶级要在决定关头强大到足以取得胜利，就必须

---

① 《毛泽东选集》第2卷，人民出版社1991年版，第671页。
② 《毛泽东选集》第4卷，人民出版社1991年版，第1357页。
③ 《毛泽东选集》第4卷，人民出版社1991年版，第1359页。
④ 《毛泽东选集》第4卷，人民出版社1991年版，第1470页。

（马克思和我从 1847 年以来就坚持这种立场）组成一个不同于其他所有政党并与它们对立的特殊政党，一个自觉的阶级政党。①

19 世纪末、20 世纪初世界资本主义从自由竞争向垄断过渡，阶级矛盾更加尖锐，工人革命运动不断爆发，无产阶级斗争精神尤为高涨，亟须无产阶级政党的领导。以列宁为代表的俄国无产阶级先进分子，勇敢地承担起光荣的历史使命。在领导俄国无产阶级革命的斗争实践中，列宁运用马克思主义建党原理创立了统一的俄国无产阶级政党——布尔什维克，坚持和巩固无产阶级政党在俄国革命中的领导地位，积极地解决和探索党的建设的一系列重大问题，深刻地影响着世界各国无产阶级政党的建设和发展。

最初，俄国工人运动依靠恐怖方式、经济手段等方式开展革命活动，往往实现不了自己的目标，甚至屡屡失败。失败的教训使列宁认识到，俄国无产阶级必须在先进的思想——马克思主义的指导之下，组建属于无产阶级自己的政党。如何建立统一的无产阶级政党呢？列宁始终坚持思想上建党，坚持把马克思主义作为党的根本指导思想，主张要把党员思想统一到马克思主义上来，并把是否坚持思想建党、坚持马克思主义理论指导，作为划清马克思主义政党与受其他社会思潮影响的工人运动派别的根本差别。1902 年，列宁在《怎么办？》这部著作中论证了建立统一无产阶级政党的必要性，明确马克思主义是党的指导思想，是无产阶级政党建设的思想基础。列宁所领导的布尔什维克是马克思主义指导下的俄国工人阶级政党，布尔什维克主义就是列宁所坚持的马克思主义。列宁领导布尔什维克，坚持马克思主义，同各种机会主义思潮作坚决斗争，赢得了广大群众的认可，不断地扩大布尔什维克的队伍。列宁所领导的布尔什维克成为世界上第一个无产阶级执政党，领导俄国无产

---

① 《马克思恩格斯文集》第 10 卷，人民出版社 2009 年版，第 578 页。

阶级取得十月革命的胜利，建立了苏维埃政权，在俄国社会主义建设的过程中发挥着引领作用。布尔什维克的建党经验深刻影响了世界其他国家无产阶级政党的建立，特别是中国共产党的建立，促进了无产阶级革命事业的开展，极大地推进了无产阶级的解放进程。毛泽东同志指出：

> 中国共产党就是依照苏联共产党的榜样建立起来和发展起来的一个党。自从有了中国共产党，中国革命的面目就焕然一新了。①

（三）坚持党对军队的绝对领导，缔造第一支人民的军队

坚持党对军队的绝对领导，是中国革命制胜的重要法宝。毛泽东同志明确指出：

> 按照马列主义的观点，国家组织第一是军队，没有军队就没有力量。②

放在世界无产阶级革命运动当中，也是同样道理。面对帝国主义的瓦解和国内激烈的战争态势，列宁认为不能利用过去的、资产阶级的军队，必须"建立新的军队"③，使其"完全由无产阶级和接近无产阶级的半无产的农民阶层组成"④。由此，列宁建立了第一支无产阶级专政的工农红军，也是世界上第一支真正代表人民利益的军队。

列宁始终坚持党在红军中的领导地位、强调加强党支部工作在

---

① 《毛泽东选集》第 4 卷，人民出版社 1991 年版，第 1357 页。
② 《毛泽东文集》第 4 卷，人民出版社 1996 年版，第 326 页。
③ 《列宁全集》第 34 卷，人民出版社 1985 年版，第 23 页。
④ 《列宁全集》第 36 卷，人民出版社 1985 年版，第 410 页。

军队建设中的重要性，蕴含了党指挥枪的无产阶级军队建设的根本原则。早在1916年，他就指出：

> 在青年入伍以前和服役期间，都要扩大和加强社会民主党在军队中的工作。在各个部队里建立社会民主党小组。用社会主义观点说明在唯一正当的战争中，即在无产阶级为了从雇佣奴隶制下解放人类而对资产阶级进行的战争中，使用武器的历史必然性和正当性。①

他强调军队思想建设的重要性，以纲领的形式要求在每个部队中成立党支部，设立政治委员。他主持制定的《俄国共产党（布尔什维克）纲领》规定：

> 除军事首长外，还必须设政治委员，由可靠的、具有忘我精神的共产党员担任，并在每一个部队中成立共产党支部，以建立内部思想的联系和自觉的纪律。②

他高度肯定党支部和党员干部的宣传工作在战争中的极端重要性，在总结党支部在战争中的作用时谈道：

> 尽管有一些军事专家叛变，我们仍然打垮了高尔察克和尤登尼奇，在各条战线上都取得了胜利。这是因为在红军中有共产党支部，它们起了巨大的宣传鼓动作用，人数不多的军官被这种环境所包围，受到共产党员的巨大压力，他们中间的大多数人就逃不出我们用来包围他们的共产主义组织和宣传网。③

---

① 《列宁全集》第28卷，人民出版社1990年版，第211页。
② 《列宁全集》第36卷，人民出版社1985年版，第410页。
③ 《列宁全集》第37卷，人民出版社1986年版，第309页。

列宁坚持人民军队要为人民的利益而斗争，主张通过严明的纪律来保证军队为人民服务。他认为，苏维埃工农红军不同于以往旧社会的军队，是为无产阶级解放事业而奋斗的革命武装。在红军建设的过程之中，他指明红军的本质，表明"红军是无产阶级专政的工具，它必然具有鲜明的阶级性质"①，而红军的使命就是"保卫革命的成果，保卫我们的人民政权，保卫兵工农代表苏维埃，保卫整个真正民主的新制度，抗击一切为了消灭革命而不择手段的人民的敌人"②。正因为红军明白维护人民利益是自身使命所在，才能自觉为俄国无产阶级革命、苏维埃政权而自觉自愿地进行斗争。他重视军队纪律的作用，强调严明的纪律是红军巩固、壮大的基础，是获取战争胜利的关键，更是同损害人民群众利益进行斗争的依据。1920年，列宁在总结国内外战争经验的时候，就特别强调军队纪律的重要性，他说：

  我们已经熬过了我们被帝国主义军队四面包围而俄国劳动者还不能自觉执行我们的任务的那个时期。当时游击习气盛行，谁都想抓到武器，毫不考虑整体，地方上胡作非为的现象和抢劫行为到处可见。在这两年里，我们建立了统一的、纪律严明的军队。③

（四）依靠无产阶级专政，巩固社会主义苏维埃的人民政权

十月革命胜利之后，苏维埃政权遭到了十余个帝国主义国家的封锁和武装干涉，而苏维埃政权尚未建立自己的军队。面对这一严峻形势，列宁发现帝国主义之间的矛盾异常尖锐，可以利用帝国主义的激烈竞争来为苏维埃政权赢得生存的机会。例如，面对德军的

---

① 《列宁全集》第36卷，人民出版社1985年版，第410页。
② 《列宁全集》第33卷，人民出版社1985年版，第221页。
③ 《列宁全集》第38卷，人民出版社1986年版，第193页。

强大进攻，列宁主张并与德国签订了《布列斯特—立托夫斯克和约》。面对帝国主义纠集国内反动派发动反对苏维埃政权的反革命战争，他领导工农红军通过革命战争、反对反革命战争，保卫了社会主义制度。为了打赢战争，捍卫新生的社会主义政权，他领导布尔什维克在1918年至1921年实行了战时共产主义政策。战时共产主义政策的主要内容是：实行工业国有化，剥夺剥夺者，从没收大企业到没收中小企业；从粮食垄断、禁止私人买卖粮食到余粮征集制，国家用极低的价格购买农民的"余粮"，保证红军和城市军民有饭吃；限制市场和私人贸易；推行平均主义的分配制度；实行劳动义务制和劳动军事化，贯彻不劳动者不得食的原则。战时共产主义政策最大限度地集中了人力、物力、财力，为赢得战争的胜利、捍卫十月革命的成果、保卫苏维埃政权提供了非常必要的物质支持。

（五）实行新经济政策，领导社会主义建设实践

十月革命胜利后，苏维埃俄国成为全世界第一个无产阶级政党执政的国家，如何过渡到社会主义社会，如何建设社会主义成为苏维埃政权面临的首要问题，也是马克思主义在当时所亟须解决的现实问题。列宁对社会主义的认识最初来源于马克思、恩格斯关于社会主义是共产主义第一阶段的论述，面对苏维埃政权社会主义实践出现的许多新情况、新问题，列宁不是以书本为标准来认识社会主义，而是从具体实践出发来认识社会主义，开展社会主义建设。十月革命胜利不久，他就指出：

> 现在一切都在于实践，现在已经到了这样一个历史关头：理论在变为实践，理论由实践赋予活力，由实践来修正，由实践来检验。[①]

[①] 《列宁全集》第33卷，人民出版社1985年版，第208页。

> 对俄国来说，根据书本争论社会主义纲领的时代也已经过去了，我深信已经一去不复返了。今天只能根据经验来谈论社会主义。①

也就是说，列宁这个时候已经从经济、文化落后的国情实际出发来领导俄国的社会主义建设。

战时共产主义政策对于赢得国内战争胜利，保卫苏维埃政权是必要的，但战争结束后这一政策需要调整。列宁在反思战时共产主义政策时指出：

> "战时共产主义"是战争和经济破坏迫使我们实行的。它不是而且也不能是一项适应无产阶级经济任务的政策。它是一种临时的办法。②

并且认为：

> 我们计划（说我们计划欠周地设想也许较确切）用无产阶级国家直接下命令的办法在一个小农国家里按共产主义原则来调整国家的产品生产和分配。现实生活说明我们错了。为了作好向共产主义过渡的准备（通过多年的工作来准备），需要经过国家资本主义和社会主义这些过渡阶段。不能直接凭热情，而要借助于伟大革命所产生的热情，靠个人利益，靠同个人利益的结合，靠经济核算，在这个小农国家里先建立起牢固的桥梁，通过国家资本主义走向社会主义。③

正因为战时共产主义政策存在的这些问题，苏维埃政权在取得

---

① 《列宁全集》第34卷，人民出版社1985年版，第466页。
② 《列宁全集》第41卷，人民出版社1986年版，第208—209页。
③ 《列宁全集》第42卷，人民出版社1987年版，第176页。

战争胜利后继续实行这一政策在一定程度上引起广大人民群众的不满。列宁及时认识到不改变政策就会失去群众的支持，适时从战时共产主义政策调整到适合当时苏维埃政权生产力水平的新经济政策。

列宁把发展生产力和提高生产率作为社会主义建设的重要任务和发展目标，重视社会主义发展的物质基础。他指出：

> 无产阶级取得国家政权以后，它的最主要最根本的需要就是增加产品数量，大大提高社会生产力。①

他清醒地认识到社会主义制度高于资本主义制度，但是生产力水平还远远落后于发达资本主义国家，提出社会主义一定要创造比资本主义更高生产率的任务，认为：

> 劳动生产率，归根到底是使新社会制度取得胜利的最重要最主要的东西。资本主义创造了在农奴制度下所没有过的劳动生产率。资本主义可以被最终战胜，而且一定会被最终战胜，因为社会主义能创造新的高得多的劳动生产率。②

基于这一判断，他认为现代大工业意味着发展电气化，提出"共产主义就是苏维埃政权加全国电气化"③的著名口号，指出：

> 一定要努力把小农经济基础变成大工业经济基础。只有当国家实现了电气化，为工业、农业和运输业打下了现代大工业的技术基础的时候，我们才能得到最后的胜利。④

---

① 《列宁全集》第42卷，人民出版社1987年版，第369页。
② 《列宁全集》第37卷，人民出版社1986年版，第18页。
③ 《列宁全集》第40卷，人民出版社1986年版，第30页。
④ 《列宁全集》第40卷，人民出版社1986年版，第156页。

为了加快生产力发展水平，他认为经济文化落后的社会主义国家需要充分地利用资本主义的优秀成果来建设社会主义，形象地用"苏维埃政权＋普鲁士的铁路秩序＋美国的技术和托拉斯组织＋美国的国民教育等等等等＋＋＝总和＝社会主义"① 来描述社会主义，并强调指出：

> 社会主义能否实现，就取决于我们把苏维埃政权和苏维埃管理组织同资本主义最新的进步的东西结合得好坏。②

为了更好地建设社会主义，列宁提出新经济政策，进行了包括经济、政治、文化在内的全面改革，以适应当时苏维埃政权生产力的发展需要，增进同人民群众的密切联系，更好地服务群众。一方面，列宁提出改革苏维埃国家机关。苏维埃国家机关虽然是社会主义国家机关，但是，由于其建立在打碎旧的国家机器之上，仍然存有旧机关的弊端。另一方面，列宁重视进行文化改革，强调加强教育，提高人们的文化素质。为了发展教育，列宁提出把其他部门削减下来的经费专用于教育领域，"使我们的整个国家预算首先去满足初级国民教育的需要"③。同时，增加教师的工资待遇，提高教师地位，而这些本身是无产阶级文化发展的必然要求。在列宁的正确领导下，苏维埃政权领导人民迅速恢复了国内经济，展开了大规模的社会主义建设。

三 列宁是伟大的马克思主义者，把马克思主义推进到列宁主义新境界

列宁是伟大的马克思主义者。列宁准确判断和把握时代本质和

---

① 《列宁全集》第34卷，人民出版社1985年版，第520页。
② 《列宁全集》第34卷，人民出版社1985年版，第170—171页。
③ 《列宁全集》第43卷，人民出版社1987年版，第357页。

特征，结合俄国国情和无产阶级革命、社会主义建设实际的特点，创造性运用和发展了马克思主义，把马克思主义发展到列宁主义阶段。斯大林高度评价列宁的伟大之处，指出：

> 列宁的伟大，正在于他没有做马克思主义字句的俘虏，而善于抓住马克思主义的实质，并从这个实质出发，向前发展了马克思和恩格斯的学说。①

列宁主义既是马克思主义在新的历史条件下的丰富和发展，又为马克思主义随着时代条件和实践的变化而不断发展创新提供重要前提和必要准备，在马克思主义发展到今天的历史进程中，起着承上启下、继往开来的伟大历史作用。列宁主义使马克思列宁主义成为中国共产党人和世界共产党人的行动指南，为社会主义国家现实问题的解决提供了科学的世界观和方法论指导。

（一）关于时代本质特征、帝国主义和无产阶级革命的理论

19世纪末20世纪初资本主义从自由竞争阶段发展到垄断阶段，也就是帝国主义阶段。如何科学把握时代本质、特征及发展规律，正确认识资本主义产生的新变化，科学把握帝国主义的本质及其发展规律，全面把握帝国主义发展对无产阶级革命产生的深远影响，成为当时社会面临的重大时代课题，也是当时俄国社会发展所必须回应的现实问题。

列宁运用马克思主义立场、观点和方法，敏锐地洞察到全球资本主义已进入垄断资本主义，即帝国主义阶段。揭示了帝国主义的垄断、寄生或腐朽、垂死的资本主义基本特征，指出了垄断资本主义是资本主义发展的最高阶段，发现了世界帝国主义各国经济社会发展的不平衡性，认识到帝国主义国家之间、社会主义和资本主义

---

① 《斯大林全集》第8卷，人民出版社1954年版，第222页。

之间、资本主义各国与殖民地人民之间、资产阶级与无产阶级之间的矛盾更加尖锐。同时,列宁指出,俄国作为当时经济文化相对落后的国家,各类矛盾聚集、矛盾程度更为严重,是帝国主义统治的薄弱环节,俄国无产阶级可以率先进行社会主义革命,并取得成功。列宁关于时代本质、特征和发展规律以及帝国主义和资产阶级革命历史阶段的科学判断,为俄国十月社会主义革命,也为全世界无产阶级革命和国际共产主义运动,包括中国革命提供了理论依据和实践指南。

列宁运用马克思主义立场、观点、方法,深入研究了帝国主义的产生、发展和本质特征,准确预测了帝国主义的发展趋势。他所著的《帝国主义是资本主义的最高阶段》一书集中体现了马克思主义的帝国主义理论。他指出:

> 必须给帝国主义下一个尽量确切和完备的定义。帝国主义是资本主义的特殊历史阶段。这个特点分三个方面:(1)帝国主义是垄断的资本主义;(2)帝国主义是寄生的或腐朽的资本主义;(3)帝国主义是垂死的资本主义。[1]

他的定义深刻揭示了帝国主义的经济基础和实质,明确了帝国主义的历史地位,分析了帝国主义矛盾的尖锐性和不可调和性,把握了垄断资本主义即帝国主义的历史阶段。他从经济基础出发来把握帝国主义"经济上的基本事实,就是资本主义的自由竞争为资本主义的垄断所代替"[2],明确垄断是帝国主义的本质特征,帝国主义是资本主义的垄断阶段。这种垄断的资本主义阶段是生产集中到一定阶段的必然产物,是资本主义生产关系的阶段性质变。从资本主义经济基础出发,他科学概括了帝国主义五个方面的特征:

---

[1] 《列宁全集》第28卷,人民出版社1990年版,第69页。
[2] 《列宁全集》第27卷,人民出版社1990年版,第400页。

（1）生产和资本的集中发展到这样高的程度，以致造成了在经济生活中起决定作用的垄断组织；（2）银行资本和工业资本已经融合起来，在这个"金融资本的"基础上形成了金融寡头；（3）和商品输出不同的资本输出具有特别重要的意义；（4）瓜分世界的资本家国际垄断同盟已经形成；（5）最大资本主义大国已把世界上的领土瓜分完毕。①

列宁认为，垄断资本主义的经济基础和实质决定了帝国主义掠夺、侵略和争夺世界霸权的本性，其结果必然引发帝国主义国内外矛盾的尖锐化，也决定了其必将会向更高的社会形态演进，"帝国主义就其经济实质来说，是垄断资本主义。这就决定了帝国主义的历史地位，因为在自由竞争的基础上、而且正是从自由竞争中生长起来的垄断，是从资本主义社会经济结构向更高级的结构的过渡"②。他明确判断"帝国主义是无产阶级社会革命的前夜"③，预测了无产阶级革命的到来，指出帝国主义必将被更高级的社会形态——社会主义所取代。

帝国主义如何通过无产阶级革命过渡到社会主义呢？抑或如何突破帝国主义的统治而取得社会主义革命的胜利呢？马克思、恩格斯基于自由竞争资本主义发展的现状，认为社会主义革命将同时在几个发达的资本主义国家同时爆发并取得胜利。无产阶级革命"将不是仅仅一个国家的革命，而是将在一切文明国家里，至少在英国、美国、法国、德国同时发生的革命，在这些国家的每一个国家中，共产主义革命发展得较快或较慢，要看这个国家是否有较发达的工业，较多的财富和比较大量的生产力"④。列宁发现了垄断资本主义经济政治发展不平衡的规律，指出帝国主义体系必然存在薄弱环节，俄国当时的国内外条件使其成为帝国主义统治链条上的

---

① 《列宁全集》第27卷，人民出版社1990年版，第401页。
② 《列宁全集》第27卷，人民出版社1990年版，第434页。
③ 《列宁全集》第27卷，人民出版社1990年版，第330页。
④ 《马克思恩格斯文集》第1卷，人民出版社2009年版，第687页。

薄弱环节，这为无产阶级提供了突破帝国主义战线、赢得无产阶级革命胜利的机会。列宁作为无产阶级的领袖，提出社会主义可能在一国或多国首先取得胜利的理论，从根本上解决了帝国主义阶段无产阶级进行革命斗争的理论和实践问题。他在《无产阶级革命的军事纲领》中阐释道：

> 资本主义的发展在各个国家是极不平衡的。而且在商品生产下也只能是这样。由此得出一个必然的结论：社会主义不能在所有国家内同时获得胜利。它将首先在一个或者几个国家内获得胜利，而其余的国家在一段时间内将仍然是资产阶级的或资产阶级以前的国家。①

如何评判是否构成帝国主义薄弱环节呢？列宁认为应该至少具备四个条件：一定的大工业和现代无产阶级；统治阶级的统治基础和统治能力比较薄弱，难以照旧统治下去；无产阶级和劳动群众具有高度的革命热忱，不想照旧生活下去；有一个政治上成熟的马克思主义政党的领导与指导。他认为，当时的俄国正处于帝国主义体系的薄弱环节，可以进行社会主义革命。

列宁提出了殖民地民族解放运动是世界无产阶级革命一部分的理论。随着帝国主义瓜分世界完毕，他敏锐地认识到帝国主义把民族问题扩大为民族殖民地问题，把马克思主义关于民族问题的理论发展为殖民地民族解放运动理论。他认为，在帝国主义阶段，民族问题出现了新的特点，是一个全世界殖民政策的特殊时代。也就是说，所有殖民地民族都受到帝国主义国家的剥削与压迫，世界已经被分为压迫民族和被压迫民族。他在《民族和殖民地问题提纲初稿》中指出：

---

① 《列宁全集》第 28 卷，人民出版社 1990 年版，第 88 页。

> 全世界已经划分为两部分，一部分是为数众多的被压迫民族，另一部分是少数几个拥有巨量财富和强大军事实力的压迫民族。①

这表明，被压迫民族的解放问题已经不仅仅是地区性的问题，而成为一个世界性的问题。他基于马克思主义民族理论，结合帝国主义时代特征，认为"应当把争取社会主义的革命斗争同民族问题的革命纲领联系起来"②。他阐述了殖民地国家无产阶级斗争的策略，指出殖民地国家民族解放运动的前途和实现过程，提出殖民地国家可以不经过资本主义道路而直接过渡到社会主义的理论：

> 在一切殖民地和落后国家，我们不仅应该组成能够独立进行斗争的基干队伍，即党的组织，不仅应该立即宣传组织农民苏维埃并使这种苏维埃适应资本主义前的条件，而且共产国际还应该指出，还应该从理论上说明，在先进国家无产阶级的帮助下，落后国家可以不经过资本主义发展阶段而过渡到苏维埃制度，然后经过一定的发展阶段过渡到共产主义。③

列宁的这些思想指导了无产阶级领导殖民地国家的民族解放运动，也是对马克思主义关于民族解放问题的重大贡献。

(二) 关于国家、无产阶级专政和无产阶级新型民主的理论

列宁丰富和发展了马克思主义的国家学说，坚持和发展了马克思主义关于无产阶级专政的理论。为了俄国无产阶级夺取政权、建立社会主义国家，他认真研究了马克思主义国家学说，撰写了《国家与革命》这一著作。他坚持马克思主义关于国家起源、本

---

① 《列宁全集》第 39 卷，人民出版社 1986 年版，第 229 页。
② 《列宁全集》第 27 卷，人民出版社 1990 年版，第 78 页。
③ 《列宁全集》第 39 卷，人民出版社 1986 年版，第 233 页。

质、职能和主要构成的观点，关于无产阶级夺取资产阶级国家政权后必须彻底打碎旧的国家机器，建立新的无产阶级国家机器的观点，关于实行无产阶级政治统治的观点，关于无产阶级专政和无产阶级新型民主的观点。他指出无产阶级专政是无产阶级反对资产阶级的必然结果，也是科学社会主义思想的重要组成部分，继承和发展了马克思关于无产阶级专政的学说。

早在1917年二月革命之后，列宁就提出无产阶级应该独立地掌握政权，并通过领导十月革命推翻资产阶级政权，建立了无产阶级政权。十月革命后，列宁分析了苏维埃俄国的政治经济结构特点，并阐述了建立无产阶级专政的必然性，一个阶级的专政"不仅对推翻了资产阶级的无产阶级是必要的，而且对介于资本主义和'无阶级社会'即共产主义之间的整整一个历史时期都是必要的，——只有懂得这一点的人，才算掌握了马克思国家学说的实质"①。

无产阶级专政通过什么形式实现呢？列宁在领导俄国无产阶级革命过程中，发现苏维埃是俄国无产阶级专政的具体形式和最好形式，指出"苏维埃是无产阶级专政的俄国形式"②。也就是说，各个民族和国家走向社会主义的方式是不一样的，各国应该基于本国的国情和民族特点来确定革命和政权的具体形式，而不能照搬俄国的形式。

列宁论述了无产阶级专政的实质和任务。他指出，马克思主义认为在无产阶级专政的暴力方面，主要不在于暴力，而是比资产阶级专政更加民主的新型专政，是对资产阶级实行专政，对无产者和广大人民实行民主。正因为如此，无产阶级专政的任务是改造旧的、压迫无产者和广大人民群众的生产关系，建立新型的社会主义生产关系。"无产阶级专政不只是对剥削者使用的暴力，甚至主要

---

① 《列宁全集》第31卷，人民出版社1985年版，第33页。
② 《列宁全集》第35卷，人民出版社1985年版，第258页。

的不是暴力。这种革命暴力的经济基础，它的生命力和成功的保证，就在于无产阶级代表着并实现着比资本主义更高类型的社会劳动组织。实质就在这里。"① 正因为如此，无产阶级专政的"主要实质在于劳动者的先进部队、先锋队、唯一领导者即无产阶级的组织性和纪律性"②。

列宁反复强调无产阶级及其先锋队共产党，是无产阶级专政的领导力量。关于无产阶级专政的领导问题，列宁指出共产党才能实现这种专政，党是无产阶级专政的最高领导力量，这是由共产党的本质所决定的。因为，"只有这个先锋队才能抵制这些群众中不可避免的小资产阶级动摇性，抵制无产阶级中不可避免的种种行业狭隘性或行业偏见的传统和恶习的复发，并领导全体无产阶级的一切联合行动，也就是说在政治上领导无产阶级，并且通过无产阶级领导全体劳动群众。不这样，便不能实现无产阶级专政"③。可以说，列宁对无产阶级专政的实质、形式、内容、任务、领导等问题进行详细论述，极大地发展了马克思主义无产阶级专政学说。

同时，列宁第一次在理论和实践上确立人民军队的建立，肯定了共产党对人民军队的领导，使人民军队成为维护工人和农民利益、反抗资产阶级压迫、巩固无产阶级政权的强有力工具，发展和完善了马克思主义军队建设观点和国家学说。

在建立无产阶级专政的过程中，列宁探索了比资产阶级民主更为民主的无产阶级新型民主，提出了社会主义新型民主的理论。无产阶级夺取政权之后采取什么样的无产阶级新型民主形式成为列宁面临的重要课题。他指出：

> 彻底发展民主，找出彻底发展的种种形式，用实践来检验这些形式等等，这一切都是为社会革命进行斗争的基本任

---

① 《列宁全集》第37卷，人民出版社1986年版，第11页。
② 《列宁全集》第36卷，人民出版社1985年版，第375页。
③ 《列宁全集》第41卷，人民出版社1986年版，第85页。

务之一。①

探索建立彻底的、社会主义的新型民主，一直是他考虑并探索的重大问题。他领导苏维埃俄国从十月革命胜利之初实行的人民自治、直接民主制转向党代表人民进行管理的间接民主制，对苏维埃俄国的新型民主实现形式进行了积极探索。在探索中，他认为苏维埃新型民主政治体制有利于集中全国的力量实行统一的行动和统一的纪律，但是这种民主形式在一定程度上限制了人民群众的民主权利，滋生了官僚主义，因而他领导布尔什维克党改革高度集中的政治体制，在党内实行"工人民主制"、建立党内监察体制，实行党政分工、精简机构等措施来改造国家机构，扩大无产阶级监督权，推动党内民主逐步走向一种真正体现人民民主和社会主义新型民主的政治民主。列宁关于无产阶级新型民主思想是对马克思主义关于社会主义民主政治建设的继承和发展，构成社会主义民主建设理论的重要内容。

（三）关于新型无产阶级政党的理论

列宁结合国内外的实际情况深入地思考建设什么样的党、如何建设党的问题，逐渐形成了关于新型无产阶级政党建设的一系列理论成果，在实践中探求、丰富和发展马克思主义政党建设学说，形成了列宁主义党建理论。列宁在《我们运动的迫切任务》《从何着手》《怎么办？》等著作中，将无产阶级政党建设与社会主义建设实际相结合，系统阐释无产阶级政党的思想基础、力量源泉、组织原则，提出了比较完整的无产阶级建党理论。

列宁认为，无产阶级政党要把党的思想建设放在首位，以马克思主义为指导，坚定共产主义理想信念，始终作为马克思主义政党和无产阶级的先锋队，始终作为无产阶级革命和社会主义国家的领

---

① 《列宁全集》第 31 卷，人民出版社 1985 年版，第 75 页。

导力量。在建党之初,他就明确表示,要把坚持马克思主义提高到关乎无产阶级政党和无产阶级事业生死存亡的高度。他认为,坚持马克思主义指导,是马克思主义科学性和先进性的必然要求,更是解决俄国社会现实发展问题的必然选择。列宁在《我们的纲领》中明确表示:

> 我们完全以马克思的理论为依据,因为它第一次把社会主义从空想变成科学,给这个科学奠定了巩固的基础,指出了继承发展和详细研究这个科学所应遵循的道路。①

列宁强调"只有以先进理论为指南的党,才能实现先进战士的作用"②。他主张坚持马克思主义要结合本国国情,强调"对于俄国社会党人来说,尤其需要独立地探讨马克思的理论,因为它所提供的只是总的指导原理,而这些原理的应用具体地说,在英国不同于法国,在法国不同于德国,在德国又不同于俄国"③。

列宁特别强调无产阶级政党领导权在革命和建设过程中的至关重要性,阐明无产阶级政党是苏维埃政权的领导力量,开创性地表明共产党无论在革命时期还是在社会主义建设的过程中,都要牢牢地掌握领导权。他指出:

> 只有工人阶级的先进部分,只有工人阶级的先锋队,才能领导自己的国家。④

列宁明确指出,无产阶级政党要善于保持和加强与群众的密切联系,才能成为强有力的政党,成为不可战胜的政党。列宁在俄国

---

① 《列宁全集》第 4 卷,人民出版社 2013 年版,第 160 页。
② 《列宁全集》第 6 卷,人民出版社 2013 年版,第 24 页。
③ 《列宁全集》第 4 卷,人民出版社 2013 年版,第 161 页。
④ 《列宁全集》第 37 卷,人民出版社 1986 年版,第 349 页。

党建立之后，认为人民群众的支持是俄国革命和社会主义建设取得成功的关键，明确无产阶级政党的先进性在于紧密联系群众，代表人民群众的根本利益。他指出：

> 先锋队只有当它不脱离自己领导的群众并真正引导全体群众前进时，才能完成其先锋队的任务。①
>
> 劳动群众拥护我们。我们的力量就在这里。全世界共产主义运动不可战胜的根源就在这里。多吸收群众中新的工作者入党，使他们独立参加建设新生活的工作，这就是我们克服一切困难的手段，这就是我们走向胜利的道路。②

他充分认识到脱离群众对于党的危害，表示"对于领导一个大国（现在还没有得到比较先进国家的直接援助）向社会主义过渡的工人阶级先锋队来说，最大最严重的危险之一，就是脱离群众"③。斯大林清晰阐释了列宁的党与群众密切联系的思想，指出：

> 应该记住列宁的不朽名言：我们党的力量在于保持党和千百万非党群众之间的活的联系，这种联系愈实际，我们的成就就愈可靠。④

列宁明确指出了无产阶级政党的根本组织原则——民主集中制，强调把无产阶级政党建设成为有纪律、有组织、有权威的新型政党。习近平总书记指出：

> 列宁认为，党应该具有严密的组织、统一的意志和行动，

---

① 《列宁全集》第43卷，人民出版社1987年版，第23页。
② 《列宁全集》第37卷，人民出版社1986年版，第217页。
③ 《列宁全集》第33卷，人民出版社1957年版，第162页。
④ 《斯大林全集》第6卷，人民出版社1956年版，第270页。

只有按照集中制原则建立起来的党才是一个"真正钢铁般的组织"。①

正如习近平总书记所指出的那样,列宁强调党的组织建设是完成无产阶级政党历史任务的重要保证,表示"无产阶级在争取政权的斗争中,除了组织,没有别的武器"②,而无产阶级"所以能够成为而且必然会成为不可战胜的力量,就是因为它根据马克思主义原则形成的思想一致是用组织的物质统一来巩固的,这个组织把千百万劳动者团结成一支工人阶级的大军"③。

无产阶级政党的根本组织原则是什么呢?列宁把民主集中制作为俄国共产党的组织原则,并在1906年他主持召开的俄国社会民主工党第四次代表大会上把民主集中制写入党章。他在起草《加入共产国际的条件》时,把民主集中制的原则又推广到共产国际中,规定"加入共产国际的党,应该是按照民主集中制的原则建立起来的"④。在革命时期,列宁更多地是强调集中,而随着战争的结束,他更多地强调扩大党内民主,加强党内监督,发挥无产阶级政党的创造性,激发社会主义建设的生机与活力。列宁主张党要吸引社会上的先进分子加入党组织之中,更要通过严格的纪律来治理党。他强调党员应在各个方面发挥模范带头作用,通过规定新党员预备期、严格入党手续、加强党员教育等方式来严格党的管理,将党员置于党纪国法的监督之下。

(四)关于新经济政策和社会主义建设的理论

根据俄国社会主义建设的实际,列宁提出新经济政策和社会主义建设的理论,这是他对马克思主义,对科学社会主义的重大理论

---

① 习近平:《推进党的建设新的伟大工程要一以贯之》,《求是》2019年第19期。
② 《列宁全集》第8卷,人民出版社2017年版,第415页。
③ 《列宁全集》第8卷,人民出版社2017年版,第415页。
④ 《列宁全集》第39卷,人民出版社1986年版,第202页。

贡献。新经济政策是列宁基于苏维埃政权面临的国际形势和当时的社会现实而进行的政策调整，是为了战后经济的发展而不得不进行的经济政策改革，是他关于社会主义建设理论与现实结合的产物，也是他由十月革命夺取政权过渡到社会主义建设的理论与实践。列宁指出：

> 我们不顾一切旧事物，完全按照新的方式开始建设新经济。如果我们不开始建设新经济，那我们在头几个月或头几年就被打垮了。①
>
> 目前我们踏上了实干的道路，我们必须走向社会主义，但不是把它当作用庄严的色彩画成的圣像。②

当时的苏维埃俄国农民占优势，是小农经济的汪洋大海。正是在这样的客观条件下，"新经济政策的实质是无产阶级同农民的联盟，是先锋队无产阶级同广大农民群众的结合"③，"我们正在学习怎样在一个小农国家里进一步建设社会主义大厦而不犯这些错误"④。新经济政策开始于1921年，主要内容是用粮食税代替余粮征集制，使农民有权支配纳税后的余粮；工业企业停止推行国有化，允许私人经营企业；大力发展商业，充分利用市场和商品货币关系，促进工农业商品的流通；加强与资本主义国家的经济合作与交往，同资本主义交往的最主要形式是实行租让制。新经济政策实施之后，苏维埃俄国的国内经济得以迅速恢复与发展。

马克思主义经典作家设想的社会主义，是在高度成熟的资本主义国家经过无产阶级革命而建立的，而俄国是一个相对落后的国家，在俄国这样相对落后的国家怎样建设社会主义，这是俄国共产

---

① 《列宁全集》第43卷，人民出版社1987年版，第75页。
② 《列宁全集》第43卷，人民出版社1987年版，第301页。
③ 《列宁全集》第42卷，人民出版社1987年版，第347页。
④ 《列宁全集》第42卷，人民出版社1987年版，第175页。

主义运动的一个重大课题。在推行新经济政策时，列宁不仅认识到新经济政策的积极方面，还敏锐地观察到了它的消极方面。他认识到新经济政策包含了一些与社会主义不相符合的内容，将新经济政策作为一种暂时的又是必要的"退却"，意识到新经济政策背后所蕴含的政治风险，这体现了列宁坚定的马克思主义原则性。他指出：

> 这个政策之所以叫新经济政策，是因为它在向后转。我们现在退却，好象是在向后退，但是我们这样做是为了先后退几步，然后再起跑，更有力地向前跳。①
>
> 这个新经济政策所采取的每一个步骤都包含着许许多多的危险。②
>
> 资本主义的恢复、资产阶级的发展和资产阶级关系在商业领域的发展等等，这些就是我们目前的经济建设所遇到的危险，就是我们目前逐步解决远比过去困难的任务时所遇到的危险。在这一点上切不可有丝毫的糊涂。③

新经济政策就是要利用资本主义的一些经济手段发展社会生产力，改善工人阶级的生活状况，目的是巩固工人阶级的地位，而不是利用资本主义来破坏社会主义的发展。列宁强调新经济政策是必要的，但又不完全是社会主义性质的。他提醒全党不要把新经济政策当成社会主义的最终方向，否则就会倒向资本主义。新经济政策体现了列宁坚持社会主义理想与现实、马克思主义原则性与策略灵活性的高度统一，为经济落后国家走向社会主义作了有益探索。

列宁在总结新经济政策经验的基础上提出了建设社会主义的构想。一方面，深刻地总结和论证十月革命道路的合理性，对社会主

---

① 《列宁全集》第43卷，人民出版社1987年版，第296页。
② 《列宁全集》第42卷，人民出版社1987年版，第231页。
③ 《列宁全集》第42卷，人民出版社1987年版，第232页。

义有了新认识。他指出，俄国作为一个经济文化落后的国家，进行社会主义革命是否符合马克思主义呢？孟什维克派的苏汉诺夫从1918年至1921年写了《革命札记》，以回忆录形式描述了俄国二月革命到十月革命的历史，提出俄国不具备进行社会主义革命和社会主义建设的错误观点。列宁肯定苏汉诺夫的"俄国生产力还没有发展到足以实现社会主义的水平"的观点是"无可争辩的道理"，① 但是同时指出，同苏汉诺夫争论的焦点不在于俄国生产力是否达到实现社会主义的水平，而是不应以俄国生产力水平为借口否定俄国社会主义革命、否定社会主义建设。列宁认为：

> 既然建立社会主义需要有一定的文化水平（虽然谁也说不出这个一定的"文化水平"究竟是什么样的，因为这在各个西欧国家都是不同的），我们为什么不能首先用革命手段取得达到这个一定水平的前提，然后在工农政权和苏维埃制度的基础上赶上别国人民呢？②

这一论证体现了他所坚持的"个别发展阶段在发展的形式或顺序上表现出特殊性"③。另一方面，列宁结合社会主义的实践经验，提出更为科学的社会主义建设的新构想。在农业方面，列宁认为合作社的性质取决于政权和基本生产资料掌握在哪个阶级手里，提出通过农业合作社用社会主义原则改造农业；在工业方面，他指出通过实现工业化和电气化来发展建设社会主义的经济基础；在政治方面，他主张加强国家政权建设和执政党建设，使党成为名副其实的工人阶级先锋队；在文化方面，他强调开展文化建设和文化革命，提出"只要实现了这个文化革命，我们的国家就能成为完全

---

① 《列宁全集》第33卷，人民出版社1957年版，第433页。
② 《列宁全集》第43卷，人民出版社1987年版，第371—372页。
③ 《列宁全集》第43卷，人民出版社1987年版，第370页。

社会主义的国家了"①。列宁关于建设社会主义的构想反映了他对社会主义认识的深化,体现了他努力从俄国经济文化落后的国情出发来考虑建设一个什么样的社会主义、怎样建设社会主义的问题,坚持了马克思主义基本原理与社会主义建设具体实际相结合。

(五)关于创新和发展马克思主义哲学的理论

列宁之所以能够成为无产阶级的伟大领袖,成功地缔造第一个社会主义国家,并领导社会主义建设,关键在于始终坚持运用马克思主义的立场、观点和方法来认识和解决实践问题,创新和发展了马克思主义哲学,开辟了马克思主义哲学新境界,形成了列宁哲学思想。列宁哲学思想是马克思主义哲学在无产阶级革命和帝国主义历史条件下的继承和发展。

列宁高度肯定马克思主义哲学的指导作用,"马克思的哲学是完备的哲学唯物主义,它把伟大的认识工具给了人类,特别是给了工人阶级"②,"只有马克思的哲学唯物主义,才给无产阶级指明了如何摆脱一切被压迫阶级至今深受其害的精神奴役的出路"③。结合社会主义革命和建设实际,列宁坚持和创新了辩证唯物主义和历史唯物主义。1894年,列宁撰写了《什么是"人民之友"以及他们如何攻击社会民主党人?》,批判民粹派的唯心史观,坚持和丰富了唯物史观;1902年撰写《怎么办?》,系统批判新的机会主义经济派的经济主义,进一步捍卫和发展唯物史观;1908年撰写《唯物主义和经验批判主义》,批判波格丹诺夫等哲学修正主义之流,用马赫主义修正辩证唯物主义的荒谬性,捍卫和发展辩证唯物主义和历史唯物主义;1914年至1917年,为了掌握分析帝国主义和帝国主义战争、批判修正主义和社会沙文主义的思想武器,列宁撰写了《哲学笔记》《帝国主义是资本主义发展的最高阶段》和

---

① 《列宁全集》第43卷,人民出版社1987年版,第368页。
② 《列宁全集》第23卷,人民出版社1990年版,第45页。
③ 《列宁全集》第23卷,人民出版社1990年版,第48页。

《国家与革命》，深入研究和阐述了辩证唯物主义和历史唯物主义，丰富和发展了马克思主义哲学，特别是丰富和发展了马克思主义辩证法；1917 年至 1924 年，为了巩固无产阶级专政和探索社会主义建设，列宁又撰写了一系列重要著作，创造性地运用辩证唯物主义和历史唯物主义探索社会主义建设规律，极大地丰富和发展了马克思主义哲学。

一方面，丰富和发展了辩证唯物主义基本原理。列宁概括了关于两条哲学基本路线的原理，他提出："从物到感觉和思想呢，还是从思想和感觉到物？恩格斯坚持第一条路线，即唯物主义的路线。"①把物质和物质的具体形态相区分，从哲学高度提出科学的物质定义，揭示物质的客观实在性，即"物质是标志客观实在的哲学范畴，这种客观实在是人通过感觉感知的，它不依赖于我们的感觉而存在，为我们的感觉所复写、摄影、反映"②。从而阐明物质与运动不可分的原理，坚持马克思主义唯物论物质第一性的基本原理；全面研究两种根本对立的发展观，明确提出对立统一规律是辩证法的核心；强调认识对象的客观实在性和可知性，阐明认识的辩证法，在认识论上区分唯物主义和唯心主义，坚持唯物主义反映论，指出唯心主义认识论的根源是"直线性和片面性，死板和僵化，主观主义和主观盲目性就是唯心主义的认识论根源"③；强调实践观点在认识论中的重要地位，指出"生活、实践的观点，应该是认识论的首要的和基本的观点"④，把实践作为检验真理的标准，指出理论与实践的统一；反对分裂唯物论和辩证法，指出辩证法也就是马克思主义认识论；坚持真理的客观性，阐明绝对真理与相对真理的辩证关系，认识到绝对真理与相对真理在特定条件下可以相互转换，指出："人类思维按其本性是能够给我们提供并且正

---

① 《列宁全集》第 18 卷，人民出版社 2017 年版，第 35 页。
② 《列宁全集》第 18 卷，人民出版社 2017 年版，第 130 页。
③ 《列宁全集》第 55 卷，人民出版社 1990 年版，第 311 页。
④ 《列宁全集》第 18 卷，人民出版社 2017 年版，第 144 页。

在提供由相对真理的总和所构成的绝对真理的。科学发展的每一阶段，都在给绝对真理这一总和增添新的一粟，可是每一科学原理的真理的界限都是相对的，它随着知识的增加时而扩张、时而缩小。"① 着重论述了真理标准的确定性与不确定性的辩证关系："这个标准也是这样的'不确定'，以便不让人的知识变成'绝对'，同时它又是这样的确定，以便同唯心主义和不可知论的一切变种进行无情的斗争。"② 他指出真理是一个过程，阐明具体情况具体分析是马克思主义的灵魂。

另一方面，丰富和发展了历史唯物主义的基本原理。列宁论证了社会发展的客观规律，阐述了"经济的社会形态"的基本范畴，指出经济社会形态的发展是以生产力为基础的，主张社会发展规律是像自然规律一样，不以人的意志为转移。他提出："只有把社会关系归结于生产关系，把生产关系归结于生产力的水平，才能有可靠的根据把社会形态的发展看做自然历史过程。"③ 论述历史发展必然性与个人作用的辩证关系，阐明群众、阶级、政党和领袖的辩证关系，论述人民群众创造历史的思想；结合俄国社会的性质，指出改造俄国社会的唯一出路是"无产阶级反对资产阶级的阶级斗争"④；阐述上层建筑在社会发展中的能动作用，强调"没有革命的理论，就不会有革命的运动"⑤；提出俄国马克思主义者的迫切任务是组织无产阶级进行自觉的阶级斗争，阐发经济斗争与政治斗争关系，为无产阶级的阶级斗争指明方向；论述经济与政治的辩证关系，提出政治以经济为基础，但是只有把经济斗争提高到政治斗争，通过政治革命才能实现无产阶级的根本利益，主张把政治斗争与经济斗争相结合，"一切经济斗争都必然要变成政治斗争……应

---

① 《列宁全集》第 18 卷，人民出版社 2017 年版，第 135 页。
② 《列宁全集》第 18 卷，人民出版社 2017 年版，第 144 页。
③ 《列宁全集》第 1 卷，人民出版社 2013 年版，第 110 页。
④ 《列宁全集》第 1 卷，人民出版社 2013 年版，第 129 页。
⑤ 《列宁全集》第 2 卷，人民出版社 1984 年版，第 443 页。

该把这两种斗争紧紧地结合成无产阶级统一的阶级斗争。这种斗争的首要目的应该是争取政治权利,争取政治自由"①。揭示马克思主义哲学的真理性和科学性的统一关系,提出哲学上的党性原则,强调无产阶级党性是真正科学性的必要条件。认为只有坚持党性原则,才能掌握马克思主义哲学,指出社会主义向资本主义过渡时期存在阶级和阶级斗争,揭示无产阶级专政的实质,作出社会主义就是消灭阶级的著名论断。

四 列宁主义是马克思主义的重要组成部分,对中国特色社会主义建设具有极强的现实指导意义

学习列宁主义,就要准确地把握列宁主义的发展脉络和基本精神,学会列宁是怎样运用马克思主义立场、观点和方法指导俄国无产阶级斗争和社会主义建设实践的,用以指导中国特色社会主义伟大实践,不断发展和创新21世纪马克思主义、当代中国马克思主义。列宁主义是对马克思主义的丰富和发展,是毛泽东思想和中国特色社会主义理论体系的理论来源。否定和背离列宁主义,最终必将否定马克思主义。在新时代中国特色社会主义实践中,加强马克思主义学习,就必须加强列宁主义学习。

(一)要像列宁那样重视理论

列宁始终重视学习,特别是学习理论,"我们一定要给自己提出这样的任务:第一是学习,第二是学习,第三还是学习,然后是检查,使我们学到的东西真正深入血肉,真正地完全地成为生活的组成部分",而这"是向一个以发展成社会主义国家为宗旨的国家应该提出的恰如其分的要求"。② 学懂马克思列宁主义是我们认识

---

① 《列宁全集》第4卷,人民出版社2013年版,第163页。
② 《列宁全集》第43卷,人民出版1987年版,第380页。

当今世界和解决时代课题的必然要求，是成功推进中国特色社会主义建设的必然要求，也是新时代坚持和发展马克思列宁主义的必然要求。习近平总书记指出：

> 只有学懂了马克思列宁主义、毛泽东思想、邓小平理论、"三个代表"重要思想、科学发展观，特别是领会了贯穿其中的马克思主义立场、观点、方法，才能心明眼亮，才能深刻认识和准确把握共产党执政规律、社会主义建设规律、人类社会发展规律，才能始终坚定理想信念，才能在纷繁复杂的形势下坚持科学指导思想和正确前进方向，才能带领人民走对路，才能把中国特色社会主义不断推向前进。①

（二）要像列宁那样重视实践

列宁的伟大之处，诚如前述，在于将马克思主义理论与实践相结合，解答革命和建设发展中所面临的理论挑战和现实难题。他基于当时时代背景和俄国具体国情，提出了适合俄国发展需要的理论、路线、方针、政策，并勇于实践、善于实践，引领俄国走上社会主义道路。实践在发展，理论也要回答实践提出的新问题。要向列宁那样，既要敢于实践，同时当已有的理论、路线、方针、政策不适应社会发展需要时，又要及时地进行调整并不断推进理论创新与实践创新的双向互动。要提高运用马克思主义解决实践问题的能力，回应新时代中国特色社会主义所面临的实践问题，解答中国特色社会主义发展面临的难题，总结中国特色社会主义发展的成功经验，通过理论创新指导实践创新，通过实践创新推进理论创新。

（三）要像列宁那样重视党的建设

马克思列宁主义经典作家高度重视党的建设，强调加强党的领

---

① 《习近平谈治国理政》，外文出版社2014年版，第404—405页。

导，充分发挥党的无产阶级先锋模范作用。列宁紧密结合无产阶级政党建设实际，提出无产阶级政党建设理论。对于拥有9000多万名党员、468万多个基层党组织的中国共产党，习近平总书记要求"把党建设成为始终走在时代前列、人民衷心拥护、勇于自我革命、经得起各种风浪考验、朝气蓬勃的马克思主义执政党"[①]，这既是我们党领导人民进行伟大社会革命的客观要求，也是我们党作为马克思主义政党建设和发展的内在需要。中国共产党作为马克思主义政党，必须加强党的建设，充分发挥党在新时代中国特色社会主义事业中的领导作用，坚定马克思主义的理想信念，真正以人民群众的利益为出发点和落脚点，赢得人民群众的支持，真正发挥中国特色社会主义领导核心的历史作用。

---

① 习近平：《决胜全面建成小康社会　夺取新时代中国特色社会主义伟大胜利——在中国共产党第十九次全国代表大会上的报告》，人民出版社2017年版，第62页。

中国共产党百年历程与唯物史观在中国的伟大胜利[*]

中国共产党在中国革命、建设和改革的百年历程中所取得的伟大成就，也是中国共产党运用唯物史观指导中国实践的伟大胜利。在中国革命、建设、改革不同阶段的关键转折点，以唯物史观为指南，中国共产党攻坚克难、转危为机，战胜了一次又一次艰难险阻，领导中国人民不断从胜利走向胜利。经过百年奋斗，中国共产党以自己的伟大实践丰富、发展和创新了马克思主义唯物史观。在实践与理论双向互动中，中国共产党又不断地推进马克思主义唯物史观的中国化，创造了 21 世纪当代中国马克思主义唯物史观，为全世界被压迫民族和国家争取独立、解放和社会现代化发展，提供了中国理论、中国方案和中国模板。中国共产党在中国的百年成功是唯物史观运用于中国实践的伟大胜利。

一 唯物史观是中国共产党的哲学依据

回首中国共产党百年峥嵘岁月，倍觉自豪。中国共产党建党、兴党、强党百年的历史就是中国共产党运用唯物史观作为党全部理

---

[*] 该文系作者 2021 年 6 月 26 日在天津市滨海新区召开的第六届唯物史观与马克思主义史学理论论坛暨建党 100 周年理论研讨会上的主旨报告，原载《马克思主义研究》2021 年第 8 期、《世界社会主义研究动态》2021 年 10 月 29 日。

论与实践活动的哲学依据与思想指南,战狂风恶浪、过激流险滩,化险为夷、转危为安,不断从胜利走向胜利的百年历史。经过百年奋斗,中国共产党运用唯物史观指导中国实践创造了中国理论,坚持、发展和创新了马克思主义唯物史观,创造了21世纪当代中国的马克思主义。

1921年1月21日,毛泽东同志在中国共产党成立前夕,曾掷地有声地明确指出"唯物史观是吾党哲学的依据"[①]。中国共产党百年奋斗的全部理论与实践的思想基础是马克思主义哲学,特别是唯物史观。马克思主义哲学及其唯物史观是中国共产党的初心与使命、理想与信念、理论与路线、实践与斗争的思想基始点和理论出发点。

中国共产党的100年是为中国人民谋幸福、为中华民族谋复兴的100年,是为实现社会主义、共产主义崇高理想不懈奋斗的100年。经过百年奋斗,中国共产党完成了四件大事:第一件大事,夺取新民主主义革命胜利,推翻帝国主义、封建主义、官僚资本主义"三座大山",成立新中国,使中国人民站起来了;第二件大事,赢得社会主义革命胜利,完成社会主义过渡时期生产资料所有制改造,建立社会主义制度,引导中国走上社会主义道路,改变了古老中国的发展方向;第三件大事,历经社会主义建设艰辛探索和社会主义改革开放,走出了一条中国特色社会主义成功之路,使中国人民富起来了;第四件大事,推动进入中国特色社会主义新时代,实现了第一个百年奋斗目标,明确实现第二个百年奋斗目标的战略安排,党和国家事业取得历史性成就,发生历史性变革,创造了新时代中国特色社会主义伟大成就,迎来了从站起来、富起来到强起来的伟大飞跃,踏上全面建设社会主义现代化国家、实现中华民族伟大复兴的新征程。

---

① 赵云献主编:《毛泽东建党学说论》(上),人民出版社2003年版,第99页。

（一）中国共产党在领导中国人民争取民族复兴的伟大斗争中，形成了四大方面建设成果

一是物质文明建设成果。中国共产党领导人民进行新民主主义和社会主义革命，打碎阻碍生产力发展的落后生产关系和上层建筑枷锁，建立基本适应生产力发展的社会主义经济基础和上层建筑，极大地解放和发展了生产力，经过努力拼搏，至2020年国内生产总值已经达到101.6万亿元，消除了绝对贫困，实现了全面脱贫，为世界减贫作出重要贡献；经济实力、科技实力、国防实力、综合国力和人民生活水平跃上新的台阶，2021年全面建成了小康社会；为在2035年基本实现社会主义现代化，到2050年建成富强、民主、文明、和谐、美丽的社会主义现代化强国创造了前提和条件。中华民族伟大复兴目标的实现，从来没有像今天这样可近可见、即在眼前。

二是精神文明建设成果。推进马克思主义——人类最先进的思想理论，与中国国情现实，与中国革命、建设和改革实践，与中国优秀传统文化相结合，实现马克思主义中国化的伟大飞跃，攀登了人类思想文化的最高峰，创造了中华民族发展史上最先进、最宝贵的精神财富。马克思主义中国化第一次飞跃发生在新民主主义革命、社会主义革命和社会主义建设探索时期，理论成果是毛泽东思想；第二次飞跃发生在社会主义改革开放时期，理论成果是中国特色社会主义理论体系，包括邓小平理论、"三个代表"重要思想和科学发展观；第三次飞跃发生在中国特色社会主义新时代，理论成果是习近平新时代中国特色社会主义思想，它既是中国特色社会主义理论体系的组成部分，又是该理论体系的丰富、发展和创新。中国化的马克思主义是中华民族在中国共产党领导下创造的宝贵精神财富。在中国共产党领导的革命、建设和改革的伟大斗争中，中国人民的精神面貌发生了根本改变，形成了红色革命文化和社会主义先进文化，在教育程度、科学技

术、卫生体育、道德水准、文化艺术、文明素质、社会风气等方面创造了辉煌的现代中华文明。

三是社会文明建设成果。早在革命战争年代，中国共产党就在革命根据地创建了具有先进社会形态雏形的社会新文明。在新中国成立后，党带领人民以摧枯拉朽之势横扫一切旧社会的污泥浊水，初步建立了具有新风貌、新气象的新社会文明。经过70多年的不懈努力，终于可以自豪地说，我们初步创建了优于资本主义的先进的社会主义社会文明。体现在制度文明建设上，创立了比资本主义制度更为先进的社会主义制度文明。推进工业、农业、国防、文教、科技、体育、卫生等的全面发展；航天、潜海、人工智能、高铁、5G等高新科技日益接近世界先进水平，有的已经进入世界前沿；坚持科学技术是第一生产力，尊重知识，尊重人才，实施科技强国、教育强国战略；依法治国，重视德治，德法相辅，大力加强社会主义民主政治建设，创造社会主义政治文明，等等。这些先进社会文明成就不仅彻底改变了中国面貌，也为解决世界难题源源不断地提供了中国智慧、中国方案。

四是生态文明建设成果。新中国刚刚成立，毛泽东同志就领导全党全国人民开始了改变旧中国破碎、凋零、脏乱的自然环境的伟大斗争，经过60多年的改造与建设，中华大好山河迸发出新的生命、美的风韵。党的十八大以来，习近平总书记提出了社会主义生态文明建设的伟大战略，制定了加快生态文明体制改革和建设美丽中国的目标、任务和举措。在习近平总书记关于"绿水青山就是金山银山"的重要论述指导下，党领导人民坚决贯彻绿色发展理念，打好污染防治攻坚战，补上生态环境保护这块最大短板，加大生态文明建设力度，山更绿了、水更清了、天更蓝了，祖国生态环境更优美了，生态文明建设取得了巨大成就。

（二）中国共产党百年奋斗史就是马克思主义唯物史观在中国传播，为中国共产党和中国人民所接受、所运用，并与中国实践发生紧密结合，转化成改造旧中国、建设新中国的伟大力量的过程

中国共产党之所以能办成四件大事，取得四个方面的伟大成就，极其重要的一条经验，就是高度重视马克思主义唯物史观的指导，把唯物史观成功地与中国实际相结合，用于指导中国革命、建设和改革的伟大实践。

在中国革命、建设和改革的百年历程中所取得的伟大成就，就是中国共产党运用唯物史观指导实践，打碎一个旧世界、建设一个新世界的胜利，就是马克思主义唯物史观在中国的伟大胜利。

众所周知，在人类思想史上，唯物史观是马克思的第一个伟大发现，也是马克思对人类思想的第一个伟大贡献。唯物史观第一次在人类思想史上揭示了人类历史发展的客观规律，预示了人类社会发展的必然趋势，它为工人阶级及全人类认识社会、改造社会提供了最锐利的思想武器，为工人阶级及全人类的解放提供了照亮前进方向的启明灯。

正因为马克思发现了唯物史观，使现代唯物主义成为最完备的、最彻底的唯物主义理论体系，使马克思主义哲学攀登到人类哲学思维的最高峰；正因为马克思发现了唯物史观，揭开资本主义剩余价值的秘密，昭示资本主义灭亡、社会主义胜利的必然趋势；正因为马克思发现了唯物史观，创立了科学社会主义，指出经过无产阶级革命和无产阶级专政的阶级斗争而实现共产主义远大理想的正确道路……归根结底，正因为唯物史观具有极其伟大的历史意义、现实作用、理论品格、实践价值、指南功能，被苦苦探索、寻求解放处于水深火热苦难之中的中国人民的出路的中国先进知识分子在创建中国共产党的早期革命实践中所率先接受和运用。可以说，中国先进知识分子接受马克思主义，率先接受的是唯物史观，并把唯物史观成功地用于指导中国革命取得成功。当然，马克思主义哲学是由辩证唯物主义与历史唯物主义这两个组成部分结合在一起的一块整钢，是不分先后、不可分割地联系在一起的系统完整的科学理论体系，有了辩证唯物主义才有历史唯物主义，有了历史唯物主义才有辩证唯物主义。中国先进知识分子在接受唯物史观的思想过程中，同时也接受了辩证唯物主义世界观和方法论，接受了马克思主义哲学，并自觉地把马克思主义哲学当作解决中国问题的思想武器。

为了圆中华民族复兴之梦，中国共产党成立之前，图强图变的中国仁人志士进行了不懈努力，但最后都失败了。自1840年鸦片战争以来，试图强国富民的中国仁人志士一直在寻求救国富民之路。洪秀全领导的太平天国革命，是农民阶级对封建地主阶级的一次集中反抗，沉重打击了清朝封建地主阶级统治，但是由于农民阶级的局限性，缺乏先进的思想指导，决定了其最后失败的命运。康有为、梁启超发动的戊戌变法，是在保留封建君主专制的框架内进行局部改良，这场改良也根本不可能成功，维新百日便遭到镇压，可见这条路也走不通。孙中山领导的资产阶级旧民主主义的辛亥革命推翻了清朝统治，但革命果实被北洋军阀袁世凯所窃取，中国仍陷入四分五裂的状态。

为什么这些努力总是失败？是由世界已经进入无产阶级革命和帝国主义的时代发展大势所决定的。这是因为帝国主义不允许，封建地主阶级也不允许中国独立自主地发展资本主义，中国的民族资产阶级具有天然的软弱性，不可能担当起领导民主革命、建立资产阶级独立国家、彻底推翻封建统治的重任。中国人民前赴后继的不懈努力都归于失败，这一结果告诉中国的先进知识分子，必须选择新的"主义"指导中华民族救亡图存，指导中国人民翻身解放。1914年第一次世界大战前后，西方各种思潮先后被介绍到中国，中国的先进知识分子注意对各种思潮进行比较，以尽快找到振兴中华之路。

为了中华民族复兴伟业，很多先进知识分子出国留学，寻找救国救民的真理，一些人去了日本，一些人去了欧洲。李大钊1913年到日本东京早稻田大学留学。他同一批有志之士一样，接触到马克思主义唯物史观，给中国带来了马克思主义，带来了唯物史观。1919年5月4日，五四运动爆发。五四运动实质上是中国先进知识分子选择马克思主义唯物史观还是选择非马克思主义唯心史观的思想斗争过程，是中国先进知识分子宣传马克思主义唯物史观的思想传播过程，是马克思主义唯物史观灌输到中国先进知识分子头脑中的理论教育过程，是马克思主义唯物史观为中国人民所接受、与中国革命产生联系、与中国实践相结合，指导中国革命的作用过程。李大钊、陈独秀、毛泽东、蔡和森、邓中夏、瞿秋白、周恩来等一大批先进知识分子，接受并大力介绍、传播了马克思主义唯物史观，力图运用唯物史观解开中国问题之谜，指导解决中国问题。1919年5月11日，《新青年》出版"马克思主义研究"专号，刊载了李大钊《我的马克思主义观》，重点介绍了唯物史观，明确赞同科学社会主义、剩余价值学说和阶级斗争理论，是中国第一篇较为系统地介绍传播马克思主义的战斗檄文。顾兆熊的《马克思学说》、陈启修的《马克思的唯物史观与贞操问题》、刘秉麟的《马克思传略》、渊泉翻译的日本马克思主义学者河上肇的《马克思的唯物史观》等一批宣传马克思主义唯物史观的文章也纷纷面世。

十月革命给中国先进知识分子以深刻的启迪。中国先进知识分子尝试着运用唯物史观的立场、观点、方法观察和分析中国的问题，与各种非马克思主义者展开了三次大论战：第一次是"问题与主义"之争，实质是中国需不需要马克思主义，要改良还是要革命；第二次是关于科学社会主义是否适合中国之争，实质是中国走社会主义道路，还是走资本主义道路；第三次是马克思主义与无政府主义之争，实质是是否必须建立中国工人阶级先锋队——中国共产党，是否坚持中国共产党领导、通过无产阶级革命和无产阶级专政引导中国走上社会主义振兴之路。这三场大论战都聚焦于中国的重大现实社会问题。

当时，中国现实的社会问题迫切需要中国先进知识分子找到正确的答案，而唯物史观则是解决中国现实问题的最直截了当、最迫切需要、最锐利管用的思想武器。对重大社会问题的认识和解决，只有运用唯物史观的立场、观点、方法，才能得出科学的答案。五四运动后，马克思、恩格斯、列宁的重要著作被大量译成中文出版发行，如《哲学的贫困》《共产党宣言》《〈政治经济学批判〉导言》《雇佣劳动与资本》《资本论》《法兰西内战》《社会主义从空想到科学的发展》《家庭、私有制和国家的起源》《国家与革命》等都被摘译出来，传播开来，马克思主义唯物史观、政治经济学和科学社会主义的基本观点在中国广为传播。1920年8月，陈望道翻译的《共产党宣言》单行本出版，到1926年，共印了17版。1921年5月前后，中华书局正式出版了李达翻译的《唯物史观解说》和《社会问题总览》，这是当时宣传唯物史观的两本代表性著作。《唯物史观解说》有一篇附录《马克思唯物史观要旨》，李达在附录中阐述了唯物史观的产生及其重大意义，翻译了马克思《〈政治经济学批判〉序言》和恩格斯1888年为英文版《共产党宣言》所作"序言"中有关唯物史观最精辟的论述，为中国先进知识分子学习马克思主义唯物史观提供了重要原材料，为中国先进知识分子建党立党、开展阶级斗争提供了理论武器。

为了进一步接受马克思主义，中国共产党的早期创始人开始组织马克思主义研究会，深入开展马克思主义的理论研究，寻求解决中国现实问题的思想武器。1920年3月，李大钊、邓中夏、高君宇等在北京大学发起成立"马克思学说研究会"，会员发展到150人左右。研究会按专题分10个组进行专题研究，有唯物史观、阶级斗争、剩余价值、无产阶级专政、社会主义史、俄国革命与建设等，研究的问题都集中在社会现实问题上。被林伯渠誉为"登高一呼群山应"的李大钊，发表了《再论问题与主义》《法俄革命之比较观》《庶民的胜利》等一系列文章，系统地阐述了唯物史观和科学社会主义，热情宣传十月革命，指出社会主义革命是世界潮流:"试看将来的环球,必是赤旗的世界!"①

在马克思主义唯物史观的启迪教育下,成长起一大批具有马克思主义、共产主义思想的先进分子,主张建立中国共产党,开展阶级斗争。1920年2月,李大钊、陈独秀"相约建党",关于党的名称,李大钊主张用"中国共产党",陈独秀赞同。1920年8月13日,蔡和森在法国致信毛泽东,主张"明目张胆正式成立一个中国共产党"。1921年元旦,长沙新民学会召开会员会,讨论中国和世界应当走什么路、向何处去的问题,列举了解决社会问题的五种方式,经表决,赞成布尔什维克主义者占绝大多数。1921年1月21日,毛泽东在给蔡和森的复信中写道:"你这一封信见地极当,我没有一个字不赞成。""非得政权则不能发动革命,不能保护革命,不能完成革命"。②

三次大论战的结果是,先进的中国知识分子选择的是坚持把"唯物史观""科学社会主义""马克思主义"作为思想武器,而不是把"唯心史观""空想社会主义""费边马克思主义"作为思想武器;是走社会主义道路而不是走资本主义道路;是展开对反动阶级的"阶级斗争""革命"而不是"改良""合作";是成立工人阶级的先锋队组织——中国共产党,而不是尊崇无政府主义。一句话,遵循马克思主义唯物史观的立场、观点和方法,成立中国共产党,走俄国十月革命的社会主义道路,这就是中国先进知识分子运用马克思主义唯物史观选择的结论。

正是中国的先进分子在唯物史观那里树立了共产主义的远大理想、崇高信仰和坚定信念;正是中国的先进分子从唯物史观那里找到了中国走社会主义这唯一正确的道路;正是中国的先进分子从唯物史观那里认识到中国必须展开一场反帝反封建的彻底的社会革命,才能解救中国;正是中国的先进分子从唯物史观那里认识到只

---

① 李大钊:《庶民的胜利》,《新青年》1919年1月第5卷第5号。
② 《毛泽东书信选集》,中央文献出版社2003年版,第11页。

有从枪杆子里才能出政权,通过武装斗争反对反革命的武装,通过农村包围城市,才能取得中国革命的胜利;正是中国的先进分子从唯物史观那里正确分析了中国社会的阶级关系,认识到了谁是革命的领导阶级、谁是革命的依靠阶级、谁是革命的同盟军、谁是革命的敌人,确立了展开革命斗争的正确的战略和策略……正是唯物史观所内含的一系列科学原理和观点,使得中国先进分子义无反顾地接受了马克思主义指导的理论选择、社会主义的道路选择、中国共产党的领导选择。

1921年7月,中国共产党成立了,这是中国开天辟地的大事变。从此,中国改换了发展方向,中国人民谋求民族解放、国家独立、人民幸福的斗争就有了主心骨、领路人和先锋队。100年来,中国共产党人披荆斩棘,砥砺前行,"其中有危难之际的绝处逢生,有挫折之后的毅然奋起,有失误之后的拨乱反正,有磨难面前的百折不挠,既充满艰险又充满神奇,既历尽苦难又辉煌迭出"[1]。中国共产党人在马克思主义唯物史观的指导下,为了实现民族复兴的使命,团结带领人民进行了艰苦卓绝的斗争,谱写了气壮山河的壮丽史诗。中国共产党成立100年来的光辉实践,证明毛泽东同志当年提出的"唯物史观是吾党哲学的根据"这个经典命题的科学性与正确性。

二 唯物史观是中国共产党战狂风恶浪、过激流险滩,化险为夷、转危为安的定海神针

在中国革命、建设、改革不同阶段的关键转折点,依靠唯物史观指南,攻坚克难、转危为机,中国共产党战胜了一次又一次艰难险阻,领导中国人民不断从胜利走向胜利。

---

[1]《习近平新时代中国特色社会主义思想学习纲要》,学习出版社、人民出版社2019年版,第184页。

旧中国是半殖民地半封建社会，落后的生产关系阻碍着生产力的发展，腐败的上层建筑束缚着中国的社会进步，人民过着牛马不如、生不如死的悲惨生活。中国共产党自成立之日起，就遵循马克思主义唯物史观指导，确立了为人民谋幸福、为民族求解放，走社会主义、共产主义道路，为中华民族振兴而奋斗的初心和使命，制定了工人阶级政党的章程和目标。党的二大第一次明确反帝反封建的民主革命纲领，区分了党的最高纲领和最低纲领，最高纲领是实现社会主义、共产主义。党的三大决定建立各民主阶级的统一战线，促成了国共合作，决定共产党员以个人身份加入国民党，党必须在政治上、思想上、组织上保持独立性，掀起了1924年到1927年的大革命运动高潮。中国共产党人运用唯物史观，确立了明确的初心和使命、理想和信念、纲领和策略，在大革命的斗争中，推动了工农运动和北伐战争，显示了中国共产党人坚定的理想信念、大无畏的斗争精神，确立了党在中国革命历史上不可替代的作用。

（一）1927年，蒋介石悍然发动"四一二"反革命政变、汪精卫蓄意发动"七一五"反共大屠杀，中国共产党和中国革命处于危难时刻

中国共产党根据唯物史观关于群众、阶级、政党和领袖，国家、阶级和阶级斗争的基本原理，认清国民党右派镇压革命力量的现实，断然与国民党右派分道扬镳。党正确判断大革命失败的形势，召开八七会议，会上毛泽东同志提出了"枪杆子里面出政权"的著名论断，用武装的革命反对武装的反革命。八七会议批评了陈独秀的右倾机会主义错误，撤销了他的领导职务。之后，党毅然领导并发动了八一南昌起义，打响了武装反抗国民党反动派的第一枪，发动了秋收起义等一系列武装起义。毛泽东同志带领秋收起义部队进行了三湾改编，将支部建在连上，确立党对军队的绝对领导，开始建设无产阶级领导的新型人民军队。又与朱德带领的南昌起义部队会师于井冈山，创建了工农红军，开辟了农村革命根据地。这标志着中国共产党领导革命战争，创建人民军队和根据地，武装夺取政权的开始，党从此走上独立领导中国革命的道路。

（二）工农红军和革命根据地受到国民党反动派的经济、政治封锁和军事"围剿"，党、红军和根据地面对强大的反动势力的重压

毛泽东同志从长远的、根本的、大局的、辩证的唯物史观视角出发，抓住了历史发展大势，于1928年10月撰写了《中国的红色政权为什么能够存在》，分析了中国国情和敌我力量对比，论证了红色政权和人民军队存在并发展壮大的可能性与现实性。针对有人担心"红旗到底能打多久"的悲观情绪，他又在1930年1月撰写了《星星之火，可以燎原》，论述了革命阶级的革命行动顺应历史发展规律，总会由弱小走向强大，代表先进生产力的阶级必定战胜阻碍生产力发展的反动阶级的历史必然性，表达了革命必胜的信念，引导红军官兵登高望远，拨云见日，顺应大势，树立信心，砥砺前进。毛泽东同志主持召开古田会议，确定思想建党、政治建军、党指挥枪等建党建军基本原则，为开展革命战争制定了正确的战略策略。在毛泽东同志正确路线的指导下，中央红军连续战胜了国民党军队的四次"围剿"，红色根据地不断扩大巩固，工农红军队伍不断壮大，形成了农村包围城市、武装夺取政权的中国革命道路。

（三）在王明"左"倾教条主义错误路线的误导下，第五次反"围剿"失败，红军和根据地遭受了重大损失，红军被迫长征，湘江战役损失惨重，红军陷于敌军重围，中国革命处于生死攸关的危急关头

以毛泽东同志为代表的中国共产党人站在唯物史观的高度，分

析了红军面对的紧迫形势，批评了王明"左"倾教条主义错误，于1935年1月召开了遵义会议，集中解决了最紧迫的军事问题和组织问题，确立了毛泽东在党和红军的实际领导地位，确立了正确的政治路线和军事路线，开始形成以毛泽东同志为核心的党中央领导集体。毛泽东同志力挽狂澜，使形势发生逆转，危难之际挽救了党、红军和中国革命，开启了党独立自主解决中国革命实际问题的新阶段，中国革命开始从失败走向胜利。

（四）当日本军国主义发动全面侵华战争，国内流行"恐日病"，被悲观主义笼罩，中华民族面临亡国灭种、生死存亡的关键时刻

毛泽东同志领导党运用唯物史观的立场、观点和方法，准确把握国内主要矛盾和阶级关系的变化——已经由人民大众同帝国主义、封建主义、官僚资本主义的矛盾转变为中国人民同日本帝国主义的矛盾，提出了反对日本帝国主义侵略，团结一切可以团结的力量，坚持统一战线中无产阶级政党领导权的主张，实现由国内革命战争向民族解放战争的转变，发挥了中国共产党在抗战中的中流砥柱作用。毛泽东同志发表了《论持久战》，科学分析了中日双方的优势与劣势，高瞻远瞩地预见了抗日战争发展的三个阶段，提出在敌人后方放手发动山地游击战争，在国统区放手发动抗日群众运动，坚持持久战的科学判断，得出中国必胜的结论，极大地鼓舞了全国人民的勇气、信心和斗志。毛泽东所提出的抗日战争的正确战略和策略，标志着党的全面抗战路线的正式形成。中国共产党团结全国人民，经过艰苦卓绝的斗争，最终打败了日本帝国主义，中国共产党及其革命军队在十分险恶的斗争环境中得以锻造，经受住了考验，并迅速发展壮大起来。

（五）当抗战胜利结束，全国人民盼望和平，蒋介石反动集团倒行逆施，撕毁和谈协议，坚持官僚资产阶级、大地主阶级的独裁统治，悍然发动消灭共产党和人民军队的内战，中国正面临前途命运大决战的转折时机

毛泽东同志领导全党遵循唯物史观，先后召开了党的七大、七届二中全会，发表了《论联合政府》《论人民民主专政》等一系列文章，认真分析了国内主要矛盾：已从中国人民同日本帝国主义的矛盾，转变为中国人民同帝国主义、官僚资本主义和封建主义"三座大山"的矛盾；确立了毛泽东思想的指导地位，制定了完整的新民主主义革命纲领和路线；提出了废除封建和半封建的土地制度，实行土地改革；提出了打倒蒋介石独裁统治、解放全中国，完成国家独立、民族解放的新民主主义革命目标、战略和策略；规定了党在全国胜利后工作重点由农村转移到城市，由农业国转变为工业国，由新民主主义社会转变为社会主义社会的发展方向。经过解放战争，打败了国民党反动派，成立了新中国，结束了中国几千年封建专制统治，开启了中华民族发展进步的新纪元。

（六）新中国成立后，经过五年国民经济恢复，取得了抗美援朝战争的胜利，巩固了新中国的人民政权，处于中国下一步向何处去的重要关节点

毛泽东同志领导党根据唯物史观生产关系必须适应生产力、上层建筑必须适应经济基础的原理，提出不间断地由新民主主义革命转变到社会主义革命的主张和政策，制定了"一化三改"的生产资料所有制改造的社会主义过渡时期总路线，完成了社会主义所有制改造，确立了社会主义制度。一个社会主义的新国家和新社会展现在人民面前，极大地解放了中国的生产力，激发了中国人民建设社会主义的积极性和创造性。

（七）1956 年我国确立了社会主义制度，剥削阶级作为整个阶级已经被消灭了，国内阶级矛盾降为次要地位，人民内部矛盾已经成为社会主义政治生活的主题，如何在社会主义制度条件下，发展生产力、建设社会主义现代化国家，这一重大任务摆在全党面前

毛泽东同志在党的八大上基于唯物史观关于主要矛盾及其转化的原理，对国内社会主要矛盾作出了科学判断，认为国内社会主要矛盾"已经是人民对于建立先进的工业国的要求同落后的农业国现实之间的矛盾，已经是人民对于经济文化迅速发展的需要同当前经济文化不能满足人民需要的状况之间的矛盾"[①]，是先进的社会主义制度同落后的社会生产力之间的矛盾。党和人民当前的主要任务，就是集中力量解决这个矛盾，把我国尽快地从落后的农业国建成先进的工业国，形成了社会主义建设总路线。党带领人民群众取得社会主义建设伟大成就的同时，由于缺乏经验，尽管及时作出了一些调整和纠正，但"左"倾冒进错误倾向的蔓延，使社会主义建设遇到严重挫折。毛泽东同志领导的中国社会主义建设的艰辛探索取得了伟大成就，为中国特色社会主义奠定了理论、制度和物质基础。

（八）"文化大革命"结束后，怎样才能拨乱反正，开创一条适应中国社会发展的新路，党和国家的事业发展正处在历史关键点上

以邓小平同志为核心的第二代中央领导集体根据唯物史观生产力决定作用和社会基本矛盾、主要矛盾原理，解放思想、实事求是，一切从实际出发，观察中国社会矛盾的现实状况，恢复了党的八大关于社会主要矛盾的正确提法，明确指出人民群众日益增长的物质文化需要同落后的社会生产之间的矛盾成为社会主要矛盾，作

---

① 江流：《有中国特色社会主义大事典》，人民出版社 1994 年版，第 69 页。

出我国处于并将长期处于社会主义初级阶段的科学判断，决心把工作重心转移到经济建设上来，把发展生产力作为社会主义的根本任务；认为我国社会基本矛盾是生产关系存在不适应生产力发展的方面和环节，上层建筑存在不适应经济基础发展的方面和环节，必须实行改革开放，大力解放和发展生产力；提出党在社会主义初级阶段"一个中心、两个基本点"的基本路线，解放思想，开拓进取，建立和完善社会主义市场经济体制，成功地走出一条中国特色社会主义道路。改革开放40多年来，中国经济一直保持了高速增长，国家综合实力显著增强。

（九）党的十八大以来，中国特色社会主义进入了新时代，中华民族复兴伟业正处于中华民族伟大复兴战略全局和世界百年未有之大变局的"两个大局"的历史新起点上

回顾党的百年历程，每到关键转折关头，可以清楚明了地看到，掌握和运用历史唯物主义用来分析和把握中国社会运动发展规律的重要性，正如习近平总书记总结的那样：

> 在革命、建设、改革各个历史时期，我们党运用历史唯物主义，系统、具体、历史地分析中国社会运动及其发展规律，在认识世界和改造世界过程中不断把握规律、积极运用规律，推动党和人民事业取得了一个又一个胜利。[①]

这是中国共产党百年成功的重要经验总结。以习近平同志为核心的党中央运用唯物史观，分析世情国情党情的变化，明确指出，中国特色社会主义进入新时代，社会主要矛盾已经转化为人民日益增长的美好生活需要和不平衡不充分的发展之间的矛盾；统筹推进

---

① 习近平：《坚持历史唯物主义不断开辟当代中国马克思主义发展新境界》，《求是》2020年第2期。

"五位一体"总体布局，协调推进"四个全面"战略布局，解决了许多长期想解决而没有解决的难题，办成了许多过去想办而没有办成的大事，推动党和国家事业取得历史性成就，发生了历史性变革，开启社会主义现代化强国建设新征程，中华民族正以崭新的姿态立于世界东方。在中国共产党成立 100 周年前夕，完成了脱贫攻坚任务，全面建成小康社会，人民群众的获得感、幸福感不断增加，生活水平显著提高，为实现第二个百年奋斗目标奠定了坚实基础。

三 中国共产党创造了唯物史观运用于中国实践的伟大理论

马克思主义唯物史观作为观察、说明社会历史问题的科学世界观、方法论，揭示了社会发展一般客观规律，指出了解决社会问题的总体方向和基本方法，但并没有提出认识并解决中国问题的具体方案。中国方案需要中国共产党人将马克思主义唯物史观运用于中国实际，在实践中不断探索和提出。中国共产党的百年征程，是在马克思主义唯物史观的指导下，不断结合中国实际，解决中国问题的实践过程。马克思主义唯物史观彻底深刻地改变了中国，中国革命、建设和改革的成功验证了马克思主义唯物史观的真理性。中国共产党以自己的伟大实践丰富、发展和创新了马克思主义唯物史观。

（一）客观、全面、科学地分析中国社会特殊的阶级关系和阶级斗争状况，形成了符合中国革命、建设和改革实际的理论路线和战略策略，坚持、丰富和发展了唯物史观阶级、阶级斗争观点及无产阶级专政学说和阶级分析方法

阶级、阶级斗争观点和无产阶级专政学说是马克思主义唯物史观的重要理论，为中国共产党人认识、解决中国问题提供了正确的世界观、方法论。马克思、恩格斯指出："将近 40 年来，我们一贯强调阶级斗争,认为它是历史的直接动力,特别是一贯强调资产阶级和无产阶级之间的阶级斗争,认为它是现代社会变革的巨大杠杆"①。"阶级斗争必然导致无产阶级专政","这个专政不过是达到消灭一切阶级和进入无阶级社会的过渡"。②

阶级、阶级斗争和无产阶级专政学说是唯物史观对我们党的创造者、领导者影响作用最大的重要原理之一。毛泽东同志曾经说:

> 记得我在一九二〇年,第一次看了考茨基著的《阶级斗争》,陈望道翻译的《共产党宣言》,和一个英国人作的《社会主义史》,我才知道人类自有史以来就有阶级斗争,阶级斗争是社会发展的原动力,初步地得到认识问题的方法论。可是这些书上,并没有中国的湖南、湖北,也没有中国的蒋介石和陈独秀。我只取了它四个字:"阶级斗争",老老实实地来开始研究实际的阶级斗争。③

如何认识中国社会各阶级的地位、他们之间的关系及其在革命中的态度和作用,怎样开展阶级斗争革命才能成功?这是认识中国国情特殊性、解决中国革命的首要问题。在中国革命初期,毛泽东同志撰写了《中国社会各阶级的分析》,正确分析了中国社会的阶级关系和阶级斗争特点,明确指出谁是革命的领导、谁是革命的主力、谁是革命的朋友、谁是革命的敌人,解决了革命的首要问题。提出"枪杆子里面出政权",用武装的革命反对武装的反革命的科学道理,形成了无产阶级政党领导的新民主主义革命的理论、纲领、路线和策略。正是在唯物史观关于阶级、阶级关系和阶级斗争的科学理论指导下,我们党坚持武装斗争,没有照搬俄国通过城市

---

① 《马克思恩格斯选集》第3卷,人民出版社1995年版,第685页。
② 《马克思恩格斯选集》第4卷,人民出版社1995年版,第547页。
③ 《毛泽东文集》第2卷,人民出版社1993年版,第378—379页。

武装起义夺取政权的模式,而是走出了一条通过农村包围城市、最后夺取城市的新路,取得了中国革命的伟大胜利。

我国社会主义制度确立以后,特别是进入改革开放新时期以来,社会主要矛盾发生了新变化,阶级矛盾不再是社会主要矛盾了,阶级斗争也不再是主要的社会斗争形式了。在阶级和阶级斗争问题上,必须警惕"左"和右两种错误思想的干扰,既不能继续以阶级斗争为纲,又不能无视阶级斗争在一定范围内继续存在的现实。中国共产党清醒地认识到,国内社会主要矛盾已不再是阶级矛盾了,不能搞战争年代那种大规模的、急风暴雨式的阶级斗争。但在国内,阶级斗争还在一定范围内存在,有时还会很激烈。国际上,无产阶级与资产阶级、社会主义与资本主义的矛盾与斗争仍然是资本主义世界体系矛盾和斗争的主线。《中国共产党章程》明确指出:

> 由于国内的因素和国际的影响,阶级斗争还在一定范围内长期存在,在某种条件下还有可能激化,但已经不是主要矛盾。[1]

《中华人民共和国宪法》也明确提出:

> 在我国,剥削阶级作为阶级已经消灭,但是阶级斗争还将在一定范围内长期存在。[2]

当今时代仍然是资本主义生产方式占统治地位的时代,社会主义和资本主义两条道路、两种制度的较量,两个阶级的斗争依然具有主导性、长期性和复杂性,习近平总书记强调:

---

[1] 《党章党规党纪学习辅导》,人民出版社2019年版,第19页。
[2] 《中华人民共和国宪法》,人民出版社2018年版,第11页。

尽管我们所处的时代同马克思所处的时代相比发生了巨大而深刻的变化，但从世界社会主义500年的大视野来看，我们依然处在马克思主义所指明的历史时代。①

必须结合新的实际，坚持并正确运用马克思主义的阶级、阶级斗争观点和阶级分析方法。

无产阶级专政思想是马克思主义最卓越、最重要的思想之一。马克思主义阶级斗争和国家学说告诉我们，无产阶级反对资产阶级的社会主义革命必然产生无产阶级专政，无产阶级专政担负着经过无产阶级国家过渡到共产主义社会的历史使命。列宁指出：

> 谁要是仅仅承认阶级斗争，那他还不是马克思主义者，他还可以不超出资产阶级思想和资产阶级政治的范围。
> 只有承认阶级斗争、同时也承认无产阶级专政的人，才是马克思主义者。②

毛泽东同志发展了马克思列宁主义关于无产阶级专政的学说，创造性地提出人民民主专政的思想：

> 总结我们的经验，集中到一点，就是工人阶级（经过共产党）领导的以工农联盟为基础的人民民主专政。这个专政必须和国际革命力量团结一致。这就是我们的公式，这就是我们的主要经验，这就是我们的主要纲领。③

改革开放之初，邓小平同志把坚持人民民主专政作为改革开放不可动摇的"四项基本原则"之一郑重地提出来。党的十九大报

---

① 《习近平谈治国理政》第2卷，外文出版社2017年版，第66页。
② 《列宁选集》第3卷，人民出版社2012年版，第139页。
③ 《毛泽东选集》第4卷，人民出版社1991年版，第1480页。

告再次明确强调我国是工人阶级领导的，以工农联盟为基础的人民民主专政的社会主义国家。人民民主专政是我国社会主义国家政权的实质和主要内容，坚持人民民主专政是我国社会主义制度的基本保障，也是中国特色社会主义必须坚持的一个基本原则，坚持人民民主专政的社会主义国体不可动摇。新中国成立70多年，我们成功地战胜了国外反动力量的经济封锁、武装包围、军事进攻、和平演变，成功地组织和发展了社会主义生产力，取得了中国特色社会主义的伟大胜利，正是靠人民民主专政。人民民主专政是中国共产党人对马克思列宁主义无产阶级专政学说的坚持、丰富和发展。

（二）针对中国实际，提出了关于社会主义社会基本矛盾、主要矛盾、两类不同性质矛盾和人民内部矛盾的科学理论，坚持、丰富和发展了唯物史观社会矛盾理论

马克思在《〈政治经济学批判〉序言》中揭示了贯穿一切社会的社会基本矛盾的客观规律。马克思主义经典作家认为，生产力与生产关系之间的矛盾、经济基础和上层建筑之间的矛盾是人类社会的基本矛盾，是推动人类社会向前发展的根本动力。马克思主义经典作家关于社会基本矛盾的理论揭示了社会矛盾的普遍性规律，社会基本矛盾贯穿一切社会，当然也包括社会主义社会。马克思主义经典作家关于社会基本矛盾的基本原理也适用于社会主义社会。马克思曾预见到社会主义社会矛盾的非对抗性质和解决办法，他指出：

> 资产阶级的生产关系是社会生产过程的最后一个对抗形式。[1]

所谓"最后一个对抗形式"，也就意味着资本主义之后的社会

---

[1] 《马克思恩格斯选集》第2卷，人民出版社1995年版，第33页。

主义的生产关系与生产力的矛盾再也不具有对抗性质了。他还认为，未来社会矛盾不能用"政治革命"形式来解决，"社会进化将不再是政治革命"①，指出了社会主义社会矛盾的根本解决办法。但是，总的来说，马克思主义经典作家由于实践的局限，不可能对社会主义社会矛盾，包括社会主义社会基本矛盾问题作出具体的回答。

在关于社会主义社会矛盾这个重大的理论问题上，以毛泽东同志为代表的中国共产党人作出了独创性的理论贡献，提出了基本矛盾、主要矛盾、两类不同性质矛盾、人民内部矛盾的理论命题，并作出深刻的论证和阐述。1956年发表的《关于无产阶级专政的历史经验》和《再论无产阶级专政的历史经验》两篇文章，阐述了中国共产党关于社会主义社会矛盾问题的认识。文章指出：

> 有一些天真烂漫的想法，仿佛认为在社会主义社会中是不会再有矛盾存在了。否认矛盾存在，就是否认辩证法，各个社会的矛盾性质不同，解决矛盾的方式不同，但是社会的发展总是在不断的矛盾中进行的。社会主义社会的发展也是在生产力和生产关系的矛盾中进行着的。②
>
> 在我们面前有两种性质不同的矛盾：第一种是敌我之间的矛盾（在帝国主义阵营同社会主义阵营之间，帝国主义同全世界人民和被压迫民族之间，帝国主义国家的资产阶级同无产阶级之间，等等）。这是根本的矛盾，它的基础是敌对阶级之间的利害冲突。第二种是人民内部的矛盾（在这一部分人民和那一部分人民之间，共产党内这一部分同志和那一部分同志之间，社会主义国家的政府和人民之间，社会主义国家相互之间，共产党和共产党之间，等等）。这是非根本的矛盾，它的

---

① 《马克思恩格斯选集》第1卷，人民出版社1995年版，第195页。
② 《建国以来重要文献选编》第8册，中央文献出版社1994年版，第231页。

发生不是由于阶级利害的根本冲突,而是由于正确意见和错误意见的矛盾,或者由于局部性质的利害矛盾。①

文章还进一步提出了人民内部矛盾的解决办法,即从团结的愿望出发,经过批评或者斗争获得解决,从而达到新的团结。这是我党第一次公开阐明的有关社会主义社会矛盾、两类不同性质的矛盾和人民内部矛盾的原则性观点。1956 年,我国完成了社会主义所有制"三大改造",过渡时期的基本任务已经完成,大规模的群众性的阶级斗争基本结束,人民内部的各种矛盾突出了。

毛泽东同志总结了我国社会主义建设的实践经验,发表《关于正确处理人民内部矛盾的问题》,系统地阐述了社会主义社会的主要矛盾和次要矛盾以及矛盾的主要方面和次要方面等问题,着重强调正确处理人民内部矛盾应有的原则、立场和方法。毛泽东同志在这部著作中运用对立统一规律研究社会主义社会,认为社会主义社会充满着矛盾,正是这些矛盾推动着社会的前进。他明确指出,社会主义社会的基本矛盾仍然是生产关系和生产力之间、上层建筑和经济基础之间的矛盾,它们之间既有基本适应的一面,又有不相适应的一面。毛泽东同志还特别强调,社会主义社会的矛盾同旧社会的矛盾,例如同资本主义社会的矛盾,是根本不同的。资本主义社会的矛盾表现为激烈的对抗和冲突,表现为剧烈的阶级斗争,那种矛盾不可能由资本主义制度本身来解决。社会主义社会的矛盾不是对抗性的矛盾,它可以经过社会主义制度本身,不断得到解决。毛泽东同志还提出了两类社会矛盾的学说。他认为,社会主义社会的矛盾分为两类,一类是敌我矛盾,另一类是人民内部矛盾。敌我矛盾是对立的矛盾,人民内部矛盾一般说来是在人民利益根本一致的基础上的矛盾。两类矛盾的性质不同,解决的方法也就不同。人民内部矛盾是社会主义社会的主要矛盾,它是社会主义社会向前发展的动力。

---

① 《建国以来重要文献选编》第 9 册,中央文献出版社 1994 年版,第 562—563 页。

关于国内社会主要矛盾，1956年党的八大决议明确指出，社会主义制度在我国已经基本建立起来了；国内社会主要矛盾已经不再是工人阶级和资产阶级的矛盾，而是人民对于经济文化迅速发展的需要同当前经济文化不能满足人民需要状况之间的矛盾。毛泽东同志明确指出，革命时期的大规模的急风暴雨式的群众阶级斗争基本结束，"我们的根本任务已经由解放生产力变为在新的生产关系下面保护和发展生产力"[①]。在现实的社会主义社会生活中，社会主义基本矛盾表现为人同人之间的人民内部矛盾，人民内部矛盾是社会主义社会的主要矛盾，正确处理人民内部矛盾正是社会主义政治生活的主题。

毛泽东同志和我们党关于社会主义社会基本矛盾、主要矛盾、两类不同性质矛盾和人民内部矛盾的理论，为我国社会主义建设和中国特色社会主义事业发展提供了重要的指导思想和方法论，是对马克思主义关于社会矛盾理论的丰富、发展和创新。

（三）把解放和发展生产力摆在第一位，把发展生产力作为社会主义的根本任务，坚持、丰富和发展唯物史观生产的观点和生产力理论

生产的观点和生产力理论是唯物史观的根本观点和基石，是马克思主义分析社会历史问题、解决社会历史问题的基本出发点。马克思认为：

> 我们首先应当确定一切人类生存的第一个前提，也就是一切历史的第一个前提，这个前提是：人们为了能够"创造历史"，必须能够生活。但是为了生活，首先就需要吃喝住穿以及其他一些东西。因此第一个历史活动就是生产满足这些需要

---

① 《毛泽东文集》第7卷，人民出版社1999年版，第218页。

的资料，即生产物质生活本身。①

正是从唯物史观的这个最基本的观点和原理出发，中国共产党始终把解放和发展生产力作为根本任务。在革命、建设和改革的实践中，中国共产党把生产观点和生产力理论创造性地具体化为生产力标准，把生产力作为判断社会进步与否、衡量政党的路线政策正确与否的根本标准。毛泽东同志指出：

> 中国一切政党的政策及其实践在中国人民中所表现的作用的好坏、大小，归根到底，看它对于中国人民的生产力的发展是否有帮助及其帮助之大小，看它是束缚生产力的，还是解放生产力的。②

邓小平同志指出：

> 判断的标准，应该主要看是否有利于发展社会主义社会的生产力，是否有利于增强社会主义国家的综合国力，是否有利于提高人民的生活水平。③

江泽民同志指出：

> 我们党要始终成为中国工人阶级的先锋队，同时成为中国人民和中华民族的先锋队，成为中国先进生产力的发展要求、中国先进文化的前进方向、中国最广大人民的根本利益的忠实代表，成为建设有中国特色社会主义事业的领导核心。④

---

① 《马克思恩格斯选集》第1卷，人民出版社1995年版，第78—79页。
② 《毛泽东选集》第3卷，人民出版社1991年版，第1079页。
③ 《邓小平文选》第3卷，人民出版社1993年版，第372页。
④ 《江泽民文选》第3卷，人民出版社2006年版，第292页。

习近平总书记指出：

> 生产力是推动社会进步的最活跃、最革命的要素。社会主义的根本任务是解放和发展社会生产力。①

中国共产党在革命、建设和改革的百年历程中，始终代表着先进生产力的发展要求，把通过革命和改革，改变束缚或不适应生产力发展的生产关系或生产关系的某些环节，最大限度地解放和发展生产力作为根本任务，创造性地把生产力作为判断生产关系是否适应，判断政党及其路线、政策是否正确，社会是否进步的根本标准，创造性地把生产力观点和生产力理论运用于中国实践，取得了中国革命、建设和改革的伟大成就，极大地解放和发展了中国的社会生产力，从理论和实践的结合上创造性地丰富和发展了唯物史观生产观点和生产力理论。

（四）坚持改革是第二次革命，改革不适应生产力发展的生产关系、不适应经济基础的上层建筑的环节和方面，扩大开放，坚持、丰富和发展了唯物史观生产关系必须适应生产力、上层建筑必须适应经济基础状况的原理

生产关系一定要适应生产力状况、上层建筑一定要适应经济基础状况是唯物史观的一个基本原理。中国共产党在分析社会基本矛盾的运动变化规律、分析中国社会主义社会基本矛盾现实的基础上，提出社会主义改革开放的基本国策，以彻底的马克思主义理论态度和实践精神发动并实施了人类社会发展史上最伟大的社会改革运动，取得了改革开放的伟大成就。习近平总书记深刻指出：

---

① 习近平：《推动全党学习和掌握历史唯物主义，更好认识规律更加能动地推进工作》，《人民日报》2013年12月5日。

> 改革开放这场中国的第二次革命,不仅深刻改变了中国,也深刻影响了世界![①]

改革开放40多年来,我们党团结带领全国各族人民,经历了我国历史上最为广泛而深刻的社会变革,推进了我们党历史上一次新的伟大自我革命,进行了人类历史上最为宏大而独特的实践创新和理论创新,谱写了中华民族自强不息、顽强奋进新的壮丽史诗。改革开放取得的巨大成就充分彰显了党领导的中国特色社会主义的巨大伟力!

马克思主义经典作家认为,无产阶级和人民群众掌握政权以后,完成了社会主义革命的历史任务,就要把"尽可能快地增加生产力的总量"[②] 即发展社会生产力,作为自己的根本任务。但是,这并不意味着只要专心致志地发展生产力,不必再考虑调整和改善生产关系和上层建筑的问题了。社会主义制度作为人类历史上崭新的社会制度,有一个从低级到高级,从不完善到比较完善的发展过程。1957年,毛泽东同志在《关于正确处理人民内部矛盾的问题》一文中指出:

> 在社会主义社会中,基本的矛盾仍然是生产关系和生产力之间的矛盾,上层建筑和经济基础之间的矛盾。

同时还指出:

> 社会主义生产关系已经建立起来,它是和生产力的发展相适应的;但是,它又还很不完善,这些不完善的方面和生产力的发展又是相矛盾的。除了生产关系和生产力发展的这种又相

[①] 习近平:《开放共创繁荣 创新引领未来——在博鳌亚洲论坛2018年年会开幕式上的主旨演讲》,人民出版社2018年版,第5页。
[②] 《马克思恩格斯文集》第2卷,人民出版社2009年版,第52页。

适应又相矛盾的情况以外，还有上层建筑和经济基础的又相适应又相矛盾的情况。①

在这里，他阐明了一个基本的事实：社会主义社会的基本矛盾，在基本的方面是相适应的，是非对抗性的矛盾；同时还有相矛盾的一面。我国目前的经济、政治体制还不完全适应生产力发展的要求，还有束缚人的手脚、阻碍社会生产力发展的弊端。在新中国成立初期建立的经济体制，其最大特点是高度集中，虽然在当时的条件下曾发挥过积极的历史作用，但是随着历史条件的变化，由于原来的所有制结构不合理，管理权限过分集中，地区和部门分割，对市场经济和价值规律作用重视不够，日益束缚我国生产力的发展。

20世纪50年代后期，我们党已经察觉到原有经济体制的弊端，并努力加以调整。但以往的调整仅仅是初步的，"文化大革命"十年使得原有的体制弊端日益凸显。根据生产关系一定要适应生产力状况、上层建筑一定要适应经济基础状况的原理，必须在坚持社会主义基本制度的前提下，对社会主义具体体制作出相应的改革，革除阻碍生产力发展的不适应部分，从深度和广度上为发展生产力建立新的运行机制。我们党根据社会主义社会基本矛盾和生产力与生产关系辩证运动的原理，深刻认识到改革是社会主义制度的自我完善，改革的目的是解放和发展生产力。邓小平同志指出：

  社会主义基本制度确立以后，还要从根本上改变束缚生产力发展的经济体制，建立起充满生机和活力的社会主义经济体制，促进生产力的发展，这是改革，所以改革也是解放生

---

① 《毛泽东文集》第7卷，人民出版社1999年版，第214、215页。

产力。①

1987年，邓小平同志明确指出：

> 我们的改革要达到一个什么目的呢？总的目的是要有利于巩固社会主义制度，有利于巩固党的领导，有利于在党的领导和社会主义制度下发展生产力。②

1992年，邓小平同志又进一步指出，改革是从根本上改变束缚生产力发展的经济体制，为解放和发展社会主义生产力、推进改革开放指明了方向。

中国共产党领导中国人民在中国近代史上开展了两次伟大的社会革命。以新民主主义革命和社会主义革命为主要内容的中国革命是第一次伟大的社会革命。我们正在进行的改革开放是坚持社会主义方向的第二次伟大的社会革命。在半殖民地半封建的旧中国，中国共产党把马克思主义基本原理与中国实际相结合，开展武装斗争，通过艰苦卓绝的努力，完成新民主主义革命，成立了新中国。紧接着又不间断地展开了社会主义革命，建立了社会主义制度。第一次伟大社会革命使社会生产力从根本上、制度上得到彻底的解放。

改革开放是第二次伟大社会革命。改革开放40多年来，我们党领导人民从农村改革到城市改革再到全面深化改革，采取了一系列解放和发展生产力的重大举措，建立了公有制为主体、多种所有制经济共同发展，按劳分配为主体、多种分配方式并存的社会主义经济制度，完善了人民民主专政的社会主义政治制度，对外开放从沿海到沿江沿边、从东部到内陆，层层推进，取得了巨大成就，

---

① 《邓小平文选》第3卷，人民出版社1993年版，第370页。
② 《邓小平文选》第3卷，人民出版社1993年版，第241页。

GDP 年均增长 9.5%，实现了 226 倍的经济增长，由世界进出口贸易排名第 32 位的贸易弱国发展成全球第一大货物贸易国。生产力水平极大提升，人民生活质量显著改善，实现了由"追赶世界"到"引领世界"的伟大转变，一跃成为世界第二大经济体。英国亚洲问题专家阿富塔布·希迪齐对记者说："中国用 40 年完成了一段无与伦比的精彩旅程，向全世界证明 40 年前实施改革开放这一勇敢决策的正确性。"[①]

（五）坚持以人民为中心，以人民为主体，以为人民服务为宗旨的理念，创造性地提出一切依靠群众、一切为了群众，从群众中来、到群众中去的群众观点和群众路线，坚持、丰富和发展了唯物史观人民是历史的真正创造者的理论

人民群众是历史的创造者，人民群众既是物质文明的创造者，又是精神文明的创造者，是社会变革的决定性力量，这是唯物史观的重要原理。中国共产党之所以把以人民为中心、以人民为主体、以为人民谋福利、为人民服务作为自己的追求目标，是根据唯物史观人民创造历史的基本观点作出的正确判断。一切为了人民的富裕幸福，是社会主义与封建主义、资本主义最根本的区别，是社会主义最重要的本质特征。毛泽东提出了"为人民服务"的思想，习近平总书记提出了"以人民为中心""以人民为主体"的理念，这些核心理念凸显了我们党对社会主义本质的追求，对马克思主义人民观的坚定信仰。强调人民群众在社会发展中的主体地位与作用，强调尊重人民、依靠人民、为了人民、造福人民，强调社会建设和经济发展的终极目标是为了人民，必然把人民过上幸福美好的生活作为党的初心和目的。为了让人民过上幸福美满的生活，就必须依靠人民，坚持一切依靠群众、一切为了群众，从群众中来、到群众中去，密切联系群众，深入群众，宣传群众，把群众组织起来，汇

[①] 《中国的成功故事将会更加精彩》，《光明日报》2018 年 6 月 17 日。

集成千军万马,向着民族解放、人民翻身、国家独立、实现社会主义现代化的伟大目标进军。中国共产党在百年的奋斗中,创造性地把马克思主义唯物史观的人民观具体化,形成了一切依靠群众、一切为了群众,从群众中来、到群众中去,尊重群众首创精神的群众观点和群众路线。

根据马克思主义的群众观点和群众路线,我们党形成密切联系群众的优良作风。在革命战争年代,中国共产党与人民群众保持血肉联系,为了实现人民的利益,共产党员带头冲锋陷阵,赴汤蹈火,在所不惜;人民群众为了保卫共产党员、保卫革命军人、保卫革命果实,不怕流血牺牲,党和人民建立了深厚的"鱼水关系"。

密切联系群众,永不脱离群众。毛泽东同志格外重视加强党的自身建设,把党的建设作为战胜一切敌人的"三大法宝"之一,把党的建设作为伟大工程抓紧抓实抓好,教育全党必须密切联系群众,一刻也不能脱离群众,注意党群关系,高度警惕党可能产生的各种消极现象,采取坚决措施予以防止和纠正。在全国革命胜利前夕,毛泽东同志在党的七届二中全会上着重指出:

> 因为胜利,党内的骄傲情绪,以功臣自居的情绪,停顿起来不求进取的情绪,贪图享乐不愿再过艰苦生活的情绪,可能生长。因为胜利,资产阶级也会出来捧场,他们所施放的糖衣炮弹有可能征服我们队伍中的革命意志薄弱者。[1]

要求全党在执政的条件下,始终保持"两个务必":

> 务必使同志们继续地保持谦虚、谨慎、不骄、不躁的作风,务必使同志们继续地保持艰苦奋斗的作风。[2]

---

[1] 赵云献主编:《毛泽东建党学说论》(下),人民出版社2003年版,第1293页。
[2] 《毛泽东选集》第4卷,人民出版社1991年版,第1438—1439页。

只有坚持为人民服务的理想、信念，才能具有政治上的坚定性，才能自觉抵制封建主义和资产阶级腐朽思想的侵蚀，保持旺盛的斗志和革命精神。

新中国成立后，中国共产党作为执政党，面临的最大危险就是脱离群众，特别是进入改革开放新时期之后，除了要接受长期执政的考验外，还要接受市场经济、改革开放、外部环境的考验。为了防止党员领导干部脱离群众，防止党和人民政权蜕化变质，党中央高度重视教育全党特别是党的领导干部牢固树立马克思主义的群众观点、群众路线和密切联系群众的作风，全心全意为人民服务，不谋私利，自觉地运用人民赋予的权力为人民服务。

党的十八大以来，以习近平同志为核心的党中央格外重视党的建设，始终坚持抓好党的建设新的伟大工程，要求全党永远保持与群众的密切联系，永不脱离群众，全面从严治党，勇于自我革命，加大反腐力度，对腐败"零容忍"，力争永远保持共产党人的先进性、纯洁性，增强党的凝聚力、战斗力和领导力、号召力，保持蓬勃朝气、昂扬锐气、浩然正气。

（六）成功开辟中国特色社会主义道路，为相对落后的国家走非资本主义的发展道路树立了中国样板，提出了中国方案，坚持、丰富和发展了唯物史观关于社会形态演变一般规律原理和共产主义学说

马克思、恩格斯以历史唯物主义原理为指南，以生产力发展状况为基本标准，根据社会基本矛盾运动规律，直接考察了社会生产关系在不同历史时代的性质和特征，揭示了社会形态由低级社会形态向高级社会形态演变的一般历史发展规律：人类社会经过原始社会、奴隶社会、封建社会、资本主义社会，最后经过共产主义社会的第一阶段社会主义社会的过渡而达到共产主义社会，形成了唯物史观关于人类社会形态发展一般规律理论。根据这一理论，马克思主义经典作家确立了科学社会主义和共产主义运动所达到的最高目标，确立了马克思主义者和共产党人奋斗争取的最高纲领和远大理想，形成了马克思主义共产主义学说。

人类社会经过五种社会形态的发展只是一般规律，并不排除某个国家、地区、民族社会形态发展的特例。"五形态说"只反映了人类历史发展的一般必然历史趋势，然而具体某个国家、民族、地区的发展又不是单一的、直线的、绝对的。至于在一定历史条件下，某个国家、某个民族、某个地区是否可以有特例、有偶然的情况发生，是否都要依次经过同样的社会形态发展阶段，马克思、恩格斯并没有绝对化。马克思主义经典作家从来不以认识历史过程的一般规律为满足，而是努力进一步探索不同民族、国家和地区符合一般规律的特殊发展道路。他们认为，一般地说，像英国等资本主义比较发达的国家，资本主义生产方式是通向共产主义的必经阶段。同时又预言，像俄国那样经济文化比较落后的国家可以不经过资本主义制度的"卡夫丁峡谷"而走向社会主义。也就是说，马克思主义经典作家在阐述资本主义生产力和生产关系的矛盾必然导致社会主义革命这一原理时，并不排除不同国家、不同民族、不同地区依各自具体的历史条件所采取的特殊发展道路的特殊性，并不排除某些落后国家在一定条件下实现跨越式变革的可能性。他们告诉我们：经济文化比较落后的国家可以不经过资本主义的充分发展阶段，而走上社会主义道路，这些国家要从本国具体国情出发，选择适合本国特殊国情的社会主义模式，走具有本国特色的社会主义发展道路。马克思主义关于非资本主义发展道路的重要思想具有世界观、方法论的意义。

正当处于封建社会末期的中国开始缓慢地产生资本主义生产方式萌芽时，世界已经进入资本主义历史时代，先于中国而进入资本主义的西方列强为了自身的利益，绝不允许中国独立自主地发展资本主义。国内反动的封建君主专制统治阶级和官僚买办资产阶级为了自身的利益，也绝不允许中国发展资本主义。处于帝国主义和官僚资本主义的双重压力下的中国民族资产阶级具有两重性，担当不起领导资产阶级民主革命的重任。囿于中国所处的国际环境和特殊国情，中国不可能独立自主地走资本主义发展道路，只能由封建社会沦落为半殖民地和半封建社会。中国向何处去，走什么样的道路，才能摆脱半殖民地半封建的悲惨境地，实现中华民族伟大复兴？这个世纪之问、时代之问、复兴之问明明白白地摆在中国共产党人面前。

唯物史观社会形态演变一般规律理论为中华民族指出了必须走实现全人类共同发展目标的社会主义、共产主义道路的发展方向。世界进入资本主义历史时代，帝国主义已经把殖民地瓜分完毕的世情、中国的具体国情决定了中国所走的道路，既不同于发达资本主义国家所走的道路，也不同于相对落后的俄国所走的道路，必须走出一条具有中国自己特点的非资本主义发展道路。

马克思主义经典作家创立唯物史观和科学社会主义，只是指出了人类社会发展的一般规律，并没有指出落后的半殖民地半封建的东方大国实现共产主义目标的具体道路。他们在研究西欧自由竞争资本主义发展道路时得出一个重要结论：经过社会主义革命，推翻资产阶级专政，建立无产阶级专政，并通过无产阶级专政，发展社会主义生产力，最终过渡到共产主义，并且认为社会主义革命只有在西欧几个发达资本主义国家同时发生才能取得胜利。后来，他们研究东方落后国家的社会主义革命道路时，指出东方落后国家可以不经过资本主义"卡夫丁峡谷"，而走出一条非资本主义的道路。这条道路到底怎么走，马克思、恩格斯并无亲身实践，只是提出了设想。列宁在相对落后的俄国，走出了一条十月社会主义革命的道路，斯大林领导苏联共产党把相对落后的俄国建成了社会主义工业国。当然，由于复杂的主客观原因苏联最后解体。那么更为落后的中国到底怎样才能走出一条中国自己的革命道路和建设道路呢？中国共产党人运用唯物史观于中国具体实际，形成了中国革命分"两步走"的战略：第一步，先进行无产阶级领导的新民主主义革命；第二步，不间断地进行社会主义革命。按照中国革命"两步走"的正确战略,中国共产党在一个半殖民地半封建的落后的东方大国,成功取得了新民主主义革命胜利,成立了新中国。

在不间断地推进社会主义革命的进程中,中国共产党成功地把唯物史观与中国实际相结合,运用赎买政策、通过和平方法,创造性地采取适合中国国情的社会主义过渡办法,使个体农民、手工业者和私营工商业者循序渐进地改变了旧有的生产方式,完成了社会主义所有制"一化三改"任务,建立了社会主义制度,成功地实现了马克思主义经典作家设想的非资本主义发展道路的第一步。社会主义制度确立后,毛泽东同志领导全党进行了社会主义建设的艰辛探索,取得了伟大成就,同时也走了一段弯路,积累了经验和教训。在改革开放新时期,中国共产党领导人民成功走出了一条中国特色社会主义道路。党的十八大以来,以习近平同志为核心的党中央领导全党全国人民进入了中国特色社会主义新时代,意味着近代以来久经磨难的中华民族迎来了从站起来、富起来到强起来的伟大飞跃,以新的实践丰富了唯物史观和科学社会主义理论,发展和创新了马克思主义关于非资本主义发展道路的理论,为实现非资本主义的现代化发展提出了中国方案、中国理论。

(七)把社会主义制度与市场经济有机地结合起来,用社会主义制度克服、制约市场经济的消极性,在社会主义条件下最大限度地发挥市场经济的积极性,创造了社会主义市场经济体制,坚持、丰富和发展了唯物史观关于科学社会主义和市场经济原理

提出社会主义市场经济理论,进行社会主义市场经济体制改革,是我们党的一个伟大创举。40多年改革开放所取得的巨大成就,已经显示出这一创举的强大威力。

社会主义制度代表了先进生产力的发展要求,是人类历史迄今为止最先进的社会制度,它继承和吸收了包括资本主义制度文明在内的人类一切制度文明的优秀成果,能够克服包括资本主义制度在内的一切旧制度的弊端,代表着人类社会的发展方向,应具有人类社会发展至今一切已有社会制度所不可比拟的优势。邓小平同志曾经指出：

> 社会主义的优越性归根到底要体现在它的生产力比资本主义发展得更快一些、更高一些，并且在发展生产力的基础上不断改善人民的物质文化生活。①

社会主义制度的建立为生产力发展开辟了广阔道路，创造了有利条件，能够最大限度地调动人民群众的主动性和创造性，使生产力系统中人的因素高度活跃起来，能够让一切劳动、知识、技术、管理、资本等各种要素的活力竞相迸发，让一切创造社会财富的源泉充分涌流，极大地解放和发展社会生产力。

然而，社会主义制度优越性并不会自然而然地发挥出来，社会主义制度的优势也不是从一产生就能够完全表现出来的。社会主义制度的可能优势转化为现实优势，有一个实践的过程、一个历史的过程，需要一个不断探索、完善、发展的过程，需要一代又一代社会主义者艰苦奋斗和实践探索。

事实上，中国社会主义建设也走过弯路，遭遇过曲折，甚至付出巨大代价。中国共产党人的社会主义探索和实践也不是一帆风顺的，曾经取得巨大成就，但也有过一些错误的做法，甚至遭遇"文化大革命"这样的严重挫折。中国共产党人从挫折和教训中深刻醒悟到：社会主义制度的优越性需要适当的体制才能发挥出来。传统的、高度集中的、僵化的计划经济体制，严重窒息了社会主义制度应有的优越性，束缚了社会生产力的发展，阻碍了人们积极性创造性的发挥，必须进行生产关系和上层建筑不适应环节和方面的改革，以解放和发展生产力。

市场经济本质上是市场决定经济资源配置的经济。历史和现实

---

① 《邓小平文选》第 3 卷，人民出版社 1993 年版，第 63 页。

有力地证明，市场经济是人类经济社会发展不可逾越的一个历史阶段。与其他经济体制相比，市场经济是人类社会至今配置经济资源最有效率的体制。市场经济能够使经济资源得到积极有效合理的配置和调动，市场经济能够激发经济主体的主动性、积极性。市场经济是以效益最大化为目标取向的经济体制，能以最小的生产成本获取最大的利润、实现最高的效率，有利于充分激发经济主体的自主创造精神和实践创新能量，推动各类经济主体改进技术，加强自我管理，节约社会资源，提升产品质量，推动经济创新和社会创新。

但是，任何事物都是一分为二的。市场经济也存在严重的弊端。市场经济本身带有强烈的盲目性和不确定性，无法自动地实现宏观经济总量的计划、稳定和平衡，甚至引发恶性竞争，导致经济危机；市场调节具有自发性、短期性、滞后性，难以保证人类社会的长远利益、根本利益和共同利益，难以完全实现个人利益与社会利益的统一；优胜劣汰的市场竞争机制也会造成社会分配不公，加剧贫富矛盾，导致两极分化，直至流血、战争与社会危机。

历史上的市场经济是与资本主义私有制相结合的，是资本主义私有制基础上的市场经济。私有制的资本主义制度放大了市场经济的弊端，极大地限制了市场经济的优势，使私人资本的逐利性和自私性发展到不可控制的地步，造成了资本主义社会阵发性、周期性的经济危机和不可克服的内在矛盾，造成了资本主义社会的两极分化、贫富悬殊和阶级对立，造成了资本主义社会的剥削、压迫、暴力和战争。私有制与市场经济的结合，最终必然导致资本主义的灭亡。

市场经济的有利一面为社会主义的兴起和发展，为社会主义制度与市场经济的结合，为中国特色社会主义带来了取得成功的可能空间。用市场经济的办法充分发挥社会主义制度的优越性，用社会主义制度的优越性制约市场经济的消极弊端，实现社会主义制度与市场经济的最佳结合，是中国共产党人在社会主义改革开放进程中所作出的最佳选择。发展和完善社会主义市场经济体制，使市场经济的体制优势同社会主义的制度优势有机结合起来，形成两种优势的同向共振效应，增强最优效果，可以真正把社会主义制度的优越性充分发挥出来。

社会主义条件下是否可以运用市场经济手段，在马克思恩格斯原著里并没有专门论述。中国共产党在中国成功地进行了理论和实践的双重探索，并取得了伟大成功。邓小平同志指出：

> 计划多一点还是市场多一点，不是社会主义与资本主义的本质区别。计划经济不等于社会主义，资本主义也有计划；市场经济不等于资本主义，社会主义也有市场。计划和市场都是经济手段。
>
> 把计划经济和市场经济结合起来，就更能解放生产力，加速经济发展。①

在坚持社会主义市场经济体制改革的过程中，我们党始终坚持公有制经济为主体、多种所有制经济共同发展等社会主义基本经济制度，不断探索社会主义市场经济不同于其他市场经济运行的特殊规律和特殊运行方式，始终坚持在发挥市场配置资源的基础性作用的同时，不断加强和改善宏观调控，既发挥市场经济的优势，也发挥社会主义制度的优越性，发挥好政府的作用，促进社会主义制度与市场经济的有机结合，逐步完善社会主义市场经济体制。40多年改革开放的实践证明，把社会主义制度的优越性和市场经济的积极性结合在一起，可以最大限度地发挥社会主义制度的优越性和市场经济的积极性。对市场经济在发展进程中可能出现的两极分化、享乐主义、个人主义等弊端，可以用社会主义制度加以控制。我们走出了一条中国特色社会主义道路，我国国民经济保持高速、平稳、持续发展。中国共产党把社会主义制度与市场经济高度结合的

---

① 《邓小平文选》第3卷，人民出版社1993年版，第373、148—149页。

实践与理论，是对唯物史观的重大发展、重大创新。

中国共产党运用唯物史观的立场、观点和方法，结合中国国情现实，中国革命、建设和改革的实践，中国优秀传统文化实际，创造性地解决中国革命问题、中国建设问题、中国发展问题，走出一条中国特色的社会主义革命、建设、改革道路，中国特色的社会主义建设、发展道路。中国共产党在唯物史观指导下的百年历程及其辉煌成就，给世界人民以启示：唯物史观是人类最先进、最科学的世界观和方法论，一旦为人民群众掌握和应用，就能最大限度地发挥人民群众的主动性，推动社会向着客观规律规定的方向发展，使社会面貌日新月异，逐步臻于理想境界。在运用唯物史观指导中国实践的进程中，在实践与理论的双向互动中，中国共产党又不断地推进马克思主义唯物史观的中国化，创造了 21 世纪当代中国马克思主义唯物史观，为全世界被压迫民族和国家争取独立、解放和社会现代化发展，提供了中国理论、中国方案和中国模板。中国共产党在中国的百年成功是唯物史观运用于中国实践的伟大胜利。

第二部分
捍卫唯物史观及其社会形态理论与大的历史时代观

社会形态理论与社会形态演变一般规律[*]

近些年来，关于社会形态理论及社会形态演变规律，学术界展开了一些讨论，譬如社会发展"五形态说"和"三形态说"的争论。所谓"五形态说"，就是我们通常所讲的人类社会发展必然依次经过原始共产主义社会、奴隶社会、封建社会、资本主义社会、共产主义社会（社会主义社会是其发展的第一阶段）这五个阶段。所谓"三形态说"，是人们根据马克思"伦敦手稿"中对社会历史进程的看法而提出的一种论点。在这部手稿中，马克思指出：

---

[*] 原载《光明日报》1990年5月7日，《新华文摘》1990年第7期转载；收入《王伟光自选集》，学习出版社2007年版，第40—48页。

人的依赖关系（起初完全是自然发生的），是最初的社会形态，在这种形态下，人的生产能力只是在狭窄的范围内和孤立的地点上发展着。以物的依赖性为基础的人的独立性，是第二大形态，在这种形态下，才形成普遍的社会物质变换，全面的关系，多方面的需求以及全面的能力的体系。建立在个人全面发展和他们共同的社会生产能力成为他们的社会财富这一基础上的自由个性，是第三个阶段。第二个阶段为第三个阶段创造条件。①

依据马克思关于人的依赖关系、物的依赖关系、个人全面发展这三大阶段的划分，有人提出，马克思认为人类社会经过自然经济、商品经济和产品经济这三个阶段，这就是社会发展"三形态说"。

围绕着"三形态说"和"五形态说"的争论也产生了某些思想混乱。有的人用"三形态说"否定"五形态说"，认为"五形态说"不是马克思的本意，不是历史发展的普遍规律；也有的人看不到人类社会必然要经过商品经济阶段，才能过渡到最后的产品经济阶段。这场争论实际上涉及社会主义是不是历史的必然，社会主义要不要发展商品经济这样一些重大的实践问题。

一 "五形态说"和"三形态说"是一致的而非相互排斥

理论界有一种说法，认为马克思从来没有说过人类社会有五种基本的社会形态更替，"五形态说"是斯大林提出来的。这种说法不符合马克思主义哲学发展史的事实。早在马克思主义创立的初期，在马克思、恩格斯1846年合著的《德意志意识形态》一书中，他们就第一次提出人类社会经过五种所有制形式：部落所有

---

① 《马克思恩格斯全集》第46卷（上），人民出版社1979年版，第104页。

制、古代公社所有制和国家所有制、封建的或等级的所有制、资产阶级的所有制、未来共产主义所有制。1859年，在《〈政治经济学批判〉序言》一书中，马克思在论述历史唯物主义基本原理的基础上，指出了历史上社会形态依次更替的情况：

> 大体说来，亚细亚的、古代的、封建的和现代资产阶级的生产方式可以看做是经济的社会形态演进的几个时代。资产阶级的生产关系是社会生产过程的最后一个对抗形式……[1]

在1867年出版的《资本论》中，马克思充分论证了共产主义代替资本主义的必然性。当然，到此为止，还不能说马克思明确提出"五形态说"。比如，虽然马克思肯定"古代"社会之前还有一个社会形态，但他对原始社会形态的概括却有些模糊，古代的社会是指古希腊、古罗马的奴隶社会，但亚细亚生产方式是指什么社会，其属性是什么，马克思对此还没有明确的界说。后来，历史科学有了一定的发展，特别是历史学家摩尔根的《古代社会》一书出版，对原始社会提供了详尽的研究材料，使得马克思对于原始社会有了更清晰的认识，这一认识集中反映在1880年至1881年他对《古代社会》一书的摘要中。最后，恩格斯根据马克思的批语，再加上自己的研究，于1884年写出了《家庭、私有制和国家起源》一书，比较清晰地勾画出人类社会发展"五形态"的历史进程。这说明，"五形态说"已经内在地包含在马克思、恩格斯在历史唯物主义基础上对社会发展形态的科学分期的认识中。后来的马克思主义者根据马克思、恩格斯的思路，把人类社会依次概括为原始社会、封建社会、资本主义社会、社会主义社会和共产主义社会，"五形态说"在一定程度上反映了人类社会形态发展进程的一般规律。

---

[1] 《马克思恩格斯全集》第31卷，人民出版社1998年版，第413页。

"三形态说"同样也反映了马克思根据生产力发展的历史状况，对社会发展形态所作的一种科学分期的看法。从马克思表达的整个思想来看，第一阶段，"人的依赖关系"实质上是自然经济社会的特点。在自然经济条件下，生产力低下，分工不明确，生产的直接目的是生产者的自身需要，必然采取人与人直接互相依赖的办法来克服工具落后的状况。比如原始人必须依赖于原始群体，帮工必然依附于师傅，这就表现为个人对他人、对社会组织的依赖。第二阶段，"人对物的依赖关系"实质上是商品经济社会的特点。在商品经济社会中，生产发展了，人们生产的目的主要是为了交换，人与人之间的关系物化成商品，产生了"商品拜物教"，人依赖于商品，处于物化的、异己的关系的统治下。第三阶段，"个人全面发展"是商品经济消亡以后社会的特点，有人把这个社会概括为产品经济社会。在这个社会中，生产力高度发达，消灭了旧式分工，产品极其丰富，人摆脱了物及其外部关系的束缚，成为人自身的主人、社会关系的主人、物的主人，人可以自由、全面地发展。

　　不难看出，社会发展进程的这两种划分，都是根据历史唯物主义的基本原理，对社会形态演变进行分析得出的正确结论，二者的理论根据是一致的。实际上，"五形态说"和"三形态说"是互相包容的。按照马克思的原意，自然经济阶段基本是前资本主义社会，如原始社会、奴隶社会、封建社会。商品经济阶段是资本主义社会。人们概括的产品经济阶段则是共产主义社会。按照马克思最初的预见，社会主义是在资本主义商品经济高度发达的基础上建立起来的。因而，作为共产主义第一阶段的社会主义，不存在商品和货币。可是，现实的社会主义却是在相对落后的国家建立的，这样的社会主义必然要经过商品经济充分发展的阶段。当然，这两种划分也是有区别的。对于社会历史发展的分期，人们可以根据需要，对同一对象，按照特定的标准，从不同的角度加以划分。例如，以阶级斗争为线索，可以划分为阶级社会、阶级过渡社会和非阶级社会；以生产资料所有制性质为标准，可以划分为原始公有制社会、私有制社会、低级形式的公有制社会和高级形式的公有制社会……当然，任何科学划分都不能离开以历史唯物主义基本原理为指导，以生产力发展状况为主线，根据社会基本矛盾运动的规律，直接考察社会经济关系的性质和特征而进行的划分。

二 不能把"五形态说"理解成单线式的、纯粹的、僵死的、没有任何特例变化的历史发展序列

历史唯物主义的任何原理都只是对社会现象本质特征的概括，并不是对全部历史事实的罗列和堆砌。这就是说，理论在概括事物的本质时，剔除了大量的偶然因素、活生生的事例，只是对历史发展客观逻辑的一种抽象，并不是对全部社会现象的总汇。社会发展"五形态说"，只是运用马克思主义的科学的抽象方法，对历史发展本质规律的一种理论上的概括，实际的历史发展情况要复杂得多。"五形态说"只反映了人类历史发展的一个普遍性的规律，这个总的趋势是必然的、不可逾越的，然而其具体的发展又不是单一的、直线的、绝对的。至于在一定历史条件下，哪个国家、哪个民族、哪个地区是否可以有特例、有偶然的情况发生，是否都要经过五个阶段，并没有那么绝对。首先，五种社会形态只是典型的社会发展模式，它们并不是固定的模式，社会形态的典型性并不排除具体发展道路的多样性。在人类社会发展五大形态之间，还存在非典型性、过渡性的社会。奴隶社会到封建社会之间有过渡性社会形态存在。我国的半殖民地半封建社会，以及从旧的半殖民地半封建社会向社会主义过渡的新民主主义社会形态，都是过渡性的社会形态。其次，在人类社会发展的共同道路上，有些民族、国家和地区，借助于某种特殊的条件，可以超越历史发展的一个或几个阶段，直接进入某一高级阶段，表现出历史发展的跳跃式。譬如，我国一些少数民族，在中国共产党的领导下，分别从奴隶社会、封建

社会，甚至原始部落的社会状态直接进入社会主义。最后，人类社会发展依次经历的每一个社会形态，尽管都有各自的本质特征，但在不同民族，不同国家，甚至不同地区，由于历史条件不同，表现出不同的特点，存在同样性质的社会制度并存的现象，有时同一性质的社会形态却包括不同的、对立的经济成分和政治因素。譬如，中国的封建社会同西欧的封建社会有不同的特点；同样的中华民族可以有不同的制度并存，甚至在社会主义国家也可以采取"一国两制"的形式；在我国现阶段存在以公有制为主体、多种经济成分并存的经济结构；等等。

以上表明，社会形态的发展是普遍性和特殊性、一致性和多样性的统一。历史的发展有两个必然的趋势：一方面，整个人类历史必然要依次经历五种社会形态演变发展，这是社会形态发展的普遍逻辑；另一方面，在整个社会形态演变发展的进程中，也不排除某个民族、某个国家、某个地区出现偶然和特例，这也是不以人的意志为转移的。

在一定生产力条件下，经过人们的主观努力，又具备一定的历史条件，社会历史的发展是可以跳跃的。科学社会主义的经典作家也不否定这点。1877年，马克思在批评俄国民粹主义者米海洛夫斯基时说：

> 他一定要把我关于西欧资本主义起源的历史概述彻底变成一般发展道路的历史哲学理论，一切民族，不管他们所处的历史环境如何，都注定要走这条道路，——以便最后都达到在保证社会劳动生产力极高度发展的同时又保证人类最全面的发展的这样一种经济形态。但是我要请他原谅。他这样做，会给我过多的荣誉，同时也会给我过多的侮辱。[①]

---

① 《马克思恩格斯全集》第19卷，人民出版社1963年版，第130页。

1881年，马克思指出，一般来说，像英国等资本主义比较发达的国家，资本主义生产方式是通向共产主义的必由之路。但他又预言，像俄国那样落后的国家"可以不通过资本主义制度的卡夫丁峡谷"而走向共产主义。① 社会发展"五形态说"只是为认识历史发展的基本规律提供一个指南，如果把"五形态说"教条化，当作"普罗克拉斯提斯的铁床"②，任意裁剪历史，就会使历史唯物主义庸俗化。

三 历史发展有特例、有跳跃，但生产力发展的自然历史过程是不可逾越的

社会历史发展可以有特例、有跳跃，这是有条件的。首先，任何先进制度的建立都离不开一定的生产力条件以及其他客观条件。如果旧中国没有近代工业的基础，没有200万工人阶级，那么中国共产党无论如何也不可能诞生，新民主主义革命和社会主义革命无论如何也不可能成功。其次，具备了一定的客观条件，第一是生产力条件，那么在这个基础上，主观条件及其他必要条件成熟的地方，就有可能建立起先进的社会制度。而那些生产力条件虽然好，但主观条件及其他条件不成熟的地方，却仍然有可能处于比较落后的社会状态。

人类社会发展是一个自然历史过程，生产力、社会经济发展的时间可以有长有短，发展的速度可以有快有慢，但是生产力、社会经济发展所经历的自然发展阶段却是不可逾越的。当一个民族或国

---

① 《马克思恩格斯全集》第19卷，人民出版社1963年版，第435—436页。

② 出自古希腊历史学家狄奥多（Diodoros）编撰的《历史丛书》。阿提卡处于墨加拉和雅典之间的要道，这个地方出了个拦路强盗叫达玛斯忒斯，施暴手段极为特殊而残忍，他备有一长一短两张铁床，将抓来的矮个子拉长，将高个子截短，人称"普罗克拉斯提斯"（Procrustes），希腊语意思即为"拉长者""暴虐者"。最后被前去雅典寻父的希腊英雄提修斯击败，后者以其人之道还治其人之身，将这位"铁床匪"按在短床上截去下肢，除去一方祸害。（编者注）

家在一定条件下经过努力建立了比较先进的社会制度之后，那么这个民族或国家所面临的首要任务则是利用先进的社会制度，加速社会生产力的发展。在落后的条件下建立社会主义的国家，不应当消灭商品经济（实际上也消灭不掉），而是应当利用先进的社会制度，大力发展商品经济，促进社会生产力的发展。我国正处于社会主义初级阶段，商品经济是不可逾越的自然历史阶段。看不到这种必然性，就会犯历史唯心主义的错误。当然，在社会主义条件下发展商品经济，要注意公有制条件下的商品经济同私有制条件下的商品经济的本质区别，要在坚持社会主义公有制的前提下，坚持计划经济与市场调节有机结合，这样才能使社会主义商品经济得到充分的发展。

社会形态演变规律理论初探*

马克思主义关于在一定条件下，落后国家可以不经过资本主义的充分发展而走上社会主义道路的思想是否正确？这是一个活生生的社会历史发展进程提出来的现实理论课题。

一　历史唯物主义揭示了人类社会历史发展的一般演变规律

马克思、恩格斯创立了历史唯物主义，论证了人类社会从原始社会依次向奴隶社会、封建社会、资本主义社会、社会主义和共产主义社会的演进是一个自然的历史过程，揭示了人类社会历史发展的一般演变规律。他们一般地认为，社会主义即共产主义第一阶段，是在资本主义过分成熟的基础上，其内在矛盾日益激化、不可调和的必然产物，是从资本主义社会内部脱胎出来的社会形态。然而，历史发展进程的现实却是：绝大多数社会主义国家并不是在资本主义充分发展的基础上产生的，甚至于相当多的社会主义国家是在落后的经济条件中生长出来的，这些国家和民族恰恰跨越了作为独立历史阶段的资本主义制度充分发展的"卡夫丁峡谷"。这种情况雄辩地证明了：马克思主义关于在一定条件下，落后国家可以不

---

* 原载《学术论坛》1994年第5期。

经过资本主义充分发展而走上社会主义道路的论断是正确的。但现实生活中的另一个重要表现却是，一些经济发展落后的国家走上社会主义道路之后，在经济和政治上都曾不同程度地出现了一些问题，甚至近几年来相当多的社会主义国家，如东欧剧变、苏联解体，社会主义制度遭到了暂时的挫折和失败。面对着严峻的局面，人们进一步思索：现实的社会主义没有经过资本主义的充分发展，是不是违背了社会发展的一般规律？如果没有违背，那么现实社会主义的发展为什么会遇到这么大的挫折，现代资本主义却反而有了一定程度的发展？如果违背了历史发展规律，那么是否可以认为落后国家搞社会主义是一个错误的选择、历史的误会，应当回过头补上资本主义发展的课呢？

这样重大的现实问题反映到理论上，就是近年来国内外学术界关于社会形态演变规律的一场大争论，其中对马克思主义关于社会主义发展的非资本主义道路问题的不同理解，就是这场争论的焦点之一。一部分同志的意见认为，马克思晚年对东方社会发展理论的探讨，提出了落后国家可以不经过资本主义的充分发展，跨越资本主义"卡夫丁峡谷"，进入社会主义社会的论证，是对历史发展一般进程、一般规律的否定。这种意见的结果是逻辑地引出：从封建社会经由资本主义社会，再经过社会主义的过渡而达到共产主义社会的依次演变不是一般规律，落后国家建设社会主义，可以跨越现有生产力的发展，跨越商品经济的发展而直接进入无商品经济的全社会公有制的社会状况。另一种意见则认为，马克思的探索只不过是一种假设，在现实生活中不可能实现。这种意见从表面上看是肯定社会历史发展五形态说的一般规律，实际上却含蓄地否认落后国家建成社会主义的可能性，认为资本主义生产方式是社会历史发展不可逾越的历史阶段，落后国家即使社会主义革命成功了，也要回过头来"补资本主义的课"。这种意见最终自然得出否定历史发展一般规律的结论。

如何认识马克思主义的社会主义发展的非资本主义道路理论，

这是关系到如何认识社会形态演变规律的重大理论问题，也是关系到对社会主义代替资本主义的历史必然性的根本认识问题。

二 在特殊的历史条件下，落后国家跨越资本主义制度的"卡夫丁峡谷"既是可能的，也是合乎历史发展逻辑的

自 19 世纪 70 年代以来，俄国资本主义虽然已有了较大程度的发展，但是，仍然带有浓厚的封建色彩。一方面，沙皇军事封建专制制度和地主土地所有制占统治地位，另一方面，由于经济发展落后，俄国在一定程度上还明显地残留着以土地公有和土地个体耕种为主要特征的早期所有制关系——村社所有制。由于当时国内外矛盾的激化，俄国正在经历着一场革命的危机，已经出现的革命形势，促使马克思和恩格斯着手研究俄国如何走向社会主义的具体道路问题。马克思、恩格斯所思考的问题是：像俄国这样的情况，是否必须经历资本主义的充分发展才能实现社会主义革命，是否有可能以村社公有制为社会主义革命的起点，从而超过资本主义的发展。

马克思、恩格斯非常关注俄国保留下来的农村公社。经过认真的研究，他们认为，在当时的环境下，俄国村社公有制可以直接作为集体公有制的因素在全国范围内发展起来，致使俄国不经过资本主义制度的"卡夫丁峡谷"而直接过渡到社会主义社会。马克思、恩格斯得出这个判断是经过理论上的深思熟虑的。这个思想主要是通过马克思、恩格斯对摩尔根《古代社会》的研究，写给《祖国纪事》杂志的复信草稿等文稿中体现出来的。1881 年，马克思在给维·伊·查苏利奇的一封信中指出：

俄国是在全国广大范围内把土地公社占有制保存下来的欧洲唯一的国家，同时，恰好又生存在现代的历史环境中，处在

文化较高的时代，和资本主义生产所统治的世界市场联系在一起。①

就国内情况来说，"农村公社的土地公有制奠定了集体占有的自然基础"②，使俄国"有可能直接地、逐步地把小土地个体耕作变为集体耕作"；另外，俄国农村公社又"和控制着世界市场的西方生产同时存在"，③ 它的这种"历史环境（资本主义生产和它同时存在）又给予它以实现大规模组织起来的合作劳动的现成物质条件"。这样，俄国"可以不通过资本主义制度的卡夫丁峡谷，而吸取资本主义制度所取得的一切肯定的成果"。④

马克思还认为，无论在西欧，还是在美国，资本主义制度都正在经历着危机，"这种危机只能随着资本主义的消灭、现代社会的回复到'古代'类型的公有制而结束"，这就使得俄国跨过了资本主义制度的"卡夫丁峡谷"，正好符合世界历史的发展所趋向的"新制度"这一方面。⑤

在给"俄国劳动解放社"成员查苏利奇的复信草稿中，马克思曾多次使用过"资本主义制度的卡夫丁峡谷"的用语，这是什么意思呢？

"卡夫丁峡谷"是古罗马卡夫丁城附近的一条峡谷，公元前312年，罗马军队在卡夫丁峡谷被萨姆尼特人打败，被强迫通过"牛轭"作为对败军最大的侮辱。由此，"通过卡夫丁峡谷"一语被赋予了遭受极大的挫折、困难和侮辱的含义。在这里，马克思借这一概念用以表示资本主义制度作为一个独立的历史阶段必然带来的"可怕的挫折""危机""苦难"，并且进一步暗指，在一定的

---

① 《马克思恩格斯全集》第 19 卷，人民出版社 1963 年版，第 444 页。
② 《马克思恩格斯全集》第 19 卷，人民出版社 1963 年版，第 451 页。
③ 《马克思恩格斯全集》第 19 卷，人民出版社 1963 年版，第 435 页。
④ 《马克思恩格斯全集》第 19 卷，人民出版社 1963 年版，第 451 页。
⑤ 《马克思恩格斯全集》第 19 卷，人民出版社 1963 年版，第 432 页。

历史条件下，经过主观努力，一切民族和国家可以不经过资本主义制度的波折和危难，而走上社会主义道路。

马克思、恩格斯对俄国走向公有制社会道路的理论探讨说明，在国际国内的特殊条件下，落后国家跨越资本主义制度的"卡夫丁峡谷"既是可能的，也是合乎历史发展逻辑的。马克思、恩格斯的论述在总的发展趋势上已经为后来的实践所证实了。在20世纪初第一次世界大战爆发的特定历史条件下，俄国在没有经过资本主义发展的情况下，取得了社会主义革命的胜利。相对于经过资本主义的充分发展而过渡到社会主义一般规律来说，俄国革命的成功无疑具有特殊性。列宁认为，这种特殊性是由第一次世界帝国主义战争的特殊条件和俄国的特殊情况所决定的，并认为：

> 在先进国家无产阶级的帮助下，落后国家可以不经过资本主义发展阶段而过渡到苏维埃制度，然后经过一定的发展阶段过渡到共产主义。①

在具体的历史条件下，列宁进一步发展了马克思、恩格斯关于在特定的条件下，经济落后的俄国可以不经过资本主义充分发展而过渡到共产主义的思想。第二次世界大战之后，包括中国在内的一批经济相对落后的国家没有经过资本主义的充分发展而跃进到社会主义的现实，进一步证明了马克思、恩格斯、列宁上述思想的正确性。

三 正确理解普遍性和特殊性的相互关系，有助于破解选择什么样的发展道路这一难题

怎样全面理解马克思主义关于在一定条件下，落后国家可以不

---

① 《列宁选集》第4卷，人民出版社1972年版，第336页。

经过资本主义充分发展而走上社会主义道路的思想？

第一，马克思主义的非资本主义道路理论并不是对世界历史过程一般规律的否定，而是在承认一般规律的前提下，对特殊规律的探索。

马克思、恩格斯以历史唯物主义原理为指南，以生产力发展状况为基本标准，根据社会基本矛盾运动规律的特点，直接考察了社会生产关系的性质和特征，提出了人类社会发展的五形态说。

理论在概括事物本质时，剔除了大量的偶然因素，舍去了活生生的事例，只是对历史发展客观逻辑的一种抽象，并不是对全部社会现象的总汇。社会发展"五形态说"，只是马克思运用科学的抽象方法，对历史发展本质规律的一种理论上的概括，实际的历史发展情况要复杂得多。"五形态说"只反映了人类历史发展的一个普遍性规律，这个总的趋势是必然的、不可逾越的，然而其具体的发展又不是单一的、直线的、绝对的。马克思主义从来不以认识历史过程的一般规律为满足，而是努力进一步探索不同民族、地区、国家符合一般规律的特殊发展道路。

社会形态的发展是普遍性和特殊性、一致性和多样性的统一。首先，五种社会形态是典型的社会发展模式，社会形态的典型性并不排除具体发展道路的多样性。人类社会五大形态之间例如从奴隶社会到封建社会之间有过渡形态存在，我国近代史上"半殖民地半封建社会"则是一种特殊形态，从旧的半殖民地半封建社会向社会主义社会过渡的新民主主义的社会形态也是过渡形态。其次，在人类社会普遍遵循五形态的共同规律的同时，不排除一些民族、国家或地区，存在某种特殊的历史条件和机遇，借助于这些条件实现历史阶段的飞跃，直接进入下一个高级阶段，有的甚至跨越几个阶段，表现出历史发展的跳跃性。最后，还要指出，人类社会发展依次经历五种社会形态，讲的是总特征，具体到不同民族、不同国家，甚至不同地区，由于历史条件不同，每一种社会形态表现也是千姿百态，不是从一个模子里刻出来的，有的出现不同性质乃至对立的社会制度杂糅并存的现象，包括异质的、对立的经济成分和政治因素。如中国的封建社会，就大不同于西欧的封建社会，不能简单套用；另外，利用这个原理还可以求同存异谋求更大的发展，如我国经济上，现阶段以公有制为主体、多种经济成分并存的经济结构，在处理港澳台问题上，采取"一国两制"形式等。

历史的发展具有两个必然的趋势：一方面，整个人类历史必然要依次经历五个社会形态的发展，这是社会形态发展的普遍逻辑；另一方面，在整个社会发展的进程中，也不排除某个民族、某个国家、某个地区走一条特殊的道路。正因为这样，马克思在阐述资本主义生产力和生产关系的矛盾必然导致社会主义革命这一原理时，并不排除不同国家、不同民族、不同地区依各自具体的历史条件所采取的特殊发展道路的特殊性，并不排除某些落后国家在一定经济条件下实现社会主义变革的可能性。

第二，马克思主义关于非资本主义道路问题的设想，是在充分估计具体历史条件的前提下，对历史发展道路具体多样性的科学预测。

一般寓于特殊性之中，必然通过偶然而表现出来。任何个别、特殊都有其个别、特殊的具体条件。离开具体条件无所谓特殊，离开偶然无所谓必然。虽然，马克思关于俄国经过村社公社而直接过渡到社会主义的思想没有成为现实，但是，列宁根据这个设想所揭示的原理和社会主义革命在落后国家成功的实践，充分证明了在特定的历史条件下，资本主义制度的"卡夫丁峡谷"是可以跨越的。

列宁在谈到俄国未经过资本主义的充分发展而进入社会主义社会的特殊性时说，这种特殊性"并不越出世界发展的共同路线"[①]，从正处于资本主义向社会主义过渡这个时代特点出发。列宁认为，整个世界已进入帝国主义和无产阶级革命的时代，整个世界进程面

[①] 《列宁选集》第4卷，人民出版社1972年版，第690页。

临着"向更高级的制度的过渡"①，并且认为由于帝国主义经济政治发展的不平衡，社会主义革命可以首先在一国取得胜利。

具体地说，首先，俄国的资本主义没有得到充分的发展，是由于特殊的国际国内条件造成的。具体事实表明，在俄国封建社会发展的后期已经产生了资本主义的萌芽，如果没有国际环境造成的特殊条件，这些资本主义萌芽按其自然进程发展下去，必然会导致充分发展的资本主义社会。其次，马克思所设想的俄国这样经济发展相对落后的国家，之所以有可能跨越资本主义制度的"卡夫丁峡谷"，则是以世界上资本主义时代的存在、发展直至灭亡为前提的。如果世界还没有进入资本主义时代并且发展到帝国主义阶段，也就根本不可能造成社会主义革命成功的形势，不可能出现跨越资本主义制度"卡夫丁峡谷"的情况。最后，在俄国所处的时代，在国际上，资本主义世界陷入严重的、全面的政治经济危机，世界无产阶级革命运动或民族解放运动蓬勃发展；在国内，资本主义一定程度的发展，工人阶级队伍的形成，工人运动的开展，马克思主义与工人运动相结合，马克思主义政党的成熟，工农联盟力量的强大……这些都是经济发展相对落后的国家能够不经过资本主义的充分发展而进入社会主义社会所具备的国内外条件。正是这些条件促使一些经济发展相对落后的国家选择了社会主义道路。

马克思在谈到俄国农村公社发展的可能趋势时，进一步说明了俄国农村公社跨越"卡夫丁峡谷"的条件，他说：

>"农村公社"的这种发展是符合我们时代历史发展的方向的，对于这一点的最好证明，是资本主义生产在它最发达的欧美各国中所遭到的致命危机，而这种危机将随着资本主义的消灭、随着现代社会的回复到古代类型的最高形式，回复到集体

---

① 《列宁选集》第2卷，人民出版社1972年版，第808页。

生产和集体占有而结束。①

这就是说，国际时代环境是俄国农村社会跨越"卡夫丁峡谷"的必要条件。

第三，马克思关于非资本主义道路的理论，是在肯定社会形态的演进是一个自然历史过程的前提下，注意到作为历史主体的人对历史选择的能动作用。

人类社会的发展是由生产力进步所引起的社会基本矛盾运动而造成的自然历史过程，它要服从生产力、经济发展的规律。社会历史的发展同时又是人的有目的、有意识的改造活动的过程，社会形态的更替不仅仅是通过生产力和经济的发展而自发地实现的。也就是说，历史的发展虽然不以哪个人的意志为转移，但却又是无数个人的目的、意志所驱使的活动的总和。历史发展是由生产力的发展、经济的发展所决定的，但同时，作为历史发展中的具体人对历史的发展却具有一定的选择作用和能动作用。在阶级社会中，社会制度的更替是通过先进阶级和劳动群众适应生产力发展的规律，推翻反动统治的社会革命来实现的。在现实生活中，造成某一国家社会革命的诸多条件并不是与生产力的发展水平一一机械对应的，在这里既有历史的客观条件是否具备的问题，也有主观条件是否成熟的问题。在现实生活中，生产力发展水平较低的国家，往往在一定条件下却有可能比较好地发挥主体能动性，较早地取得社会革命的成功，实现社会形态的变革，并在一定程度上选择较为先进的社会制度。这种状况造成了在世界历史发展进程中，各个国家呈现出不平衡状态，表现出一些特殊的规律性来。第二次世界大战爆发后，一些经济发展相对落后的国家走上社会主义道路的事实表明，在资本主义世界遇到严重政治经济危机的客观条件下，当人们面临着社会主义制度和资本主义制度两种选择时，爱好社会主义的人们一般不会去

---

① 《马克思恩格斯全集》第 19 卷，人民出版社 1963 年版，第 439 页。

选择正陷入空前危机的资本主义制度，而去选择社会主义道路。

作为主体的人，在历史发展进程中具有一定的能动性和选择性，可以促成社会历史发展的特例和跳跃，但这是有条件的。首先，任何先进制度的建立都离不开一定的生产力条件以及其他客观条件，任何历史条件的变迁都无法违背自然历史过程的总规律。如果没有世界无产阶级革命运动的发展，如果旧中国没有近代工业的基础，没有200万无产阶级力量，那么，无产阶级及其先锋队无论如何也不可能取得中国革命的成功。其次，在具备了一定的客观条件，首先是生产力条件的基础上，还必须具备一定的主观条件及其他必要条件，否则仍然不可能建立起先进的社会制度。而那些生产力条件虽然好，但主观条件及其他条件不成熟的地方，仍然有可能处于比较落后的社会制度状态。

人类社会是一个自然历史过程，生产力、社会经济发展的时间可以有长有短，发展的速度可以有快有慢，甚至可以积极吸收先进技术和物质条件进行跃进式的发展，但是生产力、社会经济发展所必要的自然发展条件、所经历的自然发展阶段却是不可任意舍去的。马克思在《资本论》第1卷第一版序言中明确指出：

> 一个社会即使探索到了本身运动的自然规律……它还是既不能跳过也不能用法令取消自然的发展阶段。但是它能缩短和减轻分娩的痛苦。[1]

从生产力发展、经济发展的必然性来说，真正合格的社会主义社会必须要有高度发达的社会化大生产作为物质基础。当一个民族，在一定条件下，经过努力建立了比较先进的社会制度，那么这个民族所面临的首要任务则是利用先进的社会制度，加速社会生产的发展。商品经济是社会发展的一个不可逾越的自然历史阶段。在

---

[1] 《马克思恩格斯全集》第23卷，人民出版社1972年版，第11页。

落后条件下建立社会主义的国家,不应当消灭商品经济(实际上也消灭不掉),而是应当利用先进的社会制度,大力发展商品经济,促进社会生产力的发展。

第四,马克思关于非资本主义道路问题的研究,实际上只是一种审慎的设想,只是对当时俄国跨越资本主义"卡夫丁峡谷"可能性的分析,尚需要经过社会实践的验证。

马克思在分析社会历史发展进程时,一贯坚持普遍与特殊相结合的分析方法。但是,从普遍原理过渡到特殊对象的分析,却是一件困难的事情,俄国与东方国家能否跨越资本主义"卡夫丁峡谷",这是马克思晚年遇到的一个极其困难的理论问题。

马克思在普遍意义上充分估计到俄国社会的资本主义制度发展的可能性,同时他又深入研究了俄国的国际环境、国内的经济政治状况,清楚地估计到俄国通过村社公有制,而不经过资本主义制度直接过渡到社会主义的可能性。尽管如此,他关于跨越资本主义"卡夫丁峡谷"的分析也只是一种设想。对这个问题,他采取了一种极其慎重的态度。实际上,在1877年11月前后给《祖国纪事》编辑部的信中,他对能否"跳跃"的问题并没有给予明确的答复,而且也没有寄出这封信。过了将近四年之后,当查苏利奇来信谈到同样的问题,并焦急地盼望马克思给予明确的答复时,马克思才不得不再次处理这个极为令人困扰的难题。马克思给查苏利奇的信前后共有四稿,初稿8000字,中间又写了第二、第三稿,最终稿(复信)只有简短的500字。即使在这500字中,仍没有对俄国能否"跳跃"给予肯定的答复。马克思在世时,这个公开答复发表在《共产党宣言》1882年俄文版序言中,他说:

> 对于这个问题,目前唯一可能的答复是:假如俄国革命将成为西方无产阶级革命的信号而双方互相补充的话,那末现今的俄国土地公社所有制便能成为共产主义发展的起点。①

---

① 《马克思恩格斯全集》第19卷,人民出版社1963年版,第326页。

这个答复表明，马克思以为俄国"跳跃"的可能性是有条件的，如果俄国革命推翻了沙皇的统治并引发了西方革命，而西方的无产阶级革命与俄国革命又联系起来，那么俄国社会才有可能"跳跃"，一切皆取决于条件。

马克思、恩格斯关于俄国公社问题的论述对落后国家过渡到社会主义无疑是有启发和借鉴意义的。但他们认为，要经过哪些"社会和政治发展阶段"才能实现，"只能作一些相当空泛的假设"。关于俄国社会的"跳跃"问题，是马克思、恩格斯在特定条件下的"假设"，是对一般规律特殊性表现的"假设"，这种"假设"是有条件的，能否成为现实必须要经过社会实践的检验。

尽管马克思、恩格斯关于跨越资本主义"卡夫丁峡谷"的设想并没有在俄国实现，但是他们所设想的精神实质：在一定条件下，落后国家可以不经过资本主义制度的充分发展而实现社会主义的特殊道路却已成为现实。马克思关于非资本主义道路理论的实质在于：落后国家不经过资本主义的充分发展而走上社会主义道路的设想，不是对人类社会历史发展进程一般规律理论的否定，而是对该理论的深化。处于世界资产阶级和无产阶级社会主义革命历史进程的落后国家，在一定条件下，可以不经过资本主义制度的充分发展而选择社会主义制度。在一定条件下，先进的社会制度是可以"跨越"的，但资本主义发达的生产力以及它所创造的一切优秀成果却是不可"跨越"的；先进的社会制度是可以选择的，但社会发展的生产力和经济状况的既定前提却是不可选择的。在建立了先进的社会制度的情况下，人们必须凭借先进的社会制度，大力发展社会生产力，尽快地在经济发展上赶上或超过发达的资本主义国家，只有这样，新生的社会制度才能获得巩固，并且充分地体现出它的优越性来。

深入研究中国发展道路和发展经验，丰富和发展马克思主义社会形态理论[*]

当代中国面对的问题形成了各种思潮的交汇点，不同的思潮对"中国道路"的理解和评价也大不相同。历史研究必须从现实出发，这个现实就是改革开放和中国特色社会主义道路的历史独特性。如何看待这一历史创造的独特性？如何揭示隐含在中国现代社会转型中的历史逻辑和理论意义？涉及重大历史评价问题。马克思主义理论的基本品格所承载的历史使命，要求马克思主义理论必须为捕捉当代世界和当代中国的问题提供具有世界观和方法论作用的哲学视角。

一 聚焦于马克思社会形态理论和历史价值观

中国社会的历史性质、传统及其文化的价值判断，全球时代文明的多样性，中国道路的科学内涵，中国未来的发展方向，等等，对这些问题的科学判断在学理基础层面都必然集中到马克思的社会形态理论和历史价值观上。

其中，社会形态理论是马克思主义的重要内容，是唯物史观不

---

[*] 该文系作者2010年5月21日在广东省汕头市召开的社会形态理论与历史价值观研讨会上的发言，原载《中国社会科学》2011年第1期，二级标题的内容为作者新加。

可分割的重要组成部分，是马克思主义经典作家以深邃的历史洞察力深刻剖析人类社会历史发展进程而收获的重要理论硕果。

马克思虽然没有就社会形态问题撰写过专著，但一生中围绕着这一问题留下了大量论述。马克思最早提出"社会形态"（Gesellchaftsformation）的概念，是在1851年撰写的《路易·波拿巴的雾月十八日》。马克思写道：

> 新的社会形态一形成，远古的巨人连同复活的罗马古董——所有这些布鲁土斯们、格拉古们、普卜利科拉们、护民官们、元老们以及凯撒本人就都消失不见了。冷静务实的资产阶级社会把萨伊们、库辛们、鲁瓦耶-科拉尔们、本杰明·贡斯当们和基佐们当作自己真正的翻译和代言人；它的真正统帅坐在营业所的办公桌后面……①

马克思在这里使用"社会形态"这一概念，是为了表明资本主义社会是人类历史发展的一个新阶段，是不同于以往的社会形态。根据日本学者大野节夫的考证，形态（formation）这一语词是马克思从当时的地质学术语中借用过来的。该词在当时的地质学中用以表示在地壳的发展历史中先后形成的不同岩层，一个形态就是一个不同的岩层单位。可以看出，马克思使用"社会形态"这一概念，意在表明人类社会的发展也是由不同的历史层次、不同的历史阶段、不同的社会样态构成的。在《1857—1858年经济学手稿》中，马克思指出：

> 家长制的，古代的（以及封建的）状态随着商业、奢侈、货币、交换价值的发展而没落下去，现代社会则随着这些东西

---

① 《马克思恩格斯选集》第1卷，人民出版社1995年版，第585—586页。

同步发展起来。①

1859年1月，马克思在《〈政治经济学批判〉序言》中对唯物史观作了经典表达，并指出：

> 大体说来，亚细亚的、古代的、封建的和现代资产阶级的生产方式可以看作是经济的社会形态演进的几个时代。资产阶级的生产关系是社会生产过程的最后一个对抗形式……人类社会的史前时期就以这种社会形态而告终。②

通观马克思关于社会形态的诸多论述，我认为，马克思主义社会形态理论最核心、最根本的要旨就在于说明，人类社会发展是囿于生产力与生产关系的矛盾运动所致，由不同的历史阶段构成，表现为不同的社会形态演进，资本主义社会同其前的其他社会形态一样，只是人类社会历经的一个历史阶段，资本主义社会必然由兴盛走向灭亡，人类社会形态必将驰入一个全新的进程。

岁月更替，人世沧桑，而马克思主义社会形态理论并不因时代的变迁而丧失理论光彩，相反，它依然以其宏大的世界视野、科学的理论价值，对当今社会发展发挥着重要的指南作用。必须始终坚持将马克思主义社会形态理论的基本原则与时代特征、中国的具体实际相结合，使马克思主义社会形态理论在中国的实践中获得时代的升华。

二 创新发展马克思主义社会形态理论

中国和世界正在发生着的深刻变化，为我们研究、创新马克思

---

① 《马克思恩格斯全集》第30卷，人民出版社1995年版，第108页。
② 《马克思恩格斯选集》第2卷，人民出版社1995年版，第33页。

主义社会形态理论，提供了极其宝贵的机遇。当今世界正处于一个急剧变革的历史时期。自东欧剧变、苏联解体以来，世界社会主义运动陷入了暂时的低潮，世界格局呈现出西强我弱的态势。与此相适应，一些抱有政治倾向的西方学者则在"别无选择"的喧嚣声浪中抛出文明"冲突"与历史"终结"等各色话语，认为人类社会历史的发展已经最终止步于西方资本主义制度。然而，人类社会历史的发展却不以其意志为转移。近年来，美国次贷危机引发的席卷全球的世界性经济危机，显示出世界多极化和经济全球化的深刻变化，"一超多极"的世界格局虽未根本改变，但美国的霸权日渐式微，而以中国为代表的新兴经济体和平发展的力量逐步壮大，以中国特色社会主义为旗帜的社会主义正在走出一条中国式的成功之路，中国特色社会主义日益显示出旺盛的生命力。我在《运用马克思主义立场、观点和方法，科学认识美国金融危机的本质和原因》一文中曾谈道：

> 美国金融危机引发的全球性危机既是一场严重的金融危机，又是一场深度的经济危机、思想危机、社会危机和资本主义制度危机，是资本主义的全面危机。危机伴随社会的深刻变化。历史上，资本主义几次带有全球性的危机都曾引起时代和世界格局的重大变化。从长期来看，美国金融危机的结局将使世界经济进入一个大调整、大动荡时期。这次危机具有颠覆性、全面性、深度性和长期性的负面效应，将给世界经济社会发展带来重大和持续的破坏性影响，世界局势乃至格局将发生重大变化，世界发展进程和历史也将会发生重大转折。①

这一历史形势，将愈益激发人们对人类文明发展道路、社会历

---

① 王伟光：《运用马克思主义立场、观点和方法，科学认识美国金融危机的本质和原因——重读〈资本论〉和〈帝国主义论〉》，《马克思主义研究》2009 年第 2 期。

史发展规律、社会主义发展规律的再探索、再认识，对马克思主义社会形态理论的再研究、再发展。

当代中国既面临着前所未有的发展机遇，也面临着前所未有的挑战。改革开放以来，中国特色社会主义道路的艰辛探索，创造了人类文明的历史奇迹，为当代中国哲学社会科学的理论研究和学术探索提供了绝好的实践场域与理论舞台，对中国发展道路和发展经验的科学总结与理论概括，必然形成当代中国哲学社会科学的最高成就。今天，深入探讨马克思主义社会形态理论，充分发挥哲学社会科学对人类社会历史发展的前瞻性、预见性和指导性，将为中国特色社会主义事业阔步迈进提供精神动力和智力支持。

马克思主义社会形态理论本身，也需要结合新的历史事实和现实实际，不断进行科学的概括、总结和创新，将其推向前进。

马克思主义经典作家在创立唯物史观和科学社会主义理论的过程中，其注意力和着眼点主要是放在西方发达资本主义国家。但后来的实践发展促使他们开始注意并研究西方国家和东方国家社会主义革命的不同情况，提出了非资本主义国家走社会主义道路的可能性问题，进一步修订和发展了原先的看法，丰富和发展了唯物史观和科学社会主义理论。通过对东方国家和民族发展道路的研究，他们认为，在一定条件下，经济文化比较落后的国家可以不经过资本主义的充分发展阶段，跨越资本主义制度的"卡夫丁峡谷"，而是进行社会主义革命，走上社会主义道路，实现社会形态的跨越式发展。

三　马克思社会形态理论的当代价值

今天，围绕从理论与实践上深入回答"什么是社会主义，怎样建设社会主义"这一当代最重大的时代课题，学习马克思主义关于社会形态理论和非资本主义道路理论，需要从以下四个方面来加深认识。第一，马克思主义关于非资本主义道路理论，是在承认一般规律的前提下，对历史发展特殊规律的探索，既要考虑一般社会发展规律，又一定要从本国的特殊发展规律出发，从而回答"什么是社会主义，怎样建设社会主义"的问题。第二，马克思主义关于非资本主义道路理论，是在充分估计具体历史条件的前提下，对历史发展道路具体多样性的科学预测。这就告诉我们，各国的具体国情不同，社会主义的具体模式和建设社会主义的具体道路也应当是多样化的，而不能只是一个模式、一条道路，一定要在遵从历史发展总体规律的前提下，从历史多样性出发来回答"什么是社会主义，怎样建设社会主义"的问题。第三，马克思关于非资本主义道路的理论，是在肯定社会形态的演进是一个自然历史过程的前提下，注意到作为历史主体的人对历史的选择作用。从中可以认识到，既要坚持社会发展是一个自然历史过程，坚持历史决定论，又要承认人的历史主体能动性，从历史决定论和历史选择论的辩证统一出发来回答"什么是社会主义，怎样建设社会主义"的问题。第四，马克思主义关于非资本主义道路的理论，实际上只是一种审慎的科学设想，只是一种现实可能性的分析，尚需经过社会实践的验证。这表明"什么是社会主义，怎样建设社会主义"既是一个理论问题，更是一个实践问题，只有随着社会主义实践的不断深入，随着不断的实践的检验，对这个首要的基本问题的认识，才能越搞越清楚，才能不断深化。

如何科学地辩证地认识马克思主义关于原始社会、奴隶社会、封建社会、资本主义社会和未来共产主义社会的五种社会形态理论，我的看法是：理论在概括事物本质时，剔除了大量偶然的因素，舍去了活生生的事例，只是对历史发展客观逻辑的一种抽象，并不是对全部社会现象的总汇。

需要特别指出的是，唯物史观认为，人类社会经历了五种社会形态，讲的只是一种总的历史趋势，或者说总的历史规律，并不等于说每个国家、每个民族都必须完整地经历这五种社会形态。事实上，迄今为止，我们看到许多国家和民族，都没有完整地经历这五种社会形态；五种社会形态的前后递进，也是如此，并不等于否定历史的跨越，也不等于否定历史可能出现的倒退。从学术的角度看，作为人类社会演进的基本历史趋势，马克思主义关于五种社会形态的概括具有充分的历史依据。

当然，也要看到，理论概括源于实际，但并不等于每一个具体的历史实际。"五形态说"只反映了人类历史发展的普遍性规律，而具体的历史发展不是单一的、直线的、绝对的。在一定历史条件下，哪个国家、哪个民族、哪个地区是否可以有特例、有偶然的情况发生，是否都要依次经过同样的社会形态发展阶段，马克思主义经典作家从来没有把它绝对化。马克思主义从来不以认识历史过程的一般规律为满足，而是努力进一步探索不同民族、国家和地区符合一般规律的特殊发展道路。

马克思主义经典作家认为，一般地说，像英国等资本主义比较发达的国家，资本主义生产方式是通向共产主义的必经阶段。同时又预言，像俄国那样经济文化比较落后的国家可以不经过资本主义制度的"卡夫丁峡谷"而走向社会主义。也就是说，马克思主义经典作家在阐述资本主义生产力和生产关系的矛盾必然导致社会主义革命这一原理时，并不排除不同国家、不同民族、不同地区依各自具体的历史条件所采取的特殊发展道路的特殊性，并不排除某些落后国家在一定条件下实现社会主义变革的可能性。归根到底，这一切取决于生产力与生产关系的矛盾运动，由这种运动所决定和表现出来的历史环境，由客观条件所决定的主体能动性。这个重要思想具有世界观方法论的意义，它告诉我们：经济文化比较落后的国家一定要从本国具体国情出发，选择适合本国特殊性的社会主义模式，走具有本国特色的社会主义发展道路。可见，马克思、恩格斯关于非资本主义道路的理论不是对人类社会历史发展进程一般规律理论的否定，而是对该理论的深化和丰富。

社会主义各国的经验教训，特别是苏联东欧社会主义事业失败的沉痛教训，我国社会主义建设的经验教训表明，绝不能离开本国实际，照抄照搬科学社会主义创始人所得出的现成结论。从本本出发，是不可能搞清楚"什么是社会主义，怎样建设社会主义"的，也不可能真正懂得马克思主义社会形态理论的本质。

事实证明，正是在中国特色社会主义事业的伟大实践中，在对社会主义的中国特色、具体形态和特殊规律的大胆探索中，科学社会主义才保持了强大的生命力。中国特色社会主义理论体系是中国现代化实践逻辑的真实体现，是中国人民对时代精神的深刻表达，也是当代中国学术走向世界的引领旗帜。党的十七大报告有一个总结性陈述：

> 改革开放以来我们取得一切成绩和进步的根本原因，归结起来就是：开辟了中国特色社会主义道路，形成了中国特色社会主义理论体系。[①]

可以说，凡具有重大社会影响的理论成果，都离不开中国特色社会主义的基本问题，这些基本问题正是当代中国马克思主义研究始终如一的主题。从这个意义上说，中国哲学社会科学的最高成就，就是对社会主义中国的发展模式、发展经验和发展道路的理论总结与学术建构，这也是马克思主义社会形态理论得到丰富和发展的希望所在。

[①] 胡锦涛：《高举中国特色社会主义伟大旗帜，为夺取全面建设小康社会新胜利而奋斗》，《人民日报》2007年10月25日。

当代中国坚持和发展科学社会主义的三大基本问题[*]

在当代中国坚持和发展中国特色社会主义就是坚持和发展科学社会主义。建设中国特色社会主义为什么必须要坚持科学社会主义、建设中国特色社会主义我们要坚持科学社会主义的哪些基本原则、建设中国特色社会主义应如何坚持好和发展好科学社会主义,深刻领会这些问题的精神实质,对于坚持和发展中国特色社会主义具有重要的理论意义和实践意义。

一 建设中国特色社会主义为什么必须坚持科学社会主义

近年来,科学社会主义与中国特色社会主义的关系成为学术界热议的问题,一些论坛都以此为主题展开讨论,许多学者发表了不少好的见解。在此,我想就这个主题简单谈三个问题:一是为什么必须要坚持科学社会主义,二是我们要坚持的科学社会主义有哪些基本原则,三是如何坚持好和发展好科学社会主义。

(一) 坚持科学社会主义是历史的选择,是人民的选择

坚持科学社会主义,是近代以来中国人民付出了最大牺牲而作

---

[*] 原载《马克思主义研究》2014年第8期。

出的正确选择。1840年鸦片战争后，中国逐步沦为半殖民地半封建社会。这个教训十分沉痛，中国人没有地位，中华民族没有地位。很多先进的中国人都在努力，都在斗争。但是，林则徐禁烟运动失败了，太平天国农民起义失败了，地主阶级洋务运动失败了，康有为梁启超维新变法失败了，孙中山辛亥革命失败了。"十月革命一声炮响，给我们送来了马克思列宁主义。"[1]

有了马克思列宁主义，有了中国共产党，中国才有了希望。2013年1月5日，习近平总书记的重要讲话从六个时间段分析了社会主义思想从提出到现在的历史过程：空想社会主义产生和发展，马克思、恩格斯创立科学社会主义理论体系，列宁领导十月革命胜利并实践社会主义，苏联模式逐步形成，新中国成立后我们党对社会主义的探索和实践，我们党作出进行改革开放的历史性决策、开创和发展中国特色社会主义。这六个时间段很清楚地说明我们的理论从哪里来，我们要坚持什么。1949年9月16日，毛泽东为批驳美国资产阶级发言人艾奇逊而写的《唯心历史观的破产》一文中，曾经明确指出：

> 自从中国人学会了马克思列宁主义以后，中国人在精神上就由被动转入主动。[2]

这就是说，中国人民认识和掌握了科学社会主义之后，才能够真正掌握自己的命运。在这个意义上，可以讲，坚持科学社会主义是中国人民的自觉选择。《共产党宣言》里面说：

> 过去的一切运动都是少数人的，或者为少数人谋利益的运动。无产阶级的运动是绝大多数人的，为绝大多数人谋利益的

---

[1] 《毛泽东选集》第4卷，人民出版社1991年版，第1471页。
[2] 《毛泽东选集》第4卷，人民出版社1991年版，第1516页。

独立的运动。①

中国人民为什么不选择资本主义道路,就像毛泽东在《论人民民主专政》里面讲的:

> 西方资产阶级的文明,资产阶级的民主主义,资产阶级共和国的方案,在中国人民的心目中,一齐破了产。②

资本主义那些都是少数人的或者为少数人谋利益的东西;而中国人民选择的社会主义,中国共产党领导的新民主主义革命和社会主义革命,选择的中国特色社会主义道路,都是绝大多数中国人的、为绝大多数中国人民谋利益的唯一正确的自觉选择。

(二) 坚持科学社会主义是中国特色社会主义的内在要求,是解决中国现实问题的必然要求

中国特色社会主义,是科学社会主义理论逻辑和中国社会发展历史逻辑的辩证统一,是根植于中国大地、反映中国人民意愿、适应中国和时代发展进步要求的科学社会主义。中国特色社会主义,就是科学社会主义基本原则与中国国情和时代特征相结合的产物。值得强调的是,中国共产党人的老祖宗是马克思、恩格斯,中国特色社会主义的老祖宗就是科学社会主义,要认祖归宗、正本清源。中国特色社会主义是社会主义而不是什么别的主义,必须坚持科学社会主义最基本的原则,这些原则内容没有了,就不是社会主义了。如果我们离开了科学社会主义原则,离开了马克思主义原理,连老祖宗都不认、都丢了的话,那我们就像断了线的风筝,不知飘到哪儿去了,北风来了随北风飘、西风来了随西风飘。认了马克思

---

① 《马克思恩格斯文集》第 2 卷,人民出版社 2009 年版,第 42 页。
② 《毛泽东选集》第 4 卷,人民出版社 1991 年版,第 1471 页。

列宁主义、科学社会主义、毛泽东思想的祖训，我们就会永远扎扎实实地走中国特色社会主义这条路不动摇，既不僵化、走僵化封闭的老路，又不西化、走资本主义的邪路。只有社会主义才能救中国，只有中国特色社会主义才能发展中国。中国特色社会主义不是其他什么主义，就是科学社会主义，理论越彻底，根扎得越深，中国特色社会主义发展得就越好。

（三）坚持科学社会主义是应对当今复杂多变的国际局势的要求

当今世界正在发生深刻复杂变化，和平与发展仍然是当今时代主题。世界多极化、经济全球化深入发展，文化多样化、社会信息化持续推进，科技革命孕育新突破，全球合作向多层次全方位拓展。国际性的金融危机至今还未见谷底，还在持续发酵，已经引起了美国政府财政危机以致停摆；欧债危机不断加剧，跌入债务危机的"笨猪国家"的名单一再增加；日本经济长期低迷，"安倍经济学"也无回天之力；从美国的"占领华尔街"运动到欧洲持续不断的群众运动，到北非中东的一系列动乱，接连不断地发生了一系列重大国际事件。面对世界金融风险，一方面，中国特色社会主义成功抵御了国际金融经济危机，证明了社会主义的生命力和马克思主义的真理性；另一方面，西方世界在这场危机中整体实力呈下滑态势。这就迫使西方势力加大对我实施两手策略，一手是经济上有求于我，与我加强联络与合作；另一手是加紧遏制我们，表现为在经济上、政治上、军事上加紧对我进行西化、分化，尤其反映在意识形态领域。国际上的复杂形势必然反映到国内，各种错误思潮纷纷登台，拼命表现自己，企图影响舆论、影响民众，干扰党的正确领导。坚定不移地高举中国特色社会主义伟大旗帜，坚持中国特色社会主义道路、理论体系和制度，坚持社会主义的改革方向，坚持党的领导，坚持马克思主义，在马克思主义立场、观点、方法的基础上统一思想，是摆在全党面前的十分紧迫的政治任务。

二　建设中国特色社会主义坚持哪些科学社会主义的基本原则

我们常说，中国特色社会主义既坚持了科学社会主义的基本原则，又有鲜明的中国特色。那么科学社会主义有哪些基本原则，这是必须要首先回答的问题。对这个问题的回答，理论界还在深入研究，研究的角度不同，具体表述可能也会有所不同，但其基本的精神是一致的。这里，我主要谈以下几个重要原则。当然，科学社会主义的基本原则不限于我讲的这几条。

（一）建设中国特色社会主义必须坚持科学社会主义的两大基石即唯物史观和剩余价值理论

由于马克思的唯物史观和剩余价值理论这两大发现，社会主义才由空想变成科学。正是在两大科学的理论基石上，马克思、恩格斯才建构起了科学社会主义的理论大厦。反对科学社会主义，一般都是从这两大基石下手。抽掉了这两大基石，科学社会主义也就不成立了，就解体了。坚持唯物史观和剩余价值理论对于建设中国特色社会主义具有重要意义。唯物史观使中国特色社会主义有了最根本的哲学依据和理论基础；剩余价值理论使中国特色社会主义的发展不仅能够克服资本主义市场经济的内在矛盾，而且使我们能够在生产和分配两个环节正确把握资本、技术、劳动之间相互替代和依存的特点，妥善处理发展资本密集型产业和劳动密集型产业的关系，实现技术进步和扩大就业的有机统一，提高劳动参与分配能力，促进创造财富和公平分配的协调，更加注重发展成果惠及全体人民，更加注重改善民生。

（二）建设中国特色社会主义必须坚持科学社会主义的"两个必然""两个决不会""两个决裂"的辩证统一

1848 年，马克思、恩格斯在《共产党宣言》中明确指出："资产阶级的灭亡和无产阶级的胜利是同样不可避免的。"① 由于资本主义生产方式所固有的基本矛盾，决定了资本主义的灭亡和社会主义的胜利同样是不可避免的。与"两个必然"相联系的还有"两个彻底决裂"和"两个决不会"。马克思、恩格斯也是在《共产党宣言》中讲的：

> 共产主义革命就是同传统的所有制关系实行最彻底的决裂；毫不奇怪，它在自己的发展进程中要同传统的观念实行最彻底的决裂。②

1859 年，马克思在《〈政治经济学批判〉序言》中提出了"两个决不会"的重要思想，他指出：

> 无论哪一个社会形态，在它所能容纳的全部生产力发挥出来以前，是决不会灭亡的；而新的更高的生产关系，在它的物质存在条件在旧社会的胎胞里成熟以前，是决不会出现的。③

"两个必然"让我们坚定对未来的理想信念，"两个决不会"使我们正确面对现实，"两个彻底决裂"带给我们前进的勇气。"两个必然""两个决不会""两个彻底决裂"都要讲，而且要在整体上讲。

---

① 《马克思恩格斯选集》第 1 卷，人民出版社 1995 年版，第 284 页。
② 《马克思恩格斯文集》第 2 卷，人民出版社 2009 年版，第 52 页。
③ 《马克思恩格斯文集》第 2 卷，人民出版社 2009 年版，第 592 页。

(三) 建设中国特色社会主义必须坚持科学社会主义的阶段论

马克思、恩格斯在创立科学社会主义理论时,考察和分析了人类社会的发展历程,提出了对未来共产主义社会发展阶段的科学论断,认为共产主义社会将经历"第一阶段"到"高级阶段"的发展过程。我们的社会主义初级阶段就是共产主义第一阶段的初级阶段,我们现实奋斗的一切都是为了走向共产主义高级阶段,中国特色社会主义事业本身就是共产主义事业的组成部分。邓小平同志于1987年指出:

> 我们党的十三大要阐述中国社会主义是处在一个什么阶段,就是处在初级阶段,是初级阶段的社会主义。社会主义本身是共产主义的初级阶段,而我们中国又处在社会主义的初级阶段,就是不发达的阶段。一切都要从这个实际出发,根据这个实际来制订规划。①

阶段论还告诉我们:现实工作与远大理想是内在统一的。习近平总书记指出:"没有远大理想,不是合格的共产党员;离开现实工作而空谈远大理想,也不是合格的共产党员。"② 我们既要坚持共产主义远大理想,又要坚持中国特色社会主义共同理想,实现党的最高纲领与当前纲领、远大理想与共同理想的高度统一。

(四) 建设中国特色社会主义必须坚持科学社会主义的阶级分析方法

马克思主义经典作家关于阶级和阶级斗争的基本观点,是科学社会主义的重要组成部分。马克思在1852年3月5日《致约·魏

---

① 《邓小平文选》第3卷,人民出版社1993年版,第252页。
② 《习近平谈治国理政》,外文出版社2014年版,第23页。

德迈的信》中明确指出，阶级的存在仅仅同生产发展的一定历史阶段相联系；阶级斗争必然导致无产阶级专政；这个专政不过是达到消灭一切阶级和进入无阶级社会的过渡。① 所以，不讲阶级分析和阶级斗争的社会主义，不是科学社会主义。不讲无产阶级专政、不讲人民民主专政的社会主义，也不是科学社会主义。

马克思、恩格斯和列宁都很重视阶级观点和阶级分析方法的运用。马克思主义认为，社会生产力的发展及其所引起的社会基本矛盾的运动，是一切社会发展进步的根本动力。在阶级社会中，社会基本矛盾往往表现为阶级矛盾和阶级斗争。恩格斯说过，阶级斗争的规律是理解阶级社会历史的"钥匙"。列宁认为，"阶级关系——这是一种根本的和主要的东西"②，"阶级斗争的原则是社会民主党（布尔什维克党的前身——引者注）全部学说和全部政策的基础"③。阶级分析方法为我们认识阶级社会的复杂现象"提供了一条指导性的线索"。

在当前错综复杂的国际大背景下，国际形势复杂多变，但社会主义与资本主义两条道路、两种命运、两个前途的博弈，仍然是国际社会经济政治发展演变的主线。西方敌对势力亡我共产党、亡我社会主义、亡我国家，西化分化人民，通过意识形态争斗，促我变、促我亡之心不死，妄图打一场"没有硝烟的战争"，且不断加大力度。

当前我国国内各种关系基本协调，政局基本稳定，社会基本和谐。但是，阶级、阶层发生新的变化。国际国内的环境条件决定了在我国，一方面人民内部矛盾更加凸显，另一方面仍然存在一定范围内的阶级斗争。主要矛盾不是阶级斗争而是人民内部矛盾，但存在一定范围的敌我矛盾和阶级斗争，且又突出表现为西方势力在意识形态上的渗透和演变的情况，决定了我们一方面必须坚决反对以

---

① 《马克思恩格斯文集》第 10 卷，人民出版社 2009 年版，第 106 页。
② 《列宁选集》第 4 卷，人民出版社 1995 年版，第 481 页。
③ 《列宁全集》第 15 卷，人民出版社 1988 年版，第 38 页。

阶级斗争为纲、搞阶级斗争扩大化的极"左"做法，另一方面又要坚持马克思主义阶级分析的观点，认清敌对势力渗透、演变、西化分化我们的战略意图，牢牢把握意识形态斗争的主动权、管理权和话语权，坚持党的正确的路线方针政策，推动中国特色社会主义事业不断向前发展。

三　建设中国特色社会主义如何坚持和发展科学社会主义

（一）不要忘记我们的老祖宗，多读读老祖宗的书

毛泽东同志在《读苏联〈政治经济学教科书〉的谈话》中指出，马克思这些老祖宗的书，必须读，他们的基本原理必须遵守，但是，任何国家的共产党，任何国家的思想界，都要创造新的理论，写出新的著作，产生自己的理论家，来为当前的政治服务，单靠老祖宗是不行的。[①] 1985年9月，邓小平同志在党的全国代表会议上根据改革开放形势发展的需要，向党的各级干部首先是领导干部提出"学习、掌握、熟悉马克思主义的基本理论"的要求，以加强工作中的原则性、系统性、预见性和创造性。这些至理名言包含着两层意思：一是老祖宗不能丢，二是要在老祖宗的基础上发展创新。科学社会主义当然要不断发展。怎么发展？就需要我们不断总结经验教训，善于找到规律性的东西，为科学社会主义的理论宝库增添新的内容和光彩。

（二）要靠理想信念，坚定共产主义的远大理想

革命理想高于天。干革命，抓建设，搞改革，都要讲理想信念。面对世情、国情、党情的深刻变化，精神懈怠危险、能力不足危险、脱离群众危险、消极腐败危险更加尖锐地摆在全党面前，党

[①] 《毛泽东文集》第8卷，人民出版社1999年版，第109页。

内脱离群众的现象大量存在，集中表现在形式主义、官僚主义、享乐主义和奢靡之风这"四风"上。"四风"问题，说到底，根子出在理想信念上。习近平总书记说："理想信念就是共产党人精神上的'钙'，没有理想信念，理想信念不坚定，精神上就会'缺钙'，就会得'软骨病'。"科学社会主义就是给我们提供了理想信念，提供了奋斗的方向和目标。只有坚持科学社会主义，坚持中国特色社会主义，才能够达到我们的最后目的，实现共产主义。说一千道一万，共产党就是要实现共产主义。不讲共产主义，不信共产主义，就不是共产党。共产党人一定要牢牢树立社会主义、共产主义的理想信念，这是我们必须守住的信仰底线。

（三）要坚持推进改革开放，用新的实践创新、理论创新丰富科学社会主义的思想宝库

马克思主义经典作家创立了科学社会主义，开创了工人运动和社会主义运动的新格局。中国共产党人在中国特色社会主义伟大实践中创新了马克思主义，赋予马克思主义以新的生命力，创造性地推进了马克思主义的发展。改革开放为马克思主义的发展提出了新的问题，提供了新的机遇。现在我们中国的社会主义改革开放是成功的，这说明当代社会主义改革是一种浪潮，不改革，不从过去的传统的社会主义的模式和框架中进行改革，就无法实现社会主义的发展和现代化。因此，无论时代怎样发展，历史条件如何变化，必须在坚持马克思主义的指导地位绝不能动摇、坚持科学社会主义的正确方向不能偏离的前提下，以更大的勇气和智慧推进中国特色社会主义的改革开放。

（四）要靠人民群众的实践，用人民群众的首创精神、能动作用谱写科学社会主义的新篇章

人民群众创造历史，这是科学社会主义的基本观点。群众观点是共产党员革命的出发点与归宿。人民群众是我们真正的老师。我

们干一切工作都必须为了人民，依靠人民，让人民得到实惠。从群众中来，到群众中去，想问题从群众出发就好办。改革开放中许许多多的东西，都是由人民群众在实践中提出来的，是群众的智慧、群众的力量。坚持和发展科学社会主义最终依靠的还是人民群众。没有人民群众的实践，科学社会主义就是无源之水无本之木。我们在任何时候任何情况下，与人民群众同呼吸共命运的立场不能变，全心全意为人民服务的宗旨不能忘，坚信群众是真正英雄的历史唯物主义观点不能丢。党只有始终与人民心连心、同呼吸、共命运，始终依靠人民推动历史前进，才能做到坚如磐石。

（五）要靠党的正确领导，在党的领导下办好中国的事情

坚持科学社会主义理论，推进社会主义建设，都需要有坚强的马克思主义政党的领导。中国共产党作为最先进的阶级——工人阶级先锋队，不仅代表着中国最广大人民的根本利益，而且代表着整个中华民族的根本利益。我们党担负着团结带领人民全面建成小康社会、推进社会主义现代化、实现中华民族伟大复兴的重任。像我们这样的大国，人口这么多，底子也不厚实，没有党的领导是不行的。我们有今天的成就，靠的就是党的正确领导。面对复杂的国内外形势，只有在中国共产党的统一领导下，才能高屋建瓴、审时度势、统筹全局、把握方向，并结合不断变化着的实际，不断推进社会主义经济建设、政治建设、文化建设、社会建设和生态文明建设，促进人的自由全面发展，逐步实现全体人民共同富裕，把我国建设成为富强民主文明和谐的社会主义现代化国家。

（六）要加强对世界社会主义理论和运动的研究，研究世界社会主义发展的普遍规律

我们不仅要研究科学社会主义理论，还要研究空想社会主义理论，也要研究民主社会主义理论，同时还要研究资本主义特别是它在当代的新变化，要研究它的当代思潮比如新自由主义，为中国特

色社会主义建设提供更多的借鉴。要自觉运用马克思主义的科学方法，开展对资本主义的剖析，开展对历史虚无主义、民主社会主义、新自由主义等错误思潮的研究。我这里还要特别强调，要进一步加强对国际共产主义运动的历史与现实的研究，深入总结其中的经验和教训。这方面我们过去有过一些积累，一定要坚持下去。要积极开展科学社会主义理论研究的合作，开展重大项目的课题攻关，加强国内外学术交流，表达中国的观点，发出中国的声音，这是我们的责任，也是我们的使命。

马克思主义世界历史理论与中国特色社会主义道路[*]

学习马克思1879—1882年的研究笔记，深入研究和论证马克思主义的世界历史理论和中国特色社会主义道路的基本特征和主要内涵，从马克思主义的立场观点出发，回答理论和实践的许多重大问题，意义重大。尽管"社会主义"和"资本主义"这类概念，在今天一些人看来已不合时宜，但仍是概括当今时代本质的理论抽象，它们并没有所谓"意识形态终结"。从唯物史观和世界历史理论来看，时代并没有过逝，科学社会主义并没有过世，马克思主义并没有过时。马克思主义，仍然是中国人民独立自主地前进于世界历史大道的指导思想，中国特色社会主义道路，是中国人民在世界历史进程中实现现代化的唯一正确选择。

1879—1882年，晚年的马克思把研究的重心和注意力转向俄国乃至整个东方社会，写了大量笔记，其中形成了著名的世界历史理论。实际上，世界历史理论在马克思研究的早期和中期已经提出并逐步充实。世界历史理论是唯物史观的重要组成部分，同时又进一步丰富和发展了唯物史观。

关于马克思的世界历史理论，我认为以下几点值得重视。

---

[*] 该文系作者2015年6月25日学习马克思1879—1882年研究笔记的札记，原载《哲学研究》2015年第6期、《中华魂》2015年第8期。

第一，资本主义推动人类历史转向世界历史。原始社会、奴隶社会、封建社会等前资本主义社会是一个漫长的历史时期，因自然环境条件和生产力发展水平的限制，人类的生产，以及由生产而建立的交往基本上还处在相对孤立、相对封闭的状态，表现为地域性特征。资本主义机器大工业的出现导致世界竞争、世界分工、世界市场以及世界性的交往，致使一切国家、民族和个人都将从狭隘孤立的历史走向"世界历史"。世界历史是由资产阶级开辟的，是资本主义生产方式向全世界扩张发展的结果。推动人类历史走向世界历史的动力正是"生产力的普遍发展和与此相联系的世界交往"①。资本主义大工业和市场经济首次开创了"世界历史"，消灭了各国以自然形成的闭关自守的状态。当然"世界历史性联系"在前资本主义社会中就已在一定范围内一定程度上存在，资本主义只不过是"世界历史性联系"的发展结果。

资本主义世界历史时代本质上是资本主义生产方式取代其他生产方式而成为全球性主导生产方式的时代，也是资产阶级提出的以自由、平等、民主、人权为核心的价值观念成为普遍的意识形态的时代，是资产阶级确立自己政治制度和意识形态的时代。正是这些制度和观念将人类从封建制度下"解放出来"，相对封建社会来说，资本主义社会是历史的进步。然而，资本主义政治制度和意识形态必然为新的社会形态，为新的社会形态的政治制度和意识形态所替代，这是不可逆转的新的世界历史时代潮流。

第二，世界历史必然导致未来共产主义社会形态。世界历史可以分成两个阶段，即资本主义世界历史时代和共产主义世界历史时代。资本主义世界历史时代是共产主义世界历史时代的起点，从资本主义世界历史时代走向共产主义世界历史时代是人类社会的发展趋势。资本主义的基本矛盾导致资本主义必然走向灭亡。世界历史不仅是共产主义的实现机制，还是共产主义的实现途径。世界历史

---

① 《马克思恩格斯选集》第 1 卷，人民出版社 2012 年版，第 166 页。

促进世界贸易和世界市场，产生生产力的巨大发展，为共产主义创造了物质条件；世界历史增进了普遍交往，为共产主义创造了社会条件；世界历史造就了新的生产力的代表——无产阶级，为共产主义培育了新生力量。

资本主义世界历史时代在发展进程中造就了自己的掘墓人。无产阶级是世界历史性的阶级，无产阶级的世界性，决定了它所肩负的共产主义事业的世界性，共产主义是无产阶级肩负的历史使命。"无产阶级只有在世界历史意义上才能存在，就像共产主义——它的事业——只有作为世界历史性的存在才有可能实现一样。"[①] 世界历史理论构成科学社会主义的基础和支撑，把世界历史与无产阶级解放、共产主义实现联系起来，昭示了人类未来发展的美好愿景，把人类历史发展规律和其历史必然性的研究置于更广阔的世界历史视野中，把世界历史引向了更有普遍意义的共产主义。

第三，实现现代化是世界历史发展的核心问题。世界历史就是世界历史现代化。发展和实现世界历史现代化，一条是资本主义发展道路，这条道路是苦难的，但最终为共产主义现代化所替代。资本主义大工业和市场经济所促成的新的生产方式和交往方式具有巨大的历史进步性，消灭了分工的自然性质，促进了人的集中和生产资料的集中，形成了人的全面生产能力的体系，其所创造的生产力比过去一切时代创造的全部生产力还要多、还要大。世界历史就是这种新的生产方式和交往方式的全球扩展而形成的，推动了资本主义全球化。资本主义世界历史时代一方面积累了物质财富，另一方面带来了分化、贫穷、动荡、对立和战争。

第四，实现世界历史现代化还有一条道路是社会主义道路。与资本主义的产生和胜利具有历史的必然性一样，资本主义将被更高的社会阶段所替代而走向灭亡也是必然的。没有资本主义大工业创造的社会生产力、普遍的交往关系以及"人的政治解放"的条件，

[①] 《马克思恩格斯选集》第 1 卷，人民出版社 2012 年版，第 166—167 页。

社会主义是不可能的。社会主义本质上是一种由资本主义生产方式所造成的全世界工人阶级的运动，是人类进入世界历史时代的一个新的发展阶段，是人类解放的伟大事业，是通向共产主义的必经阶段。世界无产阶级形成的过程，就已经超越了民族的狭隘性，而无产阶级的胜利与走出一条社会主义现代化道路相联系，无产阶级的最后胜利又与阶级、国家的消亡联系在一起，与共产主义的实现联系在一起。

第五，世界历史是一个整体，而各个民族、国家是它的"器官"，各个民族、国家的历史进程必然要受到整体的影响和制约，同时也影响整个世界历史进程。任何一个民族，无论它在历史上曾经多么辉煌，如若在现代化进程中落伍了，落后了，那么在世界性的竞争中就逃脱不了"落后就要挨打"的命运。不思进取，不肯顺应世界现代化的潮流，就面临淘汰。一个国家不走向世界，融入世界历史，就难以摆脱封闭和僵化的格局，就不能借鉴世界历史发展的成果。中华民族只有深度介入世界历史，引领世界历史，才能在世界历史发展现代化进程中实现中华民族伟大复兴的中国梦。

第六，在世界历史的影响下，东方一些落后国家，通过社会主义革命，可以跨越资本主义制度的"卡夫丁峡谷"，避免资本主义的苦难，直接进入社会主义，走出一条社会主义的现代化道路。中国特色社会主义事业的成就印证了马克思这一伟大设想，并为这一理论注入新的内容。中国特色社会主义理论可以说是对世界历史理论的继承与发展。世界历史是以人类生产力发展、交往普遍化和世界市场的形成为前提的。中国与世界接轨，把社会主义制度与市场经济相结合，大力发展社会化大生产，大力发展物质文明、精神文明、政治文明和生态文明，才能跨域"卡夫丁峡谷"，获得世界性存在。

"中国道路"是进入世界历史时代以后，中华民族在探索实现现代化过程中形成的。通过社会主义道路，实现现代化作为一种目标指向，贯穿中华民族融入世界历史始终。"中国道路"是历史赋予中国人民独立自主的社会主义历史命运的选择，中国既服从世界历史性的选择，又要有中国特色。随着苏联解体，苏联模式的历史性关闭，中国特色社会主义已经成为世界社会主义的旗帜。两次大战，当代的动乱，直接拷问"西方道路"价值取向的合理性。中国道路的世界历史意义正在于此。中国现在还处于并长期处于社会主义初级阶段，面对国家大、人口多、底子薄并历史负担沉重的基本国情，在现代化进程中必然遇到国际战略性遏制和围堵，面对尖锐的国际斗争，承担更多的竞争压力。对坚持中国道路的长期性、艰巨性、复杂性、反复性必须有充分的思想准备，不能丢掉根本的四项基本原则。同时又不能以中国"特色"，而拒绝吸收外来文化、与外合作，把一切文明斥为"西方文明"，把一切经验模式斥为"西方模式"。必须扩大交往，加大学习。社会主义不能离开资本主义而发展，不可能孤立于世界历史而发展。必须学会在与资本主义打交道的过程中进一步提高竞争能力。

以唯物史观作为历史时代的根本判断标准[*]

我们现在处在一个什么样的历史时代，面临着什么样的时代问题，这是理论应该回答的问题，是哲学应该回答的问题，也是马克思主义唯物史观应该回答的问题。

一 提出问题

关于时代问题，有各种各样的说法。比如，有的提出"人类社会经过了石器时代、铁器时代、铜器时代、机器时代、电子时代"，现在"进入了信息时代"；还有的说，"人类历史经过了渔猎时代、农耕时代、工业时代，现在进入后工业时代"；还有的说，"人类文明发展划分为原始文化时代、农业文明时代、工业文明时代和知识文明时代"；等等。这些说法是从某个学科角度，从某个视角出发对时代问题的概括，是有可取之处的。但是从马克思主义观点来看，一定要以马克思主义唯物史观来定义时代，来判断我们所处的时代。

现在到底是什么时代，具有哪些特点，要回答的时代问题是什

---

[*] 原载《解放军理论学习》2016年第8期，原标题为"关于治国理政新理念新思想新战略的时代背景、实践基础、科学体系和哲学依据"，收入时有删节。

么？要回答这些问题，就必须坚持马克思主义唯物史观，坚持马克思主义时代观。只有坚持唯物史观，搞清楚我们所处的时代及其时代问题，才能把握治国理政新理念新思想新战略的科学体系、精神实质和创新观点。

党的十八大以来，习近平总书记反复强调必须坚持以马克思主义为指导，发展 21 世纪马克思主义、当代中国马克思主义。坚持和发展马克思主义，是针对"马克思主义过时论""马克思主义不灵了、不管用"的谬论而提出来的。马克思主义"过时论""无用论"的根据是什么？其根据就是错误地认为，现在已经进入了一个根本性质完全不同于马克思判断的历史时代了。这样，马克思主义也就过时了，无用了。按照对时代问题的误判，必然导致马克思主义"过时论""无用论"的错误结论。"时代根本性质改变了"，"马克思主义过时了""不灵了""不管用了"，自然而然导致一系列的错误思潮出笼、泛滥，如"社会主义历史终结论"、"普世价值"、新自由主义、历史虚无主义、民主社会主义，等等。所谓历史虚无主义就是从根本上否定唯物史观，否定马克思主义时代观，其具体表现就是"虚无革命""否定革命""告别革命"，就是虚无、否定、告别我们党所领导的新民主主义革命，虚无、否定、告别我们党所领导的社会主义革命，虚无、否定、告别列宁所领导的十月社会主义革命……因为"时代性质根本改变了"，马克思主义经典作家所提出的无产阶级革命和科学社会主义理论也就过时了，从而否定党，否定马克思主义，否定无产阶级专政，否定社会主义和共产主义。

我们到底处在什么样的历史时代？回答这个问题，就要依次回答两个问题：一是以什么标准判断时代；二是用正确的标准判断时代，回答我们现在究竟处在什么时代。

二 判断时代的标准是什么

判断时代问题，必须以唯物史观作为时代的根本判断标准。我在这里引用马克思、恩格斯在《共产党宣言》中的经典论述，来说明论证时代判断标准和对时代的判断问题。

第一段是在《共产党宣言》1883年德文版序言中。恩格斯说：

> 每一历史时代的经济生产以及必然由此产生的社会结构，是该时代政治的和精神的历史的基础；因此（从原始土地公有制解体以来）全部历史都是阶级斗争的历史，即社会发展各个阶段上被剥削阶级和剥削阶级之间、被统治阶级和统治阶级之间斗争的历史；而这个斗争现在已经达到这样一个阶段，即被剥削被压迫的阶级（无产阶级），如果不同时使整个社会永远摆脱剥削、压迫和阶级斗争，就不再能使自己从剥削它压迫它的那个阶级（资产阶级）下解放出来。[①]

并且还申明，"这个基本思想完全是属于马克思一个人的"[②]。恩格斯的这段话，一是明确提出"历史时代"概念。马克思主义唯物史观所讲的历史时代，是指占统治地位的社会形态所历经的整个历史进程，该历史进程从该社会形态取代前一社会形态在人类社会占据统治地位起，历经兴盛、衰落，直到为下一社会形态所取代而不再占据统治地位止。

二是说明历史时代的判断标准。判断一个历史时代，标准就是该时代的经济基础是什么，生产关系是什么，生产力是什么。也就是说，判断一个时代，要从经济生产、经济基础出发来判

[①] 《马克思恩格斯选集》第1卷，人民出版社2012年版，第380页。
[②] 《马克思恩格斯选集》第1卷，人民出版社2012年版，第380页。

断，从生产力所决定的生产关系、经济基础，以及由这一基础所决定的社会经济形态出发，来判断历史时代。看一看占据统治地位的社会形态是什么，社会形态的根本性质是什么，也就知道该历史时代是什么。这就是马克思主义判断时代问题的根本标准和方法。

三是判定人类社会正处于资本主义社会形态占据统治地位的历史时代，而这个时代又是新的社会形态即社会主义和共产主义社会逐步并最终取代旧的社会形态即资本主义社会的历史时代。用唯物史观标准和方法来判断，马克思主义经典作家认为人类社会的历史时代已经前进到资本主义社会代替封建社会而占据统治地位的时代。在该时代无产阶级及其广大被剥削阶级如果不通过推翻最后一个剥削社会，即通过消灭最后一个剥削阶级的社会革命，使整个社会永远摆脱剥削、压迫和阶级斗争，否则就不能解放全人类，从而就不能最终使无产阶级自己解放自己。也就是说，在资本主义历史时代，无产阶级及其广大人民群众通过无产阶级革命和无产阶级专政彻底消灭阶级差别、阶级压迫、阶级剥削和阶级斗争，才能解放全人类，乃至最终解放无产阶级自己，否则就不能以一个新的社会形态取代资本主义社会形态，进入一个新的历史时代。

四是指出该历史时代所要解决的时代问题。也就是说，经过了无产阶级革命和无产阶级专政，消灭人类历史最后一个阶级社会——资本主义社会，使人类进入一个没有剥削、压迫、阶级差别和阶级斗争的无阶级的新的社会形态。

第二段是在《共产党宣言》的"一、资产者和无产者"这节中。马克思、恩格斯进一步说明：

> 在过去的各个历史时代，我们几乎到处都可以看到社会完全划分为各个不同的等级，看到社会地位分成多种多样的层次。在古罗马，有贵族、骑士、平民、奴隶，在中世纪，有封建主、臣仆、行会师傅、帮工、农奴，而且几乎在每个阶级内

部又有一些特殊的阶层。①

紧接着,他们又写道:

> 从封建社会的灭亡中产生出来的现代资产阶级社会并没有消灭阶级对立。它只是用新的阶级、新的压迫条件、新的斗争形式代替了旧的。②

马克思、恩格斯按照唯物史观关于社会形态演变理论来判断划分历史时代,认为,一是在人类已然过去的各个历史时代顺次经历了原始社会、奴隶社会、封建社会,现在进入了资产阶级社会;二是运用唯物史观的时代判断标准,从社会经济形态出发来分析判断历史时代,把历史时代划分为原始社会时代、奴隶社会时代、封建社会时代、资产阶级社会时代,未来人类将进入消灭阶级剥削、压迫与阶级斗争的新时代,即进入共产主义社会时代。

第三段也是在《共产党宣言》的"一、资产者和无产者"这节中。马克思、恩格斯明确指出:

> 我们的时代,资产阶级时代,却有一个特点:它使阶级对立简单化了。整个社会日益分裂为两大敌对的阵营,分裂为两大相互直接对立的阶级:资产阶级和无产阶级。③

马克思、恩格斯在这里明确指出,我们所处的时代,"即资产阶级时代"。就世界范围来讲,我们人类仍处在资本主义社会形态占主导形式的历史时代。当然,在这个历史时代,资本主义一步一步由兴盛走向衰亡,社会主义、共产主义由小到大,一步一步走向

---

① 《马克思恩格斯选集》第1卷,人民出版社2012年版,第400—401页。
② 《马克思恩格斯选集》第1卷,人民出版社2012年版,第401页。
③ 《马克思恩格斯选集》第1卷,人民出版社2012年版,第401页。

最终取代资本主义。

三 如何判断我们所处的时代

根据以上马克思、恩格斯的论述，可以得出这样的认识：

（一）我们今天仍然处于马克思、恩格斯所判断的大的历史时代

今天，马克思、恩格斯判定的历史时代变了没有？我认为时代的根本性质没有改变，大的历史时代没有改变。运用唯物史观的标准判断时代，现在处在什么时代，从时代的根本性质和大的历史进程来看，仍然处于马克思、恩格斯当时所揭示的历史时代。也就是说，从全球范围来讲，现在仍然是资本主义社会形态占主要地位的历史时代。当然，在该时代社会主义、共产主义必然代替资本主义，但是需要经过一个相当长的历史过程。当然，在世界资本主义体系内已经产生了相当的社会主义因素；现在全世界已经产生了若干社会主义国家，但是仍是少数，其社会形态在全世界尚未占据统治地位。

从英国的资产阶级革命到现在，上下几百年的历史进程，人类社会历经了封建社会在世界的解体，到资本主义生产方式在全世界占统治地位，从资本主义繁荣、兴盛再到资本主义内在矛盾不断激化而至衰落，全世界总体上仍处于资本主义历史时代。实际上，资本主义一经产生，就带有其固有的、不可克服的内在矛盾，在资本主义内部一开始就产生了反对资本主义的力量和因素：工人阶级和新的社会形态萌芽。在资本主义时代，始终贯穿着社会主义与资本主义、工人阶级与资产阶级两种命运、两种力量、两种前途的斗争，一直到工人阶级通过无产阶级革命和无产阶级专政消灭压迫、剥削和阶级斗争，最终迎来新的社会形态为止。

（二）资本主义历史时代代替封建主义历史时代是历史的进步

在短短几百年中，资本主义创造了能够最大限度发展社会生产力的市场经济，资本主义市场经济在其历史条件下最大限度地释放了生产力，创造了远远超过封建社会几千年所创造的生产力和社会财富。资本主义社会形态优于封建社会的社会形态，资本主义社会取代封建社会，这是人类历史时代的进步。当今世界科技创新，生产力发展，创造财富的周期越来越短，就拿手机来讲，几乎几个月就换一代，互联网飞快发展，新科学新技术日新月异，推动社会生产力迅猛发展。

（三）资本主义社会固有的不可克服的内部矛盾必然导致其灭亡

在资本主义的整个发展进程中，其内在矛盾不断激化，经历了激化、缓和，再激化、再缓和……直至激化到再也不能缓和而走上灭亡。其表现就是不可解脱的两极分化，且这种两极分化又不断得到强化。资本主义社会的两极分化表现为两个层次：一是资本主义国家本国内部的阶级与阶级、民族与民族、阶层与阶层之间的两极分化不断强化；二是世界范围内国家与国家、地区与地区、民族与民族、阶级与阶级之间的两极分化也不断强化。

（四）根据历史时代根本性质没有改变但又有新的巨大变化的正确判断，制定我们党的基本理论、基本路线和基本战略策略

既要坚持马克思列宁主义、毛泽东思想不能丢，高高举起中国特色社会主义大旗，坚持社会主义制度，坚持党的领导，坚持马克思主义，坚持人民民主专政；同时又要与今天的时代变化和具体实际相结合，以经济建设为中心，坚持改革开放，融入世界潮流，不断推进理论创新、实践创新，坚定不移地走中国特色社会主义和平发展道路。既不忘初心，又要继续前进。

在当代中国，始终坚持马克思主义、人民民主专政、党的领导和社会主义是当今历史时代的根本性质所决定的。历史时代的根本性质决定中国人民只有选择社会主义才是唯一出路。资本主义由自由竞争资本主义转变为垄断资本主义，即帝国主义，全世界已然被资本主义强国瓜分完毕。沦为半殖民地半封建的社会性质决定了中国不可能独立自主地走资本主义的发展道路，帝国主义、国内封建专制统治阶级和官僚资本主义集团不允许中国独立自主地走资本主义强国道路，软弱的中国民族资产阶级也无法担负起资产阶级民主革命的重任。历史雄辩地证明，解决中国问题只有一条出路，这就是在中国工人阶级政党——共产党的领导下选择社会主义。而中国当时的社会性质和所处的国际环境又决定中国走社会主义道路要分两步：第一步先进行新民主主义革命；第二步再进行社会主义革命。在新民主主义革命和社会主义革命的基础上，建立社会主义制度，进行社会主义建设。

历史时代根本性质虽然没有改变，但已经发生了巨大变化，这就决定了我们必须坚持改革开放，走和平发展的中国特色社会主义道路。到今天，世界发生了翻天覆地的巨变，新变化、新形势、新特点、新需求、新任务，又决定了我们必须抓住机遇，以经济建设为中心，加大改革开放的力度，融入世界发展大潮，走中国特色社会主义和平发展的道路，这也是中国人民唯一的历史选择。

四 结语

弄清了时代问题，就会彻底搞明白中国共产党人处在什么样的历史方位上，选择什么主义，选择什么道路，选择什么制度，选择什么目标，选择什么战略，选择什么举措，到底怎么走。从时代高度出发，就可以把治国理政新理念新思想新战略的指导思想、战略部署、奋斗目标、战略策略等问题弄懂搞清楚，就会明白党的创新理论到底回答了什么问题，解决了什么问题，创新点在哪，精神实质是什么。我们党恰恰是在这一大的历史时代背景下，在发生巨大变化的新阶段，回答了在新的历史条件下"坚持和发展什么样的中国特色社会主义，怎样坚持和发展中国特色社会主义"这一时代主题，这就是治国理政新理念新思想新战略所要回答的当代中国所面临的时代主题。

中国特色社会主义进入了以习近平同志为核心的党中央坚强领导、全国人民共同创造的新时代[*]

习近平新时代中国特色社会主义思想，牢牢把握新时代坚持和发展什么样的中国特色社会主义、怎样坚持和发展中国特色社会主义这个重大时代课题，系统回答了中国特色社会主义的一系列重大基本问题，提出了一系列重大思想、重要观点、重大战略、重大举措，形成了一个主题明确、主线突出、观点创新、逻辑严谨、系统完整的理论体系，是当代中国马克思主义的最新成果，是全党全国人民在新时代坚持和发展中国特色社会主义的行动指南。习近平新时代中国特色社会主义思想是集体智慧的结晶，习近平同志以马克思主义政治家、理论家的深邃洞察力、敏锐判断力和坚定战略定力，为习近平新时代中国特色社会主义思想的创立发挥了决定性作用，是这一思想的主要创立者。

一 中国特色社会主义进入了以习近平为主要代表、全国人民共同创造的新时代

党的十九大最重要的贡献，就是提出习近平新时代中国特色社

---

[*] 原载《中国社会科学》2017年第12期，原题"当代中国马克思主义的最新理论成果——习近平新时代中国特色社会主义思想学习体会"；收入王伟光《当代中国马克思主义的最新理论成果》，中国社会科学出版社2021年版，第3—40页。

会主义思想，并确立为党与时俱进的指导思想。习近平新时代中国特色社会主义思想具有广阔的时代背景，强远的历史根据，深厚的理论渊源，坚实的实践基础，鲜明的主题主线，科学的理论体系，创新的理论观点，扎实的哲学依据，通俗的话语特色，重要的历史地位，重大的指导意义，是马克思主义中国化的最新理论成果，为全党全国人民在新时代坚持和发展中国特色社会主义、实现中华民族伟大复兴中国梦而奋斗提供了行动指南。要在学懂、弄通、做实习近平新时代中国特色社会主义思想上下功夫，武装头脑、指导实践。

（一）中国特色社会主义伟大事业，奠基于毛泽东，开创于邓小平，推进于江泽民和胡锦涛，发展于习近平，进入了一个新的时代

时代是思想之母，实践是理论之源。任何科学理论都不是凭空产生的，都是历史经验的总结、社会实践的产物、时代精神的精华。经过长期努力，中国特色社会主义进入了新时代，这是我国发展新的历史方位。新时代新方位，新征程新要求，呈现出许多新特征，提出许多新问题，迫切需要从理论上给予确切的回答。

中国特色社会主义是改革开放新时期开创的，也是建立在党长期奋斗基础上的，是由党的几代中央领导集体团结带领全党全国人民历经千辛万苦、接力探索取得的。中国特色社会主义发展的每一个时期都是在前一个时期的基础上发展起来的，每一个时期都有每一个时期的主要代表人物。中国特色社会主义已经走过了以毛泽东为代表的奠基时期，以邓小平为代表的开创时期，以江泽民和胡锦涛为代表的推进时期，如今进入了以习近平为代表的发展时期，也是全国人民努力奋斗共同创造、全面发展的新时代。

以毛泽东同志为核心的党的第一代中央领导集体，拉开了中国社会主义建设的历史大幕，为探索中国特色社会主义道路奠定了坚实基础，这是中国特色社会主义奠基时期。中华人民共和国成立

后，毛泽东同志领导全党全国人民经过短暂的和平恢复过渡，成功开辟了具有中国特色的社会主义改造和革命道路，建立了人民民主专政的社会主义国体，确立了社会主义制度，开启了社会主义建设伟大征程。他率先提出以苏联为鉴戒，探索适合中国国情、具有中国特点的社会主义建设道路，领导了大规模的社会主义建设，在经济、政治、文化、社会等各个方面取得了伟大成就，奠定了中国特色社会主义的制度前提和物质基础，提供了中国特色社会主义的经验积累和理论筹备，是中国特色社会主义历史进程的起点和准备。

以邓小平同志为核心的党的第二代中央领导集体，带领中国进入了改革开放和社会主义现代化建设的新时期，成功开创了中国特色社会主义，这是中国特色社会主义开创时期。"文化大革命"结束后，邓小平同志领导全党全国人民实现了思想上、政治上、组织上的拨乱反正，解决了科学评价毛泽东历史地位和毛泽东思想、根据新的实际和发展要求确立中国社会主义现代化建设的正确道路这两个相互联系的重大历史课题。他带领全党全国人民既不走改旗易帜的邪路，也不走封闭僵化的老路，而是紧紧围绕建设中国特色社会主义这个主题，在"第二次伟大革命"的进程中，开创了中国特色社会主义道路。

以江泽民同志为核心的党的第三代中央领导集体和以胡锦涛同志为总书记的党中央，在坚持和发展中国特色社会主义的进程中不断谱写新的历史篇章，成功推进了中国特色社会主义，这是中国特色社会主义推进时期。江泽民同志带领全党全国人民，坚持和加强党的领导，确立了社会主义市场经济体制的改革目标和基本框架，推进党的建设新的伟大工程，成功地把中国特色社会主义推向21世纪。胡锦涛同志带领全党全国人民，坚持以人为本、全面协调可持续的科学发展，提出构建社会主义和谐社会、加快生态文明建设，推进党的执政能力和先进性建设，坚持和发展了中国特色社会主义。

党的十八大以来，以习近平同志为核心的党中央在历史成就的基础上，把中国特色社会主义推进到了一个全面发展的新阶段，这就是中国特色社会主义全面发展的新时代。

（二）中国特色社会主义新时代具有鲜明特征和时代标志

中国特色社会主义进入新时代的重大政治判断，是在深刻把握我国社会发展新时代及其阶段性特征的基础上，立足于党和国家事业发展的角度，总结改革开放以来特别是党的十八大以来所取得的伟大成就和历史性变革提出的。"新时代"特指中国特色社会主义发展的新的历史定位，具有特有的鲜明特征和中国标志。

党的十八大以来的历史性新变革标志中国特色社会主义进入新时代。党的十八大以来的五年，是党和国家事业发展进程中极不平凡的五年。面对困难和挑战，以习近平同志为核心的党中央科学把握当今世界和中国发展大势，顺应实践要求和人民愿望，以巨大的政治勇气和强烈的责任担当，进行具有许多新的历史特点的伟大斗争，提出一系列新理念新思想新战略，出台一系列重大方针政策，推出一系列重大举措，推进一系列重大工作，解决了许多长期想解决而没有解决的难题，办成了许多过去想办而没有办成的大事，推动党和国家事业发生历史性变革。这些重大的历史性成就是全方位的、开创性的，所实现的变革是深层次的、根本性的。我国已经进入世界前列，国际地位得到了前所未有的提升，中华民族正以崭新姿态屹立于世界的东方，社会主义中国正走向世界舞台的中央，中国发展站到了新的历史起点上。这些变革的力度之大、范围之广、效果之显、影响之深，在党的历史上、在中华人民共和国历史上、在中华民族发展史上，都具有开创性意义，标志着中国特色社会主义进入了一个新的时代。

社会主义初级阶段主要矛盾的新变化决定中国特色社会主义进入新时代。中国特色社会主义进入新时代，是习近平同志客观分析我国主要矛盾变化得出的具有重大创新意义的政治结论。1981年，党恢复并发展了1956年党的八大对我国社会主要矛盾的正确判断，提出人民日益增长的物质文化需要同落后的社会生产之间的矛盾，是我国社会主义初级阶段的主要矛盾。经过近40年的改革开放，主要矛盾两个方面的内涵都发生了深刻变化：一方面，从人民需要来看，过去人们还停留在对较低层次的物质文化产品的消费需求，现在人们在继续满足物质文化需要的基础上，追求更高层次、更高质量生活的需要日益广泛、更加强烈，对民主、法治、公平、正义、安全、环境等方面的要求也日益增长，人民的需求已然提升到包括满足物质文化需求的对"美好生活"全方位、高层次的需要了；另一方面，从社会生产来看，我国的社会生产力水平总体上显著提高、极大增强，经济总量已稳居世界第二，生产相对落后的提法显然已经不符合当前实际。但是在某些领域短板突出，发展不平衡不充分的问题日渐凸显，这已经成为满足人民日益增长的美好生活需要的主要制约因素。

基于此，习近平同志在党的十九大报告中作出一个重大的新判断——我国社会主要矛盾已经转化为人民日益增长的美好生活需要和不平衡不充分的发展之间的矛盾。社会主要矛盾的变化是关系全局的历史性变化，对党和国家工作提出了许多新要求。要继续抓住生产力这个根本任务，着力解决发展不平衡和不充分问题，以更好满足人民群众的需要。必须清醒认识到，社会主要矛盾变化了，但"一个中心、两个基本点"的基本路线并没有变。社会主要矛盾的历史性转化，是判断我国发展新历史方位的客观依据，决定着中国特色社会主义进入了一个新的时代。

中国社会发展变化的新特征显示中国特色社会主义进入新时代。经过近40年的改革开放，特别是党的十八大以来的全面深化改革，我国经济社会发展呈现出一系列新的特征。

一是执政方式和基本方略有了重大创新。党带领人民贯彻依法治国基本方略，坚定不移走中国特色社会主义法治道路，不断完善中国特色社会主义法治体系，建设社会主义法治国家；积极推进多层次多领域的依法治理，运用法治思维和法治方式深化改革、促进发展、化解矛盾、维护稳定，不断推进国家治理体系和治理能力现代化；坚定不移全面从严治党，提高党决策的法治化、规范化和科学化水平。

二是发展理念和发展方式发生重大转变。党领导人民科学把握社会主义本质要求和发展方向，破解发展难题，厚植发展优势，提出以人民为中心的创新、协调、绿色、开放、共享的新发展理念，形成新发展理念导引下的新的发展方式。这是关系我国发展全局的一场深刻变革，集中体现了新阶段发展思路、发展方向、发展着力点的转折。

三是发展环境和发展条件形成深刻变化。党正确认识我国经济发展的阶段性特征，深刻认识引领经济发展的新常态，准确把握发展速度变化、结构优化、动力转换新特点，顺应推动经济保持中高速增长、产业迈向中高端水平新要求，指明破解发展难题新路径，主动适应发展条件的变化，不断提高发展质量和效益。

四是发展水平和发展要求出现更高期望。新的发展阶段给党的执政方式和执政水平提出了更高的要求和期望，党既要政治过硬，也要本领高强。我国经济发展已经由高速增长阶段转向注重高质量发展阶段，正处在转变发展方式、优化经济结构、转换增长动力的攻关期，建设现代化经济体系是跨越关口的迫切要求和我国发展的战略目标。这就要求党员干部特别是领导干部全面增强执政本领，不断提高政治领导本领、改革创新本领、科学发展本领、依法执政本领、群众工作本领、狠抓落实本领、驾驭风险本领，提高贯彻新发展理念的能力和水平，成为领导经济社会发展的行家里手，推动我国发展不断朝着更高质量、更有效率、更加公平、更可持续的方向前进。社会发展变化的新阶段、新特征，显示着中国特色社会主义进入了一个新的时代。

历史交汇期新的历史任务和奋斗目标表明中国特色社会主义进入新时代。改革开放之始，党对我国社会主义现代化建设作出战略安排，提出"三步走"战略目标。第一步解决温饱问题，第二步到 20 世纪末人民生活总体上达到小康水平，第三步到 21 世纪 50 年代达到中等发达国家水平。20 世纪末，前两个目标已提前实现。进入 21 世纪，党的"两个一百年"奋斗目标，即到中国共产党成立 100 周年时，建成经济更加发展、民主更加健全、科教更加进步、文化更加繁荣、社会更加和谐、人民生活更加殷实的小康社会；然后再奋斗 30 年，到中华人民共和国成立 100 年时，基本实现现代化，把我国建成社会主义现代化国家。

当前正处于全面建成小康社会的决胜期。习近平总书记提出了全面建成小康社会的新要求：紧扣我国社会主要矛盾变化，统筹推进经济建设、政治建设、文化建设、社会建设、生态文明建设，坚定实施科教兴国战略、人才强国战略、创新驱动发展战略、乡村振兴战略、区域协调发展战略、可持续发展战略、军民融合发展战略，突出抓重点、补短板、强弱项，坚决打好防范化解重大风险、精准脱贫、污染防治的攻坚战，确保如期实现得到人民认可、经得起历史检验的小康社会。

习近平总书记在党的十九大报告中指出，从党的十九大到二十大，是"两个一百年"奋斗目标的历史交汇期，既要全面建成小康社会、实现第一个百年奋斗目标，又要乘势而上开启全面建设社会主义现代化国家的新征程，向第二个百年奋斗目标进军，在提前 15 年基本实现社会主义现代化的基础上，努力把我国建设成为富强民主文明和谐美丽的社会主义现代化强国。这个重大时代使命，要求我们必须牢牢把握"两个一百年"奋斗目标的历史交汇期，如期实现第一个百年奋斗目标，承续第二个百年奋斗目标，做好"两个一百年"奋斗目标的有效衔接，抓住从党的十九大到二十大这五年的重大历史节点，找准工作坐标，把当代中国发展得更为繁荣昌盛，把党建设得更加坚强有力，不断增强人民的获得感、幸福感和安全感，不断推进全体人民共同富裕。历史交汇期的新任务、新目标、新要求，表明中国特色社会主义发展进入了一个新的时代。

党的理论和实践与时俱进的创新说明中国特色社会主义进入新时代。党的十八大以来，党紧紧围绕坚持和发展中国特色社会主义进行了艰辛的努力，不断推进新的历史条件下的实践创新：贯彻新的发展理念，转变发展方式，提高发展质量，促进经济社会健康发展；全面深化改革，不断完善中国特色社会主义制度，提高国家治理体系和治理能力现代化水平；积极发展社会主义民主政治，完善中国特色社会主义法治体系，建设中国特色社会主义法治国家；加强党对意识形态工作的领导，提高全社会的思想凝聚力、向心力；坚持以人民为中心的发展思想，不断改善人民生活，维护社会稳定和国家安全；大力推进生态文明建设，贯彻绿色发展理念，构建生态文明制度体系；发扬我党我军光荣传统和优良作风，坚定不移走中国特色强军之路；全面推进中国特色大国外交，形成全方位、多层次、立体化的外交布局，实施共建"一带一路"倡议，倡导构建人类命运共同体，促进全球治理体系变革；全面从严治党，推进党的建设新的伟大工程，增强党的创造力、凝聚力和战斗力。这些实践创新给党和国家事业发展带来了重大而深远的影响，使党的面貌、国家的面貌、人民的面貌、军队的面貌、中华民族的面貌发生了前所未有的变化。

实践创新呼唤并产生理论创新。以习近平同志为核心的党中央始终坚持马克思列宁主义、毛泽东思想、中国特色社会主义理论体系的指导，结合新的时代条件和实践要求，形成了习近平新时代中国特色社会主义思想这一重大创新理论。实践和理论上的重大创新，说明中国特色社会主义进入了一个新的时代。

（三）中国特色社会主义进入新时代具有丰富内涵和深远意义

习近平总书记全面阐述了中国特色社会主义新时代的科学内涵，明确了新时代党和国家事业发展的新定位、新目标和新要求。中国特色社会主义进入新时代是承前启后、继往开来、在新的历史条件下继续夺取中国特色社会主义伟大胜利的时代，是决胜全面建成小康社会进而全面建设社会主义现代化强国的时代,是全国各族人民团结奋斗、不断创造美好生活、逐步实现全体人民共同富裕的时代,是全体中华儿女勠力同心、奋力实现中华民族伟大复兴中国梦的时代,是我国日益走近世界舞台中央、不断为人类作出更大贡献的时代。

  时代概念具有广义和狭义之分。广义的时代概念是从历史观的角度对人类社会形态发展大的历史时代的判定。狭义的时代概念是从某个特定的角度对社会发展某个历史阶段的判定。马克思主义唯物史观关于时代的概念,是从生产力所决定的生产关系出发,以社会经济形态为标准对大的历史时代的判定。要把历史观上从社会形态出发判断的时代与从其他角度出发判断的时代区别开来。

  时代在变化,社会在发展,马克思主义唯物史观关于大的历史时代的科学判断依然是科学真理。尽管我们所处的时代同马克思所处的时代相比发生了巨大而深刻的变化,但从人类历史发展的大视野来看,当今依然处于马克思主义所指明的历史时代,就是马克思、恩格斯在《共产党宣言》中所判定的"我们的时代,资产阶级时代"[1],也就是列宁所说的"大的历史时代"[2],即资本主义生产方式在全世界占统治地位、资本主义社会形态在全世界占主导形式的历史时代。从1640年英国资产阶级革命至今,资本主义时代有近400年的历史,资本主义历经革命兴盛阶段,已进入衰落下降阶段;尽管社会主义这一新的社会形态从1917年成为现实,到如今中国特色社会主义成功发展,但社会主义社会形态在世界上仍不占统治地位。从资本主义社会形态一确立,就充满了社会主义与资本主义两种社会制度、两条发展道路的斗争,且历史越前行,这种斗争越激化。资本主义基本矛盾至今没有改变,人类社会演进的历史趋势没有改变,社会主义这一新的社会形态必然代替资本主义的

---

[1] 《马克思恩格斯文集》第2卷,人民出版社2009年版,第32页。
[2] 《列宁专题文集·论资本主义》,人民出版社2009年版,第91页。

历史必然性没有改变。

人类社会演进的历史趋势和必然性是什么呢？邓小平同志说：

> 封建社会代替奴隶社会，资本主义代替封建主义，社会主义经历一个长过程发展后必然代替资本主义。这是社会历史发展不可逆转的总趋势。①

这是从马克思主义唯物史观角度，按照社会形态演变理论及其揭示的演变规律，对大的"历史时代"所作的历史观判断，也就是说，人类由原始社会时代，到奴隶社会时代，到封建社会时代，到资本主义社会时代，再经过社会主义的长过程，到共产主义社会时代，这是一个不可逆转的历史趋势。马克思主义关于大的"历史时代"的判断是绝对不能否定的，如果否定了，就会否定马克思主义，否定社会主义代替资本主义的历史必然性，就会误认为资本主义的基本矛盾不存在了，误认为马克思主义过时了。

中国特色社会主义新时代所使用的时代概念不是历史观上的大的"历史时代"概念，是从我们党和国家事业发展的角度提出来的。这两种时代概念在唯物史观基础上既有区别，又是辩证统一的：从党和国家事业出发认定的时代服从于广义的大的"历史时代"，大的"历史时代"又是由狭义的具体的时代所组成。依据唯物史观所得出的大的"历史时代"的结论是正确的；新时代特指中国特色社会主义已经站在一个新的历史起点上，进入一个新的历史阶段，处在一个新的历史方位上，这个重大政治判断也是正确的。习近平总书记指出：

> 中国特色社会主义进入新时代，在中华人民共和国发展史上、中华民族发展史上具有重大意义，在世界社会主义发展史

---

① 《邓小平文选》第 3 卷，人民出版社 1993 年版，第 382—383 页。

上、人类社会发展史上也具有重大意义。①

只有站在马克思主义唯物史观关于大的"历史时代"的广阔视野中，站在中国特色社会主义进入新时代的特定角度上，将两种时代判断角度结合起来，才能真正理解中国特色社会主义进入新时代的伟大意义。也只有深刻理解新时代的伟大意义，才能深刻理解习近平新时代中国特色社会主义思想的伟大价值。

首先，中国特色社会主义进入新时代，开辟了中华民族伟大复兴的新格局，在当代中国和中华民族发展史上具有重大意义。

在中华人民共和国发展史上，我们现在已经踏上了建设社会主义现代化强国的新征程，在站起来、富起来的基础上，进一步解决强起来的时代主题，建设社会主义的现代化强国。这说明中华人民共和国发展已经进入一个新的历史阶段，正致力于到21世纪中叶实现中华民族伟大复兴，这在中华民族发展史上也是一件了不起的大事。

中华民族是人类最伟大的民族之一，曾经创造了人类历史上最为辉煌的中华文明。然而，在17世纪中叶资本主义工业革命后，中华民族却停止了巨人的脚步，落后于时代，从1840年鸦片战争开始，逐步沦为被西方资本主义列强欺压剥削的半殖民地半封建国家。从那时起，中华民族有志之士为了中华民族的重振前仆后继，流血牺牲，不懈奋斗。从鸦片战争到太平天国起义，从洋务运动到甲午海战，从戊戌变法到辛亥革命，中华民族先进分子所发动的中华民族复兴大业一次一次遭受失败。毛泽东同志一针见血地指出：

帝国主义的侵略打破了中国人学西方的迷梦。很奇怪，为什么先生老是侵略学生呢？中国人向西方学得很不少，但是行

---

① 习近平：《决胜全面建成小康社会　夺取新时代中国特色社会主义伟大胜利——在中国共产党第十九次全国代表大会上的报告》，人民出版社2017年版，第12页。

不通，理想总是不能实现。多次奋斗，包括辛亥革命那样全国规模的运动，都失败了。①

这些失败的根本原因就在于，没有科学理论的指导，没有先进政党的领导，没有找到正确的道路。十月革命的成功给中国人民带来了新的希望。"这时，也只是在这时，中国人从思想到生活，才出现了一个崭新的时期。中国人找到了马克思列宁主义这个放之四海而皆准的普遍真理，中国的面目就起了变化了。"②从失败的教训中，从比较借鉴中，在十月革命的启发下，中华民族的先进分子深刻认识到，当人类历史进入资本主义历史时代，资本主义列强绝不允许落后国家独立自主地选择资本主义的富民强国之路，只能成为资本主义的附庸。只有选择社会主义、走非资本主义的现代化道路才是唯一的出路。中华民族的先进分子，坚定地选择了马克思主义，选择了社会主义和共产主义，创建了中国工人阶级和中国人民的先锋队组织——中国共产党。

以马克思主义为行动指南的中国共产党成立后，中华民族伟大复兴就有了成功的希望。中国共产党的初心和使命，就是为中国人民谋幸福，为中华民族谋复兴。这个初心和使命激励着一代又一代中国共产党人，高举社会主义和共产主义的旗帜，不断前进、不断探索、勇于变革、勇于创新，开创了具有中国特色的新民主主义和社会主义革命道路、具有中国特色的社会主义发展道路，取得了革命、建设、改革和党的十八大以来的伟大成就，创造了一个又一个人间奇迹，中华民族正以崭新姿态屹立于世界的东方，社会主义中国正走向世界舞台的中央。

以马克思主义为行动指南的中国共产党成立后，中华民族伟大复兴就有了成功的希望。中国共产党的初心和使命，就是为中国人

---

① 《毛泽东选集》第 4 卷，人民出版社 1991 年版，第 1470 页。
② 《毛泽东选集》第 4 卷，人民出版社 1991 年版，第 1470 页。

民谋幸福,为中华民族谋复兴。这个初心和使命激励着一代又一代中国共产党人,高举社会主义和共产主义的旗帜,不断前进、不断探索、勇于变革、勇于创新,开创了具有中国特色的新民主主义和社会主义革命道路、具有中国特色的社会主义发展道路,取得了革命、建设、改革和党的十八大以来的伟大成就,创造了一个又一个人间奇迹,中华民族正以崭新姿态屹立于世界的东方,社会主义中国正走向世界舞台的中央。

不到百年的中国社会主义现代化建设,所取得的成就远比西方资本主义国家现代化发展几百年所取得的成就大得多、快得多。社会主义道路和前途,给中华民族注入了强大动力和无限希望。进入新时代,我们的目标是,不但要提前15年在2035年基本实现现代化,达到中等发达国家水平,而且要在21世纪中叶把我国建设成为富强民主文明和谐美丽的社会主义现代化强国,中华民族将以更加昂扬的姿态屹立于世界民族之林。

中国特色社会主义进入了一个新的时代,使中华民族伟大复兴的基础更加雄厚,道路更加宽广,保障更加有力,精神更加振奋,力量更加强大,意味着近代以来久经磨难的中华民族迎来了从站起来、富起来到强起来的伟大飞跃,迎来了实现中华民族伟大复兴的光明前景。我们今天比历史上任何时期都更接近、更有信心和能力实现中华民族伟大复兴的目标。这充分表明,中国特色社会主义新时代开辟了中华民族伟大复兴的新格局。

其次,中国特色社会主义进入新时代,开启了世界社会主义运动走向发展的新纪元,在世界社会主义发展史上具有重大意义。

1848年《共产党宣言》发表,科学社会主义问世,社会主义思想从空想变成科学,科学社会主义理论日益走向世界工人运动实践,日益成为工人阶级夺取政权并建立社会主义制度的现实运动,成为世界普遍性的客观存在。这是人类历史,特别是世界社会主义发展史上划时代的事件。

在马克思主义的指导下,列宁成功领导了十月革命,建立了世界上第一个社会主义国家，科学社会主义从理论变成了实践。在十月革命和社会主义苏联的带动下，世界社会主义运动在20世纪上半叶迎来一次高潮，民族解放和无产阶级革命运动风起云涌，一大批社会主义国家纷纷建立。社会主义作为崭新的社会形态，嵌入资本主义世界，登上世界历史舞台，成为历史的真正现实，开辟了人类历史、世界社会主义发展史上的新纪元。

社会主义作为新生事物，其发展并不是一帆风顺的。由于自身的主客观原因，在西方资本主义势力的强大攻势及"和平演变"下，苏联以及东欧社会主义国家在社会主义道路的探索进程中偏离了马克思主义的正确方向，离开了科学社会主义基本原则，最终导致20世纪后期发生了东欧剧变、苏联解体等一系列重大事件，世界社会主义遭受了严重挫折，进入低谷。

正是在这一大的历史背景下，中国特色社会主义开始了极不平凡的历史进程。毛泽东同志带领全党独立探索适合中国国情的社会主义建设道路的实践，取得了伟大成就但也遭遇了重大曲折。邓小平同志带领全党以巨大的政治勇气和理论勇气，开始了通过改革开放建设社会主义现代化的新时期，开辟了中国特色社会主义道路。江泽民同志带领全党把中国特色社会主义推向21世纪。胡锦涛同志带领全党坚持和发展了中国特色社会主义。党的十八大以来，习近平总书记带领全党根据世情国情党情的新变化新挑战，在治国理政各个方面提出了一系列新理念新思想新战略，开启了全面建设社会主义现代化强国的新征程，把中国特色社会主义领入了一个新时代。

中国特色社会主义进入新时代，意味着科学社会主义在21世纪的中国焕发出强大生机活力，在世界上高高举起了中国特色社会主义伟大旗帜。改革开放近40年，党以强大的战略定力，牢牢坚持科学社会主义基本原则，坚定不移地走中国特色社会主义道路，经受住了社会主义低潮的考验，西方敌对势力搞"颜色革命"的考验，资本主义世界经济危机的考验，抵制了西方所鼓吹的"普世价值""宪政民主"等错误思潮，开拓了中国特色社会主义的新局面。在 2008 年以来资本主义世界出现严重危机的情况下，中国特色社会主义呈现出"风景这边独好"的繁荣局面，有力地打破了所谓的"共产主义失败论""历史终结论"，有力地回击了"社会主义低潮综合征"。中国特色社会主义的成功，充分证明了社会主义作为人类历史最新社会形态的历史必然性，科学社会主义的基本原则是有强大生命力的，马克思主义关于"两个必然"的历史趋势是不可逆转的，人类社会发展的客观规律是不可替代的。

如果说 20 世纪是社会主义拯救了中国，那么 21 世纪则是中国拯救了社会主义。正是中国在 21 世纪扛起了社会主义的大旗，以新时代的伟大成就和伟大目标再次证明了科学社会主义的正确性和社会主义的优越性，为科学社会主义注入了新的原创性成果。正如十月革命在 20 世纪初开辟了人类历史和世界社会主义发展新纪元一样，中国特色社会主义新时代在 21 世纪初揭开了世界社会主义运动驶出低谷走向发展的新纪元。

最后，中国特色社会主义进入新时代，拓展了发展中国家通过非资本主义道路走向现代化的新途径，在人类社会发展史上具有重大意义。

马克思通过对人类历史发展，特别是资本主义历史发展的科学研究，提出了著名的"世界历史"理论。他认为，世界进入资本主义社会时代，把世界连成一片，人类历史由此进入了"世界历史"时代，即资本主义时代。在"世界历史"时代，先进入资本主义而成为世界列强的资本主义国家，在第一次世界大战前就已经把世界瓜分完毕了，它们从自身资本利益出发绝不允许落后国家独立自主地走资本主义的强国之路，强迫后发国家变成自己的附庸，服从自己的剥削利益，半殖民地半封建社会中国的悲惨遭遇就是铁证。

马克思晚年研究东方社会，研究非资本主义发展道路，提出落后国家可以不经过资本主义制度的"卡夫丁峡谷"，走出一条非资本主义的发展道路,即落后国家可以不经过资本主义制度的苦难,而通过社会主义制度实现现代化。这就是著名的"跨越卡夫丁峡谷"的科学设想,中国特色社会主义的成功发展使这个科学设想成为现实,为落后国家实现现代化和赶超提供了新希望新选择,人们已经看到了经由社会主义而进入共产主义的历史必然曙光。

资本主义囿于固有的本质,总是竭力阻止其他国家的独立发展,以利于自己转嫁危机和掠夺资源,它们不仅动用经济的、政治的、军事的力量来制约其他国家,而且动用意识形态机器,利用文化软实力向全世界兜售所谓的"普世价值论""西方现代性"等观念,打造西方现代化模式唯一性的神话。纵观当今世界,许多国家已经深陷这种神话中难以自拔。第二次世界大战以后在民族解放运动中争得独立的新兴国家,选择走资本主义民主道路的,罕见有成功的,要么发展不起来,要么即便获得了某种程度的发展,也摆脱不了西方资本主义大国的控制而难以获得完全的独立。一些国家为了捍卫独立主权和利益,拒绝接受西方现代化模式,则往往因为西方资本主义发达国家的制裁或"颜色革命"而陷入了混乱境地。如何开辟出一条新路,既实现快速发展又保持社会稳定,既对外开放吸收世界先进文明又保持自身的独立自主,既同发达资本主义国家在竞争中合作又不成为它们的附庸,成为世界上发展中国家共同追索的重大问题。

中国特色社会主义成功地破解了这个难题。它把市场经济与社会主义制度、经济快速发展与保持社会稳定、对外开放与独立自主等有机结合起来,开辟了一条在改革开放中实现社会主义现代化的新路,实现了从站起来、富起来到强起来的历史性跨越。中国特色社会主义的成功探索表明,中国作为一个曾经相对落后的半殖民地半封建国家,不经过资本主义社会制度的折磨,走出一条非资本主义的中国特色社会主义发展道路,一跃成为世界第二大经济体,极大地拓展了发展中国家通向现代化的途径,给世界上那些既希望加快发展又希望保持自身独立性的国家和民族提供了全新选择,为解决人类问题贡献了中国智慧和中国方案。

有什么样的时代,就会产生什么样的时代主题,就会产生什么样的时代人物,解答历史提出的时代课题。只有彻底把握理论时代背景、历史根据、实践基础和经验积累,才能深刻洞悉习近平新时代中国特色社会主义思想的真谛。中华人民共和国发展历史、中华民族发展历史,世界社会主义发展历史、人类社会发展历史,为习近平新时代中国特色社会主义思想提供了坚实的历史根据。大的"历史时代"和在该时代大的历史框架中的中国特色社会主义新时代,为习近平新时代中国特色社会主义思想提供了宏大的时代背景。中国共产党领导革命、建设、改革的历史实践和党的十八大以来的新鲜实践,为习近平新时代中国特色社会主义思想提供了深厚的实践基础和经验积累。

二 习近平新时代中国特色社会主义思想是主题鲜明、主线突出、思想创新、逻辑严谨、系统完整的理论体系

有什么样的时代,就会产生什么样的时代英雄。伟大的时代,产生杰出的代表人物,适应时代的发展趋势,代表人民的时代意愿,把握时代社会规律,回答解决时代提出的问题,带领人民进行伟大的时代实践,从而顺应时代潮流推动时代前进。

中国特色社会主义是中国当代一切发展进步的根本方向。习近平总书记抓住时代特征、定标历史方位、揭示主要矛盾、提升实践经验,以巨大的政治勇气、责任担当和理论智慧,从理论和实践结合上系统回答了在大的历史时代视野中,人类走向何处,中国走向何处,这就是经过社会主义道路,走向新的社会形态的大命题;在中国独特的时代视野中,中国人民走向何处,这就是建设社会主义现代化强国、实现中华民族伟大复兴的大命题。习近平总书记把两个时代视角有机结合起来,系统科学地回答了新时代坚持和发展中

国特色社会主义这一重大时代课题，创立了习近平新时代中国特色社会主义思想，实现了马克思主义基本原理与中国具体实际相结合的又一次飞跃。

（一）习近平新时代中国特色社会主义思想的鲜明主题、突出主线和明确目标

习近平新时代中国特色社会主义思想，牢牢抓住且科学回答了"新时代坚持和发展什么样的中国特色社会主义、怎样坚持和发展中国特色社会主义"这个重大时代问题，是其鲜明主题；深刻阐述了新时代如何治国理政、实现国家治理能力和治理体系现代化，是其突出主线；建设富强民主文明和谐美丽的社会主义现代化强国，是其明确目标。

中国特色社会主义是中华人民共和国成立以来特别是改革开放以来全部理论与实践创新的根本主题，习近平新时代中国特色社会主义思想一以贯之地坚持了这个根本主题。在探索中国特色社会主义的过程中，毛泽东同志率先提出要实现马克思主义同中国实际的"第二次伟大结合"，探索适合中国国情、具有中国特点的社会主义建设道路，形成了"建设有中国特色的社会主义"科学论断的思想源头，是中国特色社会主义理论体系的逻辑起点和直接理论来源。在开创中国特色社会主义过程中，邓小平同志创造性地揭示了中国特色社会主义这一根本主题，牢牢抓住并科学回答了"什么是社会主义、怎样建设社会主义"这个基本的首要问题，创立了邓小平理论，创立了中国特色社会主义理论体系。在进一步回答"什么是社会主义、怎样建设社会主义"的同时，江泽民同志围绕"建设什么样的党、怎样建设党"，创立了"三个代表"重要思想，丰富了中国特色社会主义理论体系；胡锦涛同志在深入回答"什么是社会主义、怎样建设社会主义"和"建设什么样的党、怎样建设党"的同时，围绕"实现什么样的发展、怎样发展"，创立了科学发展观，进一步丰富了中国特色社会主义理论体系。中国特色社会主义理论体系的创立和发展，极大地推进了当代中国马克思主义的创新。

中国特色社会主义进入新时代之际，进一步深化认识"什么是社会主义、怎样建设社会主义"，"建设什么样的党、怎样建设党"，"实现什么样的发展、怎样发展"，就突出地落脚到"新时代坚持和发展什么样的中国特色社会主义、怎么坚持和发展中国特色社会主义"这一重大的历史性课题上。习近平总书记紧紧抓住这个重大时代课题，坚持以马克思列宁主义、毛泽东思想、中国特色社会主义理论体系为指导，坚持解放思想、实事求是、与时俱进、求真务实，坚持辩证唯物主义和历史唯物主义，紧密结合新时代条件和新实践要求，以全新的视野，进行艰辛理论探索，创立了习近平新时代中国特色社会主义思想，把当代中国的马克思主义——中国特色社会主义理论体系推到了一个新的高度。

（二）习近平新时代中国特色社会主义思想的精神实质和核心内涵

习近平总书记的一系列论述，包括中国特色社会主义是既坚持科学社会主义基本原则，又具有鲜明的实践特色、理论特色、民族特色、时代特色的社会主义，是中国特色社会主义道路、理论、制度、文化四位一体的社会主义，是统揽伟大斗争、伟大工程、伟大事业、伟大梦想的社会主义，是根植于中国大地、反映中国人民意愿、适应中国和时代发展进步要求的社会主义，深刻揭示了新时代中国特色社会主义的质的规定性，构成了习近平新时代中国特色社会主义思想的精神实质。

习近平总书记运用科学社会主义基本原理，结合中国实际国情，抓住新时代中国特色社会主义的本质规定，对新时代坚持和发展中国特色社会主义的总目标、总任务、总体布局、战略布局和发展方向、发展方式、发展动力、战略步骤、外部条件、政治保证等一系列基本问题进行了系统阐述，构成了习近平新时代中国特色社会主义思想的核心内涵：坚持和发展中国特色社会主义，总任务是实现社会主义现代化和中华民族伟大复兴，在全面建成小康社会的基础上，分两步走，在本世纪中叶建成富强民主文明和谐美丽的社会主义现代化强国；我国的社会主要矛盾是人民日益增长的美好生活需要和不平衡不充分的发展之间的矛盾，必须坚持以人民为中心的发展思想，不断促进人的全面发展、全体人民共同富裕；中国特色社会主义事业总体布局是"五位一体"、战略布局是"四个全面"，强调坚定道路自信、理论自信、制度自信、文化自信；全面深化改革总目标是完善和发展中国特色社会主义制度、推进国家治理体系和治理能力现代化；全面推进依法治国总目标是建设中国特色社会主义法治体系、建设社会主义法治国家；党在新时代的强军目标是建设一支听党指挥、能打胜仗、作风优良的人民军队，把人民军队建设成为世界一流军队；中国特色大国外交要推动构建新型国际关系，推动构建人类命运共同体；中国特色社会主义最本质的特征是中国共产党领导，中国特色社会主义制度的最大优势是中国共产党领导，党是最高政治领导力量，提出新时代党的建设总要求，突出政治建设在党的建设中的重要地位。这"八个明确"是习近平新时代中国特色社会主义思想的基本内涵。

新时代中国特色社会主义的基本方略，是习近平新时代中国特色社会主义思想的具体化，是习近平新时代中国特色社会主义思想的有机构成。基本方略从具体操作上，从理论和实践的实际落实上，明确提出了新时代坚持和发展中国特色社会主义必须牢牢把握的"十四条坚持"：坚持党对一切工作的领导，坚持以人民为中心，坚持全面深化改革，坚持新发展理念，坚持人民当家作主，坚持全面依法治国，坚持社会主义核心价值体系，坚持在发展中保障和改善民生，坚持人与自然和谐共生，坚持总体国家安全观，坚持党对人民军队的绝对领导，坚持"一国两制"和推进祖国统一，坚持推动构建人类命运共同体，坚持全面从严治党。这"十四条坚持"从行动纲领和实际举措上深刻回答了新时代怎样坚持和发展中国特色社会主义，对经济、政治、法治、科技、文化、教育、民生、民族、宗教、社会、生态文明、国家安全、国防和军队、"一国两制"和祖国统一、统一战线、外交、党的建设等各方面作出深刻的理论分析和政策指导，是习近平新时代中国特色社会主义思想的实际展开。

（三）习近平新时代中国特色社会主义思想的完整体系和创新观点

习近平新时代中国特色社会主义思想内容极其丰富，是一个包括一系列新思想、新理论、新观点的完整系统的理论体系。它以马克思列宁主义、毛泽东思想、中国特色社会主义理论体系为指导，贯穿辩证唯物主义和历史唯物主义的立场、观点和方法，以习近平新时代中国特色社会主义哲学思想为内在依据，包括新时代政治、经济、文化、法治、军事、生态文明和党建思想，治国理政，民族、宗教、反腐倡廉、统一战线、外交、"一国两制"等理论。

习近平新时代中国特色社会主义思想，不仅从理论指南和行动纲领层面上系统地回答了重大时代课题，而且从理论和实践的结合上提出了一系列重大创新性观点。这些创新观点主要是：关于在新时代坚持和创新马克思主义、毛泽东思想和中国特色社会主义理论体系，开创21世纪当代中国马克思主义，推动马克思主义中国化、时代化和大众化的重要观点；关于高举中国特色社会主义伟大旗帜，坚持和发展中国特色社会主义是改革开放以来我们党全部理论和实践的鲜明主题的重要观点；关于中国特色社会主义进入新时代，开启社会主义现代化强国建设新征程的重要观点；关于中国共产党的初心、使命和新时代使命是激励中国共产党人不断前进的根本动力的重要观点；关于稳中求进工作总基调是治国理政的重要原则，要长期坚持的重要观点；关于社会主义初级阶段的主要矛盾发生新的变化，但基本国情没有改变的重要观点；关于统筹推进中国特色社会主义"五位一体"总体布局，全面推进"四个全面"战略布局的重要观点；关于全面贯彻落实以人民为中心，创新、协调、绿色、开放、共享的新发展理念的重要观点；关于发挥社会主义市场经济的决定性作用，更好发挥政府的作用，建立现代化经济体系，加快完善社会主义市场经济体系的重要观点；关于适应经济发展新常态，推动经济发展质量变革、效率变革、动力变革，深化供给侧结构改革，由高速增长阶段向高质量发展阶段推动经济社会持续健康科学发展的重要观点；关于推动高质量的发展是当前和今后一个时期确定发展思路，制定经济政策，实施宏观调控的根本要求的重要观点；关于必须高度重视实体经济，把制造业、创新驱动搞好，掌握和运用好关键技术，实施国家大数据发展战略，不能走单一发展、脱实向虚的路子的重要观点；关于中国经济是全球化的受益者，更是贡献者，中国开放的大门只会越开越大，中国的发展是世界的机遇的重要观点；关于建设社会主义民主政治，发挥社会主义协商民主重要作用，走中国特色社会主义政治发展道路的重要观点；关于培育和弘扬社会主义核心价值观，建设社会主义文化强国的重要观点；关于加强和改进宣传思想工作，牢牢掌握意识形态工作领导权管理权话语权的重要观点；关于保障和改善民生，打赢脱贫攻坚战，打造共建共治共享的社会治理格局，加强社会管理创新和制度建设，让改革发展成果更多惠及全体人民的重要观点；关于正确处理好经济发展同生态环境保护、建设社会主义生态文明和美丽中国的重要观点；关于实现国家治理体系和治理能力现代化的重要观点；关于坚决维护国家核心利益、推进全球治理体系改革，建立以合作共赢为核心的新型国际关系，共建人类命运共同体和走和平发展道路的重要观点；关于牢牢把握党在新形势下的强军目标，实施军民融合发展战略，加强国防和军队建设的重要观点；关于伟大斗争、伟大工程、伟大事业、伟大梦想的重大意义及其内在的逻辑递进关系的重要观点；关于坚持和贯彻新时代中国特色社会主义基本理论、基本路线和基本方略的重要观点；关于党的政治建设摆在首位，加强新时代党的领导和党的建设总体要求，确保党始终成为中国特色社会主义事业坚强领导核心的重要观点；等等。

三 习近平新时代中国特色社会主义思想攀登了马克思主义哲学新高峰

任何一种科学理论都是这个时代精神精华的体现，都必然以时代哲学强音作为内在根据。习近平新时代中国特色社会主义思想是新时代中国哲学精神的高度凝练，蕴含着辩证唯物主义和历史唯物主义的哲学精华，开创了当代中国马克思主义哲学的新境界。

（一）在立场、观点、方法层面上提出了新论断，把马克思主义哲学世界观方法论的坚持和运用提升到了一个新高度

马克思主义哲学是中国化马克思主义理论创新的"大本大源"。习近平新时代中国特色社会主义思想最根本的哲学依据，就是马克思主义哲学世界观方法论。习近平总书记高度重视并带头运用辩证唯物主义和历史唯物主义，提出了一系列具有深邃哲学内涵的新观点。

首先，阐发了以人民为中心的马克思主义哲学基本立场，在坚持马克思主义哲学立场方面有了新认识。

始终为无产阶级和广大劳动人民服务，是马克思主义哲学的核心立场。习近平总书记结合新时代的特征和要求，创造性地坚持了这个核心立场。习近平新时代中国特色社会主义思想的突出特色就是坚持以人民为中心的核心立场，坚持人民主体地位的根本原则，始终把满足人民日益增长的美好生活需要当作判断执政党执政能力的根本标准。习近平总书记突出地强调，人民群众是历史的创造者，是决定党和国家前途命运的根本力量，必须牢牢坚持以人民为中心的发展思想，坚持立党为公、执政为民，积极践行全心全意为人民服务的根本宗旨，把党的群众路线贯彻到治国理政的具体实践中，把人民对美好生活的向往作为奋斗目标，依靠人民创造中国特

色社会主义的历史伟业。

其次，阐发了马克思主义哲学基本观点，在发展马克思主义哲学观点方面有了新认识。

生产的、阶级的、群众的观点是马克思主义哲学最重要的基本观点。习近平总书记特别重视生产观点，毫不动摇地坚持党在社会主义初级阶段的基本路线，坚持以经济建设为中心，大力解放和发展生产力，推动党和国家事业实现重大跃升。他运用阶级观点分析我们面临的国际形势、我国社会现阶段国内阶级关系和人民内部矛盾，突出强调人民当家作主，把坚持党的领导、人民当家作主、依法治国三者统一起来，发展社会主义民主政治，坚持工人阶级领导的、以工农联盟为基础的人民民主专政的社会主义国体，健全社会主义制度，保证人民当家作主落实到国家政治生活和社会生活之中。他坚决贯彻一切为了群众，一切依靠群众，从群众中来，到群众中去的群众路线，突出地强调必须多谋民生之利、多解民生之忧，在发展中补齐民生短板，促进社会公平正义，保证人民群众共享发展成果，提高人民群众生活的幸福红线。

最后，阐发了马克思主义哲学基本方法，在运用马克思主义哲学方法方面有了新认识。

矛盾分析方法是马克思主义哲学的基本方法。习近平总书记特别善于运用矛盾分析法来分析当代国际局势、国内问题、时代特征、历史方位，坚持抓重点、抓关键、抓节点、抓主要矛盾，创造性地继承和发展了马克思主义哲学关于矛盾的基本原理，如关于主要矛盾发生新变化的重大政治判断；关于开展伟大斗争的重大提法等，都是矛盾分析方法的实际运用和充分发挥。阶级分析法是矛盾分析方法运用于阶级现象分析的基本方法。他创造性地将阶级分析方法运用于现实社会生活，如关于坚持阶级分析方法就是坚持马克思主义的政治立场；关于牢牢坚持人民民主专政的社会主义国体不动摇；关于大力推进全面从严治党，着力开展反腐败斗争；关于抵制西方反动势力对我西化分化、和平演变、"颜色革命"；关于牢牢把握意识形态工作的领导权、管理权、话语权等，都突出地体现了对马克思主义阶级分析方法的出色运用和实际发挥。

（二）在思想路线、社会历史发展规律理论、辩证思维和认识改造世界功能等方面提出了新思想，把马克思主义哲学重要原理及其应用提升到了一个新高度

马克思主义哲学的内在力量在于其真理性、科学性和逻辑性，其生命力在于永不枯竭的思想创新，其内在要求在于同具体实践相结合。习近平总书记科学把握马克思主义哲学要领，从变化发展的实际中提炼出事关全局的根本问题，结合新时代的特点和要求，实现了新时代马克思主义哲学创新。

首先，丰富了实事求是思想路线这一马克思主义哲学精髓，在阐述实践创新与理论创新的互动方面形成了新见解。

理论联系实际是马克思主义哲学的基本原则，实事求是是中国化马克思主义哲学的精髓。习近平总书记强调：必须从我国处于并将长期处于社会主义初级阶段这个最大的国情实际出发，决不能离开这个实际陷入空想；必须牢记空谈误国、实干兴邦，切实做到求真务实、敢于担当；必须把党领导人民发展奋斗中产生的丰富经验提升到理论的高度，丰富和发展马克思主义理论，坚持和发展中国特色社会主义；必须高度重视理论的作用，增强理论自信和战略定力。他指出，在新的时代条件下，要进行伟大斗争、建设伟大工程、推进伟大事业、实现伟大梦想，仍然需要保持和发扬马克思主义政党与时俱进的理论品格，勇于推进实践基础上的理论创新；在坚持马克思主义基本原理的基础上，以更宽广的视野、更长远的眼光来思考和把握国家未来发展面临的一系列重大战略问题，在理论上不断拓展新视野、作出新概括；更加深入地推动马克思主义同当代中国发展的具体实际相结合，实现实践创新和理论创新的互动，让当代中国马克思主义哲学放射出更加灿烂的真理光芒。

其次，论述了中国特色社会主义共同理想与共产主义远大理想

的辩证关系，在丰富马克思主义历史发展规律理论方面形成了新见解。

习近平总书记反复强调，共产主义是人类历史不可逆转的大趋势，马克思主义所揭示的"两个必然"的历史发展趋势没有改变，要坚持共产主义理想信念这个安身立命的根本。要明确共产主义远大理想和中国特色社会主义共同理想的辩证统一关系，我们正在做的是社会主义初级阶段的事情，我们的事业是中国特色社会主义的事业，这个事业的本源和依据就是共产主义远大理想。我们依据共产主义和社会主义理想确立了中国特色社会主义道路、理论、制度，这样整个逻辑才成立。如果前提都不要了，就完全变成了实用主义。要回到我们的本源上去认识。[①] 全党同志特别是党的领导干部，必须准确把握中国特色社会主义的逻辑前提和理论依据，不能只看到眼前的事情而忘记了根本，只关注当下而忘记了初衷。实现共产主义是一个漫长的过程，需要一代又一代人接续奋斗，但决不能因此就不去努力，必须立足党在现阶段的奋斗目标，脚踏实地推进我们的事业。中国特色社会主义是党的最高纲领和基本纲领的统一，既是从我国正处于并将长期处于社会主义初级阶段的基本国情出发的，也没有脱离党的最高理想。既要坚定走中国特色社会主义道路的信念，也要胸怀共产主义的崇高理想，集中精力办好自己的事情，不断壮大综合国力，不断改善人民生活，扎扎实实地为共产主义远大理想而努力。

最后，阐释了富有时代特点和哲学意蕴的科学方法论，在发展马克思主义唯物辩证法方面形成了新见解。

习近平总书记出色地运用和发展马克思主义唯物辩证法思想，创造性地提出和阐述了战略思维、系统思维、辩证思维、创新思维、法治思维、历史思维、底线思维、精准思维等科学方法，形成了习近平新时代中国特色社会主义思想的科学方法论体系。

[①] 参见《十八大以来重要文献选编》，中央文献出版社2014年版，第109—118页。

习近平新时代中国特色社会主义思想中处处闪耀着战略思维的光辉。习近平总书记认为战略问题是一个政党和国家的根本性问题，战略上判断得准确，谋划得科学，赢得主动，事业就大有希望。领导干部要有战略思维、战略眼光和战略定力："各级党政'一把手'要站在战略的高度，善于从政治上认识和判断形势，观察和处理问题……要努力增强总揽全局的能力，放眼全局谋一域，把握形势谋大事……用战略思维去观察当今时代，洞悉当代中国……"[①] 他从战略上对治国理政的各个方面进行了谋划：从顶层设计的角度出发，向世界描绘了一幅中华民族伟大复兴中国梦的图景及其路线图，也就是"两个一百年"奋斗目标；立足中国实际，坚持问题导向，形成了"五位一体"的总体布局和"四个全面"的战略布局；在具体操作层面上形成了一个个战略矩阵，例如提出京津冀协同发展、长江经济带发展、东北振兴、雄安新区、粤港澳大湾区等发展战略；提出决胜全面建成小康社会，实施科教兴国、人才强国、创新驱动发展、乡村振兴、区域协调发展、可持续发展、军民融合发展等一系列战略举措；提出中国特色大国外交、"一带一路"、人类命运共同体等战略构想。

系统思维就是从系统与要素、要素与要素、系统与环境的相互联系、相互作用中去把握和思考问题，处理好整体与部分、结构与功能的关系。习近平总书记强调系统思维是要求在推进改革开放和社会主义现代化建设的过程中不能盲人摸象，不能以偏概全，以整体考量实现驾驭全局，以统筹协调实现协同推进。他提倡系统思维，一个突出的表现就是协调推进"四个全面"战略布局。"四个全面"作为一个完整统一体，既有目标又有举措，既有全局又有重点，展现了"一个目标、三个支撑点"的系统思维，其中全面建成小康社会是战略目标和前进方向，全面深化改革、全面依法治国、全面从严治党是战略举措和路径方法。"四个全面"各个方面

---

① 《习近平〈之江新语〉文章选登（十一）》，《思想工作研究》2013 年第 11 期。

是相辅相成、相互支撑、内在统一的关系，是一项系统工程，统一于实现中华民族复兴伟大梦想的实践之中。他指出，系统思维落实到实际工作中，就要求各级领导干部要具有全局意识、协同意识、整体意识和互补意识，注重把握好事物的整体性、协调性、次序性和各要素之间的衔接性，推动经济社会改革不断深入。

关于辩证思维，据不完全统计，党的十八大以来，习近平总书记在公开场合的阐述就多达60多次。他强调：要学习掌握唯物辩证法的根本方法，不断增强辩证思维能力，提高驾驭复杂局面、处理复杂问题的本领。我们的事业越是向纵深发展，就越要不断增强辩证思维能力。当前，我国社会各种利益关系十分复杂，这就要求我们善于处理局部和全局、当前和长远、重点和非重点的关系，在权衡利弊中趋利避害、作出最为有利的战略抉择。"在推进改革中，要坚持正确的思想方法，坚持辩证法，处理好解放思想和实事求是的关系、整体推进和重点突破的关系、全局和局部的关系、顶层设计和摸着石头过河的关系、胆子要大和步子要稳的关系、改革发展稳定的关系"[1]。"要注重抓主要矛盾和矛盾的主要方面，注重抓重要领域和关键环节"[2]。他把辩证思维运用到各项工作的部署之中。比如，在干部工作上，强调要坚持全面、历史、辩证看干部，注重一贯表现和全部工作；在本地干部和外地干部的关系上，既要用好"飞鸽牌"，又要用好"永久牌"。

习近平总书记提出正确认识新时代主要矛盾"变与不变"的辩证关系。他认为，正确认识主要矛盾的变化，必须做到两个"必须认识到"，从变中看到不变，从不变中看到变。一是必须认识到，我国社会主要矛盾的变化是关系全局的历史性变化，对党和国家工作提出了许多新要求。要在继续推动生产力发展的基础上更

---

[1] 习近平：《在中共十八届三中全会第二次全体会议上的讲话》，中共中央文献研究室编《习近平关于全面深化改革论述摘编》，中央文献出版社2014年版，第47页。

[2] 中共中央宣传部编：《习近平总书记系列重要讲话读本（2016年版）》，学习出版社、人民出版社2016年版，第79页。

好地解决发展的不平衡不充分问题，解决好全面和充分发展的问题，大力提升发展质量和效益，更好地满足人民在经济、政治、文化、社会、生态等各方面日益增长的需要。二是必须认识到，虽然我国社会主要矛盾发生变化，但我国仍处于并将长期处于社会主义初级阶段的基本国情没有变，我国是世界最大发展中国家的国际地位没有变，以经济建设为中心、发展生产力是根本任务没有变。全党要牢牢把握社会主义初级阶段这个基本国情，牢牢立足社会主义初级阶段这个最大实际，牢牢坚持党的基本路线这个党和国家的生命线、人民的幸福线。关于主要矛盾、基本国情、国际地位、基本路线上的"变与不变"辩证关系的重大论断，是对唯物辩证法的对立统一规律的创造性运用和发展。

创新思维就是要敢于打破思维定式，解放思想、超越陈规、因地制宜、与时俱进、求真务实、锐意进取，通过思想认识的创新打开工作新局面。习近平总书记高度重视创新问题，党的十八大以来他使用"创新"一词超过千次之多。他指出：

> 创新是一个民族进步的灵魂，是一个国家兴旺发达的不竭动力，也是中华民族最深沉的民族禀赋。在激烈的国际竞争中，惟创新者进，惟创新者强，惟创新者胜。[1]

习近平总书记把创新思维运用到改革发展稳定、治党治国治军、内政外交国防的方方面面，贯彻到重大战略和发展理念中，形成了创新发展理念和创新驱动战略等。

法治思维是与人治、特权思维相对立的思维方式，强调将法律作为判断是非和处理事务的准绳，要求崇尚法治、尊重法律，善于运用法律手段解决问题和推进工作，善于运用法治思维和法治方式解决涉及群众切身利益的矛盾和问题。习近平总书记指出：

---

[1] 《习近平谈治国理政》，外文出版社2014年版，第59页。

各级领导干部要提高运用法治思维和法治方式深化改革、推动发展、化解矛盾、维护稳定能力，努力推动形成办事依法、遇事找法、解决问题用法、化解矛盾靠法的良好法治环境，在法治轨道上推动各项工作。①

各级领导机关和领导干部要提高运用法治思维和法治方式的能力，努力以法治凝聚改革共识、规范发展行为、促进矛盾化解、保障社会和谐。②

习近平总书记把全面依法治国即法治思维运用到各项重大工作中，注重用法治的方式来认识分析和处理解决问题，充分体现了马克思主义的历史辩证法。

习近平总书记一向重视对历史的学习和历史思维的培养，要求用唯物史观来认识社会、指导实践。他认为，"历史是一面镜子，它照亮现实，也照亮未来。了解历史、尊重历史才能更好把握当下，以史为鉴、与时俱进才能更好走向未来"③。学习历史、研究历史、借鉴历史，可以给人类带来很多了解昨天、把握今天、开创明天的智慧。观察和认识中国，要从大历史的角度去看待问题，中华民族几千年的历史是一脉相承、不可割裂的，脱离了中国的历史和文化，脱离了当代中国的深刻变革，是难以正确认识中国的。在谈到中国道路的由来时，他明确提出这条道路"是在中华人民共和国成立60多年的持续探索中走出来的，是在对近代以来170多年中华民族发展历程的深刻总结中走出来的，是在对中华民族5000多年悠久文明的传承中走出来的，具有深厚的历史渊源和广泛的现实基础"④。树立历史思维就必须正确地看待自己的历史。

---

① 《习近平谈治国理政》，外文出版社2014年版，第142页。
② 《习近平谈治国理政》，外文出版社2014年版，第145页。
③ 习近平：《携手共创丝绸之路新辉煌——在乌兹别克斯坦最高会议立法院的演讲》，《人民日报》2016年6月23日。
④ 《习近平谈治国理政》，外文出版社2014年版，第39—40页。

在对待改革开放前后两个三十年的关系问题上,他指出:"不能用改革开放后的历史时期否定改革开放前的历史时期,也不能用改革开放前的历史时期否定改革开放后的历史时期。"① 他在国家治理问题上提出,要治理好今天的中国,需要对我国历史和传统文化有深入了解,也需要对我国古代治国理政的探索和智慧进行积极总结;在中华优秀传统文化问题上要进行创造性转化和创新性发展。

底线思维是辩证思维方面的新提法。习近平总书记多次强调,底线就是不可逾越的警戒线、是事物质变的临界点,一旦突破底线,则会出现无法接受的坏结果。要善于运用底线思维,防患于未然,这样才能赢得工作的主动权。当前我国经济社会发展中各种结构性的深层次矛盾日益凸显,在全面深化改革进程中必须管控风险、守住底线,这是决定工作成败的重要前提。他针对各项工作指出底线或"红线":对于有的地方在经济建设上急于上项目搞开发,没有考虑生态环境和社会民生的承受能力,从而激化社会矛盾甚至引发群体性事件的情况,提出要严守资源消耗的上限、环境质量的底线、生态保护的红线;对于农村土地制度改革,提出要坚持土地公有制性质不改变、耕地红线不突破、农民利益不受损三条底线;对于国家主权的底线,宣示中国将坚定不移维护自己的主权、安全、发展利益,任何国家都不要指望我们会吞下损坏中国主权、安全、发展利益的苦果;对于贪腐问题,提出干部要守住做人、做事、用权、交友的底线,对法纪制度要时刻怀有敬畏之心,做到不越边界、不踩红线、不碰高压线,这样才能少走"弯路"、不入"歧途"。

精准思维是一种强调精细务实的辩证思维方式,要求具体和准确到位,在一个个具体的点上去解决问题,拒绝那种大而化之、笼而统之地抓工作的做法。习近平总书记重视精准化做事的方式方法。精准思维首先要求有强烈的问题意识,抓住了问题才能对症下

---

① 《习近平谈治国理政》,外文出版社 2014 年版,第 23 页。

药找到对策，无论是作决策、定方案，还是抓落实，都要紧紧抓住核心问题和关键问题不放，在问题的症结点和关键点上做文章、出实招。他提倡精准思维突出地体现在"精准扶贫"理念上。他强调，首先要解决好"扶持谁"的问题，即确保把真正的贫困人口弄清楚，把贫困人口、贫困程度、致贫原因等搞清楚，以便做到因户施策、因人施策；其次要解决好"谁来扶"的问题，加快形成中央统筹、省（自治区、直辖市）负总责、市（地）县抓落实的扶贫开发工作机制，做到分工明确、责任清晰、任务到人、考核到位。[①] 正是在精准扶贫思想指导下，党的十八大以来我国有 6000多万贫困人口稳定脱贫，贫困发生率从 10.2% 下降到 4% 以下。

（三）在系统完整性、逻辑严谨性和实际操作性方面提出了新认识，把马克思主义哲学认识和改造世界的作用提升到了一个新高度

首先，习近平新时代中国特色社会主义思想"八个明确"的提法，涉及生产力与生产关系、经济基础与上层建筑的辩证关系，涵盖了经济建设、政治建设、文化建设、社会建设、生态文明建设以及国防、外交、党的建设各个领域，体现了马克思主义哲学认识世界的系统性、严谨性和科学性。

第一个"明确"侧重于国家发展层面，阐明了坚持和发展中国特色社会主义的总目标、总任务和战略步骤，用"富强民主文明和谐美丽"界定了社会主义现代化强国的总特征。第二个"明确"侧重于人的发展层面，阐明了新时代我国社会主要矛盾，用"促进人的全面发展、全体人民共同富裕"表达了人的全面发展的理想愿景。第三个"明确"侧重于中国特色社会主义的总体布局和战略布局，阐明了中国特色社会主义事业的发展方向，要求建设充满自信的社会主义中国。第四至第七个"明确"侧重于保障条

[①] 《习近平总书记谈精准扶贫》，《新华每日电讯》2016 年 3 月 7 日。

件，分别从改革、法治、军队、外交四个方面，阐明了新时代坚持和发展中国特色社会主义的改革动力、法治保障、军事安全保障和外部环境保障，描绘了新时代中国特色社会主义的理想蓝图。第八个"明确"侧重于政治保证和领导力量，阐明了新时代坚持和发展中国特色社会主义的根本政治保证，提出了新时代党的建设总要求。"八个明确"逻辑上层层递进，内容上内在关联，环环相扣，相辅相成，涵盖了新时代坚持和发展中国特色社会主义的总目标、总任务、总体布局、战略布局和发展方向、发展方式、发展动力、战略步骤、外部条件、政治保障等问题，构成内容极其科学、丰富、严谨的思想体系。

其次，新时代坚持和发展中国特色社会主义基本方略"十四个坚持"的提法，是习近平新时代中国特色社会主义思想的具体化，是具有可操作性的现实对策和实际举措，体现了马克思主义哲学改造世界的实践功能。

"十四个坚持"从领导力量、发展思想、根本路径、发展理念、政治制度、治国理政、思想文化、社会民生、绿色发展、国家安全、军队建设、祖国统一、国际关系、党的建设等方面作出理论分析和政策指导，深刻回答了新时代怎样坚持和发展中国特色社会主义的一系列重大问题，对习近平新时代中国特色社会主义思想的理论精髓和思想要义展开具体阐述，形成了可付诸实践的战略策略和对策举措。"十四个坚持"的基本方略，同党的基本理论、基本路线一起，成为指导党和人民事业发展的具体方针和行动纲领，是习近平新时代中国特色社会主义思想的重要内容，充分体现了马克思主义哲学的实践品质。

最后，从时代与哲学的关系上深刻回答了当代中国与人类社会发展所面临的一系列重大问题，为解决当代人类问题提供了中国智慧、中国思想，体现了马克思主义哲学智慧。

纵览人类哲学史，学派林立，观点众多。如何判断一种哲学的历史价值，如何标识一派思想的哲学高度？归根到底要从哲学与时代的关系来说明，要看这种哲学是否回答了时代的根本问题，能否以巨大的理论穿透力和现实影响力来引领时代前进。真正的哲学，是社会变革的先导，时代的格言。黑格尔在论述哲学与时代的关系时曾经写道："每个人都是他那时代的产儿。哲学也是这样，它是被把握在思想中的它的时代。"① 黑格尔敏锐地看到了哲学与时代的关系，但没有找到推动时代进步的真正物质力量并进行理论上的提炼，只能回到"绝对精神"这种抽象的精神形式去说明世界历史的变迁。马克思主义的诞生，是人类思想史上壮丽的日出，破天荒地建构起了辩证唯物主义和历史唯物主义的理论大厦，破解了"人类历史的发展规律"和"现代资本主义生产方式和它所产生的资产阶级社会的特殊的运动规律"，② 使得世界社会主义运动不仅拥有了"心脏"，而且拥有了"头脑"，不仅获得了强大物质武器，而且获得了锐利的思想武器，真正做到以理论指导实践，以哲学引领时代。这正是马克思主义不同于思想史上任何一种思想理论的特质所在、品格所在、力量所在、高度所在。

时代的车轮滚滚向前，要求在思想中进一步把握时代、推动时代、引领时代的哲学标尺也在不断攀升。在漫长而曲折的科学社会主义发展进程中，社会主义有高潮，也有低谷，当前则正在随着中国特色社会主义开辟新时代而迎来恢宏的勃兴。历史发展不存在终结，它总是引导人们从现实的深层眺望未来。通观我们的历史、当下和未来，可以看到，时代的命题、时代的呼声，一方面随着社会现实的变迁而不断发生变化，另一方面又具有内嵌于自身社会形态的稳定性。这就是中国向何处去，共产党向何处去，社会主义向何处去，人类社会向何处去的时代问题。这是当今时代最本质、最根本、最深层的理论问题，是需要思想家耗费无穷心血智慧去加以探索解答的哲学最高命题。习近平新时代中国特色社会主义思想，对

---

① ［德］黑格尔：《法哲学原理》，范扬、张企泰译，商务印书馆1961年版，第12页。

② 《马克思恩格斯选集》第3卷，人民出版社2012年版，第1002页。

这个时代问题作了解答。习近平总书记思考问题，从来不是局限于一时一地，总是从大的历史尺度和全球大视野出发，立足于问题的深层和本质进行研究。习近平新时代中国特色社会主义思想，以广阔的历史视野、邃远的理论思维、科学的哲学创造、博大的天下情怀，聚合中国十三亿多人民攻坚奋进的磅礴力量，总览世界社会主义运动五百年的兴衰沉浮，放眼人类文明丰富多彩的发展道路，"从世界的原理中为世界阐发新原理"[①]，将21世纪中国马克思主义推进到了一个新的哲学境地和哲学深度。

四 习近平新时代中国特色社会主义思想具有里程碑式的伟大意义

创立习近平新时代中国特色社会主义思想，在中国共产党发展史上、中华人民共和国发展史上、马克思主义理论发展史上、马克思主义中国化发展史上都具有里程碑式的、划时代的重要政治意义、理论意义和实践意义。我们必须认真理解和深刻把握党的这个重大理论创新成果的深远意义、历史地位和重大价值。

（一）形成马克思主义中国化的最新成果，为马克思主义在当代中国的发展作出重大贡献

习近平新时代中国特色社会主义思想有着从马克思列宁主义到毛泽东思想、中国特色社会主义理论体系一脉相承的深厚理论渊源。马克思主义是行动指南而不是教条，其运用必须同各个时代和各个国家的具体实际相结合，马克思主义正是在这种结合的过程中不断丰富和发展的。

中国共产党人从一开始就高高举起马克思主义旗帜，毫不动摇地坚持马克思主义指导地位，在长期的革命建设改革的历史进程中，坚持把马克思主义基本原理同当代中国实际和时代特点紧密结

[①] 《马克思恩格斯全集》第47卷，人民出版社2004年版，第66页。

合起来，实现理论创新和实践创新的双向互动，不断推进马克思主义中国化的历史进程，实现重大的历史性飞跃，形成重大的理论创新成果。

以毛泽东同志为主要代表的中国共产党人，把马克思列宁主义的基本原理同中国革命的具体实践结合起来，创立了毛泽东思想。毛泽东思想是马克思列宁主义在中国的运用和发展，是被实践证明了的关于中国革命和建设的正确的经验总结和理论原则。在中国革命战争年代，毛泽东创造性地把马克思主义和中国实际进行了第一次伟大结合。在社会主义建设探索时期，毛泽东提出"第二次伟大结合"的任务，开始探索适合中国特点的社会主义建设道路，为开创中国特色社会主义奠定了基础，毛泽东思想得到了进一步的丰富和发展。

以邓小平同志为主要代表的中国共产党人，牢牢立足于中国特色社会主义的伟大实践，把马克思列宁主义的基本原理同当代中国实践和时代特征相结合，回答了中国这样的经济文化比较落后的国家建设什么样的社会主义、如何巩固和发展社会主义的首要的基本问题，创立了邓小平理论，实现了"第二次伟大结合"，谱写了中国特色社会主义理论体系的开篇。邓小平理论是中国特色社会主义理论体系的开创之作，奠定了中国特色社会主义理论体系的基本框架。

以江泽民同志、胡锦涛同志为主要代表的中国共产党人，深刻认识和准确把握世情、国情、党情的发展变化，抓住重要战略机遇期，创立了"三个代表"重要思想和科学发展观，继续推进"第二次伟大结合"，把对中国特色社会主义规律的认识提高到新的水平，撰写了中国特色社会主义理论体系续篇。

在中国特色社会主义进入新时代之际，习近平总书记继承和发展马克思列宁主义、毛泽东思想、中国特色社会主义理论体系的理论精髓和活的灵魂，以当代世界格局时代特征为背景，以发展着的中国特色社会主义为实践基础，着眼于全面建成小康社会、实现中华民族伟大复兴的中国梦，紧紧围绕坚持和发展中国特色社会主义这个主题，对全面坚持和发展中国特色社会主义的指导思想、奋斗目标、根本要求、总体布局、战略格局、发展理念、军队国防外交、党的建设等重大问题作出了科学回答，创立了习近平新时代中国特色社会主义思想，极大地推进了马克思主义中国化的历史进程。

习近平新时代中国特色社会主义思想，开辟了马克思主义新境界，实现了马克思主义基本原理与中国具体实际相结合的又一次飞跃；开辟了中国特色社会主义新境界，深刻揭示了新时代中国特色社会主义的本质特征、发展规律和建设路径；开辟了治国理政新境界，团结带领中国人民推动党和国家事业取得了历史性成就，发生了历史性变革；开辟了管党治党新境界，以坚定的决心、空前的力度，推进全面从严治党，管党治党实现从"宽松软"到"严紧硬"的深刻转变。这一切充分体现了习近平新时代中国特色社会主义思想对马克思主义当代发展所作出的历史性贡献。

（二）习近平新时代中国特色社会主义思想具有极其重要的历史地位，习近平总书记是主要创立者，作出了决定性的贡献

习近平新时代中国特色社会主义思想，既是对马克思列宁主义、毛泽东思想的继承和发展，又是马克思主义中国化的最新理论创新成果。一方面，它牢牢坚持马克思列宁主义的基本原理，继承和发展了毛泽东思想和中国特色社会主义理论体系的活的灵魂和理论精髓。另一方面，它以发展着的中国特色社会主义实践为基础，以当代世界格局和时代特征为背景，不断深入总结实践经验，推进理论创新，在坚持马克思主义基本原理的基础上，以更宽广的视野、更长远的眼光，深入思考并科学回答了党和国家发展面临的一系列重大战略问题，拓展了新视野，作出了新概括，形成了当代中国马克思主义的最新理论成果。

既是中国特色社会主义理论体系的组成部分，又是中国特色社会主义理论体系的发展和丰富。一方面，它继承和发展了包括邓小平理论、"三个代表"重要思想、科学发展观在内的中国特色社会主义理论体系，继续牢牢抓住中国特色社会主义这个根本主题，进行深入的理论探索。另一方面，它科学把握中国特色社会主义进入新时代的历史方位和主要矛盾，从实践和理论的结合上科学回答新时代坚持和发展中国特色社会主义这个重大时代课题，阐述了新时代中国共产党的历史使命，确定了决胜全面建成小康社会、开启全面建设社会主义现代化国家新征程的目标，对新时代推进中国特色社会主义伟大事业和党的建设新的伟大工程作出了全面部署，创造性地阐述了党的基本理论、基本路线和基本方略，形成了一个主题鲜明、逻辑严谨、系统完整的科学理论体系，进一步丰富和发展了中国特色社会主义理论体系，是中国特色社会主义理论体系的最新成果。

既是全党集体智慧的结晶，又以习近平总书记为主要创立者。习近平总书记以非凡的政治智慧、顽强的意志品质、强烈的责任担当，团结带领全党全国各族人民进行具有许多新的历史特点的伟大斗争，推动党和国家事业全面开创新局面，赢得全党全军全国各族人民高度评价和衷心爱戴，成为党中央的核心、全党的核心。在领导全党全国推进党和国家事业的实践中，习近平总书记以马克思主义政治家、理论家、战略家的深刻洞察力、敏锐判断力和战略定力，提出了一系列具有开创性意义的新理念新思想新战略，为新时代中国特色社会主义思想的创立发挥了决定性作用，作出了决定性贡献。

用为创立党的理论作出决定性贡献的党的领袖来命名理论是国际共产主义运动中的通行做法，比如马克思主义、列宁主义、毛泽东思想、邓小平理论等。习近平新时代中国特色社会主义思想是全党智慧的结晶，是人民群众实践经验的总结，但主要创立者是习近平总书记，他为这个理论的创立作出了重大贡献，发挥了重大作用，用他的名字命名这一理论是名副其实、当之无愧的，而且体现了我们党在理论上的成熟和自信。

（三）习近平新时代中国特色社会主义思想具有鲜明的理论特色

习近平新时代中国特色社会主义思想具有鲜明的科学性、传承性、时代性、人民性和创新性等理论特色。

科学性。在人类社会的发展历史中，没有哪一种理论可以超越马克思主义，也没有哪一种理论能够比马克思主义更能指导人类社会的发展，习近平新时代中国特色社会主义思想的科学性主要表现为：对马克思主义立场的彻底尊重，对马克思主义真理的彻底坚信，对马克思主义方法的彻底遵循，对客观世界的实事求是的彻底把握；它立足我国基本国情，准确认识我国发展的历史方位和我国社会主要矛盾的深刻变化，形成创新性的思想理论来指导新时代的伟大实践，推进新时代中国特色社会主义事业的繁荣发展，使我们党和国家的各项事业打开了新局面。

传承性。它继承和发展了马克思列宁主义、毛泽东思想、邓小平理论、"三个代表"重要思想和科学发展观，旗帜鲜明地坚持、捍卫和发展了马克思主义及其中国化理论，使马克思主义不断在新的历史条件下释放出耀眼的真理光芒。它充分吸收中华优秀传统文化的丰厚滋养，不断推进中华优秀传统文化的创造性转化和创新性发展，使马克思主义进一步与中华优秀传统文化相结合，将马克思主义中国化推向新高度。它以包容的胸怀和宽广的视野，积极借鉴世界各国各民族治国理政的良好经验，充分吸收人类文明的有益成果，使当代中国的马克思主义站到了人类文明发展的制高点上。

时代性。新时代催生新理论，新理论响应新时代。习近平新时代中国特色社会主义思想正是在新时代背景下应运而生的，深刻认识到了我国和世界的新变化动向，准确把握了我国和世界发展的新时代特征，不仅成为新时代中国特色社会主义的行动指南，而且适应了世界社会主义事业复苏的新需求，同时为全人类发展提供了重要指导,具有鲜明的时代特点。

人民性。它牢牢坚持唯物史观关于人民群众创造历史的基本观点,紧紧依靠人民群众发展新时代中国特色社会主义事业,实现中华民族伟大复兴的中国梦;坚持将人民放在至高无上的地位,坚持以人民为中心的发展思想,将全心全意为人民服务贯彻到一切工作中去,彻底贯彻立党为公、执政为民的执政理念;坚持把实现人民群众的美好生活作为全部工作的出发点和落脚点,把人民对美好生活的向往作为奋斗目标,实现人的全面发展和社会全面进步。

创新性。它着眼于新时代中国特色社会主义的时代特征和发展要求,立足于我国社会主义事业的发展实践,直面国际国内的困难与挑战,讲了许多前人没有讲过的新话,用了前人没有用过的新表达,前瞻性地提出了治国理政的新理念新思想新战略,成功指导党的十八大以来党和国家各项事业的长足进步和重大突破,并将长期持续引领我国社会主义事业的新发展。

习近平新时代中国特色社会主义思想还具有鲜明的话语特点。习近平总书记的话语表达具有独特的风格,活泼生动、简明、接地气,易为普通群众所喜闻乐见。一是引经据典,文采彰显。他善用古今中外的优秀文化元素广征博引,对经典的古代诗词运用驾轻就熟、画龙点睛,使论述更加形象生动。例如,引用"奢靡之始,危亡之渐",说明生活奢侈糜烂就会导致危急败亡;引用"观于明镜,则瑕疵不滞于躯;听于直言,则过行不累乎身",提醒党员干部经常用明镜照照自己,时时注意自己的言行,虚心接受批评。二是贯穿俗语,活泼生动。善于引用大家耳熟能详的民间俗语、谚语、歇后语、网络用语加以形象化的比喻,去阐述深刻的道理。例如,引用"伤其十指,不如断其一指",强调作风建设必须突出重点、聚焦问题;用"一张报纸一包烟,优哉游哉过一天"来描述部分干部的作风散漫;用"风来一阵雨,过地皮湿"警示作风建设必须抓常抓细抓长;用"牛栏关猫是不行的",强调必须改进制度疏漏、规章笼统、纪律松弛等问题……这些话语形象生动,通俗易懂，增强了感染力、说服力、吸引力。三是通俗易懂接地气。善于用大白话、大实话，讲群众语言，深入浅出、解惑释疑，干部群众听得懂、记得住，有浓郁的生活气息。例如，用"打铁还需自身硬"说明正人先正己；用"缺钙""软骨病"来比喻理想信念的缺失；用"墙头草""推拉门"来描述干部队伍中的好人主义等。这些语句口语化味道浓，对接大众话语体系，轻松自然，很容易让人接受。

（四）为全党全国人民提供了强大的思想武器，是我们党一脉相承又与时俱进的指导思想

习近平新时代中国特色社会主义思想，深刻回答了新时代中国特色社会主义的理论渊源、历史根据、本质特征、独特优势、发展规律和举措路径，为在新的时代条件下坚持和发展中国特色社会主义提供了科学的理论指引。它源于实践、指导实践，为新时代坚持和发展中国特色社会主义、推进党和国家事业发展提供了基本遵循，为马克思主义的当代发展作出了历史性贡献，必须长期坚持并不断发展。将它确立为党与时俱进的指导思想，是中国特色社会主义进入新时代的必然要求，是符合党心民意的重大决策，对党和国家事业发展必将产生重大而深远的影响。

理论武装要紧跟理论创新的步伐，新时代新任务新实践需要新的思想来指引。实现新时代党的历史使命，必须用党的最新理论成果武装全党、指导实践、推动工作。用习近平新时代中国特色社会主义思想武装头脑、指导行动，是首要政治任务。必须在学懂弄通做实上下功夫，切实增强学习贯彻习近平新时代中国特色社会主义思想的自觉性和坚定性，深刻领会其科学体系、精神实质、实践要求，下功夫把学习习近平新时代中国特色社会主义思想同学习马克思主义基本原理贯通起来，同把握党的十八大以来进行伟大斗争、建设伟大工程、推进伟大事业、实现伟大梦想的实践贯通起来，同把握党的十九大作出的各项战略部署贯通起来，联系地而不是孤立

地、系统地而不是零碎地、全部地而不是局部地把握习近平新时代中国特色社会主义思想的理论精髓，把握好贯穿其中的马克思主义立场观点方法，更加自觉地为实现党的历史使命和人民的时代重托不懈奋斗。

历史唯物主义大的历史时代观与习近平新时代中国特色社会主义思想[*]

中国特色社会主义进入了新时代，这是以习近平同志为核心的党中央运用辩证唯物主义和历史唯物主义立场、观点、方法，科学判断世情国情，从我们党和国家发展角度提出来的，这个重要的科学判断是完全正确的。中国特色社会主义新时代特指中国特色社会主义已经站在一个新的历史起点上，进入一个新的历史阶段，处在一个新的历史方位上，这与马克思主义所判断的大的"历史时代"在唯物史观基础上是一致的。只有站在大的"历史时代"背景上，从我国新时代的特殊国情出发观察研究，才能深刻认识中国特色社会主义进入新时代和习近平新时代中国特色社会主义思想的伟大意义。

一 深刻理解唯物史观大的历史时代的科学内涵

时代在变化，社会在发展，但马克思主义基本原理依然是科学真理。尽管我们所处的时代同马克思所处的时代相比发生了巨大而深刻的变化，但从世界500年的大视野来看，我们仍处在马克思所

---

[*] 该文系作者2018年8月23日在北京召开的第四届唯物史观与马克思主义史学理论论坛上的主旨报告，原载《马克思主义研究》2019年第1期、《马克思主义哲学论丛》2018年第12期。

讲的大的"历史时代"。① 从唯物史观的视角看，马克思主义关于大的"历史时代"的判断是不能否定的，如果否定了，就会误认为资本主义的基本矛盾不存在了，误认为马克思主义过时了，就会否定马克思主义。

时代概念具有广义和狭义之分。广义的时代概念是从历史观的角度对人类社会发展大的历史发展进程的判定，狭义的时代概念是从某个特定的角度对某个社会发展阶段的判定。不搞清楚广义的时代概念，即大的"历史时代"，就看不清狭义时代所处的大的历史方位和国际条件。要把从历史观出发判断的广义的时代概念与从其他视角出发判断的狭义的时代概念区别开来。这两种时代概念既有区别，又是辩证统一的。习近平总书记在党的十九大报告中指出：

> 中国特色社会主义进入了新时代，这是我国发展新的历史方位。②

这是运用辩证唯物主义和历史唯物主义立场、观点、方法科学判断世情国情，从党和国家发展角度提出来的，这个重要的科学判断是完全正确的。中国特色社会主义新时代与马克思主义所判断的大的"历史时代"在唯物史观基础上是一致的，同时又是有区别的。中国特色社会主义新时代特指中国特色社会主义已经站在一个新的历史起点上，进入一个新的历史阶段，处在一个新的历史方位上。只有站在大的"历史时代"背景下，从我国新时代的特殊国情出发观察研究，才能深刻认识中国特色社会主义进入新时代和习近平新时代中国特色社会主义思想的伟大意义。

马克思主义唯物史观关于大的"历史时代"的概念，是从生产力所决定的生产关系出发，以社会经济形态为标准对人类社会大

---

① 《习近平谈治国理政》第 2 卷，外文出版社 2017 年版，第 66 页。
② 习近平：《决胜全面建成小康社会　夺取新时代中国特色社会主义伟大胜利——在中国共产党第十九次全国代表大会上的报告》，人民出版社 2017 年版，第 10 页。

的历史时代的判定。从唯物史观为指导所判定的大的历史时代来看，我们今天到底处在什么样的时代呢？回答这个问题，首先就要回答以什么标准判断时代，然后再用正确的标准判断时代，回答我们现在究竟处在什么样的历史时代。恩格斯在《共产党宣言》1883年德文版序言中指出：

> 每一历史时代的经济生产以及必然由此产生的社会结构，是该时代政治的和精神的历史的基础；因此（从原始土地公有制解体以来）全部历史都是阶级斗争的历史，即社会发展各个阶段上被剥削阶级和剥削阶级之间、被统治阶级和统治阶级之间斗争的历史；而这个斗争现在已经达到这样一个阶段，即被剥削被压迫的阶级（无产阶级），如果不同时使整个社会永远摆脱剥削、压迫和阶级斗争，就不再能使自己从剥削它压迫它的那个阶级（资产阶级）下解放出来。①

马克思、恩格斯在《共产党宣言》中明确指出：

> 我们的时代，资产阶级时代，却有一个特点：它使阶级对立简单化了。整个社会日益分裂为两大敌对的阵营，分裂为两大相互直接对立的阶级：资产阶级和无产阶级。②
>
> 在过去的各个历史时代，我们几乎到处都可以看到社会完全划分为各个不同的等级，看到社会地位分成多种多样的层次。在古罗马，有贵族、骑士、平民、奴隶，在中世纪，有封建主、臣仆、行会师傅、帮工、农奴，而且几乎在每一个阶级内部又有一些特殊的阶层。③

从封建社会的灭亡中产生出来的现代资产阶级社会并没有

---

① 《马克思恩格斯文集》第2卷，人民出版社2009年版，第9页。
② 《马克思恩格斯文集》第2卷，人民出版社2009年版，第32页。
③ 《马克思恩格斯文集》第2卷，人民出版社2009年版，第31—32页。

消灭阶级对立。它只是用新的阶级、新的压迫条件、新的斗争形式代替了旧的。①

根据以上马克思主义经典作家的论述，可以得出以下几个结论。

第一，马克思主义唯物史观的"历史时代"概念，是指占统治地位的社会形态所历经的整个历史进程。

马克思主义经典作家明确提出了"历史时代"概念，即唯物主义历史观所指的大的"历史时代"。唯物史观的历史时代概念是指占统治地位的社会形态所历经的整个历史进程，该历史时代的进程从该社会形态取代前一社会形态在人类社会占据统治地位起，历经兴盛、衰落，直到为下一社会形态所取代而不再占据统治地位止。当然，每一个历史时代可以划分为不同的发展阶段。在资本主义社会时代，已经历经了自由竞争资本主义阶段、垄断资本主义阶段即帝国主义阶段，现在正处在现代国际垄断资本主义阶段，或进一步说是国际金融垄断资本主义阶段。

第二，必须以唯物史观为武器，把"经济的社会形态"作为历史时代根本判断标准。

唯物史观是判断历史时代的思想武器。运用唯物史观判断历史时代，就要看一看该历史时代的生产力是什么，生产关系是什么，经济基础是什么，由经济基础所决定的上层建筑又是什么。也就是说，从生产力所决定的生产关系、经济基础，以及由这一基础所决定的"经济的社会形态"出发来判断历史时代，看一看占据统治地位的"经济的社会形态"的本质是什么，也就知道该历史时代是什么。

第三，人类社会历史已先后历经原始社会时代、奴隶社会时代、封建社会时代、资本主义社会时代，未来人类社会将经过社

---

① 《马克思恩格斯文集》第 2 卷，人民出版社 2009 年版，第 32 页。

主义社会过渡，进入共产主义社会时代。

马克思、恩格斯按照唯物史观关于社会形态演变理论，根据"经济的社会形态"的根本性质来划分历史时代，把历史时代划分为原始社会、奴隶社会、封建社会、资产阶级社会等历史时代，未来社会将经过无产阶级专政的社会主义过渡，进入消灭阶级剥削、压迫与阶级斗争的新的时代，即进入共产主义社会时代。

第四，我们今天仍然处于马克思主义经典作家所判断的历史时代。

运用唯物史观的标准判断，我们现在究竟处在什么样的历史时代呢？马克思、恩格斯在《共产党宣言》中明确指出，我们的时代，即"资产阶级时代"。从时代的根本性质和大的历史进程来看，目前我们仍然处于马克思主义经典作家当时所揭示的资本主义社会时代。马克思主义经典作家认为，人类社会的历史时代已经前进到资本主义社会代替封建社会而占据统治地位的历史发展进程。从全球范围来讲，现在仍然是资本主义社会形态占主要地位的历史时代，而这个时代又是新的社会形态即经过社会主义过渡而进入共产主义社会、逐步并最终取代资本主义社会的历史时代。在这个时代，无产阶级如果不通过推翻最后一个剥削社会，即通过消灭最后一个剥削阶级的社会革命，使整个社会永远摆脱剥削、压迫和阶级斗争，就不能解放全人类，从而也就不可能最终使无产阶级自己解放自己，就不可能以一个新的社会形态取代资本主义社会形态。共产主义必然代替资本主义，但需要经过一个漫长的历史过程。

当然，在今天世界资本主义体系内已经产生了某些社会主义因素，在全世界已经产生了若干社会主义国家。但是，新的社会形态在全世界并不占据统治地位。相关研究认为："当今世界95%以上的国家建立的是资本主义制度。在资本全球化的进程中，不仅自然资源、土地、矿产等公共资源被私有资本所圈占，就连我们赖以生存的水源、空气、语言、文化，甚至物种和人类基因等也被逐步私有化了。按照西方左翼学者的说法，这种私有化已经把人类逼到整体灭绝的边缘。"①

第五，资本主义社会固有的不可克服的内部矛盾必然导致其灭亡。

在资本主义的整个发展进程中，其内在矛盾不断激化，经历了激化、缓和，再激化、再缓和……直至激化到再也不能缓和而导致最终灭亡。资本主义不可克服的基本矛盾的最现实的表现就是不可解脱的两极分化，且这种两极分化又不断得到强化。

资本主义社会的两极分化表现为两个层次：一是资本主义国家内部的阶级与阶级、民族与民族、阶层与阶层之间的两极分化不断强化；二是世界范围内国家与国家、地区与地区、民族与民族、阶级与阶级之间的两极分化也不断强化。两极分化的一极是高度垄断的资产阶级利益集团，垄断资本主义国家的国民也仅仅是享受到资本主义利益集团高额利润的一杯羹；另一极是整个工人阶级等广大劳动人民的贫困、落后，发展中的国家、地区和民族的贫困、落后。资本主义国家内部两极分化越来越严重，整个世界两极分化也越来越严重。当代资本主义国家内部的动荡、资本主义全球的动荡都跟两极分化有关系，两极分化的背后则是不可克服的资本主义基本矛盾。

资本主义一产生，其内部就产生了反对资本主义的力量和因素：工人阶级和新的社会形态萌芽。在资本主义社会时代，始终贯穿着社会主义与资本主义、工人阶级与资产阶级两种命运、两种力量、两种前途的斗争，一直到工人阶级通过无产阶级革命和无产阶级专政消灭压迫、剥削和阶级斗争，最终迎来新的社会形态为止。

第六，资本主义社会时代最终必然为共产主义社会时代所替代。

资本主义社会在创造巨大社会财富的同时，制造了贫富差距、

---

① 秦宣：《大数据与社会主义》，《教学与研究》2016年第5期。

两极分化等不可克服的矛盾,从而也制造了自己的掘墓人,一步一步走向自己的反面,最终要为新的社会形态所代替。习近平总书记指出:

> 事实一再告诉我们,马克思、恩格斯关于资本主义社会基本矛盾的分析没有过时,关于资本主义必然消亡、社会主义必然胜利的历史唯物主义观点也没有过时。这是社会历史发展不可逆转的总趋势,但道路是曲折的。资本主义最终消亡、社会主义最终胜利,必然是一个很长的历史过程。①

2008年爆发的国际金融危机说明了资本主义的内在矛盾是不可避免的、不可调和的、不可克服的。中国特色社会主义表现出了新社会形态强劲的生命力,说明社会主义和共产主义最终是不可战胜的,是必然的历史发展趋势。尽管目前全球总体上还是资本主义强、社会主义弱,但是社会主义是新生事物,一定能够经过无产阶级革命和无产阶级专政,消灭人类历史上最后一个阶级社会——资本主义社会,使人类进入一个没有剥削、压迫、阶级差别和阶级斗争的无阶级的新的社会形态。

第七,在资本主义社会时代,在思想领域集中表现为无产阶级与资产阶级两种根本对立的意识形态斗争。

在资本主义社会时代,无产阶级与资产阶级的阶级矛盾和阶级斗争必然反映在思想领域,表现为社会主义和资本主义两种意识形态的斗争。马克思、恩格斯在《共产党宣言》中指出:

> 至今的一切社会的历史都是在阶级对立中运动的,而这种对立在不同的时代具有不同的形式。
>
> 但是,不管阶级对立具有什么样的形式,社会上一部分人

---

① 《十八大以来重要文献选编》(上),中央文献出版社2014年版,第117页。

对另一部分人的剥削却是过去各个世纪所共有的事实。因此，毫不奇怪，各个世纪的社会意识，尽管形形色色、千差万别，总是在某些共同的形式中运动的，这些形式，这些意识形式，只有当阶级对立完全消失的时候才会完全消失。①

自原始共产主义社会解体以来的人类历史都是阶级斗争的历史。社会存在决定社会思想，社会思想反映并反作用于社会存在。阶级社会的阶级对立与斗争决定了阶级社会不同性质的意识形态的对立与斗争。

阶级社会的社会思想是该社会的阶级、阶级矛盾和阶级斗争的意识形态反映。在奴隶社会，代表奴隶主阶级利益的统治阶级思想与作为被统治阶级的奴隶阶级的思想之间存在不可调和的对立和斗争。封建社会贯穿着地主阶级思想与农民阶级思想的对立与斗争。在资本主义社会，贯穿着工人阶级与资产阶级的思想斗争。毛泽东同志明确指出：

> 无产阶级要按照自己的世界观改造世界，资产阶级也要按照自己的世界观改造世界。②

两种世界观的斗争就是资本主义社会时代阶级之间的思想斗争。毛泽东同志甚至断言，在我国社会主义现阶段，在意识形态领域"社会主义和资本主义之间谁胜谁负的问题还没有真正解决"③。可以说，社会主义和资本主义在意识形态领域谁胜谁负的斗争，还需要一个相当长的时间才能解决。列宁在《卡尔·马克思》一文中明确教导我们：

---

① 《马克思恩格斯文集》第 2 卷，人民出版社 2009 年版，第 51—52 页。
② 《毛泽东文集》第 7 卷，人民出版社 1999 年版，第 230 页。
③ 《毛泽东文集》第 7 卷，人民出版社 1999 年版，第 230 页。

马克思主义给我们指出了一条指导性的线索，使我们能在这种看来迷离混沌的状态中发现规律性。这条线索就是阶级斗争的理论。①

从总体和主线索上来说，自从有文字记载以来的人类历史就是阶级斗争的历史，有文字记载以来的人类历史也是阶级之间的意识形态斗争史。因此，我们一定要学会运用阶级观点和阶级分析的方法认识和把握意识形态领域的斗争。

第八，时代的根本性质没有变化，但当今时代的具体特点和表现形式却发生了一系列重大变化。

我们的时代仍然是马克思主义经典作家所判断的历史时代，大的历史时代没有改变。但历史在发展，条件在变化，时代的具体内容、形式和特点都不断地发生变化，这就是历史辩证法。认识当今时代，要清醒地认识到既没变又有变，根本性质没有变，具体特征形式变化了。不变中有变，变中有不变。只看到变的一面，看不到不变的一面，不是马克思主义者；只看到不变的一面，看不到变的一面，也不是马克思主义者。

习近平总书记反复强调，我们是站在新的历史起点上，正在进行具有许多新的历史特点的伟大斗争，这正是对我们所处的伟大的历史时代及其发展新阶段巨大变化的科学判断。从马克思、恩格斯创立马克思主义至今，尽管他们所判定的时代根本性质没有改变，但世界已经发生了天翻地覆的深刻变化，时代的发展阶段变化了，国际环境变化了，具体特征形式变化了，出现了许多新的问题和新的风险挑战。对于历史时代的判断，认为马克思、恩格斯所判定的历史时代根本改变了，放弃马克思主义，丢弃老祖宗，忘记我们的初衷，是违背马克思主义的；然而，如果看不到巨大变化的另一方面，不承认变化，就跟不上新形势，落后于时代，解决不了新问

---

① 《列宁选集》第 2 卷，人民出版社 1972 年版，第 587 页。

题，就会犯教条主义错误。

不变中有变，其中一个大的变化就是马克思主义经典作家们所判断的资本主义历史时代起了阶段性新变化。除了资本主义孕育阶段，已经过了两个发展阶段，目前正处于第三个发展阶段的第三个发展时期。

每一人类大的历史时代，都会呈现出不同的发展阶段，而每个发展阶段又都有每个阶段的主题与特点，每一个阶段又呈现不同的发展时期。第一个阶段是资本主义确立阶段，即原始积累资本主义阶段（16 世纪到 18 世纪中期）；第二个阶段是资本主义成熟阶段，即自由竞争资本主义阶段（18 世纪中期到 19 世纪 20 世纪之交）。这是马克思、恩格斯创建马克思主义所处的阶段，也是工人运动和社会主义运动兴起的阶段，又是资本主义更多地剥夺工人阶级绝对剩余价值，露骨地、直接地残酷压迫剥削工人阶级的阶段。

第三个阶段是资本主义最高阶段，即垄断资本主义阶段（19 世纪 20 世纪之交至今）。这就是列宁的《帝国主义论》所揭示的帝国主义和无产阶级革命的阶段。习近平总书记要求我们要学习列宁的《帝国主义论》，是有现实意义的。有人说《资本论》过时了，《帝国主义论》也过时了，这是不对的。资本主义由自由竞争阶段进入了垄断资本主义发展阶段。垄断资本主义阶段又分为三个时期，已经经历了两个时期，现在正处在第三个时期。第一个时期，私人垄断资本主义时期（19 世纪 20 世纪之交至 20 世纪 40 年代），对于这个时期的阶级矛盾和阶级斗争，列宁作出新的概括，认为该时期的主题，即主要问题是战争与革命。资本主义内部矛盾激化引发战争，战争引起革命，推动工人运动和社会主义发展。第一次世界大战产生了列宁领导的第一个社会主义国家，第二次世界大战产生了一系列社会主义国家。

第二个时期，即国家垄断资本主义时期（第二次世界大战后至 20 世纪八九十年代），资本主义的垄断形式由私人垄断发展到国家垄断。社会主义国家的发展也走了一段弯路。历史是波浪式的曲折前进，没有笔直的前进道路。远古社会万年以上，奴隶社会大约万年左右，封建社会几千年，资本主义社会才几百年，它还没有到寿终正寝的时候。总体上讲现在还是"资"强"社"弱，垄断权、话语权还是由西方资本主义所掌握。社会主义是新生事物，任何新生事物在开始时都是弱小的。这是整个大的历史时代的总体态势。冷战结束以后出现东欧剧变、苏联解体这样的历史挫折，社会主义阵营解体，整个形势发生逆转，社会主义运动步入低潮，这就是历史前进的曲折性、反复性。

第三个时期是国际金融垄断资本主义时期，这是当今世界正在经历的时期。对这个发展时期，有人概括为国际垄断资本主义时期，有人概括为金融垄断资本主义时期，有人认为仍然是列宁所判断的帝国主义时期，也有人认为不是了。20世纪七八十年代以后，世界资本主义进入相对稳定的发展阶段，世界大战在相当一段时间内爆发的可能性不大，和平与发展成为这个时期的两大问题，但是局部战争从来没有间断。新兴国家、发展中国家希望和平，希望发展，绝大多数国家希望和平，希望发展。这是该阶段的主题，也是主要问题。但"帝国主义就是战争"，只要垄断资本还存在，国际金融垄断资本还存在，帝国主义还存在，霸权主义、强权政治就会存在，就没有消灭战争的根源。事实上，和平与发展这两个问题至今一个也没有解决。帝国主义发动的战争从来没有停止过。邓小平同志判断，和平的问题没有解决，发展的问题也没有解决。现在西方敌对势力正在对社会主义中国打一场没有硝烟的战争，图谋"和平演变"社会主义，"颜色革命"它们所不喜欢的国家。

不变中有变，另一大变化是今天世界上的全球化、信息化、科技创新突飞猛进、世界局势激烈变化，出现了前所未有的大发展、大变动、大改组、大调整、大竞争，社会主义中国面临着前所未有的大机遇、大风险、大挑战和大考验。现在的世界与马克思、恩格斯在世时，列宁、斯大林在世时，毛泽东在世时都大不相同。特别是，近些年来，新技术更新速度之快令人难以预测，起着改变社生产、消费、生活乃至引发社会变革的颠覆性作用。高新技术推动社会生产力迅猛变化，进而引起生产关系变化，引发社会经济基础及其上层建筑的巨大变化，引发世界局势急剧变动。从20世纪末以来，全球发生了两件世界性的大事。一是东欧剧变、苏联解体。两个超级大国变成一极，全球出现了反对单极霸权的多边主义。社会主义国家、新兴国家、发展中国家是要和平、要发展的主力军。西方资本主义国家也发生重组。反对霸权主义、强权主义和单边主义的力量在发展。二是2008年发生了世界性的金融危机。美国的力量下降，西方国家力量下降，资本主义整体力量下降。中国特色社会主义取得了历史性的成功，社会主义力量正在上升，中国正在走近国际舞台的中心。中国一方面发挥促进世界和平发展的重要作用，另一方面又遭受西方敌对势力的封堵打压。国际关系出现了极其复杂的状况，国际竞争异常激烈。

二　科学把握中国特色社会主义新时代的伟大意义

深刻理解中国特色社会主义新时代，要从大的"历史时代"背景下来考量，深刻理解习近平新时代中国特色社会主义思想，要从大的"历史时代"背景下来认识。习近平总书记指出：

> 中国特色社会主义进入新时代，在中华人民共和国发展史上、中华民族发展史上具有重大意义，在世界社会主义发展史上、人类社会发展史上也具有重大意义。[①]

只有置于马克思主义唯物史观关于大的"历史时代"的宽广视野中，站在中国特色社会主义进入新时代的特定角度上，将两个

[①] 习近平：《决胜全面建成小康社会　夺取新时代中国特色社会主义伟大胜利——在中国共产党第十九次全国代表大会上的报告》，人民出版社2017年版，第12页。

时代判断、国际国内两个视角结合起来，才能真正理解中国特色社会主义进入新时代的伟大意义。

（一）开辟了中华民族伟大复兴的新格局

中国特色社会主义进入新时代，开辟了中华民族伟大复兴的新格局，在中华人民共和国发展史和中华民族发展史上具有重大意义。

在中华人民共和国发展史上，我们现在已经踏上了建设社会主义现代化强国的新征程，在站起来、富起来的基础上，进一步解决强起来的时代主题，建设社会主义的现代化强国。这说明中华人民共和国的发展已经进入一个新的历史阶段，正致力于到 21 世纪中叶实现中华民族伟大复兴的奋斗目标，这在中华民族发展史上是一件了不起的大事。

中华民族是人类最伟大的民族之一，曾经创造了人类历史上最辉煌的文明。然而，在资本主义工业革命后，中华民族却停滞了巨人的脚步，落后于时代。从 1840 年鸦片战争开始，中国逐步沦落为西方资本主义列强欺压剥削的半殖民地半封建国家。从那时起，中华民族的有志之士为了中华民族的重振，不断为追求真理、选择解救中国的思想利器和复兴之路而进行前赴后继、流血牺牲的努力奋斗。从鸦片战争到太平天国起义，从戊戌变法到辛亥革命，中华民族先进分子依照他们所提出的一个又一个思想观点和救国方案而发动的中华民族复兴运动，一次又一次遭受失败。毛泽东同志一针见血地指出：

> 帝国主义的侵略打破了中国人学西方的迷梦。很奇怪，为什么先生老是侵略学生呢？中国人向西方学得很不少，但是行不通，理想总是不能实现。多次奋斗，包括辛亥革命那样全国规模的运动，都失败了。[①]

---

① 《毛泽东选集》第 4 卷，人民出版社 1991 年版，第 1470 页。

这些失败的根本原因就在于，没有先进思想的指导，没有先进思想武装起来的先进政党的领导，没有找到正确思想指导下的适合本国国情的发展道路。用使西方列强发达起来的资产阶级思想武器，用曾经让中国辉煌显赫的封建传统思想武器，都无法根本改变中国人民的精神面貌和思想状况，也无法根本扭转中国积贫积弱的状况，最终也无法根本实现中华民族的振兴。俄国十月革命的成功给中国人民带来了新的希望。毛泽东同志指出：

> 这时，也只是在这时，中国人从思想到生活，才出现了一个崭新的时期。中国人找到了马克思列宁主义这个放之四海而皆准的普遍真理，中国的面目就起了变化了。[1]

在十月革命的启发下，从失败的教训中，从比较的借鉴中，中华民族先进分子深刻认识到，当人类历史进入资本主义社会时代，资本主义列强绝不会允许落后国家独立自主地走上富民强国之路，它们只能成为资本主义的附庸。中国只有选择引领世界潮流的先进思想——马克思主义的科学社会主义思想，并逐步把马克思主义先进思想与中国的实际国情和优秀的传统思想相结合，走非资本主义的社会主义现代化道路，才是唯一的出路。中华民族的先进分子，坚定地选择了马克思主义，选择了社会主义和共产主义，创建了中国工人阶级和中国人民的先锋队组织——中国共产党。从此，中华民族的精神面貌和思想意识发生了根本性改变，这既是中华民族命运的根本转折点，又是中华民族发展史上的一个新的生长点。

以马克思主义为行动指南的中国共产党成立后，中华民族伟大复兴就有了成功的希望。一代又一代的中国共产党人坚持马克思主义指导思想，并与中国实际相结合、与中华优秀传统思想相结合，高举社会主义和共产主义的旗帜，不断前进、不断探索、勇于变

---

[1] 《毛泽东选集》第4卷，人民出版社1991年版，第1470页。

革、勇于创新，开创了具有中国特色的新民主主义和社会主义革命道路、具有中国特色的社会主义发展道路，取得了革命、建设、改革和党的十八大以来的伟大成就，创造了一个又一个人间奇迹，使中华民族以崭新姿态屹立于世界的东方，开辟了中国特色社会主义新时代和中华民族伟大复兴的新格局。

（二）开启了世界社会主义运动的新境界

中国特色社会主义进入新时代，开启了世界社会主义运动的新境界，在世界社会主义发展史上具有重大意义。

1848年《共产党宣言》发表，科学社会主义问世，社会主义思想从空想变成科学，科学社会主义日益成为工人阶级夺取政权建立社会主义制度的现实运动。在马克思主义的指导下，列宁成功领导了十月革命，建立了世界上第一个社会主义国家，科学社会主义从理论变成了现实。在十月革命和社会主义苏联的带动下，世界社会主义运动在20世纪上半叶迎来了一次高潮，民族解放和无产阶级革命运动风起云涌，一大批社会主义国家纷纷建立。社会主义作为崭新的社会形态，脱胎于资本主义世界，登上世界历史舞台，成为历史的现实。

社会主义作为新生事物，其发展并不是一帆风顺的。由于复杂的主客观原因，在西方资本主义势力的强大攻势及"和平演变"下，苏联以及东欧社会主义国家在社会主义实践中偏离了马克思主义的正确方向，背离了科学社会主义基本思想，最终导致20世纪后期发生了东欧剧变、苏联解体等一系列重大事件，世界社会主义运动遭受了严重挫折，陷入低谷。

新中国成立后，正是在世界大的历史背景下，以毛泽东同志为主要代表的中国共产党人带领全党全国人民探索出一条适合中国国情的独立自主的社会主义建设道路，以邓小平同志为主要代表的中国共产党人开创了改革开放和中国特色社会主义新时期，以江泽民同志、胡锦涛同志为主要代表的中国共产党人不断推进中国特色社会主义伟大事业，以习近平同志为主要代表的中国共产党人带领全党全国人民进入中国特色社会主义新时代。

中国特色社会主义进入新时代，意味着科学社会主义在 21 世纪的中国焕发出强大生机活力。在习近平新时代中国特色社会主义思想指引下，我们党以强大的战略定力，牢牢坚持科学社会主义基本原则，坚定不移地走中国特色社会主义道路，经受住了世界社会主义运动处于低潮的考验、西方敌对势力搞"颜色革命"的考验、资本主义世界经济危机的考验，抵制了西方鼓吹的"普世价值""宪政民主"等错误思潮，有力地打破了所谓的"共产主义失败"论、"历史终结"论，有力地回击了"社会主义低潮综合征"的论调。

如果说 20 世纪是社会主义拯救了中国，那么 21 世纪则是中国拯救了社会主义。正是中国在 21 世纪扛起了社会主义的大旗，以新时代的伟大成就和伟大目标再次证明了科学社会主义的正确性和社会主义的优越性。正如十月革命在 20 世纪初开辟了世界社会主义运动新纪元一样，中国特色社会主义新时代在 21 世纪揭开了世界社会主义运动驶出低谷走向复苏的新局面，为世界社会主义发展创造了新的辉煌。

（三）拓展了发展中国家通过非资本主义道路走向现代化的新途径

中国特色社会主义进入新时代，拓展了发展中国家通过非资本主义道路走向现代化的新途径，在人类社会发展史上具有重大意义。

马克思通过对人类历史发展，特别是资本主义历史发展的科学研究，提出了著名的"世界历史"理论。他认为，世界进入资本主义历史时代，把世界连成一片，人类历史由此进入了"世界历史"。在"世界历史"进程中，先进入资本主义而成为世界列强的资本主义国家，在第一次世界大战前就已经把世界瓜分完毕了，它们从自身资本利益出发绝不允许落后国家再独立自主地走资本主义的强国之路，强迫后发国家变成自己的附庸，服从自己的剥削利益，半殖民地半封建旧中国的悲惨遭遇就是铁证。

马克思晚年研究东方社会，研究非资本主义发展道路，提出落后国家可以不经过资本主义制度的"卡夫丁峡谷"，走出一条非资本主义的发展道路，即落后国家可以不经过资本主义制度的苦难，而通过社会主义制度实现现代化，这就是著名的跨越"卡夫丁峡谷"的科学设想。中国特色社会主义的成功发展使这个科学设想成为现实，为落后国家实现现代化和赶超发达资本主义国家提供了新希望、新选择、新方案、新思想，人们已经看到了经由社会主义而进入共产主义的曙光。俄国十月革命的例证，中国特色社会主义成功的例证，说明了马克思晚年关于非资本主义道路的设想要成为现实，需要满足一定的历史条件；在具体的客观条件已经具备时，主观条件至为重要。

资本主义囿于其固有的本质，总是竭力阻止其他国家的独立发展，以利于自己转嫁危机和掠夺资源，它们不仅动用经济的、政治的、军事的力量来制约其他国家，而且动用意识形态机器，利用文化软实力向全世界兜售所谓的"普世价值""西方现代性"等观念，打造西方现代化模式唯一性的神话。纵观当今世界，许多国家已经深陷这种资本主义意识形态神话的陷阱难以自拔。第二次世界大战以后，在民族解放运动中争得独立的新兴国家中选择走资本主义道路的，罕有成功的，要么发展不起来，要么即便获得了某种程度的发展，也摆脱不了西方资本主义大国的控制而难以获得完全的独立。一些国家为了捍卫独立主权和利益，拒绝接受西方现代化模式，则往往因为西方资本主义发达国家的制裁或"颜色革命"而陷入了混乱境地。如何开辟出一条新路，既实现快速发展又保持社会稳定，既对外开放吸收世界先进文明又保持自身的独立自主，既同发达资本主义国家在竞争中合作又不成为它们的附庸，这成为发展中国家共同面临的重大问题。

中国特色社会主义成功地破解了这个难题。它把市场经济与社会主义制度、经济快速发展与保持社会稳定、对外开放与独立自主有机地结合起来，开辟了一条在改革开放中实现社会主义现代化的新路，实现了从站起来、富起来到强起来的历史性跨越。中国特色社会主义的成功探索表明，中国作为一个曾经相对落后的半殖民地半封建国家，不经过资本主义社会制度的折磨，走出一条非资本主义的中国特色社会主义发展道路，一跃成为世界第二大经济体，极大地拓展了发展中国家通向现代化的途径，给世界上那些既希望加快发展又希望保持自身独立性的国家和民族提供了全新选择，为解决人类问题贡献了中国智慧、中国思想和中国方案。

三 充分认识习近平新时代中国特色社会主义思想的划时代价值

有什么样的时代，就会产生什么样的时代主题，就会产生什么样的时代人物，解答历史提出的时代课题，产生代表时代前进方向的先进思想。每一个时代都有每一个时代的标志性理论体系。创立习近平新时代中国特色社会主义思想，在马克思主义发展史上、马克思主义中国化发展史上都具有里程碑式的、划时代的重要政治意义、理论意义和实践意义。必须认真理解和深刻把握党的这个重大理论创新成果的深远意义、历史地位和重大价值。

以毛泽东同志为主要代表的中国共产党人，把马克思列宁主义的基本原理同中国革命的具体实践结合起来，创立了毛泽东思想。毛泽东思想是马克思列宁主义在中国的运用和发展，是被实践证明了的关于中国革命和建设的正确的经验总结和理论概括。在革命战争年代，毛泽东同志创造性地把马克思主义和中国实际进行了第一次伟大结合。在社会主义建设探索时期，毛泽东同志提出第二次伟大结合的任务，开始探索适合中国特点的社会主义建设道路，为开创中国特色社会主义奠定了基础，毛泽东思想也得到了进一步的丰富和发展。

以邓小平同志为主要代表的中国共产党人,牢牢立足于中国特色社会主义的伟大实践,把马克思列宁主义的基本原理同当代中国实践和时代特征相结合,回答了在中国这样的经济文化比较落后的国家建设什么样的社会主义、如何巩固和发展社会主义的首要的基本问题,创立了邓小平理论,实现了马克思主义与中国实际的第二次伟大结合,谱写了中国特色社会主义理论体系的开篇。邓小平理论是中国特色社会主义理论体系的开创之作,奠定了中国特色社会主义理论体系的基本框架。

以江泽民同志、胡锦涛同志为主要代表的中国共产党人,深刻认识和准确把握世情、国情、党情的发展变化,抓住重要战略机遇期,创立了"三个代表"重要思想和科学发展观,继续推进马克思主义与中国实际的第二次伟大结合,把对中国特色社会主义发展规律的认识提高到新的水平,撰写了中国特色社会主义理论体系的续篇。

在中国特色社会主义进入新时代之际,以习近平同志为主要代表的中国共产党人继承和发展了马克思列宁主义、毛泽东思想、中国特色社会主义理论体系的理论精髓和活的灵魂,以当代世界格局和时代特征为背景,以发展着的中国特色社会主义为实践基础,着眼于全面建成小康社会、实现中华民族伟大复兴的中国梦,紧紧围绕坚持和发展中国特色社会主义这个主题,对全面坚持和发展中国特色社会主义的指导思想、奋斗目标、根本要求、总体布局、战略格局、发展理念、军队国防外交、党的建设等重大问题作出了科学回答,创立了习近平新时代中国特色社会主义思想,实现了马克思主义与中国实际的再次伟大结合,极大地推进了马克思主义中国化的历史进程。习近平新时代中国特色社会主义思想既是对马克思列宁主义、毛泽东思想的继承和发展,又是当代中国马克思主义的最新理论创新成果;既是中国特色社会主义理论体系的组成部分,又是对中国特色社会主义理论体系的发展和丰富。

习近平新时代中国特色社会主义思想，深刻回答了新时代中国特色社会主义的理论渊源、历史根据、本质特征、独特优势、发展规律和举措路径，为在新的时代条件下坚持和发展中国特色社会主义提供了科学的理论指引。它源于实践、指导实践，为新时代坚持和发展中国特色社会主义、推进党和国家事业发展提供了基本遵循，为马克思主义的当代发展作出了历史性贡献，必须长期坚持并不断发展。将其确立为党与时俱进的指导思想，是中国特色社会主义进入新时代的必然要求，是符合党心民意的重大决策，对党和国家事业发展必将产生重大而深远的影响。

坚持唯物史观社会形态演变一般规律理论，正确认识中国社会形态发展道路[*]

从当前意识形态斗争的态势和需要来看，捍卫和宣传马克思主义社会形态演变一般规律理论，阐述中国社会形态演变历史的本真事实，纠正历史唯心主义特别是其变种——历史虚无主义对中国历史、对世界历史的歪曲，对于坚持马克思主义唯物主义历史观的科学性、纯洁性和战斗性，用唯物主义历史观武装我们的干部群众，有着重要的现实价值和深远的历史意义。

一 否定和反对马克思主义，首先是要否定和反对历史唯物主义

马克思主义政敌否定和反对马克思主义，往往集中火力否定和反对马克思主义唯物史观。

没有历史唯物主义，就没有辩证唯物主义，就没有作为马克思主义哲学的辩证唯物主义和历史唯物主义。恩格斯称赞唯物主义历

---

[*] 原载《世界社会主义研究动态》2019 年 5 月 14 日、5 月 15 日，摘要发表于《红旗文稿》2019 年第 9 期；收入王伟光主编《中国社会形态史纲》作为代序，中国社会科学出版社、南开大学出版社 2020 年版，第 1—20 页；收入张顺洪、甄小东著《社会形态的演进》作为代序，中国社会科学出版社 2022 年版，第 1—18 页。二级标题为作者新加。

史观是马克思的"第一个伟大发现",认为"正像达尔文发现有机界的发展规律一样,马克思发现了人类历史的发展规律"①。辩证唯物主义和历史唯物主义是马克思主义的哲学基石,没有这样一块基石牢固奠定马克思主义理论大厦的基础,就没有马克思主义真理体系的全部。辩证唯物主义与历史唯物主义,是作为一块"整钢"的马克思主义哲学不可分割的、有机联系在一起的两个重要组成部分,没有辩证唯物主义也就没有历史唯物主义,没有历史唯物主义也就没有辩证唯物主义。马克思主义哲学产生前的一切旧哲学,其唯物主义与辩证法是分离的,马克思主义哲学的一个伟大功绩就是把唯物主义与辩证法结合起来,并率先运用于历史领域,把唯心主义历史观从历史领域彻底清除出去,创立了唯物主义历史观。唯物主义历史观的建立恰恰是辩证唯物主义创立的标志,是马克思主义哲学创立的标志,是马克思主义创立的标志。

唯物主义历史观的一系列基本原理和基本观点,诸如:社会存在决定社会意识,社会形态演变一般规律,社会基本矛盾,人民史观,阶级和阶级斗争,无产阶级革命和无产阶级专政,社会主义、共产主义必然代替资本主义等,都直接触动了资本主义最敏感的神经,撼摇了资本主义大厦的基础,是一切马克思主义政敌必欲除之而后快的马克思主义真理的根基。

唯物主义历史观是最直接地指导无产阶级及其政党领导人民大众展开反对一切剥削制度和反动阶级的斗争、翻身求解放谋幸福的思想武器。中国共产党人接受马克思主义,首先接受的是历史唯物主义,而接受历史唯物主义必定接受阶级和阶级斗争的观点。中国先进分子学习马克思主义科学理论是为了寻找挽救中国的办法。李大钊特别强调:阶级斗争学说是唯物史观的一个重要内容,要解决经济问题就必须进行阶级斗争、进行革命;如果不重视阶级斗争,"丝毫不去用这个学理作工具,为工人联合的实际运动,那经济的

---

① 《马克思恩格斯选集》第 3 卷,人民出版社 2012 年版,第 1002 页。

革命，恐怕永远不能实现"①。毛泽东同志说，读了《共产党宣言》这本书，"我才知道人类自有史以来就有阶级斗争，阶级斗争是社会发展的原动力，初步地得到认识问题的方法论……我只取了它四个字：'阶级斗争'，老老实实地来开始研究实际的阶级斗争"②。

正是在中国共产党人领导下开展了工人阶级及人民大众反对一切反动阶级的阶级斗争，通过革命的手段，才建立了人民民主专政的社会主义中国。

历史唯物主义的对立面是历史唯心主义，当前历史虚无主义是历史唯心主义的典型表现。近年来，反对马克思主义的错误思潮突出表现在用历史虚无主义取代历史唯物主义上。一切反对马克思主义的政敌首先挖掉的是马克思主义的基础——马克思主义哲学，而一切反对马克思主义哲学的政敌，首先要端掉的便是历史唯物主义这一根基。坚不坚持历史唯物主义是坚不坚持马克思主义的试金石，坚持马克思主义必定坚持历史唯物主义，坚持历史唯物主义必定反对历史唯心主义。当前，反对历史唯心主义首要的是反对历史虚无主义。

二 否定和反对历史唯物主义，必然要否定唯物史观社会形态一般规律理论

否定和反对历史唯物主义，必然要否定马克思主义经典作家所概括的社会形态演变一般规律的科学原理，否定和反对共产主义代替资本主义必然趋势的正确结论。

历史唯物主义关于人类社会经原始社会、奴隶社会、封建社会、资本主义社会，经社会主义社会的过渡而达到共产主义社会的"五种社会形态"演变发展的一般规律（以下简称"五形态说"），

---

① 《李大钊选集》，人民出版社1959年版，第233—234页。
② 《毛泽东农村调查文集》，人民出版社1982年版，第22页。

是人类社会历史发展的普遍规律和必然趋势，是马克思主义唯物主义历史观的一个最基本的观点。

否认和反对历史唯物主义"五形态说"是一切历史唯心主义特别是历史虚无主义的通病。其表现为：有的根本不承认人类社会经过原始社会、奴隶社会、封建社会、资本主义社会，必将经过社会主义的过渡而发展到共产主义社会这一人类历史发展的普遍规律，认为"五形态说"是马克思主义经典作家臆造出来的，不是科学真理；有的变换手法，故意谎称马克思、恩格斯根本没有提出过"五形态说"，"五形态说"是列宁、斯大林等后来人编造出来并强加给马克思主义经典作家的，制造出马克思主义经典作家与马克思主义的继承者和发展者之间的对立和矛盾的假象，以混淆是非；有的则玩弄抽象承认、具体否定的伎俩，抽象地承认"五形态说"，但具体到对中国历史与现状的判断，则认为中国没有经过原始社会、奴隶社会和封建社会……有的还不承认社会主义、共产主义代替资本主义的历史必然性，认为中国走资本主义道路才是正果。

曾几何时，一些历史课本、历史读物、历史文述、历史展览、历史陈列等不讲人类经过"五种社会形态"的普遍规律，不讲中国已经过原始社会、奴隶社会、封建社会，不讲如果没有外国资本主义的侵入，中国也会缓慢地发展到资本主义，不讲共产主义必然代替资本主义……而是用王朝更替史，或历代艺术品发展史，或五花八门的历史取代社会形态演变史。目前，以宗法组织、政治体制、文化形态演变取代社会形态演变，是史学界一部分人的看法。当然，许多人是避而不谈社会形态演变问题的。更可笑的是，有的中国历史课本或读物从三皇五帝讲到末代皇帝，但在讲到近代鸦片战争爆发、中国共产党成立这样大的历史事件时，再也无法回避中国半殖民地半封建的社会现状，突然冒出了一个中国进入"半殖民地半封建社会"。须知没有父母哪来的儿女？历史是连续的，没有封建社会哪来的半封建社会？没有资本主义社会哪来的半殖民地社会？由此再向前追溯，没有原始社会、奴隶社会，哪来的封建社会？历史唯物主义社会形态演变一般规律的科学理论，如同没有父母就没有儿女这样最通俗的道理一样，是不可否定的真理。

更有甚者，不承认社会主义、共产主义必然代替资本主义的历史必然性，高喊"资本主义万岁"，认为中国走资本主义道路才是修成正果。须知资本主义也是人类社会历史发展必经的一个过程，前有封建社会，后有社会主义、共产主义社会。实际上，新的社会形态因素——社会主义社会已经在资本主义社会的母体中孕育产生，将来必定代替资本主义，这是不可阻挡的历史潮流。以往阶级社会历史可以表现为王朝更替的历史，但其实质绝不能归结为王朝更替历史这么简单。这就好比一个人，作为新生婴儿已在母体中孕育，然后出生，经过儿童、少年、青年、壮年到死亡。作为人类历史的某个具体社会形态必然由生到死，这是不可推翻的历史铁律。

还有，一些历史读物、历史展览、历史影视，往往只是从唯美主义角度而不是从唯物史观角度，离开社会形态发展的一般规律，离开社会基本矛盾的运动，离开阶级社会阶级矛盾和阶级斗争的主线，单独展示历代文物和历史人物，把历史仅仅变成精美艺术品的展示史，皇亲贵族、才子佳人的个人英雄史，从而取代社会形态演变的真实历史，取代阶级社会阶级斗争的历史事实，一味地"去政治化""去意识形态化""去阶级斗争化"。罗列王朝更替历史、陈列艺术品、介绍历史文物、展示文明载体，让人们享受美的、艺术的、文明的感受和熏陶是完全必要的，也是不可或缺的，但只有把一定的历史事件、一定的历史人物、一定的历史实物放到一定的社会形态历史条件下认知，才是唯物主义历史观的态度。

三 一切历史唯心主义，特别是历史虚无主义一般都要在社会形态演变一般规律这个重大问题上反对历史唯物主义

唯物主义历史观的社会形态演变一般规律理论是不可否定的，

否定了就会犯颠覆性的根本错误。一切历史唯心主义特别是历史虚无主义，一般都在这个重大问题上反对马克思主义。

唯物主义历史观是分析说明一切社会历史现象的世界观和方法论。唯物史观分析认识社会历史问题，就是坚持一切从社会存在出发来说明社会问题。社会存在是第一性的，最根本的社会存在就是生产方式的存在，就是"经济的社会形态"的存在。社会发展史说到底就是社会形态发展史。生产力决定生产关系，生产力与生产关系的统一构成社会生产方式，生产关系的总和构成社会经济基础，一切都要从生产力决定生产关系、生产关系决定经济基础、经济基础决定上层建筑出发，从而必须从生产方式所决定的人类社会形态出发来认识人类社会现象，而不是相反，这是唯物史观不可违背的根本原理。

人类社会形态的演进，根源于生产力的发展。人类的生产工具从旧石器升级到新石器，再到青铜器、铁器，再到机器、电子、信息、互联网、人工智能……生产力逐步提升，促使生产关系、生产方式不断发生变化，从而推动社会形态从原始社会进步到奴隶社会，再进步到封建社会、资本主义社会和社会主义社会。当代资本主义虽强，但已经开始衰落；当代社会主义虽弱，却是必然胜利的新生事物。从长远看，任何新生事物都是不可战胜的。譬如，原始社会生产力的进步，导致人们的分工发生根本变化，进而引起剩余产品出现，产生了私有制，代替了原始共产主义公有制。经济基础决定上层建筑，经济结构的变化引发社会结构从母系社会向父系社会过渡，为私有制社会的形成奠定基础。经济结构的变化引起政治结构、阶级结构、社会结构的变化，从原始社会到奴隶社会、到封建社会、到资本主义社会，经社会主义社会过渡到共产主义社会，这就是人类社会历史的客观发展规律，这个规律是必然的、不以人的意志为转移的。

有人谬称马克思从来没讲过"五形态说"，企图否定社会形态演变的普遍规律，这显然是站不住脚的。社会形态演变一般规律理论是马克思主义唯物史观的重要内容，是唯物史观的重要组成部分，是马克思主义经典作家以深邃的历史洞察力深刻剖析人类社会历史发展进程而收获的重要理论硕果，是对人类社会发展规律的研究、对人类历史观的伟大贡献。马克思虽然没有就社会形态问题撰写过专著，但围绕这一问题留下了大量论述。马克思在1851年撰写的《路易·波拿巴的雾月十八日》中提出了"社会形态"（Gesellchaftsformation）概念。马克思写道：

> 新的社会形态一形成，远古的巨人连同复活的罗马古董——所有这些布鲁土斯们、格拉古们、普卜利科拉们、护民官们、元老们以及凯撒本人就都消失不见了。冷静务实的资产阶级社会把萨伊们、库辛们、鲁瓦耶-科拉尔们、本杰明·贡斯当们和基佐们当做自己真正的翻译和代言人；它的真正统帅坐在营业所的办公桌后面……[①]

马克思这里使用"社会形态"概念是为了表明资本主义社会是人类历史发展的一个新阶段，是不同于以往的社会形态。根据日本学者大野节夫的考证，"形态"（formation）一词是马克思从当时的地质学术话语中借用的，该词在当时的地质学中用以表示在地壳发展变化的进程中先后形成的不同岩层，一个形态就是一个不同的岩层单位。可以看出，马克思使用"社会形态"这一概念，意在表明人类社会的发展也是由不同的历史层次、不同的历史阶段、不同的社会样态构成的。

早在马克思主义创立初期，马克思、恩格斯在1846年合著的《德意志意识形态》中第一次提出人类社会经过五种所有制形式：（1）部落所有制；（2）古代公社所有制和国家所有制；（3）封建的或等级的所有制；（4）资产阶级的所有制；（5）未来共产主义

[①]《马克思恩格斯选集》第1卷，人民出版社2012年版，第669—670页。

所有制。马克思、恩格斯在 1848 年发表的《共产党宣言》中说：

> 在过去的各个历史时代，我们几乎到处都可以看到社会完全划分为各个不同的等级，看到社会地位分成多种多样的层次。在古罗马，有贵族、骑士、平民、奴隶，在中世纪，有封建主、臣仆、行会师傅、帮工、农奴，而且几乎在每一个阶级内部又有一些特殊的阶层。①

紧接着，他们又写道：

> 从封建社会的灭亡中产生出来的现代资产阶级社会并没有消灭阶级对立。它只是用新的阶级、新的压迫条件、新的斗争形式代替了旧的。②

马克思在《1857—1858 年经济学手稿》中提出了三大社会形态：

> 家长制的、古代的（以及封建的）状态随着商业、奢侈、货币、交换价值的发展而没落下去，现代社会则随着这些东西同步发展起来。③

1859 年 1 月，在《〈政治经济学批判〉序言》中，马克思关于五种社会形态的思想表述得十分清晰：

> 大体说来，亚细亚的、古希腊罗马的、封建的和现代资产阶级的生产方式可以看做是经济的社会形态演进的几个时代。

---

① 《马克思恩格斯选集》第 1 卷，人民出版社 2012 年版，第 400—401 页。
② 《马克思恩格斯选集》第 1 卷，人民出版社 2012 年版，第 401 页。
③ 《马克思恩格斯全集》第 30 卷，人民出版社 1995 年版，第 108 页。

资产阶级的生产关系是社会生产过程的最后一个对抗形式……人类社会的史前时期就以这种社会形态而告终。①

在1867年出版的《资本论》中，马克思充分论证了共产主义代替资本主义的必然性。到此为止，还不能说马克思已然十分精确地提出"五形态说"。比如，虽然马克思肯定"古代"社会之前还有一个社会形态，但他对原始社会形态的概括只是初步提到"亚细亚"的社会样态。在马克思那里，古代社会显然指古希腊、古罗马的奴隶社会，但"亚细亚"是指什么社会形态，其属性是什么，马克思当时意指原始社会，但尚未明确其科学定义。当然，亚细亚社会是不是原始社会，争论颇多。后来，历史学有了一定发展，特别是历史学家摩尔根的《古代社会》一书，通过田野调查和文献整理，提供了原始社会详尽的研究材料，进行了深入的科学研究，这使马克思对原始社会有了明确的科学界定，这一科学认识集中反映在1880年到1881年他对《古代社会》一书的摘要中。最后，恩格斯利用马克思批语，经过研究，于1884年撰写了《家庭、私有制和国家的起源》，清晰勾画出人类社会发展"五形态"的历史进程。这说明，"五形态说"内在地包含在马克思、恩格斯在历史唯物主义基础上对社会发展形态的科学分期认识中，构成了系统的社会形态演变一般规律理论，反映了人类社会形态发展进程最普遍的规律。

所谓的"三形态说"，是有人根据马克思"伦敦手稿"对社会历史进程的看法而提出的一种论点。马克思在这部手稿中指出：

人的依赖关系（起初完全是自然发生的），是最初的社会形式，在这种形式下，人的生产能力只是在狭小的范围内和孤立的地点上发展着。以物的依赖性为基础的人的独立性，是第

---

① 《马克思恩格斯选集》第2卷，人民出版社2012年版，第3页。

二大形式，在这种形式下，才形成普遍的社会物质变换、全面的关系、多方面的需要以及全面的能力的体系。建立在个人全面发展和他们共同的、社会的生产能力成为从属于他们的社会财富这一基础上的自由个性，是第三个阶段。第二个阶段为第三个阶段创造条件。①

依据马克思关于人的依赖关系、物的依赖关系、个人全面发展这三大阶段的划分可以认为，马克思把自然经济、商品经济和产品经济视为人类社会经过的三个阶段。这就是一些学者概括的社会发展"三形态说"。

事实上，"三形态说"同样反映了马克思根据生产力发展的历史状况对社会发展形态所做的一种科学分期。从马克思表达的整个思想看，第一阶段的"人的依赖关系"实质上是自然经济社会的特点。自然经济社会横跨原始社会、奴隶社会、封建社会。当然，随着每种社会形态的进一步发展，其自然经济特点就会逐步减弱，商品经济特点会逐步增加。在自然经济条件下，生产力低下，分工不发达，生产的直接目的是生产者的自身需要，必然采取人与人直接互相依赖的办法来克服工具落后的状况。比如，原始人必须依赖于原始群体，帮工必然依附于师傅，这就表现为个人对他人、对社会组织的依赖。第二阶段的"人对物的依赖关系"实质上是商品经济社会的特点。在商品经济社会中，生产发展了，人们生产的目的主要是交换，人与人之间的关系物化成商品，产生了"商品拜物教"，人依赖于商品，处于物化的、异己的关系的统治下。在高度发达的市场经济社会——资本主义社会，人成为商品、货币、资本的奴隶。第三阶段的"个人全面发展"是商品经济消亡以后社会的特点，有人把这个社会概括为产品经济社会。在这个社会，生产力高度发达，消灭了旧式分工，产品极其丰富，人摆脱了物及其

---

① 《马克思恩格斯全集》第30卷，人民出版社1995年版，第107—108页。

外部关系的束缚，成为人自身的主人、社会关系的主人、物的主人，人可以自由、全面地发展。这就是马克思主义经典作家预见的共产主义社会。

不难看出，社会形态发展进程的"三形态说"与"五形态说"这两种划分，都是根据历史唯物主义的基本原理，对社会形态演变进行分析得出的正确结论，二者的理论根据是一致的。[①] 实际上，"五形态说"和"三形态说"是互为补充的。按照马克思的原意，自然经济阶段基本是前资本主义社会，如原始社会、奴隶社会、封建社会，商品经济阶段是资本主义社会，人们概括的产品经济阶段则是共产主义社会，社会主义社会是一个过渡形态的社会。按照马克思最初的预见，社会主义是在资本主义市场经济高度发达的基础上建立起来的，因而作为共产主义第一阶段的社会主义社会，不存在商品和货币，只遗留资本主义的痕迹，如资产阶级法权等。可是，现实的社会主义是在相对落后的国家建立的，这样的社会主义必然要经过市场经济充分发展的初级阶段。当然，"五形态说"和"三形态说"也是有区别的。

对于社会历史发展的分期，人们可以根据需要对同一对象按特定标准从不同角度划分。例如，以阶级斗争为线索，可以划分为阶级社会、阶级过渡社会和非阶级社会；以生产资料所有制性质为标准，可以划分为原始公有制社会、私有制社会、私有制向公有制过渡的低级形式的公有制为主体的社会和高级形式的公有制社会……当然，任何科学划分都不能离开以历史唯物主义基本原理为指导，以生产力发展状况为判定标准，根据社会基本矛盾运动的规律，直接考察社会经济关系的性质和特征。"五形态说"是马克思关于社会形态划分的主线索，是马克思主义社会形态演变一般规律理论的主要内容。人为地制造"三形态说"与"五形态说"的对立，并

[①] 也有不同的看法，有人认为二者的理论根据根本不同。参见卢钟锋《马克思的社会形态学说与历史发展阶段性问题》一文，载《中国社会形态和历史变迁的探究》，中国社会科学出版社 2014 年版。

以"三形态说"否定"五形态说",彻底偏离了马克思主义唯物史观关于社会形态演变一般规律理论的正确的轨道。20世纪90年代初,我专门就"三形态说"和"五形态说"的争论写过一篇文章《社会形态理论与社会形态演变规律》,发表在1990年5月7日的《光明日报》上,对相关错误认识进行了批驳。

马克思主义社会形态演变一般规律理论最核心、最根本的要旨就在于说明,人类社会发展是生产力与生产关系的矛盾运动,由不同的历史阶段构成,表现为不同的"经济的社会形态"的演进,从原始社会到奴隶社会再到封建社会,资本主义社会同以前的其他社会形态一样,只是人类社会历经的一个历史阶段,资本主义社会必然由兴盛走向灭亡,人类社会形态必将驰入一个全新的历史进程。

岁月更替,人世沧桑。马克思主义社会形态演变一般规律理论并不因时代的变迁而丧失真理光彩;相反,它依然以其宏大的世界视野、科学的理论价值,对当今社会发展发挥着重要的指导作用。

四 马克思主义经典作家关于非资本主义发展道路理论并不是对社会形态演变一般规律理论的否定,而是对该理论的深化

马克思主义社会形态演变一般规律理论在概括社会形态发展本质时,剔除了大量偶然因素,舍去了活生生的事例,只是对历史发展客观逻辑的一种抽象,并不是对全部社会历史现象的总汇,也不排除人类社会历史发展可能出现的某种跨越、倒退等偶然特例,必须科学辩证地认识马克思主义"五形态说"。

需要特别指出,唯物史观关于人类社会经历了五种社会形态,只是讲的一种总的历史趋势或者说总的历史规律,并不等于说每个国家、每个民族都必须完整地经历这五种社会形态。事实上,迄今为止,有些国家和民族没有完整地经历这五种社会形态。肯定五种

社会形态发展的一般规律，并不等于否定历史的跨越，也不等于否定历史可能出现的倒退等特殊情况。从科学角度看，作为人类社会演进的基本历史趋势，马克思主义"五形态说"的概括具有充分的历史依据。但也要看到，理论概括源于实际，但并不等于全部具体的历史实际。"五形态说"只反映了人类历史发展的普遍性规律，而具体的历史发展不是单一的、直线的、绝对的，不是毫无偶发性、毫无特例的。在一定历史条件下，哪个国家、哪个民族、哪个地区是否可以有特例、有偶然的情况发生，是否都要依次经过同样的社会形态发展阶段，马克思主义经典作家从来没有把它绝对化。他们从来不以认识历史过程的一般规律为满足，而是努力进一步探索不同民族、国家和地区符合一般规律的特殊发展道路。

马克思主义以"五形态说"为主要内容的社会形态演变一般规律理论本身，也需要结合新的历史事实和现实实际，不断进行新的科学概括、总结和探索。马克思主义经典作家在创立唯物史观和科学社会主义理论的过程中，其注意力和着眼点主要是放在西方发达资本主义国家。但后来的实践发展促使他们开始注意并研究西方国家和东方国家社会主义革命的不同情况，提出了非资本主义国家跨越资本主义制度的"卡夫丁峡谷"、走社会主义道路的可能性问题，修订和发展了原先的看法，进一步丰富和发展了唯物史观和科学社会主义理论。他们通过对东方国家和民族发展道路的研究认为，在一定条件下经济文化比较落后的国家可以不经过资本主义的充分发展，跨越资本主义制度的"卡夫丁峡谷"，进行社会主义革命，走上非资本主义的社会主义道路，实现社会形态的跨越式发展。

马克思主义经典作家认为，一般地说，像英国等资本主义比较发达的国家，资本主义生产方式是通向共产主义的必经阶段。但他们又预言，像俄国那样经济文化比较落后的国家可以不经过资本主义制度的"卡夫丁峡谷"而走向社会主义。也就是说，马克思主义经典作家在阐述资本主义生产力和生产关系的矛盾必然导致社主义革命这一原理时，并不排除不同国家、不同民族、不同地区依各自具体的历史条件所采取的特殊发展道路，并不排除某些落后国家在一定条件下可以跨越资本主义制度的"卡夫丁峡谷"、实现社会主义革命的可能性。当然，人类社会形态发展是一个自然历史过程，不论任何特殊国家的制度与道路的特殊选择如何，社会制度可以跨越，但生产力的经济发展过程不可跨越。归根到底，这一切皆取决于生产力与生产关系的矛盾运动，由这种运动所决定和表现出来的历史环境，以及客观条件所决定的人的主体能动性的主观条件。这个重要思想具有世界观和方法论的意义，它告诉我们：经济文化比较落后的国家要进入社会主义社会形态，一定要从本国具体国情出发，选择适合本国特殊国情的社会主义模式，走具有本国特色的社会主义发展道路。可见，马克思、恩格斯关于非资本主义道路理论不是对人类社会形态演变一般规律理论的否定，而是对该理论的深化和丰富。

五 在承认人类社会发展普遍规律的基础上，正确认识中华民族社会形态发展的独特历史和中国特色社会主义发展道路的特殊性

研究中国社会形态发展历史，要在唯物史观的指导下梳理出中国社会形态演变的清晰脉络，概括、提炼出在遵从人类发展普遍规律基础上中华民族社会形态发展的独特历史和发展道路。

人类社会发展的一般规律存在于不同的国家、地区、民族发展的特殊规律之中，对人类社会发展一般规律的概括是从对不同国家、地区、民族发展的具体历史事实中总结、提炼出来的。人类社会发展"五形态说"是马克思主义唯物史观对不同国家、地区、民族发展的特殊规律的抽象概括。要用唯物史观关于社会形态演变一般规律理论这个正确的"一般抽象"，来指导分析中国特色社会形态的演变规律，分析中国独特的发展道路，梳理、概括出中国社

会形态演变历史和中国道路发展的特殊性，而不是把中国社会形态历史和发展道路人为地编造为中国王朝更替史或才子佳人史。正如毛泽东同志所指出的：

> 中华民族的发展（这里说的主要地是汉族的发展），和世界上别的许多民族同样，曾经经过了若干万年的无阶级的原始公社的生活。而从原始公社崩溃，社会生活转入阶级生活那个时代开始，经过奴隶社会、封建社会，直到现在，已有了大约四千年之久。①

在中国封建社会的晚期，民族工商业在一些地区获得规模性发展，促进了中国资本主义萌芽的产生，如果没有西方列强的侵入，中国也能自发地走向资本主义。毛泽东同志指出：

> 中国封建社会内的商品经济的发展，已经孕育着资本主义的萌芽，如果没有外国资本主义的影响，中国也将缓慢地发展到资本主义社会。②

到了近代，西方资本主义先于中国发展起来，将全世界的殖民地瓜分完毕。资本主义列强不允许中国再按照人类社会形态的一般发展规律，独立自主地走西方发达资本主义的发展道路，而迫使近代中国沦为受西方剥削压榨的半殖民地半封建社会。中国社会形态演进既有普遍性又有特殊性，中国的特殊情况决定其既不能走原来发达资本主义国家走过的资本主义道路，也不能直接进入社会主义社会，而要经过新民主主义革命，建立新民主主义社会，再经过社会主义革命而不经过资本主义制度的痛苦，经过社会主义初级阶

---

① 《毛泽东选集》第2卷，人民出版社1991年版，第622页。
② 《毛泽东选集》第2卷，人民出版社1991年版，第626页。

段，实现跨越性发展，走出一条非资本主义的现代化道路——中国特色社会主义道路。这是中国社会形态和中国道路的独特历史。只有从社会形态演进层面予以理论剖析，才能认清中国社会形态历史和发展道路的特殊性。

当然，也决不能因为中国社会形态历史和发展道路的特殊性而否定历史唯物主义"五形态说"的普遍性，否定马克思主义社会形态演变一般规律理论的科学性，进而否定中国已经经历过原始社会、奴隶社会、封建社会，经过新民主主义和社会主义革命进入社会主义初级阶段，最终将向更高的社会形态过渡的必然性。

六 否认历史唯物主义，必然否定社会形态演变一般规律，进而否定"五形态说"的普遍性

为什么否认唯物史观必定否定社会形态演变一般规律的理论，必定否定"五形态说"的普遍性？

第一，这样做，可以直接否定阶级社会的存在，从而否定阶级和阶级斗争学说。不承认阶级社会、阶级和阶级斗争的存在，否定马克思主义阶级观点和阶级分析方法，已经成为否定唯物史观的"时髦"思潮。在阶级社会中，人是分为阶级的，是存在阶级差别和阶级矛盾的，阶级斗争是阶级社会前进的动力。《共产党宣言》指出，有文字记载以来"至今一切社会的历史都是阶级斗争的历史"[1]。恩格斯在《共产党宣言》1888 年英文版序言中加注："从土地公有的原始氏族社会解体以来"的历史"都是阶级斗争的历史"[2]。这对人类进入阶级社会后阶级斗争这一矛盾主线给予了精确概括。列宁指出："阶级关系——这是一种根本的和主要的东西，没有它，也就没有马克思主义"[3]；"必须牢牢把握住社会划分

---

[1] 《马克思恩格斯选集》第 1 卷，人民出版社 2012 年版，第 400 页。
[2] 《马克思恩格斯选集》第 1 卷，人民出版社 2012 年版，第 385 页。
[3] 《列宁全集》第 41 卷，人民出版社 2017 年版，第 92 页。

为阶级的事实，阶级统治形式改变的事实，把它作为基本的指导线索，并用这个观点去分析一切社会问题，即经济、政治、精神和宗教等等问题"[1]。毛泽东同志明确指出，社会主义制度建立以后，"阶级斗争并没有结束"，"社会主义和资本主义之间谁胜谁负的问题还没有真正解决"；"如果对于这种形势认识不足，或者根本不认识，那就要犯绝大的错误，就会忽视必要的思想斗争"。[2] 习近平总书记指出，马克思主义政治立场，首先就是阶级立场，进行阶级分析。有人说这已经落后于时代了，这种观点是不对的。我们说阶级斗争已经不再是我国社会主要矛盾，并不是说阶级斗争在一定范围内不存在了，在国际大范围中也不存在了。改革开放以来，我们在这个问题上的认识一直是明确的。习近平总书记的重要观点在《中国共产党党章》《中华人民共和国宪法》上表述得十分坚定、明确。我们既要反对"以阶级斗争为纲"的错误观点，又要反对"阶级斗争完全熄灭"的错误认识，坚持马克思主义阶级观点和阶级分析方法，实事求是地运用具体问题具体分析的科学方法。当今仍有一些文艺作品和理论著述否定阶级和阶级斗争的历史事实，从而"虚无革命"、"告别革命"、虚无中国革命历史、虚无唯物主义历史观。

第二，这样做，可以直接否认社会革命的伟大意义，从而否定无产阶级社会革命和无产阶级专政学说。按照唯物主义历史观的观点，新的社会形态代替旧的社会形态是一场伟大的社会革命。当旧的生产关系已经严重阻碍生产力的发展，旧的上层建筑已经严重束缚经济基础的发展，改变生产关系和上层建筑已成为刻不容缓的事情之时，社会革命就将到来。社会革命表现为代表先进生产力的新兴阶级推翻代表落后生产关系的反动阶级的政治统治，表现为一个阶级推翻另一个阶级的政治统治、建立新的社会形态。当然社会革

---

[1] 《列宁选集》第4卷，人民出版社2012年版，第30页。
[2] 《毛泽东文集》第7卷，人民出版社1999年版，第230—231页。

命还有另外一个意义，也就是狭义的社会革命，指在不改变政治制度和社会形态的前提下，通过调整、变革不适合生产力发展的生产关系和上层建筑的某些方面和环节，从而推进生产力的发展和社会的进步。社会革命是具有历史进步意义的，是代表先进生产力、先进阶级利益的。维持旧利益、旧制度、旧统治、旧秩序、旧思想、旧习俗的一切反动阶级总是贬低、否定、反对社会革命。资产阶级及其政客们总是千方百计地反对无产阶级社会主义革命、反对无产阶级专政。当前，在我国具体表现为"否定社会主义和共产主义""否定人民民主专政"这类历史虚无主义的错误观点。

第三，这样做，可以直接否认意识形态的阶级性，否定唯物主义历史观的意识形态学说。在阶级社会中，人的思想具有意识形态阶级性质，这是马克思主义的一个重要观点。经济基础决定上层建筑，政治上层建筑决定意识形态上层建筑。在阶级社会，人类思想的相当部分是具有强烈阶级特性的意识形态。阶级社会的统治阶级和被统治阶级的思想都带有鲜明的阶级性、政治性和意识形态性，这决定了阶级社会的意识形态必然分为两大对立阵营，贯穿着正确与错误、先进与落后、真理与谬误、革命与反动的意识形态斗争。新兴的革命阶级要战胜落后的反动阶级不仅要进行政治领域、经济领域、军事领域的斗争，还必须开展意识形态领域的斗争。只有在意识形态领域最终战胜反动落后阶级的意识形态，才能真正取得历史进步的胜利。西方资本主义打出"普世价值"的旗号，抹杀意识形态的阶级性和政治性，实质是企图用资产阶级的腐朽意识形态反对无产阶级的先进意识形态，达到维护旧制度、挽救旧秩序的目的。"淡化意识形态""去意识形态化"是典型的错误观点。

第四，这样做，可以直接否认共产主义的最高理想和中国特色社会主义共同理想，否定科学社会主义学说。一切反动阶级都不承认人类社会发展的"五形态"的一般演进规律，不承认社会主义替代资本主义的必然性，把自己的政治统治说成是永不灭亡、常青永驻。资产阶级向来佯言自己的资本主义社会是亘古不变的"千年王国",而把社会主义、共产主义说成是虚无缥缈的或不可实现的臆想,认为它的出现不过是过眼烟云,最终历史将在资本主义这里"终结",从而达到否定科学社会主义学说、摧毁共产党人理想信念追求的目的。

第五,这样做,可以直接否定一切历史进步性,从而否认马克思主义唯物主义历史观是历史进步学说。按照马克思主义的社会形态演变规律理论,人类历史发展总体是向上、向前、向进步方向发展的,尽管有暂时的倒退,但历史前进的步伐是不可逆转、不可阻挡的。凡是有利于社会生产力发展的就是进步的,反之就是反动的,这就是唯物主义历史观的历史进步论。用这样的观点来看待历史就是唯物主义历史观,否则就是唯心主义历史观、就是历史虚无主义。

历史唯物主义是真理,真理是打不倒的。恩格斯认为,在唯物史观发现之前,人们对社会历史的一切认识都是在黑暗中摸索。唯物史观从生产工具、劳动分工的发展,到生产力的发展,到所有制的变化,到生产关系的发展,到整个社会经济基础的变化,从而引起整个社会生产生活的变化,到阶级,到国家,到上层建筑,再到意识形态,形成了一个科学的认识逻辑。正是从这个基本分析线索入手,马克思发现了资本主义剩余价值的秘密,揭示了资本主义不可克服的内在矛盾,说明了资本主义必亡,社会主义、共产主义必胜的道理。必须坚持用历史唯物主义教育我们的人民、教育我们的党员,武装我们的人民、武装我们的党员,才能获得对人类历史认识的全部科学解释并指导中国的改革发展实践。

中国特色社会主义创造"人类文明新形态"和"中国式现代化道路"*

习近平总书记在庆祝中国共产党成立 100 周年大会上指出：中国共产党带领全国人民"坚持和发展中国特色社会主义，推动物质文明、政治文明、精神文明、社会文明、生态文明协调发展，创造了中国式现代化新道路，创造了人类文明新形态"①，首次提出"中国式现代化道路""人类文明新形态"重要提法。党的十九届六中全会审议通过的《中共中央关于党的百年奋斗重大成就和历史经验的决议》再次指出："党领导人民成功走出中国式现代化道路，创造了人类文明新形态，拓展了发展中国家走向现代化的途径"②。

"人类文明新形态"和"中国式现代化道路"是习近平新时代中国特色社会主义思想的重要范畴，也是其重要观点。正确理解其含义，领会其精神，对保证高举中国特色社会主义伟大旗帜，走好中国式现代化道路，全面建设社会主义现代化国家，实现中华民族伟大复兴中国梦，在新时代持续建设人类文明新形态，具有重要的

---

* 原载《哲学研究》2022 年第 10 期。

① 习近平：《在中国共产党成立 100 周年大会上的讲话》，人民出版社 2021 年版，第 13—14 页。

② 《中国共产党第十九届中央委员会第六次全体会议文件汇编》，人民出版社 2021 年版，第 93 页。

现实意义和世界历史意义。

一 中国特色社会主义创造"人类文明新形态"

"人类文明新形态"不是什么别的"新形态",而是马克思主义所指明的人类社会未来发展的必然趋势和归宿,是科学社会主义所阐明的代替人类最后一个剥削阶级社会的社会主义社会形态和共产主义社会形态。一句话,中国特色社会主义所创造的"人类文明新形态"就是社会主义社会文明新形态和未来的共产主义社会文明新形态,社会主义社会文明新形态是共产主义社会文明新形态的前提准备和第一阶段。

唯物史观告诉人们,社会存在决定社会意识,生产力决定生产关系,经济基础决定上层建筑,经济基础和上层建筑的统一构成社会形态。人类历史就是不断由新的社会形态代替旧的社会形态的发展史,是一个不断由低级文明形态向高级文明形态、由旧文明形态向新文明形态发展的不断进步的历史。马克思、恩格斯在《共产党宣言》第一版序言中指出:"至今一切社会的历史都是阶级斗争的历史。"[①] 恩格斯在《共产党宣言》1888年英文版对此加了一个注,对"至今一切社会的历史都是阶级斗争的历史"的判断作了更准确的说明:

> 这是指有文字记载的全部历史。在1847年,社会的史前史、成文史以前的社会组织,几乎还没有人知道。后来,哈克斯特豪森发现了俄国的土地公有制,毛勒证明了这种公有制是一切条顿族的历史起源的社会基础,而且人们逐渐发现,农村公社是或者曾经是从印度到爱尔兰的各地社会的原始状态。最后,摩尔根发现了氏族的真正本质及其对部落的关系,这一卓

[①] 马克思、恩格斯:《共产党宣言》,人民出版社2014年版,第27页。

绝发现把这种原始共产主义社会的内部组织的典型形式揭示出来了。随着这种原始公社的解体，社会开始分裂为各个独特的、终于彼此对立的阶级。①

恩格斯在《共产党宣言》1888年英文版序言中进一步明确指出：

> 人类的全部历史（从土地公有的原始氏族社会解体以来）都是阶级斗争的历史，即剥削阶级和被剥削阶级之间、统治阶级和被压迫阶级之间斗争的历史；这个阶级斗争的历史包括有一系列发展阶段，现在已经达到这样一个阶段，即被剥削被压迫的阶级（无产阶级），如果不同时使整个社会一劳永逸地摆脱一切剥削、压迫以及阶级差别和阶级斗争，就不能使自己从进行剥削和统治的那个阶级（资产阶级）的奴役下解放出来。②

根据马克思主义经典作家的论述，可以认为，人类历史大体可以分为史前社会和文明社会两大历史进程，其间必然经历一个漫长的过渡阶段。史前社会是指人类处于低级落后的原始生产力状况，生产力水平极其低下、尚未开化、处于蒙昧状态，也没有文字，没有阶级分化、没有剥削的原始共产主义社会形态。文明社会是指在生产力发展的基础上土地公有的原始社会解体，产生了文字，产生了阶级以来的一切社会。马克思主义经典作家根据科学的考古证明，揭示了人类史前社会进入文明社会的标志，在生产力提高的基础上，一是产生了文字，二是有了阶级。人类社会进入新石器晚期，金属工具开始出现，金石工具并用，生产力提高了，有了文字，有了剩余产品，私有制产生，阶级分化，国家开始形成，标志

---

① 马克思、恩格斯：《共产党宣言》，人民出版社2014年版，第27页。
② 马克思、恩格斯：《共产党宣言》，人民出版社2014年版，第12—13页。

着人类进入文明社会。迄今为止，人类文明已经经历了奴隶社会、封建社会，现在正处于资本主义社会占统治地位，而中国特色社会主义社会日益巩固，社会主义正在上升的文明社会历史时代。

唯物史观告诉人们，人类必然经历原始社会、奴隶社会、封建社会、资本主义社会，最后达到共产主义社会（社会主义社会是共产主义社会的第一阶段）。原始社会为人类史前社会，奴隶社会、封建社会、资本主义社会，乃至未来的社会为人类文明社会。根据马克思主义经典作家的论述，人类文明社会形态分旧文明形态和新文明形态，而代替旧文明形态的是消灭阶级对立、阶级剥削的共产主义社会新的文明形态，而社会主义是代替旧的文明形态的过渡性的新的文明形态，也是不同于旧文明形态的文明新形态。对五种社会形态规律的概括构成了马克思主义的社会形态发展一般规律的理论，又称"五形态说"。唯物史观认为，五种社会形态是人类社会发展的一般普遍规律，但这并不排除客观历史中发生的偶然和特例。历史事实是，有的民族和国家不一定都完整地经历所有的人类文明形态，这属于特殊历史现象，而特殊历史现象又隶属于普遍规律之中。无论是普遍现象，还是特殊现象，任何民族和国家最终都要发展到无阶级的未来共产主义社会文明新形态。但这种代替必须通过社会主义革命和无产阶级专政，经过一个过渡阶段——社会主义社会这样一个新的文明形态，最后才能进入共产主义人类文明新形态。这就是马克思主义的唯物主义历史观、马克思主义的社会形态演变规律理论、马克思主义的人类文明历史观。

马克思主义经典作家科学地论证了共产主义社会文明形态代替资本主义社会文明形态的历史必然性，论述了共产主义社会文明新形态的大体特征，提出社会主义革命的胜利将首先在欧洲几个比较发达的资本主义国家同时发生的"数国胜利论"的具体结论。到了19世纪后期和20世纪初期，自由资本主义发展到垄断资本主义阶段，堕落为帝国主义。列宁坚持、继承和发展了马克思主义，针对新的实际，与时俱进，提出了社会主义可以在一国首先取得胜利

的"一国胜利论"的具体结论,形成了列宁主义。列宁在 1915 年所写的《论欧洲联邦口号》一文中首次提出:

> 经济和政治发展的不平衡是资本主义的绝对规律。由此就应得出结论:社会主义可能首先在少数甚至在单独一个资本主义国家内获得胜利。①

1916 年他在《无产阶级革命的军事纲领》一文中对"一国胜利论"又作了进一步阐述。20 世纪初,资本主义发展到帝国主义阶段。帝国主义世界政治经济发展不平衡,各国之间经济、军事力量对比发生了深刻变化。后起的帝国主义国家跃进式地迅速发展,赶上或超过老牌的帝国主义国家,必然引起重新瓜分世界的帝国主义战争。战争使帝国主义阵线分裂、力量削弱,从而造成帝国主义链条上的薄弱环节。在帝国主义统治的薄弱环节,如果该国无产阶级力量较强,觉悟程度较高,有坚持正确理论和路线的无产阶级政党的正确领导,那么无产阶级就可能在一国首先发动社会主义革命,并取得胜利。而沙皇俄国就是当时的"薄弱环节",具备了革命的主客观条件,在列宁和布尔什维克党的领导下,俄国发动了十月革命并取得了胜利,使俄国率先走上社会主义道路,开创了人类文明历史新纪元。

列宁逝世后,以斯大林为首的苏联共产党继承发展了帝国主义和无产阶级革命时代的马克思主义——列宁主义,继承和创新了"一国胜利论"的观点,提出了"一国可以建成社会主义"的观点。伟大的苏联人民彻底粉碎了十月革命后资本主义国家的军事封锁和围剿,取得了国内战争的胜利,又彻底战胜了德国法西斯,取得了第二次世界大战的胜利。苏联人民经历了两次战争考验,把苏联建设成为世界上第二个工业强国。正如丘吉尔评价斯大林时所说

---

① 《列宁选集》第 2 卷,人民出版社 2012 年版,第 554 页。

的那样:"斯大林接收的是还在使用木犁的俄罗斯,而他留下的却是装备了原子武器的俄罗斯。"① 这话虽不无讥讽之意,却也是对苏联社会主义建设成就的高度肯定。1924年年底,斯大林在《十月革命和俄国共产党人的策略》一文中阐述了苏联一国建成社会主义的问题,指出"谁否认社会主义在一个国家内建成的可能性,谁也就一定要否认十月革命的合理性"②,"列宁主义关于社会主义在一个国家内胜利的基本原理就是这样"③。苏联社会主义建设的成绩证明,社会主义是可以在一国或少数国家建成的,苏联进行了人类文明社会主义新形态的试验。当然,这场试验以苏联解体而失败,但它只是社会主义社会文明新形态苏联模式的失败,也只是一国或数国建设社会主义进程的暂时挫折,并不是社会主义、共产主义新文明形态在世界范围的最终失败和终结。

十月革命在苏俄的成功实践,给处于半殖民地半封建社会形态的苦难的中国人民带来了新的希望。中国人民从辛亥革命的惨痛教训中认识到在中国资本主义道路走不通,必须以马列主义为思想武器,选择社会主义,"走俄国人的路",清醒地认识到只有社会主义社会文明新形态才能彻底改变中华民族贫穷落后挨打的悲惨命运。五四运动后的1921年诞生了中国共产党,中国开始发生天翻地覆的变化。经过第一次国内革命战争、第二次国内革命战争、抗日战争和第三次国内革命战争,终于推翻了三座大山,建立了新中国,中华民族走上了社会主义道路。中国共产党把马克思主义与中国实际相结合,找到并实行了夺取新民主主义革命和社会主义革命胜利的正确的战略和策略,走出了一条中国特色的革命道路。新中国成立后,在以毛泽东同志为核心的中国共产党领导下,中国人民进行了社会主义建设道路的艰苦卓绝的探索,开始了马克思主义与

---

① [俄] 弗拉基米尔·卡尔波夫:《大元帅斯大林》,何宏江译,社会科学文献出版社2005年版,第793页。
② 《斯大林选集》(上卷),人民出版社1979年版,第341页。
③ 《斯大林选集》(下卷),人民出版社1979年版,第339页。

中国实际的第二次结合，取得了社会主义建设的伟大成就，为中国特色社会主义奠定了坚实的基础和前提，作了必要的准备。在以邓小平同志为核心的中国共产党领导下，党的十一届三中全会确立了"解放思想，实事求是"的思想路线，果断结束"以阶级斗争为纲"，实现党和国家工作中心战略转移，开启了改革开放和社会主义现代化建设新时期，实现了具有深远意义的伟大转折。我们党明确提出走自己的路，建设有中国特色社会主义的战略任务，制定了到21世纪中叶分三步走、基本实现社会主义现代化的战略蓝图，成功开创了中国特色社会主义道路。在20世纪八九十年代，中国共产党成功地顶住了苏共亡党、苏联解体、东欧剧变带来的压力，坚持中国特色社会主义道路、制度和理论，把中国特色社会主义成功推进到21世纪，以习近平同志为核心的中国共产党领导全国人民迈入中国特色社会主义新时代，迎来了从站起来、富起来到强起来的伟大飞跃，成为世界第二大经济体，踏上社会主义现代化强国建设的新征程。中国特色社会主义是科学社会主义社会文明新形态在中国的胜利，是十月革命和苏联社会主义文明新形态试验的成功继承，创造了人类历史上令人信服的社会主义文明新形态的中国样板。中国特色社会主义文明新形态是迈往共产主义文明全新形态的必要阶段和预热准备，当然这一过程又是一个长期而充满曲折的过程。

二 中国特色社会主义创造"中国式现代化道路"

"中国式现代化道路"，不是什么别的道路，而是通过中国特色社会主义走向现代化、实现现代化文明新形态的社会主义道路，是中华民族根据自己国情所创造的实现中国特色社会主义现代化强国之路。

近代以来，资本主义社会文明创造了比以往任何社会文明都要先进的现代化文明成就，然而，资本主义几百年的发展历史告诉我们，这条现代化文明的实现道路又是极其痛苦的，带来了人类历史上最为严重的两极分化、阶级对立、战争杀戮和流血死亡。自1825年资本主义世界爆发第一次周期性的经济危机以来，资本主义世界每隔十年左右就爆发一次经济危机，从未间断过，持续不断的周期性危机，导致资本主义世界矛盾激化，连续爆发了两次世界大战。第二次世界大战之后，资本主义世界的危机、战争也从未消停过，相继爆发了一系列局部战争，仍然充满了分化、对立、杀戮、流血、掠夺、压迫与强权，所有这一切充分地说明资本主义道路虽然也带来现代化文明，但对于人类的大多数来说，并非是真正的人道、民主、和谐、公平、正义、富裕和幸福的文明形态，并非是人类所希望的社会文明成就之路。

怎样实现现代化文明呢？除了资本主义的痛苦之路之外，人类所希望的现代化文明成功之路在哪里？怎么走？马克思主义经典作家在唯物史观和剩余价值论形成的基础上创建了科学社会主义理论，指明了经过社会主义革命和无产阶级专政，实现人类新的文明形态的新路。按照科学社会主义创始人的设想，社会主义革命应当首先在生产力高度发达的西方资本主义国家发生并取得胜利和社会主义建设的成功，可他们并没有看到这样的情况出现。马克思主义创始人到了晚年尤其是当马克思深入研究东方社会之后，考察现代化文明的非资本主义发展道路，提出落后国家可以不经过资本主义制度的"卡夫丁峡谷"的著名论断，即落后国家可以不经过资本主义的苦难，走非资本主义的发展道路，通过社会主义实现现代化文明，这就是马克思晚年的跨越资本主义"卡夫丁峡谷"、实现现代化文明的非资本主义道路的科学设想。

落后国家通过社会主义革命和社会主义建设实现现代化文明，迄今有过两种类型：一是"苏俄类型"。苏俄类型属于已经迈入资本主义社会文明，但在资本主义世界链条上却是相对落后的国家，资本主义发展并不充分。尽管苏俄社会主义革命取得成功，社会主义建设也取得了伟大成就，但最终归于失败。二是"中国类型"。

中国类型属于半殖民地半封建社会的落后国家。马克思的非资本主义道路科学设想，适用于这两种类型的落后国家。苏联的社会主义建设前几十年发展比较快，后期由于复杂的主客观原因，特别是苏联共产党放弃、背离了马克思列宁主义，导致苏联社会主义文明形态建设试验失败。而中国特色社会主义文明新形态的建设却获得了巨大的成功，使马克思走非资本主义道路建设现代化文明的科学设想成为现实。

方向决定前途，道路决定命运。在毛泽东同志带领全党取得一系列建设社会主义社会文明成就的基础上，中国共产党人在国际共产主义运动处于低潮时期，保持定力，坚强自信，坚持把马克思主义基本原理同中国具体实际相结合，同中华民族优秀传统文化相结合，以史为鉴，守正创新，不重蹈苏联覆辙，不犯颠覆性错误，从新的实际出发，创建了中国特色社会主义道路、制度和理论体系。党的十八大以来，特别是中国特色社会主义进入新时代，国内外形势复杂严峻。面对种种压力，我们党带领人民无所畏惧，高举中国特色社会主义伟大旗帜，展开新的历史条件下的新的伟大斗争，不断地从胜利走向胜利，实现了经济总量跃居世界第二的历史性突破，实现了全面小康的历史性跨越，在中华大地上空前地解决了绝对贫困问题，实现了中华民族的千年梦想，兑现了中国共产党向人民作出的郑重承诺，创造了世界少见的经济快速发展奇迹和社会长期稳定奇迹，用几十年时间走完了资本主义发达国家几百年走过的现代化文明历程，我国的综合国力、科技实力、国防实力、文化软实力、国际影响力显著提升。可以说，20世纪是社会主义救了中国，21世纪是中国救了社会主义，发展了社会主义文明新形态。事实证明，中国式现代化道路就是通往"人类文明新形态"的中国道路，就是通向未来共产主义文明新形态的正确途径。中国的成功为落后国家实现现代化文明和赶超发达资本主义国家提供了新希望、新思路、新选择和新方案，人们已经看到了经由社会主义社会文明进入共产主义社会文明的曙光。中国特色社会主义的成功，雄辩地证明马克思主义跨越"卡夫丁峡谷"实现现代化的非资本主义道路、创建社会主义人类文明新形态是可能的，也是现实的。

三 中国特色社会主义创造"人类文明新形态"和"中国式现代化道路"的重要启示

中国共产党领导中国人民创建的"人类文明新形态"，不是照搬照套别国模式，而是中国人民自力更生、独立自主创建的，具有中华民族文明特色的新形态；"中国式现代化道路"，不是模仿复制他国的道路，而是中国人民自己探索的，符合中国自己国情的道路。凡是民族的，就是世界的；凡是世界的，也是民族的。中国特色社会主义所体现的"人类文明新形态""中国式现代化道路"，既是中国的，也是世界的，既是特殊的，也是具有世界普遍意义的。

"人类文明新形态"和"中国式现代化新道路"，这两个重要范畴在内容上相互贯通、辩证统一，是一致的。人类的现代化就是人类社会文明的高度发展，是现代化文明。"人类文明新形态"就是指代替资本主义文明形态的社会主义的、未来共产主义的社会文明崭新形态。而"中国式现代化道路"就是中国人民独立创造的，符合中国国情的，通往人类文明新形态的社会主义现代化道路，是实现"人类文明新形态"的正确途径。

习近平总书记在省部级主要领导干部学习贯彻党的十九届五中全会精神专题研讨班上，就中国式现代化新道路的内涵作了精辟的阐释：

> 我们的任务是全面建设社会主义现代化国家，当然我们建设的现代化必须是具有中国特色、符合中国实际的，我在党的十九届五中全会上特别强调了五点，就是我国现代化是人口规模巨大的现代化，是全体人民共同富裕的现代化，是物质文明

和精神文明相协调的现代化,是人与自然和谐共生的现代化,是走和平发展道路的现代化。①

习近平总书记所讲的五点特色,高屋建瓴,提纲挈领,对通往"人类文明新形态"的"中国式现代化道路"作出了科学阐释,我们既要把握其特殊的中国意义,也要把握其内含的世界普遍意义。

(一)中国特色社会主义是"人类文明新形态""中国式现代化道路"的本质特征

1949年9月21日,毛泽东同志在中国人民政治协商会议第一届全体会议上庄严宣告:"占人类总数四分之一的中国人从此站立起来了。"② 新中国的成立,标志着中国人民告别几千年的封建剥削制度,开始迈上社会主义社会文明的康庄大道。新中国成立七十多年来,在中国共产党的领导下,中国人民向"一穷二白"宣战,以比资本主义快得多的速度使国家面貌日新月异,人民生活不断改善,国力不断增强。虽然"文化大革命"走了一段弯路,但新中国前三十年为后来的改革开放奠定了基础。实行改革开放以来,开创了中国特色社会主义新境界,取得世界瞩目的伟大发展成就。新时代中国特色社会主义的伟大成就,再次有力驳斥了"马克思主义过时论""社会主义终结论",社会主义文明新形态代替资本主义文明旧形态的历史进程出现新曙光。当前世界历史已发展到了社会主义代替资本主义,力量对比的天平向社会主义倾斜的转折阶段,中国特色社会主义正是这一转折的历史性标志。这一切都源自中国特色社会主义道路、制度、文化和理论体系,中国特色社会主义是"人类文明新形态""中国式现代化道路"的本质特征和根本成因。中国特色社会主义已成为新时代世界社会主义社会文明的

---

① 习近平:《新发展阶段贯彻新发展理念必然要求构建新发展格局》,《求是》2022年第17期。

② 《中国共产党简史》,人民出版社、中共党史出版社2021年版,第140—141页。

旗帜。

（二）中国特色社会主义是统筹发展物质文明、政治文明、精神文明、社会文明和生态文明，系统、全面、协调的人类文明新形态

从物质文明角度来看，中国特色社会主义坚持解放生产力和发展生产力相统一，是以公有制为主体与多种所有制共同发展相统一、按劳分配为主与多种分配方式相统一、社会主义市场经济与发挥政府作用相统一，部分先富与共同富裕相统一的人类文明在物质生产方面的新形态。

从政治文明角度来看，中国特色社会主义坚持中国共产党的领导、人民当家作主、依法治国有机统一，是依法治国与以德治国相结合，实行全过程的民主的人类文明在政治制度运行方面的新形态。

从精神文明角度来看，中国特色社会主义坚持以马克思主义为指导，是传统文明与现代文明相统一、民族精神与时代精神相结合、中华文明与外来优秀文明成果相融通，践行社会主义核心价值观，注重用社会主义先进文化、中华优秀传统文化培根铸魂，借鉴吸收人类一切优秀文明成果，形成好的党风、政风和民风，同心同德，砥砺前行，推进社会主义思想文化大繁荣大发展的人类文明在思想道德文化建设方面的新形态。

从社会文明角度来看，中国特色社会主义坚持以人民为中心和人民至上的价值原则，是以保障和改善民生为导向，以促进人的全面发展和实现人民共同富裕为目标，坚持人民共建共治共享，国家利益、集体利益和个人利益相结合，不断推进国家治理体系和治理能力现代化，确保社会长治久安、良性发展的人类文明在社会建设方面的新形态。

从生态文明角度来看，中国特色社会主义坚持创新、协调、绿色、开放、共享的发展理念和绿色、低碳、可持续发展的原则，是坚定走生产发展、生活富裕、生态良好的生态文明发展道路，把发展和保护、利用和修复有机统一起来，扎实树立"绿水青山就是金山银山"理念，像保护眼睛一样保护生态环境，像爱护生命一样爱护生态环境，坚持人与自然和谐共生、节约资源与保护环境相结合的人类文明在生态环境保护方面的新形态。

（三）中国特色社会主义是为绝大多数人谋利益，为全人类谋福祉，追求实现共同富裕的人类文明新形态

资本主义现代化是以暴力和霸权、掠夺和压迫、殖民和战争为特征的剥削制度文明，社会主义现代化是以消灭剥削、消灭压迫、消除两极分化、消除强权、消除战争、实现共同富裕、和平发展为特征的新型制度文明。《共产党宣言》指出：

> 无产阶级的运动是绝大多数人的，为绝大多数人谋利益的独立的运动。[①]

中国共产党无疑遵循了科学社会主义基本原则。习近平总书记指出，我国现代化是全体人民共同富裕的现代化，"共同富裕是社会主义的本质要求，是中国式现代化的重要特征"[②]。中国共产党团结带领人民搞现代化的初衷，决不是让富者愈富、贫者愈贫，偏离社会主义方向。中国共产党始终代表最广大人民的根本利益，与人民休戚与共、生死相依，没有任何自己特殊的利益，从来不代表任何权势团体、任何特权集团的利益。在中国共产党领导下，中国人民遵循中华文明历史逻辑、现代化发展逻辑和共产主义运动逻辑，按照社会主义方式，以人民为中心，以先进生产力为基础，充分吸收人类现代文明成果，统筹发挥国家、社会、市场作用，协调

[①] 马克思、恩格斯：《共产党宣言》，人民出版社2014年版，第39页。
[②] 《习近平谈治国理政》第4卷，外文出版社2022年版，第142页。

推进文明发展,努力缩小地区差距、城乡差距、分配差距,防止两极分化,协同推进人民富裕、国家强盛、中国美丽,全面推进了人的全面发展和社会共同进步,搞的是共同富裕的社会主义现代化的文明新形态,为人类文明的新发展起到示范作用。

(四) 中国特色社会主义实现现代化文明走的是完全有别于资本主义现代化文明的"中国式现代化道路"

现代化就是文明的现代化,也可以说是现代化的文明。现代化文明有资本主义的现代化文明和社会主义现代化文明两个根本不同的文明形态,一个是旧的文明形态,另一个是新的文明形态。实现现代化文明同样有资本主义道路和社会主义道路两条根本不同的道路。资本主义现代化文明一开始就是在卑鄙的贪欲驱使下,对内用残酷无情、野蛮龌龊的手段,剥削压榨人民大众;对外用战争手段将主权国家变成殖民地,从殖民地掠夺原材料和劳动力,将殖民地变成商品倾销地。对于资本主义现代化文明的血腥发家史,马克思予以严厉批判,指出"资本来到世间,从头到脚,每个毛孔都滴着血和肮脏的东西"[①]。

社会主义现代化文明是人类文明的新形态,实现共同富裕是社会主义现代化文明与资本主义现代化文明的本质区别,社会主义现代化文明实现了对资本主义现代化文明的超越。中国特色社会主义创造了人类文明的社会主义新形态,走出了一条不同于资本主义实现现代化文明的中国式道路,中国特色社会主义就是社会主义现代化文明的共同富裕之路。

社会主义制度本质决定中国式现代化道路必将走和平发展新路,而绝不走帝国主义对外殖民、对内压迫,对外掠夺、对内剥削,对外战争、对内镇压的资本主义老路。中国特色社会主义现代化和平发展道路适合中国国情,体现中国特点,是由中国国情

---

① 《马克思恩格斯文集》第 5 卷,人民出版社 2009 年版,第 871 页。

和中华优秀传统文化所决定的。自古以来，中华民族就一直主张"协和万邦"[①]，"天下大同"[②]，"己欲立而立人，己欲达而达人"[③]，"万物并育而不相害，道并行而不相悖"[④]，"各美其美，美人之美，美美与共，天下大同"[⑤]。中华民族的优秀传统文化决定了中国现代化文明道路必然选择和平发展路径。中华民族的血液中没有侵略他人、称王称霸的基因。中国特色社会主义文明新形态是高举和平、发展、合作、共赢旗帜，奉行独立自主和平外交政策，促进公正、平等、民主，主张国家不分大小、贫富、强弱，都有平等参与国际事务的权利，主张世界的命运必须由各国人民共同掌握，世界上的事情应该由各国政府和人民共同商量来办，推动建设新型国际关系，致力于构建人类命运共同体，走和平发展道路。

中国特色社会主义将社会主义制度文明与中华民族优秀传统文化相结合，使中华民族优秀传统文化焕发出新的活力，在与其他文明的交流中保持自身独立性和相互促进的关系，而不是西方主导下的、陈腐的、排他性的，或像西方那样按照自己的尺度任意裁剪别人的文明形态。中国式现代化道路的成就，彰显了中国特色社会主义的生命力和优越性，破除了"现代化就是西方化"的迷信，用事实证明了社会主义国家可以开拓实现现代化的更好道路，拓展发展中国家走向现代化的途径，打破西方垄断称霸的格局。毫无疑问，中国人民创造的人类文明新形态，必将给人类带来光明的未来；中国人民创造的"中国式现代化道路"，必将给人类建设现代化文明以启示借鉴。

---

① 《尚书·虞书·尧典》。
② 《礼记·礼运》。
③ 《论语·雍也》。
④ 《礼记·中庸》。
⑤ 费孝通：《人的研究在中国——个人的经历》，天津人民出版社1993年版，第16页。

四　结语

中国特色社会主义进入新时代，如何在新的实践中继续推进中国特色社会主义建设，发展人类文明新形态，走好中国式现代化道路，是摆在我们面前的时代重任。

第一，必须坚持中国共产党的坚强领导。办好中国的事情，关键在党。中华民族近代以来180多年的历史、中国共产党成立以来100多年的历史、中华人民共和国成立以来70多年的历史都充分证明，没有中国共产党，就没有新中国，就没有中华民族伟大复兴。历史和人民选择了中国共产党。"中国共产党领导是中国特色社会主义最本质的特征，是中国特色社会主义制度的最大优势，是党和国家的根本所在、命脉所在，是全国各族人民的利益所系、命运所系。"[1] 在新的征程上，我们必须坚持党的全面领导，不断完善党的领导，增强"四个意识"、坚定"四个自信"、做到"两个维护"，牢记"国之大者"，不断提高党科学执政、民主执政、依法执政水平，充分发挥党总揽全局、协调各方的领导核心作用。

第二，必须坚持用科学理论指导。理论是行动的指南，理论错了，路线必然错，实践就要招致失败。一定要坚持马克思主义，坚持推进新时代马克思主义中国化，坚持用毛泽东思想、邓小平理论、"三个代表"重要思想、科学发展观、习近平新时代中国特色社会主义思想指导中国特色社会主义的伟大实践。

第三，必须坚持党的群众路线。党同人民群众的关系，如同鱼水关系，如同大力士安泰与大地母亲的关系。只要我们党不脱离群众，与人民群众心连心，就能永葆青春活力，就有无穷的智慧和力量，就能战无不胜、攻无不克，创造新辉煌。一定要真正做到一切

---

[1] 习近平：《在庆祝中国共产党成立100周年大会上的讲话》，人民出版社2021年版，第11页。

为了人民群众,紧紧依靠人民群众,正确引导人民群众,从群众中来,到群众中去,时刻保持与人民群众的血肉联系。

第四,必须勇毅前行夺取新的胜利。大力推进中国特色社会主义事业,创建"人类文明新形态",坚持走"中国式现代化道路",我们已经取得了令世界瞩目的成绩,但我们不能止步不前,必须更加紧密地团结在以习近平同志为核心的党中央周围,全面贯彻落实习近平新时代中国特色社会主义思想,大力弘扬伟大的建党精神,勿忘昨天的苦难辉煌,无愧今天的使命担当,不负明天的伟大梦想,埋头苦干,开创未来,坚持"人类文明新形态"的正确探索方向,坚持和不断推进"中国式现代化道路",把中国特色社会主义推向更高阶段。

第三部分
铸就中华思想史当代中国马克思主义学派

构建思想史研究的中国学派[*]

为深入贯彻党的十八大以来中央有关精神和习近平总书记有关宣传思想工作系列重要讲话精神,全面落实中央对中国社会科学院的"三个定位"要求,深入实施哲学社会科学创新工程,推出真正能代表我们这个时代认识水平,深刻反映中国学术、中国精神和中国道路的标志性成果,《中华思想通史》(以下称《通史》)项目孕育而生,它是中国社会科学院重头学术工程,通过对中华思想史的研究揭示中华民族一脉相承、一以贯之的先进文化和优秀思想的源与流,揭示支撑中华民族生生不息、奋发图强的精神基因和道

---

[*] 该文系作者 2015 年 10 月 24 日在云南省昆明市召开的首届中华思想史高峰论坛开幕式上的书面讲话,原载《中国社会科学报》2015 年 11 月 12 日;《中华思想史研究集刊》第 1 集,中国社会科学出版社 2016 年版。

德遵循，为中华民族的伟大复兴作出不负于历史和时代的思想文化贡献。

一 历史和时代呼唤新的思想史研究

"欲知大道，必先为史。"中华民族有着五千多年自强不息、薪火相传的悠久历史，有着三千年治史、学史、用史的优良传统。我们党一贯重视学习历史，在领导革命、建设和改革的过程中，注重从历史中总结经验、汲取智慧，在自觉把握历史潮流中开辟事业成功之路。习近平总书记曾多次强调，历史是最好的教科书，是最好的老师，可以把历史智慧告诉人们，可以启迪后人。他说："历史记述了前人积累的各种科学文化知识，记述了他们治理国家和社会的思想与智慧，记述了他们经历的成功和失败的经验与教训"；"在中国的史籍书林之中，蕴涵着十分丰富的治国理政的历史经验"。[①]

思想源于对现实的深刻把握。回顾人类思想史，一切划时代的思想体系都在于它回应了时代最响亮、最迫切的问题。正如马克思所说，"问题是时代的格言，是表现时代自己内心状态的最实际的呼声"[②]。中华人民共和国成立以来，特别是改革开放以来，我国思想史研究领域异彩纷呈、硕果累累，但思想史研究在回应重大时代关切、形成具有鲜明中国特色的思想史学派方面，离国家和人民的要求还有不少的距离；思想史研究领域的一些错误观点、错误思潮，特别是近年来以历史虚无主义，以及历史复古主义为代表的错误思潮，严重干扰了正常的学术生态，造成人们的思想混乱，尤其值得警惕。

历史和时代都在呼唤新的思想史研究。新的思想史研究，第

[①] 习近平：《领导干部要读点历史——在中央党校 2011 年秋季学期开学典礼上的讲话》，《党建研究》2011 年第 10 期。

[②] 《马克思恩格斯全集》第 1 卷，人民出版社 1995 年版，第 203 页。

一，无论从时间断限还是从思想脉络来看，都要贯通古今，将中华民族在漫长历史长河中形成的优秀思想和文化传统集成起来，为我们党总结历史、开创未来提供丰富的思想资源，为世界文明和人类智识的提升作出属于我们中华民族的奉献。

第二，既要挖掘中国传统思想文化精华，又要融合会通外来先进思想文化。思想是文化的灵魂，是文化的内核。要深入挖掘中国历史文化宝藏，同时注意中华思想对优秀外来思想、外来文化的吸收和融合，从中国和世界、历史与现实的双重维度深入发掘中华优秀思想文化的精髓内核，探寻出中华文化绵延不绝的内在动力，为中华民族走向复兴不断注入思想力量和精神动力。

第三，要进一步明确中国化马克思主义，特别是中国特色社会主义理论体系在中华思想文化史上的独特地位。从中华文明历史变迁的角度，审视鸦片战争以来，尤其是中国共产党成立以来中国的思想发展轨迹，从学理上牢固确立中国化马克思主义在中华思想史上的高峰地位，进一步弘扬几千年中国优秀文化传统和马克思主义相结合所形成的先进思想文化，即中国化马克思主义。

二　思想史研究必须坚持正确的政治方向和学术导向

当前，中华民族正处于伟大复兴的历史节点上，同时也处于改革开放和社会转型的关键期，坚持正确的政治方向和学术导向，是打造具有鲜明中国特色、中国风格、中国气派的思想史研究创新体系的根本保证，是思想史研究出好成果、出好人才、出好影响的关键一着。

第一，坚持以唯物史观为指导。唯物史观是当代中国史学的旗帜和灵魂，也是思想史研究的本旨和指南。要学会运用社会存在决定社会意识、经济基础决定上层建筑的唯物史观的基本原则来认识思想史，要站在人民的立场上，掌握唯物的、辩证的、实践的、历史的、生产的、阶级的、群众的观点，运用经济的、阶级的、利益的唯物史观分析方法观察、研究、分析、梳理、集成、提炼思想史，全面占有纷繁复杂的史料，去伪存真、去粗取精，梳理出一条明晰的中华思想文化发展脉络和主线，找到中华思想文化最精华的核心内核和基因密码。

第二，坚持思想史与社会史研究相结合的方法。人类思想的发展是人类社会发展的反映、体现和缩影，社会的逻辑和思想的逻辑大体上是统一的，社会史发展到哪一步，思想史就发展到哪一步。人类思想既具有超前性，又具有滞后性，既要通过社会史看到中华思想是从哪里产生的，是为谁说话的，是反映什么、说明什么的，又要看到思想对社会的反作用，提炼出哪些思想是先进的、有益于社会发展的，哪些是落后的、阻碍社会进步的。将思想史和社会史研究相结合，就是要通过社会史来看思想史，坚持社会形态史的马克思主义的思想史分期。坚持用社会形态的视域考察人类历史、观察人类思想史，是马克思主义史学和其他史学流派的本质区别。我们要从社会形态的深层次出发，揭示出时代思潮的本质和特点，深刻展现思想变迁与社会发展之间的内在逻辑。侯外庐等人的《中国思想通史》，将思想史与社会史研究相结合，坚持社会形态的正确分期，开创了中国思想史研究的新境界，影响很大，推崇者众，至今仍是一座难以逾越的学术高峰。我们要以侯外庐为典范，坚持思想史与社会史研究相结合，写出一部融通多样、包罗广泛但又深刻揭示中华思想主流的大思想史。

第三，坚持人民思想史的写作思路。思想是人民创造的。人民，只有人民，才是历史的创造者；人民，只有人民，才是社会实践的直接从事者，也是人类物质财富和精神财富的创造者。人民群众的丰富实践是产生伟大思想家、理论家、学问家的摇篮，人民群众的丰富实践是一切伟大思想、伟大文化的取之不竭的源泉，人民群众是人类优秀思想文化的基础创造者。汉代著名唯物主义哲学家王充在《论衡》中讲道："知屋漏者在宇下，知政失者在草野。"思想史研究一旦离开了对人民群众实践的考察，不关注人民的愿望与诉求，不关注人民的思想泉源，必将脱离现实的土壤而陷入空虚，无法深入人类思想的深处。写思想家、理论家、政治家的思想史都要建立在人民实践史的基础上，要建立在人民创造的丰富的思想文化的基础上。要把人民思想史与著名思想家、政治家的个人思想史结合起来，既高度重视主流意识形态的变迁，高度重视杰出思想家们的精神成果，也重视普通人民群众的社会思潮、文化倾向、情感诉求和价值取向，"把思想的历史还给人民"，要写出一部真正代表人民群众的思想史。

三 打造中国学派是思想史研究走向世界的重要途径

伟大的时代催生伟大的精神产品。中国特色社会主义伟大实践不断激发理论创新、学术创造的活力，为思想史研究打开了世界性的宏阔视野，奠定了中国思想走向世界的理论与现实根基。思想是时代的精华，学派是修史的果实。中华思想史研究要适应时代需要，不断回应重大时代关切，不断提出有客观依据、经得起实践和历史检验的原创性思想理论和学术观点，推出具有时代思想高度、代表国家学术水准的思想史研究精品成果。在与国际学术平等对话的过程中，努力塑造和形成思想史研究的中国学派，为打造具有中国特色、中国风格、中国气派的哲学社会科学学术创新体系和话语体系作出自己的独特贡献。具体来说，要做到以下几点。

第一，认真总结、研究学术历史，尤其是近代以来的学术发展史，继承和弘扬中华民族源远流长的优秀学术传统，特别是五四运动以来的马克思主义指导下的优秀学术传统。魏徵在《谏太宗十思疏》中说道："求木之长者，必固其根本；欲流之远者，必浚其泉源。"五四运动以来，一批先知先觉的中国先进知识分子选择以马克思主义作为哲学社会科学研究的理论指南和方法论基础，这是由中国历史条件所决定的中国哲学社会科学的正确选择。我们要用科学的态度对待马克思主义，要用发展的马克思主义指导中国哲学社会科学研究。当代中国思想史研究必须在这一理念下进一步构建自身的创新体系和话语体系，这也是当代中国思想史研究创新体系和话语体系赖以形成的主体和基石。

第二，坚持把人才建设放在重要位置，加强中华思想史研究的人才队伍建设。有什么样的人才，就会有什么样的成果。打造思想史研究的中国学派，关键是要有一支高素质的思想史研究人才队伍。在中华思想史的编研过程中要加强人才建设，要通过聚集人才，特别是组织中青年学者参与中华思想史研究，努力造就一批坚信马克思主义、能自觉运用马克思主义立场观点方法进行思想史研究的高端学术人才，推出一批博通古今、学贯中西、坐得了冷板凳、思想史研究功底扎实的跨学科、复合型人才，培育一批具有国际视野和世界眼光、能够在国际交流中直接对话、有实力争夺思想史研究国际话语权的国际型学术英才，最终形成马克思主义思想史学派的人才队伍。

第三，打造一流的学术交流、传播平台。坚持学术"走出去"，与其他国家和民族的思想史学界开展平等的、有尊严的对话，从中汲取有益的智慧和营养，同时又为人类文明的提升贡献中国思想的智慧。就当前来说，我们要打造好中华思想史高峰论坛这个平台，建设好中华思想通史网站，并通过更多的新媒体平台，以及中国社会科学院众多权威学术期刊，把我们的思想史研究成果和专家学者推介出去。马克思曾在《〈政治经济学批判〉序言》中写道：

> 我的见解，不管人们对它怎样评论，不管它多么不合乎统治阶级的自私的偏见，却是多年诚实研究的结果。但是在科学的入口处，正像在地狱的入口处一样，必须提出这样的要求："这里必须根绝一切犹豫；这里任何怯懦都无济于事。"[①]

[①] 《马克思恩格斯选集》第2卷，人民出版社2012年版，第5页。

构建思想史研究的中国学派将是一个长期的、艰难的过程，但只要我们坚持以唯物史观为指导，坚持理论和方法的创新、学派和话语的创新，就将前途光明、灿烂而充满希望，就一定能形成有品格、有尊严的当代中华思想史中国学派创新体系和话语体系，就一定能在新的历史条件下有所发现、有所突破、有所创造，作出具有世界意义的重要贡献。

高扬唯物史观旗帜，创建中华思想史当代中国马克思主义学派[*]

2015年10月在云南昆明召开的首届中华思想史高峰论坛上提出的"构建思想史研究的中国学派"的倡议，得到了与会代表和学界的积极响应。2016年12月20—21日以《中华思想通史》（以下称《通史》）项目组成员为主体的专家学者再次聚首于美丽的榕城，以"唯物史观视域下的思想史研究"为主题，深化对"构建思想史研究的中国学派"这个命题的认识，探讨如何推动创建中华思想史当代中国马克思主义学派，进一步落实习近平总书记关于哲学社会科学重要讲话精神，为加快构建中国特色哲学社会科学创新体系作出更多、更大的贡献。

一 创建中华思想史当代中国马克思主义学派须高扬唯物史观的伟大旗帜

马克思主义是当代中国理论学术的旗帜和灵魂。"坚持以马克思主义为指导，是当代中国哲学社会科学区别于其他哲学社会科学

---

[*] 该文系作者2016年12月20日在福建省福州市召开的第二届中华思想史高峰论坛开幕式上的讲话，原载《中华思想史研究集刊》第2集，中国社会科学出版社2017年版。

的根本标志,必须旗帜鲜明加以坚持。"① 在史学研究领域,坚持以马克思主义为指导,最重要、最紧迫的就是要始终坚持以唯物史观为指导。

唯物史观是指引史学研究的科学指南。在史学研究领域,唯物史观"若排云雾而顿见太清,若登泰山而所视廓如"②,使历史第一次置于它的真正的基础之上,使史学成为真正意义上的科学。唯物史观开辟了从社会存在出发对历史进行科学研究的道路,把对历史的认识真正建立在科学的基础上。唯物史观的创立,是人类思想史上的一场伟大革命,它将唯心主义从社会历史领域中彻底清除出去,从而彻底地解决了历史观领域唯心主义占统治地位的状况,实现了自然观上的唯物主义与历史观上的唯物主义的统一,使马克思主义哲学成为彻底的和完备的唯物主义学说,历史唯物主义与辩证唯物主义一道构成人类思想史上最先进、最完整、最科学的哲学世界观和方法论体系。

思想是行动的先导。"以折锥探地而浅地、以屋漏窥天而小天"③,加强中华思想史研究,创建中华思想史当代中国马克思主义学派,离开唯物史观的指导,就会流于表面,变成一纸空言,甚至走向反面。

在中华思想史研究中,坚持以唯物史观为指导,最主要的就是要做到坚持生产的观点、阶级的观点和群众的观点。唯物史观认为:物质经济根源是思想的本因,历史的动力是人民群众而非少数人物的创造。强调物质经济因素,强调生产力的因素,并非片面的僵死的经济决定论和庸俗唯生产力论,而是在客观地看待经济和生产力因素的决定作用、基础作用的同时,看到生产关系对于生产力、上层建筑对于经济基础的相对独立性和反作用力,辩证地把握

---

① 习近平:《在哲学社会科学工作座谈会上的讲话》,人民出版社2016年版,第8页。
② 契嵩:《六祖大师法宝坛经赞》。
③ 契嵩:《六祖大师法宝坛经赞》。

物质与精神、存在与思维、实践与认识、生产力与生产关系、经济基础与上层建筑的相互作用，把握各种因素的交互作用，看到隐藏于偶然背后的历史必然性，认识到社会历史发展的客观规律。

强调人民群众是历史的主人，并不是否认个人和英雄人物的历史作用，而是站在更加宏大的基础上，看到整体社会发展的真正主人。诚如恩格斯所说：

> 如果要去探究那些隐藏在——自觉地或不自觉地，而且往往是不自觉地——历史人物的动机背后并且构成历史的真正的最后动力的动力，那么问题涉及的，与其说是个别人物，即使是非常杰出的人物的动机，不如说是使广大群众、使整个整个的民族，并且在每一民族中间又是使整个整个阶级行动起来的动机；而且也不是短暂的爆发和转瞬即逝的火光，而是持久的、引起重大历史变迁的行动。①

从有文字记载以来的人类历史，都是阶级斗争的历史。正是生产力的发展、生产工具的发展，导致了生产关系、经济关系的变化，导致了阶级的产生和阶级关系的演变，导致了政治的和思想的上层建筑的发展和变化。因此，理解一定时代的阶级和阶级关系，成为理解那个时代的要枢。如果不承认奴隶社会以来的社会都是阶级斗争的历史，不承认阶级观点和阶级分析方法，不承认阶级斗争必然导致无产阶级专政，那就阉割了唯物史观的核心要义，唯物史观就变成唯心史观了。总体上说，唯物史观清楚地揭示了生产力与生产关系、经济基础与上层建筑的辩证关系，揭示了历史真正动因与历史活动主体（个人、阶级、人民群众）的辩证关系，为我们把握思想运动的轨迹和逻辑提供了有效的认识视野和分析方法。

在具体的研究工作中，坚持以唯物史观为指导，坚持生产的观

---

① 《马克思恩格斯文集》第 4 卷，人民出版社 2009 年版，第 304 页。

点、阶级的观点和群众的观点，就是要贯彻落实唯物史观的经济分析、阶级分析、利益分析的基本分析方法。一切社会问题，包括思想问题，其最根本的原因都发端于经济，经济原因是最根本的原因，要从经济入手来分析思想为什么会产生，要分清思想站在谁的经济需求上为谁说话、为谁发声；这就从经济分析进入阶级分析，阶级分析也就是分析思想背后的阶级利益需要。以唯物史观为分析武器，就必须贯彻好唯物史观阶级分析的方法。一切阶级意识都是阶级利益所决定，由阶级分析进入利益分析，就能把唯物史观分析方法真正贯彻到中华思想史的研究中，把中华思想史发展的主线索写清楚、写透，把中华思想的核心基因真正揭示出来。

二 以唯物史观为根本遵循，挖掘中华思想的精华和核心基因

历史研究是一切社会科学的基础，承担着"究天人之际、通古今之变"的使命。中华民族具有五千多年连绵不断的文明历史，创造了博大精深的中华文化，为人类文明进步作出了不可磨灭的贡献。"推古验今，所以不惑。先揆后度，所以应卒。"（《素书》）不了解中国优秀的历史和文化，尤其是不了解近代以来的中国历史和文化，就很难全面把握当代中国的社会状况，很难全面把握当代中国人民的抱负和梦想，很难全面把握中国人民选择的发展道路。习近平总书记2016年11月30日在中国文联十大、中国作协九大开幕式上的讲话中深刻指出：

中华民族生生不息绵延发展、饱受挫折又不断浴火重生，都离不开中华文化的有力支撑。中华文化独一无二的理念、智慧、气度、神韵，增添了中国人民和中华民族内心深处的自信和自豪。在5000多年文明发展中孕育的中华优秀传统文化，在党和人民伟大斗争中孕育的革命文化和社会主义先进文化，

积淀着中华民族最深沉的精神追求，代表着中华民族独特的精神标识。

要加强对中华优秀传统文化的挖掘和阐发，使中华民族最基本的文化基因同当代中国文化相适应、同现代社会相协调，把跨越时空、超越国界、富有永恒魅力、具有当代价值的文化精神弘扬起来，激活其内在的强大生命力，让中华文化同各国人民创造的多彩文化一道，为人类提供正确精神指引。①

习近平总书记的上述讲话，为我们进行中华思想史研究指明了方向，提供了遵循。我们要以习近平总书记系列重要讲话精神为指引，高扬唯物史观的旗帜，以唯物史观的立场、观点、方法来研究分析中华思想文化，为中华思想的发展理出一条清晰、明确的脉络和主线，从中华优秀传统文化中挖掘出中华思想的精华和核心基因，并结合当今时代特点实现创造性结合、创造性转换、创新性发展，为实现"两个一百年"奋斗目标和中华民族伟大复兴的中国梦服务。这是我们开展中华思想史研究的出发点和落脚点。

从中华优秀传统文化中挖掘中华思想的精华和核心基因，一方面要继续高度重视历史上人民群众的创造与实践，重视历史上被统治阶级的思想创造。要特别细心搜集和整理历史上人民群众的思想观念，尤其是要注意挖掘在历史上普通中国人心中绵延几千年而不绝如缕，并在当今时代仍然发挥着作用的精神追求、道德观念。另一方面也要高度重视历史上统治阶级的思想，既要看到历史上统治阶级思想中落后、腐朽的一面，也要注意历史上统治阶级思想在具体时代特别是上升时期的进步作用，从历史正反两方面的经验教训中总结当代思想文化建设可资借鉴的思想资源。

可喜的是，经过近两年的努力，《通史》项目的专家学者已经

---

① 习近平：《在中国文联十大、中国作协九大开幕式上的讲话》，人民出版社 2016 年版，第 4—5、15—16 页。

从思想史研究的外围切入，渐渐抵近中华思想的核心，开始尝试向中华优秀传统思想文化的内核发起拷问与探索，希冀在遵循唯物史观的基础上，发掘出中华民族最深层的精神追求，提炼出中华优秀思想文化的精神标识。这是一项艰巨的学术任务。我们必须拿出跨越古今的气魄，来考量中华民族的思想文化史，在注重思想史连续性与广阔性的同时，充分注意马克思主义与中华优秀传统思想文化的对接，为当代中国化的马克思主义找到中华优秀传统思想文化的原始基因和发展动力，进而在服务国家和民族的过程中，凸显中华思想的时代价值和伟大意义。

三　创建中华思想史当代中国马克思主义学派是弘扬唯物史观的重要举措

面对社会思想观念和价值取向日趋活跃、主流和非主流同时并存、社会思潮纷纭激荡的新形势，巩固马克思主义在意识形态领域，在哲学社会科学领域，在史学研究领域的指导地位，就要高扬唯物史观的伟大旗帜，并将之真正贯彻到学科体系建设、理论学术创新、学术话语体系建设中来。

创建中华思想史当代中国马克思主义学派，撰写一部经得起时间、历史和人民检验的扛鼎之作，是巩固马克思主义在意识形态领域指导地位的重要举措，也是一项光荣的学术创新工程。我们非常荣幸能参与到这一伟大的学术实践中。

以侯外庐为代表的老一辈马克思主义史学家，在思想史研究领域作出了不少探索，但是在史料的搜集广度、理论思考的深度等方面，仍有突破和发展的空间。构建中华思想史的马克思主义当代学派，既要继承传统，更要勇于创新。在《通史》绪论的第四章专门讨论社会形态的演变，第五章讨论中华思想的流变，两者相互关照、相互补充、相得益彰，这是我们开展中华思想史研究的匠心独运之处，目的是通过思想史与社会史的结合，从中华大传统、大文化的视角，挖掘出蕴含在中华传统优秀思想文化中的精华和核心基因，为中国特色社会主义建设服务。

理论学术进步的一个重要条件在于研究群体的接续、思想的传承。创建中华思想史当代中国马克思主义学派不可能一蹴而就。它首先要求我们要具有高度的学术自觉，努力实现从思想史研究学者到思想家的积极转变和内涵升华。正如简单地知识归集与分析并不足以称为思想史研究一样，单纯地以思想史研究者为定位的学者并不足以完整理解历史与现实的思想接续，主动回应时代诉求，难以在更高层面开展思想探索，形成兼具"通""贯"风格的中华思想史研究力作。"博学切问，所以广知。高行微言，所以修身。"（《素书》）中华思想史当代中国马克思主义学派需要更多具有思想家气质的学者，需要更多将思想与时代、历史与现实勾连、对接起来的思想史家，需要更多站在思想和时代的制高点上，对当代中国和世界的发展作更多的哲学思考，为国家和民族的未来提供科学的战略决策建议的真正的马克思主义思想家。

中华思想史当代中国马克思主义学派要坚持为人民做学术的立场，要坚持人民是历史创造者的观点，尊重人民主体地位，聚焦人民实践创造。百余年前，史学家梁启超就批评旧史学"知有朝廷而不知有国家""知有个人而不知有群体"。然而，悉览近百年思想史研究成果，许多都没有摆脱以精英人物为主的窠臼，有意或无意地忽视了人民群众的伟大作用。中华思想史研究、中国思想史马克思主义当代学派要彻底扭转这种趋势，要站在人民的立场上，运用唯物史观，客观、全面、辩证地分析各个时代的思想，将研究的重点放在真正代表人民大众的思想上，撰写出一部真正属于人民的思想史。

书写一部无愧于时代、人民，经得起历史检验的精品力作，是《通史》的目标。

以习近平新时代中国特色社会主义思想为指导，追溯中华思想核心基因，坚定文化自信*

值此改革开放40周年之际，在党的十九大闭幕不久，第三届中华思想史高峰论坛于2018年1月22—23日在美丽温润的广东中山隆重召开。第三届论坛以"中华思想史的核心基因与发展脉络"为主题，以习近平新时代中国特色社会主义思想为指导，挖掘、追溯中华思想的核心基因、厘清中华思想的发展脉络凝神聚力，坚定文化自信。

一 继承发扬马克思主义史学理论传统，旗帜鲜明地坚持唯物史观在中华思想史研究中的指导地位

唯物史观是马克思一生的两大发现之一，也是人类思想史上全新的历史观，它揭示了人类社会历史发展的客观规律，是关于社会发展一般规律的科学。历史唯物主义彻底地克服了旧历史观对人类社会认识的谬误观点和根本缺陷，创立了科学的历史观，唯物地、辩证地说明了社会意识与社会存在的关系，找到了揭示历史发展秘

---

* 该文系作者2018年1月22日在广东省中山市召开的第三届中华思想史高峰论坛开幕式上的讲话，原载《世界社会主义研究动态》2017年2月22日；《中华思想史研究集刊》第3集，中国社会科学出版社2019年版。

密的钥匙。马克思主义唯物史观的基本立场、观点和方法是指导中华思想史研究的锐利武器。只有在中华思想史研究、编撰中鲜明确立唯物史观的指导地位，将其作为指导思想、基本原则和主要遵循，始终坚持马克思主义唯物史观的立场、观点、方法，将思想史与社会史有机地结合起来，才能从根本上做好对中华思想的梳理、挖掘和提炼。

运用唯物史观研究中华思想史，首先要坚持唯物史观的立场。立场问题，说到底就是为什么人的问题。从根本上讲，一定要站在人民的立场上，而不是站在少数人的立场上研究思想史。站在人民的立场上，就会看到群众不仅是物质财富的创造者，也是精神财富的创造者，就能看清历史上的思想家是站在什么立场上说话、著述的，就能辨清中华思想史上的是非对错、先进与落后。还要坚持唯物史观的观点。生产的、群众的、阶级的观点是唯物史观的三大基本观点，坚持唯物史观的基本观点就是在研究中坚持"生产的、群众的、阶级的观点"，突出社会存在决定社会意识，社会意识反作用于社会存在的基本原理。用这个基本观点分析中华思想史，就会搞清楚中华思想史上的各个流派、各种观点是从哪儿来的，为什么人说话，说什么样的话，起什么样的作用。也要坚持唯物史观的方法。经济分析、利益分析和阶级分析是唯物史观的三大基本方法，坚持唯物史观的方法就要运用唯物史观的方法论分析思想史实史料，运用经济分析、利益分析和阶级分析来研究人类思想史中的先进与落后的思想，分析人类思想如何产生，怎样产生能动的反作用。用这个基本方法分析中华思想史，就能够分清不同思想的所属阵营，精华是什么，糟粕又是什么。

坚持唯物史观，必须自觉抵制历史虚无主义。在我国历史研究领域，包括思想史研究中，一个时期以来，存在否定马克思主义唯物史观指导地位的错误倾向，否定唯物史观关于社会形态演变规律的观点，否定五种社会形态普遍规律的观点，否定关于阶级和阶级斗争的观点，否定关于阶级社会中人类思想具有意识形态性质的观点，等等。有些著述站在错误的历史观立场上，恣意剪裁历史，将历史切割成彼此孤立不能相连甚至相斥的碎片，用碎片化的结论否定唯物史观对整个历史规律的揭示。这实质上是一种逆历史规律而动的唯心主义历史观，其根本目的是为"告别革命"的错误思潮张目。历史虚无主义的反动恰恰表明唯物史观的真理性，表明坚持唯物史观真理是一场意识形态领域的伟大斗争，表明阶级社会的两大对立阵营始终贯穿着正确与错误、先进与落后、真理与谬误的思想斗争。历史虚无主义就是一种历史唯心主义。反对历史虚无主义，捍卫历史唯物主义是一场长期的政治斗争。我们所着力构建的中华思想史当代中国马克思主义学派，就是要始终坚持运用唯物史观指导中华思想史的研究，延续老一代马克思主义史学家的光荣传统，讲真理，讲事实，反对唯心主义历史观，从学理层面反击历史虚无主义，遵从思想史的本来面貌，将马克思主义史学理论的精神实质真正体现出来。

二　抓住历史关键节点，突出主流意识形态，探明中华思想的核心基因与发展脉络

优秀思想是历史与时代的精华。中华民族五千余年文明史孕育了丰富而深邃的中华思想，凝结成中华民族强韧不散的精神纽带。中华民族之所以每次面临历史艰难抉择时，都能坚定信念、化解危机，开创中华民族发展的新篇章，关键在于中华民族的优秀思想滋养的精神命脉延绵不衰、勇于自新。

（一）科学界定时代概念，明确中华思想发展的历史背景

揭示中华民族一脉相承、一以贯之的核心思想的源与流，首先应问鼎于对时代概念的科学界定和对历史趋势的准确判定。习近平总书记在党的十九大报告中宣告，中国特色社会主义进入新时代，并全面阐述了中国特色社会主义新时代的科学内涵，明确了新时代

党和国家事业发展的新定位、新目标和新要求。

当然，时代概念具有广义和狭义之分。广义的时代概念是从历史观的角度对人类社会形态发展大的"历史时代"的判定。狭义的时代概念是从某个特定的角度对社会发展某个历史阶段的判定。马克思主义唯物史观关于时代的概念，是从生产力所决定的生产关系出发，以社会经济形态为标准对大的历史时代的判定。要把历史观上从社会形态出发判断的时代与从其他角度出发判断的时代区别开来。

习近平总书记告诉我们，时代在变化，社会在发展，但马克思主义基本原理依然是科学真理。尽管我们所处的时代同马克思所处的时代相比发生了巨大而深刻的变化，但从世界社会主义500年的大视野来看，我们依然处在马克思主义所指明的历史时代。① 习近平总书记在这里对马克思主义所指明的历史时代的判断与《共产党宣言》的观点是一脉相承的，这就是马克思、恩格斯在《共产党宣言》中所判定的"我们的时代，资产阶级时代"，也就是列宁所说的大的"历史时代"，即资本主义生产方式在全世界占统治地位、资本主义社会形态在全世界成为主导社会形态的历史时代。从1640年英国资产阶级革命至今，资本主义社会时代有近400年的历史，资本主义历经革命兴盛阶段，已进入衰落下降阶段；尽管社会主义这一新的社会形态从1917年成为现实，到如今中国特色社会主义成功发展，但社会主义社会形态在世界上仍不占统治地位。资本主义社会形态一确立，就充满了社会主义与资本主义两种社会制度、两条发展道路的斗争，且历史越前行，这种斗争越激化。资本主义基本矛盾没有改变，人类社会演进的历史趋势没有改变，社会主义这一新的社会形态必然代替资本主义的历史必然性没有改变。

人类社会演进的历史趋势和必然性是什么呢？邓小平同志说：

---

① 《习近平谈治国理政》第2卷，外文出版社2017年版，第66页。

封建社会代替奴隶社会，资本主义代替封建主义，社会主义经历一个长过程发展后必然代替资本主义。这是社会历史发展不可逆转的总趋势。①

这是从马克思主义唯物史观角度，按照社会形态演变理论及其揭示的演变规律，对大的"历史时代"所作的唯物史观的判断，也就是说，人类由原始社会时代，到奴隶社会时代，到封建社会时代，到资本主义社会时代，再经过社会主义的长过程，到共产主义社会时代，这是一个不可逆转的历史趋势。马克思主义关于大的"历史时代"的判断是绝对不能否定的，如果否定了，就会否定马克思主义，否定社会主义代替资本主义的历史必然性，就会误认为资本主义的基本矛盾不存在了，误认为马克思主义过时了。事实证明，21世纪马克思主义获得了更大的发展。正如邓小平同志所说的："不要认为马克思主义就消失了，没用了，失败了。哪有这回事！"② 对历史发展趋势的判断需要有这样高瞻远瞩的眼界和坦荡的胸襟。

中国特色社会主义新时代所使用的时代概念不是唯物史观所讲的大的"历史时代"概念，是从我们党和国家事业发展的角度提出来的时代概念。这两种时代概念在唯物史观基础上既有区别，又是辩证统一的：从党和国家事业出发认定的时代服从于广义的大的"历史时代"，大的"历史时代"又是由狭义的具体的时代所组成。依据唯物史观所得出的大的"历史时代"的结论是正确的；新时代特指中国特色社会主义已经站在一个新的历史起点上，进入一个新的历史阶段，处在一个新的历史方位上，这个重大政治判断也是正确的。

在全世界仍然处于资本主义时代背景下，中国已进入了社会主

---

① 《邓小平文选》第3卷，人民出版社1993年版，第382—383页。
② 《邓小平文选》第3卷，人民出版社1993年版，第383页。

义阶段，中国特色社会主义发展进入了新时代。习近平总书记指出：

> 中国特色社会主义进入新时代，在中华人民共和国发展史上、中华民族发展史上具有重大意义，在世界社会主义发展史上、人类社会发展史上也具有重大意义。[①]

大的"历史时代"和"中国特色社会主义新时代"构成了中华思想发展的时代背景，为中华思想史的研究提供了基本的历史方位。只有站在马克思主义唯物史观关于大的"历史时代"的广阔视野中，站在中国特色社会主义进入新时代的特定角度上，将两种时代判断角度结合起来，才能真正理解中国特色社会主义进入新时代的伟大意义。也只有深刻理解新时代的伟大意义，才能深刻理解习近平新时代中国特色社会主义思想的伟大价值。

（二）抓住历史关键节点，提炼中国社会形态演进的主要线索

"欲知大道，必先为史。"只有把握中国社会形态演进的主线索，才能认清中国历史的发展逻辑，才能梳理清楚中华思想史发展的主脉络。要在产生思想变化的历史条件和时代背景的基础上，着重分析经济基础的根本性变化引发社会形态变化的内在关联，从而为从社会史看思想史提供历史根据。

2017 年是毛泽东同志《实践论》《矛盾论》发表 80 周年。我们要读懂学好"两论"，充分发挥思想指导作用。"两论"明确指出，人的正确思想只能从实践中来，人类的思想发展史，如同人类社会一样，是在对立统一中发展起来的，是在正确与错误、先进与落后的斗争中发展起来的。这就要求我们在研究中华

[①] 习近平：《决胜全面建成小康社会　夺取新时代中国特色社会主义伟大胜利——在中国共产党第十九次全国代表大会上的报告》，人民出版社 2017 年版，第 12 页。

思想史的过程中，不仅要探讨每个历史节点上生产工具变化引发的生产力、生产关系、社会生产方式乃至社会形态等一系列变化；还要分析当时的生产斗争实践、科学创新实践、阶级斗争实践所引发的社会生产生活的一系列变化；更要分析中国历史各个时期的特殊社会矛盾所引发的阶级、阶层等各种社会关系的一系列变化，努力发现思想发展的原因及其分野和对立，从而提炼出社会思想演进的主要线索。

史学理论与历史发展的脉搏紧密相连。必须科学地认识"一般"与"特殊"的辩证关系，要用唯物史观这个正确的"一般"认识来指导分析中国特色的社会形态演变规律，分析出中国社会形态发展和中国道路的基本规律、基本线索、基本特点，将各个时期社会形态演变的必然联系挖掘出来，只有这样才能挖掘出思想史的主要线索。

中国发展到今天，每一个历史节点的转变都是惊心动魄的，要把主要节点上为思想转变提供历史支撑的背景材料以"论"的形式提炼出来，要回答中华思想产生、转变背后的经济利益纷争、阶级阶层分野、主要矛盾转化和社会形态变化等问题。譬如，从原始社会到奴隶社会，再到封建社会、半殖民地半封建社会的转型，从公有观念、集体观念转变到私有观念、家天下观念，从"礼"到"儒"的转变，等等，要将这些重大转折点的思想轨迹梳理得清楚明白。

（三）突出主流意识形态，探明中华思想的核心基因与发展脉络

中华文明绵延至今，是历史的发展过程。中华文明的核心是文化，文化的核心是思想。一个国家或民族的发展道路决定该国家与民族的思想发展；反之思想发展又指导道路发展。中国独特的发展道路孕育着中国独特的思想发展。

中华思想的强大生命力源于中华思想的核心基因一脉相承。

习近平总书记多次讲到中华优秀传统文化思想，比如，关于道法自然、天人合一的思想，关于天下为公、大同世界的思想，关于自强不息、厚德载物的思想，关于以民为本、安民富民乐民的思想，关于脚踏实地、实事求是的思想，关于经世致用、知行合一、躬行实践的思想，关于和而不同、和谐相处的思想，关于安不忘危、存不忘亡、治不忘乱、居安思危的思想，等等。他进一步指出：

> 中华优秀传统文化是中华民族的精神命脉，是涵养社会主义核心价值观的重要源泉，也是我们在世界文化激荡中站稳脚跟的坚实根基。①

中华思想的核心基因是中华优秀传统文化的灵魂所在，牢固积淀在中国人的思维模式和行为方式中，成为中华民族生命力、凝聚力、创造力的重要源泉。在党的十九大报告中，习近平总书记强调，要"深入挖掘中华优秀传统文化蕴含的思想观念、人文精神、道德规范，结合时代要求继承创新，让中华文化展现出永久魅力和时代风采"②。

习近平总书记的讲话为我们立足新时代研究中华思想史，探明中华思想史的核心基因与发展脉络指明了方向。在中华思想史的研究与写作中，一定要突出各个时期社会的主流意识形态，抓住主流意识形态转变的关节点。对于时代提出的问题，要注意观察思想层面是如何予以回应、解答的，要分析各个时期的思想形态、理论观点，剖析主流意识形态及其对立面，充分体现出中华思想的"通"与"贯"。

---

① 习近平：《在文艺工作座谈会上的讲话》，人民出版社2015年版，第25页。
② 习近平：《决胜全面建成小康社会　夺取新时代中国特色社会主义伟大胜利——在中国共产党第十九次全国代表大会上的报告》，人民出版社2017年版，第42页。

三 坚定文化自信，构建中华思想史学科体系，推进创建中华思想史当代中国马克思主义学派

文化自信是一个国家、一个民族发展中更基本、更深沉、更持久的力量。文化兴则国运兴，文化强则民族强。博大精深的中华优秀传统文化是我们在世界文化激荡中站稳脚跟的根基。深挖中华优秀传统文化中的思想内核，推出经得起历史与时代检验的过硬成果和传世之作，是《中华思想通史》（以下称《通史》）项目的初衷所在。为此，必须将学术研究、学科建设、学派创建三者有机统一，协调推进。

（一）坚定文化自信，以精深过硬的思想史研究成果推动中华思想的当代创新

时代是思想之母，实践是理论之源。历史表明，社会大变革的时代，一定是哲学社会科学大发展的时代。当代中国正经历着我国历史上最为广泛而深刻的社会变革，也正在进行着人类历史上最为宏大而独特的实践创新。这种前无古人的伟大实践，必将给理论创造、学术繁荣提供强大动力和广阔空间。习近平总书记指出：

> 要讲清楚中华优秀传统文化的历史渊源、发展脉络、基本走向，讲清楚中华文化的独特创造、价值理念、鲜明特色，增强文化自信和价值观自信。[①]

这是一个需要理论而且一定能够产生理论的时代，这是一个需要思想而且一定能够产生思想的时代。从事中华思想史研究的学者，更要以"为天地立心，为生民立命，为往圣继绝学，为万世

---

① 《习近平谈治国理政》，外文出版社2014年版，第164页。

开太平"的宏阔志向，奋力开拓思想史研究新局面，以精深的思想史研究成果推动中华思想的当代创新。

创新是哲学社会科学发展的永恒主题，文化自信的核心是思想自信。立足中国社会形态的历史发展道路研究中华思想，本身就是创新性的学术路径，更是文化自信的体现。马克思曾深刻指出：

> 主要的困难不是答案，而是问题。①
> 问题就是时代的口号，是它表现自己精神状态的最实际的呼声。②

可以说，经典著作都是历史与时代相结合的产物，都是思考和研究当时当地社会突出矛盾和问题的结果。《通史》要成为深刻反映中国学术、中国精神和中国道路的标识性成果，为中华思想史的创新性研究树立学术范本，为当代中国马克思主义的发展提供思想支撑，为实现中华民族伟大复兴的中国梦奠定精神根基。

（二）精确把握中华思想史的学科定位和学术特色，构建中华思想史学科体系

思想是人通过社会实践对社会存在的能动反映。不论人类历史如何发展，真正能够留存下来影响人们的精神世界进而影响人们的社会生活的，不是帝王将相，不是名利金钱，而是用文字记载下来并持续产生作用的思想。

中华思想史学科以思想为研究对象，主要研究历史学中形而上的部分，即意识形态上层建筑。中华思想史当代中国马克思主义学派，要站在辩证唯物论、历史唯物论的立场、观点、方法上来研究中华思想的发展、演变及作用。要从社会存在、社会实践出发研究

---

① 《马克思恩格斯全集》第1卷，人民出版社1995年版，第203页。
② 《马克思恩格斯全集》第40卷，人民出版社1982年版，第289—290页。

思想的形成、本质、作用及其规律，要研究阶级社会中思想的阶级性、政治性和意识形态性。要仔细斟酌，从学科建设的角度对思维、思想、意识、意识形态等概念予以清晰界定，对思想史、中国思想史、中华思想史的定位予以准确定义，提炼出标识性的概念和语言。正如毛泽东同志所说：

> 我们的态度是批判地接受我们自己的历史遗产和外国的思想。我们既反对盲目接受任何思想也反对盲目抵制任何思想。我们中国人必须用我们自己的头脑进行思考，并决定什么东西能在我们自己的土壤里生长起来。①

只有立足中国实际，提出具有主体性、原创性的理论观点，构建具有当代马克思主义特质的中华思想史学科体系，才能推动建设体现中国特色、中国风格、中国气派的思想史学术体系、话语体系。

我们要时刻注意，不要离开时代背景、经济基础、社会形态来研究思想史，不要把思想史碎片化、拼盘化、个别化，变成一个个毫无历史联系的、毫无逻辑关系的单独个人和事件的思维记录。要搞清楚每个历史节点上的思想史在整个思想史进程中处于什么样的地位，达到了什么程度，有什么好的地方，存在什么问题。可以先从思想史重要节点着手，从小到大，逐步整合，为构建完整的中华思想史学科体系打下坚实基础。

（三）厘清学术源流，推进创建中华思想史当代中国马克思主义学派

创建中华思想史当代中国马克思主义学派，撰写一部无愧于人民与时代，经得起历史检验的精品力作，是《通史》项目和中华

---

① 《毛泽东文集》第3卷，人民出版社1996年版，第192页。

思想史学科的目标所在，是巩固马克思主义在意识形态领域指导地位的重要举措，也是一项光荣的学术创新工程。突出"马克思主义"，是指要用马克思主义的立场、观点、方法来研究分析中华思想史；突出"当代中国"，是与以往的马克思主义中国学派有所区别，意味着学术的创新。

在中华思想史的学术长河中，产生了一批重要学者，留存下一批经典著作，要仔细梳理思想史的学术脉络。特别要把中华思想史马克思主义学派的发展历程梳理清楚，把处于源头的、主要节点的代表性人物、代表作挖掘出来，确定关键节点，概括出思想史重要流派的主要观点及其演变规律，并将中华思想史最为精华的内容予以提升。通过这一系列去伪存真、去粗取精的整理过程，中华思想史马克思主义学派的发展脉络就清晰了。

概括来讲，李大钊等人处于中华思想史马克思主义学派的酝酿阶段。这一阶段的主要成就是提出必须要运用马克思主义唯物史观来分析研究中国思想史，提出了不同于其他学派的、具有鲜明马克思主义唯物史观特色的思想史研究基本立场。到了郭沫若等人的马克思主义学派的创建阶段，运用唯物史观对中国思想史的基本线索进行了梳理，形成了学派基础。到了侯外庐的马克思主义学派的确立阶段，对中国思想史尝试进行了系统的研究。尽管以往的中华思想史马克思主义学派是受当时的历史条件和环境限制，尚具有一定的局限性，但中华思想史马克思主义学派的基本学科体系已经确立下来了。

在首届中华思想史高峰论坛上，我提出"构建思想史研究的中国学派"的倡议，得到了与会专家和学界的积极响应。在第二届中华思想史高峰论坛上，我们以"唯物史观视域下的思想史研究"为主题，在"创建中华思想史当代中国马克思主义学派"这一定向上深化了共识。一年以来，《通史》项目成员不断推进"绪论"写作、资料长编编纂和《通史》正本提纲的拟定工作，部分编已开始正本写作。中国社会科学院大学为研究生开设了"中华思想史"课程。下一步，我们要进一步统一思想，提质增效，及早实现"绪论"、长编和提纲定稿，将主要精力转到《通史》正本的写作上来，将项目工作推向新的阶段。

总体来看，要实现《通史》项目的初衷，拿出经得起历史与时代检验的精品之作，还要经历恩格斯所说的痛苦的"脱毛"过程。"虑天下者，常图其所难"，推进中华思想史的研究，既是思想史研究者树论立言的重要机遇，更是学者主动回应时代关切，以自身所学贡献于中华文明不断繁盛的使命担当。要深刻把握新时代我国哲学社会科学的地位与任务，通古今之变化、发思想之先声，为深入贯彻落实党的十九大精神，坚定文化自信，更好地构筑中国精神、中国价值、中国力量作出中华思想史当代中国马克思主义学派应有的贡献。

立足中国特色社会主义新时代，科学探索中华思想发展阶段与演变规律*

第四届中华思想史高峰论坛于 2018 年 12 月 28—29 日在海南省海口市召开，论坛以"中华思想发展的阶段与规律"为主题，立足中国特色社会主义新时代，探索中华思想的发展阶段与演变规律，为思想史研究取得丰硕成果创造更加深厚的学术氛围和更为有利的学术条件。

一 深刻认识中国特色社会主义新时代在人类社会发展史及中华思想史上的重大意义

有什么样的时代，就会产生什么样的时代主题，就会产生什么样的时代人物，解答历史提出的时代课题，产生代表时代前进方向的先进思想。回顾人类思想史，一切划时代的思想都在于它回应了当时时代最迫切的问题。正如马克思所说，"问题是时代的格言，是表现时代自己内心状态的最实际的呼声"[①]。研究编撰中华思想通史，创建中华思想史当代中国马克思主义学派，从事这样一件学

---

* 该文系作者 2018 年 12 月 28 日在海南省海口市召开的第四届中华思想史高峰论坛开幕式上的讲话，原载《世界社会主义研究动态》2019 年 1 月 11 日；《中华思想史研究集刊》第 4 集，中国社会科学出版社 2020 年版。

① 《马克思恩格斯全集》第 1 卷，人民出版社 1995 年版，第 203 页。

术创新的大事情，应当对所处的时代有清晰的定位，时代、时代问题、主流意识形态，这是研究思想史必须搞清楚的三个关键词。唯物史观大的"历史时代"和在该时代大的历史框架下的中国特色社会主义新时代，为我们梳理、总结、概括中华思想通史提供了宏大的时代背景和历史条件。

马克思主义唯物史观关于广义时代的概念，是从生产力所决定的生产关系出发，以社会经济形态为标准对大的历史时代的判定。马克思、恩格斯按照唯物史观关于社会形态演变理论，根据"经济的社会形态"的根本性质来划分历史时代，把历史时代划分为原始社会、奴隶社会、封建社会、资产阶级社会等时代，现在正在经过无产阶级专政的社会主义社会过渡，将来进入消灭阶级剥削、压迫与阶级斗争的新时代，即进入共产主义社会时代。唯物史观的社会形态演变规律理论告诉我们，人类社会经过原始社会、奴隶社会、封建社会、资本主义社会等时代，最终经过社会主义社会过渡而将进入共产主义社会时代，这是人类社会发展的一般规律。各个国家、各个民族、各个地区在社会形态演变的具体历史进程上，可能会有跨越、有特例、有偶发，但就整个人类历史发展的普遍性和必然性来说，古今中外概莫能外，普遍如此。

《共产党宣言》明确指出，我们的时代，即"资产阶级的时代"。从时代的根本性质和大的历史进程来看，目前仍然处于马克思主义经典作家所揭示的资本主义社会形态占统治地位的历史时代。从全球范围来讲，现在仍然是资本主义社会形态占主导地位的历史时代，而这个时代又是经过社会主义社会过渡，最终取代资本主义社会而进入共产主义社会的历史时代。

编撰中华思想史，创建中华思想史当代中国马克思主义学派，不仅要从大的"历史时代"背景下来考量，也要从大的"历史时代"条件下中国特色社会主义新时代的背景下来考量，要从国际和国内两个历史视角出发来认识。只有站在马克思主义唯物史观关于"历史时代"的广阔视野中，站在中国特色社会主义进入新时代的特定角度上,将两种时代判断结合起来,才能真正理解中国特色社会主义进入新时代的伟大意义。也只有深刻理解新时代的伟大意义,才能牢牢把握中华思想的过去、现在和未来,才能充分认清源远流长的中华思想的历史价值和伟大意义,才能深刻理解编撰中华思想通史的当下价值和深久影响。

"中国特色社会主义进入新时代,在中华人民共和国发展史上、中华民族发展史上具有重大意义,在世界社会主义发展史上、人类社会发展史上也具有重大意义。"[1] 中国特色社会主义进入新时代,意味着科学社会主义在21世纪的中国焕发出强大生机活力。在习近平新时代中国特色社会主义思想指引下,中国共产党以顽强的战略定力,牢牢坚持科学社会主义基本原则,坚定不移地走中国特色社会主义道路,经受住了社会主义低潮的考验,西方敌对势力搞"颜色革命"的考验,资本主义世界经济危机的考验,抵制了西方所鼓吹的"普世价值""宪政民主""民主社会主义"等错误思潮,有力地打破了所谓的"共产主义失败论""历史终结论",有力地回击了"社会主义低潮综合征",不断战胜腐朽落后的资产阶级意识形态,发展了社会主义意识形态。

如果说20世纪是社会主义拯救了中国,那么21世纪则是中国救了社会主义。正是中国在21世纪扛起了社会主义大旗,以新时代的伟大成就和伟大目标再次证明了科学社会主义的正确性和社会主义制度的优越性,为科学社会主义注入了新的原创性成果。正如十月革命在20世纪初开辟了人类历史和世界社会主义发展新纪元一样,中国特色社会主义新时代在21世纪初揭开了世界社会主义运动走出低谷走向复苏发展的新局面,将为人类思想文明创造新的辉煌。

马克思晚年研究东方社会,研究非资本主义发展道路,提出落

---

[1] 习近平:《决胜全面建成小康社会 夺取新时代中国特色社会主义伟大胜利——在中国共产党第十九次全国代表大会上的报告》,人民出版社2017年版,第12页。

后国家可以不经过资本主义制度的"卡夫丁峡谷",走出一条非资本主义的发展道路,即落后国家可以不经过资本主义制度的苦难,而通过社会主义制度实现现代化,这就是著名的"跨越卡夫丁峡谷"的设想。中国特色社会主义的成功发展使这个设想成为现实,为落后国家实现现代化和赶超世界先进国家提供了新希望、新选择、新方案、新思想,人们进一步看到了经由社会主义而进入共产主义的历史必然曙光。俄国十月革命的例证,中国特色社会主义的例证,说明了马克思晚年关于非资本主义道路的设想,要成为现实需要满足一定的历史条件,在基本的客观条件已经具备时,主观条件就成为关键。

如何开辟出一条新路,既实现快速发展又保持社会稳定,既对外开放吸收世界先进文明又保持自身的独立自主,既同发达资本主义国家在竞争中合作又不成为它们的附庸,既与外国先进思想文化融合发展,又坚持自己的文化自信、思想自信,成为世界上发展中国家共同追索的重大问题。中国特色社会主义成功地破解了这个难题。它把市场经济与社会主义制度、经济快速发展与保持社会稳定、对外开放与独立自主、世界先进思想与本国优秀传统思想有机地结合起来,开辟了一条在改革开放中实现社会主义现代化的新路,实现了从站起来、富起来到强起来的历史性跨越。中国特色社会主义的成功发展表明,中国作为一个曾经相对落后的半殖民地半封建国家,避开资本主义制度的折磨,走出了一条非资本主义的中国特色社会主义道路,一跃成为世界第二大经济体,极大地拓展了发展中国家通向现代化的途径,给世界上那些既希望加快发展又希望保持自身独立的国家和民族提供了新选择,为解决人类问题提供了中国智慧、中国思想和中国方案,为中华民族的发展,中国特色社会主义的发展,世界社会主义的发展,全人类的发展作出历史性贡献。

二　以唯物史观为指导，系统掌握马克思主义思想方法和工作方法，坚持思想史研究的正确方向

当前，中华民族正处于伟大复兴的历史节点上，处于夺取中国特色社会主义伟大胜利的关键时期。打造具有鲜明中国特色、中国风格、中国气派的中华思想史研究创新体系，必须坚持正确的政治方向和学术导向，这是中华思想史研究出成果、出人才、出影响力的根本保证。

马克思主义是当代中国理论学术的旗帜和灵魂。"坚持以马克思主义为指导，是当代中国哲学社会科学区别于其他哲学社会科学的根本标志，必须旗帜鲜明加以坚持。"[1] 在思想史研究领域，坚持正确的政治方向和学术导向，就必须坚持马克思主义的指导地位，而坚持以马克思主义为指导，最重要、最紧迫的就是始终高扬唯物史观旗帜，坚持以唯物史观为指导。

思想是行动的先导，理论是研究的指南。唯物史观是当代中国史学的旗帜和灵魂，也是中华思想史学科的本旨和指南。唯物史观的创立是人类思想史上的一场伟大革命，赋予了人类正确认识社会及历史的唯一科学的世界观和方法论。它把唯心主义从社会历史领域中彻底地清除出去，从而彻底地解决了历史观乃至历史学领域唯心主义占统治地位的状况。如果没有马克思创立唯物史观，人们对社会生活及其历史的认识还会在黑暗中摸索。正如列宁所言：

> 过去在历史观和政治观方面占支配地位的那种混乱和随意性，被一种极其完整严密的科学理论所代替……它把伟大的认识工具给了人类。[2]

---

[1]　习近平：《在哲学社会科学工作座谈会上的讲话》，人民出版社2016年版，第8页。

[2]　《列宁选集》第2卷，人民出版社2012年版，第311页。

运用唯物史观开展中华思想史研究，"若排云雾而顿见太清，若登泰山而所视廓如"①。背离了唯物史观，则似"以折锥探地而浅地，以屋漏窥天而小天"②。研究编撰中华思想史，创建中华思想史当代中国马克思主义学派，离开唯物史观的指导，就会流于表面，变成一纸空言，甚至走向反面。

以唯物史观为指导，就必须学会运用唯物史观立场、观点、方法，即马克思主义思想方法和工作方法，指导中华思想史的研究、编撰和学科建设工作。学会运用社会存在决定社会意识、经济基础决定上层建筑的基本原则，站在人民的立场上，掌握唯物的、辩证的、实践的、历史的、生产的、阶级的、群众的观点，运用经济的、阶级的、利益的分析方法观察、研究、分析、梳理、集成、总结思想史，全面占有纷繁复杂的史料，去伪存真、去粗取精，梳理出一条明晰的中华思想发展脉络和主线，提炼出中华思想最精华的核心内核和基因密码。

创建中华思想史当代中国马克思主义学派，撰写一部经得起时间、历史和人民检验的扛鼎之作，是巩固马克思主义在意识形态领域指导地位的重要举措，也是一项光荣的学术创新工程。我们来自各个不同的研究机构、不同的学科、不同的专业，为了一个共同的目标走到一起。只有掌握马克思主义的思想方法和工作方法，建立共同的语境，才能够确保讲到一起，写到一起。撰写《中华思想通史》（以下称《通史》）的过程就是运用马克思主义的思想方法和工作方法展开对中华思想史上的人物、流派及其论点的研究分析，从而得出科学、正确的结论的过程。在中华思想史研究领域，坚持马克思主义思想方法和工作方法，说到底就是要坚持唯物史观的指导，坚持唯物史观的基本立场、方法和观点，坚持唯物史观的思想方法和工作方法。

---

① 契嵩：《六祖大师法宝坛经赞》。
② 契嵩：《六祖大师法宝坛经赞》。

马克思主义哲学，即辩证唯物主义和历史唯物主义，就是马克思主义世界观方法论，就是马克思主义立场、观点、方法。将辩证唯物主义和历史唯物主义用在对世界、对问题的思考认识上，叫作思想方法，将世界观方法论用在解决实际问题上，叫作工作方法。马克思主义的思想方法和工作方法是马克思主义世界观和方法论的具体化、实践化。马克思主义的思想方法和工作方法是我们观察问题、认识问题、分析问题的共同语言和思想武器。运用马克思主义的思想方法和工作方法于中华思想史研究，就有了共同语言，才能统一思想、统一认识、统一方法。

毛泽东同志指出，要造就"一个又有集中又有民主，又有纪律又有自由，又有统一意志，又有个人心情舒畅、生动活泼，那样一种政治局面"[①]。对《通史》项目而言，《中华思想通史绪论·导论》是集体智慧的结晶，经过反复研究与修改，对研究编撰中华思想史的指导思想、时代价值、阶段划分、特色要点等重大问题，形成了比较一致的看法。以《导论》统一认识，有益于造就既有集中统一，又有生动活泼的研究氛围。编撰上下几千年的中华思想通史，思想不统一，认识不统一，观点不统一，语言不统一，各吹各的号，各鸣各的调，甚至互相"打架"，就会失败。统一认识，统一观点，统一语言，是编好思想史的重要基础。

三 牢牢把握中华思想史的发展脉络、精神实质和未来走向，科学探索中华思想的发展阶段与演变规律

人类思想的发展是人类社会发展的反映、体现和缩影，社会发展的逻辑和思想发展的逻辑大体上是一致的，社会史发展到哪一步，思想史就发展到哪一步，每一个思想史上的重要概念和范畴，

---

① 《三中全会以来重要文献选编》（上），人民出版社1982年版，第99—100页。

都有当时历史时代条件的特定内涵。恩格斯指出：

> 历史从哪里开始，思想进程也应当从哪里开始。①

唯物史观提出了"经济的社会形态"或"社会经济形态"概念，建构了社会形态演变一般规律的理论。从社会存在出发看思想，就要坚持运用马克思主义关于社会形态的分期理论，科学划分思想史的分期。社会历史分期与思想史分期大体是一致的。根据马克思主义人类社会历经原始社会、奴隶社会、封建社会、资本主义社会，经由社会主义社会必然发展到共产主义社会的社会形态演变规律理论，与我国历史发展大体上的原始社会、奴隶社会、封建社会、半殖民地半封建社会和社会主义初级阶段的发展顺序相一致，中华思想史大体分为"五大历史时代、四个转型时期、三个大历史段"。

"五大历史时代"为中国原始社会思想史时代、中国奴隶社会思想史时代、中国封建社会思想史时代、中国半殖民地半封建社会思想史时代、中国社会主义初级阶段思想史时代。"四个转型时期"是指中国不同社会形态变化之间的思想史转型期，夏王朝的建立标志着中国原始社会的结束和奴隶社会的开端，是奴隶社会代替原始社会的思想史转型时期；春秋战国是奴隶社会逐步解体和封建社会逐步形成、封建社会代替奴隶社会的思想史转型时期；鸦片战争后，我国进入半殖民地半封建社会，是由封建社会向社会主义初级阶段的思想史转型时期；中华人民共和国成立，经过短暂的国民经济恢复和向社会主义过渡，进入社会主义社会初级阶段，这是向未来社会主义高级阶段发展的思想史转型时期。"三个大历史段"从原始社会早期到封建社会晚期，到1840年爆发的鸦片战争为止是中华古代思想历史段；从1840年爆发的鸦片战争至1949年

---

① 《马克思恩格斯选集》第2卷，人民出版社2012年版，第14页。

中华人民共和国成立之前是中华古代传统思想向中华现代思想转折的中华近代思想历史段；从1949年中华人民共和国成立至今是中华现代思想历史段。

迄今为止的中华思想发展历史，大致经历了"萌生""形成""发展""转型"和"繁荣"等阶段，这与中华思想史"五大历史时代""四个转型时期"和"三个大历史段"是一致的。概括来讲，原始社会及向奴隶社会过渡的原始社会晚期是中华思想的"萌生"或"起源"阶段；奴隶社会及向封建社会过渡的春秋战国时期是中华思想的形成阶段；封建社会是中华思想的发展阶段；半殖民地半封建社会是中华思想的转型阶段；中华人民共和国成立至今是中华思想的繁荣阶段。

编撰中华思想史要注意把所有的思想史转型期上移到上一个社会形态时代来写。通过社会形态演变来考察思想史的演变，可以看到原始社会向奴隶社会转型过程中，最重要的是产生了私有制，从而产生了私有观念、家庭观念、王权观念、国家观念、阶级（等级）观念等与私有制出现相关的思想。从公有观念、集体观念转变到私有观念、家天下观念、王权观念、国家观念、阶级（等级）观念，是因为经济基础、社会生产和生活方式发生了根本变化。奴隶社会的知识分子将私有观念、王权观念、国家观念、阶级（等级）观念概括为反映奴隶社会严格等级制度，即反映阶级对立制度的"礼"的思想体系。"礼"的思想体系是私有制的奴隶社会制度的反映，是奴隶制社会阶级关系、社会关系的反映，反映了当时奴隶主统治阶级的主流意识形态。中国社会发展到今天，每一个历史节点的转变都是惊心动魄的，要把几个主要的节点写清楚，要把主要节点上思想产生、转变背后的生产力、生产关系、经济基础、政治的上层建筑都发生了哪些变化，与之相关的社会形态发生了哪些变化写清楚，思想的转变就呼之欲出了。例如，把春秋战国之交奴隶社会到封建社会的社会转型、结构变化写清楚，对诸子百家思想产生的根基就交代清楚了，有的思想主张推动社会前进，有的思想主张维持现状，有的思想主张有所作为，有的思想主张无为而治，有的思想主张折中主义，有的思想主张逃避主义，就会看得很清楚。

人的本质是社会关系的总和。研究社会史就要研究人与人的社会关系史。研究思想，研究思想史，就要研究思想关系史。人类思想不是一个一个孤立的、毫无联系的单个的思想，而是互相联系的人的思想。研究思想不是单纯就思想而研究思想，而是要研究思想关系，研究思想不是单独研究哪个人物、哪个流派、哪个观点，要从社会关系看思想关系，要研究人物间的、流派间的、观点间的由社会关系所决定的思想关系。思想关系不是从思想上寻找，而是从社会关系中寻找，从物质关系中寻找。

一定要坚持从社会形态的马克思主义分期的视域出发考察人类思想史，同时考量每个历史时代中华思想史的主流意识形态及其对立面的意识形态，即占统治地位的统治阶级的思想及其对立面的思想。这是马克思主义史学学派和其他史学流派的重要区别。从不同类型社会形态的性质和状况的深层次出发，揭示出思想的时代本质和特点，展现思想变迁与社会发展之间的内在逻辑，拷问思想是怎样反映社会存在的，对社会发展又起到了怎样的作用。

《通史》项目已经开展四年多了，要完成这样一个艰巨的、庞大的人文社会科学工程，书写一部经得起历史与实践检验，代表中华思想史当代中国马克思主义学派学术水准的精品力作，必须凭借坚韧不拔的毅力，拿出头悬梁、锥刺股的精神，不断统一思想，统一认识，统一语言，统一写法，将通史项目推进到底。当前，《通史》项目已经进入攻坚克难，并逐步收获成果的新阶段。经过项目成员的协同努力，《绪论》已接近定稿，资料长编电子版出版工作已经启动，各编正本提纲正逐卷交付讨论修改。这是所有项目成员共同努力所取得的成果。

伟大的时代催生伟大的精神产品。中国特色社会主义伟大实践不断激发理论创新、学术创造的活力，为思想史研究打开了世界性的宏阔视野，奠定了中国思想走向世界的理论与现实根基。思想是时代的精华，学派是思想的结晶。中华思想史研究要适应时代需要，不断回应重大时代关切，不断提出有客观依据、经得起实践和历史检验的原创性思想和学术观点，推出具有时代思想高度、代表国家学术水准的思想史研究成果。在与国际学术平等对话的过程中，努力塑造和形成思想史研究的中国学派，为打造具有中国特色、中国风格、中国气派的哲学社会科学学术创新体系和话语体系作出自己的独特贡献。

立足中国社会形态演变，科学探索中华思想发展[*]

马克思主义是当代中国理论学术的旗帜和灵魂。在中华思想史研究领域，坚持正确的政治方向和学术导向，必须坚持马克思主义的指导地位，而坚持以马克思主义为指导，最重要、最紧迫的就是始终高扬唯物史观旗帜，坚持以唯物史观为指导。

一 一以贯之地将历史唯物主义的立场、观点和方法贯穿到中华思想史研究的全过程

马克思主义是当代中国理论学术的旗帜和灵魂。"坚持以马克思主义为指导，是当代中国哲学社会科学区别于其他哲学社会科学的根本标志，必须旗帜鲜明加以坚持。"[①] 没有历史唯物主义就没有辩证唯物主义，就没有作为马克思主义哲学的辩证唯物主义和历史唯物主义。恩格斯称赞唯物主义历史观是马克思的"第一个伟大发现"，认为"正像达尔文发现有机界的发展规律一样，马克思

---

[*] 该文系作者 2019 年 12 月 7 日在天津市滨海新区召开的第五届中华思想史高峰论坛开幕式上的讲话，原载《天津日报》2020 年 1 月 13 日。

[①] 习近平：《在哲学社会科学工作座谈会上的讲话》，人民出版社 2016 年版，第 8 页。

发现了人类历史的发展规律"①。在中华思想史研究领域，坚持正确的政治方向和学术导向，就必须坚持马克思主义的指导地位，而坚持以马克思主义为指导，最重要、最紧迫的就是始终高扬唯物史观旗帜，坚持以唯物史观为指导。

中华人民共和国成立后，特别是改革开放以来，中国思想史研究领域异彩纷呈、硕果累累，但思想史研究在回应重大时代关切、形成具有鲜明中国特色的思想史马克思主义学派方面，离国家和人民的要求还有不小的距离；思想史研究领域的一些错误观点，特别是近年来以历史虚无主义、历史复古主义为代表的错误思潮，严重干扰了正常的学术生态，造成人们的思想混乱，尤为值得警惕。史学本身是具有鲜明意识形态性的，思想史研究更离不开意识形态视域。当前存在的历史虚无主义、历史复古主义，其错误倾向集中体现为"三化"：一是把马克思主义、唯物史观"边缘化"，把马克思主义唯物史观的指导地位和作用"虚位化"；二是主张离开党的领导、离开正确政治方向的所谓"纯学术"，走入学术研究"去政治化"的治学歧途；三是否定哲学社会科学具有鲜明的意识形态性，主张学术研究"去意识形态化"。这"三化"集中表现为"告别革命"。所谓"告别革命"，不仅要告别中国共产党领导的新民主主义革命和社会主义革命，历史上一切推进社会进步的革命都要告别。这实际上是一种逆历史进步趋势而动的唯心主义，是否定唯物史观指导的错误历史观。这股错误思潮，最终是要否定中国共产党的领导，否定社会主义制度。这股错误思潮也侵入了思想史研究。

当前，中华民族正处于伟大复兴的历史节点上，处于夺取中国特色社会主义伟大胜利的关键时期。打造具有鲜明中国特色、中国风格、中国气派的中华思想史研究创新体系，必须坚持正确的政治方向和学术导向，这是中华思想史研究出成果、出人才、出影响力

---

① 《马克思恩格斯选集》第 3 卷，人民出版社 2012 年版，第 1002 页。

的根本保证。中华思想史研究领域，坚持马克思主义思想方法和工作方法，说到底就是要坚持唯物史观指导，坚持唯物史观的基本立场、方法和观点，坚持唯物史观的思想方法和工作方法。

第一，在中华思想史研究中坚持以唯物史观为指导，必须坚持唯物史观的基本立场。

立场问题，说到底就是为什么人的问题。从根本上讲，一定要站在人民的立场上，而不是站在少数人的立场上研究思想史。站在人民的立场上，就能够看清历史上的思想家是站在什么立场上说话、著述的，就能辨清思想史上的是非曲直、先进落后。

开展中华思想史研究，构建中华思想史当代中国马克思主义学派，必须客观、全面、辩证地分析各个时代的思想，将研究主体放在人民群众身上、将研究重点放在真正代表人民大众的进步思想上，撰写出一部真正属于人民的思想史，书写一部无愧于时代、人民，经得起历史检验的精品力作。

第二，在中华思想史研究中坚持以唯物史观为指导，必须坚持唯物史观的基本观点。

唯物史观是由一系列基本原理、基本观点构成的科学体系，生产的观点、阶级的观点和群众的观点是唯物史观最基本的观点。用这些基本观点分析中华思想史，就会搞清楚中华思想史上的各个流派、各种观点是从哪来的，为什么人说话，说什么样的话，起什么样的作用。

唯物史观清楚地揭示了生产力与生产关系、经济基础与上层建筑的辩证关系，揭示了历史真正动因与历史活动主体（个人、阶级、人民群众）的辩证关系，揭示了人民群众与个别历史人物的辩证关系，为把握人类思想运动的轨迹和逻辑提供了有效的认识视野，为研究编撰中华思想史开启了科学之门。

第三，在中华思想史研究中坚持以唯物史观为指导，必须坚持唯物史观的基本方法。

唯物史观既是科学认识社会历史现象的世界观，又是正确分析社会历史问题的方法论。经济分析、阶级分析、利益分析是唯物史观的基本分析方法。用这个基本方法分析中华思想史，就能够分清不同思想的所属阵营，精华是什么，糟粕又是什么。一切社会问题，包括思想问题，其最根本的原因都发端于经济，经济原因是最根本的原因，要从经济入手来分析思想为什么会产生，要分清思想站在谁的经济需求上为谁发声；这就从经济分析进入阶级分析，阶级分析也就是分析思想背后的阶级利益需要。一切阶级意识都是阶级利益所决定，由阶级分析进入利益分析，就能把唯物史观分析方法真正贯彻到中华思想史的研究中，把中华思想史发展的主线索搞清楚、搞透彻。

二　坚持马克思主义五种社会形态演变一般规律原理，深入研究中国社会形态演进历史

历史唯物主义关于人类社会经过原始社会、奴隶社会、封建社会、资本主义社会，经过社会主义社会的过渡而达到共产主义社会的五种社会形态演变发展的一般规律（以下简称"五形态说"），是人类社会历史发展的普遍规律和必然趋势，是马克思主义唯物主义历史观的一个最基本的观点。

唯物主义历史观是分析说明一切社会历史现象的世界观和方法论。唯物史观分析认识社会历史问题，就是坚持一切从社会存在出发来说明社会问题。社会存在是第一性的，最根本的社会存在就是生产方式的存在，就是"经济的社会形态"的存在。社会发展史说到底就是社会形态发展史。一切都要从生产力决定生产关系、生产关系决定经济基础、经济基础决定上层建筑，从而必须从生产方式所决定的人类社会形态出发来认识人类社会现象，而不是相反，这是唯物史观的不可违背的根本原理。

有人称马克思从来没讲过"五形态说"，企图否定社会形态演变的普遍规律，这显然是站不住脚的。社会形态演变一般规律理论

是马克思主义唯物史观的重要内容,是马克思主义经典作家以深邃的历史洞察力深刻剖析人类社会历史发展进程而收获的重要理论硕果,是对人类历史观的伟大贡献。马克思虽然没有就社会形态问题撰写过专著,但围绕这一问题留下了大量论述。马克思在1851年撰写的《路易·波拿巴的雾月十八日》中使用"社会形态"概念是为了表明资本主义社会是人类历史发展的一个新阶段,是不同于以往的社会形态。根据日本学者大野节夫的考证,"形态"(formation)一词是马克思从当时的地质学术话语中借用的,该词在当时的地质学中用以表示在地壳发展变化的进程中先后形成的不同岩层,一个形态就是一个不同的岩层单位。可以看出,马克思使用"社会形态"这一概念,意在表明人类社会的发展也是由不同的历史层次、不同的历史阶段、不同的社会样态、不同的历史时代构成的。

随着历史科学的进一步发展,特别是历史学家摩尔根的《古代社会》一书出版,对原始社会提供了详尽的研究材料,这使马克思对原始社会有了明确的科学界定,这一科学认识集中反映在1880—1881年他对《古代社会》一书的摘要中。最后,恩格斯利用马克思批语,经过研究,于1884年撰写了《家庭、私有制和国家的起源》,清晰勾画出人类社会发展"五形态"的历史进程。这说明,"五形态说"内在地包含在马克思、恩格斯在历史唯物主义基础上对社会发展形态的科学分期的认识中,构成了系统的社会形态演变一般规律理论,反映了人类社会形态发展进程最普通的规律。

否认和反对历史唯物主义"五形态说"是一切历史唯心主义特别是历史虚无主义的通病。曾几何时,一些历史课本、历史读物、历史文述、历史展览、历史陈列等不讲人类经过五种社会形态的普遍规律,而是用王权更替史或历代艺术品发展史取代社会形态演变史。有的中国历史课本或读物从三皇五帝讲到末代皇帝,但在讲到近代鸦片战争爆发、中国共产党成立这样大的历史事件时,再也无法回避中国半殖民地半封建社会的事实，突然冒出了一句中国进入"半殖民地半封建社会"。须知，没有父母哪来的儿子？历史是连续的，没有封建社会哪来的半封建社会？没有资本主义社会哪来的半殖民地社会？由此再向前追溯，没有原始社会、奴隶社会，哪来的封建社会？历史唯物主义社会形态演变一般规律的科学理论，如同没有父母就没有儿女这样最通俗的道理一样，是不可否定的真理，否定了就会犯颠覆性的错误。

人类社会发展的"五形态说"是从唯物史观出发，对不同国家、地区、民族发展的特殊规律的抽象概括。要用唯物史观关于社会形态演变一般规律理论这个正确的"一般抽象"，来指导分析中国特色社会形态的演变规律，分析中国独特的发展道路，梳理、概括出中国社会形态演变历史和中国道路发展的特殊性，而不是把中国社会形态历史和发展道路人为地编造为中国王权更替史或才子佳人史。

中国社会形态演进既有普遍性又有特殊性。毛泽东同志指出：

> 中国封建社会内的商品经济的发展，已经孕育着资本主义的萌芽，如果没有外国资本主义的影响，中国也将缓慢地发展到资本主义社会。①

资本主义列强不允许中国再按照人类社会形态的一般发展规律，独立自主地走西方发达资本主义的发展道路，而将中国变为受西方剥削压榨的半殖民地半封建社会。中国的特殊情况决定其不能直接进入社会主义社会，而要经过新民主主义革命，再经过社会主义革命，实现跨越式发展，经过社会主义发展的初级阶段，走出一条非资本主义的现代化道路——中国特色社会主义道路。这是中国社会形态和中国道路的独特历史。只有从社会形态演进层面予以理

---

① 《毛泽东选集》第 2 卷，人民出版社 1991 年版，第 626 页。

论剖析，才能认清中国社会形态历史和发展道路的特殊性。

岁月更替，人世沧桑。马克思主义社会形态演变一般规律原理并不因时代的变迁而丧失理论光彩；相反，它依然以其宏大的世界视野、科学的理论价值，对当今社会的发展发挥着重要的指导作用。它依然是中华思想史研究重要的理论基础。

三 积极吸取中华优秀传统思想文化精华，服务新时代中国特色社会主义伟大实践

中华优秀传统思想积淀着中华民族最深层的精神追求，包含着中华民族最根本的精神基因，代表着中华民族独特的精神标识，不仅为中华民族生生不息、发展壮大提供了丰厚滋养，也为人类文明进步作出了独特贡献；不仅铸就了历史的辉煌，而且在今天仍然闪耀着时代的光芒。为中华思想的发展理出一条清晰、明确的脉络和主线，挖掘出中华思想的精华，结合当今时代特点实现创造性结合、创造性转换、创新性发展，为实现"两个一百年"奋斗目标和中华民族伟大复兴的中国梦服务，是中华思想史研究编撰的出发点和落脚点。

以党的十八大召开为标志，中国特色社会主义进入新时代。新时代呼唤中华思想史的创新研究。学习历史理应学习思想史，研究历史必须研究思想史。不了解中国的历史特别是思想史，难以全面把握当代中国的社会状况，难以全面把握当代中华民族的初心、抱负和梦想，难以全面把握中国人民选择的发展道路和奋斗目标。

习近平总书记站在唯物主义历史观的高度，充分肯定了中华优秀传统思想文化的内在价值，为研究编纂中华思想史提供了理论指南：

第一，中华优秀传统思想是中华民族的不朽灵魂。

中华民族的优秀传统思想就是中华民族的"魂"。中华优秀传统思想强调人在社会中的位置与责任，注重自强不息、厚德载物、

刚健有为的理想信念和道德追求，这是中华民族最根本的精神基因。中华优秀传统思想文化所倡导的大一统、讲仁爱、重民本、守诚信、崇正义、尚和合、求大同等理念，牢固积淀在中华民族的思维模式和行为方式中，深刻影响着一代又一代中华儿女。中华优秀传统思想是中华民族共有的精神家园，是中华民族生命力、凝聚力、创造力的重要源泉和内在动力。

第二，中华优秀传统思想是中国社会发展进步的精神力量。

中华优秀传统思想对中华民族和中国社会的进步产生了深刻影响，记载了中华民族自古以来在建设家园的奋斗中开展的精神活动、进行的理性思维、创造的思想成果，反映了中华民族的精神追求，是中华民族生生不息、发展壮大的思想滋养。

第三，中华优秀传统思想是中国共产党治国理政的智慧资源。

习近平总书记高度重视中华优秀传统思想对于我们党治国理政的重要意义，提炼出了许多关于安邦济世、治国理政的优秀思想。这些重要思想为中国共产党长期执政、执好政，领导人民夺取中国特色社会主义伟大胜利提供了重要的思想借鉴。要解决今日中国和世界面临的许多难题，不仅需要运用中华民族和全人类今天创造和发展的思想智慧，而且需要运用中华民族和全人类历史上储存的思想智慧，使之造福中国、造福人类。

第四，中华优秀传统思想是涵养社会主义核心价值观的道德源泉。

中华传统思想文化博大精深，学习和掌握其中的各种优良精华，对树立正确的世界观、人生观、价值观大有益处。中华优秀传统思想素以道德教化为特色而闻名于世。习近平总书记指出：

> 古人说："大学之道，在明明德，在亲民，在止于至善。"核心价值观，其实就是一种德，既是个人的德，也是一种大

德，就是国家的德、社会的德。①

中国是一个有着 14 亿多人口、56 个民族的大国，必须确立反映全国人民共同认可的价值观，使全体人民同心同德、团结奋进，其功在当代，利在千秋。

第五，中华优秀传统思想是当代中国马克思主义的理论营养。

马克思主义是解救中国、推动中国走向繁荣富强的中国特色社会主义道路的指导思想和理论基础。然而，马克思主义如果不与中国的实际相结合，不从中华优秀传统思想中汲取养分、汲取精华，就会成为形而上的空中楼阁，在中国的大地上发挥不了现实作用。中华优秀传统思想既是中国化马克思主义的"源"，同时也是中国化马克思主义的"流"。中华优秀传统思想是中国化马克思主义的理论养料，中国化马克思主义的血管里始终流淌着中华优秀传统思想。

四 编撰《中华思想通史》，构建中华思想史 21 世纪当代中国马克思主义学派

为全面贯彻落实习近平总书记关于继承和弘扬中华优秀传统思想的重要论述，探索中华民族绵延不绝的精神内因和思想动力，推出真正代表中国特色社会主义新时代哲学社会科学水平，深刻反映中国道路、中国精神和中国学术的标志性成果，2014 年中国社会科学院党组决定启动创新工程重大项目《中华思想通史》（以下称《通史》）。《通史》项目的基本任务就是编撰一部《通史》，构建中华思想史当代中国马克思主义学派。《通史》上溯远古、下迄当今，其目的与使命就是全面收集整理中华思想史全部资料而集中华

---

① 习近平：《青年要自觉践行社会主义核心价值观——在北京大学师生座谈会上的讲话》，人民出版社 2014 年版，第 4 页。

思想著述之大成，科学揭示中华民族五千多年的思想变迁和发展历程，挖掘、总结、概括、弘扬中华优秀思想精髓要义和核心基因，揭示中华民族一脉相承、一以贯之的源与流，展现支撑中华民族生生不息、奋发图强的思想源泉、精神基因和道德遵循。

中华思想史当代中国马克思主义学派是中华思想通史的学科基础和学术根基。每个学派都有其区别于其他学派的规定性特征。中华思想史当代中国马克思主义学派同样有其本质性的特征，即坚持马克思主义唯物史观的指导。自五四运动以来，经过近百年的奋斗，李大钊、郭沫若、侯外庐等中华思想史研究的前辈们运用马克思主义立场、观点、方法研究编撰中华思想史，形成并确立了中华思想史研究的马克思主义学派。今天，中国特色社会主义进入新时代，把编纂《通史》、构建中华思想史当代中国马克思主义学派的历史责任赋予了我们这一代新人。

中国社会科学院党组决定启动《通史》项目，不仅仅为了编纂出一部大部头的著作，而是要借此探索中华民族绵延不绝的精神内因和思想动力，要推出真正代表新时代中国特色社会主义哲学社会科学研究水平，深刻反映中国道路、中国精神和中国学术的标志性成果。撰写一部中华思想史研究的扛鼎之作，是要构建中华思想史当代中国马克思主义学派的学科创新体系，是巩固马克思主义在意识形态领域指导地位的重要举措，是一项光荣的学术创新工程。对此，我们要具有高度的学术自觉与强烈的使命担当。

《通史》项目启动以来，在项目组成员的共同努力下，已经取得了很大成绩。

第一，编纂出上亿字的《中华思想通史》资料长编，目前已到了收尾阶段。一部翔实、可靠的资料长编，会为撰写出一部高质量的《中华思想通史》提供基本保证。

第二，撰写完成了《中华思想通史·绪论》。自 2015 年 12 月 2 日以来，《绪论》写作组召开了近 30 次编写工作会议，"几历寒暑、数易其稿"，付出了极大心血。《绪论》是《通史》的灵魂和锁钥。各编、各卷无论是资料长编的编纂，还是《通史》提纲的拟定，乃至《通史》正本的写作，都要将思想认识、撰写内容和写作方法统一到《绪论》上来。

第三，编撰了《中国社会形态史纲》。以《绪论》第3章"中国社会形态历史演进与发展道路"为基础编撰的《中国社会形态史纲》单独成册，率先出版，并成为南开大学和中国社会科学院大学共同推出的文科教材。

第四，拟定了《中华思想通史》正本提纲。正本提纲是《通史》的纲领，拟定系统、完备、规范的正本提纲，对于统一作者的写作思路，推进下一步《通史》的正式撰修，具有举足轻重的作用。

第五，连续成功地召开了五届中华思想史高峰论坛，出版了3集《中华思想史研究集刊》。

第六，成立中华思想史研究院。

历史和现实都表明，只有坚持历史唯物主义，我们才能不断把对中国特色社会主义规律的认识提高到新的水平，不断开辟当代中国马克思主义发展新境界。[1] 我们要在唯物史观的科学指导下，提炼出遵从人类发展普遍规律的中国社会形态发展的独特历史和发展道路，梳理出中华思想演变的清晰脉络，挖掘出中国社会形态演变与中华思想发展的深层互动关系，努力发现中华思想史研究的新的学术增长点，展现新时代中国史学独特的科学价值和人文精神，在与国际学术平等对话的过程中，努力塑造和形成思想史研究的中国学派，奋力将马克思主义指导下的中华思想史研究提升到一个新的水平，为实现中华民族伟大复兴作出无愧于历史与时代的思想贡献。

---

[1] 习近平：《推动全党学习和掌握历史唯物主义 更好认识规律更加能动地推进工作》，《人民日报》2013年12月5日。

坚持社会形态与思想史融通，继承和弘扬中华优秀传统思想[*]

深刻认识社会形态演变在人类社会发展史上的重大意义，牢牢把握社会形态演进与思想史发展之间的联系与互动，旨在揭示跨越不同社会形态的，中华民族一脉相承、一以贯之的思想精华，中国共产党是中华优秀传统思想的忠实继承者和弘扬者。

一　深刻认识社会形态演变在人类社会发展史上的重大意义

唯物主义历史观是分析说明一切社会历史现象的世界观和方法论。唯物史观分析认识社会历史问题，就是坚持一切从社会存在出发来说明社会问题。社会存在是第一性的，最根本的社会存在就是生产方式的存在，就是"经济的社会形态"的存在。社会发展史说到底，就是社会形态发展史。一切都要从生产力决定生产关系、经济基础决定上层建筑的社会历史发展一般规律出发，从生产方式所决定的人类"经济的社会形态"出发，来认识人类社会现象，

---

[*] 该文系作者2021年9月16日在天津市滨海新区召开的百年中国共产党与中华优秀思想文化暨第六、七届中华思想史高峰论坛开幕式上的讲话，原载《天津日报》2021年10月11日。

而不是相反,这是唯物史观不可违背的根本原理。

人类社会形态的演进,根源于生产力的发展。人类的生产工具从旧石器升级到新石器,再到青铜器、铁器,再到机器、电子、信息、互联网、人工智能……生产力逐步提升,促使生产关系、生产方式不断发生变化,从而推动社会形态从原始社会进入奴隶社会,再进入封建社会、资本主义社会和社会主义社会,必将经由社会主义社会的过渡而进入共产主义社会(社会主义社会是共产主义社会的第一阶段)。当代资本主义虽强,但已经开始衰落;当代社会主义虽弱,却是必然胜利的新生事物。从长远看,任何新生事物都是不可战胜的。譬如,原始社会生产力的进步,导致人们的分工发生根本变化,进而引起剩余产品出现,产生了私有制,代替了原始共产主义公有制。经济基础决定上层建筑,经济结构的变化引起政治结构、阶级结构、社会结构的变化,从原始社会到奴隶社会,到封建社会,到资本主义社会,经社会主义社会过渡到共产主义社会,这就是人类社会历史的客观发展规律,这个规律是必然的、不以人的意志为转移的。

有人谬称马克思从来没讲过"五形态说",企图否定社会形态演变的普遍规律,这显然是站不住脚的。早在马克思主义创立初期,马克思、恩格斯在1846年合著的《德意志意识形态》中第一次提出人类社会经过五种所有制形式:(1)部落所有制;(2)古代公社所有制和国家所有制;(3)封建的或等级的所有制;(4)资产阶级的所有制;(5)未来共产主义所有制。[①] 马克思、恩格斯在1848年发表的《共产党宣言》中说:

> 在过去的各个历史时代,我们几乎到处都可以看到社会完全划分为各个不同的等级,看到社会地位分成多种多样的层次。

[①] 《马克思恩格斯选集》第1卷,人民出版社2012年版,第148—149页。

紧接着，他们又说：

> 从封建社会的灭亡中产生出来的现代资产阶级社会并没有消灭阶级对立。它只是用新的阶级、新的压迫条件、新的斗争形式代替了旧的。①

1859年1月，在《〈政治经济学批判〉序言》中，马克思关于五种社会形态的思想表述得十分清晰：

> 大体说来，亚细亚的、古希腊罗马的、封建的和现代资产阶级的生产方式可以看做是经济的社会形态演进的几个时代。资产阶级的生产关系是社会生产过程的最后一个对抗形式……人类社会的史前时期就以这种社会形态而告终。②

恩格斯根据马克思的基本思想，于1884年撰写了《家庭、私有制和国家起源》，清晰勾画出人类社会发展"五种形态"的历史进程。这说明，"五种形态"学说内在地包含在马克思、恩格斯在历史唯物主义基础上对社会发展形态的科学认识中，构成了系统的社会形态演变一般规律理论，反映了人类社会历史发展进程的普遍规律。

一切历史唯心主义特别是历史虚无主义，一般都在这个重大问题上反对马克思主义，否定"五形态说"。之所以这样做，就是认为否定了"五形态说"，就可以直接否定一切历史进步性，从而否认马克思主义唯物主义历史观是历史进步学说。就可以直接否定阶级社会的存在，从而否认阶级和阶级斗争学说；就可以直接否认社会革命的伟大意义，从而否认无产阶级社会革命和无产阶级专政学

---

① 《马克思恩格斯选集》第1卷，人民出版社2012年版，第400—401页。
② 《马克思恩格斯选集》第2卷，人民出版社2012年版，第3页。

说；就可以直接否认意识形态的阶级性，否定唯物主义历史观的意识形态学说；就可以直接否认共产主义的最高理想和中国特色社会主义共同理想，否定科学社会主义学说和马克思主义。

历史和实践昭示，社会形态演变一般规律理论是马克思主义经典作家以深邃的历史洞察力，深刻剖析人类社会历史发展进程而收获的重要理论硕果，是对人类社会发展规律研究、对人类历史观的伟大贡献。历史唯物主义是真理，真理是打不倒的。恩格斯认为，在唯物史观发现之前，人们对社会历史的一切认识都是在黑暗中摸索。捍卫"五形态说"，既是科学的理论品格，更是避免犯颠覆性错误的现实所需。

二 牢牢把握社会形态演进与思想史发展之间的联系与互动

马克思主义社会形态演变一般规律理论最核心、最根本的要旨在于说明，人类社会发展是生产力与生产关系、经济基础与上层建筑的矛盾运动，由不同的历史阶段构成，表现为不同的"经济的社会形态"的演进，从原始社会到奴隶社会再到封建社会，资本主义社会同以前的其他社会形态一样，只是人类社会历经的一个历史阶段，资本主义社会必然由兴盛走向灭亡，人类社会形态必将驰入一个全新的历史进程。

思想是在一定历史条件下产生的，同时又受到一定时代的历史条件的制约。有什么样的时代，就会产生什么样的时代主题，就会产生什么样的时代人物，解答历史提出的时代课题，产生代表时代前进方向的先进思想。人们的思想是历史的、具体的，从来不存在什么抽象的、超历史的、超时代的、永恒不变的思想。思想变化的原因，归根到底要到历史时代的物质生产方式的变化中去寻找。

马克思主义哲学不仅认为社会存在决定社会思想，而且还认为，社会思想对社会存在具有相对独立性、具有积极或消极的能动作用，具有自身的发展规律与历史逻辑。当然，任何社会思想的发展逻辑必然依存、受制于社会存在的发展规律，任何思想的相对独立性和能动性必然依存、受制于社会存在的决定性和基础作用。只有在坚持社会存在的最终决定性的同时，考虑到遵循思想的相对独立性和能动作用的特点，遵循思想发展特有的规律，才能梳理好中华思想史的发展脉络，提炼出其内在精华。

正确思想不仅能动地反映世界，而且通过指导实践可以能动地改造世界。研究中华思想史，不是被动地研究人类思想史上出现的人物、流派及其观点，而是要积极地从物质与精神、存在与思想的辩证关系运动过程中来研究、把握思想的地位与作用。既要看到思想是由存在决定的，又要看到思想积极的或消极的能动作用。从社会存在出发去说明思想，还不是思想史研究的全部任务；完整的思想史，要看到思想对社会发展所起到的积极的或消极的能动作用，取其精华，有利于当代思想的积蓄发展，让思想发挥更加积极的社会历史作用。毛泽东同志在《人的正确思想是从哪里来的?》中指出：

> 一个正确的认识，往往需要经过由物质到精神，由精神到物质，即由实践到认识，由认识到实践这样多次的反复，才能够完成。这就是马克思主义的认识论，就是辩证唯物论的认识论。[①]

这段话被概括为著名的"物质变精神，精神变物质"的"两变"思想。"两变"思想是辩证唯物主义关于存在与思想关系的高度概括。一方面坚持了存在决定思想的唯物主义观点；另一方面也揭示了思想具有相对独立性并反作用于存在的辩证的、能动的观点，说明了马克思主义认识论是革命的、能动的反映论。要深刻理

---

① 《毛泽东文集》第 8 卷，人民出版社 1999 年版，第 321 页。

解辩证唯物论的"两变"思想，遵照"两变"思想来研究中华思想史。

思想的能动作用是巨大的，难以估量的。先进革命的意识形态的问世，可以催生一个崭新时代的诞生；落后保守的意识形态的崩溃，也可以加速一个垂死时代的灭亡。马克思指出：

> 如果从观念上来考察，那么一定的意识形式的解体足以使整个时代覆灭。[①]

马克思主义作为具有强大凝聚力和引领力的共产主义意识形态，其诞生意味着资本主义时代必将为新的时代所替代。中华思想发展进程中新旧意识形态的更迭，同样引导了中国历史新旧时代的变迁。中华思想史研究的一个重要目的，就是从思想史与社会史融通的进程中，从意识形态和社会历史兴衰变化的互动过程中，反观、预测、把握人类社会历史和人类思维历史发展的客观规律。因此，研究编撰中华思想史，要注意到以下几个方面的特点。

一是社会思想与社会存在不完全同步。一般来讲，社会存在与社会思想是同步的，但也不完全尽然。社会思想既可能落后于社会存在，也可能会超越社会存在。譬如，春秋战国时期，法家思想代表了新兴封建社会取代奴隶社会的进步要求，对当时中国社会发展起到了促进作用，具有一定的超前性，研究中华思想史就要承认法家思想的历史进步性。中国封建社会的儒家思想，对于封建社会制度起到了维系巩固的作用，但是到了封建社会晚期，又对社会进步产生了阻碍作用，具有一定的落后性。

二是思想的独立性是相对的、有条件的，归根到底是由社会的物质基础决定的。马克思主义经典作家对未来社会的发展只能描绘

[①] 《马克思恩格斯全集》第46卷（下），人民出版社1980年版，第35页。

出大概的蓝图，而不可能详尽预见具体的细节。在中华人民共和国成立以前，中国是经济文化相对落后的半殖民地半封建国家，在特定条件下之所以能够接受马克思主义，并产生与实际相结合的中国化马克思主义——毛泽东思想，也仍然是以经济发展达到一定的水平为前提的，这是由于外国资本主义的侵入、中国民族资本主义的发展，已经产生了一定规模的资本主义经济，造成了人数虽然少，但是代表了先进生产力的中国无产阶级，产生了进行新民主主义和社会主义革命的迫切需要。

三是在阶级社会中，人们的思想不同程度地带有阶级性。经济上占统治地位的阶级，在思想上也必然占统治地位。在考量中国进入阶级社会的思想发展脉络时，一定要从阶级分析出发认识中国阶级社会的思想史人物及其流派、观点。利益决定思想，而不是思想决定利益。在阶级社会中，不同的阶级由于所处的社会经济地位、所处的社会关系不同，由于阶级地位和阶级利益不同，决定了他们思想的不同以至根本对立。

四是思想具有历史性，社会存在的变化发展决定社会思想的变化发展。人类思想史实际上就是人类社会形态演变史的理论反映；先进思想是社会形态变革的先声，又是社会形态发展的精神动力。当然，落后思想是维系旧制度的"卫士"，又是阻碍社会形态变革进步的精神阻力。以先进思想为例，明清时期的工商业发展已经冲击到封建土地制度和封建社会经济基础，阶级关系也发生了相应变化。如果没有外国资本主义势力的入侵，中国封建社会也会缓慢地进入资本主义社会。外国资本主义的侵入使中国独立自主走资本主义发展道路受到梗阻，沦为半殖民地半封建社会，社会的转型使中国的社会矛盾空前激烈，形成了激烈的思想斗争，产生了强烈的图强图新图变思想。时代的变迁，社会形态的更替，决定着观念的转变和新的思想的形成，研究编撰中华思想史就要遵循这一逻辑。

三 揭示跨越不同社会形态的，中华民族 一脉相承、一以贯之的思想精华

马克思主义经典作家所判定的"大的历史时代"的理论框架，为我们梳理、总结、概括中华思想发展史提供了宏大的时代背景和时代条件。结合大的历史时代和当今中国特色社会主义新时代的特征，实现中华优秀传统思想创造性转换、创新性发展，为实现"两个一百年"奋斗目标和中华民族伟大复兴的中国梦服务。这是研究编撰中华思想史的出发点和落脚点。

研究编撰《中华思想通史》，一是无论从时间断限还是从思想脉络来看，都要贯通古今。要将中华民族在历史长河中形成的优秀思想挖掘总结、提炼集成起来，为中国共产党总结历史、开创未来提供丰富的思想资源，为世界文明和人类智识的提升作出属于中华民族的奉献。

二是既要挖掘传承中华优秀传统思想，又要融合会通外来先进思想。要深入探寻中华民族发展史上的思想宝藏，同时注意中华思想对优秀外来思想的吸收融合，从中国与世界、历史与现实的双重维度深入发掘中华优秀传统思想的精髓内核，探索中华民族绵延不绝的内在精神，为中华民族走向复兴不断注入精神力量。

三是明确马克思主义中国化理论成果、习近平新时代中国特色社会主义思想在中华思想史上的地位和作用。从中华文明历史变迁的角度，特别是审视鸦片战争以来，尤其是中国共产党成立以来中华思想发展轨迹，从学理上筑牢马克思主义中国化理论成果、习近平新时代中国特色社会主义思想在中华思想史上的地位作用，弘扬几千年中华优秀传统思想和马克思主义相结合所形成的先进思想，即中国化马克思主义、习近平新时代中国特色社会主义思想。

源远流长的中华传统文化中包含着丰富的优秀思想，延续了中华文明的思想血脉，积淀了中华民族最深层的精神追求，蕴含着中

华民族最根本的精神基因。例如,"自强不息"的奋斗精神,"厚德载物"的道德修养,"天下兴亡,匹夫有责"的爱国主义,"苟日新、日日新、又日新"的创新精神,"小康""大同"的社会理想,"和而不同"的处世之道,"民惟邦本、强国富民"的民本思想,"法道自然、天人合一"的自然生态观,"四海为家、天下为一"的"大一统"政治理念,"德法相辅"的治国方略,"知行合一、躬行实践"的贵在实干观,"实事求是"的求真精神和思想方法,唯物主义和辩证法的哲学精华等。这些精神基因代表中华民族独特的精神标识,滋养中华民族的发展进步,夯实国家治理体系的思想根基,不仅为中华民族生生不息、发展壮大提供了丰厚滋养,也为人类文明进步作出了独特贡献;不仅铸就了历史的辉煌,在今天仍然闪耀着时代的光芒。

当前,我们面临世界百年未有之大变局,两种制度之争的加剧,高新技术引发的竞争,经济全球化的纷斗,逆全球化思潮的涌动,疫情带来的国际局势的扰动……导致国际时局的发展更加扑朔迷离。现实越是复杂,越是需要理论的清醒。唯物主义历史观社会形态学说昭示,任何一个历史时代都存在新旧两种社会形态的较量与斗争,《共产党宣言》深刻指出,"资产阶级的灭亡和无产阶级的胜利是同样不可避免的"①,这是历史发展不可逆转的大趋势。随着资本主义的不断衰落,资本主义意识形态将倍加努力地维护自身所赖以存在的社会形态,抵制和攻击社会主义,不断加大资本主义意识形态的攻击力度。我们既要正确研判形势,也要树立坚定的文化自信。2020年以来,我们经历了百年来全球最严重的传染病大流行。面对突如其来的疫情,我们党团结带领全国各族人民,坚持人民至上、生命至上,进行了一场惊心动魄的抗疫大战,取得抗击新冠疫情的重大战略成果,创造了人类同疾病斗争史上又一个英勇壮举,生动诠释了我们党以人民为中心的发展思想和"江山就

---

① 马克思、恩格斯:《共产党宣言》,人民出版社1997年版,第40页。

是人民、人民就是江山"的为民情怀。中国特色社会主义制度具有显著优势，具有坚实的历史基础，具有旺盛而繁茂的生命力，是应对各种风险挑战、实现国家长治久安的有力保证。

四　中国共产党是中华优秀传统思想的忠实继承者和弘扬者

中国共产党人历来具有传承和发展中华优秀传统思想的高度自觉。在对待历史遗产和中华传统思想的问题上，中国共产党一直坚持决不能割断历史、割断思想，决不能成为历史虚无主义者、文化虚无主义者，也决不能成为历史复古主义者、文化复古主义者；既不能像全盘西化论者那样照搬照抄西方思想，也不能像文化复古论者那样不加分析地盲目接受传统思想，而是要始终在马克思主义指导下，坚持科学的态度和方法，立足社会实践，结合时代要求，既要回首过去、追溯历史，又要超越陈规、创新发展。1938年10月，毛泽东同志在提出马克思主义中国化概念时就强调：

> 学习我们的历史遗产，用马克思主义的方法给以批判的总结，是我们学习的另一任务。我们这个民族有数千年的历史，有它的特点，有它的许多珍贵品。对于这些，我们还是小学生。今天的中国是历史的中国的一个发展；我们是马克思主义的历史主义者，我们不应当割断历史。从孔夫子到孙中山，我们应当给以总结，承继这一份珍贵的遗产。[①]

1943年5月，《中国共产党中央委员会关于共产国际执委主席团提议解散共产国际的决定》明确指出：

---

① 《毛泽东选集》第2卷，人民出版社1991年版，第533—534页。

> 中国共产党人是我们民族一切文化、思想、道德的最优秀传统的继承者,把这一切优秀传统看成和自己血肉相连的东西,而且将继续加以发扬光大。①

进入新时代,习近平总书记结合新的时代特点进一步强调:

> 中国共产党人是马克思主义者,坚持马克思主义的科学学说,坚持和发展中国特色社会主义,但中国共产党人不是历史虚无主义者,也不是文化虚无主义者。我们从来认为,马克思主义基本原理必须同中国具体实际紧密结合起来,应该科学对待民族传统文化,科学对待世界各国文化,用人类创造的一切优秀思想文化成果武装自己。在带领中国人民进行革命、建设、改革的长期历史实践中,中国共产党人始终是中国优秀传统文化的忠实继承者和弘扬者,从孔夫子到孙中山,我们都注意汲取其中积极的养分。②

这就是说,要坚持从当代中国的实践和未来中国的发展这两个角度去观察和审视中华传统思想,创造性地传承和发展中华民族传统思想的优秀成果,弘扬其发展中积累下来的优良传统,为我所用、为今所用、为将来所用,实现历史思想、当代实践和未来发展的有效贯通。

思想就是力量。一个民族要走在时代前列,就一刻不能没有理论思维,一刻不能没有思想指引。在党史学习教育动员大会上的讲话中,习近平总书记深刻指出:

---

① 《建国以来重要文献选编(1921—1949)》第 20 册,中央文献出版社 2011 年版,第 318 页。

② 习近平:《在纪念孔子诞辰 2565 周年国际学术研讨会暨国际儒学联合会第五届会员大会开幕会上的讲话》,人民出版社 2014 年版,第 13 页。

在近代中国最危急的时刻，中国共产党人找到了马克思列宁主义，并坚持把马克思列宁主义同中国实际相结合，用马克思主义真理的力量激活了中华民族历经几千年创造的伟大文明，使中华文明再次迸发出强大精神力量。[①]

从中华文明的视角，审视鸦片战争以来，尤其是中国共产党成立以来的中国历史，中华民族取得改天换地的发展奇迹，可以得出结论："中国共产党为什么能，中国特色社会主义为什么好，归根到底是因为马克思主义行！"[②]

马克思主义进入中国，既引发了中华文明的深刻变革，也走过了一个逐步中国化的过程。我们党的历史，就是一部不断推进马克思主义中国化的历史，就是一部不断推进理论创新、进行理论创造的历史。习近平总书记在庆祝中国共产党成立100周年大会上的讲话中全面回顾了中国共产党百年奋斗的光辉历程和伟大成就，系统总结了中国共产党人百年奋斗的宝贵经验，提出以史为鉴、开拓未来的"九条必须坚持"的基本原则，其中，"推进马克思主义中国化"是党百年来极为重要的宝贵经验。习近平总书记鲜明指出，要"坚持把马克思主义基本原理同中国具体实际相结合、同中华优秀传统文化相结合，用马克思主义观察时代、把握时代、引领时代，继续发展当代中国马克思主义、21世纪马克思主义"。马克思主义中国化，就是把马克思主义基本原理同中国具体实际相结合，吸收古今中外先进思想的精华，用中国特色、中国风格、中国气派的理论话语体系建构中国化的马克思主义。我们要把学习"七一"重要讲话精神同学习习近平新时代中国特色社会主义思想结合起来，准确把握其中的理论逻辑、历史逻辑、实践逻辑，努力探索中华优秀传统思想与马克思主义基本原理相结合的路径，从学理上筑

---

① 习近平：《在党史学习教育动员大会上的讲话》，《求是》2021年第7期。
② 习近平：《在庆祝中国共产党成立100周年大会上的讲话》，《求是》2021年第14期。

牢马克思主义中国化的思想根基。

历史和现实都表明，只有坚持历史唯物主义，我们才能不断把对中国特色社会主义规律的认识提高到新的水平，不断开辟当代中国马克思主义发展新境界。[①] 我们要在唯物史观的科学指导下，融通社会形态史与思想史研究，立足社会形态演进规律，客观、全面、辩证地分析各个时代的主流思想，将研究主体放在人民群众身上，将研究重点放在真正代表人民大众的进步思想上，拿出一部真正代表中华思想史当代中国马克思主义学派学术品格的、一部真正属于人民的、一部无愧于历史与时代的思想史精品力作，为奋力"十四五"、全面建成社会主义现代化强国，实现中华民族伟大复兴作出应有贡献。

---

① 习近平：《坚持历史唯物主义不断开辟当代中国马克思主义发展新境界》，《求是》2020年第2期。

坚持历史唯物主义，以习近平新时代中国特色社会主义思想为指导，实现马克思主义与中国优秀传统文化相结合[*]

习近平新时代中国特色社会主义思想是当代中国的马克思主义，21世纪的马克思主义。习近平总书记把马克思主义基本原理与中国实际相结合，与中华优秀传统文化相结合，把马克思主义中国化、时代化提升到了一个新时代、新境界、新水平。今天，我们接续召开第八届中华思想史高峰论坛，希望集聚学界力量，共同探讨"以习近平新时代中国特色社会主义思想为指导，推进马克思主义基本原理同中华优秀传统文化相结合"的会议主题，深入推进中华思想史研究。

一 马克思主义与中华优秀传统文化相结合必然且必要

马克思主义传入中国，既引发了中华文明的深刻变革，也走过了一个逐步中国化的过程。我们党的历史，就是一部不断推进马克思主义中国化的历史，就是一部不断推进理论创新、进行理论创造

---

[*] 该文系作者2022年8月27日在天津市滨海新区召开的第八届中华思想史高峰论坛开幕式上的讲话，原载《天津日报》2022年9月26日。

的历史，也是一部推进马克思主义与中华优秀传统文化相结合的历史。习近平总书记在庆祝中国共产党成立100周年大会上的讲话中全面回顾了中国共产党百年奋斗的光辉历程和伟大成就，系统总结了中国共产党人百年奋斗的宝贵经验，提出以史为鉴、开拓未来的"九条必须坚持"的基本原则，强调"推进马克思主义中国化"是党百年来极为重要的宝贵经验。习近平总书记鲜明指出：要"坚持把马克思主义基本原理同中国具体实际相结合、同中华优秀传统文化相结合，用马克思主义观察时代、把握时代、引领时代，继续发展当代中国马克思主义、21世纪马克思主义"①。

坚持把马克思主义基本原理同中华优秀传统文化相结合，是丰富和发展马克思主义，不断推进马克思主义中国化的必然要求。习近平总书记指出："无论时代如何变迁、科学如何进步，马克思主义依然显示出科学思想的伟力，依然占据着真理和道义的制高点。"② 近代以来，先进的中国知识分子之所以接受外来的马克思主义，就是因为西方的资本主义思想武器救不了中国，中国传统的国学，譬如儒学也救不了中国，它们都解决不了中国一穷二白、落后挨打的悲惨状况，实现不了中华民族的伟大复兴，只有马克思主义才能救中国。马克思主义是普遍真理，具有普遍的指导意义，适合中国。然而，马克思主义要在中国大地生根、开花、结果，又必须与中国实际相结合，中国实际当然包括中华优秀传统文化。如果不把马克思主义和中国实际、和中华优秀传统文化相结合，也就无法使马克思主义实现中国化，以指导中国特殊的实践，也就无法取得中国革命和中国建设的伟大胜利，也就无法开辟中华民族伟大复兴的光明之路。

马克思主义与中华优秀传统文化相结合，既是必然的，又是必

---

① 习近平：《在庆祝中国共产党成立100周年大会上的讲话》，《求是》2021年第14期。

② 习近平：《在哲学社会科学工作座谈会上的讲话》，《光明日报》2016年5月19日。

要的，既是可能的，又是现实的。产生于19世纪40年代的马克思主义，是资本主义历史时代社会主义与资本主义两条道路、两种历史趋势，无产阶级和资产阶级两大阶级力量矛盾和斗争的理论产物，是指导战胜资产阶级，以社会主义取代资本主义的无产阶级世界观、方法论的理论结晶。马克思主义是外来的先进思想，体现了时代精神的精华，概括了自然、人类社会和思维最一般的规律，具有普遍适用的一般性。19世纪末20世纪初的旧中国，虽然处于半封建半殖民地性质的社会历史阶段，历史条件决定中国不可能独立自主地走资本主义道路，实现资本主义富民强国，但是由于世界历史已进入帝国主义和无产阶级时代，中国工人阶级已经登上政治舞台，中国革命已经成为世界社会主义革命的组成部分，中国需要马克思主义，马克思主义也需要中国，这已经成为历史的必然事实。当然，马克思主义要为中国人民所接受、所利用，真正发挥指导中国实践的指南功能，就必须与中国特殊的实际相结合，成为中国化的马克思主义。马克思主义吸取中华优秀传统文化，与中华优秀传统文化相结合，与中国实际相结合，成为指导中国实际的中国化马克思主义，又是极端重要且必要的。

坚持把马克思主义基本原理同中华优秀传统文化相结合，也是实现中华优秀传统文化创造性转化和创新性发展的必然而必要的路径。习近平总书记站在唯物主义历史观的高度，充分肯定了中华优秀传统思想的内在价值，指出中华优秀传统思想文化是中华文明进步的精神力量，是治国理政、安邦济世的思想资源，是中国化马克思主义的理论营养，是涵养社会主义核心价值观的道德源泉。中华思想文化之所以绵延几千年而不绝，离不开中华思想文化的开放和包容，离不开对优秀外来思想文化的吸收和融合。在中华民族复兴、中国梦实现的伟大目标从来没有这样逼近的今天，挖掘中国传统思想文化精华，融合会通外来先进思想文化，使之与马克思主义相融通，不仅有利于考量中国共产党百年来的理论探索在中华文明历史长河中的地位和分量，也有利于在新的历史时期进一步坚持挖掘和激活中华优秀传统文化的精粹，继承和弘扬中华优秀传统思想文化，提升中华文明，筑牢思想文化根基，提供历史文明智慧和先进文化底蕴，坚定文化自信。

岁月更替，人世沧桑，马克思主义并不因时代的变迁而丧失理论光彩，相反，它以宏大的世界视野、科学的理论价值，对当今社会发挥着根本性的指导作用。只有坚持将马克思主义基本理论同中国的具体实际结合起来、同中华优秀传统文化结合起来，才能使马克思主义的理论话语在中国的实践中获得升华，才能持续不断地推进马克思主义中国化，巩固马克思主义在新时代思想文化战线的指导地位。《共产党宣言》发表一百七十多年来的实践，特别是中国共产党人创造性地领导中国革命、建设和改革的成功实践告诉我们，只有将马克思主义与中国实际，与中华优秀传统文化实际相结合，才能不断实现马克思主义中国化，用中国化马克思主义正确地指导中国实践，中国革命才能胜利，中国建设才能成功；科学社会主义基本原则只有被赋予中国特色和时代特征，中国革命才能胜利，中国建设才能成功。毛泽东思想、邓小平理论、"三个代表"重要思想、科学发展观、习近平新时代中国特色社会主义思想就是马克思主义与中国实际相结合，与中华优秀传统文化相结合的理论瑰宝。在中国特色社会主义新时代，只有坚定不移地以与中国实际、与中华优秀传统文化实际相结合的当代中国马克思主义、21世纪马克思主义——习近平新时代中国特色社会主义思想为指导，我们才能最终完成中华民族复兴伟业。

二 坚定文化自信，从中华优秀传统思想中汲取智慧，不断推进马克思主义中国化时代化

文化自信是最根本的民族自信，是社会进步不可或缺的精神动力。习近平总书记指出："文化自信，是更基础、更广泛、更深厚

的自信。"① 党的十八届六中全会强调，要坚定对中国特色社会主义的道路自信、理论自信、制度自信、文化自信。中国人民的理想和奋斗，中国人民的价值观和精神世界，中国人民的自信心，始终植根于中华优秀传统文化沃土，随着历史前进而不断与日俱新、与时俱进。

第一，坚定文化自信，必须从中华民族世世代代形成和积累的优秀传统文化中汲取营养和智慧，延续文化基因，萃取思想精华，展现精神魅力，以马克思主义的时代精神激活中华优秀传统文化的生命力，同时用中华优秀传统文化厚植马克思主义而使之不断中国化。

中华优秀传统文化是中华民族的精神命脉，是中华民族的突出优势，是我们的文化自信的重要来源。马克思说："人们自己创造自己的历史，但是他们并不是随心所欲地创造，并不是在他们自己选定的条件下创造，而是在直接碰到的、既定的、从过去承继下来的条件下创造。"② 列宁说过："只有了解人类创造的一切财富以丰富自己的头脑，才能成为共产主义者。"③ 中华优秀传统文化是马克思主义中国化的既定的历史条件和现实条件，是马克思主义在中国实践进程中得以不断创新实现中国化的水分、土壤和养料。马克思主义离开了中国大地的水分、土壤和养料，离开了中国既定的历史条件和现实条件，就无法实现中国化，无法为中国人民所接受、所运用，成为指导中国实践的最管用的思想武器，成为改造旧中国、建设新中国最强大的精神力量。

如果说中华优秀传统文化是实现马克思主义中国化的水分、土壤和养料，那么时代精神最强音的马克思主义则是普照之光。雨露滋润禾苗壮，万物生长靠太阳。马克思主义是时代精神的伟大光

---

① 习近平：《在庆祝中国共产党成立95周年大会上的讲话》，人民出版社2016年版，第13页。
② 《马克思恩格斯选集》第1卷，人民出版社2012年版，第669页。
③ 《列宁选集》第4卷，人民出版社1995年版，第285页。

辉，是放之四海而皆准的真理之光，只有马克思主义才能为中国优秀传统文化注入时代最强音，注入最先进的世界观、方法论。同时，也只有吸取中华优秀传统文化，马克思主义才能实现中国化，才能在中国发挥指导人们行动的强大作用，才能转变成巨大的物质力量。马克思主义与中华优秀传统文化是互动、双向、相互促进的，二者的有机统一，就是马克思主义中国化。马克思主义离开了中华优秀传统文化，就无法实现中国化，而中华优秀传统文化离开了马克思主义就无法被激活、弘扬。马克思主义与中国实际相结合，与中华优秀传统文化相结合，实现中国化，才能成为中国人民最锐利的思想武器。

第二，坚定文化自信，必须坚定中国特色社会主义先进文化自信，马克思主义与中华优秀传统文化相结合，必将产生体现世界先进文明的中国特色社会主义先进文化。

摆在我们面前的一项重要任务就是要构建以马克思主义为指导，把马克思主义与中华优秀传统文化相结合的中国特色社会主义先进文化。在当今中国，坚定文化自信，就要坚持马克思主义与中华优秀传统文化相结合的产物——中国特色社会主义先进文化自信，就要坚持近平新时代中国特色社会主义思想理论自信。

坚持马克思主义理论自信，坚持中国化马克思主义理论自信，坚持习近平新时代中国特色社会主义思想理论自信，是中国共产党人"四个自信"的基础和核心，离开了理论自信，就无所谓其他自信。坚持中华优秀传统文化自信、中国特色社会主义先进文化自信，其底气来自马克思主义理论自信，来自中国化马克思主义理论自信，来自习近平新时代中国特色社会主义思想理论自信。

坚持马克思主义在中国特色社会主义文化建设上的指导地位，是中国特色社会主义先进文化的本质要求。马克思主义是中国特色社会主义先进文化的灵魂，建构中国特色社会主义先进文化，必须始终坚持马克思主义的指导。坚持马克思主义理论自信，集中体现了中国共产党人的思想取向、文化取向和价值取向。在人类思想史上，从柏拉图、亚里士多德对古希腊奴隶制社会城邦统治秩序的设计，到卢梭、伏尔泰、孟德斯鸠等启蒙思想家对新兴资产阶级权利的辩护，再到黑格尔"国家哲学"对德意志资产阶级意识形态的论证，无不包含着鲜明的阶级政治立场。马克思主义是工人阶级的世界观和方法论，是阐明社会主义、共产主义必然代替资本主义客观规律的科学理论，是指导工人阶级及其政党取得社会主义革命胜利的有力武器，有着鲜明的阶级政治立场和价值伦理取向。马克思主义是中国特色社会主义先进文化的思想渊源和理论基础，这就决定了构建中国特色社会主义先进文化必须旗帜鲜明地坚持以马克思主义为指导，掌握贯穿其中的立场、观点、方法，通过深入研究、科学阐释，彰显马克思主义理论思维和真理科学的伟力，才能真正实现马克思主义与中华优秀传统文化相结合，切实构建中国特色社会主义先进文化。

中华优秀传统思想文化是建设中国特色社会主义先进文化不可缺少的基础和起点。构建中国特色社会主义先进文化，必须深入学习贯彻习近平总书记关于传承和弘扬中华优秀传统文化的系列重要论述，努力做好中华优秀传统文化的收集、整理、挖掘、梳理、总结、概括和提炼，去伪存真，去粗取精，古为今用，弘扬精华，创新发展。

中国特色社会主义先进文化的形成是非常复杂的历史过程，必须善于从实践中总结提炼，善于融通古往今来、国内国际各种知识、观念、理论和方法，特别要把握好马克思主义资源、中华优秀传统文化资源、国外优秀文化资源，加强对中华优秀传统文化的挖掘和阐发，使中华民族最基本的文化基因与当代文化相适应、与现代社会相协调；要吸取世界先进的文化，就是要在比较、对照、批判、吸收、升华国外先进文化成果的基础上，推动中华文明创造性转化、创新性发展，使中华文明同各国人民创造的多彩文明一道，为人类提供正确思想指引，使中国特色社会主义先进文化更加符合当代中国和当今世界的发展要求。只有这样，中国特色社会主义先进文化才能有深厚的历史底蕴和鲜明的中国特色，才能为中国特色社会主义的道路自信、理论自信、制度自信、文化自信提供更基本、更持久的文化支撑。

第三，坚定文化自信，必须以马克思主义为指导，大力提升中国特色社会主义文化软实力，增强中华民族凝聚力和创造力。

作为意识形态上层建筑的文化虽然以经济发展为基础，但文化并不是消极的、被动的，具有对社会经济发展的反作用，并具有自己相对独立的发展过程和内在规律。中国特色社会主义文化建设，一方面必须与中国特色社会主义经济社会发展相适应，必须反映我国社会主义经济、政治、文化的基本特征；另一方面，又对经济社会发展和中华民族生命力、创造力和凝聚力起巨大促进作用和重要支撑作用。必须把文化建设放在与经济建设、政治建设、社会建设、生态建设同等重要的位置，必须将文化视作凝聚和激励全国各族人民的重要力量，视作综合国力的重要标志。

回顾近百年来的中国近现代史，就是一部为中华民族复兴而奋斗的历史，就是一部中华民族思想文化走向自觉、自信、自强的历史。历史事实已经证明，唯有马克思主义与中国实践相结合，创造出中国化的马克思主义这一中华民族先进文化的主流意识形态，才能构建强大的中国特色社会主义先进文化，才能成功引导中国人民走上中国特色社会主义的繁荣富强发展之路。中国特色社会主义先进文化的建设任务，一是实现马克思主义中国化，把中国化的马克思主义作为中国特色社会主义文化的灵魂、指导思想和旗帜；二是激活、继承和弘扬中华优秀传统文化，让它绽放出时代光辉，推动构建以中国化马克思主义为灵魂，以社会主义核心价值观为要旨，广泛吸取世界先进文化，吸取中华优秀传统文化，形成具有中国风格、特色、气派的中国特色社会主义先进文化，引导中国特色社会主义文化大发展大繁荣，建设社会主义文化强国，提升我国的文化软实力和竞争力；三是深入学习理解贯彻落实习近平新时代中国特色社会主义思想，不断赋予中国化马克思主义最新成果以鲜明的时代特色、实践特色、民族特色、大众特色，让当代中国马克思主义、21世纪马克思主义不断迸发时代的光芒、真理的光彩。

三 立足中国大地，抓住时代命题，推出具有中国特色、中国风格、中国气派的中华思想史扛鼎之作

国家社科基金特别委托项目、中国社会科学院创新工程重大项目《中华思想通史》（以下称《通史》），在中央宣传部、中国社会科学院党组的领导下，在200多位专家学者的共同奋斗下，历时8年，即将取得最终的科研成果。我们所从事的《通史》项目，就是要坚定中华优秀传统文化自信，坚定中国特色社会主义文化自信，坚定马克思主义理论自信，坚定中国化马克思主义理论自信，坚定习近平新时代中国特色社会主义理论自信，做好继承和弘扬中华优秀传统文化的基础工作，从历史和现实、思想和社会、理论和实践相结合的多重维度，梳理中华民族五千多年来的思想变迁规律、线索和逻辑，总结中华民族思想发展史的规律、逻辑和经验，从浩瀚的思想史料中提炼出中华思想的优秀基因，实现马克思主义与中华优秀传统文化相结合，大力推进马克思主义中国化，大力学习贯彻落实习近平新时代中国特色社会主义思想。

我们在座的各位因为《通史》项目而聚集到一起。编撰《通史》的过程，就是以马克思主义为指导，把马克思主义与中华优秀传统文化相结合，弘扬中华优秀传统文化，不断推进马克思主义中国化的过程。近日，中共中央办公厅、国务院办公厅印发了《"十四五"文化发展规划》，对在新的历史起点上进一步推动社会主义文化繁荣兴盛，建设社会主义文化强国进行了顶层设计，提出了一系列要求。《规划》着重指出要推动当代中国马克思主义、21世纪马克思主义——习近平新时代中国特色社会主义思想深入人心，要加强中华优秀传统文化和革命文化研究阐释。我们研究编撰《通史》，主要有三项任务：一是通过编撰《通史》，系统地整理中

华传统优秀思想文化的发展脉络,概括出中华优秀思想的发展规律,提炼出中华思想的精神基因,将中华思想史的研究,提高到一个新的学理高度;二是通过编撰《通史》,进一步巩固马克思主义,加强习近平新时代中国特色社会主义思想在思想史研究领域的指导地位,继承和弘扬中华民族优秀思想文化,为中国特色社会主义事业提供理论滋养,贡献思想力量;三是通过研究编撰中华思想史,形成一个又红又专、党放心、人民满意、为人民做学问的中华思想通史当代中国马克思主义学派。我们在座的来自各个不同的研究单位、不同的学科、不同的专业,来自五湖四海,为了一个共同的目标走到一起。只有掌握马克思主义的立场、观点和方法,建立共同的编研语言和编研语境,提高认识,统一思想,才能够保证我们研究到一起,编撰到一块,才能为完成《通史》研究编撰任务,继承和弘扬中华优秀传统文化,为马克思主义与中华优秀传统文化相结合贡献心智。否则,我们就是一盘散沙,是办不成这件大事的。

老天不负有心人,迄今为止,我们已经出版一系列成果,即将迎来丰收的季节。2.1亿字的《中华思想通史资料长编》,体量巨大,个别卷整理任务艰巨,但总体完成质量值得肯定。此次论坛期间,我们将召开《中华思想通史资料长编》电子版出版座谈会。此外,80多万字的《中华思想通史绪论》以及《中国社会形态史纲》、《中华思想通史文论》(一)(二)(三)、《中华思想史研究集刊》(1—6集)和郑大华同志独立完成的《中国近代思想史》(3卷本)等均已完成,还出版专著364部,在各类报刊发表论文3690余篇。正本初稿撰写工作也基本完成。《通史》项目遵照原设计的要求和承诺,基本完成撰《通史》、立学派、建队伍的任务。即编撰从原始社会至今的中华思想通史;构建中华思想史当代中国马克思主义学派的学科体系、学术体系和话语体系;打造一支方向正确、专精结合、博古通今、通识国际的中华思想史马克思主义研究队伍。

国学大师王国维先生曾以三句诗词概括学术研究的三种境界："昨夜西风凋碧树""衣带渐宽终不悔""众里寻他千百度",形容治学的艰苦历程,勉励学问家要具备这样的坚韧精神,刻苦治学。我希望《通史》项目参与者也要秉持这种坚韧的治学精神,百折不挠地完成《通史》撰写任务。现在项目进行到"衣带渐宽终不悔"的阶段,到 2024 年,最终成果完成出版的时候,也就到了"众里寻他千百度"的境地了。希望在座各位齐心协力、保质保量地完成《中华思想通史》这部扛鼎之作,为繁荣发展中国哲学社会科学和弘扬中华优秀思想文化,为新时代坚持和发展中国特色社会主义事业,为中华民族伟大复兴作出不负于历史和时代的学术贡献。希望大家为探索马克思主义与中华优秀传统文化相结合进行深入探讨,取得更加丰硕的学术成果。

第四部分
旗帜鲜明地反对历史虚无主义，坚守党的意识形态主阵地

坚决捍卫唯物史观，彻底批判历史虚无主义是事关全局的战斗任务[*]

在伟大祖国成立六十周年前夕，由中国历史唯物主义学会主办，国防大学马克思主义教研部、北京外国语大学哲学社会科学学院承办的"新中国六十年与历史唯物主义理论研讨会"，今天在这里隆重召开。我非常高兴和同志们一道参加这个理论研讨会。来自全国各地的专家学者会聚在美丽的北京玉泉山下，会聚在国防大学这个人民军队的最高学府，全面回顾和总结新中国成立以来社会主义革命、建设、改革实践的伟大历程、辉煌成就和宝贵经验，深入

---

[*] 该文系作者2009年7月25日在北京召开的新中国六十年与历史唯物主义理论研讨会开幕式上的致辞，原载李崇富、许志功主编《新中国六十年与历史唯物主义》，国防大学出版社2010年版，第5—8页。现标题为作者新加。

学习和探讨在实践运用中坚持和发展包括历史唯物主义在内的马克思主义世界观和方法论，不断推进马克思主义中国化，这对于坚持中国特色社会主义道路、发展中国特色社会主义理论体系，不仅具有重要理论意义，而且具有重要的现实意义。我谨代表中国社会科学院党组、代表陈奎元同志对这次理论研讨会的召开，表示热烈的祝贺！

今年十月一日，是新中国成立六十周年。这是一个特别值得纪念和庆贺的盛大节日。按照我国传统的干支纪年，社会主义中国即将走过"六十花甲"的光辉历程。六十年峥嵘岁月，对于有五千多年悠久、灿烂的中华文明史来说，可以说是"弹指一挥间"，但广袤的华夏大地却发生了翻天覆地的变化。大家知道，60年前的10月1日，30万军民齐集天安门广场，举行开国大典，欢庆新中国诞生。毛泽东主席亲自按动电钮，升起第一面五星红旗。这标志着旧中国半殖民地半封建社会的历史终结，标志着社会主义新中国的崛起。中国人民从此站起来了！新中国的成立和走上社会主义道路，是继十月革命胜利以后发生的最为重大的世界历史性事件。它不仅开辟了中国历史的新纪元，而且在很大程度上改变了整个世界的战略态势和政治格局，已经和并将对世界社会主义运动的发展进程，以及人类的前途命运，发挥着重大影响。

从新中国成立到现在，大体可以分为两个时期、干了两件大事。一是社会主义革命和建设时期。以毛泽东同志为核心的党的第一代中央领导集体，带领全国各族人民进行社会主义革命和建设，从而确立了社会主义基本制度，并在"一穷二白"的基础上，建立起独立自主的、比较完整的工业体系和国民经济体系，开始探索中国社会主义建设道路。在此期间，既取得了巨大成就，又出现过严重失误；既有成功的经验，也有沉痛的教训。从总体看，这正如党的十七大报告所概括的："新民主主义革命的胜利，社会主义基本制度的建立，为当代中国一切发展进步奠定了根本政治前提和制度基础。"① 二是改革开放和社会主义现代化建设新时期。以邓小平、江泽民和胡锦涛为主要代表的中国共产党人，紧紧依靠和领导全国各族人民，开辟和坚持走中国特色社会主义道路、创立和发展中国特色社会主义理论体系，坚持以经济建设为中心、坚持四项基本原则、坚持改革开放，建立和完善社会主义市场经济体制，大幅提高我国的综合国力和人民生活水平，为我国实现社会主义现代化，为中华民族的伟大复兴，开辟了广阔的前景。这两件大事，从根本上改变了中国人民的前途命运和国际地位，决定了中国社会的发展方向和历史趋势，在世界上产生了积极和深远的影响。新中国的六十年，是探索马克思主义基本原理同中国具体实际相结合、不断开拓马克思主义中国化新境界的六十年；是中国人民掌握自己命运、意气风发地建设社会主义新生活的六十年；是我们党经受各种风浪考验，不断提高执政能力、不断发展壮大，领导中国社会主义事业不断发展进步的六十年；是中华民族跃居人类历史前列，迎接各种挑战、克服各种风险，逐步实现伟大复兴的六十年。

　　新中国的发展历程波澜壮阔，取得的成就来之不易，积累的经验弥足珍贵。六十年来，在共产党的领导下，全国人民团结奋斗，使我们这个幅员辽阔、人口众多、经济文化落后的东方大国，发生了空前深刻的社会变革，建立和巩固社会主义制度，建设富强民主文明和谐的社会主义现代化国家，对马克思主义理论和社会主义事业，作出了历史性的创造和贡献。党的十一届三中全会以来，我们党制定和贯彻"一个中心、两个基本点"的基本路线，牢牢扭住经济建设这个中心，把坚持四项基本原则同坚持改革开放结合起来，既以四项基本原则保证改革开放的正确方向，又通过改革开放赋予四项基本原则新的时代内涵，从而使中国特色社会主义的伟大实践，在当今世界深刻变动和当代中国深刻变革中，不断探索前进，

---

① 胡锦涛：《高举中国特色社会主义伟大旗帜，为夺取全面建设小康社会新胜利而奋斗》，《人民日报》2007年10月25日。

成为充满生机与活力的社会主义。与此同时，我们党把坚持马克思主义基本原理同推进马克思主义中国化结合起来，形成和发展了包括邓小平理论、"三个代表"重要思想以及科学发展观等重大战略思想在内的中国特色社会主义理论体系，继承和发展了马克思列宁主义、毛泽东思想，增强了马克思主义的生命力、吸引力和感召力。实践证明：只有社会主义才能救中国，只有改革开放才能发展中国、发展社会主义、发展马克思主义。新中国的历史进程和伟大成就，闪耀着马克思主义的真理光芒，是辩证唯物主义和历史唯物主义的伟大胜利。

列宁说过："马克思的历史唯物主义是科学思想中的重大成果"，是"唯一科学的历史观"。作为马克思主义最重要的组成部分，历史唯物主义为各国工人阶级政党和劳动人民正确认识和把握社会发展规律、社会主义建设规律、共产党执政规律，改造旧世界、建设新社会，为实现工人阶级解放和人类解放，为每个人的自由而全面的发展，奠定了科学的理论基础，提供了伟大的认识工具。新中国成立以来，我国理论界在马克思主义指导下，学习和运用唯物史观，反对和批判唯心史观，开展中国历史、世界历史和哲学社会科学的研究，取得了丰硕的成果。但我们也要清醒地看到，意识形态领域中唯物史观与唯心史观的斗争、社会主义思想与一切剥削阶级腐朽没落思想之间的较量和斗争，是长期和复杂的。直到最近，国内还有人说唯物史观存在"根本缺陷""已经过时"，要用所谓"唯人史观""文明史观"和"普世价值"等解构重写中国近现代史和中华人民共和国史；有的人全盘接受西方资产阶级理论和主张，鼓吹新自由主义、民主社会主义和历史虚无主义等错误思潮，丑化我们党和国家的领袖人物，把新民主主义革命描绘为"血腥的历史"，把社会主义革命和建设描述为一连串错误的集合。[①] 这股企图"西化"和"分化"中国的错误思潮，其出现和

[①] 习近平总书记2021年2月20日在党史学习教育动员大会上明确指出，"要旗帜鲜明反对历史虚无主义，加强思想引导和理论辨析，澄清对党史上一些重大历史问题的模糊认识和片面理解，更好正本清源、固本培元"。（编者注）

蔓延，存在深刻的国内外的社会背景和历史根源，容易搞乱人们的思想、引发社会动荡等严重问题。我们广大理论工作者要更加自觉地坚持以马克思主义为指导，努力学习、坚持和运用唯物史观，深入研究和正确总结新中国成立以来的革命、建设和改革的历史进程、实践经验和理论创新的重大成果，深入研究和阐明人民如何选择了马克思主义、选择了中国共产党、选择了社会主义、选择了改革开放，深入研究中国特色社会主义建设提出的重大理论和现实问题，不断坚持和推进马克思主义中国化，不断坚持和发展中国特色社会主义理论体系，为夺取全面建设小康社会新胜利，加快社会主义现代化，实现中华民族的伟大复兴，作出新的更大的贡献。

同志们、朋友们，当年帝国主义列强侵略中国的历史告诉我们，要维护民族尊严、领土完整和国家主权，必须有强大的军队和国防。新中国成立六十年来，人民解放军在党的领导下，坚决捍卫祖国的领土完整和国家主权，取得了抗美援朝、"两弹一星"、载人航天等举世瞩目的成就，在保卫祖国、建设祖国，以及在抗击各种自然灾害中发挥了重要作用。我谨代表与会的专家学者向国防大学的领导和师生、向来自其他军事院校的同志们，致以崇高的敬意！最后，祝贺"新中国六十年与历史唯物主义理论研讨会"取得圆满成功！祝贺各位专家学者身体健康、精神愉快！

关于民主、国家、阶级和专政[*]

  为了驳斥意识形态领域的一些奇谈怪论和荒谬论点，为了澄清思想理论战线上的许多糊涂认识和糊涂观念，还马克思主义关于民主、国家、阶级、阶级斗争和专政学说的本来面貌，促使人们能够运用马克思主义关于这些重大问题的正确观点，回答现实生活中的一系列重大问题，我从2012年起陆续撰写了《关于民主》《关于阶级和阶级斗争》《关于国家与专政》等几篇研究札记，相继发表在《世界社会主义研究动态》《世界社会主义研究》《红旗文稿》等期刊上。特别是2014年9月23日《红旗文稿》（2014年第18期）发表了我的文章《坚持人民民主专政，并不输理》，引发了一场关于社会主义初级阶段虽然阶级矛盾不是国内社会主要矛盾了，但还存在不存在一定范围的阶级斗争，还要不要坚持人民民主专政的社会主义国体的一场大争论，一场激烈的意识形态斗争就此展开。一时间，错误观点、言论甚嚣尘上，然而，乌云终不蔽日，经过一场论战，马克思主义的真理终于战胜了谬误。许多同志建议我把这些短文集结成册，供更多的读者阅读。故此我将这些文章整理编辑为《谈谈民主、国家、阶级和专政》一书，以飨读者。

---

* 原载王伟光《谈谈民主、国家、阶级和专政》，社会科学文献出版社2014年版。

一　关于民主

民主是具体的、历史的，具有鲜明的阶级性。资本主义民主没有也不可能具有普世价值。任何国家、任何地区，全盘照搬西方民主模式必然带来失败和灾难。

（一）民主是一个重大的理论和现实问题

民主，无论是在我国社会主义政治生活领域，还是在国际社会政治生活领域，都是一个极其重大而又敏感的理论与现实问题。一般来说，民主可以有三个不同层次的含义，一是作为国家政治制度层面的民主，就是通常所说的民主政治。民主就是政治，这个指意上的民主带有鲜明的阶级性、政治性、意识形态性。社会主义民主与资本主义民主是两种根本对立的政治制度，属于上层建筑领域。社会主义民主政治为社会主义经济基础服务，资本主义民主政治为资本主义经济基础服务。譬如，我国作为社会主义制度的国家，实行人民民主专政，对人民实行最广泛的民主，对少数敌对分子实行强有力的专政，是我国最根本的政治制度。共产党领导的多党合作制度、全国人民代表大会制度、全国政治协商制度、民族区域自治制度等都是基本的民主政治制度。从这个意义上来说，民主是指国家政治制度。二是作为具体组织形式、机构、机制、操作层面的民主，就是通常所说的民主政治的具体组织形式、运行体制、机构、机制，具体运作程序、原则、规则。它是为一定的国家制度、一定的政治、一定的阶级服务的，为什么服务，就从属什么，就具有什么性质。一般来说，它本身没有特定的政治性、阶级性和意识形态性，如是议会还是人民代表大会，是总统还是国家主席，并不能说明国家制度的性质。再如少数服从多数的原则是民主的通常规则，本身不具有明确的政治性、阶级性和意识形态性。三是作为民主价值观、民主思想、民主作风的民主。如对民主的价值追求、价值判断等价值观，关于民主的理论、观点、认识等思想，密切联系群众、多听不同意见的民主作风。这些作为观念形态的民主，是有意识形态性、阶级性的，譬如同样的民主理论，可以是资产阶级的民主观，也可以是工人阶级的民主观。

三种意指不同的民主相互联系，相辅相成，相得益彰。比如社会主义民主，必然实行民主集中制的原则。实行民主集中制，坚持社会主义民主政治，必然要求领导干部具有"公仆意识""取消一切特权"等优良的民主作风和民主思想。三者也是相互区别的，第一种、第三种含义有关民主的政治属性不能混淆，而第二种含义的民主则可借鉴，如民主政治的一些具体组织形式、机构、体制、机制、操作原则、程序和规则，既可以为社会主义民主制度所采用，也可以为资本主义民主制度所采用。

作为国家政治制度，即民主政治，是具体的、历史的、变化的，从来就没有抽象的、超阶级的、超历史的、永恒的、普世的民主政治，即国家民主制度。在人类社会发展史上，原始社会是无阶级社会，在原始社会晚期，人们创造了比较成熟的原始社会的民主议事制度，以及相应的组织形式、机制。可以说，这是原始社会公有制所决定的原始公社内部的民主政治，是原始公社内部最广泛的民主制度，当然这种民主政治也有一套民主议事程序和规则。奴隶社会是人类历史上的第一个阶级社会，奴隶社会制度带有极其鲜明的阶级性，奴隶社会的国家政治制度是少数人对多数人的专制统治，奴隶主阶级对奴隶阶级拥有绝对的统治权、剥削权，奴隶社会不可能有什么民主政治。但是在奴隶制的希腊城邦社会，也产生了一种城邦民主政治，无疑该民主也只是奴隶主统治阶级内部的民主，只是少数人的民主，是少数人对多数人专政的民主。封建社会是专制制度，是与民主政治根本对立的封建政治制度。中国长达几千年的封建社会建立了与民主政治根本不同的封建君主专制政治制度。旧中国是半封建半殖民地社会，实行的仍然是黑暗的专制独裁制度。

资产阶级是在专制的封建社会内部产生的新生阶级，代表新的生产力发展方向，资产阶级要建立资本主义生产关系，解放和发展受封建生产关系束缚的生产力，必然首先要冲破封建地主阶级的专制政治，建立与私有制市场经济发展要求相适应的资产阶级民主政治，从根本制度上保证资产阶级的利益要求，这就产生了以民主制度来代替专制制度的资产阶级民主革命。应该说，与资本主义市场经济发展需求相适应，资产阶级创造了适应人类历史进步的资产阶级民主政治。可以说，资产阶级民主在资本主义上升期是具有进步性和革命性的。

然而，资本主义民主同时具有两重性、两面性，一方面，相对于封建主义来说，有其进步性和革命性，但其进步性和革命性是暂时的、历史的、有局限性的；另一方面，相对于工人阶级来说，又有其欺骗性、反动性的一面。资产阶级民主从一开始就是少数人的民主，是以少数人对多数人的统治为前提的民主，是以保护资产阶级私有制经济利益为条件的民主，因而资产阶级民主在资本主义上升时具有进步性和革命性的同时，就具有局限性、有限性、反动性、虚伪性和欺骗性。对无产阶级和劳动人民来说，它实行的并不是真正的民主，以表面的全民性作为伪装，掩盖其对多数人实行统治、压迫的阶级实质。随着资产阶级革命的成功和资本主义制度的确立，资本主义民主逐渐丧失其进步性和革命性。

当今时代是作为新生事物的社会主义力量与资本主义力量博弈的伟大时代，显现出两种历史趋势、前途和命运的反复较量。资产阶级革命成功的同时，资产阶级民主的虚伪性、反动性也愈益显现。自从资本主义以社会制度的形式确立下来的同时，资产阶级就造就了它的对立面——工人阶级，资本主义社会内部开始孕育否定、替代资本主义制度的社会主义因素。自社会主义作为最终战胜资本主义的力量，以社会制度的形式诞生以来，就一直遭到资本主义运用经济的、政治的、意识形态的乃至军事的力量的围攻和剿灭。

资产阶级在其革命时期，民主、人权、自由、平等、博爱等是它战胜封建势力的思想政治武器，它所追求的民主、人权、自由、平等、博爱的思想政治武器的确比封建专制主义的思想武器强，这些思想政治武器一度成为向封建专制主义开展斗争的舆论工具。但随着资产阶级上升期的结束，资产阶级在运用民主巩固其经济基础，运用民主、人权、自由、平等、博爱等思想武器为其存在保驾护航的同时，也运用民主、人权、自由、平等、博爱等思想武器向社会主义国家发起意识形态的进攻，企图西化、分化社会主义国家。社会主义制度实行广泛的人民民主，是建立在社会主义公有制基础上的民主制度，当然，社会主义是新生事物，社会主义民主也有一个逐步完善的过程，作为新型民主，它还有很多缺憾和不足。当今时代在对民主的选择上，必然表现为社会主义与资本主义两种民主政治的生死博弈。

（二）民主是历史的、具体的，表现为一个过程

2008年爆发的国际金融危机已经进入第五个年头了。由美国次贷危机引发了全球金融风暴，刮起了欧债危机狂潮……政治是经济的集中表现，由此造就了西方发达资本主义国家持久的"占领华尔街"运动乃至"占领伦敦"运动，促进了此起彼伏的罢工、示威、游行活动。经济危机转化为社会危机，继而转化为意识形态危机，激起了意识形态的争执。生活在西方的许多人，上至一些政治家和理论家，下至不少平民百姓，站在不同的立场上，从不同的角度，开始反思西方资本主义制度，质疑西方资本主义民主政治。美国前国家安全顾问、著名国际问题专家布热津斯基说："今天的问题是，在失控和可能仅为少数人自私地谋取好处的金融体系下，在缺乏任何有效框架来给予我们更大、更雄心勃勃的目标的情况下，民主是否还能繁荣，这还真是一个问题。"[①] 对现行西方民主

---

① 参见《西方民主还真是一个问题》，《参考消息》2012年4月3日。

提出严重质疑，认为"西方民主真是一个问题"，这不啻对鼓吹西方民主具有"普世价值"的说法以一记重棒。

民主是具体的、历史的，表现为一个一个具体的、特殊的过程，没有抽象的、超历史的、超时空的、超国情的、永恒的、静止的、普世的民主。所谓民主是具体的，就是说民主是一个一个特殊的、具体的客观社会存在，如中国特色社会主义民主政治、美式资产阶级民主政治、英式资产阶级民主政治等，没有离开具体民主而单独存在的抽象的、普世的民主。所谓历史的，就是说民主是一定历史条件下的产物，是随着时代的发展、历史的变迁、实践的推移而不断变化发展的，民主表现为一个历史过程，没有永恒的、固定的、不变的、绝对的民主。民主，作为政治制度的民主政治，作为观念形态的民主思想，作为从属于民主政治制度的具体形式、程序和规则，都是一定历史时代、一定特殊国情、一定具体条件的产物，它是历史地形成的，有一个生成、完善的过程，是与某一具体国家、具体政党、具体阶级、具体人群相伴随的。

每一具体的民主政治、民主思想、民主形式、程序和规则，都具有其内在的、与他民主相比较而共同具有的属性，民主是有其共性、一般和普遍性的，但现实生活中并没有离开具体民主而单独存在的抽象的、超历史的、超时空的、"普世"的民主，这就是民主的个性与共性、特殊与一般、个别与普遍的辩证关系问题，我们可以统称为民主特殊与民主一般。民主特殊就是指现实生活中存在的个别的、具体的、历史的民主，如中国共产党的党内民主、西方资产阶级的政党民主等；民主一般就是指寓于民主特殊之中的民主的共同属性。民主一般只是存在于民主特殊之中，是一个一个具体的民主相比较而体现出来的共同的属性，是具体民主的一般表现。从哲学认识论上来讲，民主特殊与民主一般就是"个性"与"共性"、"特殊"与"一般"、"个别"与"普遍"的关系问题。在中国哲学史上，"名"与"实"的关系问题的争论，实质就是关于特殊与一般的关系的争论问题。"名"为一般，"实"为特殊，譬如，桌子是此类物品的统称，为"名"，而人们所看到、接触到的都是一个一个具体的桌子，如长桌、圆桌、木桌、石桌、大桌、小桌等，此则为"实"，即桌子实物。"名"是"实"的共同属性的抽象，"名"存在于"实"之中，"名"离不开"实"，而"实"则有"名"。

"个别""特殊""具体"是个别的、特殊的、具体的客观地存在的事物。"共性""一般""普遍"是指存在于个别、特殊、具体事物中的共同的一般属性和普遍起作用的规律。"共性""一般""普遍"存在于一个一个"个别""特殊""具体"事物之中，没有离开"个别""特殊""具体"事物而单独存在的"共性""一般"与"普遍"，而每个具体的、个别的、特殊的事物本身在与他事物的比较中都有其共同的属性和普遍起作用的规律，个性与共性、特殊与一般、具体与普遍是辩证统一于个别的、特殊的、具体的事物之中的。离开个别、特殊、具体的东西而单独存在的一般、普遍、共性是根本没有的。所谓民主政治、民主思想、民主规则，都是存在于具体的国家、具体的阶级、具体的政党、具体的人群乃至具体个人之中的，离开具体的国家、具体的阶级、具体的政党、具体的人群、具体的个人的所谓民主一般是不单独存在的。这就好比离开活生生的具体的个人的所谓灵魂是根本不存在的一样。

当然，不能因为民主的具体性、特殊性、个别性和历史性而否认不同民主的共性、一般性和普遍性。我们只是反对把民主一般说成脱离民主特殊的所谓超历史的、超阶级的、普世的民主，并不反对说每个具体的民主都具有共性、一般性和普遍性。

列宁认为，把人的认识过程中的任何一个片段绝对化，就会走向唯心主义。个性与共性、具体与一般、特殊与普遍的关系反映了人的认识过程、认识规律，是人的认识的一个节点。一般来说，人的认识是从认识个别、具体、特殊的事物开始的，经过实践、认识，再实践、再认识，从感性认识到理性认识，再从理性认识到感性认识的反复过程，才抽象出对一个一个个别的、具体的、特殊的事物的共性、一般性和普遍性的认识。人对事物的认识，总是从个别、具体、特殊认识起，个别的、具体的、特殊的东西认识多了，才进一步从中比较而抽象出具体事物中所蕴含的共性、一般与普遍，从而提升为共性的、一般的、普遍的概念。比如说，桃子，人们是从具体的蟠桃、毛桃、水蜜桃等各种不同品种的桃子中，从大桃、中桃、小桃等多种大小规格的桃子中认识到桃子的共性，然后把具有这些共性的东西统称为桃子，这就是桃子概念的形成。当然，从生物科学来说，各种具体的桃子是具有共同的基因条件的。谁吃过桃？人们吃过的是具体的、活生生的、形态万千的个别实体的桃子，而没有吃过桃子概念，即桃子一般。抽象的桃子一般并不等于具体桃子本身。如果一个人只让他吃桃子的共性，他是吃不到桃子的。从认识论上来说，无限夸大人对具体桃子的共性抽象认识这个认识片段，实际上就走到了唯心主义结论上去了。谁见过"人"呢？谁也没见过不男不女、不中不外、不大不小的抽象的人，人们见的都是具体的个人，如张三、李四、王二麻子……"人"只是从具体个人中抽象出的共性的人的概念，寓于活生生的一个一个具体人之中。中国战国时期公孙龙提出的著名的"白马非马"的命题，"白马"是个别、特殊、具体的马，"马"是概括了所有具体马的共同特点的一般的马，一般只存在于个别之中，一般的马只存在于一个一个具体的马之中，把一般与个别绝对分离，将一般的马与具体的马绝对分开，无限夸大一般的马，就会得出错误的判断。

　　民主也是如此。什么叫民主？是人们对各个不同历史阶段、各个不同国度、各个不同阶级、各个不同政党所具有的具体民主制度，及其相应的民主思想、民主规则加以抽象出来的共性的东西，可以说是民主一般，从而形成民主概念。民主共性、民主一般、民主普遍是不可能单独存在的，它只存在于具体、个别、特殊民主之中。就拿民主政治来说，如果离开具体的历史条件、时空环境、发展过程，而把某一历史阶段的民主制度作为适用于一切历史阶段的民主，把某一国家的民主制度作为适用一切国家的民主，是不现实的。普遍适用于一切历史时代、一切国度、一切阶级、一切政党、一切群众的民主制度是不存在的。"橘生淮南而为橘，生于淮北而为枳"，离开了具体土壤、具体的环境、具体的条件、具体的过程，橘就不是橘，而为枳了。美式民主是根据美国国情、美国资本主义发展需要和美国资产阶级要求，以及美国人民可接受程度，在美国民族解放和独立战争以来所逐步形成的以两党议会制为特点的民主，不要说它与社会主义国家的民主不同，就连同是资本主义的英式民主也不同，英式民主是君主立宪式民主政治，是英国资产阶级不彻底革命的妥协的历史产物。英式民主政治与美式民主政治同样是资产阶级民主，但由于历史条件不同，它们也是不尽相同的。当然，无论美式民主还是英式民主，它们都具有资本主义民主政治的共性。所以，把某一特定条件下的民主说成完全绝对的东西，是一成不变的永恒的东西，适用于一切，是不现实的。任何特定条件下的民主都有其产生和存在的必然性，同时也有其历史条件的局限性和需要在新的历史实践中不断加以完善的必要性。

如果把具体民主抽象成一般民主原则套用一切、剪裁一切，不过是玩弄抽象的民主概念，把自家民主强加于别国、别人的干涉逻辑而已。一些西方政治家、理论家把美式"民主"、西式"民主"说成具有"普世价值"的民主，拿着民主大棒，在全世界到处找人打。在美国政客看来，美式民主是世界上最好的民主，具有普世价值，是全世界的样板，在全世界到处推销，企图把它硬套给一些他们认为不满意的国家，当作打人的狼牙棒到处敲打与他们不同的国家。看谁不顺眼，就采取双重标准，凡是他们不满意的国家，他们就给人家扣上"专制""独裁""邪恶"的帽子，必欲除之而后快。而对自己任意干涉别国内政，蛮横地制裁、勒索他国，甚至武装入侵他国的暴力行为，则披上"普世民主"的外衣。

实际上，这次金融风暴已然让许多西方人开始觉醒过来了，开始反思西方民主的虚伪性。有人就形象地把西方民主称为金钱民主,认为"金钱是民主的母乳",一语道破了西方民主的实质。据西班牙埃菲社2012年1月27日报道,参加世界社会论坛的一些知名学者一致认为:"欧洲民主已经被贪婪的金融市场绑架,而且这个没有底线的市场现在已经威胁到了人权和政治权。"葡萄牙社会学家阿·德·桑托斯说:"欧洲的民主和宪法都不合格,现在主宰它们的是高盛公司。"目前的危机让人"有理由认为资本主义是反民主的"。法国著名经济学家保罗·若里翁2011年12月对法国《论坛报》记者说:"选举改变不了什么。……在这个逐渐衰落的制度面前,政客们已经没有任何回旋余地。无论身在哪个阵营,他们唯一能做的是假装还控制着局面。解决问题的希望只可能来自那些明白问题本质的人。"[①] 在这里,思考的人们提出了一个深刻的问题:西方民主有什么弊端?西方民主是不是像有人所鼓吹的普世的、完美的、永恒的民主?只让少数人发大财而带不来大多数人的幸福,这种民主是人们所需要的吗?可见,具体到被称为具有"普世价值"的西式民主,也是一个势必退出历史舞台的历史产物。

(三) 人民民主是社会主义民主的本质要求

社会主义民主是在本质上完全不同于资本主义民主的最广泛的人民民主。资产阶级创造了人类历史上不同于封建专制的,优于历史上其他阶级政体形式的资产阶级民主。该民主的特点一是结束了人类社会历史上的封建专制统治,带有鲜明的反对封建专制的特性;二是适应资本主义市场经济的需要,对资本主义经济社会发展起到了促进作用;三是相对奴隶社会、封建社会等以往阶级社会形态来说,赋予社会各阶级、各阶层以较多的自由、平等、人权,如承认每一位公民的选举权与被选举权,但这只是在资产阶级所容许的范围和限度内;四是形成了与其民主政治相适应的资产阶级民主

---

① 见《西方民主还真是一个问题》,《参考消息》2012年4月3日。

思想、民主理论，以及一整套比人类历史上以往任何民主政治都要成熟的民主形式、程序、规则，为今后更先进、更合理、更高级的社会主义民主思想、理论、形式、程序、规则提供了前提和以资借鉴的经验……这些都是资本主义民主的长处。然而，任何历史阶段的民主、任何剥削阶级的民主，都有其历史的和剥削阶级的局限性。利益起决定性作用。任何时代的剥削阶级都是少数人的阶级，该剥削阶级所创造的民主必然首先服从于并服务于该少数阶级的利益，是少数阶级的民主，这是毋庸置疑的铁定事实。作为人类历史上较其前历史阶段的民主，成熟的资本主义民主也逃脱不了这条铁的定律。正确地说，资本主义民主仍然是少数人的民主，是少数剥削阶级维护本阶级利益的民主，这就是资产阶级民主的阶级本质。当然，资本主义民主在满足、维护资产阶级少数人利益的同时，为了保证该阶级少数人的整体利益和长远利益，也会兼顾其他阶级、阶层的利益需求，比它之前的剥削阶级来说，会给予其他阶级、阶层以较多宽限和较为广泛的民主。资产阶级在实施民主的同时，从来没有忘记并丢弃专政，民主与专政是一对孪生兄弟，有民主就有专政，强化民主的同时也要强化专政，资本主义国家为了保护资本主义的民主，就要建立和保持强大的专政工具，资本主义民主是在强力专政基础上实现的民主。

资本主义民主在资本主义革命时期具有强烈的革命性和进步性。为了能够团结工人阶级、农民阶级、小资产阶级以及其他阶级阶层，它更需要借助民主的大旗，把他们所主张的民主说成是全民民主、普世民主，给其他阶级许诺更多的民主、自由、平等的权利，在资产阶级国家建立的早期也是如此。资产阶级民主具有革命性的同时，亦带有极大的虚伪性和欺骗性。资产阶级民主自我标榜为全民民主，但其实质和最终目的是为少数剥削阶级的民主，披着民主外衣，打出普世的标牌，在形式上做更多的民主文章，有很强的两面性。当然，资本主义民主也不完全都是骗人的，的确较以往的剥削阶级来说，会给予其他阶级较多的民主要求，满足较多的民主诉求。然而，资本主义民主的进步性会随着资本主义的发展、没落而越来越少，欺骗性越来越大，形式上的民主越来越多，会增加越来越多的反动性。

社会主义民主与资本主义民主有三个重要区别：第一，它是历史上真正多数人的民主，是被压迫、被剥削、被统治阶级的多数人的民主；第二，它说明自己在实行民主的同时，亦实现专政，科学社会主义经典作家称之为无产阶级专政，即我国的人民民主专政；第三，它公开宣称自己的民主是绝大多数人的人民民主，不排除对极少数人的专政，而不像资产阶级那样把自己的民主伪称为全民的、普世的民主。

孙中山领导的旧民主主义辛亥革命，采用资产阶级上升期反对封建专制统治的民主理论武器，试图建立资产阶级的民主共和国，从而推动中国走向独立、解放、富强的强国之路。孙中山领导的资产阶级民主革命是进步的，其资产阶级民主理论武器唤起了多少仁人志士为此前仆后继。然而中国的半殖民地半封建社会的国情，世界已经进入帝国主义时代、列强已将世界殖民地分割完毕的世界格局现状，不允许中国独立自主地走资本主义民主强国之路。中国软弱的民族资产阶级也不可能像革命时期的西方资产阶级那样领导资产阶级民主革命成功，结果是孙中山领导的旧民主主义革命在中外反动势力的围攻下半途而废。蒋介石集团自称是孙中山的继承者，但他所推行的独裁统治使半殖民地半封建社会的中国愈加国之不国、民不聊生，把旧中国进一步引向内战与黑暗，中国人民的悲惨命运并没有改变。中国共产党人继承和发展了孙中山的民主主义革命理想和思想，以马克思主义为武器，提出适合中国国情的新民主主义民主纲领，展开新民主主义革命。新民主主义革命是在中国共产党领导下的新型的资产阶级民主革命，它与旧民主主义革命不同：首先，它是工人阶级及其政党领导的，而不是资产阶级及其政党领导的；其次，它是以工农联合为基础，包括资产阶级及一切爱国人士在内的最广泛的民主革命统一战线；最后，新民主主义革命成功之后，要不间断地过渡到社会主义革命，建立社会主义制度。

中国共产党领导的新民主主义革命要建立新民主主义经济、新民主主义政治、新民主主义文化，而新民主主义政治就是新民主主义民主。新民主主义民主不是旧式的资产阶级民主，而是中国共产党领导的以工农联盟为基础的最广泛的民主。新民主主义民主还要过渡到建立社会主义民主政治，建立具有中国特色的社会主义民主政治。

中国共产党的民主主张是适合中国国情的，是迄今为止中国历史上最先进的民主思想。中国共产党提出的新民主主义民主主张既继承了孙中山的旧民主主义思想，又超越和发展了孙中山旧民主主义思想；今天的社会主义民主既是对新民主主义民主的继承，又是新民主主义民主的发展。

新民主主义民主是中国共产党人从中国国情实际出发而提出并设计的，是符合中国国情需要的，它有机地包括两个方面：对人民实行最广泛的民主，对少数人民的敌人实行最有效的专政，新民主主义民主的实质就是实行人民民主专政。毛泽东同志在《新民主主义论》中全面论述了新民主主义的民主政治的制度、体制、程序和规则，构成了毛泽东思想关于民主问题的马克思主义创新观点。新民主主义民主与我们党进一步要实行的社会主义民主是不可分割的。新民主主义民主是社会主义民主的前提和准备，社会主义民主是新民主主义民主的继续和进步。

我国社会主义制度的建立，为社会主义民主的建立提供了根本制度保证。毛泽东同志领导的中国共产党人为社会主义民主政治建设进行了艰苦卓绝的探索，主张社会主义民主必须坚持工人阶级政党——中国共产党的指导，坚持马克思主义指导的社会主义方向；必须有助于巩固生产资料公有制制度和人民民主专政政治制度；必须实行民主集中制，实现广泛民主与集中领导的统一；必须建立和实行一整套适合中国国情的民主体制、民主法治、民主形式、规则和程序；必须以执政党党内民主建设来推进社会主义民主建设。在社会主义民主政治建设实践中,党成功地建立了如人民代表大会制度、民族区域自治制度、共产党领导的多党合作制度和人民政治协商制度……这些理论和实践的探索,成功地开创了我国社会主义民主制度的开局,为中国特色社会主义民主政治建设奠定了理论和实践基础。

社会主义民主应当是比资本主义民主更广泛、更先进的民主,但由于社会主义民主政治建设并无现成模式可供借鉴,对于中国如何建设社会主义民主,我们党也经过了一个认识、实践、再认识、再实践的过程。我国目前实行的民主政治还有待于进一步发展和完善。同时,中国又是一个封建主义流毒深广的国家。我国社会主义民主政治建设一度也走过一段弯路,如"文化大革命"对民主与法制的破坏。

1978年党的十一届三中全会以来,我国进入改革开放新时期,党恢复了实事求是的思想路线,确立了"一个中心、两个基本点"的正确路线,形成了中国特色社会主义理论体系,开创了中国特色社会主义的正确道路。与社会主义市场经济体制改革和确立相一致,党领导人民致力于中国特色社会主义民主政治的建设。

中国特色社会主义民主政治,要批判地继承人类社会一切优秀的民主成果,包括资本主义民主所创造的积极成果,抛弃资产阶级民主的糟粕,继承新民主主义民主的优秀传统,总结国际共产主义运动社会主义各国民主政治建设的经验教训,总结新中国成立以来党领导的社会主义民主政治建设的经验教训,创造出具有中国特色的社会主义民主。

中国特色社会主义民主首先是社会主义性质的民主,是未来向社会主义更高阶段直至共产主义社会过渡的民主;是适合中国目前正处于社会主义的初级阶段国情的民主,是与该阶段公有制为主体、多种所有制并存,按劳分配为主、多种分配形式并存的经济基础相适应的民主;是以工人阶级为领导的,以工人、农民、知识分子为主体的,包括一切爱国的阶级、阶层在内的最广泛的人民民主；是以中国特殊历史形成的坚持中国共产党领导的多党合作和政治协商制度为基本特征的民主；是对多数人实行民主、对少数人实行专政的民主。由于现阶段的中国是从半封建半殖民地转变来的，发扬人民民主、肃清封建主义影响格外重要；又由于中国正处于成熟的西方资本主义民主影响下，一方面要防止西方民主的侵入，另一方面也有向西方民主学习的任务；中国特色社会主义民主是一个过程，是一个逐步建立、逐步完善、逐步成熟的历史过程。

列宁说："无产阶级民主比任何资产阶级民主要民主百万倍"[①]。一定要设定实现最广泛人民民主的社会主义民主政治建设的目标。中国特色社会主义民主的实质与形式是一致的。为了保证最广泛的人民民主目标的实现，就要构建与中国国情相适应的民主制度、民主体制、民主形式与民主程序、规则和机制。毛泽东同志在《1957年夏季的形势》一文中为社会主义民主政治描述了一个美好的远景："又有集中又有民主，又有纪律又有自由，又有统一意志、又有个人心情舒畅、生动活泼，那样一种政治局面。"[②] 新中国成立以来，党领导人民已经创造了一整套适合中国国情的民主政治，但距离应实现的目标尚很远，需要共同努力。实现中国特色社会主义民主既不能脱离社会性质照抄照搬西方民主政治的做法，也不能脱离现阶段国情而超越时代；既不能认为社会主义民主的实现是一个长远的过程，从而放弃一步一步扎扎实实的努力，也不能为今天我们的民主的尚待完善而自我否定、自我矮化，更不能把资产阶级民主说成是千年文明而主张全盘接受，实行民主西方化。当然，也不能放弃中国特色社会主义民主的不断推进、不断完善，须知资本主义的民主发展至今已经经历了几百年的构造，而中国特色社会主义民主才刚刚开始，刚刚开始的新生事物尽管不完美，但它的未来永远是光明的、美好的。

---

① 《列宁选集》第3卷，人民出版社1995年版，第606页。
② 《毛泽东文集》第8卷，人民出版社1999年版，第293页。

二 关于阶级和阶级斗争

（一）马克思主义科学地说明了阶级和阶级斗争问题

阶级和阶级斗争观点，是一个已经被弄得面目皆非的马克思主义基本原理。时至今日，似乎提阶级和阶级斗争就不合时宜，不是被冠以老"左"的帽子，就是被斥为"过时"。如有人认为，"只有马克思主义才讲阶级、阶级斗争"，"历史发展到今天，阶级、阶级斗争早已不复存在了"，"马克思主义阶级和阶级斗争理论已经过时，不灵了"。阶级与阶级斗争理论是马克思主义的一个基本观点，然而最早发现阶级和阶级斗争的，既不是马克思，也不是恩格斯。马克思主义不在于承认不承认阶级与阶级斗争，而在于在阶级与阶级斗争问题上提出了超越资产阶级思想家的唯物主义历史观的科学认识。坚持马克思主义阶级和阶级斗争理论是一个基本立场、基本观点和基本方法问题。

1. 阶级和阶级斗争是客观存在的社会现象，资产阶级思想家最早承认并研究了阶级和阶级斗争的客观事实。

自从人类社会进入奴隶社会，经过封建社会，到资本主义社会，在这漫长的历史长河中，一直存在阶级、阶级差别、阶级矛盾和阶级斗争。在奴隶社会和封建社会，阶级和阶级斗争事实被纷杂的社会矛盾、森严的等级制度等表面的社会现象所掩盖，再加上统治阶级的欺骗宣传，不易被人们所认识。到了近代资本主义社会产生，随着大工业产生发展，阶级关系变得越发简单明了，各个阶级同经济活动的联系更直接、更明显了，正如《共产党宣言》所指出的那样："资产阶级撕下了罩在家庭关系上的温情脉脉的面纱，把这种关系变成了纯粹的金钱关系"①，这就为人们正确认识阶级与阶级斗争提供了客观条件。

---

① 《马克思恩格斯选集》第 1 卷，人民出版社 2012 年版，第 403 页。

然而，确认阶级和阶级斗争事实，并不是马克思的发明。在马克思之前，资产阶级思想家已经发现资本主义社会中有阶级的存在，发现了各阶级之间的斗争。马克思自己就曾说过："无论是发现现代社会中有阶级存在或发现各阶级间的斗争，都不是我的功劳。在我以前很久，资产阶级历史编纂学家就已经叙述过阶级斗争的历史发展，资产阶级经济学家也已经对各个阶级作过经济上的分析。"① 英国资产阶级古典经济学的重要代表人物亚当·斯密，第一次从经济上揭示了资本主义社会的阶级结构和阶级分野，他认为，资本主义社会有三大基本阶级：地主阶级、工人阶级和资产阶级，他们分别以土地地租、劳动工资和资本利润为其经济收入。同样也是英国资产阶级古典经济学家代表人物大卫·李嘉图揭示并说明了阶级以及阶级之间的经济对立。19世纪法国复辟时期的历史学家基佐、梯也尔、米涅等，已经叙述了中世纪以来阶级斗争的历史发展，指出阶级斗争是理解中世纪以来法国历史的钥匙，是当时历史发展的动力。19世纪空想社会主义者也意识到了阶级与阶级斗争，恩格斯认为圣西门"认识到法国革命是贵族、资产阶级和无财产者之间的阶级斗争，这在1802年是极为天才的发现"②。但是由于他们都是站在唯心史观的立场上，并不认识资本主义生产方式的内在矛盾，不可能揭示出阶级产生和消灭的根源和途径。

2. 在资产阶级思想家已有的思想成果基础上，马克思在给约瑟夫·魏德迈的信中谈到，关于阶级和阶级斗争，"我所加上的新内容就是证明了下列几点：（1）阶级的存在仅仅同生产发展的一定历史阶段相联系；（2）阶级斗争必然导致无产阶级专政；（3）这个专政不过是达到消灭一切阶级和进入无阶级社会的过渡"③。

"阶级的存在仅仅同生产发展的一定历史阶段相联系"，指出了阶级的产生和消亡的历史条件。阶级是一个历史范畴，它的产生

---

① 《马克思恩格斯选集》第4卷，人民出版社2012年版，第425—426页。
② 《马克思恩格斯选集》第3卷，人民出版社1995年版，第609页。
③ 《马克思恩格斯选集》第4卷，人民出版社2012年版，第426页。

和消亡是一个历史过程。阶级的产生只是社会生产力发展到一定历史阶段，出现了剩余产品，有了私有制，才出现的。阶级随着生产力的发展也会走向消亡。当生产力发展到社会创造的产品可以满足所有人的需要时，也就是马克思所说的社会产品实行按需分配时，阶级也就消亡了。可见，阶级的产生和消亡是和生产力发展状态完全连在一起的，阶级仅仅同生产发展的一定历史阶段相联系，阶级不是永恒的。

马克思在1852年致约·魏德迈的信中指出，"阶级斗争必然导致无产阶级专政"①，指明了阶级和阶级斗争的发展趋势。阶级发展到一定阶段，就产生了国家、监狱、法庭等暴力统治的工具。阶级斗争，有经济、思想、政治三种斗争形式。政治斗争的最高形式是暴力革命，用武装夺取政权。阶级斗争的进程经过历史上的奴隶阶级和奴隶主阶级、农民阶级和地主阶级的斗争几个大的发展阶段，发展到无产阶级和资产阶级之间的阶级斗争，最后必然要走到无产阶级革命和无产阶级专政这条道路上来，这是阶级斗争的最高形式。

"这个专政不过是达到消灭一切阶级和进入无阶级社会的过渡。"马克思在此指出了阶级消亡的途径。无产阶级专政是要达到无阶级社会必须经过的唯一途径。阶级的产生是个自发过程，但阶级的消亡不是自发的，并不能说生产力发展起来以后，阶级自然就没有了。阶级消亡必须经过无产阶级专政的途径。无产阶级专政是为了达到消灭阶级的目的而必须采取的阶级专政的形式，是由阶级社会向无阶级社会过渡的一个桥梁，人类社会必定走向无阶级的社会。

阶级是一个经济范畴，阶级的划分依据经济原因。马克思主义认为：

> 社会阶级在任何时候都是生产关系和交换关系的产物，一

---

① 《马克思恩格斯文集》第10卷，人民出版社2009年版，第106页。

句话，都是自己时代的经济关系的产物。①

　　阶级是特定历史时代经济关系的产物，人对生产资料的占有关系，人们在社会生产中的地位和作用，是划分阶级的根本标准。关于什么是阶级，列宁按照马克思主义的基本观点给"阶级"下了明确的定义："所谓阶级，就是这样一些集团，由于它们在一定社会经济结构中所处的地位不同，其中一个集团能够占有另一个集团的劳动。"② 阶级的本质是经济关系，是由人们对生产资料的占有的不同而决定的。划分阶级的标准，一是对生产资料的占有不同；二是在劳动组织中所起的作用不同；三是在生产体系中所处的地位不同；四是领得自己支配的那份社会财富的方式和多寡也不同。人们在社会经济结构中所处的地位不同，其中一个集团能够占有另一个集团的劳动，正是这样的经济关系决定了阶级划分的标准。可见，划分阶级最根本的依据只能是经济标准，就是看人们在劳动中以什么方式占有生产资料，在劳动中的地位和作用如何，以什么样的方式分配劳动成果。

　　阶级是一个历史的范畴，阶级不是永恒的。人类社会经历无阶级社会——原始共产主义社会，阶级对立社会——奴隶社会、封建社会、资本主义社会，经过阶级逐步消亡的过渡历史时期——社会主义社会，最后将达到更高阶段的无阶级社会——共产主义社会。阶级有一个产生、发展到消亡的过程。阶级是历史的，因而也是具体的。在不同的历史阶段，人类社会产生并存在不同的阶级，奴隶主阶级与奴隶阶级、地主阶级与农民阶级、资产阶级与工人阶级。每个阶级因经济地位不同、具体条件不同，还可分为不同的阶层，如中国半封建半殖民地社会的资产阶级，分为官僚资产阶级、民族资产阶级和小资产阶级。在对立的阶级之间，还存在一些中间的、

---

① 《马克思恩格斯选集》第 3 卷，人民出版社 1995 年版，第 365 页。
② 《列宁选集》第 4 卷，人民出版社 1995 年版，第 11 页。

过渡的阶层，如旧中国的知识分子阶层，既可能隶属于资产阶级，也可能隶属于工人阶级。人类历史，从来不存在永恒的、不变的阶级。

承认不承认阶级和阶级斗争，并不是马克思主义与资产阶级思想体系关于阶级与阶级斗争思想的根本区别。马克思主义阶级和阶级斗争理论的关键点，也就是不同于资产阶级思想体系的根本区别，就在于说明了阶级和阶级斗争产生、发展和消亡的历史条件与必然规律；提出了科学划分阶级的标准；说明了阶级斗争在社会历史发展中的作用；指明了无产阶级的历史使命和阶级消亡的正确途径。这是马克思主义阶级和阶级斗争理论不同于资产阶级思想家阶级和阶级斗争理论的根本区别。

3. 马克思主义的世界观和方法论是一致的，坚持用辩证唯物主义和历史唯物主义世界观观察社会，就必然坚持用阶级分析方法分析社会。

马克思主义关于阶级和阶级斗争的观点，是对阶级社会的本质及其规律的正确认识，它提供了分析阶级社会现象的科学方法。阶级斗争贯穿阶级社会的始终，体现在社会生活的各个方面，如果离开阶级分析方法，就不可能认识复杂的社会现象，就不可能把握社会复杂现象。列宁指出："马克思主义给我们指出了一条指导性的线索，使我们能在这种看来迷离混沌的状态中发现规律性。这条线索就是阶级斗争的理论。"[①] 工人阶级政党要指导事业发展并取得成功，就必须运用阶级分析方法分析阶级社会各阶级的经济、政治、思想、文化状况，了解各阶级的相互关系及其变化，才能正确把握阶级社会的发展规律，认清社会性质，正确估计形势，分清敌友，从而制定正确的路线、方针和战略、策略。譬如，在中国革命斗争时期，毛泽东同志的《中国社会各阶级的分析》，正确分析了中国社会的阶级关系和力量对比，科学分清了谁是中国革命的领导

---

① 《列宁选集》第2卷，人民出版社1972年版，第587页。

阶级、谁是朋友、谁是敌人，制定了正确的路线方针和战略策略，从而引导中国革命走向胜利。马克思主义阶级分析方法是指引中国共产党人取得革命胜利的指南针。

阶级和阶级斗争理论是马克思主义的基本立场、观点和方法，列宁指出："阶级关系——这是一种根本的和主要的东西，没有它，也就没有马克思主义"①。如果共产党人背离马克思主义阶级斗争学说，放弃阶级分析，那就是背离马克思主义。美国原驻苏联大使马特洛克在《苏联解体亲历记》一书中谈到当年戈尔巴乔夫提出新思维、放弃马克思主义关于阶级斗争学说时指出："如果苏联领导人真的抛弃这个观点，那么，他们是否继续称他们的思想为马克思主义也就无关紧要了，这已是别样社会里实行的马克思主义，这样的马克思主义是我们大家都可以接受的。"② 看来美国资产阶级外交家已经看清阶级斗争学说在马克思主义理论体系中的地位了。这从另一方面说明，放弃阶级斗争学说，就是放弃马克思主义。

4. 在社会主义建设时期，特别是中国特色社会主义发展到今天，时代条件发生了重大变化，国际形势发生了重大变化，国内情况也发生了重大变化，还要不要继续运用阶级分析方法、怎样运用阶级分析方法？

第一，在国内，我国正处于社会主义初级阶段，虽然旧的剥削阶级已经被消灭了，旧的剥削制度已经被消灭了，阶级对阶级的整体对抗、阶级对阶级的整体剥削已不存在，阶级斗争不是主要矛盾，经常的、大量的、反复出现的是人民内部矛盾，人民内部矛盾是人与人之间的主要矛盾，是社会主义政治生活的主题。但这并不意味着阶级、阶级差别、阶级矛盾、阶级斗争消亡了、没有了。在我国国内现阶段，阶级、阶级差别、阶级矛盾还存在，还存在带有

---

① 《列宁全集》第41卷，人民出版社1986年版，第92页。
② 陈先达：《不朽的马克思主义》，《红旗文稿》2013年第5期。

阶级斗争性质的现象和矛盾，一定范围内的阶级斗争还存在，有时在一定条件下，阶级斗争还有可能激化。这就需要我们运用马克思主义阶级分析方法，科学认识我国国内的阶级和一定范围的阶级斗争。

第二，在国际上，始终存在社会主义与资本主义、工人阶级与资产阶级两种社会前途、两种社会力量、两条发展道路的博弈，存在工人阶级和资产阶级两种根本对立的意识形态的斗争，存在错综复杂的阶级关系和阶级矛盾，存在尖锐激烈的阶级斗争。只不过是，这种斗争往往为国与国、民族与民族、地区与地区之间经济、政治、文化的错综复杂的利益关系所掩盖。拨开迷雾，才见真日；剔除繁杂的表面现象，才能看到事物的实质。我国和西方发达资本主义国家的关系，既有国家之间、民族之间的利益差别与争夺、文化差别与冲突，同时又有利益互惠、文化互补，既有冲突矛盾，又有合作共赢。在对策上，既有对立斗争，又有友好合作，既有原则坚持，又有灵活策略。然而，从本质上判断，我们与西方发达资本主义之间始终存在、贯穿着社会主义与资本主义不同社会性质的前途命运的反复较量，这种较量又集中表现为意识形态之争。对世界形势的分析，显然离不开阶级分析。一旦离开阶级分析，是分不清、辨不明、看不透世界各种力量较量和世界发展趋势的实质的。把马克思主义阶级和阶级斗争理论运用于对国际形势的分析，并不过时。

第三，国际上错综复杂的总的阶级斗争形势，国内一定范围内，特别是意识形态领域的阶级斗争还在影响、渗透着我国社会生活的各个领域、各个方面。按照马克思主义唯物史观的观点，社会可以分为人类物质生活和精神生活两大现象。社会存在决定社会意识，社会意识离不开社会存在。然而社会意识对社会存在而言具有相对独立性，这种独立性表现为社会意识可以反作用于社会存在。物质可以变精神，精神也可以变物质，社会存在和社会意识存在同一性就是这个道理。意识形态的相对独立性表现为社会形态已经发生了变化,但与该社会形态相适应的意识形态还会持久地存在一段时间,还会对社会存在发生更为持久的影响。比如,在我国封建社会总体上已进入博物馆(当然封建社会残余因素还在某种程度上存在),但封建社会意识形态还在今天的我国持续存在并继续发酵。我国已进入社会主义建设阶段,但封建主义、资本主义意识形态还存在,还会产生影响。况且我国的社会主义是初级阶段的社会主义,尚有一定的旧的社会形态的经济基础、上层建筑存在。再者,以西方强国为主导的全球化、市场化将全世界连成一气,阶级与阶级斗争大环境是不分国界的,国际上意识形态的斗争是不分国界的,势必对我国社会生活产生深刻的、挥之不去的影响。这些都注定我们共产党人在分析国内国际形势、制定战略策略时,离不开运用马克思主义阶级分析方法。不运用阶级分析方法,不仅看不透形势的实质和发展趋势,还会产生误判,导致不正确的战略策略。

当然,也不能用阶级分析代替一切,到处贴标签。处理我国国内社会生活既不能放弃阶级分析方法,也要反对以阶级斗争为纲的错误做法。在对外领域,既不能完全放弃对国际形势、国际斗争进行阶级分析,但也不能用以阶级斗争为纲的做法代替一切对外工作和国际合作。这两个方面都必须注意到。中国特色社会主义大局决定了我们要走和平发展道路,在错综复杂的外交斗争中,要创造于我们有利的和平发展环境。所以在外事工作中,用阶级斗争分析形势,认清问题的实质,坚持基本的对外原则是一回事,但采取灵活的斗争方针和外交策略,加强与各国包括西方资本主义国家的合作则是另一回事,二者是根本一致的,但也要有所分别。当然,加强国际合作与坚持和平外交原则,这不等于放弃对问题的实质的认识与判断。我们在处理国与国之间、地区与地区之间的冲突时,"不战而屈人之兵","上兵伐谋",用谈判、谈话、礼仪的力量,以国际法、国际准则来制止战争,遏制对手,寻找互惠合作,和平外交,是外交方针的一个重要选项。

（二）"共产党人不屑于隐瞒自己的观点和意图"

马克思主义关于阶级和阶级斗争理论的一个鲜明特点是，开诚布公地、一以贯之地承认阶级和阶级斗争的事实。"共产党人不屑于隐瞒自己的观点和意图"①，真正的马克思主义者公开坚持阶级、阶级斗争理论和在实践中实事求是地处理阶级、阶级斗争问题是完全一致的。

1. 马克思恩格斯创立了唯物史观，揭示了人类社会发展客观规律，从而进一步揭示了阶级、阶级斗争的客观规律。

他们认为，每一历史时代主要的经济生产方式与交换方式以及必然由此产生的社会结构，是该时代政治的和精神的历史所赖以确立的基础；只有从这一基础出发，才能说明人类历史发展的规律；从这一基本原理出发，可以清楚地看到，人类的全部历史（从土地公有的原始氏族社会解体以来）都是阶级斗争的历史，即剥削阶级和被剥削阶级之间、统治阶级和被压迫阶级之间斗争的历史；阶级斗争的历史包括一系列发展阶段，现在已经达到这样一个阶段，即被剥削被压迫的阶级（无产阶级），如果不同时使整个社会一劳永逸地摆脱任何剥削、压迫以及阶级划分和阶级斗争，就不能使自己从进行剥削和统治的那个阶级（资产阶级）的控制下解放出来。② 马克思、恩格斯对阶级社会中阶级和阶级斗争客观规律的科学认识，构成了马克思主义阶级和阶级斗争理论的精神实质。

站在马克思主义关于阶级、阶级斗争的基本立场上，在《共产党宣言》中，马克思、恩格斯明确指出：

> 到目前为止的一切社会的历史都是阶级斗争的历史。③
> 从封建社会的灭亡中产生出来的现代资产阶级社会并没有

---

① 《马克思恩格斯选集》第1卷，人民出版社1995年版，第307页。
② 马克思、恩格斯：《共产党宣言》，人民出版社2014年版，第12—13页。
③ 《马克思恩格斯选集》第1卷，人民出版社1972年版，第250页。

消灭阶级对立。它只是用新的阶级、新的压迫条件、新的斗争形式代替了旧的。①

共产党人的最近目的是和其他一切无产阶级政党的最近目的一样的：使无产阶级形成为阶级，推翻资产阶级的统治，由无产阶级夺取政权。②

但是，不管这种对立具有什么样的形式，社会上一部分人对另一部分人的剥削却是过去各个世纪所共有的事实。因此，毫不奇怪，各个世纪的社会意识，尽管形形色色、千差万别，总是在某种共同的形式中运动的，这些形式，这些意识形式，只有当阶级对立完全消失的时候才会完全消失。

共产主义革命就是同传统的所有制关系实行最彻底的决裂；毫不奇怪，它在自己的发展进程中要同传统的观念实行最彻底的决裂。③

代替那存在着阶级和阶级对立的资产阶级旧社会的，将是这样一个联合体，在那里，每个人的自由发展是一切人的自由发展的条件。④

这里引述马克思、恩格斯《共产党宣言》中关于阶级和阶级斗争理论的原文，目的在于告诉人们，对待阶级、阶级差别、阶级矛盾、阶级斗争现象，一旦脱离阶级分析，也就离开了马克思主义对各种社会阶级现象的科学认定。

2. 资产阶级在其革命上升时期是公开承认阶级和阶级斗争的。

当然，为了动员封建社会的其他阶级阶层一起参与推翻封建统治阶级的斗争，它也公开打出超阶级的旗号。一俟资产阶级革命成功之后，掌握了政权，在总体上，它就一改以往公开承认阶级和阶

---

① 《马克思恩格斯选集》第 1 卷，人民出版社 1972 年版，第 251 页。
② 《马克思恩格斯选集》第 1 卷，人民出版社 1972 年版，第 264 页。
③ 《马克思恩格斯选集》第 1 卷，人民出版社 1972 年版，第 271—272 页。
④ 《马克思恩格斯选集》第 1 卷，人民出版社 1972 年版，第 273 页。

级斗争事实真相的做法，把自己打扮成超阶级的、全人类的代表，竭力抹杀阶级和阶级斗争的事实。而马克思主义恰恰相反，不仅自始至终公开承认阶级和阶级斗争存在的事实，而且科学地揭露了阶级和阶级斗争产生的历史必然性和阶级消亡的历史趋势，找到了最后消灭阶级的科学途径，表达了最终消灭阶级、走向无阶级社会的最高愿景。

历史发展到今天，处于统治地位的资产阶级政治家、思想家们依然如故地从维护本阶级的政治统治出发，不承认资本主义社会的阶级差别、阶级矛盾和阶级对立（当然，这并不排除资本主义国家里的许多人坚持承认资本主义社会的阶级差别、阶级矛盾和阶级对立，而非一概否认阶级和阶级斗争的客观现实）。

资产阶级政治家、思想家们否认阶级、阶级矛盾和阶级斗争事实的具体表现：

一是虽然表面承认阶级的存在，但是从唯心史观出发，否认马克思主义关于阶级的定义，歪曲阶级的本质和阶级划分的标准，实质上还是否认阶级差别、矛盾、对立的事实。关于阶级产生的"自然论者"否认阶级的存在是经济关系所决定，把阶级的存在说成是由于心理的差异或宗教、伦理道德的差异所造成的，说成是由于生存斗争和人的自然差异的自然规律作用而产生的，以此证明阶级的存在是天然合理的，是永恒的。关于阶级形成的"组织论者"认为阶级的出现是由于人们在社会组织中的职能不同，而分为"组织者"和"执行者"的结果，以说明阶级的区分不过是社会分工的不同而已。关于阶级划分的"分配论者"把阶级之间的区别只是归结为收入来源和收入多少的不同，否认了阶级的产生基于生产资料占有不同的根本原因。关于阶级标准的"思想政治论者"反对马克思主义关于阶级的科学定义，鼓吹用政治、思想作为划分阶级的根据。当然，还有从性别、民族、宗教、文化等多维角度出发来划分阶级，企图取消阶级划分的经济标准。上述这些观点同阶级是一个历史范畴、是一个经济范畴的唯物史观观点不同，目的在于掩盖阶级划分和阶级对立的实质。

二是打着超阶级的旗号，鼓吹无阶级差别论、阶级矛盾调和论和阶级斗争取消论。许多资产阶级政治家、思想家认为，在发达资本主义国家，资本主义已经发展为"人民资本主义""集体资本主义"，资本家与工人已经没有阶级利益的对立，而成为平等的伙伴关系了。工人阶级在科学技术革命的条件下正在消失，"无产阶级已经和资本主义制度一体化了"，发达的工业社会及其消费方式使无产阶级"融合到资本主义制度中，促进了阶级的同化"。当代社会是"没有阶级对立的社会"。还有的用"阶层""等级"的划分代替阶级的划分，否认阶级差别、阶级矛盾和阶级对立的存在。

三是用超阶级的、超历史的民主、人权、自由、平等、博爱等"普世价值"观，替代马克思主义的阶级、阶级斗争理论和阶级分析方法。

为了反对封建专制制度，近代西方新兴资产阶级的思想先驱创立了"天赋人权""民主""平等"等理论，宣扬"人类天生都是自由、平等和独立的"，"人民有天赋的权利"，"主权在民"，等等。资产阶级的人权理论、民主思想、公平正义和自由平等观是一定条件下的产物，是新兴资产阶级在反封建的斗争中形成的意识形态，是资本主义经济关系在思想政治上的反映。资产阶级人权思想、民主理论、自由平等观念既有进步性，又有局限性、欺骗性和反动性。资产阶级所向往的自由、平等、民主和人权境界，不过是资产阶级阶级国家的理想王国，他们提出的人权也好，民主也好，自由平等也好，公平正义也好，虽然形式上是有普遍性的，不分阶级、阶层、等级，适合一切人，但实质上并不能包括一切人，只能是资产阶级的权利、资产阶级的民主、资产阶级自由的代名词。列宁指出："资产阶级民主同中世纪制度比较起来，在历史上是一个大进步，但它始终是而且在资本主义制度下不能不是狭隘的、残缺不全的、虚伪的、骗人的民主，对富人是天堂，对被剥削者、对穷人是陷阱和骗局。"① 一方面，资产阶级人权、民主、自由、平等、博爱等只是属于资产阶级一个阶级的观念，是服务于资产阶级经济、政治需要的；另一方面，资产阶级人权、民主、自由、平等、博爱等主张也有积极的、进步的作用，无产阶级、社会主义是不会拒绝的，并将积极吸取资产阶级这些政治主张的积极因素；再一方面，如果说当代资本主义社会在人权、民主、自由、平等方面扩大到其他阶级，扩大到工人阶级和其他劳动人民，但这也是无产阶级和劳动人民长期斗争的结果，并没有从根本上改变这些政治理论的资产阶级意识形态的性质和作用。

3. 我们要学会运用马克思主义阶级和阶级斗争理论重新认识当代资本主义社会的阶级、阶级矛盾和阶级斗争的新变化，重新认识我国社会主义初级阶段阶级阶层的变化和一定范围内阶级斗争的新变化、新特点。

当我国完成了社会主义生产资料所有制的"三大改造"任务，建立了社会主义制度，旧的剥削制度已经不存在了。但是与剥削制度相联系的境内外各种敌对势力、敌对分子还远未消亡，人民同这些敌对势力、敌对分子之间的阶级斗争还将在一定范围内存在，在某种条件下还可能激化。这是因为：一是国际上社会主义与资本主义、工人阶级与资产阶级两种道路、两种社会制度、两个阶级、两种意识形态的较量并没有结束，我国还处在复杂的国际环境中，敌对势力亡我之心不死，总是千方百计地对我国进行和平演变和政治颠覆，进行各种各样的腐蚀破坏活动，这是世界范围内阶级矛盾、阶级对立和阶级斗争大势所趋，是不以人的意志为转移的；二是在我国还存在与社会主义相对立的敌对分子，破坏社会主义秩序的犯罪分子，敌视社会主义制度的反动分子，他们采取各种各样的手段破坏社会主义制度；三是我国当前还处于社会主义初级阶段，在经济、政治、思想、文化上还保留有大量的旧社会残余，加上我国社

---

① 《列宁全集》第 3 卷，人民出版社 1972 年版，第 630 页。

会主义制度还很不成熟、很不完善,这就会出现新的犯罪分子、腐化变质分子以及新的敌对分子。这些都决定了虽然我国人民内部矛盾是主要矛盾,阶级矛盾不是主要矛盾,但是阶级差别、阶级矛盾还存在,一定范围的阶级斗争还存在,有些时候阶级斗争还有可能表现得异常尖锐。

越是在逆境中,越要看到有利的一面;越是在顺境中,越要看到不利的一面。当前我国中国特色社会主义事业正处于很好的发展时期,在这种大好的形势下,如果只看到形势有利的一面,忽视了大量存在的隐患,看不到一定范围内存在的阶级斗争,看不透某些民族宗教事件、某些群体性事件背后的一定范围的阶级斗争,因而采取的斗争策略与手段缺乏必要的针对性,选择的措施又缺乏根本性、战略性、全面性和制度性,这是危险的。当然,在对内对外的宣传上,在具体的实际工作操作中,还要注意把握分寸,掌握政策,注意用语,不能走到阶级斗争扩大化的老路上去。

一种倾向往往掩盖另一种倾向,在主要纠正一种倾向的同时,必须注意防止另一种倾向。1978 年党的十一届三中全会以来,我们党果断地停止了错误路线,重新恢复"阶级斗争已不是我国社会的主要矛盾,但仍然在一定范围内长期存在"的科学论断。从那时至今,实践告诉我们,在阶级矛盾和阶级斗争为主要矛盾的社会状况下,如何防止把敌我矛盾扩大化、把阶级斗争扩大化,防止混淆两类不同性质的矛盾,是需要刻意警惕的问题。当然,又需要我们在正确认识和处理人民内部矛盾的同时,必须正确区分和处理好两类不同性质的矛盾,对一定范围内的阶级斗争性质的敌我矛盾抱有充分的警醒和进行果断坚决的处置。

改革开放三十年来,一方面,我国社会主义现代化建设取得了举世瞩目的伟大成就,而另一方面,又积累了不少的社会矛盾和问题,这些矛盾和问题的积累、激化和演变,在人际关系上主要表现为错综复杂的人民内部矛盾,当然,也交叉进来一定范围内的敌我矛盾和阶级矛盾。正确区分和处理两种不同性质的矛盾，科学研究和深刻分析敌我矛盾和一定范围内的阶级斗争，正确认识和解决人民内部矛盾，正确处理好一定范围内的阶级斗争和敌我矛盾问题，是关乎党长期执政、国家长治久安、中国特色社会主义发展的重大政治问题。我们党作为执政党，提高全党特别是党的领导干部正确区分和处理两类不同性质的矛盾，正确区分和处理人民内部矛盾和一定范围内的阶级斗争，特别是正确认识和解决人民内部矛盾的能力，是增强党的执政能力的重要方面。

历史辩证法告诉我们，既要看到历史发展的总趋势是不可抗拒的，同时又要看到暂时的历史逆动也是有可能出现的。宋代大文豪苏东坡在《晁错论》中有这样一段话应当引起我们的警醒："天下之患，最不可为者，名为治平无事，而其实有不测之忧。坐观其变而不为之所，则恐至于不可救。"世上最大的危险，莫过于表面上天下太平，而究其实质却存有不可预测的隐患。有隐患并不可怕，可怕的是对这些隐患熟视无睹，坐等其发展至尾大不掉而不采取断然举措加以避免，恐怕就会发展到不可救药的地步。必须时时刻刻保持这样的忧患意识。

（三）社会主义就是要消灭阶级

马克思主义公开承认阶级和阶级斗争，指明无产阶级专政是阶级走向消亡的必由之路，目的是消灭阶级，最终实现无阶级社会；资产阶级不承认阶级和阶级斗争，否认资产阶级专政的实际存在，目的是使阶级的存在永恒化，永久维持阶级和阶级差别的现状，永远地维持资产阶级的阶级剥削和政治统治；社会主义是从阶级社会向无阶级社会的过渡形态的社会，在社会主义初级阶段，阶级斗争不是主要矛盾，但阶级差别与阶级矛盾依然存在，一定范围内的阶级斗争依然存在，必然通过社会主义国家的无产阶级专政（在我国是人民民主专政），最终达到消灭阶级、阶级差别的无阶级社会的目的。社会主义就是要消灭阶级。

1. 从我国古代的大同思想到近代欧洲的空想社会主义，千百年来，人类有一个共同的美好愿景，就是追求平等的、没有阶级、没有剥削的理想社会。

早在我国春秋战国时代，《礼记·礼运篇》就提出了大同世界的设想。清末思想家、改革家康有为的《大同书》发挥了中国古代的大同思想，倡导天下大同。欧洲资本主义产生了一系列空想社会主义者，从英国莫尔的《乌托邦》，一直到法国的圣西门和傅立叶、英国的欧文三大空想社会主义者的著述。所有空想社会主义者们，都有一个共同理想，那就是建立一个没有阶级、没有压迫、财产共有、平等正义的理想社会。三大空想社会主义者思想的积极部分构成了科学社会主义的直接理论根源。然而这些思想家们的一个共同缺憾就是，没有科学说明阶级社会产生、消亡的历史规律，没有找到实现这个理想社会的途径。也就是说，只是描绘了河对岸多么美好，但并没有解决到达河对岸的手段问题，也就是没有解决如何过河的问题。马克思主义的科学社会主义理论，阶级、阶级斗争和无产阶级专政学说恰恰解决了这个难题，一是揭示共产主义必然代替资本主义的历史必然性，二是真正找到了通过无产阶级革命和无产阶级专政达到大同世界——共产主义社会的正确之路。

社会主义制度是人类历史上自有阶级以来消灭剥削制度的新的社会形态。工人阶级通过无产阶级革命建立的第一个新生社会的尝试是巴黎公社。巴黎工人阶级创立的巴黎公社，一开始就试图消灭两极分化和阶级对立，当然这种实践在当时的历史条件下是不可能实现的。在资产阶级反动力量的镇压下，巴黎公社只存活了72天。马克思著名的《法兰西内战》高度评价并科学地总结了工人阶级的这一伟大尝试。

列宁使社会主义由理论变成现实，发动了十月社会主义革命，建立了社会主义制度。苏联社会主义建设事业的发展和一系列社会主义国家的成立，使一个崭新的社会制度呈现在世界人民面前，使人们看到了消灭阶级压迫、阶级剥削，最终消灭阶级的新的社会形态的现实可能性和历史必然性，使人们看到了实现大同理想已然成为历史的必然趋势。当然，苏联东欧的社会主义实践由于最终背弃了马克思列宁主义，暂时失败了。

我国人民在中国共产党的领导下，经过长期的艰苦斗争，推翻了帝国主义、封建主义和官僚资本主义的统治，建立和巩固了工人阶级领导的、以工农联盟为基础的人民民主专政即无产阶级专政的新中国。毛泽东同志认为，中国共产党领导中国革命成功，建立了社会主义新中国，就造成一种可能性：

> 经过人民共和国到达社会主义和共产主义，到达阶级的消灭和世界的大同。康有为写了《大同书》，他没有也不可能找到一条到达大同的路。资产阶级的共和国，外国有过的，中国不能有，因为中国是受帝国主义压迫的国家。唯一的路是经过工人阶级领导的人民共和国。[①]

1956 年社会主义改造基本完成以后，社会主义制度在我国已经建立起来。旧的剥削制度不复存在，建立了占主体的社会主义公有制。应该说，在消灭阶级的历史道路上，我们已经取得了阶段性的伟大胜利。几千年来的旧的剥削制度在我国终于被埋葬，我国的面貌发生了翻天覆地的巨大变化。中国特色社会主义的开创，生产力的发展，开创了消灭阶级剥削，乃至消灭阶级差别，走上共同富裕的康庄大道，给我国人民实现美好社会理想找到一条正确的道路。始终不渝地坚持社会主义制度是最终消灭阶级的基本保障。

2. 科学社会主义理论从科学历史观出发，论证了人类社会发展依次经历了原始社会、奴隶社会、封建社会、资本主义社会，经过社会主义社会，到共产主义社会的历史发展必然规律，同时通过分析资本主义的剩余价值秘密，揭示了资本主义不可克服的内在矛

[①] 《毛泽东选集》第 4 卷，人民出版社 1991 年版，第 1471 页。

盾必然导致其灭亡的历史结局。

唯物主义历史观认为，人类社会从低级向高级发展，是由生产力和生产关系、经济基础和上层建筑的矛盾运动推动的，是生产关系一定要适合生产力状况、上层建筑一定要适合经济基础规律发生作用的结果。

在原始社会，人们使用的劳动工具是粗陋的石器，生产力极其低下，劳动产品没有剩余，这种生产力状况决定了原始社会的生产关系是生产资料共同占有，人们共同劳动，劳动产品按需分配，没有剥削，没有压迫，没有阶级差别与对立，人与人之间的关系是平等的。原始社会末期，青铜器这样的金属工具出现了，生产力水平有了提高，产生了剩余劳动产品，使得一部分人占有另一部分人的劳动成为可能，产生了社会分工和产品交换，这就促进了私有制的产生，形成了人类历史上第一个剥削制度的社会——奴隶主占有制社会。

奴隶社会的产生是历史的进步。普遍应用青铜器，畜牧业、农业与手工业的分离，使得大规模利用奴隶的简单劳动协作成为可能。奴隶社会提高了劳动生产率，发展了生产力。奴隶主占有生产资料并占有劳动者——奴隶，是奴隶社会生产关系。奴隶制建立在对奴隶极其残酷的剥削压迫之上，奴隶对生产劳动毫无兴趣和积极性，奴隶社会生产关系解放和发展生产力的作用是有极大的历史局限性的，奴隶采取怠工、逃跑、破坏工具、暴动、起义等形式进行反抗。奴隶制生产力与生产关系的不可克服的矛盾最后导致奴隶制社会崩溃，封建社会生产关系代替奴隶社会生产关系成为历史的必然。

封建社会代替奴隶社会也是历史的进步。封建社会生产关系是封建地主阶级占有生产资料和不完全占有劳动者，封建主采取地租的形式，榨取农民阶级的剩余劳动和剩余产品。发明冶铁技术，使用铁制农具，推进农业和手工业进一步的发展。相对奴隶社会，封建社会解放和发展了生产力。农民有一小部分以个人劳动为基础的自然经济，这就使得农民对生产有一定程度的兴趣和主动性。然而封建社会生产关系也是有极大局限性的。封建地主阶级对农民阶级的剥削和压迫，不断激起广大农民的反抗和斗争。随着农业和手工业的发展，在商品经济发展的基础上，资本主义的商品生产逐步成熟，形成了资本主义生产关系，破坏了自给自足的自然经济，封建社会生产关系成为生产力发展的桎梏，从而引起资产阶级革命，封建社会必然被资本主义社会所代替。

资本主义社会代替封建社会又是重大的历史进步。资本主义生产关系代替封建主义生产关系对生产力的发展起着强大的推动作用。资本主义市场经济极大地解放和发展了社会生产力。机器生产代替了手工劳动，蒸汽机的发明和蒸汽动力的广泛应用是一场工业革命。资本主义制度在几百年的发展历程中所创造的生产力，比过去一切时代所创造的生产力的总和还要大。资本主义生产关系的基础，是生产资料的资本家占有制，是以资本家占有生产资料并用以剥削一无所有的雇佣劳动者为特征的。资本主义生产关系也具有极大局限性。资本主义生产方式从产生之日起，就存在不可克服的矛盾：一方面，资本主义使社会生产过程变为大规模的社会化的生产；另一方面，它又使生产资料越发集中在少数的资本家手里。这就产生了资本主义生产方式的基本矛盾，即社会化生产和资本主义私人占有之间的矛盾。具体表现为单个企业生产的有组织性和整个社会生产的无政府状态的矛盾，生产能力无限扩大的趋势和社会购买力相对缩小之间的矛盾等。这些矛盾的发展，导致资本主义周期性的生产"过剩"的经济危机。无产阶级和资产阶级的阶级矛盾和阶级斗争是资本主义内在矛盾的阶级表现。

随着资本主义的发展，自由竞争被垄断所代替，资本主义由自由竞争阶段发展到了一个新的阶段——帝国主义，即垄断资本主义阶段。垄断资本在社会经济生活中起着决定性的作用。垄断不仅没有消除竞争和生产的无政府状态，没有消除周期性的经济危机，反而使资本主义生产方式所固有的矛盾更加尖锐化。在垄断资本主义阶段，资本主义内部矛盾激化，在不到半个世纪的时间里，先后爆发了两次世界大战。战争引起了社会主义革命。第一次世界大战出现了第一个社会主义国家苏联，第二次世界大战出现了一个社会主义阵营。当今，垄断资本主义已经发展到现代垄断资本主义（又称国际金融垄断资本主义）阶段。资本主义内在矛盾并没有化解，反而更为激化。目前虽然没有爆发世界大战，但局部战争仍然不断。资本主义生产关系早已成为生产力发展的桎梏，严重地阻碍着生产力的发展。以生产资料公有制来适应社会化了的生产过程，这是历史发展的必然趋势。社会主义革命是不可避免的，社会主义代替资本主义是不可避免的。

在垄断资本主义和现代垄断资本主义阶段，资本主义的生产关系从根本上说已经腐朽，严重地束缚着生产力的发展，但是，这并不意味着在资本主义条件下，生产力就不再发展了，资本主义就寿终正寝了。从唯物主义历史观来看，社会主义代替资本主义是一个相当长的历史过程，在这个相当长的历史进程内，并不排除资本主义经济社会在一定的时间段里获得相对稳定的发展。列宁指出：

> 如果以为这一腐朽趋势排除了资本主义的迅速发展，那就错了。不，在帝国主义时代，个别工业部门，个别资产阶级阶层，个别国家，不同程度地时而表现出这种趋势，时而又表现出那种趋势。整个说来，资本主义的发展比从前要快得多。[1]

垄断资本主义的腐朽趋势并不排除一些国家在个别阶段内，生产力有相当迅速的发展。第二次世界大战以后，在当今的世界全球化进程中，现代资本主义国家的一系列稳定发展说明了资本主义的生产关系对于其生产力的发展还有一定的回旋空间。

然而，当代资本主义国家生产力的发展，并没有也不可能解决

---

[1] 《列宁选集》第2卷，人民出版社1972年版，第842页。

资本主义固有的内在矛盾,而是使资本主义固有的矛盾在更大的范围内和更高的程度上进一步发展和激化。周期性经济危机是资本主义不可克服的内在矛盾的固定表现。战后资本主义各国,发生过多次经济危机,资本主义经济多次出现了长期持续的滞胀趋势,生产停滞和通货膨胀交织在一起的恶性循环,企业大量倒闭,失业人口大量增加,使资本主义经济陷入新的更大的困境,愈益暴露出资本主义经济结构危机的性质。2008年爆发的国际金融危机更说明了这一点。现代垄断资本主义是资本主义基本矛盾发展的结果,并没有改变资本主义已经处于衰亡阶段的历史地位。列宁指出:

> 国家垄断资本主义是社会主义的最完备的物质准备,是社会主义的入口。①

资本主义制度必然为社会主义制度所代替,阶级社会必然为无阶级社会所代替,一个没有阶级、没有剥削、没有压迫的共产主义社会一定会到来。这是生产关系一定要适合生产力状况规律发生作用的结果,是世界历史发展不可抗拒的历史潮流。

3. 社会主义就是消灭阶级,就是向无阶级社会——共产主义的过渡,是通向共产主义社会的必由之路和必经桥梁。

以唯物主义历史观武装起来的马克思主义揭示阶级产生和存在的原因,因而也就指明了阶级消灭的必然性和条件。人类社会之所以产生阶级,是社会生产有了一定发展而又发展不足的结果。社会生产的充分发展,是消灭阶级的基本前提。在社会生产力还不发达的状况下,社会总劳动所提供的产品除了满足社会全体成员最起码的生活需要以外,只有少量剩余,尚不足以满足全体人民的需求。只有少数社会成员才能享有少量剩余产品,而多数社会成员则只能维持最低的生活需求,有时甚至无法维持生命。这就造成社会成员

---

① 《列宁选集》第3卷,人民出版社1972年版,第164页。

中的绝大多数，必须以全部或几乎全部的时间，从事物质生活资料的生产，而不可能使自己获得全面发展和全面参加社会活动的机会。其结果，一方面，造成社会贫富差别和两极分化，造成阶级差别和阶级矛盾；另一方面，文化教育只能为少数人所垄断，社会的公共事务，也只能专门由一小部分人来担任。旧的社会分工，就会使一小部分人有可能把对社会的管理变成对他人的剥削，由社会的公仆变成社会的主人。在私有制的条件下，这就必然形成互相对立的阶级。生产不充分发展而造成的狭隘的旧的社会分工，是阶级划分的基础，私有制是阶级分化的前提条件。当社会生产力得到充分发展，因而所有社会成员的体力和智力都有可能得到充分的自由的发展和运用时，某一特殊的社会阶级占有生产资料和产品，从而垄断文化教育，垄断公共事务，就不仅成为多余，而且成为社会发展的障碍。只有到那时，阶级差别才完全失去它存在的客观基础。这种客观基础，在生产力高度发达和生产高度社会化之前是不可能存在的。因此，尽管在具备这些条件之前人们早已提出消灭阶级的美好愿望，却是注定无法成为现实的。

资本主义创造了阶级消亡的物质条件的同时，也就创造了阶级消亡的阶级力量，也就创造了阶级消亡的可能性。一方面，资产阶级创造了社会化大生产，创造了现代化的大工业，创造了代表新生产力的工人阶级，使生产力发生了人类几千年以来从没有过的突飞猛进，使工人阶级发展成为最后一个被统治的革命阶级，这就为无阶级社会的到来提供了物质条件和物质力量；另一方面，随着现代大工业的发展，资本主义制度与生产力发展的矛盾日益发展、日益尖锐，这就必然带来社会主义革命成功的可能性，带来社会主义替代资本主义的必然性。为了完全消灭阶级，不仅要推翻剥削制度并废除私有制，而且还要消灭城乡之间、工农之间和脑体之间的差别。因而要完成消灭阶级这一艰巨的事业，需要一个漫长的历史过程。

正是基于历史的分析，马克思主义提出了消灭阶级的明确目标。列宁指出过：

> 我们的目的，也是世界社会主义的目的，是要消灭阶级。①

毛泽东同志在《论人民民主专政》中指出：

> 人到老年就要死亡，党也是这样。阶级消灭了，作为阶级斗争的工具的一切东西，政党和国家机器，将因其丧失作用，没有需要，逐步地衰亡下去，完结自己的历史使命，而走到更高级的人类社会。我们和资产阶级政党相反。他们怕说阶级的消灭，国家权力的消灭和党的消灭。我们则公开声明，恰是为着促使这些东西的消灭而创设条件，而努力奋斗。共产党的领导和人民专政的国家权力，就是这样的条件。不承认这一条真理，就不是共产主义者。②

这不只是美好的愿望和坚定的信念，而且是对社会发展客观规律的科学概括。在这一历史进程中，马克思主义认为，第一，首先是大力发展生产力，创造消灭阶级差别和阶级的物质条件，当这一物质条件尚未具备时，阶级差别和阶级是不可能被消灭的。第二，要实现这一条件，推动无阶级社会代替阶级社会，必须实行无产阶级专政作为过渡，对人民实行最广泛的民主，对少数敌人实行最严格的专政，用社会主义国家机器保卫社会主义制度、保卫人民胜利果实、保护和发展生产力，统筹兼顾各方利益，不至于因利益差别和利益矛盾而导致社会主义社会内乱。

文章写到这里，可以清楚地看出，要实现消灭阶级、走向大同，必须走社会主义这条道路。因为社会主义的目的就是消灭阶

---

① 《列宁全集》第30卷，人民出版社1957年版，第217页。
② 《毛泽东选集》第4卷，人民出版社1991年版，第1468页。

级。要消灭阶级，必须坚持社会主义制度，必须大力发展生产力。而要做到坚持社会主义制度、发展生产力，必须坚持无产阶级专政。正如列宁所说：

> 无产阶级专政，即被压迫者先锋队组织成为统治阶级来镇压压迫者，不能仅仅只是扩大民主。除了把民主制度大规模地扩大，使它第一次成为穷人的、人民的而不是富人的民主制度之外，无产阶级专政还要对压迫者、剥削者、资本家采取一系列剥夺自由的措施。为了使人类从雇佣奴隶制下面解放出来，我们必须镇压这些人，必须用强力粉碎他们的反抗，——显然，凡是实行镇压和使用暴力的地方，也就没有自由，没有民主。①

无产阶级专政在致力于消灭一切阶级差别和阶级的同时，也为进入无阶级的共产主义社会创造着有利条件：在主体条件方面，培养和形成自由全面发展的新人；在经济基础方面，实现生产力的极大增长和社会财富的充分涌流；在政治关系上，建立高度发达的新型民主；在思想意识方面，促进人们思想道德觉悟的全面提高。共产主义社会的实现，既有社会规律制约的客观必然性，又是一个自觉选择和创造的历史过程。

在我国具体国情条件下，无产阶级专政采取了人民民主专政的具体形式。"对人民内部的民主方面和对反动派的专政方面，互相结合起来，就是人民民主专政。"② "总结我们的经验，集中到一点，就是工人阶级（经过共产党）领导的以工农联盟为基础的人民民主专政。这个专政必须和国际革命力量团结一致。这就是我们的公式，这就是我们的主要经验，这就是我们的主要纲领。"③ 人

---

① 《列宁专题文集·论社会主义》，人民出版社2009年版，第29页。
② 《毛泽东选集》第4卷，人民出版社1991年版，第1475页。
③ 《毛泽东选集》第4卷，人民出版社1991年版，第1480页。

民民主专政，对于保卫社会主义制度、保卫发展生产力、保卫人民的利益和民主权利是须臾不可放弃的条件。邓小平同志说："讲人民民主专政，比较容易为人所接受。"①"依靠无产阶级专政保卫社会主义制度，这是马克思主义的一个基本观点。马克思说过，阶级斗争学说不是他的发明，真正的发明是关于无产阶级专政的理论。历史经验证明，刚刚掌握政权的新兴阶级，一般来说，总是弱于敌对阶级的力量，因此要用专政的手段来巩固政权。对人民实行民主，对敌人实行专政，这就是人民民主专政。运用人民民主专政的力量，巩固人民的政权，是正义的事情，没有什么输理的地方。我们搞社会主义才几十年，还处在初级阶段。巩固和发展社会主义制度，还需要一个很长的历史阶段，需要我们几代人、十几代人，甚至几十代人坚持不懈地努力奋斗，决不能掉以轻心。"② 人民民主专政是我们坚持社会主义制度，发展生产力，逐步消灭阶级差别和阶级，实现共同富裕，最终走向大同的根本保障。

4. 社会主义最终目的就是要消灭阶级，但在社会主义发展进程中，有一个逐步消灭阶级差别和阶级的过程，有一个承认阶级差别、正视阶级差别、创造条件逐步达到消灭阶级差别的过程，有一个既要处理好作为主要矛盾的人民内部矛盾，同时又要处理好一定范围内的阶级斗争的过程。为了最终消灭阶级，就必须坚持走逐步消灭阶级，乃至消灭三大差别、实现共同富裕的道路，这需要一个始终坚持人民民主专政的过程。

在《哥达纲领批判》中，马克思把共产主义划分为第一阶段和高级阶段，并认为从资本主义社会到第一阶段有一个过渡时期。列宁分别把这两个阶段称为社会主义社会和共产主义社会，社会主义是共产主义的低级阶段，也是实现共产主义的必经之路。马克思认为，除了生产力高度发达之外，共产主义有三个标志性特征：第

---

① 中共中央文献研究室编：《邓小平年谱（一九七五——一九九七）》（下），中央文献出版社 2004 年版，第 1363 页。
② 《邓小平文选》第 3 卷，人民出版社 1993 年版，第 379—380 页。

一个特征是全社会占有生产资料。社会主义也好，共产主义也好，两个阶段的共同特征，都是实行公有制，即全体劳动人民共同占有生产资料。第二个特征是联合劳动。社会成员共同占有生产资料，是平等的，联合起来共同使用生产资料，共同劳动，没有商品，没有货币。第三个特征是按劳分配。共产主义的第一阶段即社会主义特征是按劳分配，只有到了共产主义的第二阶段，才实现按需分配。在这里，马克思主义经典作家所讲的共产主义的第一阶段和第二阶段的一个区别，即社会主义和共产主义的一个区别，在分配方式上就是一个是按劳分配，一个是按需分配。

实际建立起来的社会主义制度的国家，往往都是在落后的、生产力没能得到充分发展的国家建立起来的。在这种情况下，社会主义不可能与共产主义只有一个按劳分配的差别。实际发生了与马克思所设想的不同的状况。

社会主义是由阶级社会向无阶级社会、由剥削制度的社会向彻底消灭剥削制度的社会过渡的社会。社会主义社会以新的社会因素为主，同时兼有两种社会因素，既有新社会的新的质的变化，又有旧社会的残余、胎记、因素。列宁创建的第一个苏维埃社会主义国家，在其建立之初曾试图按照马克思主义对共产主义社会第一阶段的设想，建立一个财产公有、共同劳动、没有剥削、没有压迫的制度。然而由于俄国相对落后的国情，在集中实行一段战时共产主义政策之后，列宁开始试行了新经济政策，在坚持社会主义制度的前提下，保留了资本主义的一些做法以发展生产力作为过渡。在斯大林领导下，苏联实现了生产资料的社会主义所有制，消灭了旧的剥削制度，但形成了僵化的斯大林模式。由于苏联东欧所处的历史条件、内外因素的综合作用，社会主义制度的实践在苏东暂时失败。这些历史事实一方面说明社会主义制度作为代替旧的剥削制度的新社会形态已经开始诞生；另一方面又说明在相对落后的国家建立社会主义制度，必须根据本国实际情况，采取适合本国国情的发展道路；再一方面还说明必须承认阶级差别，并不断为实现消灭阶级差别逐步创造条件，坚持无产阶级专政，以实现社会主义最终消灭阶级的目的。

特别是我国，是处于建立在落后生产力前提下的初级阶段的社会主义，更兼具新旧两个方面的特征。在我国社会主义初级阶段，生产力相对比较落后，不能最大限度地满足人民的物质文化需要，这就不可避免地存在财产上的差别、收入上的差别和旧的阶级差别，乃至三大社会差别。这就需要社会主义执政党从实际出发制定政策，不能超越阶段，承认阶级差别和阶级的存在。承认阶级差别和阶级，就要大力发展生产力，为消灭阶级差别和阶级打好基础、创造条件；承认阶级差别就要充分利用人民民主专政的力量，保卫人民、保卫国家、解放和发展生产力。承认阶级差别和阶级，既要采取承认阶级差别的现实政策，调动各方面的积极性，又不要忘记社会主义的目的是消灭阶级，要采取必要措施，为消灭阶级差别不间断地创造条件。

5. 我国作为处于初级阶段的社会主义制度的国家，阶级差别和阶级尚存，一定范围内的阶级斗争尚存。社会主义的目的就是消灭阶级，我们建设的社会主义是消灭剥削制度的新型的社会，我们一定要努力创造条件，不仅要逐步消灭阶级差别和阶级，还要逐步缩小脑体差别、城乡差别、工农差别这三大差别。我们现在事实上也正在创造条件向消灭阶级差别和阶级、消灭"三大差别"的方向努力。

然而，我们再看看一些资产阶级政治家公然鼓吹"普世价值"，不承认阶级、阶级矛盾和阶级斗争事实的当代资本主义的社会现状。我在这里引用美国《时代》周刊网站2013年3月25日刊发的《时代》周刊驻香港记者迈克尔·舒曼所撰写的文章中的两段话：

越来越多的证据表明，他[1]或许是对的。令人悲哀的是，

---

[1] 指马克思。（引者注）

很容易找到相关数据证明越来越富的是富人而非中产阶级和穷人。华盛顿经济政策研究所 2012 年 9 月开展的一项研究指出，2011 年，全职男性工薪族的年收入中值为 48202 美元，比 1973 年还低。根据经济政策研究所的计算，1983—2010 年，美国增加的财富有 74% 流向最富裕的 5% 人群，底层 60% 人口的财富却减少了。难怪一些人回过头来重新评价马克思这位 19 世纪的德国哲学家。

当前日益扩大的不平等所产生的后果却正如马克思所预言：阶级斗争又回来了。全世界的工人都越来越愤怒，要求从全球经济中得到公平的回报。①

迈克尔·舒曼结论认为，马克思不仅诊断出资本主义的缺陷，而且诊断出这些缺陷导致的后果。如果决策者找不到新的办法确保经济机会的公平，全世界的工人可能真的团结起来，通过阶级斗争维护自身利益。当代资本主义无论如何掩饰阶级和阶级斗争存在的事实，都改变不了当代资本主义所造成的阶级差别、阶级矛盾和阶级对立这一事实。而资产阶级国家的一切专政工具都是为了维护这种阶级差别社会秩序的永恒存在而存在。

社会主义，只有社会主义才是向着真正消灭阶级差别和阶级的过渡。

三　关于国家与专政

（一）坚持人民民主专政，并不输理

党的十八届三中全会明确提出了全面深化改革的总目标："全面深化改革的总目标是完善和发展中国特色社会主义制度，推进国家治理体系和治理能力现代化。"坚持和实现全面深化改革的总目

---

① 参见《〈时代周刊〉：阶级斗争或卷土重来》，《参考消息》2013 年 3 月 29 日。

标，即坚持和发展中国特色社会主义制度，实现国家治理体系和治理能力现代化，涉及社会主义国家制度、国家治理体系、民主与专政及其实现形式等重大问题。为了搞清楚这些重大问题，有必要重温马克思主义的国家和无产阶级专政学说。

"一个中心、两个基本点"是坚持一百年不动摇的党在社会主义初级阶段的基本路线。中国特色社会主义成功的实践经验告诉我们，始终不渝地坚持贯彻党的基本路线，就能保证中国特色社会主义事业不走偏、不走样、不变色、不断取得新的胜利。坚持人民民主专政是党的基本路线的一个重要原则。邓小平同志明确指出：

> 运用人民民主专政的力量，巩固人民的政权，是正义的事情，没有什么输理的地方。①

然而，国家与专政问题，"是一个被资产阶级的学者、作家和哲学家弄得最混乱的问题"②。在一些人眼中，一提到国家，总是冠以全民的招牌，把资产阶级国家说成是代表全民利益的、超阶级的国家，而把无产阶级国家说成是邪恶的、暴力的、专制的国家；一提到专政，不论是无产阶级专政，还是我国《宪法》规定了的人民民主专政，总是都不那么喜欢。这里有两种情况：一种情况是，一些"好心人"总是认为民主比专政好，认为"专政"这个字眼，是暴力的象征，不像"民主"那么美妙、招人喜欢；另一种情况则是，某些别有用心的人打着反对专政的幌子，把一切专政都说成是坏的，根本不提还有资产阶级专政，只讲资产阶级民主，把资产阶级民主粉饰为"至善至美"的反专制、反一党制、超阶级的、超历史的、普世的民主，其实质是反对社会主义制度的无产阶级专政（在我国是人民民主专政）。

---

① 《邓小平文选》第3卷，人民出版社1993年版，第379页。
② 《列宁选集》第4卷，人民出版社1995年版，第24页。

这些看法如果仅仅是一个喜欢不喜欢的爱好问题，就没必要兴师动众地长篇大论地讨论国家、专政问题。按照马克思主义国家学说，民主与专政实质上只不过是构成国家本质属性的两个方面。对于一个国家来说，有民主，就须有专政；有专政，就须有民主。缺不得民主，也缺不得专政，二者有机统一于国家。那么什么是国家、什么是专政、什么是资产阶级专政、什么是无产阶级专政、什么又是人民民主专政？这是关系到我国社会主义前途命运的重大理论和现实问题，需要从理论和现实的角度把这个问题说清楚，以廓清人们的糊涂认识。而要说明这些重大理论与现实问题，则有必要从理论上说清楚马克思主义国家学说，进而说清楚马克思主义关于无产阶级专政、毛泽东思想关于人民民主专政的正确观点，划清历史唯物主义和历史唯心主义的界限。

在列宁领导十月社会主义革命前夕，列宁领导的布尔什维克党武装夺取政权，消灭资产阶级专政国家，建立无产阶级专政国家，成为当时最迫切的历史任务。为此，列宁认为：

> 我们的任务首先就是要恢复真正的马克思的国家学说。[1]
>
> 如果不在"国家"问题上反对机会主义偏见，就无法进行斗争来使劳动群众摆脱资产阶级的影响。
>
> 无产阶级社会主义革命对国家的态度问题不仅具有政治实践上的意义，而且具有最迫切的意义。[2]

列宁由此对马克思主义国家学说做了大量的研究，撰写了不朽著作《国家与革命》，回答了当时最迫切的国家诸问题，阐述和发展了马克思主义关于国家、民主、专政和无产阶级专政学说。今天，我们在改革开放、在实现祖国现代化的进程中，结合新的实

---

[1] 《列宁选集》第3卷，人民出版社1995年版，第113页。
[2] 《列宁选集》第3卷，人民出版社1972年版，第172页。

际，在马克思主义原本的意义上正确阐述国家学说、专政理论的正确观点，是完全必要的。

（二）马克思主义国家学说的基本观点和精神实质

关于民主与专政、无产阶级专政与人民民主专政这些问题，涉及怎样认识国家的起源、发展与消亡、国家的本质与作用等基本问题，这就需要我们重温马克思主义国家学说的主要内容和基本观点，恢复马克思主义国家学说的本来面貌。

第一，国家只是历史发展到一定阶段，阶级矛盾不可调和的产物。

国家是从哪里来的、怎么产生的？

国家首先是一个历史的范畴。首先从国家的起源谈起，看看马克思主义老祖宗是怎样从彻底的历史唯物主义出发论述国家起源的。恩格斯在《家庭、私有制和国家的起源》中指出，国家不是从来就有的，在人类之初的原始共产主义社会，没有剥削、没有阶级，也就没有国家。当人类社会生产力发展到一定阶段，有了剩余劳动和剩余产品，出现了私有制，社会分裂为经济利益互相冲突的对立阶级，出现了剥削者和被剥削者、压迫者和被压迫者、统治者和被统治者的分裂和对立，统治阶级就需要一种"表面上凌驾于社会之上的力量"来统治被统治阶级，缓和冲突，于是国家就产生了。社会分裂为阶级之后，才出现了国家。国家不是外部强加给社会的某种力量，也不是像黑格尔所说的什么"伦理理念的现象"[①]，更不像封建统治阶级宣传的那样，是上帝赐给的，皇帝不过是上帝的儿子。国家是社会发展到一定阶段，出现了阶级和阶级对立，为了有利于统治阶级不至于在阶级冲突中与被统治阶级同归于尽应运而生的。

---

① ［德］黑格尔：《法哲学原理》，范扬、张企泰译，商务印书馆1961年版，第253页。

国家是阶级分裂、阶级斗争的产物，是随着阶级的产生而产生的。国家是"从社会中产生但又自居于社会之上并且日益同社会相异化的力量"①。"国家是阶级矛盾不可调和的产物和表现。在阶级矛盾客观上达到不能调和的地方、时候和程度，便产生了国家。反过来说，国家的存在表明阶级矛盾的不可调和。"② 科学地讲，国家是人类社会生产力发展到一定阶段阶级和阶级斗争不可调和的产物，既不是从来就有的，也不是"永恒需要的"。

第二，国家是阶级统治的机关，是一个阶级剥削、压迫另一个阶级的工具。

国家到底是什么？国家的性质和本质是什么？国家起着什么样的作用？

国家又是一个政治的、阶级的范畴，国家是一种政治组织，是统治阶级的权力组织，是建立在一定经济基础之上的政治上层建筑，是上层建筑中最主要的部分，是阶级统治的暴力工具。国家的核心是政权。自从国家产生以来，历史上的统治阶级从来都把国家描绘成至上的、绝对的、不可侵犯的，同时又是超历史、超阶级的力量。譬如，封建君主宣称"朕即是国家"，而"朕"则是上天派来的"天子"，在封建君主眼里，国家是"家天下"。资产阶级则把国家说成是代表全民利益的超历史、超阶级的全民国家，把国家说成是阶级调和的工具。这些说法都掩盖或歪曲了国家的阶级本质，国家既然是阶级斗争的产物，那么国家就不可能是超历史的、超阶级的、全民的，而是具有阶级性的本质。有奴隶制国家，也有封建制国家，还有资本主义国家、社会主义国家，而从来就没有什么超历史的、超阶级的抽象民主、抽象全民的国家。实际上，国家是建立一种社会秩序，使统治阶级的压迫合法化、固定化，而这种秩序的建立不是阶级调和，而是一个阶级压迫另一个阶级的表现。

---

① 《马克思恩格斯选集》第 4 卷，人民出版社 1995 年版，第 170 页。
② 《列宁选集》第 3 卷，人民出版社 1972 年版，第 175 页。

在阶级社会中，国家对内的主要职能是依靠暴力和强制机关统治被统治阶级，以保证统治阶级的经济基础、政治地位和根本利益。对外的主要职能是抵御外来侵略，保护本国利益不受侵犯。剥削阶级国家还担负对外侵略、掠夺的作用。国家除了这些主要职能外，还担负调整国内各阶级阶层关系、维护秩序、组织生产、发展经济、繁荣文化、统一道德、保障公平等职能。

国家是阶级斗争的工具，主要是就国家的阶级实质、主要特征而言。恩格斯说，国家官吏掌握了社会权力和征税权，就作为社会机关而凌驾于社会之上。剥削阶级的国家之所以对劳动人民进行剥削，是因为它照例是最强大的、在经济上占统治地位的阶级的国家，这个阶级借助于国家而在政治上也成为占统治地位的阶级，因而获得了镇压和统治被统治阶级的新手段。列宁指出："如果阶级调和是可能的话，国家既不会产生，也不会保持下去。"① 列宁认为，国家是占统治地位的阶级用来剥削被压迫阶级的工具，一切剥削阶级的国家都是剥削劳动人民的工具，是一个阶级对另一个阶级进行统治的工具。奴隶制国家是奴隶主压迫统治奴隶的工具，封建制国家是封建地主阶级压迫统治农民阶级的工具，资产阶级国家是资产阶级压迫统治工人阶级的工具。

就拿最民主的现代资产阶级民主国家来说，它虽然表面上保持着全民选举、普遍民主的全民外衣，但实际上却是资产阶级统治工人阶级和广大劳动人民最可靠的政治形式。恩格斯分析道，在民主共和国内，资产阶级掌握着财富即资本，通过两种方式间接地更可靠地运用它的权力：一种是"直接收买官吏"，使官吏为资本家增值资本的目的服务；另一种是"政府和交易所结成联盟"，例如，政府通过证券交易所推销公债，证券交易所凭借公债向政府提供资金，并利用公债券进行投机倒把，牟取暴利。这两种方法使资产阶级更可靠地控制国家政权并通过国家政权剥削广大劳动人民。列宁

---

① 列宁：《国家与革命》，人民出版社2001年版，第8页。

则分析道，在垄断资本主义时代，资产阶级把这两种方法发展到非常巧妙的地步。资产阶级的政府们竭力帮助资本家掠夺人民，借军事订货盗窃国库，而资本家则给政府们高额奖赏，这是资本家和官吏勾结的典型例子。

当代资本主义已把这种勾结运用到天衣无缝的地步，让人民总以为政府是为全民的，而不是为少数资本家的。财富的无限权力在民主共和制之下之所以更可靠，是因为资本一与民主制相结合，"就能十分巩固、十分可靠地确立自己的权力"，无论人类、无论机构、无论政党的任何更换，都不会使这个权力动摇。所以，资产阶级民主制和普选制似乎能代表和体现主体人民的意志，似乎抹杀了国家的阶级本质。实际上，民主制和普选制是资产阶级国家统治的一种形式和工具，仅仅表现工人阶级的成熟程度的标志，不可能提供更多的东西。当然，资产阶级的民主形式也为无产阶级国家提供可借鉴选择的手段和工具。关于国家本质问题，毛泽东同志坚持和发展了马克思主义国家学说，他指出：

> 军队、警察、法庭等项国家机器，是阶级压迫阶级的工具。对于敌对的阶级，它是压迫的工具，它是暴力，并不是什么"仁慈"的东西。[①]

第三，特殊的军队，还有监狱、法院、警察是国家政权的主要强力工具。

国家的主要特征是什么？它的主要构成成分是什么？

恩格斯指出：国家同原始社会比较，有两个基本特征，一是原始氏族组织是按血缘来区分它的居民，而国家则是按地区来划分它的国民；二是氏族组织有自己的自动武装组织，没有军队、警察和官吏等专门从事统治和压迫的社会权力，而国家却设立社会权力，

---

① 《毛泽东著作选读》（下），人民出版社1986年版，第682页。

构成这种权力的不仅有武装的人，还有监狱和各种强制机关。列宁认为，被恩格斯称为国家的那个"力量"，"主要是指拥有监狱等的特殊的武装队伍"，"常备军和警察是国家权力的主要强力工具"。军队是社会分裂为敌对阶级时产生的，是统治阶级维护其统治的工具。由于社会分裂为不可调和的敌对阶级，统治阶级为了维护自己的统治地位，便建立了专门用以镇压被统治阶级的特殊的武装队伍、法庭、监狱、警察等强力工具，而且特殊的武装队伍等强力工具随着剥削阶级国家国内阶级矛盾的尖锐化和对外侵略竞争的加剧而日益加强起来。关于国家的特征和主要成分，毛泽东同志一语中的：

> 从马克思主义关于国家学说的观点看来，军队是国家政权的主要成分。谁想夺取国家政权，并想保持它，谁就应有强大的军队。①

第四，国家随着阶级的消失而消亡，而国家的最终消亡必须经过无产阶级专政国家的过渡。

国家是不是永恒的？是不是要消亡？怎样才能消亡？消亡的条件是什么？

按照唯物辩证法过程的观点来看，任何一个事物都是一个过程，都有生、有死。无论是自然界的事物，还是社会领域的事物，都是如此，国家也不例外。恩格斯在《反杜林论》中深刻地揭示了国家产生、发展和消失的经济根源，指出国家是随着阶级的产生而产生的，也将随着阶级的消失而消失。国家不是永恒的，不是永存的。马克思主义认为，国家消亡的前提是阶级消亡，阶级消亡的前提是生产力高度发展，并在高度发展的生产力基础上，建立公有制的经济基础，国家阶级压迫的职能不需要了，国家才可以消亡。

---

① 《毛泽东选集》第2卷，人民出版社1991年版，第547页。

可见，国家完全消亡的经济基础就是共产主义公有制和社会化大生产的高度发展。

列宁论述了由社会主义过渡到共产主义的经济条件，指出在社会主义阶段，光靠生产资料转为公有财产，光靠剥夺资本家，还不能立刻消除工农之间、城乡之间、脑体之间的对立，只有发展到打破了旧的分工、消灭了脑体之间的对立，从而把劳动变成"生活的第一需要"，才能为实现"各尽所能，按需分配"的原则创造条件。当社会实现"各尽所能，按需分配"原则时，也就是说，劳动生产率已经大大提高，人们已经十分习惯于遵守公共生活的基本原则，能够自愿地尽其所能来工作的时候，国家才会完全消亡。只有到了共产主义，也就是社会生产力高度发展、"三大差别"已经消亡，国家才会消亡。

但有人曲解恩格斯关于国家消亡的思想，认为资产阶级国家也可以"自行消亡"。列宁坚决反对这种观点，认为这种观点是"对马克思主义的最粗暴的歪曲，仅仅有利于资产阶级"。列宁认为，资产阶级国家是不会"自行消亡"的，而要由无产阶级在革命中消灭它。因为国家是"实行镇压的特殊的力量"，资产阶级国家由无产阶级国家代替，决不能靠"自行消亡"来实现。

恩格斯所说的"自行消亡"的国家是指实行了社会主义革命以后的无产阶级国家。列宁根据马克思在《哥达纲领批判》中的分析强调指出，由于国家是阶级统治、阶级压迫的工具，在从资本主义过渡到共产主义的整个历史时期，必须坚持无产阶级专政，只有到了共产主义阶段，无产阶级专政的国家才可以"自行消亡"。国家消亡是需要一定的经济基础的，一定要把国家消亡同社会经济基础联系起来考察。当社会发展到不再有需要加以镇压的任何阶级的时候，也就不再需要国家这种实行镇压的特殊力量了。那时"国家"的政治形式是最完全的民主，而最完全的民主也只能自行消亡，这就根本不需要国家了。在社会主义条件下，由于社会主义经济基础的建立，实现了生产资料公有制和按劳分配制，社会主义民主将进一步发展，劳动群众越来越多地参与国家管理和经济管理，逐步学会了管理社会生产和社会事务，这就逐步为国家消亡创造了条件。

（三）无产阶级专政是新型的国家

马克思主义的阶级斗争和国家学说告诉我们：阶级的存在仅仅同生产发展的一定历史阶段相联系；阶级斗争必然导致无产阶级专政；这个专政不过是达到消灭一切阶级和进入无阶级社会的过渡。马克思主义指明了无产阶级反对资产阶级的斗争必然导致无产阶级专政，无产阶级专政担负着最终消灭阶级与国家的历史使命。

在《哲学的贫困》《共产党宣言》等著作中关于国家问题的论述中，马克思、恩格斯指出，无产阶级用暴力推翻资产阶级统治而建立自己的统治；无产阶级革命的第一步就是使无产阶级变为统治阶级，争得民主；无产阶级国家即组织成为统治阶级的无产阶级。这些表述表达了马克思主义在国家问题上的一个最卓越最重要的思想，即"无产阶级专政"的思想。无产阶级在历史上的革命作用的"最高表现是无产阶级专政"，其具体表现为：无产阶级要求建立的国家就是"组织成为统治阶级的无产阶级"；只有无产阶级才能推翻资产阶级，使自己成为统治阶级；只有使无产阶级变为统治阶级，实现无产阶级专政，才能消灭资产阶级；无产阶级专政必须有以马克思主义为指导的无产阶级政党的领导。

1871年，巴黎无产阶级举行武装起义，推翻了资产阶级统治，建立了巴黎公社。这是人类历史上建立无产阶级专政的第一次伟大尝试。马克思科学总结和分析了巴黎公社的革命经验，在《法兰西内战》中，提出"工人阶级不能简单地掌握现成的国家机器，并运用它来达到自己的目的"的著名结论，认为这是对《共产党宣言》必须做的唯一"修改"。[①] 马克思总结的巴黎公社这个基本

[①] 《马克思恩格斯选集》第3卷，人民出版社2012年版，第95页。

原则具有重大意义。马克思的意思是说工人阶级应当打碎、摧毁"现成的国家机器",而不只是简单地夺取这个机器。所谓"现成的国家机器",就是指资产阶级的"官僚军事国家机器"。用什么来代替被打碎的资产阶级国家机器,就是用新型的国家政权来代替之,由无产阶级专政代替资产阶级专政。无产阶级专政实质是无产阶级政权,是"生产者阶级同占有者阶级斗争的产物,是终于发现的可以使劳动在经济上获得解放的政治形式"①。列宁强调指出:

> (无产阶级专政)② 对介于资本主义和"无阶级社会"即共产主义之间的整整一个历史时期都是必要的,——只有懂得这一点的人,才算掌握了马克思国家学说的实质。③
>
> 从资本主义向共产主义过渡,当然不能不产生非常丰富和多样的政治形式,但本质必然是一样的:都是无产阶级专政。④
>
> 谁要是仅仅承认阶级斗争,那他还不是马克思主义者,他还可以不超出资产阶级思想和资产阶级政治的范围。
>
> 只有承认阶级斗争、同时也承认无产阶级专政的人,才是马克思主义者。⑤

无产阶级专政是作为统治阶级的无产阶级实行阶级统治的工具,是新型的国家,是由剥削阶级国家到消灭阶级、消灭国家的必经阶段。不经过无产阶级专政的阶段,就不可能消灭阶级,乃至最终消灭国家。

无产阶级专政的国家也是阶级统治的工具。不过它在阶级性质、历史使命、基本内容上都同以往一切剥削阶级专政根本不同。

---

① 《马克思恩格斯选集》第 3 卷,人民出版社 2012 版,第 102 页。
② 引者加。
③ 《列宁选集》第 3 卷,人民出版社 1995 年版,第 140 页。
④ 《列宁全集》第 31 卷,人民出版社 1985 年版,第 33 页。
⑤ 《列宁全集》第 31 卷,人民出版社 1985 年版,第 32 页。

它是为无产阶级消灭剥削阶级、建立社会主义、向共产主义过渡创建条件的主要工具。

无产阶级专政是新型的国家，之所以是新型的，是因为它在根本性质上不同于奴隶主阶级专政的国家、封建地主阶级专政的国家、资产阶级专政的国家，它是占统治地位的无产阶级及广大劳动人民对少数反动分子实行专政的国家，是工人阶级、劳动人民享有最高程度民主的国家，是新型民主与新型专政的统一体，即对无产阶级和广大劳动人民实行最广泛的民主；对一切反动阶级、敌对分子实行专政。无产阶级专政的核心问题是无产阶级通过它的先进组织——共产党，掌握国家政权。

无产阶级专政有着不同的政权组织形式。由于各国情况的差异和历史条件的不同，无产阶级专政的国家政权可以有不同的形式。从历史上来看，有巴黎公社无产阶级专政组织形式的最初尝试；有列宁总结俄国革命经验所肯定的俄国无产阶级专政最适宜的形式——苏维埃共和国；有中国工人阶级和人民大众经过长期革命斗争建立起来的工人阶级领导的、以工农联盟为基础的人民民主专政的国家政权形式……

无产阶级专政具有两个基本职能和属性，一是担负对内镇压被统治阶级、对外抵抗外来侵略的阶级工具职能，具有鲜明的阶级属性；二是具有组织生产、发展经济、协调关系、保证公平、繁荣文化、统一道德、提供保障等公共服务职能，具有公共服务的属性。无产阶级专政是建立在消灭了阶级对阶级的压迫基础上的，阶级矛盾和阶级斗争不是主要矛盾的社会主义制度条件下的新型国家。无产阶级专政新型国家的阶级工具职能，其范围和作用会逐步缩小、减少，而公共服务职能会逐步扩大、加重。但这不等于放弃阶级工具的职能，在某些特殊情况下，这个职能有可能加重、加大。比如，当出现大规模的外国军事侵略的情况下，当外部敌对势力与内部敌对力量相互勾结，严重威胁社会主义国家安全，包括意识形态安全时，无产阶级专政阶级压迫的作用丝毫不能减轻。

（四）实行人民民主专政是我们的主要经验

毛泽东同志把马克思主义关于国家和无产阶级专政的一般原理同中国具体实际相结合，发展了无产阶级专政的学说，提出了人民民主专政的思想。他指出：

> 总结我们的经验，集中到一点，就是工人阶级（经过共产党）领导的以工农联盟为基础的人民民主专政。这个专政必须和国际革命力量团结一致。这就是我们的公式，这就是我们的主要经验，这就是我们的主要纲领。[①]

人民民主专政是我国社会主义国家政权的实质和主要内容，坚持人民民主专政是我国社会主义制度的基本保障，是中国特色社会主义必须坚持的一个基本原则。

人民民主专政是中国特色的无产阶级专政。这是中国人民在中国共产党领导下，根据中国具体国情，对新中国国家本质及其形式的唯一正确的政治选择。旧中国是半殖民地半封建性质的国家。中国共产党在中国要取得社会主义的胜利，就要打碎旧中国的国家机器，建立一个新型的国家机器，而要做到这一点，必须把革命的实际行动分作两步：第一步进行新民主主义革命，第二步进行社会主义革命。通过革命战争，打碎旧中国的国家机器，建立新的国家机器，这个新型的国家机器就是人民民主专政。中国社会的性质决定中国新民主主义革命的敌人是封建主义、官僚资本主义和帝国主义，领导阶级是工人阶级，革命的主要同盟是农民阶级，其他同盟还有城市小资产阶级和民族资产阶级，只有结成最广泛的统一战线，集中全民众的力量，才能战胜压在中国人民头上的"三座大山"。中国新民主主义革命的胜利，历史地导致不仅仅是无产阶级

[①] 《毛泽东选集》第 4 卷，人民出版社 1991 年版，第 1480 页。

的专政，而是以无产阶级为领导的、以工农联盟为基础的，包括城市小资产阶级和民族资产阶级的最广泛联盟的人民民主专政。人民民主专政的实质还是无产阶级专政，但它不是单一的无产阶级的专政，而是以工人阶级为领导的、以工农联盟为基础的，包括最广泛同盟者的对少数敌人的专政。

毛泽东同志科学阐明了人民民主专政的任务、目的和作用。他说：在中国现阶段，人民是什么，是工人阶级、农民阶级、城市小资产阶级和民族资产阶级，这些阶级在共产党领导下，团结起来，共同奋斗，赢得了新民主主义革命胜利，建立自己的国家，即人民民主专政的国家。人民民主专政的国家在人民内部实行民主，对人民的敌人实行专政，这两个方面是分不开的，把这两方面结合起来，就是人民民主专政。人民民主专政是专政与民主的辩证统一。人民民主专政的基础是工人阶级、农民阶级、城市小资产阶级和民族资产阶级的联盟。当然，人民民主专政必须由工人阶级领导，主要基础是工农联盟。

马克思主义无产阶级专政学说、毛泽东人民民主专政思想告诉我们，不能把民主与专政割裂开来、对立起来，认为专政是对民主的否定，讲专政就是不要民主，从而否定人民民主专政的根本性质和作用。对敌人的专政是对人民民主的保障，坚决地打击敌人的破坏和反抗，才能维护人民民主，才能保卫社会主义民主。当然，也不能认为民主是对专政的否定，讲专政就是否定民主，从而否定社会主义的民主本质，对人民民主是对敌人专政的前提，只有在人民内部充分发挥民主，才能有效镇压敌人。没有广泛的人民民主，人民民主专政就不能巩固。人民民主专政作为政治手段、阶级工具的第一个任务，就是压迫国家内部的反动阶级、反动派和反抗社会主义的势力，对于蓄意破坏和推翻社会主义制度的各种敌对分子实行专政；第二个任务就是防御国家外部敌人的颠覆、"和平演变"、西化、分化活动和可能的侵略，对企图颠覆和推翻社会主义制度的外部敌对势力实行专政。因此，必须强化军队、警察、法庭、监狱等国家机器，以巩固社会主义制度，保证全体人民和平劳动，将我国建设成为一个具有现代工业、现代农业、现代国防和现代科学文化的社会主义国家，最终达到消灭阶级、消灭"三大差别"、实现共产主义的目的。

组织社会主义经济建设、政治建设、文化建设、社会建设、生态文明建设，发展科学、文化、教育和社会保障事业，大力发展社会生产力，建设社会主义物质文明、政治文明、精神文明和生态文明，走共同富裕道路，是人民民主专政长期的、根本的任务。

人民民主专政的要义为：第一，坚持以工人阶级为领导阶级，以工人阶级的先锋队——中国共产党为领导核心；第二，坚持以马克思主义、中国化的马克思主义作为人民民主专政的理论基础和思想指南；第三，坚持以工人阶级和农民阶级联盟为最主要的基础；第四，以一切热爱祖国、热爱社会主义事业的社会主义建设者为最广泛的联盟；第五，对少数敌人实行专政，对大多数人民群众实行最广泛的人民民主；第六，通过社会主义法制实施民主与专政。

人民民主专政是中国特色社会主义须臾不可离开的法宝。今天，我们中国特色社会主义国家仍然处于马克思主义经典作家所判定的历史时代，即社会主义与资本主义两个前途、两条道路、两种命运、两大力量生死博弈的时代，这个时代仍贯穿着无产阶级与资产阶级、社会主义与资本主义阶级斗争的主线索，这就决定了国际领域内的阶级斗争是不可能熄灭的，国内的阶级斗争也是不可能熄灭的。在这样的国际国内背景下，人民民主专政是万万不可取消的，必须坚持，必须巩固，必须强大。否则，不足以抵制国外反动势力对我西化、分化、私有化、资本主义化的图谋，不足以压制国内敌对力量里应外合的破坏作用。必须建设强大的国防军，必须建设强大的公安政法力量，以人民民主专政的力量保卫和平、保卫人民、保卫社会主义。

以美国为首的西方势力，从来没有放弃对自己军事机器的强化，从来没有放弃用武力去解决一切由他们的利益和意识形态所驱使的他们所要解决的问题。在国际上，他们可以随时随地动用武力，干涉别国内政，推行他们的"普世价值"、西方民主导向的"颜色革命"。在国内，他们可以随时随地出手镇压国内触动他们根本利益的言论和行动，出动大规模的警察力量镇压"占领华尔街运动"就是例证。难道这不是资产阶级专政的力量吗？实施资产阶级专政，他们决不手软。

当然，在加强专政的同时，必须大力发展社会主义民主。中国特色社会主义在坚持巩固国家专政职能的同时，必须大力发展社会主义民主政治。在巩固人民专政的同时，必须大力发展社会主义民主。建立高度的社会主义民主，是社会主义的本质，是社会主义政治上层建筑的基本内容，是中国特色社会主义的根本目标和根本任务之一。没有民主，就没有社会主义。列宁指出：

> 不实现民主，社会主义就不能实现。
> 胜利了的社会主义如果不实行充分的民主，它就不能保持它所取得的胜利。①

坚持人民民主专政，保障社会主义民主，必须加强社会主义法制建设。社会主义法制是人民民主专政的国家所制定的各种法律、法令等法的规范，以及按照法律规定建立起来并贯彻实施的种种法律制度，它的实质是工人阶级及其领导的广大人民当家作主、管理国家、进行社会主义建设的共同意志的集中体现。执政党、参政党和一切参加社会主义建设的人民群众都必须在宪法和法律规范内活动，任何违反法律的行为，都要受到法律的制裁。

---

① 《列宁全集》第23卷，人民出版社1958年版，第70页。

坚持和发展唯物史观，旗帜鲜明地反对历史虚无主义，推进马克思主义史学理论研究[*]

唯物史观是唯一科学的历史观。唯物史观的创立，是人类思想史上一场伟大的革命，赋予人类正确认识社会及其发展历史的唯一科学的世界观和方法论；唯物史观是中国共产党领导中国革命、建设和改革，不断取得胜利的最锐利的思想武器，党的全部历史告诉我们，没有或不用唯物史观观察、分析和处理社会历史问题必定要犯错误；史学研究要以唯物史观为指引，坚持唯物史观的基本原理和科学方法，反对历史虚无主义。

一 唯物史观的创立，是人类思想史上一场伟大的革命，赋予人类正确认识社会及其发展历史的唯一科学的世界观和方法论

如果没有马克思创立的唯物史观，人们对社会生活及其历史的认识还会在黑暗中摸索。也就是说，在马克思创立唯物史观之前，

---

[*] 该文系作者 2015 年 9 月 18 日在北京召开的首届唯物史观与马克思主义史学理论论坛上的主旨报告，原载《世界社会主义研究》2016 年第 2 期。其中，第三小节部分内容曾以"坚持唯物史观，旗帜鲜明地反对历史虚无主义"为题，收入《中国社会科学院历史虚无主义批判文选》，中国社会科学出版社 2015 年版，第 3—7 页。

人们对社会历史的认识是唯心主义历史观占据统治地位，人们无法正确解读自己的历史和社会现象。

1883年3月14日，在伦敦海格特公墓的马克思墓前，恩格斯发表了著名的《在马克思墓前的讲话》。恩格斯高度评价了马克思作为最伟大的思想家和革命家对于人类思想史和世界工人运动作出的巨大贡献，简短、诚恳而又真实地表述马克思对于人类所具有的并永远具有的伟大意义。他认为，马克思对整个人类思想发展作出了两个伟大的贡献：一是发现唯物史观；二是发现剩余价值学说。恩格斯高度赞扬马克思说："一生中能有这样两个发现，该是很够了。"[1] 恩格斯把唯物史观看作马克思的第一个伟大发现。列宁认为，唯物史观是人类科学思想中的最大成果。唯物史观的创立是马克思对人类思想史的划时代贡献。

自古及今，人们在不断探索自然之谜的进程中，也都在不断地追问社会发展的原因，探索社会发展的规律和趋势，试图解释人类社会何以产生、何以运行、何以发展的问题，提出了各种各样的看法和观点，形成了形形色色的历史观念。但社会历史现象的异彩纷呈、繁茂芜杂，又极大地困扰着人们的认识，使人们在纷繁复杂的社会历史现象面前往往陷于云遮雾罩，误入思想歧途。在马克思第一个伟大发现产生之前，人类对自然的认识已经达到了一个科学的高峰，涌现出很多伟大的科学家。从哲学世界观方法论层面上看，唯物论、辩证法对世界的认识也分别达到了当时所能达到的高峰，产生了一大批唯物主义和辩证法的哲学家、思想家。但在历史观层面上，人类却始终陷于唯心史观的思想陷阱而不能自拔。

在马克思主义新历史观产生之前，对人类社会历史的认识不外乎有两类答案。

一类是唯心主义的回答。或是把历史发展归结为神、天命的作用；或是归结为精神的作用。如将历史发展的根本原因归于上帝、

---

[1] 《马克思恩格斯文集》第3卷，人民出版社2009年版，第601页。

神灵、天命、神意。孔子的得意门生子夏说"死生有命，富贵在天"，认为人世间的死生祸福、穷达贵贱、贫富寿夭，都是由天命决定的；中世纪的基督教把社会历史理解为从原罪经赎罪到千年王国和最终审判的演进过程，认为这一切都是由上帝安排的，都体现了上帝的智慧与意志；西方有"上帝造人"说、中国有"女娲造人"说……把神作为人类及其社会的创造者、主宰者和历史发展的第一推动者。

又如将历史发展的根本原因归于人的理性、情感、动机、意志的主观唯心主义的主观精神决定论，归于在自然界和人类社会产生之前就存在的、无人身的客观精神的客观唯心主义的客观精神决定论。例如，德国古典唯心主义辩证法大师黑格尔坚持客观唯心主义的"绝对精神决定论"。尽管他已经发现了人类社会历史的辩证运动规律，但认为在万事万物之上有一个绝对精神，这个绝对精神是自然界和人类历史发展的第一推动者。他认为，理性或绝对精神是社会历史的主体、动力和决定性力量，人不过是理性或绝对精神实现自身的工具和手段。

另一类是旧唯物主义的回答。唯心主义历史观的答案显然是荒谬的，这就导致一些旧唯物主义哲学家试图从直观的物质原因上寻找历史的最终原因。这些旧唯物主义者虽然在自然观上坚持了唯物主义立场，但从直观的物质原因上又无法说明历史的最终原因，故而在考察社会历史时，被社会领域和历史过程的特殊性所迷惑，只是看到了人们从事历史活动的思想动机，而没有进一步探究隐藏在思想动机背后的最终原因；只是看到了在社会历史领域中起作用的精神动力，而没有发现动力的动力是什么，没有看到隐藏在精神动力背后的真正的物质动因，将精神动力看成社会发展的终极原因，从而在历史观上又重新陷入了唯心主义的泥沼。例如，19世纪德国人本唯物主义者费尔巴哈提出"感性的人"决定论。他看到了神造论的荒谬，看到了唯心主义和机械唯物主义的缺陷，提出感性的人、肉体的人决定了历史的发展，似乎他的历史观由神、由纯粹理念回到了人，由唯心主义回到了唯物主义。但费尔巴哈是直观的唯物主义者，只看到了感性的、肉体的、被动存在的、生物学意义上的人，不懂得物质与精神的辩证法，不懂得人的社会性，不懂得实践的人的能动作用。对于"感性的人"怎样创造历史，费尔巴哈没有说清楚，而是提出了人类永恒之"爱"决定人的行动，从而决定人类历史的论断。费尔巴哈看似回到肉体的物质存在的人，但结果又回到了"爱"决定一切的空洞无物的唯心主义历史观。

综观马克思主义新历史观之前的一切旧历史观，有两个根本缺陷：一是从思想原因而不是从物质经济根源，来说明人类历史活动的动因和社会发展的动力，这就是旧历史观的思想动机论。二是只看到少数历史人物的作用，忽视人民群众是真正的历史主人，抹杀了人民群众在历史发展中的决定作用，这就是旧历史观的英雄史观。旧历史观看不到人民群众创造人类历史、推动社会进步的动力作用，将历史发展的根本原因归于帝王将相、英雄豪杰的个人意志，认为一个好念头可以使国泰民安，一个怪想法可以使国破家亡、生灵涂炭。一切旧历史观说到底都是唯心史观，它始终无法向人们提供正确认识和解释社会历史现象的科学世界观和方法论。

与以往的唯心主义历史观相反，马克思在考察社会历史、寻找社会发展的真实动因时，不是从主观意识、客观精神、上帝、神意或抽象的人性出发，而是从现实的人及其活动出发，从现实的人的物质生活条件出发。在马克思看来，"有生命的个人的存在"是全部人类历史的第一个前提。人们为了创造历史，必须能够生活。为了生活，就必须进行物质生活资料的生产。物质生产是人类的第一个历史活动，是一切历史的基本条件。追求生存发展需要的满足，是人们的一切思想动机背后的最深刻的物质根源；人们所从事的物质资料生产，是社会发展的根本原因。人类社会的一切经济关系、政治关系、社会关系、思想文化关系，都是在物质生产基础上建构起来的，并随着物质生产的发展变化而发展变化；必须从人类生存发展的物质经济基础出发来说明人类社会的发展变化，来说明一切人类社会历史现象，而不是相反。

马克思的新历史观照亮了历史的时空，使在黑暗中摸索的人们豁然开朗。他所创立的唯物史观作为关于社会发展的根本动因、总体进程、一般规律和必然趋势的学说，反映了社会历史发展规律，一扫笼罩在社会历史领域的神秘的阴霾，为我们提供了认识社会发展规律、求解社会历史之谜的锁钥；指明了资本主义必然灭亡的历史趋势和人类社会发展的共产主义前途，揭示了无产阶级的历史使命，找到了工人阶级及其政党这一实现深刻社会变革的主体力量，探求到了通过阶级斗争和无产阶级专政实现未来社会的正确途径，从而使社会主义从空想变成了科学；代表了工人阶级和广大人民群众的利益，为工人阶级推翻资本主义社会，实现阶级解放和人类解放，指明了前进的方向和道路。这就把过去人们存在的那种对历史杂乱无章的认识彻底纠正过来了，给了工人阶级及劳动人民以精神武器和理想希望。

在唯物史观创建的当时，马克思是最遭忌恨和最受诬蔑的人，各国政府无论专制政府或共和政府都驱逐他，资产者无论保守派或极端民主派都竞相诽谤他、诅咒他；同时，马克思又是当代和后世最受尊重、爱戴和敬仰的人，他是全世界工人阶级的精神导师，他的新历史观成为世界社会主义运动的指南。正如列宁所言：

> 过去在历史观和政治观方面占支配地位的那种混乱和随意性，被一种极其完整严密的科学理论所代替……它把伟大的认识工具给了人类，特别是给了工人阶级。①

恩格斯指出：

> 只要进一步发挥我们的唯物主义论点，并且把它应用于现

---

① 《列宁选集》第2卷，人民出版社2012年版，第311页。

时代，一个强大的、一切时代中最强大的革命远景就会立即展现在我们面前。①

唯物史观是马克思主义关于社会发展最一般规律的世界观和方法论，是科学的、系统的理论体系，它最重要、最核心、最精髓的是生产的观点、阶级的观点和群众的观点；社会基本矛盾理论、社会形态演变规律理论和国家、社会革命与无产阶级专政理论。掌握了这"三大"观点和"三大"理论，也就掌握了唯物史观的精要。我们要善于运用好唯物史观这一强大武器。

唯物史观的创立，是人类思想史上的一场伟大革命，它将唯心主义从社会历史领域中彻底清除出去，从而彻底改变了历史观领域唯心主义占统治地位的旧格局，实现了自然观上的唯物主义与历史观上的唯物主义的统一，使马克思主义哲学成为彻底的和完备的唯物主义学说，历史唯物主义与辩证唯物主义一道构成人类思想史上最先进、最完整、最科学的哲学世界观和方法论体系。

二 唯物史观是中国共产党领导中国革命、建设和改革，不断取得胜利的最锐利的思想武器，党的全部历史告诉我们，没有或不用唯物史观观察、分析和处理社会历史问题必定要犯错误

中国新民主主义革命和社会主义革命的最后胜利，中国社会主义制度的建立和社会主义建设所取得的伟大成就，社会主义改革开放和中国特色社会主义道路的巨大成功，雄辩地表明唯物史观一旦与中国实际相结合，运用于中国人民伟大的实践，就会发生精神变物质的巨大能动作用。实践证明，对于领导伟大斗争实践的中国共产党人来说，坚持运用唯物史观作指导必定胜利，而没有或放弃唯

---

① 《马克思恩格斯文集》第 2 卷，人民出版社 2009 年版，第 597—598 页。

物史观的指导必定走弯路、犯错误。中国革命、建设和改革开放的成功，是唯物史观的胜利，唯心史观的破产。毛泽东同志在《唯心历史观的破产》一文中指出：

> 即从一八四〇年的鸦片战争到一九一九年的五四运动的前夜，共计七十多年中，中国人没有什么思想武器可以抗御帝国主义。旧的顽固的封建主义的思想武器打了败仗了，抵不住，宣告破产了。不得已，中国人被迫从帝国主义的老家即西方资产阶级革命时代的武器库中学来了进化论、天赋人权论和资产阶级共和国等项思想武器和政治方案，组织过政党，举行过革命，以为可以外御列强，内建民国。但是这些东西也和封建主义的思想武器一样，软弱得很，又是抵不住，败下阵来，宣告破产了。
>
> 一九一七年的俄国革命唤醒了中国人，中国人学得了一样新的东西，这就是马克思列宁主义。①
>
> 中国人民学会了的马克思列宁主义的新文化，即科学的宇宙观和社会革命论……第一仗打败了帝国主义的走狗北洋军阀，第二仗打败了帝国主义的又一名走狗蒋介石在二万五千里长征路上对于中国红军的拦阻，第三仗打败了日本帝国主义及其走狗汪精卫，第四仗最后地结束了美国和一切帝国主义在中国的统治及其走狗蒋介石等一切反动派的统治。
>
> 马克思列宁主义来到中国之所以发生这样大的作用，是因为中国的社会条件有了这种需要，是因为同中国人民革命的实践发生了联系，是因为被中国人民所掌握了。任何思想，如果不和客观的实际的事物相联系，如果没有客观存在的需要，如果不为人民群众所掌握，即使是最好的东西，即使是马克思列宁主义，也是不起作用的。我们是反对历史唯心论的历史唯物

---

① 《毛泽东选集》第4卷，人民出版社1991年版，第1513—1514页。

论者。①

马克思主义传入中国，为中国先进分子所接受，为中国人民和中国实际所接受，首先是唯物史观。这是因为，当时中国先进分子所面临的首要问题是正确认识中国社会，找到解救中国的药方，这就必须掌握改造中国社会的先进思想武器，唯物史观理所当然地成为中国先进分子所最先接受的精神力量。

俄国十月革命的成功，深深地启发了中国先进分子。他们从俄国十月革命的成功和西方资本主义的社会政治危机中，敏锐感到世界历史时代的深刻变化，得出向俄国革命学习，"走俄国人的路"的结论。俄国十月革命帮助中国的先进分子开始学习运用唯物史观作为观察国家命运的思想武器，苦苦求索"中国向何处去，中国怎么办"。李大钊是第一个接受唯物史观并主张向俄国革命学习的先进分子。1918年，他发表了《法俄革命之比较观》，同一年又发表了《庶民的胜利》。1919年9月、11月，李大钊分两期在《新青年》上发表《我的马克思主义观》，系统地介绍了马克思主义的唯物史观，同时介绍了马克思主义政治经济学和科学社会主义。李达于1919年先后发表了《什么叫社会主义》《社会主义的目的》，1919年秋到1920年夏，翻译了《唯物史观解说》《马克思经济学说》《社会问题总览》三部著作，比较系统地介绍和传播了唯物史观。在此前后，《新青年》《每周评论》《民国日报》《建设》等一批报刊纷纷发表宣传马克思主义唯物史观、科学社会主义和马克思经济学说的一批文章，特别是《每周评论》摘译推介了《共产党宣言》。中国先进分子接受了马克思列宁主义，比较集中地学习和传播了唯物史观，研究和宣传了社会发展根源于生产力与生产关系、经济基础与上层建筑的社会基本矛盾的观点；社会形态发展规律和未来共产主义社会的观点；剩余价值和资本对工人阶级剥削的

---

① 《毛泽东选集》第4卷，人民出版社1991年版，第1515页。

观点；阶级、阶级斗争、国家、社会革命和无产阶级专政的观点……

中国先进分子学习、研究和传播唯物史观不是为了做学问、研究学术，而是为了正确认识中国社会、探索中国革命道路、寻找解救中国的办法，为改造旧中国、建立一个新的社会而寻求和掌握革命理论。李大钊特别强调，阶级斗争学说是唯物史观的一个重要内容，要解决经济问题，就必须进行阶级斗争，进行革命；如果不重视阶级斗争，"丝毫不去用这个学理作工具，为工人联合的实际运动，那经济的革命，恐怕永远不能实现"①。鲜明地阐明了马克思列宁主义适合中国需要，阐述了对中国社会进行一次彻底的阶级革命的必要性。毛泽东同志后来总结说，读了《共产党宣言》这本书，"我才知道人类自有史以来就有阶级斗争，阶级斗争是社会发展的原动力，初步地得到认识问题的方法论……我只取了它四个字：'阶级斗争'，老老实实地来开始研究实际的阶级斗争"②。李大钊、陈独秀、毛泽东、蔡和森、周恩来等一大批中国先进分子，依据唯物史观，把握了时代前进方向，剖析了资本主义制度的固有矛盾，揭示了社会主义必然代替资本主义的历史必然趋势。在中国的出路，是走社会主义道路还是走资本主义道路，是实行社会革命还是社会改良，是坚持工人阶级政党的领导还是资产阶级政党的领导等这些根本问题上，作出了正确的判断和选择，逐渐否定了过去信仰的资产阶级民主主义，而转向科学社会主义，主张在无产阶级及其政党——中国共产党领导下，通过无产阶级的阶级斗争，用革命的手段，推翻剥削者，建设无产阶级专政的国家，从而走上了无产阶级革命道路，成为马克思主义者。

中国共产党的成立、发展和壮大是唯物史观在中国发生作用的结果，中国革命的胜利同样是唯物史观科学指导的结果。早期中国

---

① 《李大钊选集》，人民出版社1959年版，第233—234页。
② 《毛泽东文集》第2卷，人民出版社1993年版，第379页。

共产党人，对中国社会半封建半殖民地的性质，对中国革命的性质、动力、手段、方式、领导力量、依靠力量、团结力量，以及革命的对象等一系列事关中国革命的重大理论、路线和战略、策略问题，认识还不十分明确。经过大革命失败的挫折和教训，中国共产党人运用唯物史观，观察中国社会具体实际，总结革命实践的初步经验教训，逐步对中国社会的性质、中国革命的阶段性、中国革命道路的特殊性有了科学的认识，形成了关于中国革命正确的理论、路线、方针和战略、策略。毛泽东同志在唯物史观指导下撰写的《中国社会各阶级的分析》《中国的红色政权为什么能存在》《中国革命战争的战略问题》《论持久战》《中国共产党在民族战争中的任务》《中国革命和中国共产党》《新民主主义论》《两个中国之命运》《论联合政府》《迎接中国革命的新高潮》《在中国共产党第七届中央委员会第二次全体会议上的报告》《论人民民主专政》等一系列经典著作中，彻底解决了中国革命和中国社会发展前途的一系列根本性问题，如中国社会的性质和中国各阶级的分析、中国革命的性质和前途、工人阶级及其政党的领导和党的建设、资产阶级和农民问题、人民军队和武装斗争、统一战线、建立革命根据地和农村包围城市的革命道路等重大问题，形成了马克思主义与中国实际相结合的正确的理论和路线，即毛泽东思想，从而引导中国革命走向胜利。

中国革命的胜利是唯物史观的胜利，是唯物史观与中国实际相结合的胜利。中国革命经验告诉我们，坚持唯物史观的指导，中国革命就由胜利走向胜利。中国革命的教训同样告诉我们，离开唯物史观的指导，中国革命就要遭受挫折和失败。中国社会主义建设和社会主义改革开放的伟大实践也证明了这个道理。中国特色社会主义理论体系、中国特色社会主义制度、中国特色社会主义道路，同样是中国共产党人成功运用唯物史观指导的产物，是唯物史观与当今时代特征、中国实践相结合的产物。

在革命战争年代和社会主义建设时期，毛泽东同志始终坚持认为唯物史观是中国共产党进行革命和建设的哲学根据和思想指南。在改革开放新时期，邓小平、江泽民、胡锦涛都一直强调坚持和发展唯物史观是坚持、继承和发展马列主义、毛泽东思想的内在要求，是坚持和发展中国特色社会主义的理论依据。遵循落实党的十一届三中全会以来的基本理论、基本路线、基本纲领、基本经验，坚定不移地走中国特色社会主义道路，必须坚持唯物史观。离开了唯物史观的根本立场、观点、方法，对复杂的国际国内问题就会认识不清，推动各项事业就会找不到正确路径，就会发生偏差，最终就会导致中国特色社会主义的各项事业停止、倒退甚至失败。

党的十八大以来，我国进入一个新的历史发展阶段。坚持和发展中国特色社会主义，实现"两个一百年"的奋斗目标，实现中华民族伟大复兴的中国梦，面临十分复杂的国内外环境。如果缺乏科学历史观理论思维的有力支撑，是难以战胜各种风险和困难的，也是难以继续前进的。

在新的历史条件下，习近平总书记一再强调，唯物史观深刻揭示了人类社会发展一般规律，在当今时代依然有着强大生命力，依然是指导我们共产党人前进的强大思想武器。在革命、建设、改革各个历史时期，我们党运用历史唯物主义，系统、具体、历史地分析中国社会运动及其发展规律，在认识世界和改造世界过程中不断把握规律、积极运用规律，推动党和人民事业取得了一个又一个胜利。历史和现实都表明，只有坚持唯物史观，我们才能不断把对中国特色社会主义规律的认识提高到新的水平，才能进一步促进中国特色社会主义事业的发展，不断开辟当代中国马克思主义发展新境界。习近平总书记是这么说的，也是这么做的。党的十八大以来，以习近平同志为核心的党中央，坚持唯物史观的基本原理和方法论，准确把握国情，顺应党和国家事业发展大势，遵循历史发展规律，提出了一系列重大战略举措。习近平总书记系列重要讲话就是运用唯物史观解决中国特色社会主义重大问题的典范。一定要结合当代中国实际和发展要求，坚持和发展唯物史观，续写中国特色社会主义这篇大文章。

三 唯物史观是唯一科学的历史观，是指引史学研究的可靠指南，必须坚持唯物史观的基本原理和科学方法，反对历史虚无主义

在史学研究领域，唯物史观使历史破天荒地置于它的真正基础之上，开辟了从现实出发对历史进行科学研究的道路，把对历史的认识建立在科学的基础上。

在唯物史观创立之前，总体上说，在社会历史观的领域，唯心主义占据着统治地位。马克思、恩格斯在《德意志意识形态》中这样评价唯心史观：

> 迄今为止的一切历史观不是完全忽视了历史的这一现实基础，就是把它仅仅看成与历史进程没有任何联系的附带因素。因此，历史总是遵照在它之外的某种尺度来编写的；现实的生活生产被看成是某种非历史的东西，而历史的东西则被看成是某种脱离日常生活的东西，某种处于世界之外和超乎世界之上的东西。这样，就把人对自然界的关系从历史中排除出去了，因而造成了自然界和历史之间的对立。因此，这种历史观只能在历史上看到重大政治历史事件，看到宗教的和一般理论的斗争，而且在每次描述某一历史时代的时候，它都不得不赞同这一时代的幻想。①

在唯物史观创立之前的一切哲学家、历史学家和思想家在社会历史领域提出了许多有创造性的观点，撰写了许多创造性的著述，

---

① 《马克思恩格斯文集》第1卷，人民出版社2009年版，第545页。

但从严格意义上说，还没有客观地、系统地、完整地、科学地还原历史的真实面目，洞悉历史发展内在的客观联系和客观规律，揭示历史发展的真正动力和根源。

从史学研究方面来看，唯物史观传入中国，老一代有成就的学者之所以取得举世瞩目的成绩，其中重要的一条就是因为站在马克思主义的立场上，用唯物史观的立场、观点、方法来观察分析历史。甚至在反动统治下的旧中国严禁传播马克思主义的情况下，一些学界老前辈也自觉地接受唯物史观，推动史学研究向更为科学的方向发展，形成了中国的马克思主义史学学派。郭沫若、侯外庐等先生就是其中的杰出代表。郭沫若在1930年出版的《中国古代社会研究》便是标志。此外，吕振羽、范文澜、翦伯赞、侯外庐等马克思主义史学家也以唯物史观为指导，写出了一批关于中国通史、断代史、中国社会史、思想史以及史学理论等方面的著作。新中国成立后，唯物史观被越来越多的史学工作者所接受，产生一大批以唯物史观为指导而铸就的科研成果，中国史学发展进入了一个全新的时代。

从更广阔的世界范围来看，唯物史观创立以来，唯物史观以其深邃的思想和科学的论证，影响着全世界越来越多的历史学家，为许多历史学家所逐渐接受。特别是第二次世界大战之后，唯物史观对史学的影响更为广泛。马克思主义史学在苏联、中东欧、中国、越南、古巴占据主导地位，在东亚、拉美和其他地区颇具影响；在欧美，德国的"社会科学历史派"和英国的"历史工作学派"，受到唯物史观的深刻影响，出现了以爱德华·汤普森、霍布斯鲍姆等为代表的一批马克思主义史学家。对于唯物史观的贡献，一位英国著名历史学家认为："马克思主义在包括美国在内的绝大多数国家的历史学家当中是产生了最大影响的解释历史的理论。"①

---

① [英]杰弗里·巴勒克拉夫：《当代史学主要趋势》，杨豫译，上海译文出版社1987年版，第3页。

可以这样说，唯物史观是迄今为止对人类社会进行认识的唯一科学的历史观。以唯物史观为指导的历史认识理论体系，在科学地认识人类历史，在推动世界进步和中国发展中发挥了重要指导作用。

在今天新的形势下，坚持唯物史观基本原理和科学方法，反对历史虚无主义，是中国理论界、史学界的重要政治任务。当前史学研究领域中的主流是好的，但也存在一些问题，尤为突出的是，历史虚无主义泛滥。历史虚无主义的某些鼓吹手们不断利用某些讲坛、论坛、文坛、网络，散布极其错误的历史观和价值观，歪曲并攻击主流意识形态和核心价值观，裹挟民意，影响民众，毒害青少年，严重威胁我国意识形态安全。如有的秉承历史虚无主义宣扬错误的历史观、价值观，肆意解构历史、曲解历史；有的以"学术研究"的面目出现，在理论逻辑上以个别替代一般，以细节否定整体，以所谓"反思"和"创新"歪曲事实，违背史学研究实事求是的原则；也有的丢掉了20世纪以来几代人不懈努力创建的中国马克思主义史学理论，鹦鹉学舌西方话语体系，贬损科学的史学理论，不仅使史学研究脱离了中国历史实际，也远离了党、国家和人民的要求；更有甚者肆意歪曲历史事实真相，抹黑英雄、抹黑领袖、抹黑人民。值得注意的是，这股思潮仍有愈演愈烈之势，绝不能低估。

所谓历史虚无主义，即打着"反思历史""还历史以真实""将真相告诉人""告别革命"的旗号，行否定中国历史和中国共产党历史、否定中国革命、否定中国共产党、抹黑党的领袖、抹黑英雄人物、抹黑人民群众之实，用以消解主流意识形态、主流价值观，以达到颠覆中国特色社会主义制度的目的。历史虚无主义并不虚无，只是虚无工人阶级的、人民大众的、中国共产党的、革命英雄的、革命领袖的和社会主义中国的历史。历史虚无主义并不虚无，它只是无限放大敌对势力的、反马克思主义的、反社会主义的、反中国共产党的、反人民民主专政的反历史之实。历史虚无主义直接反对的就是唯物史观，反对的是我们共产党人的马克思主义理论底线。历史虚无主义实质上就是反动的唯心史观。历史虚无主义是唯心史观在今天的典型表现，是一剂置入社会主义中国腹内的剧毒剂。反对历史虚无主义是当前意识形态斗争的重要任务，必须打一场反击历史虚无主义的舆论争夺战。

历史虚无主义思潮是当前巩固马克思主义在意识形态领域指导地位所面临的一个重大挑战。从历史观上讲，历史虚无主义思潮出现和蔓延的理论根源就在于放弃了唯物史观指导，陷入唯心史观的窠臼。阶级观点和无产阶级专政学说是马克思主义唯物史观的重要内容，是唯物史观的核心观点。历史虚无主义攻击唯物史观的一个集中表现，就是否定阶级观点和无产阶级专政学说，否定人类历史上的阶级斗争和社会革命，否定阶级斗争和社会革命在人类社会发展中的重大作用，否定中国共产党领导的中国革命和人民民主专政的社会主义制度。列宁在《国家与革命》中指出：

> 只有承认阶级斗争、同时也承认无产阶级专政的人，才是马克思主义者。[1]

如果把阶级的观点和无产阶级专政的理论从唯物史观中割裂出去，实质上也就阉割了唯物史观，唯物史观也就不成其为唯物主义的历史观，不成其为马克思主义了。

将阶级和阶级斗争的观点运用到对社会历史的观察和分析中，就是阶级分析方法。唯物史观要求，观察阶级社会的历史和各种现象，必须坚持马克思主义阶级分析的方法。所谓阶级分析方法，就是运用唯物史观阶级的观点观察、分析、认识阶级社会的社会现象，全面地分析各阶级在社会政治经济中所处的地位，主要是占有生产资料和支配劳动成果的情况，以及对于国家政权的影响力；分

---

[1] 《列宁选集》第 3 卷，人民出版社 2012 年版，第 139 页。

析各阶级的政治态度和思想观念；分析各阶级中不同阶层的区别和矛盾，以及由此而产生的不同政治倾向；分析各阶级之间的阶级关系，以及阶级力量对比的历史性和变动性；揭示政治事变中的阶级关系和各阶级的经济利益，看到围绕着经济利益进行的阶级斗争必然具有政治的形式，以维护或夺取政治权力为集中表现；严格区分有阶级性和不带阶级性的社会矛盾的差别。阶级分析方法是分析阶级社会现象的钥匙。丢掉这把钥匙，就不能抓住问题的本质，不能在看来迷离混沌的状态中发现支配阶级社会历史进程的一般规律，就会得出一些肤浅、错误的结论。如果否定、放弃了马克思主义阶级分析方法，面对阶级社会历史上的种种复杂的阶级斗争现象，就无法把握历史的真实和本质，在对历史事件、历史人物的评价上，对社会现实的分析判断上，就会造成许多混乱的认识。坚持阶级观点、坚持无产阶级专政学说、坚持阶级分析方法，就是坚持唯物史观。

其实早在马克思主义诞生以前，"法国复辟时代就出现了这样一些历史学家（梯叶里、基佐、米涅、梯也尔），他们在总结当时的事变时，不能不承认阶级斗争是了解整个法国历史的锁钥"①。历史虚无主义者对历史的认知水平还不如几百年前的资产阶级历史学家。列宁早就指出：

> 马克思主义提供了一条指导性的线索，使我们能在这种看来扑朔迷离、一团混乱的状态中发现规律性。这条线索就是阶级斗争的理论。只有研究某一社会或某几个社会的全体成员的意向的总和，才能科学地确定这些意向的结果。其所以有各种矛盾的意向，是因为每个社会所分成的各阶级的地位和生活条件不同。②

---

① 《列宁专题文集·论马克思主义》，人民出版社2009年版，第16页。
② 《列宁专题文集·论马克思主义》，人民出版社2009年版，第15页。

马克思主义活的灵魂，就是具体地分析具体的问题。在我国社会主义初级阶段，对阶级观点和阶级分析方法的实际运用，在不同的历史条件下，应针对具体的问题作具体的分析，得出符合具体实际的结论，而不能一概而论。

在我国，社会主义基本经济制度和政治制度已经确立，阶级矛盾和阶级斗争已经不是当前我国社会的主要矛盾了，大规模的、疾风骤雨式的阶级斗争已经过去了，党的十九大报告指出，我国社会的主要矛盾已经转化为人民日益增长的美好生活需要和不平衡不充分的发展之间的矛盾。在人际关系上，人民内部矛盾成为我国社会现阶段的主要矛盾。再"以阶级斗争为纲"去处理我国社会的人民内部各种矛盾和各类社会问题，显然是错误的，在实践上会造成重大的损失，"文化大革命"的失误就已经证明了这一点。但是就此而否定阶级差别、阶级斗争的存在，认为"阶级斗争完全熄灭"，进而否定马克思主义阶级观点和阶级分析方法，也是不对的。党章明文判断：

在现阶段，我国社会的主要矛盾是人民日益增长的美好生活需要和不平衡不充分的发展之间的矛盾。由于国内的因素和国际的影响，阶级斗争还在一定范围内长期存在，在某种条件下还有可能激化，但已经不是主要矛盾。

我国宪法也清楚断言：

在我国，剥削阶级作为阶级已经消灭，但是阶级斗争还将在一定范围内长期存在。中国人民对敌视和破坏我国社会主义制度的国内外的敌对势力和敌对分子，必须进行斗争。

2014年2月17日，习近平总书记在省部级主要领导干部专题研讨班开班式上指出：

马克思主义政治立场，首先就是阶级立场，进行阶级分析。有人说这已经落后时代了，这种观点是不对的。阶级斗争已经不再是我国社会主要矛盾，并不是说阶级斗争在一定范围内不存在了，在国际大范围中也不存在了。改革开放以来，我们党在这个问题上的认识一直是明确的……我们是马克思主义者，对待政治问题，不能只看现象不看本质，而要善于透过现象看本质。

因此，既要反对"以阶级斗争为纲"的错误观点，又要反对"阶级斗争完全熄灭"的错误认识，坚持马克思主义阶级观点和阶级分析方法，实事求是地对具体问题作具体分析，这才是正确的态度，才是实事求是的态度，才是马克思主义的态度。

批判、遏制、反击历史虚无主义思潮是一场严肃的政治战斗，这场斗争就是要在史学研究中始终坚持唯物史观指导。习近平总书记强调，要坚持用唯物史观来认识和记述历史，把历史结论建立在翔实准确的史料支撑和深入细致的研究分析的基础之上。要做到这一点，就必须以科学的态度对待唯物史观，坚持不懈地以唯物史观为指导，与时俱进地推动马克思主义史学理论发展，以开展史学研究。

第一，高度重视学习和运用唯物史观，以指导史学研究。开展史学研究，就要观察历史、分析历史、认识历史、总结历史，而这一切又是为今天的现实服务，为中国特色社会主义服务。研究历史，首先是采取什么样的立场、观点、方法来看待历史的问题。唯物史观的立场，首先是人民的立场，只有站在人民的立场上，站在代表人民根本利益的党的立场上，才能正确解读历史，向人民介绍历史，用正确的历史观教育群众、引导群众；所谓观点，就是生产的观点、阶级的观点、群众的观点和社会基本矛盾的理论、社会形态理论及国家、革命和无产阶级专政理论等唯物史观的基本观点和基本原理，要用这些基本观点、基本原理认识历史、总结历史、借鉴历史；所谓方法，就是用唯物的、辩证的、矛盾的、历史的、阶级的分析方法观察历史、分析历史、解释历史、镜鉴现实。只有坚持唯物史观的立场、观点、方法，提高用唯物史观指导史学研究的能力，才能正确认识和对待我们的党史、国史、革命史、建设史和改革开放史，以及世界史、国别史、世界专门史，才能真正解决史学研究"为什么人"的问题，才能以党和人民群众关注的重大理论和现实问题为我们的主攻方向，才能不断推出让党和人民满意放心、无愧于中国特色社会主义伟大实践、经得起历史检验、无愧于历史的科研成果。

第二，把唯物史观当作研究的指南，决不能当作现成的公式或教条套用。唯物史观是马克思主义哲学的重要组成部分，是对社会发展最一般规律的概括，是关于社会科学的最高概括，是世界观方法论。凡以人类社会生活、社会活动为对象的学术研究、学理探讨，唯物史观的世界观方法论对它们都一概适用。恩格斯曾经指出：

> 我们的历史观首先是进行研究工作的指南，并不是按照黑格尔学派的方式构造体系的杠杆。必须重新研究全部历史，必须详细研究各种社会形态的存在条件，然后设法从这些条件中找出相应的政治、私法、美学、哲学、宗教等等的观点。在这方面，到现在为止只做了很少的一点工作，因为只有很少的人认真地这样做过。在这方面，我们需要人们出大力，这个领域无限广阔，谁肯认真地工作，谁就能做出许多成绩，就能超群出众。①

如果不把唯物主义方法当做研究历史的指南，而把它当做现成的公式，按照它来剪裁各种历史事实，那它就会转变为自

---

① 《马克思恩格斯文集》第10卷，人民出版社2009年版，第587页。

己的对立物。①

唯物史观是一切人文社会科学的指导理论。而史学是一门具体的社会科学，它要不受正确的世界观和方法论指导，就要受错误的世界观和方法论指导。正像刘大年先生所说："理论必须符合事物的本性，历史唯物主义就是符合社会历史客观运动本身的理论体系。倘若系统论可以看作最现代的科学，那么历史唯物主义就是人类历史学说的系统论。"② 史学是意识形态性极强的学科，在史学研究中，坚持马克思主义指导，坚持唯物史观的指导，这是我国史学工作应当遵循的基本原则。当然唯物史观只是研究历史的思想指南和方法，它不等于史学，不能代替史学，不能把唯物史观当作史学的专门理论和专门方法，以代替史学的具体理论和具体方法，不能像贴标签那样把唯物史观贴在史学研究上、套在史学研究上。

第三，加强在唯物史观指导下的史学研究，加强马克思主义史学理论建设，为丰富、发展和创新唯物史观作贡献。唯物史观是人类历史观的伟大变革，但不会是结束变革的变革。唯物史观的创立及其发展、运用并不意味着唯物史观的终结，也不意味着认识历史的任务的完结，而是新的不断开始。唯物史观是一个发展的、开放的体系，不是一种僵化的、封闭的学说，需要随着历史的发展演变而发展。唯物史观一定要在坚持基本原理的基础上，随着史学研究的深入和发展，不断地得到充实、丰富、创新和发展。任何企图推倒唯物史观基本原理的所谓重建、重构，不是发展，而是修正，是对唯物史观的虚无。当然，唯物史观也要随着实践的发展而不断得到充实和发展，史学研究担负着充实、丰富、创新和发展唯物史观的历史使命。在当前唯物史观的科学性与对史学研究的指导地位遭遇严峻挑战的背景下，必须结合当代世界和中国实际，坚持和发展

---

① 《马克思恩格斯文集》第 10 卷，人民出版社 2009 年版，第 583 页。
② 《刘大年集》，中国社会科学出版社 2000 年版，第 234 页。

唯物史观，推进马克思主义史学理论发展，推进史学研究。20世纪以来国际共产主义运动实践，特别是中国特色社会主义伟大实践，给唯物史观的发展提出了新要求。要准确地运用唯物史观，与时俱进地丰富和发展当代中国的马克思主义史学理论，建构以唯物史观为指导的具有鲜明民族特色的史学研究中国学派，形成史学研究的中国学术概念、研究范式和话语体系，在全球学术话语体系中发出中国声音。唯物史观指导下的史学研究要弘扬实事求是的马克思主义学风，求真务实、科学严谨，与人民群众同呼吸共命运，紧密结合实际，围绕党和国家的中心工作，服务于党和国家的工作大局，强化问题导向，回应时代关切，着眼于新的实践和新的发展，详细地研究中国的历史和现实，回答中国特色社会主义理论和实践急需解答的问题，增强对历史与现实问题的解释力与说服力，为实现中华民族伟大复兴的中国梦提供学理支撑。

谈谈"普世价值"的反科学性、虚伪性和欺骗性[*]

"普世价值"作为某些西方势力打压社会主义国家、发展中国家等一切它所不喜欢的国家,推行其"颜色革命"的西方版的意识形态工具,已然成为一个国际性的流行语,频繁地出现在各类论坛、讲坛和媒体上。特别是某些西方势力更是利用"普世价值"作为意识形态进攻的武器,加紧与社会主义中国"打一场没有硝烟的战争",实施"和平演变"的图谋。

对于"普世价值"的态度有三种情况:一是支持赞成"普世价值",企图以"普世价值"为思想武器,推动"颜色革命";二是虽然不认可美国统治集团倡导的"普世价值",但认为全人类存在一个共同适用的"普世价值";三是彻底否定"普世价值",反对利用"普世价值"作为"颜色革命"的思想武器。

什么是"普世价值"?存在不存在"普世价值"?某些西方势力所鼓吹的"普世价值"到底是什么货色?需要从理论上、实践上进行彻底的批驳,把道理彻底讲清楚、搞明白,这是坚持马克思主义的指导作用、坚持社会主义核心价值观的主流地位,巩固全国人民共同奋斗的思想基础,巩固我国社会主义制度,坚持和发展中

---

[*] 原载《世界社会主义研究动态》2017年3月1日,《世界社会主义研究》2017年第5期。

国特色社会主义的迫切需要。

一 什么是价值？哲学意义上的价值与经济学意义上的价值是不同的概念

要搞清楚什么是"普世价值"，必须从头谈起，先说清楚什么是"价值"。

价值，从不同的角度来看，无论是从哲学角度，还是从经济学角度，或是从其他角度，其内涵都是不同的。经济学的价值概念指的是市场经济中某商品有没有效用，有什么效用，值还是不值，值多少。马克思主义政治经济学的价值概念，包含使用价值和交换价值两重性：一是商品的使用价值，即该商品有没有用，有多大用，也就是该商品对于人所具有的实际使用效用；二是商品的交换价值，即该商品值不值，值多少，也就是该商品中所凝结的社会必要劳动时间。衡量一个商品的价值，唯一的标准就是生产一个商品所消耗的平均的、必要的、"社会化"的劳动时间，而不是具体的劳动时间。譬如，生产一个杯子，不同的社会生产条件，不同的生产单位，不同的劳动者，其具体劳动所耗费的时间各不相同。而把杯子拿到市场上出售，每个杯子的价值是多少，就不是看生产该杯子所耗费的具体劳动时间是多少，而是看整个社会生产一个杯子的无差别的、平均的、必要的社会化的劳动时间是多少。使用价值是具体的，而交换价值是一般的、平均的、抽象的。经济学的价值概念，讲的是商品的价值，但商品的价值背后则是人与人之间的经济关系。

哲学意义上的价值，与经济学意义上的价值内涵不同，是最一般意义上的价值概念。从马克思主义哲学的观点来看，哲学所讲的价值，指的是某人某物某事，包括物质的或精神的，有没有效用，有多大效用；值不值，值多少。价值，从某人某物某事质上来衡量，即有没有效用，是正面的、积极的、好的效用，还是负面的、消极的、坏的效用；从量上来衡量，即有多大效用，值什么。用通俗的话来说，即某人某物某事有没有用、有没有益、有没有效，有多大用、有多少效，值还是不值，值什么。值还是不值，有正负之分，有好用处还是坏用处、有益还是有害、有效还是无效之分。

哲学意义上的价值本质上反映了一种关系，即人作为主体与其所指向、认识、作用的对象作为客体之间的一种相互关系，即客体对主体需求的满足所具有的作用与意义关系。马克思说："'价值'这个普遍的概念是从人们对待满足他们需要的外界物的关系中产生的"，是"这些物能使人们'满足需要'这一属性"。[①] 用哲学的语言来说，主体是指从事社会实践和认识活动的人，客体则是指人的社会实践和认识活动的对象，即主体所指向、认识、作用的对象。从这个意义上说，主体是人，客体是主体的对象。例如，人喝水，人就是主体，水就是客体。但如果说人就是主体，外部自然物就是客体，这是不全面的。严格讲，只有处于社会实践及相应的认识活动中的人才是主体，主体应当是社会的、实践的、历史的、现实的、有思维活动的人。主体可以是一个人，即个体，也可以是一群人，即群体，群体可以是政党、阶级、民族或某个利益集团。客体，是主体实践和认识的对象。客体可以是物质的世界，可以是人的世界，也可以是精神世界。譬如，某物是客体，某社会、国家、阶级、阶层、政党、群体、个体的人，是客体；某个理论体系也可以是客体。可以说，客体是相对主体而言，是能满足主体需要，对主体的需求有一定满足意义的对象，即某物某人某事。

社会的人、现实的人是有需要的，而客体则可以满足主体的需要，这种对主体需要的满足，客体对主体来说具有一定的作用和意义。用哲学语言来说，客体就会产生主体所需要的作用和意义。譬如，水可以满足人的生理需要，对主体来说具有一定的意义，人就会对水的效用产生价值认识与评价。客体满足主体需要的程度越

[①] 《马克思恩格斯全集》第19卷，人民出版社1963年版，第405—406页。

高，客体对于主体的作用和意义就越大，主体对客体的价值评价就越高。价值本质上是主体与客体，即客体对于主体需要的满足和意义关系，也就是说，以主体为尺度会对客体对主体需要的满足、作用与意义产生一定的价值认识与评价。

哲学上的价值关系，即主客体关系就是社会实践和认识的人同其所指向、认识和作用的客体之间的对象化关系。所谓对象化关系，就是主体在一定客观条件下作用于客体，按照自己的需求、意愿、目的，利用、再塑客体，在这个过程中，主体逐步地使自身适应、吸收、同化客体，也就是说，主体在作用客体的过程中，不断地适应客体、改造自身，主体改造客体世界，也被客体世界所改造。用哲学的语言来说，这就是对象化。人喝水，水被人所利用所同化，成为人的一部分，这就叫作对象化。主体与客体的关系，一方面是物质性的关系，即表现为主客体之间利用与被利用、改造与被改造、塑造与被塑造的物质能量转换关系；另一方面是精神性关系，表现为主体与客体之间认识与被认识、评价与被评价的关系。人喝了水，与水发生了一种能量转换的物质性关系，同时人对水的性质、作用又不断地深化认识，对水的效用产生一种认识评价关系，认识到水对人的价值，这就是精神性的关系。主体客体之间的价值关系，实质上是以物质与实践为基础的物质性与精神性相结合的对象性关系。

由此看来，所谓哲学上的价值概念，实质上就是人在社会实践和认识活动中，人的活动所作用的对象是否满足人的需要，对于人的生存和发展具有什么意义，从而产生作为主体的人对主体与客体的满足与意义关系的观念反映。严格来讲，价值是关系范畴，它既离不开主体，即主体的需要，也离不开客体，即客体对主体需要的满足与意义，又离不开主体对客体作用的认识评价，即作为主体的人对客体对于主体需要的满足与意义的认识评价。

价值是客观存在的，具有客观性。人喝水，人与水之间就产生价值关系，水满足人的生理需要，水对人是有用的，因而是有意义的，从而是有价值的。然而，水对人有用，人在水满足其需要的过程中，就会对水的作用产生主观判断，这就是价值评价，价值又具有主观性。价值评价的基础是客观存在的客体及其作用，是人的社会实践，而表现出来的则是主体的主观判断。所以，价值一方面存在客观性，另一方面也存在主观性。对于口渴之人，水是需要的。但对于已经喝足了水的人，腹中无食，恰恰粮食又是需要的，在不同的条件下，人对水与粮食价值的判断就会产生变化。既然价值是客观的，同时又有主体性和主观性，有人的主观判断在其中。故此，价值既受客体存在的客观条件所决定，又受决定人的主体性及其社会条件和社会实践所制约，从而受人的主观判断所影响。人是社会的人，具体的人，不同的社会条件和社会实践的人对于同样的客体作用的价值判断是不同的。特别是在阶级社会中，人的价值判断是有阶级性的，不同阶级差别的人，其价值判断是受阶级差别制约的，是有阶级差别的。所以，价值具有社会性、历史性，在阶级社会中，具有阶级性，是具体的、历史的、相对的，从来没有抽象的、离开具体条件、离开人的具体社会关系、离开具体的人而存在的价值。在阶级社会，价值判断受人所处的阶级地位和社会条件所制约。所谓适合一切发展时代、适合一切社会形态、适合一切历史条件、适合一切国度、适合一切人，无论是历史上的人还是现实生活中的人的超历史的、超阶级的、永恒不变的、适用一切的"普世价值"是根本不存在的。

二　什么是人的价值？人的价值是人的自我价值与社会价值的统一

价值可以分为物的价值和人的价值两大类。物的价值是物于人的需要的满足与意义，从而产生人对物的价值关系及其判断。人的价值，又可以分为人本身的社会价值和人的活动所创造的事的社会价值两方面。譬如，某个人对于社会的价值；某个历史事件、某个社会现象对于社会的价值。历史事件、社会现象虽然是由人的活动构成的，但却表现为具体的某个历史事件、某个社会现象。当然某个历史事件、某个社会现象的价值，说到底还是人的价值，因为历史事件、社会现象是人创造的。譬如，俄国十月社会主义革命，是一个历史事件，在人类历史上是有一定地位和作用的，人们会对它产生某种价值判断。列宁是一个历史人物，而列宁的社会价值，又是通过列宁领导的"十月革命"的社会价值而实现的。可见人的价值与事的价值是相联系的、一致的。人离不开事，事离不开人。社会的事也是由社会的人的活动所构成的，但对某人的评价，重在对该人的价值判断，而对某事的评价，则重在对事的价值判断。人的活动所创造的事的价值，说到底也是人对于社会的价值。这里主要讨论的是人的价值。

所谓"人的价值"，是关于人活在世界上对社会、对自己有没有用处，有好用处还是坏用处的价值评价问题，也就是现实的人及其活动所创造的事对于社会的价值。人的价值包含十分丰富复杂的内容，大致可以概括为两个方面，即人的自我价值和社会价值。人的自我价值是人及其活动对于人自身的价值，是人通过自己的活动满足自身的需要。例如，一个人通过自己的劳动，充实和愉悦了自己，或使自己得到了完善和提升，实现了个人的自我价值。社会价值是人及其活动所创造的事对于社会的价值，是人通过自己的活动所创造的事满足社会的需要所具有的意义。即是说，一个人要对社会承担一定的义务，有所担当，有所作为，作出一定的贡献，对于社会来说是有价值的。

人的价值是人的自我价值和社会价值的统一。如果一个人只讲自我价值不讲社会价值，这个人就是极端的利己主义者。"人为财死，鸟为食亡"，"人不为己，天诛地灭"，"人都是自私的"，"自私是人的本质"，"人活着只为自己"，等等，就是极端利己主义价值理念，是低俗的价值观。马克思主义价值观主张人的社会价值和自我价值是一致的。一个人活着，首先要考虑到社会价值的实现，只有在实现自身的社会价值的前提下，才能实现人的自我价值。当然，社会也要为每个人尽可能地创造个人价值实现的机会，但是必须把个人自我价值的实现引导到社会价值实现的正确价值观上去。

毫无疑问，每一个人来到世界上，都需要最大限度地发挥自己的潜能，成就和完善自己，实现个人的自我价值，使自己的人生具有意义。马克思主义、社会主义的价值理念是承认个人的自我价值的。不尊重个人的价值，不承认甚至贬斥自我价值，不是马克思主义、社会主义所秉持的价值观。

当然，也不能走向极端，将个人自我价值绝对化，将它凌驾于集体或社会价值之上。任何人都是社会大家庭的一分子，是组成社会的一个"要素"，是处于社会相互作用之网上的一个"纽结"。任何一个人都离不开他人，离不开社会，离不开集体。一个人只有与社会、与他人、与集体紧密结合，通过社会性的实践活动，才能有所作为，才能实现自己的个人价值和社会价值。为人民服务，为社会奉献，为人类造福，是每一个人都应该做的事，甚至可以说，是每一个人的社会责任或"分内的事"。

人的自我价值与社会价值并不绝对对立。正如马克思、恩格斯所指出的："个人怎样表现自己的生活，他们自己也就怎样。"① 一个人在社会中生活、表现自己，他的个人价值往往也就是他的社会价值，或者说个人与社会相统一的价值。像张思德（1915—1944年）一样安心平常的工作岗位，全心全意为人民服务；像白求恩（1890—1939年）一样"毫不利己，专门利人"；像雷锋（1940—1962年）一样"一辈子做好事，不做坏事"；像焦裕禄（1922—1964年）一样鞠躬尽瘁，为大众造福；像杨善洲（1927—2010年）一样严于律己，倾力奉献；像袁隆平（1930—2021年）一样勤勉敬业，献身人类最需要的事业……不仅与人们的自我完善、自我实现不相冲突，而且还是人们自我完善、自我实现的根本途径。

---

① 《马克思恩格斯全集》第3卷，人民出版社1960年版，第24页。

从这个意义上说，人的社会价值具有更加重要的意义，也更加得到人们的尊重和爱戴。也正因为如此，许多人都认同爱因斯坦（1879—1955年）的名言："一个人的价值，应该看他贡献什么，而不应该看他取得什么。"① 个人与集体、社会是有机地、不可分割地联系在一起的，个人自我价值与社会价值也是相互联系、交织在一起的。社会价值是通过无数的个人自我价值的追求活动实现的；社会价值的实现又能为个人自我价值的实现创造更好的基础和条件。

人的个人自我价值和社会价值是具体的、历史的、阶级的（在阶级社会）、千差万别的、相对的，不分差别、不分国别、不分历史、不分人等的，超越一切现实的人的价值的所谓"普世价值"是压根就没有的。

三 什么是共同价值，人类有没有共同价值？共同价值只存在于具体的、历史的、现实的个别价值之中，没有所谓的普世价值

前文已经充分说明人类根本不存在"普世价值"，那么人类是否有共同价值呢？共同价值与"普世价值"是两个根本不同的概念。人类是有共同价值的，所谓"共同价值"也就是说人类所持有的千差万别的价值是有其价值共同点的，千差万别的价值的共同点就是共同价值。这就好比植物的叶子是千姿百态、千差万别的，找不到绝对一样的两片叶子。但不尽相同的叶子，也是有共同性的，譬如阔叶类、针叶类、杨树叶类、松树叶类……就是概括了不同类别叶子的共同特点。然而，无论是阔叶类、针叶类，还是杨树叶类、松树叶类，它们都只存在于每一个个别的、具体的叶子之中，并不离开具体的叶子而单独存在。可以说，尊重自然，关爱自

---

① 《爱因斯坦文集》第3卷，商务印书馆1979年版，第145页。

然，保护自然是人类自然观的一个共同的价值选择。但是，在阶级社会中，不同的阶级，其自然观的价值选择都是不同的。所谓"普世价值"，即是超历史、超阶级、永恒的，超越一切人类价值，普遍适用世上一切价值判断的、荒谬的价值观。

要真正搞清楚没有"普世价值"，却有"共同价值"这个问题，就必须首先搞清楚个别与一般、个性与共性、特殊与普遍的哲学道理。

马克思主义哲学认为，个别、个性、特殊就是指单个的、具体的、实实在在的客观存在物。一般、共性、普遍则是指不同客观存在物之间在本质上的共同点。个别是具体的、特殊的、活生生的、实实在在的，是现实客观存在的，而一般则是普遍的、抽象的、干巴巴的，是从个别中抽象出来的体现某类东西的共同点的概念。某类东西的共同点只存在于现实客观存在物之中，而并不单独存在。比如说，人们见到的狗是大狗、小狗、公狗、母狗、黑狗、黄狗……不同种类的千差万别的个别的、具体的狗，而这些个别的、具体的狗都有狗的共同特征。"狗"是一切个别的、具体的狗的共同本质的抽象，它只存在于每个具体狗之中，而并不单独存在。这就好比，人们只见过个别的、具体的狗，谁也没有见过抽象的狗。又比如，"红"只是一个抽象概念，一说到"红"，人们总觉得有一个什么红的东西。其实，"红"只是从无数个具体事物中抽象而来，并存在于具体事物之中的红的共同性，只是"红"的概念，并不是什么红的东西。只有认识到，"狗"的概念不等于每个存在的个别的、具体的狗，"红"的概念并不红，"动"的概念并不动，"变"的概念并不变，这才算是懂得了个别与一般、具体与抽象的区别。一般、普遍、共性是有的，但只存在于个别之中，没有离开个别而单独存在的一般。

更形象地说，人们所看到的人是一个一个具体的人，或是男人，或是女人；或是黄种人，或是白种人，或是黑种人……这些一个一个的具体的人就是个别，个别的人是具体的、生动的、实实在在的。而人们所说的人，则是一个概念，是一般，是从所有个别人中抽取出来的人的共同本质。谁也没有见过不男不女，不中不西，不黑不白，不老不少，既不是张三，也不是李四的抽象的人。人的共同本性是从无数具体人中抽象出来的一般，是抽象的概念，只存在于个别人之中的。价值也是如此，世上只存在千差万别的个别的具体人所秉持的价值认知，这些个别的具体的人的价值认知当然在价值取向上是有共同点的，但是却没有离开个别的、具体的、历史的人的价值选择而独立存在的共同价值，更没有所谓的"普世价值"。这就好比人的灵魂与躯体的关系，灵魂存在于躯体之中，没有离开躯体而单独存在的灵魂。躯体不在了，灵魂自然也就没有了。

对于个别与一般的关系，如果离开唯物辩证法，人类就会陷入认识的误区。人类的认识，总是从认识个别到认识一般、从认识具体到认识抽象，是人的认识的一个飞跃，这个飞跃意义重大。但真正把个别与一般的辩证关系搞清楚，却并不容易。错把一般概念也当作真实存在的东西，这种认识上的失误，在人类认识史上历来存在。在我国古代哲学史上，先秦时期的"辩者"提出过著名的"鸡三足"命题。在《庄子·天下篇》中记载的"辩者二十一条"中，有"鸡三足"这一命题。在《公孙龙子》的《通变论》中有更具体的记载："谓鸡足一，数足二，二而一，故三。"同时记有："谓牛羊，一，数足，四，四而一，故五。"说的是同样的道理。这里的"谓"，即称谓，是指的一般，这里的"数"，是具体的鸡和牛羊的具体的足的数目，是鸡或牛羊足的个别。一般的鸡足加个别的鸡足，则为"鸡三足"，实际上一般的鸡足，只是一个概念，存在于诸多个别鸡的足之中，它本来并不存在。

本来，一般存在于个别之中，在具体的鸡或牛羊足之外，并不独立存在一个作为一般、"共相"的鸡或牛羊的足。在这个命题中，把一般作为脱离个别的独立存在与个别的具体的东西相提并论，这就得出了"鸡三足"之类荒谬的结论。比如说，人们看见过 1000 只狗，由此得到狗的概念，这个狗的概念并不是第 1001 只狗，而是另外的事。"一般存在于个别之中"，"个别就是一般"，"任何个别（不论怎样）都是一般"。在个别的事物中，蕴含着一般的、普遍的、共同的本质和规律；如果离开了个别的、具体的事物，一般就是空洞的、虚幻的、没有内容的。不能设想，离开了一个个具体的、个别的、特殊客观存在物，还能存在什么抽象的、一般的、普遍客观存在物。人类的共同价值也是一样的，它只存在于每个具体的主体与客体的满足与意义的价值关系之中。人类的价值判断只存在于千千万万的具体人的具体价值判断之中，根本不存在离开具体的价值判断而单独存在的共同价值，更不可能存在超越一切具体的主体与客体的价值关系的所谓的"普世价值"。如果错把一般概念，当作真实存在，就会错把共同价值当作离开个别价值而存在的真实存在，就会进而把它视作所谓的"普世价值"。

可见，人的价值是具体的、历史的、相对的。由于人类社会是不断发展变化的，主体、客体以及主客体之间的关系也不断变化，其价值关系和价值观念也要随之而改变。又由于价值是以主体为尺度的，而不同的主体处于不同的社会关系之中，具有不同的社会实践，具有不同的主体性，因而同一客体对于不同主体便具有不同的价值，主体对客体的价值判断也不尽相同。特别是在阶级社会，人的价值观念和价值判断受阶级的局限、打上阶级的烙印。

价值不仅具有相对性、具体性，而且具有共同性、普遍性。价值的共同性是因为主体有着共同的生活环境、共同的社会需要、共同的利益要求。生活在同一个地球上的人类，即使在相互隔绝的情况下，在处理人与自然、人与社会、人与人的关系时，会不可避免地碰到相同或相似的问题，从而产生一些共同的需要和利益，也会形成一些共同的价值关系、价值追求和价值观念。譬如尊师重教、尊老爱幼、诚实可信等价值取向，对于不同历史阶段、不同文明、不同社会、不同国度、不同阶级阶层的人来说，是有共同性的。在共同利益较多的领域或问题上，如科技进步、卫生防疫、环境保护、防灾减灾、预防犯罪等，人类的价值的共同性就较多。而在利益竞争、利益冲突较多的领域，价值的共同性就较少，如利益纷争、劳资关系、阶级矛盾、阶级冲突等方面，价值的共同性、一致性就少，差别性、对立性、冲突性就多。

人类文明的发展是一个不断累积和进步的过程，每一代人都在前人的基础上进行创造。文明的积累、进步既包括同一种文明纵向的继承，也包括不同文明横向的借鉴、吸收和融合。特别是伴随着经济全球化的进程，不同国家、不同文明之间的交流、交往日益频繁，各民族的历史成为"世界历史"，人类面对的许多挑战往往超越了国界的限制，都需要团结合作、共同应对，从而需要确立一些超越国家、民族和社会制度的共同行为准则和价值准则。经济全球化愈发展，价值领域的对立性也愈发展，同时共同性也随之发展。

但是，共同价值是相对的，从来没有绝对的、完全一致的、超然存在的共同价值，更没有绝对的"普世价值"。有放之四海而皆准的真理，没有放之四海而皆准的"普世价值"。共同价值反映的是人类的某些共同需要、共同利益、共同追求，体现了人类的社会性和相互依存性，是不同的人、民族、国家之间的共性，然而却是相对的、局限的、易变的、有条件的。共同价值不可能适用于一切时代、一切国家、民族和人们，只能适用于特定时期、地域和人们，只能存在于具体的价值关系和价值观念中。即使是某些共同的价值取向，在不同的社会条件下，不同的社会地位的具体的人那里，表现也是各异的。就拿尊老爱幼来说，剥削阶级与被剥削阶级、中国人与外国人在价值取向上其表现形式和具体内容就不完全一样。共同价值更不是某类价值观比如西方资本主义价值观的普世化。

搞清楚个别与一般、具体存在与抽象概念的关系，搞清楚一般存在于个别之中，没有离开个别而独立存在的一般，人类认识是从认识个别到认识一般，没有离开个别认识的一般认识，没有离开感性认识的理性认识，就可以认识到，人的价值是具体的、历史的、相对的、阶级的（在阶级社会），并不存在什么超历史、超时空、超阶级（在阶级社会）的永恒不变的价值关系和价值理念，也没有脱离具体价值的、抽象的、普遍的、一般的、绝对共同的价值。虽然人类的不同的价值取向存在某些共同点，有价值共同性，但"共同价值"是有条件限制的，绝不等于无条件限制的"普世价值"。

四　从来就没有超历史的、抽象的、普适的价值观

　　价值观是以观念形态反映出来的人的价值评价与判断的观点，是人对价值系统化、理论化的总的看法。哲学上的价值观，本质上反映了以主体为尺度对主体与客体之间的对象性关系的总体价值认识，也就是主体对客体满足主体需要的作用与意义的价值评价的理论观点。在主体对客体能不能满足需求，在多大程度上满足需求的基础上，所必然产生的主体对客体作用与意义的价值评价，也就是主体对客体能不能满足主体的需要，并在多大程度上满足主体的需要所产生的价值判断，这种价值判断上升到理性的认识，形成系统化、理论化的观点就是价值观。价值观不等于个别的、具体的人的价值判断或价值评价，它属于世界观范畴，是人类对价值问题的世界观方法论层面的理性看法。

　　价值观属于意识形态上层建筑范畴。人们的社会存在决定社会意识，社会的经济基础是最基本的社会存在，在经济基础之上构成人类社会的上层建筑，上层建筑包括政治的上层建筑，如军队、警察、监狱、法庭、政党、政府等；意识形态的上层建筑，如政治、哲学、历史、法律、宗教等观点，世界观、人生观、价值观等都属于意识形态上层建筑范畴。既然价值观属于意识形态范畴，就带有鲜明的意识形态属性。譬如艺术作品，确实有无鲜明意识形态色彩的山水画，也有无标题音乐等，但是作者创作这些艺术作品时，是带有强烈的感情色彩和意识形态取向的，观众在欣赏这些艺术作品时，也会从自己的立场和意识形态取向出发来解读它们。西方资产

阶级文艺复兴时期的许多艺术作品，就是带有强烈的资产阶级意识形态取向的，在受众中也会产出这样的意识形态效果。鲁迅说得好："穷人绝无开交易所折本的懊恼，煤油大王哪会知道北京捡煤渣老婆子身受的酸辛。灾区的饥民大约不会去种兰花，像阔人老爷一样"，"贾府上的焦大绝不会爱林妹妹的"。① 价值观既然属于意识形态范畴，它自然受经济基础，乃至政治上层建筑所决定、所制约，同时它又反作用经济基础，乃至政治上层建筑，人们的实践、言行和道德直接受某种价值观的导向、制约和影响。当前，构建和践行社会主义核心价值观，具有重大现实意义。

价值观是一个历史范畴。在不同的历史条件下，社会价值观也是随着历史条件的变化而变化。原始社会人们的价值观与阶级社会人们的价值观就不同，不同的阶级社会形态、不同阶级属性的价值观也是不同的。奴隶社会的主流价值观不同于封建社会的主流价值观，封建社会的主流价值观不同于资本主义社会的主流价值观，资本主义社会的主流价值观不同于社会主义社会的主流价值观。

在阶级社会里，价值观是一个阶级的范畴，自有阶级社会以来，价值观就具有阶级性。在奴隶社会，有体现奴隶主阶级立场和利益的奴隶主阶级的价值观。在封建社会，有地主阶级的价值观。在资本主义社会，有资产阶级价值观，也有工人阶级价值观。工人阶级价值观是依存于新的社会生产力和新的生产方式而形成的价值观，是社会主义、共产主义的价值观，是马克思主义所倡导的科学价值观。

哲学上的价值观主要侧重于对人的价值的评价，严格讲是对人的价值的总看法，如对某个历史人物的价值判断，对某个历史事件的价值判断，等等，都直接受人们所持有的价值观的影响与制约。世界观决定人生观，从而决定价值观。有什么样的世界观，也就有什么样的价值观。当然，某种价值观也体现并影响着某种世界观。

---

① 《鲁迅全集》第4卷，人民文学出版社2005年版。

关于人的价值，不同的立场、不同的世界观和人生观，价值判断的标准是不一样的。立场不同、世界观不同，人生观则不同，从而价值观也不同。用马克思主义世界观和人生观对人的价值进行评价判断，那么一个人首先应当考虑自己活着对国家、民族、集体、他人有没有用，有没有贡献，这是正确的价值观；对社会有价值，才能实现个人的自我价值，人活得才有意义，这是正确的自我价值观。不同的价值观对人的社会价值和个人自我价值取向不同，马克思主义价值观是人的社会价值与个人自我价值相统一的价值取向，是既务实又崇高的科学价值观。

价值观是历史的、具体的，从来就没有超历史的、抽象的，适用于一切社会、一切阶级、一切人的"普世价值"观。

五 什么是普世价值？所谓普世价值是特定的政治概念，是某些西方势力的意识形态政治工具，是违反科学的骗人说教

前面对价值和价值观作了一个哲学上的研究和讨论。现在我们可以对"普世价值"作一个科学的判断和政治的定性分析。

第一，"普世价值"是资本主义的、唯心主义的、反科学的、欺骗性的价值观。

离开个别的、具体的、历史的、阶级的价值观，而单独存在的，超越一切个别、具体、历史、阶级的"普世价值"观是根本不存在的。所谓"普世价值"的说法就如同宣扬人死了以后灵魂仍然存在，在活生生的现实的人之外还存在上帝、鬼神，还存在脱离一切物质的精神一样，充其量不过是为资本主义的政治需要服务的、唯心主义的价值观，是欺人欺世的欺骗把戏。

第二，"普世价值"是政治概念，是为西方资本主义政治服务的意识形态工具。

世界近代以来，某些西方势力宣传"教会是超国家、超民族、

超阶级的普世实体",提倡宗教普世主义,以配合西方殖民主义、资本主义、帝国主义的文化侵略和精神奴役,服从并服务于西方资本主义、帝国主义对他国、他民族的控制、掠夺和奴役。20世纪中期,为挽救资本主义的经济、政治和精神的危机,某些西方势力适应西方资本主义政治需要,倡行"全球伦理""普世运动",加大推广西方资本主义意识形态的力度,以维持和巩固资本主义的统治地位。进入21世纪以来,某些西方势力更是赤膊上阵,大力推行"普世价值",以挽救资本主义制度的整体败落,"颜色革命"西方国家所不喜欢的国家,"和平演变"社会主义国家。

"普世价值"作为西方资本主义意识形态的强势话语,有其特定的政治含义,是西方资本主义意识形态的攻击武器,已成为西方资本主义实现其政治、经济、文化霸权的政治工具。西方资本主义的代言人塞缪尔·亨廷顿说:"普世文明的概念是西方文明的独特产物……普世文明的概念有助于为西方对其他社会的文化统治和那些社会模仿西方的实践和体制的需要作辩护。普世主义是西方对付非西方社会的意识形态。"[1] 基辛格曾直言不讳地论述,美国要通过推行西方价值观来"重塑世界面貌","演变"与西方价值观不同的国家,力促通过价值观使中国重蹈苏联东欧覆辙的策略;并明确说道:"美国自建国以来笃信自己的理想具有普世价值,声称自己有义务传播这些理想。这一信念常常成为美国的驱动力。"[2]

某些西方势力大肆倡导"普世价值"的政治目的,实质上是强制推行资本主义的政治理念和制度模式。"普世价值"在某种意义上,则是西方资本主义政治制度及其体制的代名词。不错,自由、民主、人权是人类共同的价值追求。但是自由、民主、人权又是具体的、历史的、相对的,从来就没有抽象的、超历史的、超阶级的、"普适的"自由、民主与人权。不同的历史时代、不同的社

---

[1] [美]塞缪尔·亨廷顿:《文明的冲突与世界秩序的重建》,周琪等译,新华出版社2010年版,第45页。

[2] [美]亨利·基辛格:《论中国》,胡利平等译,中信出版社2011年版。

会形态、不同的国家、不同的阶级、不同社会地位的人们，对自由、民主、人权的理解和要求是不同的，实现形式和途径也各不相同，人世间没有完全一样的自由、民主、人权模式，没有普遍适用的自由、民主、人权的制度体制机制。就民主、自由、人权的本质来说，资产阶级有资产阶级的民主、自由、人权观，工人阶级有工人阶级的自由、民主、人权观。西方有西方的自由、民主、人权，中国有中国的自由、民主、人权。然而，就民主、自由、人权的具体形式来说，在同样的西方资本主义国家，也是不同的，美国式的民主与英国式的民主就不同。把西方自由、民主、人权绝对化、抽象化、"普世"化，把资本主义民主、自由、人权理念与制度模式转化成"普世价值"，实质上是企图通过"普世价值"来推销资本主义制度模式，"颜色革命""和平演变"西方国家认为是异类的国家。资本主义国家的政治，是资产阶级少数人的政治。资产阶级的民主，是资产阶级少数人的民主。资产阶级所追求的自由无非是拥有私有财产的自由，是资本自由贸易、自由竞争的自由，本质上是资本剥削劳动的自由。资本主义国家宣扬的人权也不是抽象的，而是具体的、历史的，资产权是一切人权的基础，资产权不平等，一切权利平等就都是空洞的。在西方资本主义社会现实中，资本、金钱、财富决定一切，决定人的自由度，决定人的社会地位、政治权利，决定人们享有的人权水平。剥去资本主义人权说的表层面纱，它实质上只不过是资产阶级的统治权、剥削权、压迫权和侵略权。

对于西方资本主义的自由、民主、人权的"普世价值"说教，中国人民其实并不陌生。鸦片战争以来，中国沦为半殖民地半封建社会，国家积贫积弱。求独立、求解放、求自由、求进步、求幸福的中国人，千辛万苦、如饥似渴地向西方寻求救国救民的道理。西方的各种"主义"，纷至沓来；西方各式各样的民主模式，如君主立宪制、多党制、总统制等都在中国试过水，结果都行不通。事实证明，脱离中国实际，全盘照搬西方资产阶级自由、民主、人权制度模式，只能是水土不服，注定要失败。今天的实践证明，只有中国特色社会主义制度、道路才适合中国的实际。

"普世价值"今天被某些西方势力热炒，是醉翁之意不在酒，司马昭之心路人皆知。他们所宣扬的"普世价值"不是一般意义上的人类共同价值，而是专指西方资本主义政治理念和制度模式。他们一方面把西方资本主义制度模式说成是"普世价值"，另一方面把中国一切不好的东西都归咎于社会主义制度体制，鼓吹中国只有接受"普世价值"才有前途，其用意就是颠覆中国特色社会主义制度，推翻工人阶级、劳动人民当家作主的人民民主专政的社会主义国体，推翻共产党的领导。

第三，某些西方势力竭力倡导"普世价值"，只不过是打着骗子的幌子，在价值取向、价值是非判断上，使用的却是双重价值标准。

某些西方势力在大力推行"普世价值"的过程中，使用的是双重价值标准。对他国他人，使用"普世价值"来判断是非，对自己则使用另外一套政治标准来判断是非。一方面利用"普世价值"到处标榜的民主、自由、平等、博爱、人权等西方政治理念，对凡是不喜欢的国家就借机安上"专制""残暴""邪恶""暴力""反人类""不民主""不自由""不平等"的罪名，企图颠覆之；而另一方面自己却不受"普世价值"的任何价值的、道德的约束，为了达到自己不可告人的政治目的，不惜使用武力干涉他国内政，派飞机、军舰、大炮、高新技术武器，狂轰滥炸，大打出手，滥杀无辜。远的不说，就说20世纪90年代以来，某些西方势力发动的海湾战争、阿富汗战争、科索沃战争、南斯拉夫战争、利比亚战争、叙利亚战争……至今，一个个国家沦为乱局，成千上万贫民惨遭杀戮，难民泛滥、民不聊生，这难道就是"普世价值"所宣扬追求的自由、民主、人权吗？

反对历史虚无主义是一场严肃的斗争*

从1840年至1949年的109年间，中国社会经历了有史以来的剧烈变化，不仅经历了帝国主义侵略和封建腐败统治的双重压迫，不断向半殖民地半封建社会的"深渊""沉沦"，并且"沉沦"到"谷底"，更经历了冲出"谷底"，为了国家独立、民主和现代化而奋起反抗，向上发展，进而走出半殖民地半封建社会的泥潭，走向社会主义现代化的新中国的历程。

谈古论今，知古鉴今，人人都需要历史知识。如何帮助大众正确认识中国近代史，了解近代中国遭受的巨大苦难和屈辱，了解中国人民不懈抗争的伟大精神，是历史学者的责任。

随着互联网技术的不断突破、电子产品与网络服务的日渐普及，公众获取历史知识的渠道开始丰富起来。通过网络、电视、电影，以及在这基础上配套出版的书籍、光盘获取知识，确实对普及历史知识、帮助人们认识历史过程有一定意义。但是，在日渐通俗化的历史知识普及过程里，也确实存在很多受错误历史观主导的错误的历史知识，误导群众，误导青少年。譬如，在一些影视作品、通俗读物、网络视频、讲坛论坛中，甚至在某些历史教材、历史著述中，充斥着稗史逸闻，一度沉浸在戏说、宫斗、穿越之中，把历史的真实演绎成"任人随意打扮的小姑娘"。更有甚者，一些别有

---

* 原载《红旗文稿》2018年10月8日。

用心的人利用某些微信公众号、微博账号，某些讲坛论坛打着"重新评价""还原历史""揭秘历史"和"告别革命"的旗号，攻击、歪曲、否定中国近代史和中国人民反帝反封建反官僚资本主义的革命历史，否定我国的社会主义革命和社会主义建设，否定中共党史、中华人民共和国国史、中国人民解放军史，直至抹黑我们的党、我们的领袖、我们的英雄、我们的人民，企图以历史为切入口，质疑、削弱中国共产党执政的历史合法性，从历史依据和逻辑前提上否定马克思主义在当代中国的指导地位，否定中国共产党在现实政治中的执政地位，否定中国的社会主义制度。

欲灭其国，必毁其史。历史虚无主义谬说流传，对青年一代乃至广大群众的世界观、价值观、理想信念、人生追求、生活态度造成严重的危害。这就需要历史学界站在正确的立场上，秉持马克思主义唯物史观，切实履行社会责任，向大众宣传科学的历史观，传播正确的历史知识，推广史学研究的科学成果。

历史虚无主义泛滥，严重贻害我们的人民、我们的青年一代。历史虚无主义的种种言行，从根本上来说，是背离马克思主义的科学史观的。坚持马克思主义唯物史观、反对历史虚无主义是一场严肃的思想斗争，是一场唯物主义历史观与唯心主义历史观的斗争，更是一场坚持马克思主义、坚持社会主义严肃的政治斗争。

列宁主义及《帝国主义是资本主义的最高阶段》的当代价值[*]

马克思主义是工人阶级的世界观和方法论,中国共产党是工人阶级政党,必须坚持把马克思主义作为党的指导思想。作为指导思想的马克思主义,当然包括列宁主义。我们党始终把马克思列宁主义作为指导思想,写进党章,写进决议,贯彻到革命、建设和改革的实践进程中。列宁主义及其代表性著作《帝国主义是资本主义的最高阶段》(以下简称《帝国主义论》)仍然是科学认识当代资本主义,即当代帝国主义最管用的思想武器。

一 《帝国主义论》的当代价值

我们党对马克思主义称谓的使用一般有两种含义:一是特称的马克思主义,指马克思、恩格斯所创立的马克思主义;二是通称的马克思主义,包括列宁主义、毛泽东思想、中国特色社会主义理论体系、习近平新时代中国特色社会主义思想等马克思主义不断创新的成果。列宁主义则是马克思主义在垄断资本主义即帝国主义阶段的丰富和发展,是帝国主义阶段的马克思主义。毛泽东思想、邓小

---

[*] 该文系作者1972年的读书笔记修改而成,原载《世界社会主义研究动态》2022年10月21日。

平理论、"三个代表"重要思想、科学发展观和习近平新时代中国特色社会主义思想是中国化的马克思主义，是马克思主义与中国实际相结合的理论成果。我们党一般都是在通称意义上使用马克思主义称谓的，也使用特称的马克思主义，以及马克思列宁主义的称谓。

列宁运用马克思主义立场、观点、方法分析资本主义由自由竞争发展到垄断的新变化、新特征，揭示了垄断资本主义即帝国主义的本质、趋势和规律，得出了科学社会主义的新判断、新观点、新结论，用以指导社会主义革命和国际共产主义运动，取得了俄国十月革命的胜利和苏联社会主义建设的光辉成就。在今天，对当代资本主义即当代帝国主义的新变化、新特征的认识，离不开马克思列宁主义的指导，离不开列宁主义及《帝国主义论》的指导。学习贯穿于《帝国主义论》的马克思列宁主义立场、观点、方法，将其运用于分析、判断和对待当代资本主义，即当代帝国主义，正当其时、十分必要。

马克思的《资本论》是马克思主义的标志性光辉著作。列宁的《帝国主义论》是马克思主义发展到列宁主义阶段的标志性光辉著作。《资本论》与《帝国主义论》共同构成了马克思主义科学理论体系的经典姊妹篇。《帝国主义论》是划时代的伟大著作，是新版《资本论》，是《资本论》的直接继承和伟大发展，是列宁主义的代表性理论成果，在马克思主义发展史上占有重要地位。列宁和《帝国主义论》的伟大理论贡献在于：运用马克思主义立场、观点、方法，依据《资本论》的基本原理，总结了《资本论》出版以后半个世纪资本主义发展的新情况和社会主义运动的新经验，全面分析了垄断资本主义的经济基础及其特征，科学揭示了垄断资本主义的本质、特征和矛盾；彻底批判了背叛马克思主义的考茨基主义，对帝国主义作出了最科学、最全面、最系统的马克思主义的分析与判断，深刻论证了垄断资本主义即帝国主义的历史地位，作出了帝国主义是发展到垄断的资本主义特殊阶段、是无产阶级社会主义革命前夜的重要判断；揭示了帝国主义经济政治发展不平衡的客观规律，进一步论证了资本主义必然灭亡和社会主义必然胜利的历史趋势，提出了帝国主义就是战争、战争引起革命的思想，得出了社会主义可能首先在少数国家甚至在单独一个国家内获得胜利的结论，为俄国无产阶级及其政党争取无产阶级革命和社会主义革命的胜利、建立世界上第一个社会主义国家，提供了完备坚实的理论依据和科学指南，实现了马克思主义与新的时代特征和俄国具体国情相结合，发展了马克思主义，创立了列宁主义。在马克思列宁主义指导下，俄国布尔什维克党领导俄国工人阶级及广大劳动人民，取得了十月社会主义革命的伟大胜利，开创了人类历史新纪元。

《帝国主义论》是一部闪耀着真理光辉的不朽著作。正确指导中国共产党当前的国际斗争、国内改革开放和建设社会主义现代化国家，必须对当代资本主义有一个科学的认识。科学认识当代资本主义，正确认识国内外形势，是正确制定国际斗争战略策略和建设社会主义现代化国家理论路线、方针政策的前提和依据。列宁主义及其《帝国主义论》的科学理论，《帝国主义论》中所贯穿的立场、观点和方法是无产阶级政党认识形势、制定战略策略的强大思想武器。

当下仍处于垄断资本主义，即帝国主义历史阶段，垄断资本主义即帝国主义的本质和特征并没有根本改变，但又有许多新的重大变化，具有过去所没有的新特征。在这一新的历史条件下，既要不忘老祖宗，不忘初心，牢记使命，坚定理想信念，又要有所创新发展，继续前进，解决好如何认清当今时代本质及其阶段性变化、特征、主题和国内外形势，认清当代资本主义，即当代帝国主义的现状、本质与发展趋势，认清当今世界的基本矛盾、国际斗争的发展规律和现代战争的根源，认清资本主义必然灭亡和社会主义必然胜利的历史总趋势，是我们党面临的极其重大的理论与现实问题。

列宁在《帝国主义论》序言中指出，这部著作"能够帮助读者去理解帝国主义的经济实质这个基本的经济问题。不研究这个问题，就根本不会懂得如何去估计现在的战争和现在的政治"①。如何认清当代资本主义，即当代帝国主义的本质及其阶段性新变化、新特征，认清当代社会主义的发展趋势和面临的新问题，认清中国特色社会主义的历史方位和未来走向，如何制定正确的理论路线、战略策略和方针政策，重读《帝国主义论》有助于解决这些重大理论和现实问题。

二 《帝国主义论》写作的历史背景

《帝国主义论》于1916年上半年写成，1917年问世。列宁的这部著作是适应资本主义从自由竞争阶段发展到垄断阶段，即帝国主义阶段，无产阶级及其政党处于社会主义革命前夜这个新的历史条件的迫切需要，在反对帝国主义和考茨基主义的激烈斗争中写成的。

第一，《帝国主义论》是在资本主义从自由竞争阶段发展到垄断阶段，社会经济发生了深刻变化的历史背景下写就的。19世纪末20世纪初，资本主义国家的社会经济发生了深刻变化，自由竞争为垄断所代替。在欧美各主要资本主义国家，垄断组织已控制了一系列工业部门和银行系统，成为全部社会经济生活的基础。垄断组织在国内建立统治的同时，竭力向外扩张，以扩大他们压迫、奴役的剥削范围。这时，"垄断组织和金融资本的统治已经确立、资本输出具有特别重大的意义、国际托拉斯开始分割世界、最大的资本主义国家已把世界全部领土分割完毕"②。这标志着资本主义进入了垄断资本主义，即帝国主义阶段。

由自由竞争变成垄断，是资本主义经济发生的巨大转变，这是列宁研究帝国主义本质特征、创新马克思主义理论的最主要的社会

---

① 《列宁选集》第2卷，人民出版社1972年版，第731页。
② 《列宁选集》第2卷，人民出版社1972年版，第808页。

条件。正因为有了这样的社会条件，才使得认识垄断资本主义，即帝国主义的本质、特点和规律实际上成为可能。由于所处历史条件的限制，马克思、恩格斯不可能进行这方面的理论阐释。正如毛泽东同志指出的，"马克思不能在自由资本主义时代就预先具体地认识帝国主义时代的某些特异的规律，因为帝国主义……还未到来，还无这种实践"①。新的历史实践是列宁主义及《帝国主义论》产生的客观条件。

第二，《帝国主义论》是在资本主义矛盾和斗争空前激化，第一次世界大战爆发的历史条件下写就的。随着自由竞争资本主义发展成为垄断资本主义，马克思、恩格斯所揭示的资本主义固有的内在矛盾不仅没有消除，仍然存在，仍然起作用，而且资本主义的一系列矛盾，特别是无产阶级和资产阶级、宗主国和殖民地、各资本主义国家之间的矛盾空前激化。正如毛泽东同志指出：

> 自由竞争时代的资本主义发展为帝国主义，这时，无产阶级和资产阶级这两个根本矛盾着的阶级的性质和这个社会的资本主义的本质，并没有变化；但是，两阶级的矛盾激化了，独占资本和自由资本之间的矛盾发生了，宗主国和殖民地的矛盾激化了，各资本主义国家间的矛盾即由各国发展不平衡的状态而引起的矛盾特别尖锐地表现出来了，因此形成了资本主义的特殊阶段，形成了帝国主义阶段。②

20世纪初，资本主义各类矛盾激化，阶级斗争空前激烈，工人罢工浪潮汹涌澎湃，席卷了整个欧洲。特别是俄国的1905年革命，结束了1871年巴黎公社以后出现的资本主义"和平"发展时期，揭开了帝国主义阶段无产阶级革命的序幕。世界各地民族解放

---

① 《毛泽东选集》第1卷，人民出版社1991年版，第287页。
② 《毛泽东选集》第1卷，人民出版社1991年版，第314页。

运动风起云涌，东方各被压迫民族和被压迫人民迅速觉醒；帝国主义国家之间的矛盾也日益加剧，它们为重新瓜分世界展开了尖锐的斗争。1898年的美西战争和1904年的日俄战争，就是帝国主义重新瓜分世界的开始。

1914年又爆发了两个帝国主义集团长期酝酿的第一次世界大战。这场战争使各交战国的经济面临破产，给全世界人民带来了更加深重的灾难，使各国无产阶级的革命情绪空前高涨。在战争造成经济和政治危机的情况下，各国革命形势日益成熟。德、法、英等国的无产阶级掀起了波澜壮阔的反战运动和罢工运动。当时的俄国，工人罢工、农民起义和士兵暴动不断发生，革命运动迅猛异常。所有这一切都表明，世界进入了一个新的政治动荡和革命风暴的时期，无产阶级社会主义革命已成为不可避免的直接的实践问题。毛泽东同志指出：

> 帝国主义给自己准备了灭亡的条件。殖民地半殖民地的人民大众和帝国主义自己国家内的人民大众的觉悟，就是这样的条件。①

帝国主义是全世界人民大众走向消灭帝国主义伟大斗争的资本主义发展的特殊阶段。

第三，《帝国主义论》是在马克思主义与机会主义特别是考茨基主义的激烈斗争中写就的。列宁曾经指出，"马克思主义在理论上的胜利，逼得它的敌人装扮成马克思主义者"②。当资本主义进入帝国主义阶段，无产阶级夺取政权、建立社会主义制度的伟大历史任务已经提到日程上来的时候，第二国际中背叛马克思主义的机会主义思潮泛滥起来，伯恩施坦和考茨基是这股思潮的主要代表。

---

① 《毛泽东选集》第4卷，人民出版社1991年版，第1483页。
② 《列宁选集》第2卷，人民出版社2012年版，第307页。

他们打着马克思主义的旗帜，却干着篡改马克思主义的事情，公然背叛马克思主义、背叛无产阶级和社会主义运动。第一次世界大战爆发，以伯恩施坦为首的右派公开叛变后，打着马克思主义旗号以"中派"面目自居的考茨基主义，成为当时攻击马克思主义的主要危险。由于右派伯恩施坦主义，特别是具有极大欺骗性的"中派"考茨基主义的泛滥，使得在怎样对待帝国主义、怎样对待战争和革命等一系列问题上，成为当时国际共产主义运动所面临的最尖锐、最迫切的问题。

以列宁为代表的马克思主义路线，同以伯恩施坦特别是考茨基为代表的机会主义路线展开了针锋相对的斗争。这是一场关系捍卫马克思主义的真理性，关系无产阶级革命、社会主义事业成败的大论战。这场论战主要围绕以下问题展开。

一是如何正确判断垄断资本主义，即帝国主义发展阶段的问题。考茨基在1914年给帝国主义下了一个背叛马克思主义的定义，认为帝国主义不是资本主义发展中的一个阶段，而是金融资本"情愿采取"的一种政策。他由此出发，抛出了一个臭名昭著的"超帝国主义论"，胡说资本主义会经历一个"超帝国主义阶段"，在这个阶段上，各国金融资本将联合起来共同剥削世界，从而消除帝国主义的各种矛盾和冲突，出现"和平民主"的"新纪元"。考茨基这套谬论的要害，就是掩盖帝国主义的本质，抹杀帝国主义的深层次矛盾，用美妙的幻景来欺骗群众，使他们放弃共产主义远大理想和争取社会主义胜利的革命斗争。

二是如何对待第一次世界大战和无产阶级革命的问题。在战争和革命的问题上，第二国际中反马克思主义的机会主义者秉持完全错误的态度。当时参与第一次世界大战的各国垄断资产阶级的统治集团，一方面加紧镇压蓬勃发展的无产阶级革命运动；另一方面开动全部宣传机器，散布种种谎言，拼命掩盖战争的帝国主义性质，诱骗人民群众为其卖命。第二国际以伯恩施坦为代表的右派们，完全站在本国资产阶级一边，打出"保卫祖国"的虚伪口号，投票赞成政府的军事预算，公开支持帝国主义战争，堕落成为赤裸裸的社会沙文主义者，成为帝国主义战争的吹鼓手和辩护士。考茨基主义者则玩弄不参加军事预算投票的诡计，实质上是在"保卫祖国"的口号下煽动各国工人互相残杀，反对无产阶级革命。

在上述新的历史条件下，面对国际性的反马克思主义思潮的泛滥和革命形势的高涨，列宁一方面亲自参加革命斗争实践；另一方面开展了艰巨的理论研究工作，写下了捍卫和发展马克思主义的《帝国主义论》。毛泽东同志认为，列宁主义之所以成为帝国主义和无产阶级革命阶段的马克思主义，就是因为列宁"正确地说明了这些矛盾，并正确地作出了解决这些矛盾的无产阶级革命的理论和策略"[①]。列宁关于帝国主义的理论是对马克思主义的重大发展，揭示了新的历史阶段的特征和发展方向，解决了时代所提出的一系列重大课题，为无产阶级在新的历史条件下进行革命提供了理论和策略指南。

三 《帝国主义论》的结构和主要内容

《帝国主义论》包括两篇序言、十章正文。正文所要回答的中心问题，就是在分析帝国主义五大特征和三大矛盾的基础上阐明：帝国主义是垂死的资本主义，是无产阶级社会主义革命的前夜，战争与革命问题是帝国主义和无产阶级革命阶段的时代主题。全书围绕这一中心步步深入地展开分析。

《帝国主义论》是从分析帝国主义的基本经济特征开始的。对于经济特征的分析，是在前六章进行的。帝国主义之所以是资本主义发展的特殊阶段，首先是因为它在经济上具有不同于前一阶段资本主义的重大特征。列宁把资本主义的这一特殊阶段在经济上的巨大变化，概括为五个基本经济特征：

---

① 《毛泽东选集》第1卷，人民出版社1991年版，第314页。

（1）生产和资本的集中发展到这样高的程度，以致造成了在经济生活中起决定作用的垄断组织；（2）银行资本和工业资本已经融合起来，在这个"金融资本的"基础上形成了金融寡头；（3）和商品输出不同的资本输出具有特别重要的意义；（4）瓜分世界的资本家国际垄断同盟已经形成；（5）最大的资本主义大国已把世界上的领土瓜分完毕。[①]

第一、二、三章，主要分析金融资本的形成和它在国内的垄断，揭露帝国主义国家内部的阶级矛盾，特别是无产阶级和资产阶级的矛盾；第四、五、六章，主要分析金融资本向外扩张和它在国际上的垄断，揭露帝国主义宗主国与殖民地的矛盾、帝国主义国家之间的矛盾，指出垄断是帝国主义的经济实质和最深厚的经济基础。

要理解帝国主义是资本主义发展的特殊阶段，首先必须弄清楚垄断的形成和发展、垄断所造成的后果，以及它同自由竞争的关系等。随着工业垄断的形成，银行业也形成了垄断。这就使银行和工业之间的关系发生了根本变化，银行具有了万能垄断者的新作用。在银行垄断资本和工业垄断资本融合生长的基础上，形成了金融资本和金融寡头，它们控制了国家的经济和政治生活，对工人阶级和劳动人民进行沉重的剥削和压迫。帝国主义就是金融资本的统治。金融资本的统治加剧了国内争夺销售市场、原料来源和投资场所等方面的矛盾。为了追求高额利润，金融寡头便以各种方式竭力扩张，竭力掠夺别国特别是落后国家人民。这就必然引起资本输出，各资本家同盟从商品输出到瓜分世界市场，直至帝国主义列强把世界领土瓜分完毕，并为重新瓜分世界而斗争。帝国主义的本性决定它必然推行霸权主义，争夺世界霸权是帝国主义政策的主要内容。为了夺取地盘、瓜分势力范围、争霸世界，帝国主义战争是绝对不

[①] 《列宁选集》第2卷，人民出版社2012年版，第651页。

可避免的。列宁关于帝国主义是垄断资本主义的全部分析说明，帝国主义的本质就是垄断，就是掠夺，就是争霸，就是战争。

《帝国主义论》后四章，主要阐明帝国主义是资本主义的特殊阶段和它的历史地位，批判考茨基主义。第七章总结了前六章的内容，并在这个基础上给帝国主义下了科学的定义，批判了考茨基对帝国主义的错误定义和"超帝国主义论"；同时从帝国主义是资本主义的特殊阶段这个完备的定义中引出几个重要内容：（1）帝国主义是垄断资本主义；（2）帝国主义是寄生的或腐朽的资本主义；（3）帝国主义是垂死的资本主义。本书的整个结构，就是按照这个完备定义的内容来安排的。前六章分析了这个定义的第一个方面。

第八章是讲这个定义的第二个方面，即帝国主义的寄生性和腐朽性，论述它的各种表现及其后果，特别是分析工人运动分裂的经济基础，揭示帝国主义的寄生性和腐朽性，以及同机会主义的必然联系。第九章集中、全面批判了考茨基关于帝国主义的谬论，揭露了考茨基主义的反马克思主义本质。第十章是全书的总结，概括阐明了完备定义的三个方面，着重指出了帝国主义的历史地位，即帝国主义是垂死的资本主义，是无产阶级社会主义革命的前夜。

四　学习《帝国主义论》应掌握的重点

今天距离《帝国主义论》的写作已过去一个多世纪了，100多年来世情发生了天翻地覆的变化，出现了许多前所未有的阶段性的新变化新特征。纵观人类社会发展的时代变迁及形势变化，不变中有变，变中有不变。马克思主义经典作家当时作出的个别具体结论可能会有局限，但所判定的时代根本性质没有改变，垄断资本主义的本质没有改变，帝国主义的本性没有改变，资本主义的基本矛盾没有改变，资本主义不可遏制的必然灭亡的总趋势没有改变。《帝国主义论》揭示的是普遍的真理，列宁主义是进入20世纪的马克思主义新的理论形态，回答了资本主义发展到垄断阶段新的时代问题，列宁主义的基本原理没有过时。当然，也不能拘泥于列宁的个别具体结论。坚持马克思列宁主义是一个重大原则问题，马克思列宁主义仍然是我们党指导思想的理论基础。今天学习《帝国主义论》及其贯穿的列宁主义的原则、立场、观点和方法，应重点掌握以下四点。

第一，学习掌握列宁是怎样灵活运用马克思主义立场、观点和方法分析、认识、解决问题的。"立场"是一个根本问题，这是马克思主义者观察认识问题的根本立足点和出发点。通过研读《帝国主义论》可以明白无误地认识到，列宁首先是站在工人阶级及其劳动大众的立场上，站在马克思主义所一贯坚持的人民的立场上。"观点"是一个理论指导问题，是掌握什么样的理论武器来指导实践。列宁揭示帝国主义本质与特征，得出无产阶级和社会主义革命的新的理论，是按照《资本论》的基本原则，运用马克思主义经典作家所阐述的基本原理剖析垄断资本主义的本质与特征，从而得出正确结论的。"方法"是一个方法论问题，是运用什么样的分析方法剖析问题。马克思主义的唯物论、辩证法、唯物史观的方法论，马克思主义的阶级分析方法，是分析问题的最犀利的解剖刀，列宁运用马克思主义的基本方法，深刻揭示了垄断资本主义的本质、特征和趋势，找出解决问题的思路和办法。立场、观点、方法是管总的，管根本的，管长远的，是我们学习《帝国主义论》首先要领会把握的精神实质。

第二，学习掌握列宁是怎样紧紧抓住最基本的经济事实，从最基本的经济现象入手进行分析，科学揭示垄断资本主义本质及其特征的。从客观存在的基本经济事实出发认识社会问题，这是马克思主义一切从实际出发、具体问题具体分析的活的灵魂，是马克思《资本论》的基本思路，也是唯物史观的基本方法。商品是最基本的经济细胞，马克思正是抓住了资本主义这一基本经济事实，揭示了整个资本主义的基本矛盾，得出了资本主义必然灭亡这一科学社会主义的基本原理。列宁则抓住了垄断这一从自由竞争资本主义转变到垄断资本主义的最重要的经济事实，从而揭示了帝国主义的灭亡规律，得出了科学社会主义的新结论。今天，应借鉴马克思《资本论》、列宁《帝国主义论》的分析思路，从现代资本主义基本经济事实的变化分析起，认清当代资本主义本质及其矛盾的新表现。

第三，学习掌握列宁是怎样始终坚持矛盾和阶级观点，运用矛盾和阶级分析方法揭示垄断资本主义基本矛盾、阶级关系和阶级矛盾的。毛泽东同志指出：

> 阶级斗争，一些阶级胜利了，一些阶级消灭了。这就是历史，这就是几千年的文明史。拿这个观点解释历史的就叫做历史的唯物主义，站在这个观点的反面的是历史的唯心主义。①

世界上充满了矛盾，人类社会也是如此。在阶级社会中，社会矛盾集中表现为阶级矛盾，阶级社会充满了阶级矛盾。分析阶级社会现象，必须从社会矛盾分析入手，进入阶级矛盾和阶级斗争分析，这是唯物主义历史观的基本原理。坚信矛盾和阶级观点，并将其运用于对社会历史现象的具体分析，就是真正地坚持唯物史观，而不是口头上坚持唯物史观。对社会历史问题，对国内外形势抓不住实质、理不出头绪、找不对主线、说不到点子、找不准解决问题的正确对策，就是在矛盾观点及其矛盾分析方法、阶级观点及其分析方法这个唯物史观的根本世界观方法论上出了毛病。列宁正是运用矛盾和阶级分析这一基本方法，揭示了垄断资本主义的矛盾实质、阶级关系和阶级本质，为我们认清垄断资本主义理出了一条清晰的线索，指出了明确的斗争战略和策略。

---

① 《毛泽东选集》第4卷，人民出版社1991年版，第1487页。

第四，学习掌握列宁是怎样把时代判断和形势分析作为基本前提，敏锐地认识到时代本质没有改变，时代特征却发生了新变化，捕捉到时代新主题，从而提出马克思主义政党指导具体实践的战略策略问题的。对时代和时代问题的分析判断，对形势和格局的分析判断，是指导无产阶级政党制定战略策略的重要依据。列宁遵循马克思主义经典作家的唯物史观和时代观，坚持了马克思、恩格斯所判断的世界正处于资本主义社会形态占统治地位的世界历史时代，该时代充满了社会主义与资本主义两种力量、两条道路的斗争，资本主义必然为社会主义、共产主义所替代的历史必然规律的唯物史观的总结论，同时又透彻地分析了当时资本主义所发生的阶段性新变化，从而正确地判定时代的新特征和新问题，剖析了国内外形势的新变化，指出虽然时代的根本性质没有变，但时代特征却发生了巨大的阶段性变化，得出了战争与革命是该时代的主题，作出了当时已处于帝国主义和无产阶级革命时代，处于无产阶级社会主义革命前夜的正确判定，从而形成社会主义革命有可能在帝国主义统治的薄弱环节率先突破的"一国胜利论"的重要结论。《帝国主义论》是马克思主义的丰富宝库。学习《帝国主义论》，需要深刻理解和掌握列宁创作《帝国主义论》，科学分析垄断资本主义，即帝国主义的本质、矛盾、特征、必然趋势和得出科学社会主义的重要结论而贯穿的马克思列宁主义的立场、观点和方法，理解和掌握马克思列宁主义基本原理和基本观点，学习和树立列宁的实事求是态度、问题意识，以及创新精神、批判精神和革命精神。列宁的马克思主义的立场、观点和方法及其科学的判断和论述，为我们如何看待今天时代根本性质没有改变，但发生了重大阶段性变化，时代主题发生了重大转换，提供了基本遵循；为我们如何看待当代资本主义，即当代帝国主义本质没有改变，但出现了许多新情况新变化，出现了许多过去没有的新特征，提供了理论指南；为我们同当代资本主义，即当代帝国主义开展斗争，并最终取得胜利提供了思想武器。

在这里需要特别说明的是,列宁讲的"帝国主义和无产阶级革命时代"所使用的"时代"概念,并不是指资本主义大的"历史时代",仅仅是指资本主义大的"历史时代"所经历的一个阶段,是资本主义大的"历史时代"发展的一个"阶段"。

当代垄断资本主义新形态新特征：新型帝国主义论[*]

对当代资本主义本质的认识和把握，既是重大理论问题，也是重大现实问题。当今仍然处于马克思、恩格斯所判定的资本主义历史时代，仍处于列宁所判定的垄断资本主义即帝国主义发展阶段；国际金融垄断资本主义是资本主义发展的当代新形态，是新型帝国主义；列宁对垄断资本主义即帝国主义的科学判断依然有效，并没有过时，国际金融垄断资本主义即新型帝国主义的新变化没有改变其本性。

一 唯物史观社会形态与大的历史时代学说是科学认识当代资本主义，即当代帝国主义的理论依据

只有真正理解和掌握马克思主义社会形态演变一般规律理论和大的历史时代理论，才能彻底搞清楚资本主义从哪里来、到哪里去，科学认清资本主义的本质、特征和发展变化规律，正确认识今天新的历史条件下的资本主义，即帝国主义的新变化、新特征，是制定并实施正确的国际斗争和国内建设的战略策略的基础和前提。

---

[*] 原载王伟光《国际金融垄断资本主义论》，人民出版社 2022 年版，收入时有删节；其主要内容曾以"国际金融垄断资本主义是资本主义的最新发展，是新型帝国主义"为题，发表在《社会科学战线》2022 年第 8 期。

（一）社会形态演变一般规律理论的当代意义

马克思主义唯物史观创立了"社会形态""经济的社会形态"范畴，揭示人类社会历史发展客观规律，形成了关于人类社会经过原始社会、奴隶社会、封建社会、资本主义社会，经过社会主义社会的过渡而达到共产主义社会的五种社会形态演变发展的一般规律理论，也可称为"五形态说"。"社会形态"、"经济的社会形态"范畴、"五形态说"客观地反映和揭示了人类社会历史发展的普遍规律和必然趋势，是马克思主义唯物史观的重要原理，是唯物史观的重要组成部分。

马克思、恩格斯对社会形态理论的阐述经历了一个理论递进的过程。早在马克思主义创立的初期，马克思、恩格斯在1846年合著的《德意志意识形态》一书中，第一次提出人类社会经过五种所有制形式：（1）部落所有制；（2）古代公社所有制和国家所有制；（3）封建的或等级的所有制；（4）资产阶级的所有制；（5）未来共产主义所有制。① 在1848年发表的《共产党宣言》中，马克思已经明确清晰地点出奴隶社会、封建社会和资本主义社会三种形态。在《1857—1858年经济学手稿》中，马克思进一步论述了原始社会、奴隶社会、封建社会和资本主义社会四大社会形态。1859年1月，在《〈政治经济学批判〉序言》中，马克思关于五种社会形态的表述已经十分清晰了。在1867年出版的《资本论》中，马克思充分论证了共产主义代替资本主义的必然性，到这里，马克思关于"五形态"的提法已经初步形成，但还不能说已然十分精确地确立了"五形态"理论。在马克思那里，古代社会显然是指古希腊、古罗马的奴隶社会，但"亚细亚"究竟是指什么样的社会形态，其属性是什么，尽管意指原始社会，但其科学定义当时尚未完全明晰和清楚界定。直到后来，历史科学有了新的发展，特别是

---

① 《马克思恩格斯选集》第1卷，人民出版社2012年版，第148—149页。

历史学家摩尔根的《古代社会》一书出版，对原始社会提供了详尽的研究材料，使得马克思对原始社会能够作出明确的科学界定，这一科学认识集中反映在1880—1881年《古代社会》一书的摘要中。恩格斯利用马克思的批语，经过研究，最终于1884年撰写了《家庭、私有制和国家起源》一书，对原始社会给出了明确阐释。恩格斯在该书中写道：

> 摩尔根证明：美洲印第安人部落内部用动物名称命名的血族团体，实质上是与希腊人的氏族［genea］、罗马人的氏族［gentes］相同的；美洲的形式是原始的形式，而希腊—罗马的形式是晚出的、派生的形式；原始时代希腊人和罗马人的氏族、胞族和部落的全部社会组织，跟美洲印第安人的组织极其相似；氏族，直到野蛮人进入文明时代为止，甚至再往后一点，是一切野蛮人所共有的制度（就现有资料而言）。摩尔根证明了这一切以后，便一下子说明了希腊、罗马上古史中最困难的地方，同时，出乎意料地给我们阐明了原始时代——国家产生以前社会制度的基本特征。[①]

到此为止，马克思主义经典作家的"五形态说"已经完整成熟地形成了。再加上对共产主义社会的论述以及在《哥达纲领批判》一文中对共产主义社会第一阶段社会主义社会阶段和高级阶段"两个阶段"的论述，可以说，马克思主义经典作家已经科学概括了人类社会形态发展的最普遍规律，形成系统的唯物史观关于社会形态演变一般规律理论。

对于社会形态历史发展的分期，人们可以根据相应的需要，按照特定的标准，从不同的角度加以划分。例如，以阶级斗争为线索，可以划分为阶级社会、阶级过渡社会和非阶级社会；以生产资

[①] 恩格斯：《家庭、私有制和国家的起源》，人民出版社2018年版，第91页。

料所有制性质为标准，可以划分为原始公有制社会、私有制社会、私有制向公有制过渡的低级形式的公有制为主体的社会和高级形式的公有制社会……但是，"五形态说"是马克思社会形态划分的主线索，是马克思主义社会形态演变一般规律理论的最主要内容，任何科学划分离不开以唯物史观基本原理为指导，以生产力发展状况为判定标准，根据社会基本矛盾运动的规律，直接考察社会经济关系的性质和特征，按照五种"经济的社会形态"发展的顺序进行划分。

社会形态演变一般规律理论最核心、最根本的要旨，就在于说明：人类社会发展是囿于生产力与生产关系的矛盾运动，由不同的历史阶段构成，表现为不同的"经济的社会形态"的演进，从原始社会到奴隶社会，再到封建社会，从封建社会发展而来的资本主义社会同其前的其他社会形态一样，只是人类社会历经的一个历史阶段，必然由兴盛而走向灭亡，人类社会形态必将进入一个全新的历史进程，必然经过社会主义社会的过渡而进入共产主义社会，社会主义社会不过是共产主义社会的第一阶段。资本主义社会的发展历史，从生到灭的历史规律绝对跳不出马克思主义经典作家所概括的社会形态演变的一般规律。

只要依据社会形态演变一般规律理论，即"五形态说"，运用生产力与生产关系、经济基础与上层建筑基本矛盾运动规律的原理，运用阶级、阶级斗争、国家、革命、专政的观点，特别是运用马克思在创立这一理论过程中所贯穿的立场、观点和方法，剖析和判断资本主义社会，就可以明确认识资本主义社会形态不过是人类社会形态发展的一个必经过程，是代替旧的社会形态并必然走向灭亡的历史时代，明确认识资本主义社会形态的形成、发展、必然灭亡的进程，明确认识资本主义必然为社会主义、共产主义所替代的必然趋势，就可以为正确认识资本主义，乃至当代资本主义，即当代帝国主义理出一条清晰的线索：可以清楚地弄明白资本主义社会形态是怎样从封建社会内部产生、形成并确立的；可以清楚地弄明白资本主义的生产力、生产关系、经济基础、上层建筑的状况；可以清楚地弄明白资本主义生产力与生产关系，经济基础与上层建筑的社会基本矛盾运动状况、规律与趋向；可以清楚地弄明白资本主义社会的经济结构、政治结构、文化结构、阶级结构、社会结构；可以清楚地弄明白无产阶级何以作为资产阶级的对立面和掘墓人而产生，无产阶级与资产阶级的对立与斗争何以成为资本主义社会的阶级矛盾主线索；可以清楚地弄明白资本主义的发展进程、分期及每一个发展阶段的特征、矛盾；可以清楚地弄明白资本主义内部是怎样生长出新的社会形态因素，始终贯穿着社会主义与资本主义的矛盾斗争，怎么最终为社会主义所代替，并必然地发展到共产主义社会；可以清楚地弄明白无产阶级应当采取怎样的战略和策略，通过无产阶级的革命斗争夺取政权，建立无产阶级专政的社会主义国家，最后通过无产阶级专政过渡到共产主义社会……总之，对资本主义，尤其是对当代资本主义，即当代帝国主义的一切正确的认识和科学的判断就能够在科学的分析中形成。马克思、恩格斯正是通过这样的理论逻辑完成了《资本论》，完成了对资本主义的最一般发展规律的科学揭示，创立了科学社会主义。

列宁则是通过这样的理论逻辑认识而完成《帝国主义论》，完成对垄断资本主义，即帝国主义的科学认识，创立了无产阶级革命和无产阶专政学说的。《帝国主义论》在分析帝国主义五大特征和三大矛盾的基础上阐明：帝国主义是垂死的资本主义，是无产阶级社会主义革命的前夜，战争与革命问题是帝国主义和无产阶级革命阶段的时代主题。列宁的《帝国主义论》，其伟大的理论贡献就在于，依据马克思主义立场、观点、方法，依据《资本论》的基本原理，总结了《资本论》出版以后半个世纪资本主义发展的新情况和社会主义运动的新经验，全面地分析了垄断资本主义的经济基础及其特征，科学地揭示了其本质、特征和矛盾；彻底地批判了背叛马克思主义的考茨基主义，对帝国主义作出了最科学、最全面、最系统的马克思主义的分析与判断，深刻地论证了垄断资本主义，即帝国主义的历史地位，作出了帝国主义是发展到垄断的资本主义特殊阶段、是无产阶级社会主义革命前夜的重要判断；揭示了帝国主义经济政治发展不平衡的客观规律，进一步论证了资本主义必然灭亡和社会主义必然胜利的历史趋势，我们今天也必须沿着这样的理论逻辑研究分析，才能完成对当代资本主义，即当代帝国主义的科学认识。当然，也不能拘泥于列宁的个别具体结论。

坚持马克思列宁主义是一个重大原则问题，马克思列宁主义仍然是我们党今天指导思想的理论基础。

（二）在社会形态发展一般规律基础上建立大的历史时代观的当代价值

唯物史观大的历史时代理论是与社会形态演变一般规律理论相联系、相一致、相衔接的。只有既掌握了当代社会形态演变一般规律理论，又掌握了大的历史时代理论，才能对当代资本主义，即当代帝国主义的本质、特征、矛盾、斗争、主线、战略策略和发展趋势作出科学的判断。

在唯物史观看来，时代概念具有广义和狭义之分。广义的时代概念是从大的历史时代角度对人类社会发展大的历史发展进程的判定，即大的历史时代观。狭义的时代概念是从某个特定的角度对某个社会发展特定阶段的判定。要把从大的历史观出发判断的广义的时代概念与从其他视角出发判断的狭义的时代概念区别开来。这两种时代概念是辩证统一的。不搞清楚广义的时代概念，不搞清楚大的"历史时代"观，就看不清狭义的时代所处的大的历史方位和国际条件。唯物史观关于大的历史时代的提法，是广义的时代概念，是从生产力所决定的生产关系出发，以"经济的社会形态"为标准对人类社会发展的不同历史时代的判定尺度，这是唯物史观大的历史时代理论的基本点。

唯物史观大的历史时代理论主要包括时代概念的科学定义、大的历史时代判断标准、人类社会历史时代的划分及每一个历史时代的本质、主题和特征、我们当前处在什么样的历史时代这些基本问题。

第一，马克思主义唯物史观大的历史时代观念，是指占统治地位的社会形态所历经的整个历史进程，该历史时代的进程从该社会形态取代前一社会形态在人类社会占据统治地位起，历经兴盛、衰落，直到为下一社会形态所取代而不再占据统治地位止。当然，每一个历史时代又可以分为不同的发展阶段。

第二，必须以唯物史观为武器，把"经济的社会形态"作为历史时代的根本判断标准。唯物史观是判断历史时代的思想武器。运用唯物史观判断历史时代，就要看一看该历史时代的生产力是什么，生产关系是什么，经济基础是什么，由经济基础所决定的上层建筑又是什么。也就是说，从生产力所决定的生产关系、经济基础，以及由这一基础所决定的"经济的社会形态"出发来判断历史时代。看一看占据统治地位的"经济的社会形态"的本质是什么，也就知道该历史时代是什么，"经济的社会形态"是大的历史时代的判断标准。

第三，马克思、恩格斯按照唯物史观关于社会形态演变一般规律理论，根据"经济的社会形态"的根本性质来划分历史时代，把历史时代划分为原始社会、奴隶社会、封建社会、资产阶级社会和共产主义社会（社会主义社会是共产主义社会的第一阶段）五大历史时代，未来社会将经过无产阶级专政的社会主义过渡，而进入消灭阶级剥削、压迫与阶级斗争的新的历史时代，即进入共产主义社会历史时代。

第四，我们今天仍然处于马克思主义经典作家所判断的历史时代。马克思、恩格斯在《共产党宣言》中明确指出，我们的时代，即"资产阶级时代"。从时代的根本性质和大的历史进程来看，目前我们仍然处于马克思主义经典作家所揭示的资本主义社会历史时代。马克思主义经典作家认为人类社会的历史时代已经前进到资本主义社会代替封建社会而占据统治地位的历史发展进程。从全球范围来讲,现在仍然是资本主义社会形态占主要地位的历史时代,而这个时代又是新的社会形态即经过社会主义过渡而进入共产主义社会,逐步并最终取代资本主义社会的历史时代。在该历史时代,资本主义社会并没有消灭阶级对立,只是用新的阶级对立形式代替了旧的阶段对立形式,无产阶级及广大被剥削阶级如果不通过推翻最后一个剥削社会,即通过消灭最后一个剥削阶级的社会革命,使整个社会永远摆脱剥削、压迫和阶级斗争,就不能解放全人类,从而也就不可能最终使无产阶级自己解放自己,就不可能以一个新的社会形态取代资本主义社会形态,进入一个新的历史时代。但是,共产主义代替资本主义,需要经过一个漫长的历史过程。当然,在今天世界资本主义体系内已经产生了相当的社会主义因素,在全世界已经产生了若干个社会主义国家。但是,新的社会形态在全世界并不占据统治地位。

第五,资本主义社会固有的不可克服的内部矛盾必然导致其灭亡。在资本主义社会历史时代的一个特点,就是社会日益分裂为两大互相直接对立的阶级。在资本主义的整个发展进程中,其内在矛盾不断激化,经历了激化、缓和、再激化、再缓和……直至激化到再也不能缓和而导致最终灭亡。

第六,唯物史观大的历史时代理论指出资本主义社会历史时代所要解决的时代问题。经过了无产阶级革命和无产阶级专政,消灭人类历史上最后一个阶级社会——资本主义社会,使人类进入一个没有剥削、压迫、阶级差别和阶级斗争的无阶级的新的社会形态,这是历史时代向无产阶级及其政党提出的必须回答的时代命题。我们现在处在一个什么样的历史时代,面临着什么样的时代问题,这是我们研究认识当代资本主义,即当代帝国主义必须首先需要回答的问题。搞明白了唯物史观大的历史时代理论,搞明白了马克思唯物史观大的历史时代理论所贯穿的立场、观点、方法,就可以对我们所处的当今时代是什么样的历史时代,它的时代本质、时代特点、时代矛盾、时代主线、时代分期,以及我们应当树立怎样的时代观,形成明确清楚的认识,就可以科学判定当代资本主义,即当代帝国主义了。从唯物史观来看,马克思主义关于大的历史时代的判断是不能否定的,如果否定了,就会误认为资本主义的基本矛盾不存在了,误认为马克思主义过时了,就会否定马克思主义。

二 资本主义历史时代所历经的不同历史阶段和发展时期

要认识资本主义发展规律、必然灭亡趋势及特征,必须从它们所处的时代及该时代主要阶段的主要状况入手。列宁指出:

> 只有首先分析从一个时代转变到另一个时代的客观条件,才能理解我们面前发生的各种重大历史事件。这里谈的是大的历史时代。每个时代都有而且总会有个别的、局部的、有时前进、有时后退的运动,都有而且总会有各种偏离运动的一般型式和一般速度的情形。我们无法知道,一个时代的各个历史运动的发展会有多快,有多少成就。但是我们能够知道,而且确实知道,哪一个阶级是这个或那个时代的中心,决定着时代的主要内容、时代发展的主要方向、时代的历史背景的主要特点等等。[①]

按照唯物史观的观点,"经济的社会形态"是人类社会不同历史时代的标志。唯物史观认为,人类历史经过了原始社会、奴隶社会、封建社会、资本主义社会,经过社会主义社会的过渡而发展到共产主义社会五种社会形态,社会生产方式是决定社会形态性质的根本因素,每一种社会形态就体现了人类历史发展的一个历史时代,这就是马克思主义的历史时代观。我们的时代仍然处在"资

[①] 《列宁全集》第26卷,人民出版社1988年版,第142—143页。

产阶级时代"①，这就是马克思主义经典作家对我们所处时代的科学判定。我们所处的时代，仍然是资本主义生产方式占统治地位的历史时代。世界历史进入资本主义历史时代，是一个漫长而曲折、充满血与火的生死博弈的历史进程。在资本主义历史时代，如果不算资本主义的孕育准备阶段，即向资本主义社会过渡的准备阶段（14 世纪到 15、16 世纪之交），资本主义已经经历了两个发展阶段：资本主义确立阶段，即资本主义原始积累阶段（16 世纪到 18 世纪中期）；资本主义成熟阶段，即资本主义自由竞争阶段（18 世纪中期到 19、20 世纪之交）。我们正在经历着第三个发展阶段：资本主义最高阶段，即垄断资本主义，也即帝国主义阶段（19 世纪、20 世纪之交至今）。每个发展阶段又经历若干的不同发展时期。在资本主义历史时代，在资本主义社会形态母体内已经孕育形成了社会主义这一新的社会形态因素，但目前尚不占据世界体系的统治和主导地位。这里重点讨论资本主义的第三个阶段。

  从整体上来说，到了垄断资本主义阶段，资本主义从上升革命阶段进入下降反动阶段。当然垄断资本主义阶段也分若干个时期，最高阶段是一个过程，这个过程呈现出波浪式的、有升有降的逐步发展的特点，最高阶段发展到高峰期则开始下降。说资本主义进入下降、衰退、反动阶段是就总体、长期而言，并不排斥垄断资本主义在某个时期的发展、某个局部（如某些国家、地区）的发展。垄断资本主义的发展，有一个从私人垄断到国家垄断，再到今天的国际金融垄断的逐步发展的过程。垄断资本主义发展迄今为止大体上分三个时期，已经经过了两个时期，即从私人垄断时期到国家垄断时期，现在进入第三个时期，即国际金融垄断。

  与垄断资本主义发展的三个历史时期相一致，科学社会主义运动发展也经历了三个历史时期。第一个时期是与私人垄断资本主义大体吻合的帝国主义和无产阶级革命时期。第二个时期是与国家垄

---

① 《马克思恩格斯文集》第 2 卷，人民出版社 2009 年版，第 32 页。

断资本主义大体吻合的社会主义发展由高潮进入相对低潮时期。第三个时期是与国际金融垄断资本主义时期大体吻合的社会主义驶出低潮时期。

资本主义最高阶段，即垄断资本主义可以分为三个时期。

第一个时期，私人垄断资本主义时期（19世纪、20世纪之交至20世纪40年代）。经过19世纪中叶以来的自由竞争资本主义的迅速发展，从19世纪70—90年代世界资本主义向帝国主义过渡，到19世纪末20世纪初，资本主义由自由竞争发展到垄断，进入私人垄断资本主义时期。私人垄断是资本主义发展的第一个垄断形式，也是垄断资本主义发展的第一个时期。

19世纪最后30年，资本主义开始由自由竞争阶段向垄断阶段发展。自由竞争资本主义在19世纪60—70年代发展到顶点。于1873年爆发了严重的经济危机和欧洲经济的长期萧条，促使资本快速集中，垄断组织加速成长，促成了资本主义从自由竞争阶段向垄断阶段的过渡转折。列宁指出：

> 帝国主义作为资本主义的最高阶段，到1898—1914年间先在欧美然后在亚洲最终形成了。美西战争（1898年）、英布战争（1899—1902年）、日俄战争（1904—1905年）以及欧洲1900年的经济危机，这就是世界历史新时代的主要历史标志。[①]

在私人垄断资本主义时期，一方面，资本主义有了更加迅速长足的发展，比18—19世纪资本主义的发展更为迅猛，科技创新带动了生产力的发展，资本主义大工业生产从"棉纺时代"依次进入"钢铁时代""电气时代"，社会化大农业生产方式已经形成，国际贸易、资本输出、金融资本有了极大发展，整个世界全部卷入

[①] 《列宁选集》第2卷，人民出版社1972年版，第884页。

资本主义市场体系的旋涡，形成了资本主义世界体系；另一方面，资本主义基本矛盾越来越激化，越来越尖锐，19世纪上半叶，即1825年英国爆发了第一次经济危机。从那时开始，资本主义进入了轮番爆发经济危机的阵痛之中。两次世界大战前后的世界性经济危机，导致资本主义社会矛盾异常尖锐，致使两次世界大战爆发，两次世界大战是资本主义基本矛盾白热化的集中表现。特别是1929—1933年世界性经济危机爆发，使资本主义的矛盾空前激化、引发第二次世界大战。接连爆发的世界经济危机和两次世界大战表明，资本主义逐渐呈现严重的下降衰退迹象，资产阶级越发走向反动。

第二个时期，国家垄断资本主义时期（第二次世界大战后至20世纪八九十年代）。第二次世界大战结束以来，在西方主要发达资本主义国家，凯恩斯主义盛行，主张国家干预经济，主要是在北美、欧洲和日本，尤其在美国，资本主义由个人垄断发展到国家垄断，国家垄断资本主义在全球空前而普遍地发展起来，垄断资本主义进入国家垄断时期。国家垄断资本主义的特征是垄断资本同国家政权相结合，国家的经济干预调控作用日益加强，国家直接干预经济的一切部门，推进国有化，以保证垄断资本的最大利润和资本主义制度的巩固。20世纪50—70年代既是资本主义国家垄断发展期，又是工人运动和社会主义运动风起云涌的时期。

在国家垄断资本主义时期，社会主义力量、民族民主力量经历了一个由高潮到低潮乃至低谷的过程，资本主义却呈现了由低潮向高潮的发展过程，世界资本主义经历了一个较长时期的和平发展。

第二次世界大战后，两大阵营冷战、国际局势紧张、两超争霸，资本主义进入一个新的发展时期。一方面，社会主义和民族民主解放运动出现高潮，社会主义力量和争取独立解放的民主主义力量得到极大加强，形成了以苏联为首的社会主义阵营和争取民族解放的反帝反封建反殖民运动的最广泛的统一战线；另一方面，资本主义陷入空前的困难而不得不进行改良，资本主义不得不放低身段，改变过去的某些政策，导致资本主义开始呈现相对缓和的发展。推动资本主义自我改良的动力，一是来自蓬勃兴起的社会主义运动。20世纪上半叶兴起的社会主义高潮对资本主义产生了巨大压力，如果资本主义不进行自我改良和调整就难以生存，同时社会主义运动成功的因素也使资本主义有了可资吸取的经验；二是资本主义自身存在的严重危机和矛盾也迫使其必须进行调整与改良。否则，它必难以为继。

大体从1948年到1970年是资本主义国家发展的"黄金时期"。资本主义经过20多年的高速发展，积累了社会财富，也积累了生产过剩和矛盾，产生了严重的"滞胀"问题，出现了"滞胀"综合征和经济危机，产生了经济停滞以及高失业率与高物价同时并存的现象。1973—1975年波及各主要资本主义国家的极其严重的经济危机是发达资本主义国家从高增长趋于相对停滞的转折点。凯恩斯主义的实施到20世纪70年代以来的资本主义危机、衰退，造成新自由主义取代凯恩斯主义的契机。紧接着1979—1983年美国和西欧诸国爆发了又一轮严重的经济危机，陷入比1973—1975年更为严重的危机旋涡，时间长达4年之久尚未见底。这两次经济危机表明，国家干预和调节经济的凯恩斯主义并不是万灵药方，于是80年代以后，英国首相撒切尔夫人和美国总统里根极力推介新自由主义以取代凯恩斯主义，主张国家干预经济的凯恩斯主义失去了魅力，新自由主义逐渐兴起。当然虽有"滞胀"综合征，但资本主义不是没有发展，也并不排斥某些发展，只是发展整体放缓、下降。进入20世纪90年代初叶，西方发达国家又陷入一场新的经济衰退和增长停滞，于是英国首相布莱尔又提出"第三条道路"，企图把国家干预主义与新自由放任主义的某些方面结合起来，以推进经济的发展。布莱尔"第三条道路"的本质还是遵从新自由主义的原则。

20世纪70年代末至80年代初，新自由主义受到美国当政者的青睐与推崇，成为西方国家主流经济学派和西方经济政策的指导思想。到了20世纪下半叶，以美苏为首的两大阵营的对峙冷战加剧，发展到八九十年代苏联解体、东欧剧变，两超变一超，两霸变一霸，垄断失去对手和制衡力量，社会主义进入低潮。新自由主义嚣张一时，不可一世，资本主义再次进入相对高速发展时期。当然，资本主义的缓和只是相对缓和，发展只是相对发展，并没有消除资本主义整体停滞下降和固有矛盾。

20世纪80年代末、90年代初苏联解体、东欧剧变，标志着社会主义跌入低谷，而国家垄断资本主义却发展到了高峰。20世纪八九十年代到20世纪末，新自由主义取代凯恩斯主义，成为资本主义主流意识形态、新自由主义是对全球产生重大影响的资产阶级政治经济学理论，"华盛顿共识"就是新自由主义的"杰作"。资本主义经过凯恩斯主义到新自由主义的政策调整，又有了一定发展。资本主义的少数预言家鼓吹的社会主义"终结论"和资本主义"千年王国"论就是其理论反映。西方掀起反共反社会主义的高潮，新自由主义大肆流行，巩固和扩大了西方垄断资本主义的影响力。

第三个时期，国际金融垄断资本主义时期，即当代资本主义，又即当代帝国主义时期（20世纪末至今）。20世纪末以来，新一代超巨型跨国公司，特别是超巨型跨国金融公司的大发展和对外扩张，促进资本主义由国家垄断时期进入了国际金融垄断时期。资本主义在这个时期也有一个从高向低的发展进程，从发展的最高处开始下降。在这一进程中，自20世纪八九十年代苏联解体、东欧剧变之后，又发生两起国际性的重大事变：一是2008年爆发的国际金融危机；二是2020年暴发的全球新冠疫情。大肆推行新自由主义，带来近30年的资本主义无序和持续扩张发展，造成严重的生产过剩，必然结果是2008年爆发金融危机，新自由主义破产。与此形成鲜明对照的是，中国特色社会主义成功战胜了2008年的世界金融危机，并在2020年至今的抗疫斗争中取得了决定性胜利，彰显了社会主义制度的优越性，意味着社会主义从低谷驶出，向上、向前发展,高歌猛进。

由于资本主义生产方式,从私人垄断、国家垄断到国际垄断,从工业资本垄断到商业资本垄断,再到金融资本垄断,在资本主义私有制条件下,生产资料和财富越来越集中到少数金融资本垄断寡头和少数金融资本垄断寡头利益集团手中。高新技术发展和经济全球化带来更大规模的生产社会化与更加集中的资本主义私人占有的矛盾越发激化,表现为一系列危机与局部战争的爆发。垄断资本主义的生产力越来越社会化、全球化,促成了生产关系的调整和转化,生产资料私有制向更为集中、更为垄断的方向发展,也就是说,资本主义的生产力和生产关系相背而行、越发矛盾,私人占有更向少数国际金融垄断资本寡头手里集中,而生产却越发社会化,资本主义的基本矛盾不仅没有消除,反而更为尖锐激化。从自由竞争到私人垄断,再到国家垄断,再到国际金融垄断,三次转变并没有解决资本主义的基本矛盾,反而使基本矛盾更加激化,导致经济危机10年左右一轮,愈演愈烈,规模越来越大,从没有间断过。第二次世界大战后的世界性局部战争也从未间断过。资本主义的基本矛盾表现为无产阶级与资产阶级、社会主义国家与资本主义国家、垄断资本主义发达国家与发展中国家之间的矛盾越发激化。

三 国际金融垄断资本主义即新型帝国主义是当代资本主义发展新形态

当代资本主义已经发展到什么样的程度?特征是什么?如何定义当代资本主义?当代资本主义还是不是帝国主义?当代帝国主义又发生了哪些变化?这是必须回答的重大理论与现实问题。如果对这些重大理论与现实问题缺乏科学的认识和判断,就很难正确地认识和判断当前的国际形势和世界格局,就很难制定开展国际斗争和推动国内发展的正确战略策略。

关于当代资本主义,即帝国主义,国内外学术界从多角度开展研究，学者们各持己见。依据当代资本主义，即当代帝国主义的发展新特征，冠之以各种称谓。大体上分为两派：一派是站在垄断资本主义的立场上，为帝国主义寻找理论论据，为帝国主义的侵略政策和行径作辩护，甚至提出建议，如最早提出当代资本主义是"新帝国主义"的是罗伯特·库珀，他从新自由主义的立场出发，把当今"新帝国主义"分为"自愿帝国主义""邻国帝国主义""合作帝国主义"三类，为西方垄断资本主义大国对落后国家的政治、经济、军事上的侵略的政策和行为提供合理化的论证，库珀的"新帝国主义"论，是以美国为首的西方霸权主义理论的延伸。[①]

另一派是站在批判当代资本主义，即当代帝国主义的立场上，对当代帝国主义提出某些批评，力图对其给出新的定义，其中西方马克思主义思潮和西方左翼的许多学者就是属于这一派。譬如，第二次世界大战结束后，安东尼·布鲁厄的《马克思主义的帝国主义理论》、哈里·马格多夫的《帝国主义时代——美国对外政策的经济学》、罗纳德·H. 奇尔科特的《批判的范式：帝国主义政治经济学》都在一定程度上肯定了马克思列宁主义的帝国主义理论，对当代帝国主义新发展进行了批判研究。冷战结束后，迈克尔·哈特与安东尼奥·奈格里的《帝国》、迈克尔·赫德森的《金融帝国——美国金融霸权的来源和基础》、威廉·J. 罗宾逊的《全球资本主义论——跨国世界中的生产、阶级与国家》、约翰·贝拉米·福斯特对晚期帝国主义的研究，等等，都对金融垄断资本主义进行了批判性的研究。20世纪八九十年代，美国学者道格拉斯·凯尔纳认为，当代资本主义已进入技术经济、技术政治和技术文化高度结合的技术资本主义阶段。关于资本主义是技术资本主义等与技术相接近的称谓纷纷被提了出来。还有的学者认为当代资本主义已经发展到新福特资本主义、后福特资本主义、福利资本主义、公司帝

[①] 孙玉健：《新帝国主义论与马克思主义的帝国主义理论》，中国社会科学出版社2017年版，第16—20页。

国主义、赌场资本主义、涡轮资本主义、景观资本主义、超工业资本主义、后工业资本主义、认知资本主义、媒介资本主义、虚拟资本主义、信息资本主义、数字资本主义、生态资本主义、知识垄断资本主义，等等。法国学者托马斯·皮凯蒂在《21世纪资本论》中，考察了西方发达资本主义国家自 18 世纪工业革命以来（1700—2012 年）在收入、资本、人口、增长率等方面的历史数据，认为不平等、两极分化在资本主义历史上长期存在，并没有随着经济增长而衰减、解决，在今天更为尖锐激烈。① 正如习近平总书记指出：

> 当代世界马克思主义思潮，一个很重要的特点就是他们中很多人对资本主义结构性矛盾以及生产方式矛盾、阶级矛盾、社会矛盾等进行了批判性揭示，对资本主义危机、资本主义演进过程、资本主义新形态及本质进行了深入分析。这些观点有助于我们正确认识资本主义发展趋势和命运，准确把握当代资本主义新变化新特征，加深对当代资本主义变化趋势的理解。②

其中，许多人肯定了列宁帝国主义理论的基本方面，对帝国主义的新变化、新特征进行了较为深入的研究，提出了一些新的理论根据，对当代资本主义予以揭露和批判。巴西的特奥托尼奥·多斯桑托斯提出依附理论，明确指出了帝国主义是一种腐朽的制度，趋向于形成食利国，资产阶级愈来愈依靠"剪息票"过日子。③ 但是，许多人对当代资本主义的认识都有一个根本的缺陷，就是离开

---

① ［法］托马斯·皮凯蒂：《21世纪资本论》，巴曙松等译，中信出版社 2014 年版。
② 《习近平谈治国理政》第 2 卷，外文出版社 2017 年版，第 67 页。
③ ［巴西］特奥托尼奥·多斯桑托斯：《帝国主义与依附》，毛金里、白凤森、杨衍永、齐海燕译，社会科学文献出版社 1999 年版。

了马克思列宁主义关于资本主义的科学认识。有人称之为在当代资本主义研究中，存在"马克思主义失语"，"帝国主义失踪"的问题。

对于当代资本主义还是不是帝国主义，绝大多数学者认为现在仍然是帝国主义。比较一致的意见是帝国主义依然存在，并且发展到了新帝国主义阶段，称之为新帝国主义，有的称之为晚期帝国主义，还有的称之为文化帝国主义、媒介帝国主义、信息帝国主义、公司帝国主义，等等。当然，这里讲到的相当多的持"新帝国主义"的说法同最早称之为"新帝国主义"的罗伯特·库珀的说法是不同的，他们中间的绝大多数不是站在维护帝国主义的立场上，而是站在批判帝国主义的立场上。美国《每月评论》主编约翰·贝拉米·福斯特把当代帝国主义称为晚期帝国主义。他认为，晚期帝国主义就是帝国主义发展的一个新阶段，既是经济停滞时代，又是美国霸权衰落和全球代谢断裂时代的帝国主义。晚期帝国主义具有普遍垄断金融资本、生产全球化、新形式的价值转移等特征。晚期帝国主义更具侵略性，在意识形态上表现为新自由主义，代表了资本主义世界秩序的历史终点。[①] 比较一致的意见是，当代资本主义已经由国家垄断向国际垄断转变，新帝国主义是垄断资本主义发展阶段的最新表现。

学界对当代帝国主义的本质特征、产生的时代条件、经济基础，当代帝国主义的类型、矛盾和危机及霸权逻辑，当代帝国主义与新自由主义、当代帝国主义全球化、当代帝国主义的矛盾和危机，当代帝国主义与民族国家的关系，当代帝国主义的发展趋势等重要问题，均展开了广泛深入的研究。

对当代资本主义，即当代帝国主义种种称谓的判定往往都只是注重从生产力方面作出某些分析判断。科学技术也是生产力，是第

---

① 牛田盛：《晚期帝国主义：资本主义世界秩序的历史终点》，《世界社会主义研究》2020年第6期。

一生产力,从科学技术角度观察当代资本主义的新变化是毫无疑问的。譬如技术资本主义的类似提法,实质上也是从生产力视角观察当代资本主义新特征所作出的判断,认为资本主义已经进入与技术高度结合的阶段,即技术资本主义阶段,也并非毫无道理。马克思主义政治经济学当然注重对于生产力的研究,认为生产力是社会历史发展的最终原因,也是资本主义发展的最终原因,但是马克思主义政治经济学更强调政治的经济学,强调研究生产关系,从生产关系看生产力,看社会形态的发展变化。因此,不仅要从生产力视角,更要从生产关系视角对当代资本主义的本质特征作出科学的分析判断,仅仅从生产力方面对当代资本主义作出判断定义,显然是不充分、不深刻的,不能触及当代资本主义的社会阶级关系本质。

虽然说法不一,但都有一条共识:当代资本主义已经发生了新的变化,具有了新的形式,呈现新的特征,发展到了一个新的时期。笔者认为,资本主义在第二次世界大战后虽然仍然保持着垄断特征,但是已经从私人垄断转向了国家垄断,转变的时间大体是第二次世界大战以后到20世纪八九十年代。在进入20世纪苏联解体、东欧剧变之后的一段时期以来,当代资本主义又由国家垄断发展到国际金融垄断。当代资本主义的经济基础是国际金融资本垄断,当前正处于国际金融垄断资本主义时期,帝国主义也进入了一个新的发展时期,成为新型帝国主义。其表现特征为:

第一,科技创新和生产力发展呈现前所未有的速度和质量,极大地推动了国际金融垄断资本的迅速聚集、集中和发展。"生产的不断变革,一切社会状况不停的动荡,永远的不安定和变动,这就是资产阶级时代不同于过去一切时代的地方。"[①] 当垄断资本主义发展到当代国际金融垄断时期,全球掀起了新一轮科技革命浪潮,科技创新日新月异,生产力发展突飞猛进,呈现出前所未有的态势。科技革命是资本主义生产力和经济快速发展的直接动力。科技

[①]《马克思恩格斯选集》第1卷,人民出版社1995年版,第275页。

革命促进了资本主义的发展，在资本主义发展史上，已经发生了三次科技革命，当前正在进行着第四次科技革命。

第一次科技革命从19世纪20年代开始到19世纪中期结束，是由新的工具机引发产生新的动力机，即蒸汽机的发明与应用所带来的一次科技革命，可称"蒸汽革命"。到了19世纪60年代，英国爆发了由第一次科技革命带来的工业革命。英国纺织业完成了由以人力、畜力和水力为基本动力的工场手工业向以蒸汽技术为动力的机器大工业的转变，科技革命引发了工业革命。第一次科技革命乃至工业革命期间，资本剥夺了农民和手工业劳动者，使他们沦为雇佣劳动者，土地、机器、厂房等生产资料越来越集中到少数资本家手中，资本主义私有制得以确立巩固成熟，进入了自由竞争资本主义阶段。

第二次科技革命从19世纪70年代开始到20世纪初结束，电力动力克服了蒸汽动力的局限性，蒸汽技术转变为电气技术，电的发明应用使人类社会生产方式和生活方式发生了深刻变革，也称"电力革命"。第二次科技革命带来了第二次工业革命，电动机、内燃机、化学工业、钢铁工业获得了突破性进展，极大地推动垄断取代自由竞争成为全部经济生活的主要现象，资本主义从自由竞争发展到私人垄断，资本主义走向最后阶段。

第三次科技革命，萌发于19世纪末20世纪初叶，兴起于第二次世界大战后，20世纪四五十年代至五六十年代进入高潮，是一场电子技术的革命，又称"电子革命"。第三次科技革命引发了以电子计算机的发明和应用为标志的第三次工业革命，对此称之为产业革命更为合适，资本主义由电气时代进入电子时代，生产的自动化和专业化程度极大提升，创造了巨大的劳动生产率，发达资本主义国家的生产总值超过了过去200多年生产产值的总和，1948—1973年，世界工业增长了353%，故人们称这一时期为"世界经济黄金时代"。

20世纪70年代以来，在世界范围内又掀起了一轮新的科技浪潮，发生了第四次科技革命，即以信息技术的广泛应用为标志的科技革命，也可称为"信息革命"。第四次科技革命引发第四次工业革命，更准确地说是第四次产业革命，信息技术、智能技术、生物技术、新材料和新能源极大发展。信息革命一方面大大提高了劳动生产率，为生产力发展开辟了新的空间，推动金融业、信息产业、智能产业、生物生命产业、新能源新材料产业等新业态诞生和发展，促使产业结构发生重大变化，第一产业比重大大下降，第二产业比重不升不降、有升有降，第三产业比重迅速提升，达到60%以上，造就了资本主义物质财富的进一步积累和增加；另一方面，致使金融垄断资本加快了聚集化、国际化的进程。信息化、人工智能、机器人、互联网、大数据、云计算、物联网、5G技术、区块链等前沿技术驱动下的科技风潮，推动资本主义生产方式向数字化、智能化方向发展，生产关系趋向松散化、多元化、复杂化，形成以技术创新为手段的获取超额利润的新方式。资本主义以技术创新作为资本积累和扩张的新手段，极大地促进了国际金融垄断资本的聚集和集中发展，极大地强化了国际金融垄断资本对全球一切产业的渗透、融合和控制，推动金融垄断资本越发全球化。此外，生产力越来越社会化，推动资本主义生产关系和上层建筑向更为私有化、更为垄断化方向发展的同时，新的社会因素，如股份制、工人持股、国有化等，在资本主义内部也日益积累。然而，资本主义私有制本质并没有改变，技术创新是在私有制条件下的创新，技术创新导致技术私有化和技术垄断，私有化和垄断从根本上遏制生产力和新产业发展，制造高科技产业泡沫，加剧资本主义业已存在的内在矛盾。新技术革命既是资本主义不断发生新变化的重要表现，又是资本主义不断出现新变化的原因。

第二，垄断资本主义已经形成了新的垄断形式——国际金融资本垄断，到了其最新的发展时期——国际金融垄断资本主义，国际金融资本主义是新型帝国主义。列宁在《帝国主义论》中指出：

生产的集中；由集中而成长起来的垄断；银行和工业的溶合或混合生长，——这就是金融资本产生的历史和这一概念的内容。①

集中在少数人手里并且享有实际垄断权的金融资本，由于创办企业……等等而获得大量的、愈来愈多的利润，巩固了金融寡头的统治，替垄断者向整个社会征收贡税。②

列宁明确论述并预见了金融资本与金融寡头的形成及其作用，认为金融资本垄断就是垄断资本主义的经济基础。对于当代资本主义来说，生产和集中进一步扩大、加深、加剧了垄断，并日益向国际化金融垄断资本聚集，国际金融垄断资本在全球的统治进一步扩张和加深。剩余价值生产是资本主义的客观规律，获取垄断利润是垄断资本主义的绝对规律。可以说国际金融资本垄断就是国际金融垄断资本主义最深厚的经济基础。获取超额金融垄断利润是国际金融垄断资本剥削掠夺的基本方式。在国际金融垄断资本主义条件下，国际金融垄断资本利用跨国股份公司、通过世界金融市场从全球获取超额利润。

国际金融资本垄断成为当代资本主义最突出、最鲜明、最主要的特征。金融资本垄断是发达资本主义剥夺全世界的最重要的手段。金融垄断资本具有极强的流动性，天然具有跨国资本特性。20世纪70年代以来，在全球化的世界进程中，在新自由主义思想的影响引导下，西方发达资本主义国家，首先是美国加速了金融资本聚集、集中、垄断的速度。特别是进入21世纪，资本主义一个最鲜明的特征就是金融垄断资本越来越国际化，国际金融垄断资本的世界性统治地位逐渐确立。金融垄断资本在世界经济中占据主导地位，一方面造成国际金融垄断资本主义的经济更加虚拟化，国际金

---

① 《列宁选集》第2卷，人民出版社1972年版，第769页。
② 《列宁选集》第2卷，人民出版社1972年版，第775页。

融市场日益扩大，金融衍生工具迅速发展；另一方面使得发展中国家愈加贫困，受到国际金融危机的冲击，受到国际金融垄断资本的控制。资本的本性是不断实现自身的增殖和扩张，金融垄断资本主义在全球化运动中不断推进国际投资、国际贸易、国际信贷……不断增殖、不断积累、不断聚集，在经济全球化中越发起着决定性作用。国际金融资本通过资本借贷获取超额利润，通过利息形式瓜分实体经济的剩余价值。有人把国际金融垄断资本主义称为借贷资本主义不无道理。

冷战时期，世界形成了社会主义与资本主义两大阵营，形成两大市场体系。苏联解体、东欧剧变以后，在当今经济全球化的世界里，两个市场体系变成统一的资本主义世界市场体系，成为由美国国际金融垄断资本控制主导的统一的世界市场体系，国际金融垄断资本越发寡头化、跨国化、全球化，国际金融资本得到空前加强，其作用无孔不入、无处不在，任何国家、民族、地区、领域、范围都逃脱不了其控制，都受到其影响与冲击。在全球的科技、投资、生产、销售、银行、金融、贸易、服务以及世界规则、秩序方面，国际金融垄断资本都占据了统治支配地位。在国际金融垄断资本的推动下，资本和财富迅速集中，在全球形成空前规模的以金融为核心产业的国际化的大财团、大寡头和大富豪，在世界取得优势统治地位。一方面，国际金融资本越来越集中在极少数国际金融垄断资本寡头手里，在垄断资本主义世界体系中形成了绝对统治地位；另一方面，国际金融垄断资本的国际化程度越来越高，形成了由少数跨国性质的金融垄断资本寡头控制的新型国际金融垄断资本组织，如新一代超巨型跨国金融公司、世界银行、国际货币基金组织、美洲开发银行、关税和贸易总协定（世贸组织）……以金融垄断资本为核心的超巨型跨国公司在资本主义世界体系中的核心关键作用越来越突出。跨国公司经过 100 多年的发展，特别是 20 世纪以来，经过第一代、二代、三代到第四代超巨型跨国公司的发展，开始了其更大的发展，不仅规模巨大、实力雄厚、地位突出、垄断强大，更重要的是以国际金融垄断资本为核心与产业资本相融合，形成了超巨型国际金融——产业垄断资本寡头，控制了全世界。以国际金融垄断资本为灵魂和核心的超巨型跨国公司在垄断资本主义国家权力支持下爆发式地增长，形成了国际金融资本垄断寡头利益集团。目前，跨国公司的总产值已占资本主义世界总产值的1/3以上，它控制了50%的国际贸易、80%的工艺研制、30%的国际技术转让。它们的分（子）公司的销售额（不包括公司内部销售额）相当于世界出口额的70%。[①] 已经发展成世界范围的生产、交换和积累完整体系，全面控制了世界范围的生产与再生产过程。

　　国际金融垄断资本主义的实质就是金融垄断资本国际化，金融资本在国际的运动中不断聚集、增强，形成占绝对优势的垄断地位。以国际金融资本垄断为主要特征，表现为：（1）资本垄断不是一般的资本垄断，而是金融资本垄断，金融资本垄断在资本主义体系中占据绝对的控制地位；（2）金融资本垄断已不是国家垄断，已经发展成为国际垄断，资本和财富迅速集中在少数国际金融垄断资本寡头手里，垄断组织已不再是国际"托拉斯"，而是在资本主义世界经济体系中已经形成跨国的、统治全球的、空前巨大的财团、富豪和寡头，控制优势产业，占据国际产业链、贸易链，在世界经济体系中拥有绝对的话语权；（3）资本输出已经不是一般的资本输出，而是金融资本的输出，金融资本输出成为最主要的财富剥夺形式，通过金融垄断资本输出掠夺世界财富。国际金融垄断资本向全球化垄断发展，一方面得到垄断资本主义国家的支持，另一方面又日益摆脱国家权力的各种监管。国际金融垄断资本寡头对国家政府的决策影响力日益增强，国际金融垄断资本家集团控制着资本主义国家的经济命脉，形成院外利益集团、影子内阁、影子政府，对资本主义国家政策起着至关重要的作用，国家成为大金融资本家的代言人。美国通用、福特、美孚、摩根、花旗等超巨型的国

---

　　① 数据来源于尹雨虹《跨国公司对世界经济的影响》，《商》2013年第9期。

际金融垄断资本集团代表国家本质，同时又不受任何国家权威的约束，超越国家主权，这就加剧了国际金融垄断资本跨国公司与垄断资本主义主权国家的矛盾，国际金融垄断资本与产业资本、本土资本的矛盾也在加剧。

美国国际金融垄断资本力量，依靠美国政府强力维护和推行，得到进一步加强，加速在全世界的扩张，华尔街势力深嵌美国政治，加大了全球化力度，取得了资本主义世界体系的主导地位，获得了绝对统治权，从工业资本主义演变成金融资本主义。在国内，美国的国际金融垄断资本已经从企业的生产和经营领域扩展到整个经济生活、政治生活，在取得对工业、货币、商业活动的控制之后，又扩展到政府运作和普通人民的日常生活。在国际上，美国国际金融垄断资本把大量剩余资本向金融领域和海外转移，推动国际金融垄断资本主义发展，剩余价值的生产和实现已经全面地国际化了。结果一方面使得美国作为一极和世界其他各国作为一极的分化更加突出尖锐，另一方面致使美国主权国家能力削弱，国家政权地位下滑，让位给国际金融垄断寡头，国际金融垄断寡头又利用美国国家政权力量打压损害他国主权，美国国家政权成为国际金融垄断资本剥夺其他国家和民族利益的打手。

国际金融垄断资本主义是国际金融垄断资本通过金融资本控制国家生产、国家投资、国际流通、国际交换、国际市场，对发展中国家进行经济盘剥、政治压迫、军事威胁的垄断资本主义，是新型帝国主义。其基本特征是：（1）超巨型跨国金融公司成为世界经济、世界市场的主宰力量；（2）国际金融垄断投资与扩张成为国际资本投资的主要形式；（3）生产和资本日益集中、集聚在全球金融资本垄断寡头手中；（4）国际金融垄断资本利用国家力量，并且超越国家力量控制、统治全球；（5）美国新型帝国主义已经形成独霸世界的霸权地位。

第三，形成一小撮国际金融垄断资产阶级阶层，构成垄断资产阶级的最高统治集团，即国际金融垄断资本主义统治阶级的最高层，构成国际金融垄断资本主义，即新型帝国主义的一个鲜明的阶级特征。随着当代资本主义生产力和生产关系的新变化，给资本主义的统治阶级——资产阶级也带来了新变化。对于这些新变化，资产阶级的学者鼓吹"资产阶级消失论""资产阶级衰减论"，竭力抹杀资产阶级和工人阶级的阶级矛盾和对立。国际金融垄断资本主义的新变化，并没有使"资产阶级消灭"或"减少"，而是生产资料更加集中在少数资产阶级手中，资产阶级的剥削本质更加凸显，资产阶级与工人阶级的对立更加尖锐。资产阶级发生了新的变化，主要表现为：（1）极少数的国际金融垄断资产阶级阶层已经形成；（2）以"剪息票"为生的资产阶级阶层日益扩大；（3）形成了资产阶级的特殊阶层——跨国公司的高级经理人阶层。20世纪末到21世纪初，"跨国资本家阶级"一词流行起来。可以把国际金融垄断资本家们称为"跨国金融垄断资本家阶层"，他们是当代资产阶级的最有权势的最高阶层，该阶层由世界金融垄断资本寡头构成，代表跨国金融垄断资本利益集团，构成跨国金融垄断企业、组织的主要拥有者。国际金融垄断资本家集团是20世纪下半叶在资本主义历史发展中出现的资产阶级新阶层，他们控制着金融领域的跨国大公司，通过国际金融垄断资本控制了全世界的主要生产资料，控制着国际性的金融机构，并通过国际性的金融手段、工具和组织控制着世界上的重要产业，该阶层已经超越任何国家政权，成为全球资本主义体系生产资料的主要所有者。

美国是国际金融垄断资本家集团的大本营。国际金融垄断资本寡头主要聚集在美国，如华尔街国际金融资本垄断寡头。美国是国际金融垄断资产阶级阶层的总基地，美国当权者是国际金融垄断资产阶级利益的总代表。以美国国际金融资本垄断寡头为首的国际金融垄断资产阶级阶层主要由发达资本主义国家的国际金融垄断利益集团构成，它们与发展中国家的金融垄断资本利益集团联手构成国际金融垄断资本寡头控制的跨国金融资本利益集团。该阶层的领导层是国际金融资本垄断寡头，与国际产业资本垄断寡头融合，二者合二为一，如美国的金融—军工财团、金融—能源财团、金融—IT财团等，构成剥削全世界的国际金融资本垄断霸权集团。

第四，国际金融垄断资本主义向经济空心化、虚拟化迅速发展，强化了国际金融垄断资本主义，即新型帝国主义的食利性、寄生性、腐朽性和垂死性。列宁认为：

> 资本主义的一般特性，就是资本的占有同资本在生产中的运用相分离，货币资本同工业资本或者说生产资本相分离，全靠货币资本的收入为生的食利者同企业家及一切直接参与运用资本的人相分离。帝国主义，或者说金融资本的统治，是资本主义的最高阶段，这时候，这种分离达到了极大的程度。金融资本对其他一切形式的资本的优势，意味着食利者和金融寡头占统治地位，意味着少数拥有金融"实力"的国家处于和其余一切国家不同的特殊地位。①

本来服务于实体经济的金融资本，越发脱离实体经济，成为金融高利贷资本，从而支配实业乃至整个社会。当今，金融高利贷资本聚集于美国，美国成为超高利贷帝国主义，产生更为严重的寄生性和腐朽性。

垄断资本金融化、国际化的过程就是产业空心化、虚拟化的过程，就是实体经济和虚拟经济相分离的过程。在这一过程中，国际金融垄断资本主义经济愈益证券化、数字化、虚拟化，实体经济迅速衰退。随着世界银行体系的发展，商业银行、保险公司、证券公司等形形色色的金融机构、金融中介服务业融合聚集，形成庞大的、无所不包的金融垄断资本世界性体系，通过向政府贷款、代销、发行政府债券，持有公债，强化对经济的控制和吸血，加剧了资本主义的投机性和寄生性。

---

① 《列宁选集》第 2 卷，人民出版社 1995 年版，第 624 页。

资本输出，特别是金融垄断资本输出成为国际金融垄断资本向外扩张发展的主要形式。美国把大量实体产业转移到国外，从制造业大国转变成过度依赖海外产业的以虚拟经济为主体的资本主义金融帝国，金融经济越来越膨胀，实体经济越来越衰退，产业越发集中在以金融、房地产为代表的高端服务业，整个经济越来越泡沫化，不可避免地陷入"社会生活金融化"困局，出现虚拟经济发展，实体经济衰退的双重问题。金融垄断帝国主义是资本主义的"虚胖和浮肿"的表现，也是资本主义"走下坡"的征候。曾几何时，美国是世界第一制造业大国，但是随着金融垄断资本地位的形成，美国制造业占GDP比重逐渐下降，金融业占比逐渐增加。据统计，1960—2020年，美国金融业占比从14%增加到21%，制造业占比从27%下降到11%，贸易占比从17%下降到10.87%。与此同时，金融业的利润从17%增加到高于30%，制造业的利润从49%降至10.6%，缩减了2/3以上。1947—2012年美国GDP增长63倍，其中制造业增长30倍，金融业增长212倍。1980年前后，全球金融体系中的衍生品交易量微乎其微，2019年利率衍生品占全部衍生品名义本金比例超过80%。截至2019年年底，利率衍生品占总风险敞口比重为80.39%。全球流动性金融资产与全球GDP之比1980年为109%，2013年为350%。2019年，入围世界500强的企业中，金融企业共有113家，相比世界500强企业43亿美元的平均利润，113家金融企业的平均利润则超过61亿美元。

美国经济在全球化过程中进一步空心化和虚拟化，经济空心化、虚拟化的必然结果是导致美国制造业外流、工人失业、两极分化加速、社会矛盾加剧，加重了美国国际金融垄断资本主义的权重，加重了美国资本主义的食利性和腐朽性。再加之，美国国内的过度消费，成为纯粹的消费国，造成极大的生态灾难，更加重其腐朽性。一小撮最富有的、最有权势的国际金融垄断资本家阶层，连带整个垄断资产阶级进一步食利化、寄生化和腐朽化。列宁在《帝国主义论》中明确指出，帝国主义的腐朽性表现在两个方面：

一是停滞，二是寄生。所谓停滞，就是帝国主义的生产和技术发展存在停滞的趋势，这是帝国主义腐朽性的基本表现，美国的经济停滞集中表现为实体经济、工业产业大量外移，严重衰退。所谓寄生，就是帝国主义逐渐丧失了通过本国的生产发展满足自身消费的能力，美国现在主要是靠金融掠夺全世界，成为最大的食利国，造就了庞大的食利者阶层。列宁把帝国主义的寄生和腐朽相提并论，称帝国主义就是寄生或腐朽的资本主义。

第五，美国作为国际金融垄断资本的总代表，推动在全球化条件下国际金融资本向全世界扩张，操纵世界经济治理权和世界政治统治权，美国作为头号新型帝国主义国家企图建立单极世界，维持其霸主地位。美国是国际金融垄断资本家的国家，是代表国际金融垄断资本利益的。恩格斯在《反杜林论》中指出：

> 无论转化为股份公司，还是转化为国家财产，都没有消除生产力的资本属性。在股份公司那里，这一点是十分明显的。而现代国家却只是资产阶级社会为了维护资本主义生产方式的共同的外部条件使之不受工人和个别资本家的侵犯而建立的组织。现代国家，不管它的形式如何，本质上都是资本主义的机器，资本家的国家，理想的总资本家。它愈是把更多的生产力据为己有，就愈是成为真正的总资本家，愈是剥削更多的公民。工人仍然是雇佣劳动者，无产者。资本关系并没有被消灭，反而被推到了顶点。[1]

金融资本的全球性流动是资本主义由国家垄断发展到国际金融资本垄断的突出表现。金融资本在全球化进程中实现了全球性的流动，从而颠覆性地改变了全球的资本结构和经济结构，极大地强化了金融垄断资本在世界市场资源配置中的支配地位。与昔日"日

---

[1] 《马克思恩格斯全集》第20卷，人民出版社1971年版，第303页。

不落帝国"英国直接统治世界的殖民体系不同的是，美国国际金融垄断资本通过美国政府主导的国际规则，凭借经济、政治、军事实力维持美国国际金融垄断资本主义的世界统治，它通常通过制定一系列的规则、制度，并经由国际化的跨国金融组织，如世贸组织、国际货币基金组织等控制统治全世界。比如，统治世界的美元体系是通过"布雷顿森林体系"而确定其霸主地位的。1944 年在美国东部山区的一个小镇上召开了布雷顿森林会议，通过了美元等同于世界货币、等同于恒定的黄金值，美元与黄金挂钩，美元作为世界货币的特殊地位由此而确定，从而确立了美元纸币在国际市场结算中的垄断地位，美元纸币窃取了黄金作为世界货币的符号地位。1971 年 8 月 15 日，美国总统尼克松发表了 20 分钟的著名演说，宣布美元不同黄金挂钩，多国货币也不必与美元挂钩，宣布布雷顿森林体系解体。而之后在牙买加召开会议，达成"牙买加协议"，美元彻底脱离了黄金和实物货币，成为靠美国信用、由美国印钞发行的货币，"美元成为了一纸不能兑换的白条"[1]。从此，"美国靠在全球发行美元、国债、股票以及大量金融衍生品这样的虚拟渠道，使全世界的实体资源（自然资源、劳动资源和资本资源）不停地流进美国。美国生产货币，其他国家生产商品"[2]。美国依靠自身经济、科技和军事实力使美元成为霸权货币，成为世界财富的收割机。美国国际金融垄断资本主义通过"美元加美军"对全球进行疯狂的扩张、控制、掠夺、压榨，也使得世界反霸权主义、反单边主义成为世界潮流。当代资本主义的多重矛盾越发激化、尖锐，由美国主导的资本主义世界秩序陷入前所未有的危机之中。

从 20 世纪 80 年代中期起，世界进入了经济全球化的发展阶段，也是垄断资本主义由国家垄断进入国际金融垄断时期。经济全

---

[1] 余斌：《新帝国主义是帝国主义的最后阶段》，《世界社会主义研究》2021 年第 4 期。

[2] 杨圣明：《美国金融危机的由来与根源》，《人民日报》2008 年 11 月 21 日。

球化是资本主义占主导地位的全球化，是少数发达资本主义国家占主导地位的全球化，是国际金融垄断资本主义，也是美国新型帝国主义占主导地位的全球化。在世界国民经济总体中，美、欧、日等国占70%，在世界出口贸易中占70%以上，在世界的对外投资中占90%以上，它们的跨国公司在世界生产和世界市场中占强大优势。美国是国际金融垄断资本主义最强的超级大国，在世界经济中占有最大份额，是经济全球化的主导国，它凭借自己的超级优势地位操纵国际组织、干涉国际事务，把自己意志强加于他国，最大限度地压榨他国，牺牲他国，最大限度实现自己的利益。经济全球化，为国际金融资本的扩张提供了新的机遇，同时又使资本主义不可克服的内在矛盾扩展到全世界，加速资本主义的灭亡。

第六，当代资本主义就是当代帝国主义，国际金融垄断资本主义就是新型帝国主义，新型帝国主义的帝国主义本性和特征并无根本改变，反而变本加厉地得到了强化。金融垄断资本是帝国主义形成的起点，从根本上反映了帝国主义霸权。国际金融垄断资本是新型帝国主义的实质，国际金融垄断资本决定新型帝国主义的霸权本性。国际金融垄断资本是在帝国主义体系下积累起来的，是新型帝国主义最深厚的经济基础。列宁给予帝国主义以明确的定义，他在《帝国主义论》中所讲的帝国主义是专指垄断资本主义，他指出帝国主义是资本主义的最高阶段，也是最后阶段。20世纪80年代，法国学者博德认为，以1873年资本主义危机为开端延续到1895年世界性经济大衰退，开始进入垄断资本主义，即帝国主义时期。[①]许多学者认为，资本主义从自由竞争进入垄断，发展为帝国主义，到第一次世界大战爆发，帝国主义进入鼎盛时期。国际金融垄断资本在垄断资本主义主权国家基础上，凭借经济全球化、军事霸权、垄断和帝国主义的世界制度，把帝国主义发展到了极端。十月革命

---

① ［法］米歇尔·博德：《资本主义史：1500—1980》，吴艾美等译，东方出版社1986年版，第148—149页。

结束了帝国主义鼎盛时代,是世界历史的新纪元。

当代帝国主义是国际金融垄断资本支撑的新型帝国主义,为国际金融垄断资本的对外扩张、全球套利,进一步开辟了空间,同时又放大了垄断资本主义的结构性危机,强化了国际金融垄断资本主义不可克服的内在矛盾。新型帝国主义不仅没有改变帝国主义的本质,反而强化了贪婪、野蛮、残忍、侵略的帝国主义本性,使其本性更具多样性和隐蔽性,充分表现了垄断资本主义的垂死性。正如前文提到,约翰·贝拉米·福斯特把当代帝国主义称为晚期帝国主义,预见到资本主义的终结。① 总而言之,国际金融垄断资本主义是新型的帝国主义,晚期的帝国主义,是垄断资本主义发展的巅峰期、最高形式,也是最新阶段、垂死阶段。

第七,国际金融垄断资本主义,即新型帝国主义生产力与生产关系、经济基础与上层建筑的新转变,使得其阶级阶层结构、阶级矛盾和阶级斗争发生了新的变化。20 世纪 70 年代以来,由于资本主义的调整和改良,世界发达资本主义国家的工人运动总体上趋于低潮,主要表现为:劳资冲突、工人罢工、示威游行数量和规模趋于减少,资产阶级实施了某些缓和阶级矛盾和抑制两极分化的政策,工人阶级在基本生活资料和生活条件方面有了一定的改善,阶级矛盾趋于缓和。当然,工人阶级受剥削的地位并未根本改变,阶级矛盾和阶级斗争只有一时缓和并未停止,而是波浪式地向前、向更尖锐方向发展。

面对资产阶级和工人阶级的新变化以及资本主义社会结构的新变化,西方资产阶级代言人,当然也有一些学术界的代表人物,认为马克思主义阶级划分理论,关于资本主义两大阶级对立的理论,已经被历史所超越,已经过时了,要彻底抛弃马克思主义关于阶级与阶级分析的全部概念、范畴和方法,认为资本家已经是"人民

---

① 牛田盛:《晚期帝国主义:资本主义世界秩序的历史终点》,《世界社会主义研究》2020 年第 6 期。

资本家"了，普遍的无产阶级生活方式已经不存在了，传统意义上的工人阶级已经不存在了，现在是"告别工人阶级"的时候了。事实上，随着资本主义社会的发展，马克思主义经典作家总是根据新情况、新变化，不断发展、补充、丰富他们的阶级理论和他们对资本主义社会阶级状况的分析。例如，在《资本论》中，马克思指出：

> 为了从事生产劳动，现在不一定要亲自动手；只要成为总体工人的一个器官，完成他所属的某一种职能就够了。①

马克思在这里提出了"总体工人"的概念。马克思、恩格斯还分别提出了"商业无产阶级"②"脑力劳动无产阶级"③的说法。列宁提出"技术无产阶级""官吏无产阶级"④"工程师无产阶级"⑤的说法。残酷的阶级对立和阶级斗争现实也一再说明马克思主义的阶级理论和对资本主义社会阶级状况的分析并非过时。

虽然无产阶级和资产阶级仍然是当代资本主义社会的两大对立阶级，但阶级阶层结构呈现多层次、多样态新变化。资产阶级本身发生了极大的分化，形成资产阶级的宝塔型层级结构：最高层是极少数的国际金融垄断资本家寡头阶层；第二层是与金融资本联合的，以军工—能源—IT为主体的国际金融—产业垄断寡头阶层；第三层是占据各产业垄断地位的产业垄断资本家阶层；第四层是以经理资本家、食利者阶层、中小企业资本家等构成的一般资产阶级阶层。

工人阶级也发生了极大的层级变化：第三产业的工人阶层超过

---

① 《马克思恩格斯全集》第23卷，人民出版社1972年版，第556页。
② 《马克思恩格斯文集》第7卷，人民出版社2009年版，第334—335页。
③ 《马克思恩格斯文集》第4卷，人民出版社2009年版，第446页。
④ 《列宁全集》第6卷，人民出版社1986年版，第268页。
⑤ 《列宁全集》第38卷，人民出版社1986年版，第368页。

第二产业和第一产业的工人阶层比例；白领工人数量和增长速度均超过蓝领工人；从事信息、金融等中介服务业的"知识工人"增多，"非知识工人"减少；工人阶级不同阶层的收入差距在扩大，资本家宁愿以更高的薪酬雇佣知识水平高的雇员，出现所谓"中间阶级"阶层或群体；国际垄断资本主义使得食利者阶层增加，工人阶级内部一些群体产生转化，阶级结构发生变化；资产阶级用大量超额利润收买工人领袖和工人贵族，成为资产阶级化的"工人贵族"阶层，成为资产阶级在工人运动中的真正代理人和工人帮办。①

面对工人阶级的新变化，西方资产阶级代言者们故意提出了许多工人阶级消亡的观点。比如以马尔库塞为代表的"无产阶级历史使命消失论"，普兰查斯等人的"工人阶级缩减论"，马勒和高兹的"工人阶级本质改变论"……这些观点都是从根本上否认工人阶级的阶级性质和历史使命。工人阶级新变化并不意味着工人阶级消灭，也不意味着工人阶级和资产阶级对立与斗争消失，相反，虽有变化和缓和，但从总体、根本和长远来看是不可能缓和消失的。恩格斯指出：

> 从他们的行列中产生出这样一种脑力劳动无产阶级，他们负有使命同自己从事体力劳动的工人兄弟在一个队伍里肩并肩地在即将来临的革命中发挥重要作用。②

譬如，在当代资本主义那里，股份制这种资本的所有形式并没有改变资本的私有制的本质，也没有造成资本所有权的实质性的转移，没有改变资本的本质。股份控股自然掌握在少数垄断资本家或资本家利益集团手里，现在国际金融垄断资本只需占有

---

① 列宁：《帝国主义是资本主义的最高阶段》，人民出版社2014年版，第10页。
② 《马克思恩格斯选集》第4卷，人民出版社1995年版，第435页。

3%—5%的股份就可以控股，股票发行越多、越分散，小股东越多，对垄断资本家阶级控股越有利。工人持有几张股票所带来的变化，对控制股份公司是微不足道的，工人持股没有任何实质的意义，只是形式上的意义。所谓"人民资本主义"的说法，只不过是骗人的把戏。

再譬如，当代资本主义采取了一些改善工人生活条件、提高收入和福利待遇的政策，对提高工人收入、改善工人生活条件起到一定作用，但这只是工人出卖自己的劳动力价值的支付形式的变化，并没有改变和减轻资本对工人剩余价值的剥削。

> 所谓资本迅速增加对工人有好处的论点，实际上不过是说：工人把他人的财富增加得越迅速，工人得到的残羹剩饭就越多，能够获得工作和生活下去的工人就越多，依附资本的奴隶人数就增加得越多。
>
> 这样我们就看出：即使最有利于工人阶级的情势，即资本的尽快增加改善了工人的物质生活，也不能消灭工人的利益和资产者的利益即资本家的利益之间的对立状态。利润和工资仍然是互成反比的。①

第八，国际金融垄断资本主义，即新型帝国主义的发展，在加大资本主义私人占有制和资本主义固有的内在矛盾的同时，也在其内部增加了新的社会因素，为新的社会形态的诞生创造了新的社会因素与条件。马克思、恩格斯在《共产党宣言》中指出：

> 资产阶级除非对生产工具，从而对生产关系，从而对全部社会关系不断地进行革命，否则就不能生存下去。②

---

① 《马克思恩格斯选集》第1卷，人民出版社1995年版，第355页。
② 《马克思恩格斯选集》第1卷，人民出版社1995年版，第275页。

毫无疑问，当代资本主义越发展，就会为未来社会创造出更多成熟的社会因素和条件。且不讲科技革命推动生产力发展所创造的物质文明为未来社会提供了物质财富，且不讲资本主义所创造的精神文明为未来社会所提供了有益成分，仅从生产关系方面来看，高新技术的发展推动生产力发展，使得生产社会化程度不断提高，这就要求与之相适应的生产资料私人所有制形式和资本占有形式向社会化方向发展。譬如，股份资本所有制、法人资本所有制，虽然它们在性质上仍是一种资本剥削雇佣劳动的关系，本质上仍然是资本主义的私人占有制，但它的垄断资本私人所有制却包含着生产关系集体化、社会化的发展趋向。譬如，国有经济、合作经济、合伙经济的发展，虽然本质上仍然是资本主义的私人占有制，但也体现了某种集体化、社会化的趋势。譬如，在资本加大对剩余价值的盘剥，加大贫富差距分化的同时，分配形式上出现了某些兼顾公平和社会福利、社会保障普遍化的趋向。譬如，在企业管理制度和劳资关系上，产生了职工参与企业决策、职工持股等制度，也具有某些公平因素。

当然，尽管当代资本主义内部产生了一系列新的社会因素，但这些现象只是意味着在资本主义母体内部孕育产生新的社会形态的因素，并不说明资本主义生产资料占有的私人性质已经改变，并不能说明资本主义可以"和平长入"社会主义。

能不能运用马克思列宁主义立场、观点、方法科学分析和认识国际金融垄断资本主义，即新型帝国主义的新变化、新特征，得出马克思主义的正确结论，直接关系到社会主义、共产主义的前途命运、兴衰存亡。资本主义的政治家们总是利用他们的意识形态的代言人，把当代资本主义的新变化、新特征，或者说成是资本主义制度发生了根本改变，资本主义制度可以万古长青、永不死亡；或者说成是资本主义制度可以逐步地为新的社会因素所取代，资本主义即将"和平长入"社会主义，资本主义可以和平转换或过渡为社会主义。究其实质，虽然国际金融垄断资本主义，即新型帝国主义呈现出许多新的特征，但本质并没有根本改变。国际金融垄断资本主义，即新型帝国主义的新变化、新特征说明，一方面，资本主义还是有一定的自我调节能力，资本主义在短期是不会灭亡的，资本主义在发展进程中，会进一步为未来社会积累物质、制度和文化的条件；另一方面，资本主义制度的剥削本性和帝国主义的侵略本性并没有改变，社会主义经历一个长期的发展过程，必然代替资本主义的总趋势没有改变。国际金融垄断资本主义的新变化不是资本主义根本规律、根本矛盾、根本趋势、根本性质的改变。

对于当代资本主义的新变化，存在两种截然对立的思想倾向：一种倾向是看不到资本主义的新变化；另一种倾向是夸大资本主义的新变化，把资本主义的新变化说成是资本主义本质的根本改变，错误地认为这种新变化是"和平长入"社会主义的先兆。过分夸大资本主义变化的思想倾向，把资本主义的新变化夸大为社会主义社会的"和平到来"，其危害大大超过忽视资本主义新变化的思想倾向。

资本主义是随着时间的变化、条件的变化而不断变化的，对于历史上曾经出现过的资本主义的新变化，作出极端错误的、违背马克思主义原理的结论，首推第二国际的修正主义代表人物伯恩斯坦。当19世纪末20世纪初，资本主义发生了由自由竞争向垄断转变的新变化时，他得出了资本主义可以"和平长入"社会主义的错误结论，导致欧洲绝大多数共产党右转，转变成民主社会主义，成为资本主义的帮佣，国际共产主义出现严重倒退。列宁坚持马克思主义立场、观点、方法，科学认识当时资本主义的新变化，得出了垄断资本主义就是帝国主义，是资本主义发展的最高、最后阶段的科学判断，高举科学社会主义大旗，领导了俄国十月社会主义革命成功，推动国际共产主义运动掀起新高潮。20世纪50年代，资产阶级右翼学者夸大资本主义新变化，把资本主义新变化说成是资本主义根本性质的改变。如，美国人阿道夫·贝利在1954年推出的《20世纪的资本主义革命》中认为，股份公司的发展使美国资产阶级发生了革命，与旧资本主义完全不同了。① 美国商会会长艾力克·约翰斯通在《不受限制的美国》中首次提出"人民资本家"概念。② 美国工党右翼理论家约翰·斯特拉彻1956年推出《现代资本主义》，认为资本主义将和平过渡到社会主义。③ 随后，一批右翼学者纷纷著书立说，认为现在资本主义已经不再是一种剥削制度，它与旧资本主义有本质的区别，鼓吹"趋同论"，说社会主义和资本主义两种类型国家沿着现代化的共同道路，将走向自由和民主。④

20世纪七八十年代，当代资本主义发生了一系列新的变化，戈尔巴乔夫错误地判断，当代资本主义的新变化说明资本主义已经具有社会主义的特征，鼓吹资本主义的根本性质已经改变，马克思主义关于社会主义和资本主义的结论和思维已经过时，鼓吹所谓"新思维"，放弃马克思主义和科学社会主义，最终造成苏联解体、东欧剧变，国际共产主义运动陷入低潮。当今，面对资本主义的新变化，某些人提出了"人民资本主义""资本民主化""新工业国""后工业社会"等理论观点，企图解释当代资本主义的新变化趋势，改变对资本主义本质的认识，为资本主义当辩护士。比如，有的人认为，工人持股就是资本家了，持股工人越来越多，资本就具有了人民性，成为"人民资本主义"。实际上，股份制这样一些社会化形式的资本主义生产关系的出现，是资产阶级在资本主义生产关系范围内对生产力迅猛发展的迫不得已的适应与调整，并不是对资本主义私有制的根本改变。面对这些新形势，中国共产党人在新的历史条件下，坚持马克思列宁主义基本原理，正确看待当代资

---

① [美]阿道夫·贝利：《20世纪的资本主义革命》，钟远蕃译，商务印书馆1961年版，第6、19、96页。

② 徐崇温：《当代资本主义新变化》，重庆出版社2004年版，第15页。

③ [美]约翰·斯特拉彻：《现代资本主义》，姚会廙、寿进文、徐宗士译，上海人民出版社1960年版。

④ [美]约瑟夫·熊彼特：《资本主义、社会与民主》，吴良健译，商务印书馆1999年版。

本主义新变化,坚持马克思主义,坚持社会主义,走出了一条中国特色社会主义道路,推动国际共产主义运动驶出低潮。

四 国际金融垄断资本主义即新型帝国主义尽管有许多新变化新特征,但其本性并没有根本改变

尽管当代资本主义,即国际金融垄断资本主义,又即新型帝国主义发生了一系列重大的新变化,这些新变化仅仅是对垄断资本主义,即帝国主义的矛盾、特征、本质的强化,而不是根本改变。列宁对垄断资本主义,即帝国主义的科学判断依然有效,并没有过时。列宁的《帝国主义论》是我们全面观察、认识国际金融垄断资本主义,即新型帝国主义的有效思想武器。巴西学者马塞洛·费尔南德斯认为,目前的国际形势更接近列宁的设想,帝国主义概念依然有效,垄断资本主义处于主流,而且依然是用来描述剥削、财产、阶级斗争和革命转型方面的最好方式。[1]

在列宁科学揭示垄断资本主义的垄断本质,作出帝国主义就是资本主义的垄断阶段,是资本主义的最高、最后阶段的科学结论之前,许多人,如霍布森、希法亭、卢森堡、考茨基、布哈林和库诺夫等都对垄断资本主义,即帝国主义作过理论探讨,他们有的是马克思主义者,有的是非马克思主义者,有的是反马克思主义者,尽管他们对垄断资本主义即帝国主义作了多方面、多视角的研究,提出一些有价值的看法,但总体上并没有揭示垄断资本主义,即帝国主义的本质,有的作了错误的判断,甚至进行美化粉饰。

列宁在对垄断资本主义进行全面分析的基础上揭示了垄断资本主义,即帝国主义的本质,并下了一个简短却极为概括、明确的科学定义:"帝国主义是资本主义的垄断阶段。"[2] 他概括了帝国主

---

[1] [巴西]马塞洛·费尔南德斯:《帝国主义与体系稳定性问题》,陈文旭译,《国外理论动态》2018年第11期。

[2] 《列宁选集》第2卷,人民出版社1972年版,第808页。

的五个基本特征：（1）生产和资本的集中发展到这样高的程度，以致造成了在经济生活中起决定作用的垄断组织；（2）银行资本和工业资本已经融合起来，在这个"金融资本"的基础上形成了金融寡头；（3）和商品输出不同的资本输出具有特别重要的意义；（4）瓜分世界的资本家国际垄断同盟已经形成；（5）最大资本主义大国已把世界上的领土瓜分完毕。帝国主义是发展到垄断组织和金融资本的统治已经确立、资本输出具有突出意义、国际托拉斯开始瓜分世界、一般资本主义国家已把世界全部领土分割完毕这一阶段的资本主义。[①] 列宁从对帝国主义本质和特征的基本分析出发，明确得出帝国主义经济政治发展不平衡、帝国主义就是战争、帝国主义是无产阶级社会主义革命前夜、社会主义革命有可能在帝国主义统治的薄弱环节率先取得胜利等一系列马克思列宁主义的创造性结论。

列宁对帝国主义的定义和概括并没有过时，仍然适用于国际金融垄断资本主义，即新型帝国主义。尽管国际金融垄断资本主义，即新型帝国主义出现了许多新的变化和特点，但这只不过是把帝国主义的固有本质特征发展到极致，只不过表现得更为突出、更为鲜明、更为发展、更为隐蔽、更为狡诈，变得更加贪婪，更加腐朽，更富有侵略性、垂死性以及两面性，带来更激烈的世界性矛盾和全球性问题。新型帝国主义有时表面上越发显得容易让人们接受。列宁主义关于垄断资本主义、帝国主义的科学论断随着新型帝国主义的新变化反而愈益显示出真理性和不朽性。

第一，国际金融垄断资本主义的垄断本性和特征并没有改变，新型帝国主义只是使垄断向着更为集中、更为深厚、更为贪婪的方向发展。列宁认为，垄断是垄断资本主义，即帝国主义最深厚的经济基础，是垄断资本主义，即帝国主义最基本的经济特征。列宁《帝国主义论》关于帝国主义就是垄断资本主义的定义，关于帝国

[①] 列宁：《帝国主义是资本主义的最高阶段》，人民出版社2014年版，第87页。

主义的经济基础就是垄断的科学概括,关于产业资本与银行资本相互融合所形成的金融资本对资本主义的全面垄断控制开始形成金融寡头的判断,仍然是正确的。然而发展至今日,列宁所讲的金融垄断资本同当代国际金融垄断资本不可同日而语了,在新的历史条件下,国际金融资本垄断的帝国主义新特征已经形成。无论私人垄断,还是国家垄断,抑或国际垄断;无论是工业资本垄断,还是金融资本垄断,抑或国际金融资本垄断,国际金融垄断资本的本质仍是垄断,只不过其垄断的形式更为集中、更为深厚、更为嗜血、更为狡诈、更为两面性。这种新的变化是资本主义不可克服的内在矛盾驱动的必然结果,是资本主义发展历史必然性的表现,谁也改变不了。虽然垄断更为集中了,整体上越发成为生产力发展的阻碍因素,但也不是完全阻断生产力的发展,国际金融垄断资本主义仍能表现出一时的跳跃式发展,不完全排斥发展。

第二,无止境地追求利润最大化是一切资本的本性,国际金融垄断资本主义追求利润最大化的本性并无改变,反而变本加厉,导致新型帝国主义控制全球、独霸全球的贪欲更为强烈,更富有侵略性,霸权主义、欺凌主义、单边主义成为其突出表现。国际金融垄断资本无止境地追求利润最大化进一步强化了其投机性、侵略性和短期行为,强化了新型帝国主义的霸凌主义和侵略本性。美帝国主义集中表现出新型帝国主义的全部本性,金融资本扩张流向全世界,利润回流到西方发达资本主义国家,特别是流入美国,这是发达国家盘剥落后国家的铁证。在新型帝国主义心目中,新型帝国主义的国家机器成为霸权主义、欺凌主义、单边主义的侵略工具。新型帝国主义认为世界一切都是它的,它搜刮世界财富,拼命控制世界的欲望越发激烈,驱使它拼命掠夺、欺诈、控制全世界,乃至不惜血本发动战争。

第三,当代资本主义雇佣关系这一资本主义的本质关系并无根本改变,新型帝国主义奴役全世界、掠夺全世界的本性反而得到进一步扩张。雇佣关系是资本主义生产关系的核心基础,是资本主义的本质性关系。在国际金融垄断资本主义世界体系内，公司的管理人员也是受雇者，虽然一些工人在公司中持有股份，但他们仍然是工人阶级，所谓"中产阶级"实际上是收入较高的雇工，只是资产阶级政治家为了模糊工人阶级与资产阶级的阶级分野、对立而发明的骗人之说。工人阶级仍然是被剥削、被压迫的被统治阶级，资产阶级仍然是剥削阶级、统治阶级。工人阶级与资产阶级的雇佣关系、剥削关系、阶级对立关系并未根本改变。

第四，资本主义经济危机并未消除，金融危机成为国际金融垄断资本主义经济危机的主要表现形式和最大风险源，新型帝国主义是无法克服经济危机困扰的，必然从其独霸世界的侵略行为中，从危机阵痛中走向毁灭。国际金融垄断资本控制的超巨型跨国公司内部的有组织和有计划性与资本主义世界市场体系的无政府状态的矛盾，世界生产能力无限扩大趋势与世界范围内有效需求不足的矛盾，必然造成严重的生产过剩、金融泡沫和通货膨胀，必然导致以金融危机为主要形式的资本主义世界性的经济危机。从20世纪90年代以来资本主义经济危机愈加频繁。资本主义总危机频发，往往从一国危机一下子演变成世界性、结构性、全局性、系统性危机，经济危机扩展到政治民主危机、生态危机、价值观危机和制度性危机。危机造成工人阶级和广大劳动群众结构性失业，工人阶级和广大人民群众相对贫困加剧，加重了社会阶级矛盾。经济危机持续的周期越来越长，间隔越来越短，危害越来越大，资本主义自我调节、局部改革的余地、空间越来越小。从2008年世界经济危机爆发至今，资本主义尚未从危机阴影中走出来，又遇上严重的新冠疫情的冲击，资本主义世界进入了史无前例的大危机、大萧条、大衰落的进程之中。马克思、恩格斯虽然生活在自由竞争资本主义阶段，尽管帝国主义还没有充分发展起来，但他们已经明确提出了资本主义总危机的思想。据中国社会科学院学者陶大镛考证，马克思在《资本论》中尽管没有使用"总危机"的明确提法，但不止一次地谈到过"总危机"这个范畴。他举例马克思在《资本论》第

1卷第二版"跋"里所指出的："使实际的资产者最深切地感到资本主义社会充满矛盾的运动的，是现代工业所经历的周期循环的各个变动，而这种变动的顶点就是普遍危机。"[1] 他考证郭大力、王亚南译本将"普遍危机"译成"全面的危机"，认为"普遍危机"实际上就是"总危机"，认为马克思、恩格斯原文或中文译文虽不一致，但马克思主义关于"总危机"的含义都是一致的。[2]

列宁进一步丰富了马克思、恩格斯关于资本主义总危机的思想，明确提出资本主义总危机理论。在分析帝国主义是资本主义的最高阶段，分析垄断资本主义的经济、政治特征的基础上，他提出垄断资本主义国家经济政治发展不平衡，致使垄断资本主义内部多重矛盾激化，形成了资本主义总危机，形成帝国主义是无产阶级和社会主义革命前夜的科学论断。列宁认为，资本主义总危机是整个世界资本主义体系的全面危机，是垂死的资本主义和新生的社会主义之间的生死博弈，包括世界资本主义制度趋于灭亡和社会主义制度趋于胜利的整个历史时期。资本主义总危机的根本特点是帝国主义国民体系的危机、市场问题的尖锐化以及由此产生的生产过剩、企业经营开工不足、经常的大批失业和资本主义周期性危机；资本主义总危机不是一时的，而是包括整整一个历史时期，伴随着垄断资本主义的整个历史时期。列宁认为，资本主义总危机不是一时的行动，而是一个很长的激烈的经济政治动荡和尖锐的阶级斗争的时期，整个资本主义彻底崩溃和社会主义社会诞生的时期。"资本帝国主义时代是成熟的、而且过度成熟的资本主义时代，这时的资本主义已面临崩溃的前夜，已成熟到要让位给社会主义的地步了。"[3]

列宁正确指出，帝国主义经济政治发展不平衡，致使资本主义内在矛盾激化，造成资本主义的总危机，引发了第一次世界大战，

---

[1] 《马克思恩格斯文集》第5卷，人民出版社2009年版，第23页。
[2] 陶大镛：《资本主义总危机的理论和现实》，载《经济研究》编辑部编《论当代帝国主义》，上海人民出版社1984年版，第85页。
[3] 《列宁全集》第27卷，人民出版社1990年版，第118页。

战争导致革命，爆发了俄国十月社会主义革命。列宁科学地预见到第一次世界大战后，还会引发由帝国主义矛盾引起的第二次世界大战。第一次世界大战之后，帝国主义国家发展的不平衡规律的作用又一次剧烈地破坏了资本主义世界体系内部的平衡，资本主义总危机的爆发导致帝国主义阵营重新分为两大敌对阵营，引爆了第二次世界大战。第二次世界大战后，并没有从根本上消除垄断资本主义的内在矛盾，由于社会主义阵营的出现，产生了与资本主义世界市场体系相对立的社会主义世界市场体系，垄断资本主义的经济势力受到削弱，它们控制的地盘受到了挤压而变小，夺取世界资源的范围缩小，世界市场销售条件不断恶化，造成新的需求不足、生产过剩、工人失业、国内矛盾加剧，从而强化了社会主义与资本主义、垄断资本主义各国之间的矛盾。苏联解体，美国帝国主义独霸世界，形成了美国一家控制的统一的资本主义世界市场体系，与美抗衡力量相对变弱，世界进入了一度相对缓和的发展时期。然而，这种缓和是暂时的，并没有从根本上消除资本主义总危机产生的根源。

列宁之后，斯大林坚持了列宁关于资本主义总危机的理论。斯大林认为，资本主义总危机是一个世界性的历史发展过程，他把总危机看作一个长期而剧烈的经济和政治的动荡过程。他在《苏联社会主义经济问题》中，指出资本主义总危机是"既包括经济、也包括政治的全面危机"[①]。当然，斯大林关于世界存在社会主义和资本主义两大市场体系挤压了资本主义市场体系，使垄断资本主义内在矛盾加剧以及资本主义总危机加深的具体结论，由于条件的变化而需要调整和修补，但马克思主义关于资本主义总危机的理论仍然闪烁着真理的光芒。

从 20 世纪 50 年代到 21 世纪 20 年代，资本主义发展的历史进程证明了马克思主义经典作家关于资本主义总危机的理论是正确

---

① 《斯大林选集》（下），人民出版社 1979 年版，第 582 页。

的，虽然经过第二次世界大战后一段时间资本主义相对缓和发展至今，乃至虽然资本主义在苏联解体东欧剧变以来一段时间发展至高峰，但资本主义从来没有停止过阵发式的危机。中国特色社会主义的和平发展取得了成功，若干社会主义国家成功地站稳了脚跟，欧洲垄断资本主义成立了统一的欧共体，欧洲、日本等主要垄断资本主义地区和国家与美国霸权相抵触，一系列发展中国家，如俄罗斯、伊朗等与美国等西方垄断资本主义相抗衡，反对单边主义、霸权主义成为世界潮流，进一步挤压美国垄断的世界资源和市场，垄断资本主义的世界性矛盾趋于激化，接连爆发了更为严重的经济萧条，致使资本主义的总危机进一步加深、加剧，以美国为首的西方垄断资本主义不可避免地走上了衰落的不归之路，资本主义陷入了不可遏制的总危机之中。事实证明，资本主义总危机是资本主义的经济、政治、意识形态、制度的全面危机，是总体走向崩溃的危机。马克思列宁主义关于"资本主义总危机"理论是值得我们重新重视的。

第五，掠夺、欺压和剥削弱小国家和民族是国际金融垄断资本主义的必然行为和本质表现，国际金融垄断资本主义强化了资产阶级专政实施阶级统治镇压的国家职能，新型帝国主义就是强权，就是侵略，就是剥夺。资本主义实行的是资产阶级专政，资产阶级民主制只不过是资产阶级专政的一种表现形式，是资产阶级专政的遮羞布。在新型帝国主义那里，资产阶级民主的遮羞布，需要就用一下，不需要干脆撕掉。新型帝国主义大力强化其国家强力机器，扩军备战，武装到牙齿。从国内到国外，谁触动它的利益，它就依靠强力压服谁、打服谁；谁反抗它，它就会动用武力乃至加以剿灭。国际金融垄断资本主义一切都在变，不变的是国际金融垄断资本对本国工人阶级及广大劳动人民剥削的本质，对发展中国家盘剥的本质，是新型帝国主义战争狂人的本性。国际金融垄断资本加大了建立在新殖民主义基础上的资本主义对外扩张，美国通过美元的霸主地位"剪全世界的羊毛"而形成了巨大的金融利润，大部分都落入了美国国际金融垄断资本家阶层的口袋之中,美帝国主义就是新型帝国主义。

第六,国际金融垄断资本主义争霸斗争更为激烈,在当今表现为美国一超独霸,为了谋取和维持霸权不断发动战争,只要新型帝国主义存在,战争就不可避免。列宁在《帝国主义论》中指出:"只要生产资料私有制还存在",在帝国主义的经济基础上,"帝国主义战争是绝对不可避免的"。① 霸权主义、欺凌主义、强权政治、单边主义,让美国国际金融垄断资本把帝国主义的侵略本性发挥得淋漓尽致,现在是美国新型帝国主义独霸世界。相互争霸和恃强凌弱是垄断资本主义处理国家关系的常态。17 世纪英荷为争夺海上霸权多次发生战争;17 世纪末到 18 世纪英法之间多次爆发争夺欧洲霸主地位的战争;19 世纪普法战争、俄国与英法之间的克里米亚战争,都是为了争夺霸权。19 世纪的美西战争是为了争夺美洲大陆。两次世界大战的发起都是因帝国主义国家之间争夺地盘、资源、利益引发的。进入 21 世纪也是如此,美国新型帝国主义为了推行单边主义,依靠国际金融垄断资本的力量以及科技、军事实力,谋取世界霸权,维持其霸主地位,不惜发动了多场战争。

学者杨守明认为,2008 年爆发的 21 世纪首轮国际金融危机,不仅是自 1929 年西方经济大萧条以来,现代资本主义发展史上的又一历史转折点,而且开启了 21 世纪帝国主义新一轮全面升级的侵略扩张进程。他指出,国外共产党认为,2008 年国际金融危机引发和加剧了帝国主义国家之间的竞争与战争,是当代帝国主义侵略扩张持续升级的直接诱因;服从和服务于金融垄断资本,是当代帝国主义侵略扩张持续升级的根本原因。② 世界范围内存在紧张局势和安全危机,战争随时有可能爆发,特别是局部性战争。

第七,国际金融垄断资本主义,即新型帝国主义尽管出现了一

---

① 列宁:《帝国主义是资本主义的最高阶段》,人民出版社 2014 年版,第 6 页。
② 杨守明:《金融危机以来国外共产党对当代帝国主义的分析和批判》,《当代世界与社会主义》2019 年第 3 期。

些新变化、新特征，但资本主义的基本矛盾依然存在，国际金融垄断资本主义，即新型帝国主义的资本主义，即帝国主义的本质没有变，资本主义必然灭亡，社会主义、共产主义必然代替资本主义的历史趋势没有改变。国际金融垄断资本主义进一步加剧两极分化，工人阶级与资产阶级、社会主义与资本主义、发展中国家与发达国家的矛盾与斗争呈现新的特点，新型帝国主义加剧了国际金融垄断资本主义的内外矛盾，越发显示已经走到资本主义发展的最后阶段。

资本主义必然导致两极分化，国际金融垄断资本主义并没有遏制两极分化、社会分裂、阶级对立的趋势，反而进一步加剧了日趋严重的贫富分化、社会分裂、阶级对立，形成了强资本、弱劳动的世界格局，资本与劳动的对立这一资本主义固有矛盾不仅没有消除，反而更加深化、尖锐、激烈。国际金融垄断资本主义的发展导致金融投机盛行，产生大规模资产泡沫，造成失业严重、贫富悬殊，不平等加剧，加速社会分裂、两极分化引发社会危机，致使越来越多的人加入无产阶级队伍。在国际金融垄断资本主义国家内部，一边是富人，一边是穷人。美国最富有的 50 人与最贫穷的 1.65 亿人拥有的财富相等，1% 最富有的人净资产是最贫困人口的 16.4 倍。[①] 产业空心化，对依靠普通制造业生活的一般技能工人就业形成了致命打击，造成大规模失业，相当规模的人靠救济金度日。美国爆发的"占领华尔街运动"明确提出 1% 对 99% 的抗争，就是两极分化的集中反映。在当代资本主义世界体系内，穷人和富人、穷国和富国迅速分化，贫富悬殊，加强了资本主义的固有的不可克服的内在矛盾，加重其垂死性。

国际金融垄断资本主义导致阶级矛盾和对抗国际化、全球化。在资本主义世界体系中，发展中国家是穷国，发达国家是富国，一

---

① 资料来源：《综述：华丽外袍下爬满虱子——且看美国"人权教师爷"斑斑劣迹》，新华社 2021 年 3 月 24 日。

边是富国，一边是穷国，资本主义世界体系内富国与穷国的矛盾更为激化。马克思所揭示的资本运动带来一端积累财富，而另一端积累贫困的必然性，在发展中国家与发达国家的贫富悬殊中得到充分体现。国际金融垄断资本通过不平等的交换，使得发展中国家生产的剩余价值向发达国家转移，穷国内部的两极分化贫富悬殊也更为尖锐，劳动人民的贫困化和两极化也向发展中国家转移，发展中国家与发达国家的差距持续扩大，富国越来越富，穷国越来越穷。发展中国家与发达国家两极分化是国家金融垄断资本主义世界体系内资本与劳动对立的表现。资本主义所讲的世界各国之间的共存关系，实质上是依附关系，是发展中国家对发达国家即国际金融垄断资本主义国家的依附，穷国对富国的依附。

与20世纪80年代以来的国际工人运动处于低潮形成鲜明对比的是，2008年以来主要发达资本主义国家，如美国、英国、法国、比利时等国家工人阶级及广大劳动人民掀起了新一轮罢工高潮，如，法国2006年3月爆发的百万工人大罢工、2016年3月发生的"黑夜站立"运动、2018年11月开始的"黄马甲运动"，美国2011年9月的"占领华尔街运动"、2020年11月"黑人命也是命"的抗争运动，2019年2月的比利时大罢工等，都直指资本主义制度和新自由主义意识形态，呈现出新的特点；当代资本主义国家的民族、种族、宗教之间的冲突，不同阶级、阶层、族群、党派对立日益撕裂，更为激烈化、不断尖锐化。资本主义民主政治日益成为"金钱政治"，选举成为"有钱人的游戏"。资产阶级表现出对工人阶级和广大劳动人民空前的冷漠。工人阶级并没有放弃对资本主义剥削制度和资产阶级的反抗，不断体现出工人阶级及广大劳动群众对社会主义的向往；彰显了工人阶级的团结，表现出集体斗争的力量；体现了工人阶级政党对工人运动领导的必要性和迫切性。

美国政府日益受制于国际金融垄断资本的制约，美国垄断资本主义国家机器已经沦为少数国际金融垄断资本权贵的"金融寡头政体"。当代美国总统制不过是金融垄断资本家利益集团的总代理人制,美国金融垄断资本家集团对总统及美国国家机构的控制力越来越强。美国总统及美国政府不过是美国新型帝国主义对全世界进行盘剥,加强军事预算,加大军工生产力度,对外用兵,把内部矛盾向外部转移,通过战争消耗刺激本国经济以喂饱国际金融垄断资本家填不饱的肚子的工具。新型帝国主义的强权政治、霸凌主义加剧了社会分裂与对立,是新型帝国主义贪婪本性使然。

社会化大生产和资本主义占有之间的矛盾是资本主义生产方式不可克服的对抗性矛盾,发展到国际金融垄断资本主义,资本主义基本矛盾不仅没有消除,反而更加尖锐化。列宁指出:

> 生产社会化了,但是占有仍然是私人的。社会化了的生产资料仍旧是少数人的私有财产。表面上大家公认的自由竞争的一般架子依然存在,但是少数垄断者对其余居民的压迫更加百倍地沉重、显著和令人难以忍受了。[①]

国际金融资本主义的私人占有制与社会化、国际化大生产之间的矛盾、资本与劳动之间的矛盾,在经济全球化进程中演化为一系列具体矛盾,表现为世界生产的无限扩大与世界市场有限的矛盾,跨国公司内部有组织、有计划的生产与资本主义世界市场体系的无组织、无计划的矛盾,表现为世界生产能力的无限扩大与人民大众购买力有限的矛盾,表现为发达国家与发展中国家的矛盾,社会主义国家与资本主义国家之间的矛盾,各发达资本主义国家之间的矛盾,资本主义国家内部各资本家之间的矛盾,资本主义国家内部工人阶级与资产阶级的矛盾,世界社会主义与资本主义、无产阶级与资产阶级的矛盾,这些矛盾都在酝酿、激化,其中社会主义与资本主义,工人阶级与资产阶级之间的矛盾是矛盾的主线。垄断资本主

---

① 《列宁选集》第 2 卷,人民出版社 1972 年版,第 748 页。

义国家与社会主义国家之间的矛盾，发达国家与发展中国家的矛盾，发达国家之间的矛盾越来越激化。这些矛盾导致世界经济总供给与总需求的矛盾越发激化……经济发展的严重失调和各国发展的更加不平衡，造成严重的生产过剩、通货膨胀、金融泡沫，进而导致世界不断发生阵发性的金融动荡和经济危机。如前文所述，从20世纪90年代初日本泡沫经济崩溃，到2008年世界性金融危机，2020年全球新冠疫情再度引发世界经济衰退，资本主义世界体系一直处在危机动荡之中。

国际金融垄断资本主义，即新型帝国主义已经进入了曲折而又漫长的衰亡进程。当代资本主义的基本矛盾由一国扩展到全球，资本主义基本矛盾全球化。虽然资本主义基本矛盾在某个时刻，某个国家、地区有所缓和，但总体矛盾是解决不了的，总体矛盾愈演愈烈。资本主义自我调控矛盾的能力越来越弱化，余地越来越小。

第八，资本主义与社会主义，资产阶级与无产阶级决定人类未来命运与前途的斗争，解决谁胜谁负的最后问题，必然通过意识形态斗争反映出来，又往往聚焦在意识形态斗争上，意识形态的较量表现得越发白热化。第二次世界大战后，出现一个强大的苏联和社会主义阵营，社会主义运动和反帝反殖民主义的民族民主运动风起云涌，特别是经过朝鲜和越南两场战争，垄断资产阶级的政治家、思想家们日益认识到单靠军事力量难以彻底打败工人阶级政党、社会主义国家和一切社会进步力量。为了维持垄断资本主义的世界统治地位，它们发明了一手抓军事围剿，一手抓意识形态斗争，运用所谓的"巧实力""软实力"，发动"民主人权运动""和平演变""颜色革命"等，打一场旷日持久的意识形态战争，促使苏联解体、东欧剧变，社会主义进入低潮，世界上仅存五个社会主义国家，共产党和社会主义运动受到重创。这场暂时的历史性大倒退，使得资本主义政治家们更加相信意识形态的作用，更加巧妙地力图运用意识形态力量，通过"和平演变""颜色革命"的途径，搞垮世界社会主义和国际共产主义力量。当然在推进"和平演变"战略的同时，它们从来没有放弃经济压制与军事打击。

国际金融垄断资本主义，即新型帝国主义对社会主义和一切民主和平的进步力量正在打一场意识形态战争，大力推行对全世界的"文化侵略"战略，企图通过"和平演变""颜色革命"，改变社会主义国家的颜色和颠覆一切不听它们控制的民族国家政权。20世纪中叶以来，以美国为首的新型帝国主义国家加紧推行"文化扩张"战略，企图以一种更隐蔽、更欺骗的方式延续帝国主义在经济、政治和文化上的全球统治。美国学者赫伯特·席勒在提出文化帝国主义概念时指出，美国作为信息与文化产品流动的控制中心，通过资本的指挥支配着全世界，包括边缘地区的信息渠道，而"信息的自由流动"恰恰作为一种神秘话语掩盖了支配的实质。[1] 冷战结束后，"文化帝国主义"一度"话语消逝"，但这并不影响新型帝国主义以新的面貌"复活""文化侵略"。

进入21世纪，在知识经济、经济全球化和信息技术革命三重效应叠加下，美国新型帝国主义凭借其文化和媒体、互联网和信息资源的垄断，主导国际话语权，通过大众文化的商业化和市场化运作，在全世界大行"文化殖民""文化霸权"与"文化帝国主义"，加大意识形态的攻击力，迫使社会主义国家和文化弱势国家趋于"美国化"，给世界多样化生态造成极大破坏。这种"新型帝国主义"在文化侵略方面有四个新特征。

一是通过美元与知识产权垄断，形成不平等的国际分工和两极分化的全球经济和财富分配。意大利锡耶纳大学经济学教授乌格·帕咖洛[2]将21世纪资本主义称作"知识垄断资本主义"，其核心特征是在全球或一定区域内通过对知识的垄断，包括专利垄断、著作

---

[1] ［美］赫伯特·席勒：《大众传播与美利坚帝国》，刘晓红译，上海译文出版社2006年版。

[2] 乌格·帕咖洛（UgoPagano）是意大利锡耶纳大学经济学教授和经济学博士课程主任，并任教于剑桥大学。著有《经济理论中的工作与福利》，主要研究领域为经济学和法律，撰写了大量组织经济学、生物经济学、民族主义和全球化、知识产权和当前经济危机等方面的文章。

权垄断、申遗垄断、商业秘密垄断、植物基因开发垄断等，从发展中国家攫取高额垄断利润，掠夺社会财富，限制甚至扼杀发展中国家的科技创新，最终遏制社会主义国家和一切发展中国家的发展甚至生存。20 世纪 90 年代中期以来，发达的新型帝国主义国家的国际垄断企业控制了全世界 80% 的专利和技术转让及绝大部分国际知名商标，并因此获得了大量收益。

二是通过全球信息资源垄断，利用国际信息秩序不平衡的结构性矛盾，构建"媒介帝国主义"和"信息帝国主义"。新传播技术生态中呈现以下新问题：发达的网络社交平台加剧文化间的不信任、不理解；"数字资本主义"导致数据伦理及相关社会问题；"数字鸿沟"催生知识的"阶级性"和信息资源的"圈层"特权。这种网络文化霸权是新型帝国主义殖民逻辑的数据化表现，其本质是利用传播技术的"黑箱"，将平台中立性和技术性演绎为一种可以掩盖资本入侵网络民族主权的"神话"。

三是通过对世界文化产业体系的垄断和文化资本化带来文化上血腥的"剥夺性积累"，推行文化"圈地运动"和"可口可乐殖民主义"。商业化和市场化产品和服务的"自由选择"，带来的是个人"真正自由的遮蔽"；好莱坞电影向世界观众的大脑中植入去历史化的个人英雄主义，满足着人的视觉欲望；商业广告为全世界带来消费主义的狂欢，输出价值观以及商品的同质化需求；西方媒体设置全球新闻的议事日程，播送着所谓的"客观"报道，而非西方的、非资本主义的、来自社会底层的声音被遮蔽。人们在享受不加思考的标准化、同质化的生活中却不得不接受"美式民主文化"。

四是通过国际话语权垄断进行意识形态和价值观输出，威胁各民族国家的文化认同和文化主权。西方大国主要是"通过媒介霸权、话语控制、意识形态输出、殖民文化传播等来建立起话语霸权或文化霸权"。西方发达垄断资本主义文化在国际交往中首先通过强大的媒介力量，形成具有绝对优势的话语控制。在当今世界，如果某种话语在文化领域中成为一种主导性的话语，实际上就限制了其他文化的传播和发展，西方的话语霸权隔断的正是弱势国家的文化传统之根，使得弱势国家的传统文化与西方资本的所谓现代文化之间存在深度断裂，造就一大批无家可归的"文化难民"和"无根民族"。新型帝国主义引发了多重文化危机：世界文化的多样性生态环境遭到破坏，各民族国家的文化认同和文化主权受到威胁，人类精神文明总体发展进程受阻。全世界弱势国家应该联合起来，共同抵抗文化强势的新型帝国主义国家的文化侵略。

总之，新型帝国主义进一步加强意识形态的攻击力，大肆传播"普世价值""宪政民主""历史虚无主义""资产阶级民主人权"，企图通过"和平演变""颜色革命"颠覆社会主义国家政权和一切反对霸权主义的民族国家政权。

第九，国际金融垄断资本主义，即新型帝国主义各国经济政治发展不平衡仍然是普遍规律。世界经济政治发展不平衡是资本主义的绝对规律，是资本积累扩张规律发生作用的必然结果。国际金融垄断资本主义不仅没有使这条规律消失，反而使规律加重，社会两极分化急速扩大，经济危机连续爆发、贫困人口增多就是这条规律起作用的结果。这条规律决定发达资本主义国家经济政治的地位逐渐削弱，最强大的国际金融垄断资本主义国家美国的霸主地位日益下降，发展中国家、社会主义国家在不平衡规律的作用中，其地位和作用逐步上升。

列宁在《帝国主义论》中通过对帝国主义各国经济政治状况的分析，得出了一个重要结论，即帝国主义各国经济政治发展是不平衡的。今天这个结论仍然是正确的，新型帝国主义各国的经济政治发展依然是不平衡的。帝国主义各国发展不平衡的规律是由资本主义制度的本质所决定的，在资本主义世界市场体系内，市场经济的规律决定了资本主义国与国、地方与地方、企业与企业之间呈现经济发展有高有低、有快有慢、有大有小，这是在市场经济体制中追逐超额利润的结果，这就造成了国家、地区、企业的跳跃式的、不平衡的发展，国际金融垄断更加剧了这种不平衡。国际金融垄断资本主义经济的不平衡，决定了军事、文化、政治实力的不平衡。第一次世界大战前的英国独霸、冷战时的美苏争霸、现在的美国独霸，帝国主义国家之间对霸权的争夺，都说明了不平衡规律的确定性。不平衡规律的结果就是战争，靠战争解决问题。不平衡规律使得社会主义革命有可能在薄弱环节突破，十月革命如此，中国革命如此，一系列东方革命也是如此。第二次世界大战后，资本主义国家发展呈多样性，有先发国家，也有后发国家；有中心国家，也有外围国家；有穷国，也有富国；有霸主国家，也有非霸主国家，造成今天单边主义与多边主义之争的复杂多变的国际格局。

20世纪50年代初，美国发动的朝鲜战争，能够一呼百应，组织起庞大的联合国军。到了20世纪90年代，美国发动海湾战争、南斯拉夫战争、利比亚战争动员力已经下降，但尚能够动员西方资本主义强国，拼凑起来联军。但到了叙利亚战争、与伊朗对抗时，已很难纠集起西方资本主义国家联合军事行动了。美国新型帝国主义的霸主地位在下降，不可一世的美帝国主义必然受到不平衡规律的惩罚。

对于国际金融垄断资本主义，即新型帝国主义，我们必须从马克思主义的立场、观点、方法来认识它的新情况、新变化和新特征。国际金融垄断资本主义创造了比国家垄断资本主义更先进、更强大的劳动率和生产力，推动了高新科技新一轮的革命和信息智能变革，掀起了新浪潮，进一步推动了全球化发展，极大地增加了社会的物质财富，为新的社会形态的成长成熟提供了必要的物质条件。列宁说：

> 任何一个马克思主义者都不会忘记，资本主义比封建主义进步，而帝国主义又比垄断前的资本主义进步。[1]

---

[1] 《列宁选集》第2卷，人民出版社1995年版，第770页。

马克思在《〈政治经济学批判〉序言》中指出：

> 无论哪一个社会形态，在它所能容纳的全部生产力发挥出来以前，是决不会灭亡的；而新的更高的生产关系，在它的物质存在条件在旧社会的胎胞里成熟以前，是决不会出现的。①

国际金融垄断资本主义比国家垄断资本主义、私人垄断资本主义、自由竞争资本主义在社会生产力发展方面都要进步，这就是历史发展的辩证法。我们还应看到国际金融垄断资本主义具有一定的自我调节和局部改良的能力，还有一定的空间容纳生产力的发展，还有一定的回旋余地和生存的时间，社会主义取代资本主义将是一个曲折、复杂、反复、长期的历史进程。而更重要的是，应当清醒地认识到国际金融垄断资本主义的经济实力、政治实力、军事实力、科技实力、文化实力，以及建立在经济实力基础上的控制世界的实力仍是强大的，资产阶级对工人阶级和一切被剥削民族的压榨和统治手段更严厉、形式更多样、剥夺更残酷、压榨更巧妙，两面性更突出。新型帝国主义本性没有改变，它的侵略性、寄生性、腐朽性、垂死性只是得到一步强化，而并没衰减乃至消失。

---

① 《马克思恩格斯选集》第2卷，人民出版社1995年版，第33页。

展　望

开创当代中国马克思主义新境界[*]

党领导的中国特色社会主义伟大事业前进到一个新的历史起点上，党领导的伟大历史实践进入一个新的发展阶段，我们开始并正在进行着具有许多新的历史特点的伟大斗争。习近平总书记系列重要讲话是新起点新阶段马克思主义中国化的最新理论成果，是党在新起点新阶段团结全党、统一全党，开展伟大斗争，继而赢得伟大胜利的强大思想武器。

---

[*] 原载《光明日报》2016年6月8日。

一　顺应世界历史时代潮流的理论应答

习近平总书记站在历史的高度和时代的前沿，灵活运用马克思主义立场、观点、方法，科学观察、分析、判断和把握国际国内复杂形势、发展趋势和客观规律，顺应时代潮流和历史趋势，站在治国理政的高度，对中国特色社会主义建设各个方面提出了一系列新理念新思想新战略。只有看清吃透时代大背景、世界大环境、国际大走势，才能深刻把握新起点新阶段的特征、规律和需求，才能深刻理解习近平总书记系列重要讲话的精神实质。

习近平总书记指出，要从马克思主义关于人类社会发展规律的高度来认识当今世界的变化及趋势。1879—1882 年，马克思成功地运用唯物史观，形成了著名的世界历史理论，揭示了人类社会历史依次由原始社会到奴隶社会、封建社会、资本主义社会，最终经由社会主义社会发展到共产主义社会的演变规律。但资本主义不甘心退出历史舞台，世界历史始终贯穿着资本主义与社会主义的生死博弈。世界历史进程决定了，中国只有选择社会主义，进而选择中国特色社会主义，才能实现现代化，才能实现中华民族伟大复兴的中国梦。

2008 年由美国次贷危机引发的席卷全球的金融危机造成国际形势发生了重大转变，世界力量对比发生了深刻变化，形势越发有利于我，但争斗却更为激烈。国际上复杂形势必然反映到国内，各种社会力量、各种思潮在国际大背景的支撑下纷纷登台，试图影响舆论、影响民众、影响道路选择。马克思主义、社会主义正确主张和形形色色的错误主张之间的争论格外激烈。是走资本主义的邪路，走高度集中的僵化、封闭、闭关锁国搞建设的老路，还是继续沿着中国特色社会主义改革开放的道路坚定不移地走下去，这是在新的历史条件下摆在中国人民面前的重大选择。习近平总书记系列重要讲话是对世界历史进程国际形势新变化的反映和概括，是在科学判断世界格局、历史走势、发展规律、时代特征的基础上，对中国究竟"举什么旗,走什么路,坚持什么样的发展方向和路线,采取什么样的改革开放的战略举措"这一带有根本性问题的科学解决,是对在新的历史起点上"什么是中国特色社会主义,怎样坚持和发展中国特色社会主义"这一当代中国主题的理论回答。

二 新的历史起点上新发展阶段的科学指南

我们党正在领导人民从事与以往历史时期有着许多新的不同特点的伟大实践。全面建成小康社会,进而实现"两个一百年"目标,坚定不移走中国特色社会主义道路,把中国建设成为社会主义现代化强国,真正使中华民族伟大复兴的中国梦成为现实,这是新起点新阶段的历史性重任。在这样一个关键时机,全党迫切需要在马克思主义立场、观点、方法的基础上,在科学的时代判断、形势判断、理论判断和战略判断的基础上,在制定并实施正确的路线、方针、政策和举措的基础上,统一思想,统一行动,坚定不移高举中国特色社会主义伟大旗帜,坚持"一个中心、两个基本点"的基本路线,坚持中国特色社会主义道路、理论体系和制度,这是摆在全党面前十分紧迫的政治任务。

习近平总书记站在时代的战略高度,顺应了新起点新阶段的历史性转折与变化,把握了新的历史起点上这一发展阶段的基本特征,概括了这一发展新阶段的客观规律,指明了党领导的中国人民事业的前进方向,对"面临新形势新需求新挑战,为什么坚持和发展中国特色社会主义,怎样坚持和发展中国特色社会主义"这一当代最重大课题所引发的一系列重大理论和现实问题作出了全面的理论回答。习近平总书记系列重要讲话对"坚持什么、反对什么""肯定什么、否定什么""倡导什么、抵制什么""为什么做""做什么""怎么做",发出了明确无误的政治信号,展示了坚如磐石的理论定力,制定了切实可行的战略举措,是指导我们党在新的历史起点上迈进新阶段,坚持和发展中国特色社会主义的政治纲领,是带领全党全国各族人民从事更伟大斗争、取得更大胜利的行动指南。

习近平总书记系列重要讲话全面阐发和深度丰富了党的十八大精神，是对中国特色社会主义道路、理论体系和制度，对中国特色社会主义基本理论、基本路线、基本纲领、基本经验和基本要求的科学论述，是全面阐述事关中国特色社会主义前途命运一系列重大原则问题的当代中国马克思主义重要文献，是对中国特色社会主义理论体系的丰富、发展和创新。

三 灵活运用马克思主义哲学的光辉典范

习近平总书记系列重要讲话是活生生的马克思主义哲学教材，为我们树立了运用马克思主义哲学分析、认识、解决问题的典范。讲话通篇贯穿了一脉相承、一以贯之的一条红线，这也是马克思列宁主义、毛泽东思想和中国特色社会主义理论体系所贯穿的基本立场、观点和方法，这就是马克思主义哲学的世界观和方法论，即辩证唯物主义和历史唯物主义。

习近平总书记指出，辩证唯物主义是我们共产党人观察分析处理一切问题的思想方法。学习辩证唯物主义，最重要的是要用唯物论、辩证法看问题，按唯物论、辩证法办事。

习近平总书记要求我们坚持唯物主义的基本原则。坚持唯物主义就是要坚持从客观实际出发制定政策、推动工作。习近平总书记指出，我国仍处于并将长期处于社会主义初级阶段是当代中国最大的客观实际，这是我们认识当下、规划未来、制定政策、推进事业的客观基点，不能脱离这个基点，否则就会犯错误，甚至是颠覆性的错误。既要看到社会主义初级阶段的基本国情没有变，也要看到我国经济社会发展每个阶段呈现出来的新特点。经过30多年改革开放，我国社会生产力、综合国力、人民生活水平实现了历史性跨越，我国基本国情的内涵不断发生变化，我们面临的国际国内风险、面临的难题也发生了重要变化。我们提出要准确把握、主动适应经济发展新常态，就是适应国际国内环境变化、辩证分析我国经济发展阶段性特征作出的判断。准确把握我国不同发展阶段的新变化新特点，使主观世界更好符合客观实际，按照实际决定工作方针，这是我们必须牢牢掌握的工作方法。

习近平总书记要求全党提高辩证思维能力。习近平总书记系列重要讲话通篇贯穿了对立统一的辩证法和矛盾分析方法。他认为，坚持问题导向就是承认矛盾的普遍性、客观性，要有强烈的问题意识，以重大问题为导向，善于把认识和化解矛盾作为打开工作局面的突破口。习近平总书记强调，既要坚持两点论、全面论，又要坚持重点论，一分为二地看问题，全面把握深化改革的一系列重大关系，处理好整体推进和重点突破的关系、顶层设计和摸着石头过河的关系、胆子要大和步子要稳的关系，以及改革发展稳定的关系。习近平总书记系列重要讲话的许多重要观点论断，比如既要以经济建设为中心，又要重视党的意识形态工作；既要坚持从中国社会主义初级阶段实际出发，以经济建设为中心，又要始终把思想建设放在党的建设第一位，毫不放松理想信念教育、思想道德教育和意识形态工作，大力培育和弘扬社会主义核心价值观；既要坚定不移地抓好党的建设、反腐倡廉建设，又要坚定不移地、大胆地推进改革开放；既要重视市场资源配置的决定性作用，又要更好发挥政府作用；深化改革既要胆子大，又要步子稳，战略上既要勇于进取，战术上又要稳扎稳打；等等。这些都为我们提供了成功运用辩证法的范例。

历史唯物主义是马克思主义关于社会历史发展问题的哲学总说明，是我们共产党人认识社会问题、解决社会问题、推进社会进步的思想武器。历史和现实表明，在革命、建设、改革各个历史时期，我们党运用历史唯物主义，系统、具体、历史地分析中国国情、中国社会运动及其规律，制定正确的革命、建设、改革的路线、战略和策略，推动党和人民事业取得一个又一个伟大胜利。离开历史唯物主义的指导，我们党的事业就不会有今天。习近平总书记高超的领导艺术和敏锐的历史眼光,来源于对历史唯物主义的把握和运用。他关于实现中华民族伟大复兴的中国梦、关于坚持和发展中国特色社会主义、关于协调推进"四个全面"战略布局、关于树立"创新、协调、绿色、开放、共享"的发展理念、关于促进经济持续健康发展、关于发展社会主义民主政治、关于建设社会主义文化强国、关于改善民生和创新社会治理、关于大力推进生态文明建设、关于全面推进国防和军队建设、关于国际关系和我国外交战略、关于科学的思想方法和工作方法的重要论述,等等,都说明他善于运用唯物史观认识社会发展规律,认识中国国情,分析国际国内形势,把握前进方向,指导现实工作。

四 建设中国特色社会主义的思想武器

建设中国特色社会主义是一项长期、艰巨、复杂的历史任务,我们必须像习近平总书记那样坚持运用和发展马克思主义,熟练掌握并灵活运用马克思主义立场、观点、方法,作为引导从胜利走向胜利的思想武器。

首先,要善于运用唯物论辩证法指导工作实践。

习近平总书记指出,学习和运用唯物论辩证法,就要运用唯物主义基本原理和辩证思维方式认识问题、分析问题和解决问题,反对主观唯心主义和形而上学的思想方法,准确把握客观实际,真正掌握客观规律。

实事求是是马克思主义哲学的精髓,是我们党始终坚持的根本思想方法。习近平总书记系列重要讲话本身就是坚持和发展解放思想、实事求是的思想路线的创新产物,就是对当今中国实际和世界实际全面把握和实事求是分析的科学成果。习近平总书记要求我们,坚持实事求是思想路线,就要学习掌握唯物论辩证法实践与认识辩证关系的原理,坚持实践第一的观点,不断推进实践基础上的理论创新。要根据时代变化和实践发展,不断深化认识,不断总结经验，不断进行理论创新，坚持理论指导和实践探索辩证统一，实现理论创新和实践创新良性互动，在这种统一和互动中发展21世纪中国的马克思主义。

习近平总书记反复强调，要增强辩证思维、战略思维、系统思维、创新思维和底线思维能力，正确地观察分析事物，研究解决改革发展中的困难和问题，不断增强决策的科学性、前瞻性、主动性。辩证思维，就是承认矛盾、分析矛盾、解决矛盾，善于抓住关键和重点全面洞察事物发展规律。战略思维、系统思维、创新思维和底线思维实质上都是辩证思维。所谓战略思维，就是高瞻远瞩，统揽全局，善于从全面、根本、长远的角度看问题，善于把握事物发展总体趋势和方向。所谓系统思维，就是用整体的、联系的、全面的观点看问题。所谓创新思维，就是破除迷信，超越过时的陈规，善于因时制宜、知难而进、开拓进取，不断推进思想进步、实践进步、发展进步，创新思维是辩证发展观的具体体现。所谓底线思维，就是考虑问题、办事情要留有充分余地，从最坏处着眼，从最好处着手，善于做转化争取工作，掌握主动权。

其次，要善于运用唯物史观引领前进方向。

习近平总书记大力倡导提高唯物史观的思维能力，加强对中国历史、党史、国史、社会主义发展史和世界历史的学习，这对于始终坚持唯物史观、深刻总结历史经验、把握历史规律、认识历史趋势、坚定中国特色社会主义方向，更好地做好当前工作、走向未来，意义重大。

生产的观点是唯物史观的首要观点，用生产观点看问题是唯物史观的基本方法论。习近平总书记指出，学习和掌握物质生产是社会的基础，生产力是推动社会进步的最活跃、最革命的要素，生产力是社会基本矛盾的主要方面的基本观点，就必须坚持发展生产力仍是解决我国所有问题的关键这个重大战略判断。社会主义的根本任务是解放和发展生产力，不断推动我国社会生产力不断向前发展，推动实现物的不断丰富和人的全面发展的统一。

群众的观点是唯物史观的根本观点。从群众中来、到群众中去，是建立在唯物史观基础上的党的根本工作路线。习近平总书记指出，人民群众中有的是能者和智者，要虚心向他们求教问策，把政治智慧的增长、执政本领的增强、领导艺术的提高深深扎根于人民群众的实践沃土之中，不断从人民群众中吸收营养和力量。他坚持走群众路线，要求以"天下大事必作于细"的态度，抓实做细事关群众切身利益的每项工作，努力办实每件事，赢得万人心。他指出，要进一步实现社会公平正义，通过制度安排更好保障人民群众各方面权益。要坚持把实现好、维护好、发展好最广大人民根本利益作为推进改革的出发点和落脚点，让发展成果更多更公平地惠及全体人民。

社会基本矛盾的观点是历史唯物主义的基本观点，社会基本矛盾分析方法是历史唯物主义的基本方法，阶级分析方法是运用社会基本矛盾分析方法认识阶级及阶级斗争现象的延伸。习近平总书记主张必须坚持马克思主义政治立场，认为马克思主义政治立场，首先就是阶级立场，进行阶级分析。他认为，社会基本矛盾是不断发展的，调整生产关系、完善上层建筑相应地不断进行下去，要适应我国社会基本矛盾运动的新变化推进改革开放；提出要以经济建设为中心，发挥经济体制改革的牵引作用，带动全面改革，推动我国生产关系与生产力、上层建筑与经济基础相适应；提出社会主义市场经济体制改革的总体目标、原则方针和实施步骤，以进一步解放和发展社会生产力，促进经济社会全面健康科学发展。

实施哲学社会科学创新工程，建设具有中国特色、中国风格、中国气派的哲学社会科学[*]

党的十七届六中全会通过的《中共中央关于深化文化体制改革推动社会主义文化大发展大繁荣若干重大问题的决定》提出，坚持和发展中国特色社会主义，必须大力发展哲学社会科学，使之更好地发挥认识世界、传承文明、创新理论、咨政育人、服务社会的重要功能。为了完成繁荣发展哲学社会科学，使之更好地服务于中国特色社会主义事业这一历史重任，党的十七届六中全会作出了实施哲学社会科学创新工程，建设具有中国特色、中国风格、中国气派的哲学社会科学的战略决策，对如何实施哲学社会科学创新工程提出了明确的指导性方针和基本要求。党的十八大站在历史和时代的高度，着眼中国特色社会主义事业长远发展，进一步强调发展哲学社会科学，建设哲学社会科学创新体系。因此，实施哲学社会科学创新工程，建设具有中国特色、中国风格、中国气派的哲学社会科学，对于我们在新的实践探索中进一步增强理论自觉和理论自信，显得更为迫切和重要。

一　抓住机遇，繁荣发展哲学社会科学

世界大变革、大转折的时代舞台，社会实践突飞猛进的客观条

---

[*] 原载《中国高校社会科学》2013 年第 5 期。

件，历来是思想创造、理论创新、学术繁荣、文化发展的机遇，是哲学社会科学大繁荣、大发展的机遇，是理论大家、思想大师、学术巨匠人才辈出的机遇。如今我们身处这样一个伟大的时代，世界正处于前所未有的激烈的变动之中，我国正处于中国特色社会主义发展的重要战略机遇期，正处于全面建成小康社会的关键期和改革开放的攻坚期，这一切为哲学社会科学的大繁荣大发展提供了难得的机遇。第一，中国特色社会主义建设的伟大实践，为哲学社会科学繁荣发展提供了大有作为的广阔舞台，为哲学社会科学研究提供了源源不断的资源、素材。火热的实践，有着大量的案例可供研究，大量的现象有待解读，大量的问题需要回答，这些都是科学研究、理论创新、学术发展的不可多得、不容错过的条件。第二，党和国家的高度重视和大力支持，为哲学社会科学的繁荣发展提供了有力保证。毛泽东同志非常重视哲学社会科学事业的发展，明确提出要设立"由马克思主义者领导的研究机构"，并提议设置了哲学社会科学的一些学科和研究所。邓小平同志明确提出了"科学当然包括社会科学"的重要论断，对哲学社会科学发展作出一系列重要指示。在他的关怀下，成立了中国社会科学院。江泽民同志强调"哲学社会科学与自然科学同等重要"，"一定要办好中国社会科学院"。党的十六大以来，中央颁布了《关于进一步繁荣发展哲学社会科学的意见》，胡锦涛同志明确提出，"要大力推进哲学社会科学理论创新体系建设"。党的十七大作出了"繁荣发展哲学社会科学，推进学科体系、学术观点、科研方法创新"的战略部署。第三，"百花齐放、百家争鸣"方针的贯彻实施，为哲学社会科学界的思想创造和理论创新营造了良好环境。今天，哲学社会科学工作者可以畅所欲言，各展其长，为党和国家发展建言献策。虽然哲学社会科学工作者尚不富足，但可以衣食无忧。党和国家不断加大对哲学社会科学的投入，各方面待遇都在逐渐改善，哲学社会科学工作者可以一门心思、心无旁骛地投身到研究事业中去。

针对党的十八大胜利召开后我国思想理论战线发展的新形势，

刘云山同志指出："在新的国内外形势下，要跟上时代发展的步伐，顺应人民群众的愿望，抓住和用好我国发展的重要战略机遇期，不断把中国特色社会主义事业推向前进，就必须在思想上有新解放，实践上有新突破，理论上有新发展。"面对新的形势、任务和挑战，哲学社会科学工作者理应抓住时代机遇，更加自觉地把科研工作融入发展中国特色社会主义的滚滚洪流中，融入中华民族的伟大复兴中，融入党领导的哲学社会科学理论学术创新的伟大进程中，生产出有益于实践需求的理论学术成果，推出适应时代要求的思想理论学术大师和骨干人才，彰显哲学社会科学的实践价值和理论价值。哲学社会科学工作者一定要按照中央精神和要求，凝聚力量，下定决心，砥砺图强，奋发有为，努力走出一条繁荣发展哲学社会科学的新路来，开创哲学社会科学繁荣发展新局面。

二 实施哲学社会科学创新工程，构建中国特色的哲学社会科学创新体系

党的十七届六中全会和国家"十二五"发展规划纲要明确提出"大力推进哲学社会科学创新体系建设，实施哲学社会科学创新工程，繁荣发展哲学社会科学"的战略部署。实施创新工程，是落实党的十七大及十七届五中全会、六中全会和国家"十二五"规划纲要关于建设哲学社会科学创新体系战略任务的综合性实践载体和可操作性具体依托，是使哲学社会科学迈上一个更新层次、更高台阶的重大战略举措，必将从总体上提升我国哲学社会科学的研究水平和理论学术影响力，实现哲学社会科学的创新，使我国哲学社会科学获得一次新的大发展，以适应时代和实践发展的需要。哲学社会科学界对于实施创新工程感到非常振奋，非常激动，深受鼓舞，同时也深感到前所未有的压力和动力。

实施创新工程的指导思想，是高举中国特色社会主义伟大旗帜，以马克思列宁主义、毛泽东思想、邓小平理论、"三个代表"

重要思想、科学发展观为指导,着力改革体制机制制度,努力构建以马克思主义为指导,以学术观点与理论创新、学科体系创新、科研组织与管理创新、科研方法与手段创新、用人制度创新为主要内容的中国特色、中国风格、中国气派的哲学社会科学创新体系,多出经得起实践检验的精品成果,多出政治方向正确、学术导向明确、科研成果突出的高层次人才,为人民服务,为繁荣发展社会主义先进文化服务,为中国特色社会主义服务。

2012年6月,在马克思主义理论研究和建设工程工作会议上,李长春同志代表党中央明确要求哲学社会科学战线要大力实施哲学社会科学创新工程,解放思想,走自己的创新之路,加快建设具有中国特色、中国风格、中国气派的哲学社会科学。创新工程的根本要求就是实现中国特色社会主义理论学术的创新,以构建中国特色的哲学社会科学创新体系,最重要的是实现哲学社会科学的思想、理论、观点的创新。自然科学倡导自主创新,中国特色的哲学社会科学也必须倡导自主创新。对于中国哲学社会科学界来说,需要解放思想,独立自主地走中国特色的哲学社会科学创新之路。一是不照抄照搬国外的东西,反对洋教条;二是不照抄照搬本国已有的传统结论,反对土教条。实践不断发展,思想理论也要不断创新。中国特色社会主义实践不断发展,中国特色社会主义理论学术也需要不断创新。当代中国特色哲学社会科学深深扎根于中国的土地上,是在中国的土地上创造出来的思想学术成果,一方面,它的产生和发展离不开对世界先进文明的吸取,更重要的,它是中华民族伟大实践孕育出来的思想文化成果,具有鲜明的民族特色;另一方面,它的产生和发展离不开对中国传统文明的承继,更重要的,它是中华传统文明发扬光大的产物,具有鲜明的创新特征。中国特色哲学社会科学重在创新发展,哲学社会科学创新工程重在创新,要用中国特色的哲学社会科学总结中国实践、引导中国实践。要总结、借鉴、吸收世界先进文明的精华,继承、吸收、发扬中华文明积极成果,要不断对当代中国伟大实践概括出理论联系实际的新概念、新范畴、新表述，用以诠释现实，总结实践，说明问题，而不是用土教条、洋教条"削足适履"，生搬硬套地剪裁活生生的现实生活。一定要在当代中国的实践基础上创造具有中国特色、中国风格、中国气派、中国话语体系的哲学社会科学，作为当今中国伟大实践的哲学社会科学的理性体现和理论指导。

创新工程"十二五"期间应实现的目标是，基本形成以马克思主义为指导的哲学社会科学创新体系：基础研究、基础学科和对策研究、应用学科有明显加强，在重大思想理论、学术观点和现实问题研究方面完成一批高质量精品成果，理论学术话语权和影响力显著增强；有利于优秀成果产出的科研组织管理体制机制进一步优化；充满活力，富有效率，有利于优秀人才脱颖而出的用人制度得到确立；以高端人才为龙头，以学术领军人才为重点，以青年英才为骨干的优秀人才队伍更加壮大；保障持续创新能力的科研支撑系统更加完善，科研手段现代化和信息化水平明显提升。

按照中央精神和要求，实施创新工程要完成六项具体任务：第一，把推进马克思主义中国化、时代化和大众化作为根本任务。不断提高哲学社会科学工作者运用马克思主义立场、观点、方法指导哲学社会科学研究和各项工作的能力，大力加强马克思主义理论学科和研究工程建设，推出高水平理论研究成果，总体提升马克思主义理论研究水准。第二，把建设党和国家重要的思想库和智囊团作为基本任务。以党和国家关注的重大现实和理论问题为主攻方向，紧紧围绕实现科学发展主题和加快转变经济发展方式主线，选取对党和国家决策有重大意义的问题，进行深入扎实的调查研究，向中央提供有重要价值的调研成果，推出高质量研究成果，提出切实有效的对策建议。第三，把建设中国特色的哲学社会科学学科体系作为长期任务。着力推进学科体系创新，形成具有支撑作用的基础学科、人文学科、具有较强优势的重点学科、具有重要现实意义的新兴学科和交叉学科、具有重要文化价值的"绝学"和濒危学科，努力构建体现国际学术前沿、适合中国特色社会主义发展需要的学科体系。着力推进理论思想、学术观点创新，提出有客观依据、经得起实践和历史检验的原创性理论学术观点。着力推进科研方法和科研手段创新，推进社会科学与自然科学融合发展，全面提高科研方法和科研手段的现代化水平。推进科研组织与管理创新，建设一批国内领先、国际知名的研究（院）所、研究（实验）室、研究中心。第四，把加强中国特色社会主义学术理论平台建设作为重要任务。扩大传播交流最新学术成果规模，加强哲学社会科学报纸、期刊、出版社、图书馆、网络、数据库等社会主义主流意识形态的学术传播阵地建设，努力建成全国哲学社会科学优秀成果的高端发布平台、中国学术走向世界的重要桥梁和世界哲学社会科学资讯的权威集散地。第五，把实施哲学社会科学优秀人才和精品成果"走出去"战略作为政治任务。紧密跟踪世界经济与政治形势，着力研究国际战略走向、世界经济政治结构和全球治理格局调整新动向，为维护国家经济、政治、文化、军事、生态、资源等安全提供前瞻性建议，及时向国家提供高水平的分析报告和对策建议。支持优秀专家走进海外高端智库，赴海外重要学术机构和国际组织开展高层交流、合作，加强国际学术交流平台建设，积极发挥学术外交主渠道作用。培养一批能够在国际交流中直接对话、有实力争取话语权的中青年学术英才。推出一批优秀外文学术期刊和外文精品图书。坚持"请进来"与"走出去"相结合，邀请国外著名学者来华交流，增强国际话语权和影响力。第六，把全力打造政治上信得过、学风过硬、理论学术精湛的哲学社会科学人才队伍作为主要任务。努力造就一批马克思主义基本理论功底扎实、熟悉中国国情、具有理论创新能力的马克思主义理论家和中青年骨干人才；推出一批学术造诣高深、在哲学社会科学研究领域取得卓越成绩、在国内外学术界具有重要影响的学术大家；引进一批具有较强创新能力、在相关领域作出突出贡献的高端人才；扶持一批学术功底扎实、勇于开拓进取的学科领军人才和基础研究人才；提升一批专业知识丰富、具有较大发展潜力的青年科研人才；培育一批德才兼备、热爱哲学社会科学事业、具有较强组织协调能力的管理人才。

三 实施哲学社会科学创新工程，关键是大力推进制度创新

创新工程成功与否的标准在于是否有利于调动科研人员的积极性和创造性，有利于出经得起实践检验的精品，有利于出大家和拔尖人才，有利于繁荣和发展哲学社会科学。而其实现的关键在于形成有利优秀成果、优秀人才脱颖而出的激励竞争环境和良好宽松氛围。

实施创新工程的关键是制度创新。办法是通过改革，除弊兴利。要认真分析和研究哲学社会科学现行用人制度、科研体制机制、组织方式、资源配置方式、管理方法和机构设置存在的弊端，有针对性地通过改革创新，构建创新型的用人制度、科研体制机制、组织管理方式、资源配置方式、科研手段和方法、机构设置。在用人制度创新、科研组织方式创新、机构设置创新、科研资源配置方式创新上做好文章，实现体制机制制度创新，从而最大限度解放和激活科研生产力，调动科研人员积极性和创造性，释放出更大的科研创造力，以保障和全面实现科研手段与方法创新、学术观点与思想理论创新、学科体系创新。

一方面，在现有科研体制机制制度条件下，我国哲学社会科学发展已经取得一定成绩；但另一方面，随着形势、任务的变化，现行科研体制机制制度越发显示出不适应的某些弊端。现在哲学社会科学的某些研究机构一方面缺经费，另一方面经费又大量积压；一方面缺人才，另一方面又有大量人才的潜能没有发挥出来。原因是多方面的、综合性的，但其中一个原因是出在具体科研体制机制制度上，这就是按照现行的体制机制制度、组织管理方式方法搞哲学社会科学研究，在许多方面不适合哲学社会科学研究自身规律、特点和要求，一定程度上不利于最大限度地调动科研人员的创造性。

在党的领导下，我国哲学社会科学已经不间断地进行了多方面的改革创新，取得了一定的成效，积累了一定的经验，但还需要深入改革并加大创新力度。

现在存在的第一个问题是在用人制度上。目前，在进人用人、编制、组织机构、职称评定、工资待遇问题上，缺乏激励竞争机制。干的干，闲的闲，想干就干，不想干就不干。用人制度上缺乏正常的"竞争""退出"机制。创新工程的核心环节是用人制度改革，在用人体制机制制度创新上下功夫，真正建立起能上能下、能进能出，考核严格、奖惩严明、高效灵活、充满活力的用人制度。核心是解决两个问题：一是竞聘上岗，二是退出机制。实行真正公正、公开、透明、竞争、淘汰的机制，这就是用人制度创新的基本原则。要以用人制度改革为关键环节，进行体制机制、组织管理、机构设置的大胆改革，改造、创建新型的创新研究组织。

存在的第二个问题是在科研经费资源的配置上。现行体制机制制度、管理方式的弊端还体现在具体的科研管理方式办法上，集中体现在科研经费的配置制度上。创新工程的另一个重大环节，就是对科研资源分配方式即科研管理方式大胆改进，消除弊端，实现科研资源配置方式、科研组织管理方式、科研体制机制的合理化。在现有科研资源配置方式的框架内，现在实行的主要是课题制，其有利的方面是可以调动科研人员的积极性，有利于对策研究，有利于通过课题形式重新组合资源和人力，但也有不利的方面，比如在一定程度上造成科研经费长期积压的浪费问题等。这些都在很大程度上诱使一些科研单位领导和研究人员想方设法编课题、弄经费，造成科研资源配置不合理，重数量轻质量，以数量充质量，重立项轻结项，疲于奔命，生产科研成果"萝卜快了不洗泥"的现象产生。

课题制实质上是科研资源的配置制度问题，配置合理，就可以调动积极性；配置不合理，限制积极性，甚至导致向相反的方向发展。课题制有利有弊，如何发展有利方面，革除弊病，如何在实行课题制的同时，创造出更有利的资源配置制度，要认真思考和深入研究，对课题制加以补救完善改进，进一步改革创新科研资源配置方式。科研资源配置方式的制度创新，同时要求对科研组织、管理方式方法和科研机构设置进行改革。要把"创新工程"需要完成的创新任务同制度创新结合起来，实现科研经费和各种资源的优化配置，把资源配置在想干事、能干事、干成事的人身上，用在想干事、能干事、干成事的团队上，真正形成激励调动作用。

学习贯彻落实习近平总书记关于哲学社会科学重要讲话精神，加快构建中国特色哲学社会科学创新体系[*]

坚持以马克思主义指导我国哲学社会科学工作，是构建中国特色哲学社会科学必须解决好的首要问题。我国的哲学社会科学离开了马克思主义指导，也就失去了方向，丧失了灵魂。必须牢牢把握坚持以马克思主义为指导的灵魂和方向。

一 深刻领会和全面把握关于哲学社会科学重要地位和不可替代作用的重要论述

习近平总书记 2016 年 5 月 17 日在哲学社会科学工作座谈会上的重要讲话，高度评价我国哲学社会科学在中国特色社会主义伟大事业中的重要地位和不可替代的作用，科学阐述繁荣发展哲学社会科学的极端重要性，充分肯定我国哲学社会科学所取得的成绩，正确分析我国哲学社会科学所面临的新形势、新任务和应着力解决的问题，明确提出推进中国特色哲学社会科学创新体系建设的历史使命、指导思想、根本要求、主要任务和政治保证，深刻阐明事关哲学社会科学性质、方向和前途的一系列重大原则问题。习近平总书

---

[*] 原载《党委中心组学习》2016 年第 3 期、《中国社会科学》2016 年第 12 期。

记的重要讲话，立意深远、思想深刻，通篇贯穿着马克思主义立场、观点、方法，凝结着我们党对哲学社会科学工作规律的新思想新认识，富有时代性、战略性，具有很强的思想性、理论性和指导性。讲话具有巨大的理论说服力和思想引领力，是一篇指导我国哲学社会科学创新发展的马克思主义纲领性文献，为做好新时期哲学社会科学工作提供了根本遵循和行动指南。

（一）哲学社会科学是人类认识世界、改造世界的重要工具，是推动历史发展和社会进步的重要力量

习近平总书记指出，坚持和发展中国特色社会主义，必须高度重视哲学社会科学。习近平总书记站在人类历史规律的高度，站在中国特色社会主义发展大局的高度，站在国家文化安全战略的高度，科学论述了哲学社会科学的地位和作用，高度肯定了哲学社会科学对于坚持和发展中国特色社会主义的极端重要性。

哲学社会科学是以世界总体和社会历史各个特定领域为研究对象的通称，是认识和把握自然发展规律、社会发展规律和思维发展规律的理论体系。哲学社会科学和自然科学犹如车之两轮、鸟之两翼，在人类社会发展进程中具有同等重要的地位和作用。习近平总书记强调：

> 哲学社会科学是人们认识世界、改造世界的重要工具，是推动历史发展和社会进步的重要力量，其发展水平反映了一个民族的思维能力、精神品格、文明素质，体现了一个国家的综合国力和国际竞争力。一个国家的发展水平，既取决于自然科学发展水平，也取决于哲学社会科学发展水平。一个没有发达的自然科学的国家不可能走在世界前列，一个没有繁荣的哲学社会科学的国家也不可能走在世界前列。坚持和发展中国特色社会主义，需要不断在实践和理论上进行探索、用发展着的理论指导发展着的实践。在这个过程中，哲学社会科学具有不可

替代的重要地位，哲学社会科学工作者具有不可替代的重要作用。①

第一，哲学社会科学是解放和发展社会生产力的思想动力。哲学社会科学同社会生产力之间是一种辩证统一的关系，对于社会生产力的解放和发展，对于人类物质文明的创造发挥着巨大的作用。一方面，在人类历史发展过程中，生产力是"伟大的历史杠杆"和"最明显的字面意义而言的革命力量"，②哲学社会科学是在批判与揭露旧世界中发现新世界、建立新世界这一"一般历史发展过程的产物"和"这一发展过程的精华"，③生产力和社会经济的发展决定和推动哲学社会科学的发展。另一方面，哲学社会科学对社会生产力有巨大的反作用，甚至在一定条件下起着决定性作用。恩格斯指出：

> 政治、法、哲学、宗教、文学、艺术等等的发展是以经济发展为基础的。但是，它们又都互相作用并对经济基础发生作用。④

当生产力与生产关系、经济基础与上层建筑发生严重矛盾和根本冲突时，人们必须对旧制度或旧体制、旧观念进行批判和变革。在这个过程中，哲学社会科学不仅提供关于社会发展的规律性认识，而且提供理论思维方式方法，指导人们的社会实践沿着正确的方向发展，促进生产力的解放和发展。

第二，哲学社会科学是实现社会变革、创建制度文明的理论先

---

① 习近平：《在哲学社会科学工作座谈会上的讲话》，《人民日报》2016年5月19日。
② 《马克思恩格斯全集》第25卷，人民出版社2001年版，第592页。
③ 《马克思恩格斯文集》第8卷，人民出版社2009年版，第395页。
④ 《马克思恩格斯选集》第4卷，人民出版社2012年版，第649页。

导。对社会制度革故鼎新的要求，首先是以代表一定阶级的先进的哲学家和思想家提出的新思想、新理论反映出来的，这些新思想、新理论从而成为政治革命和社会变革的先导。恩格斯指出，哲学革命是政治变革的前导；① 列宁指出："没有革命的理论，就不会有革命的运动。"② 这都从不同的侧面阐明了哲学社会科学在人类社会发展和进步中所发挥的重要作用。作为世界哲学社会科学发展最高成果的马克思主义理论，是认识、变革人类社会的根本性理论武器。自马克思主义诞生开始，哲学社会科学通过对社会矛盾和社会发展规律的正确把握和运用，使人类的社会变革活动逐步由自发趋向自觉，进而指引一些国家和民族建立了符合社会发展规律和历史发展总趋势、反映时代和实践要求的社会制度。社会主义革命是人类历史上最伟大的历史性变革，社会主义制度的创立和发展是人类制度文明建设最突出的成就，而只有掌握了包括哲学社会科学在内的人类全部文化知识，才能更好地建设社会主义。

第三，哲学社会科学是创造精神文明、实现人的全面发展的精神支柱。哲学社会科学是精神文明的核心与灵魂，是传承、弘扬民族精神的最重要的文化载体。马克思曾经说过："人民的最美好、最珍贵、最隐蔽的精髓都汇集在哲学思想里"，而"任何真正的哲学都是自己时代的精神上的精华"。③ 哲学社会科学的发展不断创造和丰富着精神文明的内涵，不断提升和加强着整个人类的素质。马克思指出：

> 艺术对象创造出懂得艺术和具有审美能力的大众，——任何其他产品也都是这样。因此，生产不仅为主体生产对象，而且也为对象生产主体。④

---

① 《马克思恩格斯选集》第4卷，人民出版社2012年版，第220页。
② 《列宁专题文集·论无产阶级政党》，人民出版社2009年版，第70页。
③ 《马克思恩格斯全集》第1卷，人民出版社1995年版，第219—220页。
④ 《马克思恩格斯选集》第2卷，人民出版社2012年版，第692页。

也就是说，在推动人类精神文明发展的同时，文化艺术、哲学社会科学也推动了人类自身的发展。哲学作为时代精神的精华和"文化的活的灵魂"，在实现人的全面发展上起着指导性和方向性的作用；政治经济学以其对经济运行规律的探索和理性把握，指导人们更好地从事经济活动，更有效地调控社会经济的发展；政治学和法学通过揭示政治、法律与现实生活的本质联系，帮助我们优化对社会秩序的调控和管理；伦理学借助于对人际关系的伦理基础和道德准则的研究与阐释，帮助人们提高道德境界，实践伦理道德规范；文学理论和美学则是要促进人民提高审美意识和审美情趣，以陶冶人的情操，净化人的心灵，如此等等。

第四，哲学社会科学的发展水平和繁荣程度，是一个国家和民族综合素质和文化力量的重要标志。哲学社会科学的发展水平和繁荣程度，是一个民族的综合素质和文化力量的重要体现和标志。哲学社会科学的研究能力和成果，是国家的软实力，也是综合国力的重要组成部分。哲学社会科学是帮助人民解决世界观、人生观、价值观问题，解决理论认识和科学思维问题，解决把握和运用社会发展规律、社会管理规律问题的科学，对于人们正确认识纷繁复杂的社会现象，提高道德素养和精神境界是十分重要的。在当代中国，马克思主义对整个文化的前进方向具有导航作用，社会主义核心价值观对整个民族的精神文明状况和道德水准具有灵魂作用，马克思主义理论、社会主义核心价值观构成我国哲学社会科学的核心内容，是社会主义先进文化最重要的组成部分，凝聚着我国强大的民族精神。只有繁荣发展哲学社会科学，才能繁荣发展先进文化并坚持先进文化的前进方向。

（二）哲学社会科学在中国特色社会主义事业发展中具有不可替代的重要作用

习近平总书记指出，在当代中国，繁荣发展哲学社会科学，对于坚持马克思主义在我国意识形态领域的指导地位，对于探索中国特色社会主义的发展规律，增强我们认识世界、改造世界的能力，具有重要意义。

第一，哲学社会科学深刻而长远地影响着中国特色社会主义的前途命运。哲学社会科学研究的方向正确与否，发展状况如何，直接影响着人们的思想意识和社会道德风尚，影响着经济建设、政治建设、文化建设、社会建设、生态文明建设和党的建设，并深刻而长远地影响着中华民族的兴衰和中国特色社会主义的前途命运。早在20世纪50年代，毛泽东同志就指出：

> 无产阶级没有自己的庞大的技术队伍和理论队伍，社会主义是不能建成的。①

江泽民同志指出：

> 哲学社会科学具有不可替代的重要作用，哲学社会科学工作者是一支不可替代的重要力量。我们必须始终重视哲学社会科学，加快发展哲学社会科学。②

习近平总书记对哲学社会科学特别是马克思主义哲学给予高度重视，他说：

> 我们的领导干部要正确判断形势，在错综复杂的形势变化面前保持头脑清醒，坚定理想信念，科学分析我国发展面临的机遇和挑战，全面看待前进道路上的主流和支流、出现的矛盾和问题，都离不开马克思主义哲学的指导，离不开辩证唯物主

---

① 《毛泽东文集》第7卷，人民出版社1999年版，第309页。
② 《江泽民文选》第3卷，人民出版社2006年版，第491页。

义和历史唯物主义的思想方法。①

要努力使我国的哲学社会科学成为我们正确认识世界和改造世界，推动理论创新和先进文化发展，促进党和国家决策科学化民主化，推进全面深化改革和社会主义现代化建设的重要力量。

第二，哲学社会科学深刻影响着人们的思想意识、道德风尚和精神风貌。作为文化观念形态的哲学社会科学，对我国人民群众的思想认识、道德情操、知识水平、理论素质、社会风尚等发生潜移默化的导向、影响和塑造作用。

第三，哲学社会科学为党和人民事业发挥着重要的思想库和智囊团作用。长期以来，党和国家对哲学社会科学的发展始终给予充分肯定并寄予厚望。2004年《中共中央关于进一步繁荣发展哲学社会科学的意见》中提出，要使哲学社会科学界成为党和政府工作的"思想库"和"智囊团"。2005年5月19日，胡锦涛同志主持召开中央政治局常委会议，专门听取中国社会科学院工作汇报，明确要求全党"一定要从党和国家事业发展全局的高度，把繁荣发展哲学社会科学作为一项重大而紧迫的战略任务切实抓紧抓好"，强调要"进一步办好中国社会科学院"。2007年，党的十七大报告中明确提出，要"鼓励哲学社会科学界为党和人民事业发挥思想库作用"，这是我们党第一次将哲学社会科学的"思想库"作用写进党的代表大会报告。党的十八大以来，以习近平同志为核心的党中央，基于哲学社会科学的独特地位和重要作用，多次强调要大力加强中国特色新型智库建设。2013年4月，习近平总书记就加强中国特色新型智库建设作出重要批示。2013年11月，党的十八届三中全会明确提出建设中国特色新型智库的重要任务。2014年10月27日，习近平总书记主持召开中央全面深化改革领导小组第六次

---

① 习近平：《认真学习马克思主义著作 推进中国特色社会主义事业》，《学习时报》2011年5月16日。

会议，审议《关于加强中国特色新型智库建设的意见》。习近平总书记强调指出：要从推动科学决策、民主决策，推进国家治理体系和治理能力现代化，增强国家软实力的战略高度，把中国特色新型智库建设作为一项重大而紧迫的任务切实抓好；要统筹推进党政部门、社科院、党校行政学院、高校、军队、科技和企业、社会智库协调发展，形成定位明晰、特色鲜明、规模适度、布局合理的中国特色新型智库体系，重点建设一批具有较大影响和国际影响力的高端智库，重视专业化智库建设。习近平总书记的重要讲话及会议审议的《意见》，向我国哲学社会科学界明确了新的任务、提出了新的要求。

第四，哲学社会科学影响着我国社会主义的意识形态安全。哲学社会科学的政治方向、学术导向、理论学术观点，对意识形态具有举足轻重的作用。哲学社会科学战线是意识形态重要战线，哲学社会科学工作者是党的意识形态的重要方面军。我国哲学社会科学如何，直接关系到党的意识形态安全。

总之，哲学社会科学在中国特色社会主义大局中具有重要战略地位。以马克思主义为指导的当代中国哲学社会科学，为巩固全党全国人民团结奋斗的共同思想基础提供了重要的理论支撑，为党和政府决策的科学化民主化提供重要的科学依据，为经济建设和社会发展提供了智力支持和发展思路，为全国各族人民提供了重要的精神食粮，为增强中华文明的影响力、促进祖国和平统一、实现中华民族伟大复兴，提供了强有力的思想保证、精神动力和智力支撑。

（三）坚持和发展中国特色社会主义，迫切需要哲学社会科学发挥更好的作用

习近平总书记强调：新形势下，我国哲学社会科学地位更加重要、任务更加繁重，并提出了"五个面对""五个迫切需要"的重要论述。

一是面对社会思想观念和价值取向日趋活跃、主流和非主流同时并存、社会思潮纷纭激荡的新形势，如何巩固马克思主义在意识形态领域的指导地位，培育和践行社会主义核心价值观，巩固全党全国各族人民团结奋斗的共同思想基础，迫切需要哲学社会科学更好发挥作用。

二是面对我国经济发展进入新常态、国际发展环境深刻变化的新形势，如何贯彻落实新发展理念、加快转变经济发展方式、提高发展质量和效益，如何更好保障和改善民生、促进社会公平正义，迫切需要哲学社会科学更好发挥作用。

三是面对改革进入攻坚期和深水区、各种深层次矛盾和问题不断呈现、各类风险和挑战不断增多的新形势，如何提高改革决策水平、推进国家治理体系和治理能力现代化，迫切需要哲学社会科学更好发挥作用。

四是面对世界范围内各种思想文化交流交融交锋的新形势，如何加快建设社会主义文化强国、增强文化软实力、提高我国在国际上的话语权，迫切需要哲学社会科学更好发挥作用。

五是面对全面从严治党进入重要阶段、党面临的风险和考验集中显现的新形势，如何不断提高党的领导水平和执政水平、增强拒腐防变和抵御风险能力，使党始终成为中国特色社会主义事业的坚强领导核心，迫切需要哲学社会科学更好发挥作用。

总之，坚持和发展中国特色社会主义，统筹推进"五位一体"总体布局和协调推进"四个全面"战略布局，实现"两个一百年"奋斗目标、实现中华民族伟大复兴的中国梦，"我国哲学社会科学可以也应该大有作为"[①]。

（四）我们党一贯高度重视哲学社会科学，重视发挥哲学社会科学工作者的作用

我们党历来高度重视哲学社会科学。1940 年 2 月 5 日，毛

---

① 习近平：《在哲学社会科学工作座谈会上的讲话》，《人民日报》2016 年 5 月 19 日。

泽东同志明确将自然科学和社会科学相提并论，提出了一个极富创见的观点："自然科学是要在社会科学的指挥下去改造自然界"。他强调，必须"要用社会科学来了解社会，改造社会，进行社会革命"。①

邓小平同志明确指出："科学当然包括社会科学"②，"自然科学固然重要，要搞好，社会科学也很重要"③。他还说：

> 哲学、社会科学同自然科学一样，决不能忽视基础理论的研究，这些研究是理论工作的任何巨大前进所不可缺少的。④

江泽民同志提出"四个同等重要"的思想：

> 在认识和改造世界的过程中，哲学社会科学与自然科学同样重要；培养高水平的哲学社会科学家，与培养高水平的自然科学家同样重要；提高全民族的哲学社会科学素质，与提高全民族的自然科学素质同样重要；任用好哲学社会科学人才并充分发挥他们的作用，与任用好自然科学人才并发挥他们的作用同样重要。⑤

胡锦涛同志特别强调：

> 哲学社会科学的发展水平和繁荣程度，是一个民族的综合

---

① 《毛泽东文集》第2卷，人民出版社1993年版，第269页。
② 《邓小平文选》第2卷，人民出版社1994年版，第48页。
③ 中共中央文献研究室编：《邓小平年谱（一九七五——一九九七）》（上），中央文献出版社2004年版，第225页。
④ 《邓小平文选》第2卷，人民出版社1994年版，第179页。
⑤ 《江泽民文选》第3卷，人民出版社2006年版，第495页。

素质和文化力量的重要体现和标志。①

党的十八大以来，以习近平同志为核心的党中央，多次强调要大力加强中国特色新型智库建设，高度重视哲学社会科学的独特地位和重要作用。习近平总书记的一系列重要指示和重要讲话，向我国哲学社会科学界明确了新的任务、提出了新的要求。

（五）当代中国正在经历伟大的社会变革和社会实践，为哲学社会科学繁荣发展提供了强大动力和广阔空间

中国特色社会主义事业是前无古人的伟大实践，为哲学社会科学的发展提供了广大的舞台、空间和不竭的源泉，我国哲学社会科学大有可为，一定可为，一定能够创造出无愧于伟大时代和伟大实践的灿烂的哲学社会科学。习近平总书记指出：

> 历史表明，社会大变革的时代，一定是哲学社会科学大发展的时代。当代中国正经历着我国历史上最为广泛而深刻的社会变革，也正在进行着人类历史上最为宏大而独特的实践创新。这种前无古人的伟大实践，必将给理论创造、学术繁荣提供强大动力和广阔空间。这是一个需要理论而且一定能够产生理论的时代，这是一个需要思想而且一定能够产生思想的时代。我们不能辜负了这个时代。②

（六）全面肯定我国哲学社会科学的成绩，客观分析存在的问题，对哲学社会科学工作者提出了明确要求

习近平总书记回顾了我国哲学社会科学发展的历程，总结了我

---

① 胡锦涛：《在国家社会科学基金项目优秀成果颁奖大会上的讲话》，《光明日报》1999 年 9 月 25 日。
② 习近平：《在哲学社会科学工作座谈会上的讲话》，《人民日报》2016 年 5 月 19 日。

国哲学社会科学发展的经验，肯定了我国哲学社会科学取得的成绩，同时又指出了我国哲学社会科学面对新形势新要求，还存在一系列亟须解决的问题。一是有一些同志对马克思主义认识不深、理解不透，在运用马克思主义立场、观点、方法上功力不足、高水平成果不多，在建设以马克思主义为指导的学科体系、学术体系、话语体系上功力不足、高水平成果不多。二是社会上也存在一些模糊甚至错误的认识。有的认为马克思主义已经过时，中国现在搞的不是马克思主义；有的说马克思主义只是一种意识形态说教，没有学术上的学理性和系统性。三是实际工作中，在有的领域中马克思主义被边缘化、空泛化、标签化，在一些学科中"失语"、教材中"失踪"、论坛上"失声"。四是哲学社会科学发展战略还不十分明确，学科体系、学术体系、话语体系建设水平总体不高，学术原创能力还不强。五是哲学社会科学训练培养教育体系不健全，学术评价体系不够科学，管理体制和运行机制还不完善。六是人才队伍总体素质亟待提高，学风方面问题还比较突出，等等。他认为，总的看，我国哲学社会科学还处于有数量缺质量、有专家缺大师的状况，作用没有充分发挥出来。[①] 这种状况必须引起我们高度重视。

习近平总书记要求我们哲学社会科学工作者加倍努力改变现状，解决存在的突出问题，推进哲学社会科学的发展：

> 一切有理想、有抱负的哲学社会科学工作者都应该立时代之潮头、通古今之变化、发思想之先声，积极为党和人民述学立论、建言献策，担负起历史赋予的光荣使命。[②]

[①] 习近平：《在哲学社会科学工作座谈会上的讲话》，《人民日报》2016 年 5 月 19 日。

[②] 习近平：《在哲学社会科学工作座谈会上的讲话》，《人民日报》2016 年 5 月 19 日。

二　深刻领会和全面把握坚持马克思主义在哲学社会科学领域指导地位的重要论述

坚持以马克思主义指导我国哲学社会科学工作，是构建中国特色哲学社会科学必须解决好的首要问题。必须牢牢把握坚持以马克思主义为指导的灵魂和方向。我国的哲学社会科学离开了马克思主义指导，也就失去了方向，丧失了灵魂。习近平总书记强调：

>　　坚持以马克思主义为指导，是当代中国哲学社会科学区别于其他哲学社会科学的根本标志，必须旗帜鲜明加以坚持。①

（一）哲学社会科学具有意识形态属性

为什么我国的哲学社会科学必须坚持以马克思主义为指导？这是由哲学社会科学的政治和意识形态属性所决定的。毫无疑义，哲学社会科学研究是以追求真理为宗旨、与自然科学一样严谨科学的学问。同时，就其总体而言，哲学社会科学具有鲜明的政治和意识形态属性，这是哲学社会科学与自然科学的一个重要区别。

为什么哲学社会科学具有政治和意识形态属性，而自然科学却没有呢？

理由一，迄今为止的整个人类社会仍然是阶级社会，自从原始社会末期人类分裂为阶级对立的社会以来，人类社会总体上还处于阶级社会，当下世界主要还存在社会主义制度与资本主义制度、工人阶级与资产阶级的差别、对立和斗争。尽管我国社会的主要矛盾已经不是阶级矛盾了，但阶级斗争还在一定范围内存在。这就决定

---

　　① 习近平：《在哲学社会科学工作座谈会上的讲话》，《人民日报》2016 年 5 月 19 日。

了在当今世界哲学社会科学具有政治和意识形态属性。

理由二，唯物史观告诉我们，社会的经济基础决定上层建筑，而上层建筑又分为政治的上层建筑和意识形态的上层建筑。我国社会主义的经济基础决定了社会主义政治的上层建筑，即社会主义的国体和政体，而社会主义政治的上层建筑又决定社会主义的意识形态上层建筑。我国哲学社会科学作为意识形态的上层建筑部分，显然具有社会主义的政治和意识形态属性。

理由三，人类社会存在两大类社会现象，一是物质的、经济的现象，二是精神的、思想的现象。精神的、思想的现象又分为两部分，一部分是社会心理、情感、经验等感性认识，另一部分是经济、政治、哲学、宗教等观点的总和，被称为人类的理性认识，即上升为理论形态的认识，即意识形态。"'思想'一旦离开'利益'，就一定会使自己出丑。"[①] 哲学社会科学即是哲学、经济、政治、文学、艺术、历史、法律、宗教等观点的综合，当然具备鲜明的政治和意识形态属性。

理由四，哲学社会科学作为观念形态的文化，是一定社会政治经济的集中体现。哲学社会科学作为文化的灵魂，是文化最概括的思想结晶，是一定社会的政治、经济最集中的理论反映，是为一定社会的政治、经济服务。毛泽东同志指出：

> 一定的文化（当作观念形态的文化）是一定社会的政治和经济的反映，又给予伟大影响和作用于一定社会的政治和经济。[②]

迄今为止，任何社会形态（除去原始社会）的文化都有鲜明的政治和意识形态性，作为一定社会形态反映的哲学社会科学就必

[①] 《马克思恩格斯文集》第 1 卷，人民出版社 2009 年版，第 286 页。
[②] 《毛泽东选集》第 2 卷，人民出版社 1991 年版，第 663—664 页。

然具有该社会形态的鲜明属性,即政治和意识形态属性。

我国哲学社会科学作为理论学术的载体,作为思想精神的力量,作为观念形态的文化,首先是社会主义方向、性质的理论学术,为中国特色社会主义的政治、经济服务,是党的思想文化和意识形态的重要战线。就总体属性来说,首先是党领导的、工人阶级的、人民大众的、社会主义性质的观念形态的文化,从属、服务于社会主义主流意识形态,必须从总体上接受马克思主义指导,由此我国哲学社会科学带有强烈的意识形态属性和政治属性。有的学科虽然意识形态属性不强,或不具有意识形态属性,但其研究对象与内容也是某类社会历史现象,研究者本身也有一个为什么人服务的感情问题、立场问题,也有一个用什么样的立场、观点、方法指导学术研究的问题。

强调哲学社会科学具有政治和意识形态属性,绝对不会否定或削弱其科学属性和文化、学术价值。当然,我们也要反对把学术问题、理论问题和不同观点的讨论无限上纲,与政治问题、意识形态问题不加区别地混淆在一起,反对"打棍子、扣帽子、抓辫子、装袋子"的阶级斗争扩大化的做法。在这方面,我们有过惨痛教训,再也不能犯那样的错误。但是,这绝不意味着我们的哲学社会科学研究没有政治和意识形态属性,可以脱离党的政治领导和党的理论指导。正确认识这一问题,关系到哲学社会科学的性质方向和繁荣发展。

世界上没有任何哲学社会科学研究可以与政治、意识形态完全不沾边,能够完全相脱离。我们不否认也不反对个人的研究兴趣、爱好和追求,但作为党领导的社会主义哲学社会科学工作者,个人的兴趣要服务于人民、党和国家的需要。我们也不反对研究古人、研究洋人,借鉴古学问、借鉴洋学问是需要的,但要为现实服务、为人民服务。对外国和中国古代传统的学术,必须一分为二,去粗取精,去伪存真。必须处理好学术与政治和意识形态的关系,既要看到它们之间的区别,又要看到它们之间的必然联系,既坚持正确的政治方向和学术导向，又坚持贯彻落实党的"双百方针"，调动研究人员的积极性、主动性和创造性。

（二）中国特色哲学社会科学，特就特在坚持以马克思主义为指导上

哲学社会科学的意识形态属性和政治属性，决定了我国哲学社会科学必须坚持正确的政治方向和学术导向，决定了坚持马克思主义指导是我国哲学社会科学区别于其他哲学社会科学的根本标志。坚持以马克思主义为指导，是我国哲学社会科学最鲜明的特色。加强马克思主义理论学习，提高运用马克思主义指导科研的能力，不是权宜之计，也不是一时之策，而是事关我国哲学社会科学事业方向和发展的长远大计、根本大计。

从哲学社会科学的政治和意识形态属性来看，坚持马克思主义指导，是我们哲学社会科学繁荣发展的题中应有之义，是我们在错综复杂的形势下，保持清醒头脑，保持坚定正确的政治方向和学术导向的思想政治保证，是哲学社会科学第一位的政治任务。加强马克思主义指导，要落实在行动上而不是口头上，最根本的是抓住两条：一是坚持"老祖宗不能丢"，要组织哲学社会科学工作者认真学习马克思主义理论，加强马克思主义学习型党组织和学习型研究机构建设，提高用马克思主义指导哲学社会科学研究的能力和水平，提高政治素质、理论素养和思想道德水平，坚定理想信念，自觉接受马克思主义指导；二是坚持马克思主义基本原理同中国具体实际相结合，在新的时代条件下积极推动马克思主义的中国化、时代化和大众化。总之，要在大是大非面前，保持头脑清醒，政治敏锐，是非分明，立场坚定，搞清楚哪些是正确的，哪些是错误的。要有勇气、有担当，旗帜鲜明地对错误思想观点进行说理斗争。扫帚不到，灰尘不会自己跑掉。错误的东西不加以批驳，照例也不会自动消失。

（三）马克思主义是科学的真理，是伟大的认识工具，是哲学社会科学研究的利器

习近平总书记指出："无论时代如何变迁、科学如何进步，马克思主义依然显示出科学思想的伟力，依然占据着真理和道义的制高点"①，是伟大的认识工具。在我国，不坚持以马克思主义为指导，哲学社会科学就会失去灵魂、迷失方向，最终也不能发挥应有的作用。1954年9月15日，在中华人民共和国第一届全国人民代表大会第一次会议开幕式上，毛泽东同志郑重地强调，领导我们事业的核心力量是中国共产党。指导我们思想的理论基础是马克思列宁主义。② 这既是中国共产党及其领导的人民事业永远立于不败之地的根本原则，也是我国哲学社会科学的根本遵循。

有人认为现在时过境迁，时代变了，马克思主义过时了，不管用了。我们可以斩钉截铁地回答：马克思主义没有过时，马克思主义仍然具有强大的生命力，仍然具有强大的现实指导意义。

20世纪东欧剧变、苏联解体，世界社会主义运动遭受严重挫折。"历史终结论""社会主义失败论""马克思主义过时论"甚嚣尘上，邓小平同志以坚定的马克思主义信念，斩钉截铁地说："不要惊慌失措，不要认为马克思主义就消失了，没用了，失败了。哪有这回事！""我坚信，世界上赞成马克思主义的人会多起来的，因为马克思主义是科学。"③ 马克思主义并不过时，在今天仍然是我们党的指导思想，这也是由马克思主义的科学性所决定的。马克思主义除了显著的阶级性之外，其科学性在于实践性、发展性和创造性。马克思主义的实践性、发展性和创造性，决定了马

---

① 习近平：《在哲学社会科学工作座谈会上的讲话》，《人民日报》2016年5月19日。

② 中共中央文献研究室编：《建国以来重要文献选编》第5册，中央文献出版社2011年版，第400页。

③ 《邓小平文选》第3卷，人民出版社1993年版，第383、382页。

克思主义是科学，是有生命力的，不过时。

首先，马克思主义的立场、观点、方法，马克思主义的世界观、方法论，是科学的、正确的，是指南，是思想方法，是有生命力的。所谓具有普遍指导意义的真理，首先就是指马克思主义哲学世界观和方法论。学习马克思主义，正确的态度是从马克思主义中找立场、找观点、找方法，并且学会运用马克思主义的立场、观点、方法分析具体问题，从中找出规律，以指导我们的实践。所谓立场，就是工人阶级及其广大劳动人民的立场。用马克思主义看问题首先要站在工人阶级的立场上，从工人阶级和广大人民的立场出发。所谓观点，就是马克思主义对世界的基本看法，就是运用马克思主义的观点认识世界、解释世界、改造世界。所谓方法，马克思主义世界观同时就是方法论，就是运用马克思主义世界观作为方法论分析问题、解决问题。毛泽东同志认为，正确的哲学思维方法是经济学家写出好的经济学论著的必要条件。他说："没有哲学家头脑的作家，要写出好的经济学来是不可能的。马克思能够写出《资本论》，列宁能够写出《帝国主义论》，因为他们同时是哲学家，有哲学家的头脑，有辩证法这个武器。"[①] 正因为马克思有了辩证法、有了唯物论、有了正确的方法论，才创造了科学的论著。

其次，马克思主义的基本原理是有生命力的，马克思主义所揭示的客观规律和历史趋势得出的一般结论，是科学的、正确的原理。

最后，即使马克思主义经典作家的个别结论具有历史局限性，也不可否定马克思主义的普遍真理性和科学性。从历史发展的规律来讲，任何一个历史人物都是有历史局限性的。任何一个理论形态也是一定历史时代的产物。马克思、列宁、毛泽东的某些具体结论，必然受到各自所处的历史和时代条件的制约，不能不具有一定的历史局限性。

---

① 中华人民共和国国史学会编：《毛泽东读社会主义政治经济学批注和谈话》下册，中华人民共和国国史学会编印，1998年，第803页。

马克思主义的科学性主要在于它对社会历史发展客观规律的深刻洞察和揭示，个别结论和论断的局限性并不说明可以否定马克思主义的科学性。马克思主义的科学性决定了马克思主义永远是我们党的指导思想，这点是不可动摇的。一旦动摇了、放弃了马克思主义的指导，必然会发生东欧剧变、苏联解体之类的山崩地裂的蜕变。

（四）哲学社会科学工作者必须坚持马克思主义指导地位

第一，坚持以马克思主义为指导，首先要解决真懂真信的问题，自觉接受马克思主义指导。

习近平总书记指出："我国广大哲学社会科学工作者要自觉坚持以马克思主义为指导，自觉把中国特色社会主义理论体系贯穿研究和教学全过程，转化为清醒的理论自觉、坚定的政治信念、科学的思维方法。"①

我们党虽然始终强调坚持以马克思主义为指导，但对于每一位哲学社会科学工作者来说，并不是都已经完全解决好了真懂真信问题。只有坚持以马克思主义为指导，才能推进我国哲学社会科学繁荣发展，构建中国特色哲学社会科学创新体系。每一个哲学社会科学工作者只有解决了对马克思主义真懂真信问题，才能真正掌握马克思主义立场、观点和方法，才能提高运用马克思主义指导科研的能力和水平，才能自觉接受马克思主义指导，才能把马克思主义真正用于指导哲学社会科学研究工作。

第二，坚持以马克思主义为指导，核心要解决好为什么人的问题。

为什么人的问题是哲学社会科学的根本性、原则性问题。必须解决好为什么人的问题。为什么人的问题，是马克思主义群众观的

---

① 习近平：《在哲学社会科学工作座谈会上的讲话》，《人民日报》2016 年 5 月 19 日。

根本问题。这就是刘云山同志所讲的"为了谁、依靠谁、我是谁"的问题。要解决为什么人的问题，就有一个坚持以什么样的世界观、价值观和方法论为指导的问题。如果坚持以错误的世界观、价值观和方法论为指导，那么搞科研就是为了个人，就是为了评职称，为了多拿钱，为了光宗耀祖，为了出名得利。如果以马克思主义的世界观、价值观为指导，那么搞科研就是为了中国特色社会主义，为了中华民族伟大复兴，为了发展社会主义文化事业，这样就不会把追逐个人名利放在第一位，而是把拿出让党和人民放心的科研成果放在第一位。所以，所有从事哲学社会科学研究的同志，都有一个为什么人的问题，为什么人做学问、为什么人服务的问题。哲学社会科学工作者当然要为人民搞科研，为人民服务，为党和政府的决策服务。在今天，就是为中国特色社会主义服务，为实现中国梦的总方针服务。

毛泽东同志曾经借用"皮之不存，毛将焉附"这句成语论述知识分子与人民大众的关系。知识分子就是附着在中国人民大众身上的"毛"。今天，社会主义中国的知识分子就要为人民群众服务，为什么人的问题，就是马克思主义立场问题。坚持马克思主义立场，就会对人民产生深厚感情，对党产生深厚感情，就会知道什么样的政治方向和学术导向是正确的，就会站在人民的立场上，为人民鼓与呼，为人民的利益发声，为党的事业发声。为人民做学问，就必须坚持正确的政治方向和学术导向，必须严格遵守政治纪律，不能跟人民唱反调。比如，有的学者不为工人农民说话，这就有方向问题了。有的学者言必称西，言必称洋，崇拜洋教条，甚至名词用语都照抄照搬外国的，这也是没有解决好为什么人的问题的表现。当然，崇拜土教条也是不对的。

为人民搞科研，有一个对人民负责和对党负责的一致性问题。对人民负责和对党负责是一致的，这就决定了我们要紧密地团结在以习近平同志为核心的党中央周围，这与为人民谋利益是一致的。就要从党和国家的需要出发，以实际工作中亟待回答和解决的重大理论和现实问题，以经济社会发展中的全局性、前瞻性、战略性问题，以干部群众普遍关注的热点、焦点、难点问题为科研工作的主攻方向。我们不反对和否认个人的研究兴趣、爱好和追求，但是，科学研究必须首先解决好为什么人的问题。

第三，坚持以马克思主义为指导，最终要落实到怎么用上来。

"真懂真信"是为了"真用"。马克思主义不仅在于解释世界，更重要的是在于"改造世界"，掌握马克思主义必须体现在用上。1942年2月毛泽东同志在《整顿党的作风》一文中讲道：

> 我们党校的同志不应当把马克思主义的理论当成死的教条。对于马克思主义的理论，要能够精通它、应用它，精通的目的全在于应用。如果你能应用马克思列宁主义的观点，说明一个两个实际问题，那就要受到称赞，就算有了几分成绩。被你说明的东西越多，越普遍，越深刻，你的成绩就越大。现在我们的党校也要定这个规矩，看一个学生学了马克思列宁主义以后怎样看中国问题，有看得清楚的，有看不清楚的，有会看的，有不会看的，这样来分优劣，分好坏。①

对于我们哲学社会科学工作者来说，体现在用马克思主义提出问题、分析问题、认识问题，找到解决问题的答案，用马克思主义指导哲学社会科学研究，出成果，出人才。

第四，坚持以马克思主义为指导，必须解决好学风问题。

习近平总书记强调："对待马克思主义，不能采取教条主义的态度，也不能采取实用主义的态度。"② 必须采取理论联系实际的学风，这是对待马克思主义的正确态度。

第五，坚持以马克思主义为指导，必须坚持问题导向。

---

① 《毛泽东选集》第3卷，人民出版社1991年版，第815页。
② 习近平：《在哲学社会科学工作座谈会上的讲话》，《人民日报》2016年5月19日。

习近平总书记指出:"坚持问题导向是马克思主义的鲜明特点。"① 问题是时代的灵魂。具体问题具体分析是马克思主义活的灵魂。只有抓住时代问题、分析问题、解决问题,才能推进哲学社会科学发展。哲学社会科学工作者必须坚持问题导向,以党和国家当前重大理论和现实问题为科研主攻方向,把哲学社会科学研究落实在思考和解决重大问题上来。

第六,坚持以马克思主义为指导,必须不断推进马克思主义中国化、时代化、大众化的伟大任务。

习近平总书记指出:"马克思主义中国化取得了重大成果,但还远未结束。我国哲学社会科学的一项重要任务就是继续推进马克思主义中国化、时代化、大众化,继续发展 21 世纪马克思主义、当代中国马克思主义。"② 紧密结合中国特色社会主义伟大实践创新,不断推进马克思主义中国化理论创新,是摆在哲学社会科学工作者面前的重大的历史使命。

三 深刻领会和全面把握关于加快构建中国特色哲学社会科学历史使命的重要论述

习近平总书记指出:"观察当代中国哲学社会科学,需要有一个宽广的视角,需要放到世界和我国发展大历史中去看。人类社会每一次重大跃进,人类文明每一次重大发展,都离不开哲学社会科学的知识变革和思想先导。"③ 在深刻把握当今时代、当代中国新形势、新实践、新需要的基础上,他提出了加快构建中国特色哲学社会科学的战略任务和历史使命。

---

① 习近平:《在哲学社会科学工作座谈会上的讲话》,《人民日报》2016 年 5 月 19 日。
② 习近平:《在哲学社会科学工作座谈会上的讲话》,《人民日报》2016 年 5 月 19 日。
③ 习近平:《在哲学社会科学工作座谈会上的讲话》,《人民日报》2016 年 5 月 19 日。

人类历史证明，社会大变革的时代，就是哲学社会科学大繁荣的时代。伟大的时代一定是产生伟大理论的时代，伟大的实践一定是推进学术繁荣的实践。放眼当代中国，中国特色社会主义实践是前无古人的伟大实践，我国正经历着中国历史上最为广泛而深刻的社会变革，中国人民正在进行着人类历史上最为宏大而独特的实践创新。这就为我国哲学社会科学提供了理论创造、学术繁荣的广阔舞台、材料源泉和强大动力，我国哲学社会科学正面临着发展的大好机遇。一切有理想、有抱负的哲学社会科学工作者应积极为党和人民述学立论、建言献策，努力担负起建构当代中国特色哲学社会科学的光荣使命。

当今世界正处于大发展、大变革、大调整时期，面对复杂的国际形势和国际环境，需要哲学社会科学认真研究、正确阐释、广泛宣传中国发展道路和发展理念，提升国家话语权和舆论主导权，为党和国家应对国际挑战和风险提供及时有效的建议；迫切需要建立与我国国际地位相称、能够为增强国家综合实力和国际竞争力提供有力支撑的哲学社会科学，使我国哲学社会科学以前所未有的崭新姿态出现在世界舞台上，进一步扩大我国学术和文化在国际上的影响力、吸引力、感召力。

构建中国特色哲学社会科学，是增强国家软实力、提高国际竞争力、争夺国际话语权的必然要求，也是我国哲学社会科学繁荣发展的必由之路。

（一）提出构建中国特色哲学社会科学的总思路

习近平总书记提出的加快构建中国特色哲学社会科学的总思路是：要按照立足中国、借鉴国外，挖掘历史、把握当代，关怀人类、面向未来的思路，着力构建中国特色哲学社会科学，在指导思想、学科体系、学术体系、话语体系等方面充分体现中国特色、中国风格、中国气派。这就要求我们必须立足中国大地，根据中国文明，凝练中国智慧，创新中国思想，解决中国问题，服务中国发展,真正体现中国特色、中国风格、中国气派。

(二) 提出构建中国特色哲学社会科学的总特点

习近平总书记强调指出,构建中国特色哲学社会科学创新体系要突出"六个"特点。

一要体现继承性、民族性。要善于继承、吸收借鉴人类优秀文明成果,善于融通马克思主义的资源、中华优秀传统文化的资源、国外哲学社会科学的资源,坚持不忘本来、吸收外来、面向未来。体现继承性,就要坚定文化自信,挖掘和阐发中华优秀传统文化,努力实现中华传统美德的创造性转化、创新性发展,把具有当代价值的中国文化精神弘扬起来,把继承优秀传统文化又弘扬时代精神、立足本国又面向世界的当代中国文化创新成果传播出去。中国特色哲学社会科学要具有鲜明的民族性,一不照抄照搬国外的东西,反对洋教条;二不照抄照搬本国已有的传统结论,反对土教条,而是深深扎根于中国的土地上,是在中国的土地上创造出来的思想学术成果。在弘扬民族优秀文化成果的同时,必须以宽广视野观察世界,以主动的姿态面向世界,以积极的态度了解世界,以比天空更宽阔的胸怀对待不同文明,大胆吸收和借鉴人类社会一切有益思想成果。哲学社会科学只有在古今中外丰富的学术思想中汲取营养、推陈出新,才能传承中华文明、宏大社会主义先进文化,才能健全完善具有中国特色、体现时代精神的哲学社会科学创新体系。

二要体现原创性、时代性。习近平总书记指出,我们的哲学社会科学有没有中国特色,归根到底要看有没有主体性、原创性。创新是哲学社会科学的本质所在,是一个国家、民族、政党发展的不竭动力。只有以我国实际为研究起点,提出具有主体性、原创性的理论观点,构建具有自身特质的学科体系、学术体系、话语体系,我国哲学社会科学才能形成自己的特色和优势。要回答和解决实践当中遇到的各种新课题,在中国特色社会主义这项前无古人的伟大实践中发挥出哲学社会科学强大的助推力，就要始终坚持解放思想、实事求是、与时俱进、开拓创新，真正做到把马克思主义基本原理同中国具体实际相结合，积极推动马克思主义中国化进程；真正做到准确把握当今世界发展趋势和当代中国经济社会发展规律，积极推动学术观点创新、学科体系创新和科研方法创新。要赢得具有许多新的历史特点的伟大斗争，就应该以我们正在做的事情为中心，加强对改革开放和社会主义现代化建设实践经验的系统总结，加强对发展社会主义市场经济、民主政治、先进文化、和谐社会、生态文明以及党的执政能力建设等领域的分析研究，加强对党中央治国理政新理念新思想新战略的研究阐释，从我国改革发展的实践中挖掘新材料、发现新问题、提出新观点、构建新理论。

三要体现系统性、专业性。中国特色哲学社会科学应该涵盖历史、经济、政治、文化、社会、生态、军事、党建等各领域，囊括传统学科、新兴学科、前沿学科、交叉学科、冷门学科等诸多学科，不断推进学科体系、学术体系、话语体系建设和创新，努力构建一个全方位、全领域、全要素的哲学社会科学体系，敢于创立中国学派、中国理论、中国观点，使中国哲学社会科学真正屹立于世界哲学社会科学之林。要加强以马克思主义为指导，努力瞄准世界学术发展前沿，立足当代中国学术实际，大力加强学科建设，完善学科布局，形成具有支撑作用的基础学科，具有较强优势的重点学科，具有重要现实意义和良好发展前景的新兴学科、交叉学科，具有重要文化价值的"绝学"和濒危学科。要与学科体系相配套，大力抓好教材建设，形成适应中国特色社会主义发展要求、立足国际学术前沿、门类齐全的哲学社会科学教材体系。要通过总结经验，探索规律，制定配套的制度和措施，创造有利于出成果、出人才的学科发展的新体制新机制。要实行基础研究和应用研究并重并举，鼓励那些能够为解决经济社会发展的重大问题提供认知新途径的科学研究，鼓励科研人员致力于原创性、原理性的重大发现，为应用研究和对策研究提供强大厚重的学理支撑。

(三) 提出构建中国特色哲学社会科学的具体任务

习近平总书记指出了构建中国特色哲学社会科学的具体任务：一是抓好马克思主义经典著作的学习和研究；二是继续推进马克思主义中国化、时代化、大众化；三是加强对中华优秀传统文化的挖掘和阐发；四是系统总结改革开放和社会主义现代化建设实践经验，加强对党中央治国理政新理念新思想新战略的研究阐释，提炼出有学理性的新理论，概括出有规律性的新实践；五是按照突出优势、拓展领域、补齐短板、完善体系的要求，加强学科体系建设，统筹抓好基础学科、优势重点学科、新兴学科和交叉学科、冷门学科建设；六是抓好教材体系建设，形成适应中国特色社会主义发展要求、立足国际学术前沿、门类齐全的教材体系；七是加强话语体系建设，善于提炼标识性概念，打造易于为国际社会所理解和接受的新概念、新范畴、新表述，引导国际学术界展开研究和讨论；八是推进评价体系改革，建立科学权威、公开透明的成果评价体系，等等。对这些重要任务和工作，要一项一项进行梳理研究，明确远期、中期、近期的目标要求，有路线图，有时间表，有具体分工和责任单位，以钉钉子精神抓好各项任务和举措的落实。

(四) 提出构建中国特色哲学社会科学，要从人抓起，久久为功

要实施以育人育才为中心的哲学社会科学整体发展战略，构筑学生、学术、学科一体的综合发展体系。要实施哲学社会科学人才工程，建立哲学社会科学人才体系。关心好、培养好、发挥好哲学社会科学工作者队伍，让他们成为现今思想的倡导者，社会风尚的引导者，党执政的坚定支持者。

（五）提出构建中国特色哲学社会科学，要注意顶层设计、统筹协调

习近平总书记指出，构建中国特色哲学社会科学是一个系统工程，是一项极其繁重的任务，要加强顶层设计，统筹各方面力量协同推进。

四 深刻领会全面把握加强和改善党的领导是繁荣发展哲学社会科学根本保证的重要论述

习近平总书记指出："哲学社会科学事业是党和人民的重要事业，哲学社会科学战线是党和人民的重要战线。加强和改善党对哲学社会科学工作的领导，是繁荣发展我国哲学社会科学事业的根本保证。"[1]

坚持正确的政治方向和学术导向，坚持以马克思主义为指导，必须坚持和改进党对哲学社会科学的领导。党的领导是繁荣发展哲学社会科学事业的根本保证。一方面，各级党委要重视和加强对哲学社会科学工作的政治领导和工作指导，一手抓繁荣发展，一手抓管理，从政治方向、学术导向、科研课题、机构设置、人才培养、物质保障等方面，关心和支持哲学社会科学事业发展。哲学社会科学研究机构和广大哲学社会科学工作者，要自觉接受党的领导。另一方面，要切实改进党对哲学社会科学工作的领导。各级党委和政府要尊重哲学社会科学发展规律，不断改进领导方式，提高领导水平。要认真贯彻"二为""双百"方针，重视人才、爱惜人才，实施哲学社会科学人才工程。要落实知识分子政策，调动科研人员积极性，实施以育人育才为中心的哲学社会科学整体发展战略。要大

---

[1] 习近平：《在哲学社会科学工作座谈会上的讲话》，《人民日报》2016 年 5 月 19 日。

力实施哲学社会科学创新工程，积极倡导学术民主，充分尊重学术自由，正确处理思想理论领域的问题，注意区分学术问题和政治问题的界限，引导哲学社会科学工作者在坚持正确政治方向的前提下，进行大胆探索和创新。

习近平总书记发表的关于哲学社会科学的重要讲话，提出了关于哲学社会科学的一系列新理念新思想新战略，是我国哲学社会科学发展进程中具有里程碑意义的标志性大事。学习贯彻习近平总书记重要讲话，必须吃透精神、领会实质、掌握要领，真学会用。

习近平总书记的重要讲话，集中回答了面对新形势"发展什么样的哲学社会科学，怎样发展哲学社会科学"这样一个核心问题。全面提出了结合中国特色社会主义伟大实践，繁荣发展哲学社会科学，构建中国特色哲学社会科学这样一项战略任务。科学阐述了关于哲学社会科学重要地位和作用；关于哲学社会科学"五个面对""五个迫切"需要更好发挥作用；关于马克思主义是哲学社会科学的指导思想和根本遵循；关于加快构建中国特色哲学社会科学的目标任务；关于加强和改善党的领导是繁荣发展创新哲学社会科学根本保证这样五个方面的重要思想。

学习领会习近平总书记关于哲学社会科学的重要讲话精神，要紧密结合"一个核心问题""一项战略任务""五个方面的重要思想"，全面深刻领会和把握以下重要论述：关于坚持和发展中国特色社会主义，必须高度重视哲学社会科学的重要论述；关于坚持以马克思主义为指导，是当代中国哲学社会科学区别于其他哲学社会科学的根本标志，必须旗帜鲜明加以坚持的重要论述；关于继续推进马克思主义中国化、时代化、大众化，继续发展21世纪马克思主义、当代中国马克思主义的重要论述；关于我国哲学社会科学工作者要自觉以马克思主义为指导，自觉把中国特色社会主义理论体系贯穿研究和教学全过程，转化为清醒的理论自觉、坚定的政治信念、科学的思维方法的重要论述；关于哲学社会科学工作者以马克思主义为指导，首先要解决真懂真信的问题，核心要解决好为什么人的问题，最终要落实到怎么用上来的重要论述；关于哲学社会科学工作者要自觉担负起为党和人民述学立论、建言献策光荣使命的重要论述；关于按照立足中国、借鉴国外，挖掘历史、把握当代，关怀人类、面向未来的思路，加快构建全方位、全领域、全要素中国特色哲学社会科学创新体系，在指导思想、学科体系、学术体系、话语体系等方面充分体现中国特色、中国风格、中国气派的重要论述；关于构建中国特色哲学社会科学创新体系要体现继承性、民族性、原创性、时代性、系统性、专业性要求的重要论述；关于实施以育人育才为中心的哲学社会科学整体发展战略，构筑学生、学术、学科一体的综合发展体系的重要论述；关于构建中国特色哲学社会科学，要从人才抓起，久久为功，实施哲学社会科学人才工程，建设哲学社会科学人才体系的重要论述；关于落实党的知识分子政策，切实做到政治上充分信任、思想上主动引导、生活上关心照顾的重要论述；关于繁荣哲学社会科学，必须解决好学风问题的重要论述；关于落实"双百"方针，提倡哲学社会科学理论创新和知识创新，营造哲学社会科学风清气正、互学互鉴、大胆探索、积极向上学术生态的重要论述；关于加强和改善党对哲学社会科学的领导，是繁荣发展我国哲学社会科学的根本保证的重要论述；等等。

我们一定要把习近平总书记的重要讲话学深吃透，切实用到哲学社会科学的实际工作中，牢牢把握马克思主义指导的地位和方向，始终坚持党对哲学社会科学的领导这个政治保证，按照习近平总书记关于构建体现中国特色、中国风格、中国气派，富有中国话语的哲学社会科学创新体系的建设总思路，有针对性地着力解决哲学社会科学工作中存在的问题，实实在在地推进我国哲学社会科学繁荣发展。

深入学习贯彻习近平总书记重要讲话精神，全面推进我国哲学社会科学话语体系建设[*]

哲学社会科学话语体系的灵魂、特色、风格、气派，是一定阶段发展的产物，是成熟的标志，是实力的象征，也是自信的体现。从一定意义上说，话语体系建设在整个中国特色哲学社会科学建设中具有非常特殊的地位，发挥着至关重要的作用。但目前我国哲学社会科学话语的能力与水平同"学术大国"的地位还不太相称，尚有一定距离。要深入学习贯彻习近平总书记关于哲学社会科学的重要讲话精神，通过加强话语体系建设助力我国哲学社会科学创新发展；在此基础上，全面推进我国哲学社会科学话语体系建设再上新台阶。

一 深入学习贯彻习近平总书记关于哲学社会科学的重要讲话精神

2016年5月17日，习近平总书记在哲学社会科学工作座谈会上发表重要讲话。这篇讲话既为哲学社会科学创新发展提供了根本

---

[*] 该文系作者2016年10月14日在上海召开的第三届全国哲学社会科学话语体系建设理论研讨会上的讲话，原载《世界社会主义研究》2017年第1期。

遵循和行动指南，同时也提出了推进中国特色、中国风格、中国气派的哲学社会科学话语体系建设的指导方针和思路要求，讲话立意高远，论述深刻，内涵丰富，意义重大。

习近平总书记关于哲学社会科学的重要讲话，是指导我国哲学社会科学创新发展的马克思主义纲领性文献，具有强大的理论说服力和现实指导性。

第一，科学论述了哲学社会科学"不可替代"的重要地位和作用。习近平总书记结合中国特色社会主义理论和实践的新发展、新形势、新任务，对哲学社会科学提出了一系列新论断、新表述、新要求，将哲学社会科学的重要性提高到了前所未有的高度。他指出：

> 一个国家的发展水平，既取决于自然科学发展水平，也取决于哲学社会科学发展水平。一个没有发达的自然科学的国家不可能走在世界前列，一个没有繁荣的哲学社会科学的国家也不可能走在世界前列。坚持和发展中国特色社会主义，需要不断在实践和理论上进行探索、用发展着的理论指导发展着的实践。在这个过程中，哲学社会科学具有不可替代的重要地位，哲学社会科学工作者具有不可替代的重要作用。①

这一重要论断是对哲学社会科学在中国特色社会主义建设和中华民族伟大复兴事业中的"不可替代"的重要地位的新阐释，是对我国哲学社会科学工作者应肩负的历史使命和应实现的社会价值的新要求。

第二，着重强调了必须坚持马克思主义在我国哲学社会科学领域的指导地位。习近平总书记强调指出：中国特色哲学社会科学，

---

① 习近平：《在哲学社会科学工作座谈会上的讲话》，人民出版社2016年版，第2页。

特就特在坚持以马克思主义为指导上,"坚持以马克思主义为指导,是当代中国哲学社会科学区别于其他哲学社会科学的根本标志,必须旗帜鲜明加以坚持"①。

我们所要坚持的马克思主义,绝不是僵化的教条的马克思主义,而是在实践中不断发展的生机勃勃的马克思主义。对于哲学社会科学工作者来说,坚持以马克思主义为指导,首先要解决好为什么人的问题。为人民群众做学问、为人民群众拿笔杆子,是我国哲学社会科学工作者的神圣使命,是实现哲学社会科学价值的根本目的。

坚持以马克思主义为指导,必须坚持问题导向,不断提出解决问题的正确思路和有效办法;必须坚持用联系的发展的辩证的眼光看问题,努力揭示中国特色社会主义发展、人类社会发展的大逻辑大趋势,不断推进21世纪马克思主义发展的新高度新境界。

第三,明确提出了加快构建中国特色哲学社会科学的战略任务和历史使命。习近平总书记全面回答了构建中国特色哲学社会科学的总体思路、主要特点、具体任务、基本要求和重要方法等一系列重大问题。

一是提出了构建中国特色哲学社会科学的总体思路。"要按照立足中国、借鉴国外,挖掘历史、把握当代,关怀人类、面向未来的思路,着力构建中国特色哲学社会科学,在指导思想、学科体系、学术体系、话语体系等方面充分体现中国特色、中国风格、中国气派。"② 二是提出了构建中国特色哲学社会科学的主要特点。要体现继承性、民族性,原创性、时代性,系统性、专业性。三是提出了构建中国特色哲学社会科学的具体任务。抓好马克思主义经典著作的学习和研究,继续推进马克思主义中国化、

---

① 习近平:《在哲学社会科学工作座谈会上的讲话》,人民出版社2016年版,第8页。

② 习近平:《在哲学社会科学工作座谈会上的讲话》,人民出版社2016年版,第15页。

时代化、大众化；重视对中华优秀传统文化的挖掘和阐发；注重对党中央治国理政新理念新思想新战略的研究阐释；加强对学科体系、教材体系、学术体系、话语体系、评价体系的建设和创新。四是提出了构建中国特色哲学社会科学的基本要求。要从人抓起，久久为功。要关心好、培养好、使用好哲学社会科学工作者，使其成为先进思想的倡导者、学术研究的开拓者、社会风尚的引领者、共产党执政的坚定支持者。五是提出了构建中国特色哲学社会科学的重要方法。要注意顶层设计、统筹协调。构建中国特色哲学社会科学是一项极其繁重的任务，要加强顶层设计，统筹各方面力量协同推进。

第四，深刻阐述了党的领导是繁荣发展哲学社会科学事业的根本保证。习近平总书记指出："哲学社会科学事业是党和人民的重要事业，哲学社会科学战线是党和人民的重要战线。"[①] 各级党委要高度重视和加强对哲学社会科学工作的政治领导和工作指导；要尊重哲学社会科学发展规律，不断改进领导方式，提高领导水平。

二 加强话语体系建设，助力我国哲学社会科学创新发展

哲学社会科学体系包括两个方面：一是理论观点体系，这是哲学社会科学体系的实质内容；二是话语表达体系，这是哲学社会科学体系的表述形式。内容与形式是一致的，内容决定形式，形式为内容服务。没有内容，再好的形式也是空洞的、无用的。没有适当的表述方式，再好的内容也无法科学表达，或表达不完备，或表达出来不能为人们所理解和接受，内容就会落空。从一定意义上说，话语体系建设在整个中国特色哲学社会科学建设中具有非常特殊的

[①] 习近平：《在哲学社会科学工作座谈会上的讲话》，人民出版社2016年版，第25页。

地位，发挥着至关重要的作用。一定要把加强哲学社会科学话语体系建设放在特殊的重要位置，抓紧、抓实、抓好，助力构建在马克思主义指导下的、具有中国特色的哲学社会科学。

（一）推进话语体系建设，必须坚持马克思主义的指导地位

哲学社会科学领域话语权之争首先是马克思主义的话语权之争，是马克思主义能否通过一定的表达形式占领理论学术阵地，真正起到指导思想和理论指南灵魂作用的重要问题。160多年前，马克思主义的科学社会主义思想在《共产党宣言》中曾被经典作家描述为"一个幽灵，共产主义的幽灵，在欧洲游荡"[①]。然而历经一个半世纪多的风雨兼程，马克思主义从最初的，然而又是彻底表达真理的发声，已经发展成为对当今世界历史进程和人类社会发展最具价值、影响和作用，有着巨大语言震撼性、无穷话语穿透力和最彻底表达方式的科学理论最高峰。这除了因为它具有征服人们的真理内容外，还因为它具有无穷魅力的话语形式。当今社会上存在一些模糊甚至错误的认识，认为马克思主义已经过时了、不管用了，等等，这些认识在实际工作中也有所表现，正如习近平总书记所指出的那样，"在有的领域中马克思主义被边缘化、空泛化、标签化，在一些学科中'失语'、教材中'失踪'、论坛上'失声'"[②]。当然，这与在一些领域不讲、不用马克思主义话语，而是鹦鹉学舌、不分良莠、照抄照搬西方负面话语、古人负面话语，丧失了马克思主义话语权有着相当大的关系。这种状况必须引起我们高度关注。加强我国哲学社会科学话语体系建设，须臾不可离开马克思主义的指导，不能让马克思主义闪烁着科学真理光辉和人类智慧灵光的话语"失语""失踪""失声"，既要大讲、特讲、反复讲、经常讲马克思主义话语，坚持继承马克思主义的已被实践和历

[①] 《马克思恩格斯选集》第1卷，人民出版社1995年版，第271页。
[②] 习近平：《在哲学社会科学工作座谈会上的讲话》，人民出版社2016年版，第10页。

史检验的话语；又要结合当代实际，不断创造马克思主义的新鲜话语，丰富发展创新马克思主义话语体系。大力加强我国哲学社会科学话语体系建设，必须以马克思主义为统领，把话语权牢牢掌握在人民手里，掌握在党的手里。

（二）推进话语体系建设，必须坚守党的意识形态阵地

哲学社会科学领域话语权之争在一定意义上也是意识形态之争，争夺哲学社会科学领域话语权，就是占领党的意识形态阵地。要坚决批判和摒弃渗透到我国社会主义意识形态中的落后意识形态的负面话语，与之进行坚持不懈的斗争。一是对西方话语体系和我国古代社会的话语体系进行全面梳理，搞清楚哪些可以借鉴使用，哪些可以取其精华，哪些必须批判摒弃，哪些必须去其糟粕。二是坚持鲜明准确的、具有中国特色的、马克思主义的、社会主义的话语，绝不能放弃话语权，放弃了就等于自废武功。譬如阐释马克思主义基本原理、基本观点和我党的基本路线、基本理论、基本纲领、基本经验等，这些根本性的话语，不能不讲，更不能弃之不用，要始终不渝、持之以恒、一以贯之地坚持。三是用是非清楚、观点鲜明的、具有中国特色的、马克思主义的、社会主义的话语教育群众、引导群众。不能用是非混淆、模棱两可的话语，误导舆论、误导群众，让群众搞不清楚什么是正确的、什么是错误的、什么应该坚持、什么应该反对，甚至把正确的当作错误的，把错误的当成正确的。

（三）推进话语体系建设，必须打造标识性的新概念、新范畴、新观点的新表述

中国共产党自成立以来，创造了许多深入人心的标识性话语，发挥了争取群众、教育群众、动员群众、团结群众和战胜敌人、克服困难、渡过险阻、取得胜利的能动作用；创造了科学地阐释马克思主义和中国化马克思主义的鲜明的话语体系，如毛泽东思想、邓

小平理论、"三个代表"重要思想、科学发展观、以习近平同志为核心的党中央治国理政新思想新理念新战略等。这些标识性的话语体系生动地阐明并向群众通俗地宣传、向国际社会鲜明地表明马克思主义的真理和中国共产党的主张。我们要在坚持这些已有的具有中国特色的、马克思主义的、社会主义的、中国共产党的、为人民群众所喜闻乐见和通俗易懂的优秀话语表达的基础上，不断创造具有中国特色的、代表性的，体现新概念、新范畴、新观点的话语体系，这对于建设以马克思主义为指导的、以社会主义核心价值观为主流的、以中国特色社会主义理论体系为主导的、让人民群众广为接受的、具有中国特色的哲学社会科学话语体系有着非常重要的作用。

（四）推进话语体系建设，必须突出中国特色、中国风格、中国气派

建设具有中国特色、中国风格、中国气派的哲学社会科学话语体系，说到底就是必须讲中国话，用马克思主义指导下的中国理论学术话语分析中国问题、阐释中国观点、讲述中国故事、论证中国道路、宣传中国主张、预测中国未来、指导中国实践。不能机械套用西方负面话语，绝不做西方资本主义意识形态的"应声虫"或"传话筒"；也不能生硬照搬古人负面话语，绝不做复古主义的"老夫子"。改革开放以来，大量的西方话语涌入中国，其中有很多体现了先进文明，但也有许多带着落后的意识形态属性，具有一定的落后性。盲信、迷信、偏信西方负面话语的问题，可以说在我国哲学社会科学的一些领域不同程度地存在，一定程度上误导了一些人的认识，带来了严重的不良影响。为了有力回击具有落后意识形态属性的负面话语，打破西方话语垄断和话语霸权，迫切需要我们加快构建以马克思主义为指导的具有中国特色、中国风格、中国气派的哲学社会科学话语体系。

（五）推进话语体系建设，必须贯穿涵盖学科体系、教材体系、学术体系、评价体系的话语构建

哲学社会科学话语体系建设，不能孤立地进行，必须结合哲学社会科学学科体系、教材体系、学术体系、评价体系等的话语体系建设，要把马克思主义话语体系贯穿进去，起灵魂指导作用。一是必须贯穿涵盖学科体系的话语构建。要特别注重让马克思主义话语在所有学科话语体系建设中起到核心、引领和导向作用，同时注意吸收古今中外先进文明的话语，使马克思主义话语成为引领各个学科话语体系的"主流话语"，以纠正在一些学科中的马克思主义"失语"现象。二是必须贯穿涵盖教材体系的话语建设。要特别注意组织编写充分反映马克思主义中国化最新成果、充分反映中国特色社会主义丰富实践、充分吸收古今中外哲学社会科学优秀话语成果，真正体现马克思主义话语"在场性"的好教材，以杜绝马克思主义话语在一些教材中的"失踪"现象。三是必须贯穿涵盖学术体系的话语建设。要特别使表述马克思主义范畴、概念、观点、方法的，同时又吸收古今中外优秀话语表述的话语成为主导话语，成为理论学术传播的"主旋律"，奏出"最强音"，以改变马克思主义话语在一些理论学术阵地，包括国际学术交流论坛上的"失声"现象。四是必须贯穿涵盖评价体系的话语建设。要特别以马克思主义话语权遏制中国哲学社会科学评价话语中的某些错误倾向，建立方向明确、科学权威、公开透明、公平开放的哲学社会科学人才和成果评价话语体系，以改变一些哲学社会科学人才和成果评价中不分是非、过偏过滥、丢失评价话语权的现象。

（六）推进话语体系建设，必须重视顶层设计，统筹协调，主动出击，扩大影响

一是推进话语体系建设，要摆脱"声音还比较小"的处境。要让中国的话语不仅被国内大众所接受和传播，还要被国际社会所理解和接受，真正做到面向大众、面向现实、面向未来、面向世界的"四个面向"。在实践基础上，要认真提炼表达中国理论学术思想的范畴、概念和命题，具有中国特色、中国风格、中国气派的话语，以不断深化中国理论学术体系建设的内涵。要破除对于西方理论学术的话语迷信，汲取古今中外理论学术话语的积极成果，夯实中国理论学术的话语体系基础。积极支持鼓励我国哲学社会科学机构参与和设立国际性学术组织，支持鼓励海外中国学术研究中心、国外学会、基金会使用中国话语，研究中国问题，加强国际智库交流，推动海外中国学研究，争夺国际领域的话语权。二是推进话语体系建设，要克服"有理说不出"的窘境。要聚焦国内大众和国际社会关注的问题，加大研究力度，加强运用大众话语对于中国特色社会主义伟大实践的学理阐释，为在国内外理论学术界赢得话语权打下坚实基础。三是推进话语体系建设，要克服"说了传不开"的困境。要运用互联网和大数据技术，构建方便快捷、资源共享的哲学社会科学话语信息发布平台。加强优秀学术网站和学术期刊建设，扶持推介高水平学术研究成果，推进中国理论学术话语真正深入人民群众之中，使中国话语大踏步地"走出去"，让中国声音传得广、扬得远。

三 全面推进我国哲学社会科学话语体系建设再上新台阶

哲学社会科学话语体系的灵魂、特色、风格、气派，是发展到一定阶段的产物，是成熟的标志，是实力的象征，也是自信的体现。但目前我国哲学社会科学话语的能力与水平同"学术大国"的地位还不太相称、尚有一定距离。要让中国人民和世界人民知道"学术中的中国""理论中的中国""哲学社会科学中的中国"；要让中国人民和世界人民知道"中国道路""中国精神""中国的发展、开放和为人类文明做出的贡献"，使"学术大国"变成"学术强国"，哲学社会科学话语体系建设任重而道远。在这个任重而道远的建设过程中，必须始终正确地把握好五大关系。

（一）立足中国、面向世界，坚持民族性与世界性相统一

推进话语体系建设，一是必须立足中国，坚持民族性。要重视中华民族的优秀文化，从中汲取智慧和元素，推进话语建设要与继承中华民族的优秀文化特质、思维模式、价值取向、行为方式和话语体系相结合，融为一体；要围绕我国和世界发展面临的重大问题，着力构建能够体现中国立场、彰显中国智慧、蕴含中国价值的话语体系。二是必须面向世界，坚持世界性。以宽广视野观察世界，以积极主动的姿态了解世界，以比天空更宽阔的胸怀对待不同文明，大胆吸收人类社会一切话语成果的精华，使其成为构建中国特色哲学社会科学话语体系的有益滋养。要反对洋教条，不能再版更不能翻版西方负面话语。如果不加分析地把国外话语体系奉为圭臬，一切以此为准绳，那就舍本求末了。三是必须坚持民族性与世界性相统一。强调民族性并不是要排斥其他国家的话语成果，而是要在比较、对照、批判、吸收、升华的基础上，使民族性的话语更加符合当代中国和当今世界的发展趋势与发展要求。越是具有民族性的话语体系，越是能更好地解释中国的和世界性的问题；越是从全世界着眼吸取各国有益的、积极的话语，越是能把中国实践总结好、阐释好，越是能在世界上先声夺人，越是能为解决世界性问题宣传中国方案和中国智慧。

（二）挖掘历史、把握当代，坚持继承性与创新性相统一

推进话语体系建设，首先，必须挖掘历史，坚持继承性。要坚定我国独有的文化自信和话语自信，挖掘和阐发中华优秀传统文化话语，使中华民族最基本的文化话语基因与当代新的文化话语相适应。对于前人创造的一切优秀话语体系，我们都要研究借鉴，既不能不加分析地把历史文化话语当作僵死不变的模板，生搬硬套、简

单延续，也不能不加分析地把历史文化话语弃如敝屣、完全否定。其次，必须把握当代，坚持创新性。创新是哲学社会科学发展的永恒主题，也是推进话语体系建设的永恒之义。要融通古今各种资源，不断推进知识创新、理论创新、方法创新，以积极推动话语体系创新，多讲新话。要在准确把握当今世界发展趋势和当代中国经济社会发展规律的基础上，及时研究推出表述新思想、新理念、新办法的新话语。否则，话语体系就会苍白无力，哲学社会科学就会"肌无力"，就会"失声"。最后，必须坚持继承性与创新性相统一。把弘扬优秀传统话语与创新当代话语紧密结合起来，坚持古为今用、推陈出新，在继承前人的基础上不断地超越。

（三）追求真理、以人民为中心，坚持科学性与价值性相统一

推进话语体系建设，首先，必须追求真理，坚持科学性。鼓励科研人员致力于原创性、原理性的理论学术发现，为话语体系建设提供强大厚重的学理支撑。其次，必须以人民为中心，坚持价值性。坚持话语体系建设为人民发声，为党的意识形态建设提供话语支撑的价值取向，讲大众听得懂的、听得进的、传得开的话语。最后，必须坚持科学性与价值性相统一。是否及时科学地抓住事物、对象、信息的本质和实质加以表达，是否具有科学性，影响着话语体系所传达的思想观点能否被认同。要提高话语体系的传播力和影响力，实现话语体系建设的价值性，就要深入研究传播规律和受众心理等话语体系建设的内在科学性。不断深化对共产党执政规律、社会主义建设规律和人类社会发展规律的认识，讲出中国特色社会主义理论体系的内在逻辑性和科学性，才能准确表达出追求真理、以人民为中心的中国声音。

（四）务实求真、立足现实，坚持理论性与实践性相统一

推进话语体系建设，首先，必须格物致知，坚持理论性。话语体系建设是思想表达活动，离不开理论指导。话语体系建设是对科

学理论和社会实践的科学解释与理性解读，不是封闭的文字游戏、概念推演和空泛的套话，必须坚持正确的理论论证。其次，必须立足现实，坚持实践性。实践最有说服力，最能显示话语体系宣扬真理的力量。话语体系建设必须植根于中国实践，植根于中国人民，真正提炼出反映中国特色社会主义本质的，表达人民群众心声的，易学、易懂、易记、易传、管用的，体现中国特色哲学社会科学理论、观点、概念、范畴的话语体系。最后，必须坚持理论性与实践性相统一。中国哲学社会科学话语体系与中国特色社会主义伟大实践互为表里、互相促进。中国特色社会主义的生动实践、亿万人民群众火热的创造实践，是哲学社会科学话语体系建设的不竭源泉和强大力量。正是这些实践孕育和催生了中国特色哲学社会科学话语体系。一定要深入实践挖掘、总结、概括、提升反映时代经验和体现中国精神的话语。

（五）深究学理、善假于物，坚持内容性与形式性相统一

推进话语体系建设，首先，必须深究学理，坚持内容性。理念创新是话语创新的核心内容。要以哲学社会科学的学科体系、理论体系和学术体系的建设为基础，构建能把中国故事背后的道理说透，既"中用"又"耐听"的理论学术话语体系。其次，必须善假于物，坚持形式性。既要关注"说什么"的问题，又要关注"借助什么说"的问题。荀子《劝学》中有"顺风而呼，声非加疾也，而闻者彰"。其中起到"大声"传播作用的奥秘在于"善假于物"。话语的表达形式要为传播内容服务，努力提高话语的传播效果，要用别人听得懂的语言形式表达中国声音；要与时俱进地采用新形式，用先进的国际传播技术和手段进行快捷有效的传播。最后，必须坚持内容性与形式性相统一。哲学社会科学话语体系不仅在内容上要充分反映当代中国哲学社会科学思想理论体系，而且要在形式上创造切合中国实际、体现时代特色的，反映新概念、新范畴、新逻辑的，具有为人民群众喜闻乐见的语言风格的话语体系，以不断增强中国话语的吸引力、影响力和感染力。

　　习近平总书记鲜明地提出了"发挥我国哲学社会科学作用，要注意加强话语体系建设"的战略任务。一切有理想、有抱负的哲学社会科学工作者都应该立时代之潮头、通古今之变化、发思想之先声，自觉增强历史责任感和使命感，担负起历史赋予我们的神圣任务和光荣使命，以"自信人生二百年，会当水击三千里"的魄力和勇气，以清醒的理论自觉、坚定的政治信念、科学的思维方法，为构建中国特色哲学社会科学话语体系而努力奋斗！

加快推进中国特色哲学社会科学话语体系建设,巩固马克思主义思想舆论阵地[*]

加强中国特色哲学社会科学话语体系建设,是中国特色社会主义实践创新的需要,也是党的理论创新的要求。一要强化政治意识,坚持以马克思主义主导哲学社会科学话语体系建设;二要强化使命意识,加快构建中国特色哲学社会科学话语体系;三要强化创新意识,遵循哲学社会科学发展规律推进话语体系建设。

一 强化政治意识,坚持以马克思主义主导哲学社会科学话语体系建设

2016年5月17日习近平总书记在哲学社会科学工作座谈会上的重要讲话,为我国哲学社会科学创新发展提供了根本遵循和行动指南,为哲学社会科学话语体系建设明确了指导方针和思路要求。这是当前和今后中国特色哲学社会科学话语体系建设的重要指引和基本遵循。习近平总书记在哲学社会科学工作座谈会上指出:

---

[*] 该文系作者2017年5月4日在山东省青岛市召开的第四届全国哲学社会科学话语体系建设理论研讨会上的讲话,原载《国家行政学院学报》2017年第3期。

坚持以马克思主义为指导，是当代中国哲学社会科学区别于其他哲学社会科学的根本标志，必须旗帜鲜明加以坚持。[1]

意识形态属性是哲学社会科学话语体系的重要特征，在我国推进哲学社会科学话语体系建设，必须坚持以马克思主义为指导的根本方向。

（一）哲学社会科学话语体系建设首先要确立和巩固马克思主义话语权

话语体系是话语权的基础。话语体系是一个政党、阶级、民族、国家在理论与实践活动中赖以确立主动权的表达形式，是一个政党、阶级、民族、国家在思想文化领域确立领导权的重要条件，具有鲜明的意识形态属性。在国际关系中，话语体系体现着一个国家、民族的地位；在国内关系中，话语体系关系到某一阶级及其政党在意识形态领域、思想文化领域的领导。[2] 对我国来说，话语体系建设关系到党的执政基础和领导地位，关系到党执政的理论、路线、政策和策略的实施和落实。

话语体系不是个别的概念范畴，也不是简单的表达方式，而是一个严密、科学、有逻辑性的概念范畴的表述体系。话语体系在构成要素上，包括反映阶级利益、意识形态、价值判断的"主题选择""分析框架"和"使用语言"[3]，有着确定的意识形态内涵。在哲学社会科学领域确立马克思主义话语权，需要我们在话语体系建设上，从党的立场出发、从工人阶级立场出发、从人民的立场出发选择主题，作为话语体系主旋律，以马克思主义世界观和方法论

---

[1] 习近平：《在哲学社会科学工作座谈会上的讲话》，人民出版社2016年版，第8页。

[2] 梅荣政：《构建马克思主义理论研究学术话语体系简论》，《学校党建思想与教育》2013年第14期。

[3] 梅荣政：《构建马克思主义理论研究学术话语体系简论》，《学校党建思想与教育》2013年第14期。

科学择立和正确运用哲学社会科学学术术语。

确立和巩固马克思主义在哲学社会科学领域的话语权，在话语体系建设上，绝不能搞所谓的"中性化""纯粹学术化""价值中立化"，绝不能搞"去政治化""去意识形态化"，必须是非清楚，旗帜鲜明，选边站队，敢于亮剑。当前，马克思主义话语权占主导地位仍然是我国哲学社会科学的主流，但也存在马克思主义话语被篡改、被取代、被边缘化的倾向，借学术外衣排斥甚至否定马克思主义话语的现象还广泛存在。习近平总书记指出，"在有的领域中马克思主义被边缘化、空泛化、标签化，在一些学科中'失语'、教材中'失踪'、论坛上'失声'"[1]。对这一现象，一方面要坚决抵制，另一方面要主动发声。我们既要坚决继承马克思主义的已被实践和历史检验的已有话语，又要结合当代实际，不断创造马克思主义的新鲜话语，丰富发展创新马克思主义的话语体系。只有这样，才能把哲学社会科学话语权牢牢掌握在人民手里，掌握在党的手里。[2]

（二）哲学社会科学话语体系建设必须要重视思想舆论引导和斗争

争夺哲学社会科学领域话语权，是巩固党的意识形态阵地的必然要求。在学术研究中自觉运用马克思主义基本原理和方法论，主动宣介党的理论、路线、纲领和方针，离不开哲学社会科学话语体系的支撑。坚持用马克思主义指导的哲学社会科学话语来表达，才能正本清源，以正视听，引导思想舆论，激发正能量。习近平同志2012年6月19日在视察中国人民大学《资本论》教学与研究中心时指出：现在我们好像有一种风气影响，好像谁能够（掌握）西方最

---

[1] 习近平：《在哲学社会科学工作座谈会上的讲话》，人民出版社2016年版，第10页。

[2] 王伟光：《学习贯彻落实习近平总书记关于哲学社会科学重要讲话精神，加快构建中国特色哲学社会科学》，《中国社会科学》2016年第12期。

时尚的理论，谁就最时髦，好像是最受欢迎，这个是值得商榷的。特别是我们教学战线，你们要坚守，要旗帜鲜明，要理直气壮。

必须坚守马克思主义核心话语的表达权，避免模棱两可的话语在思想理论领域起模糊乃至误导作用。尤其是要防止对马克思主义话语的误读、曲解和有意回避；对中国化马克思主义话语的错误或不科学运用；对西方话语的过度推崇和不加辨析地引用；对中国传统文化话语的不分良莠地照用，特别要警惕和防止打着创新和发展等口号用一些误人子弟的所谓新名词替代马克思主义话语；打着现代化、发展马克思主义的名义歪曲和误读马克思主义话语；通过设置议题、引导舆论和炒作社会热点问题用一些中性的概念来取代马克思主义语境下具有特定内容的话语。

当前，对中国特色社会主义，用"全新的社会主义"即民主社会主义错误解读者有之，歪曲其为"资本社会主义"者有之，污蔑它是"新官僚资本主义"者有之；对社会主义市场经济，有人只谈"市场经济"，不谈"社会主义"；对全面深化改革中更好发挥政府作用，有人污蔑为"新权威主义2.0版本"；还有错误和片面地运用"公民社会""新闻自由"等看似中性的词语隐藏其西化思想的取向，试图以此来解读当代中国特色社会主义的经济、政治和文化；等等。这些都是借西方话语搞穿凿附会，企图取代或歪曲马克思主义关于中国特色社会主义的基本概念和范畴，试图削弱马克思主义在哲学社会科学话语领域的指导地位。值得注意的是，当前社会思潮中还存在一种复古主义倾向，借吸收中国传统文化精华之名，将历史上已被实践证明是错误的、过时的理论观点用新的词语包装起来，误导社会大众。对这些层面的不同话语及其背后隐藏的问题和误导，需要从马克思主义立场出发给予有针对性的话语回应和批驳。①

---

① 王伟光：《学习贯彻落实习近平总书记关于哲学社会科学重要讲话精神，加快构建中国特色哲学社会科学》，《中国社会科学》2016年第12期。

（三）哲学社会科学话语体系建设要重视话语辨析和吸纳

哲学社会科学的研究范围广阔，涉及经济、政治、社会、文化等各个领域。不同领域话语虽然具有各自的应用情境和话语对象，但需要坚持共同的正确立场，同时还需要相互协调、相互借鉴和共同发挥作用。譬如，就马克思主义话语体系建设来说，随着历史的发展，马克思主义话语体系中的用语、概念、范畴也在不断扩大、深化、丰富。列宁的"帝国主义论"、毛泽东同志的"新民主主义革命理论"、邓小平同志的"有中国特色社会主义理论"、"三个代表"重要思想和科学发展观、习近平总书记系列重要讲话和治国理政新理念新思想新战略，既是马克思主义不断发展创新的理论形态，又有其不断发展创新的话语形式。我们党成功地将马克思主义话语体系与中国实际相结合，创造性地构建了中国化的马克思主义话语体系，对于传播、运用和发展马克思主义，指导中国革命建设和改革开放发挥了重要作用。[①]

马克思主义的传播和运用需要哲学社会科学话语体系这个载体，而对不同话语体系的辨析、批判、吸收和整合又是非常必要的。巩固马克思主义在我国意识形态领域的主导地位，必须重视哲学社会科学话语的辨析和吸纳。马克思主义是我国哲学社会科学的指导思想，马克思主义话语是我国哲学社会科学的主导话语。加强哲学社会科学话语体系建设，重中之重是加强马克思主义话语体系建设。一方面，马克思主义话语体系的研究需要注重马克思主义经典著作的研究，梳理和提炼出马克思主义基本原理中的基本概念、判断、范畴和表述，梳理和总结我党重大理论成果中的概念内涵和主题语言，使之成为不断发展的马克思主义话语体系的核心元素；另一方面，马克思主义话语体系的梳理和总结需要立足实践，即面向中国特色社会主义实践和人民群众实际关心的问题，注重吸收世

---

① 张海鹏：《推进中国历史学话语权体系建设》，《福建日报》2017年2月14日。

界先进文化及其优秀话语表达,不断赋予马克思主义话语体系以实践特色、时代特色和民族特色。

马克思主义指导下的哲学社会科学话语体系建设需要遵循开放性原则,运用恰当的语言和方式来表达正确的观点和立场,坚决避免盲目地照抄照搬西方流行和时髦的概念范畴、分析框架和表达形式。需要处理好政治话语、学术话语及大众话语之间的关系。既要提升政治话语力量,也要加快学术话语的科学性和引导性,更要注重大众话语的崛起,通过不断推进和发展马克思主义指导下的哲学社会科学话语体系建设,才能真正巩固马克思主义的主导地位和话语权。

二 强化使命意识,加快构建中国特色哲学社会科学话语体系

建设与中国特色社会主义事业发展要求相适应的中国特色哲学社会科学话语体系,是当前我国哲学社会科学发展面临的重要历史使命。习近平总书记关于话语体系建设的重要讲话精神,为我们推进中国特色哲学社会科学话语体系建设提供了重要的理论依据与基本遵循。深刻领会习近平总书记关于话语体系建设的指示精神,充分认识话语体系建设的重要意义,需要从以下几个方面强化哲学社会科学工作者的使命担当意识。[1]

(一) 围绕"两个创新",高度重视中国特色哲学社会科学话语体系建设

实践创新带动理论创新,理论创新指导实践创新。在伟大实践创新的基础上必将产生伟大的理论创新,伟大的理论创新必将引导伟大的实践创新。中国特色社会主义伟大事业的全面推进,是我们

---

[1] 王伟光:《学习贯彻落实习近平总书记关于哲学社会科学重要讲话精神,加快构建中国特色哲学社会科学》,《中国社会科学》2016 年第 12 期。

党在马克思主义指导下的实践创新,而中国特色社会主义理论体系的不断丰富和发展,又是我们党在实践创新基础上的理论创新。

历史上每一次大的社会变革,无不蕴含着哲学社会科学的理论学术创新。习近平总书记在哲学社会科学工作座谈会上指出:

> 当代中国正经历着我国历史上最为广泛而深刻的社会变革,也正在进行着人类历史上最为宏大而独特的实践创新。①

这种实践创新,也是中国共产党人在自觉地进行理论创新指导的背景下取得的。改革开放以来,我们党领导中国人民开辟和拓展了中国特色社会主义道路,创造性地创立和发展了中国特色社会主义理论体系及其话语体系,发出"中国声音"阐明"中国经验"和"中国奇迹"。在中国革命、建设和改革开放的进程中,马克思主义指导地位及其话语体系、话语权的确立,马克思主义及其话语体系、话语权在中国化进程中的衍进和确立,极大地凝聚了中国人民的最大共识,带动了中国社会的历史性进步。当前,我国已经步入统筹推进"五位一体"总体布局和协调推进"四个全面"战略布局、实现"两个一百年"奋斗目标和"中国梦"的新的伟大征程。中国正日益成为我们这个时代聚光灯下的主角,日益走进历史舞台的中心,为世界历史上演"中国故事"。这就迫切需要我们进一步推进实践创新,并在实践创新进程中,进一步加强理论创新,用理论创新的成果指导实践、阐释实践、推进实践。而在实践和理论的双向互动创新进程中,不断推进话语体系创新,打造具有中国特色、中国风格、中国气派的哲学社会科学学术话语体系,有效地对我国发展实践作出科学全面的解释,有力地回应对中国特色社会主义的种种误读、错解和歪曲,打破西方话语垄断,筑牢思想防线,最大限度地凝聚社会共识,牢牢掌握意识形态的话语权,用生

---

① 习近平:《在哲学社会科学工作座谈会上的讲话》,人民出版社 2016 年版,第 8 页。

动而准确的术语、概念和语言，编织和描绘好中华民族伟大复兴的历史剧本，用中国的声音吸引人、说服人和感染人，为中国特色社会主义发展提供理论学术的话语支撑。①

（二）着眼"两个巩固"，积极推进中国特色哲学社会科学话语体系建设

理论服从并服务于指导实践，话语体系服从并服务于理论体系，更服从并服务于实践。马克思在《关于费尔巴哈的提纲》中指出"哲学家们只是用不同的方式解释世界，问题在于改变世界"②，话语体系从来不会独立于社会生活之外，它恰恰构成当代世界各种意识形态及其价值观传播的话语支撑。我国宣传思想文化工作的根本任务，就是要"巩固马克思主义在意识形态领域的指导地位，巩固全党全国人民团结奋斗的共同思想基础"。哲学社会科学话语体系建设的根本任务就是为"两个巩固"服务，服从并服务于"两个巩固"。当前，我们党正在进行具有许多新的历史特点的伟大斗争，面临着治国理政的新的巨大考验。在内部，由于社会主义市场经济条件下的利益主体多元化的影响，我们面临着社会思潮多元化对马克思主义指导地位挑战带来的风险；在外部，由于两种社会制度和意识形态的斗争仍在激烈进行，我们面对西方资本主义国家对我国思想文化渗透带来的挑战。这就要求我们在构建哲学社会科学话语体系的同时，通过创新哲学社会科学话语体系，用贴近现实、反映真理的中国特色的哲学社会科学创新话语来解释现实，宣传群众、教育群众、团结群众、武装群众、掌握群众，增强主流思想舆论的解释力和说服力。加强马克思主义指导的中国特色哲学社会科学话语体系建设，可以有效抵御各种错误思潮的影响，防止西方敌对势力的"颜色革命""和平演变"，增强广大人民群

---

① 王伟光：《学习贯彻落实习近平总书记关于哲学社会科学重要讲话精神，加快构建中国特色哲学社会科学》，《中国社会科学》2016年第12期。
② 《马克思恩格斯选集》第1卷，人民出版社1995年版，第57页。

众对的道路自信、理论自信、制度自信和文化自信。①

(三) 立足"两个视野",科学看待中国特色哲学社会科学话语体系建设

凡是世界的,就是民族的;凡是民族的,就是世界的。中国特色哲学社会科学话语体系建设既需要国际视野,也需要民族视野。中国特色哲学社会科学话语体系建设,既需要吸纳世界文明成果,也需要突出中国特色文化优秀基因,要做到"世界性"与"民族化"相结合。②

推进中国特色哲学社会科学话语体系建设需要有世界眼光,立足国际视野。只有准确把握当代世界的发展潮流,坚持从与世界互动的角度分析中国的发展脉络和前进方向,将历史的纵向比较与各国的横向比较相结合,才能更深刻地阐释和宣传好中国道路和中国经验。中国要融入世界并在世界事务中发挥更大作用,也必须使自己的哲学社会科学话语体系具有更广阔的国际视野和更大的国际影响。当代中国特色哲学社会科学话语体系建设要积极地"走出去",走向世界舞台,开辟中国特色的话语表述渠道,借助融通中外的新概念、新范畴、新表述,通过具有中国智慧的表达方式,推广中国文化、中国精神,演绎中国理念、中国思想,讲述中国道路、中国方案,努力占领国际话语的道义制高点,最大限度地赢得国际社会理解认同。譬如,要主动阐释中国对"人类命运共同体"的定义,推广传播"新安全观""新型大国关系""合作共享"等中国话语,消除国际疑虑。要通过宣传"一带一路"倡议,发挥我国在经贸文化方面的引领作用,宣传"和平发展"理念。要通过国内外学术交流和智库交流,借鉴性地使用国际上的流行话语,

---

① 王伟光:《学习贯彻落实习近平总书记关于哲学社会科学重要讲话精神,加快构建中国特色哲学社会科学》,《中国社会科学》2016年第12期。

② 王伟光:《学习贯彻落实习近平总书记关于哲学社会科学重要讲话精神,加快构建中国特色哲学社会科学》,《中国社会科学》2016年第12期。

探讨国际社会共同关注的问题，推动全球经济政治文化合作治理，增强我国哲学社会科学研究的国际影响力。

立足中国特色哲学社会科学话语体系建设的民族视野，就是要始终坚持中国立场、中国表达，要自觉地把中国道路、中国制度、中国理论、中国理念、中国方案、中国力量融入理论研究和分析的过程和结论中，用中国特色的民族语言表达传播和宣介；就是要坚持中华民族优秀文化和思想的特性，让话语体系更多地包含中国声音、中国基因、中国元素；就是要用生动鲜活、具有民族特色的大众语言，赋予中国特色哲学社会科学研究以时代性、通俗化和新活力。[①]

当代世界社会主义国家和资本主义国家的主流话语体系仍然存在尖锐的对立和矛盾，在科学研究和宣传教育工作中不能盲目照搬西方话语体系，不能"言必称西"，奉西方话语为圭臬，盲目信奉和照搬所谓"国际惯例""国际流行""西方主流"，不能在理论工作和科学研究中落入西方话语权的陷阱。坚持民族视野，核心是要坚持中国的本国立场和学术主体性，反对西方对中国的矮化、妖魔化。要对西方的双重标准进行有力辩驳，避免在国际学术界丧声、在国际宣传领域哑语、在国际舆论场失语、在学术论坛上缺语。

三 强化创新意识，遵循哲学社会科学发展规律，推进话语体系建设

哲学社会科学话语体系的生成、演变和发展有其内在的规律性，推进中国特色哲学社会科学话语体系建设，需要遵循话语体系发展的内在客观规律。具体地说，是要做好以下几个方面。

[①] 参见习近平《在哲学社会科学工作座谈会上的讲话》，人民出版社2016年版。

（一）坚持政治方向与学术导向的统一

加强中国特色哲学社会科学话语体系建设，要坚持正确的政治方向和学术导向。坚持正确的政治方向，就要坚持以马克思主义为指导，在学术研究中自觉运用辩证唯物主义和历史唯物主义的基本原理和方法论，牢牢把握马克思主义的主导地位。要严守政治纪律、政治规矩，在重大政治原则和大是大非面前，始终与党中央保持一致，始终保持政治清醒、政治定力、政治敏锐性和政治鉴别力，自觉抵制各种错误的社会思潮及其话语表达。[①]

坚持正确的政治方向和学术导向，首先要在哲学社会科学学科建设中使马克思主义话语成为核心话语、主流话语，发挥主导和引领作用；要在教材编写中坚持运用并充分体现马克思主义基本原理、基本命题及马克思主义中国化的最新成果的话语表达，在学术命题、学术观点上深刻表达马克思主义基本原理、基本观点的范畴、概念，充分说明马克思主义的真理性和生命力；要在学术评价上以马克思主义的用语突出马克思主义的指导作用，建立方向明确、科学权威、公开透明、公平开放的哲学社会科学人才和成果评价话语体系，扭转学术成果和人才评价体系中马克思主义导向指标少、权重弱、标准低的失语失声失踪现象。

中国特色哲学社会科学话语体系建设固然要吸收人类社会先进话语成果，但在引进国外相关哲学社会科学范畴和术语时，不能不加辨别地一概收用，要防范西方利用学术话语权转移带来的侵蚀，避免被西方用学术话语牵着鼻子走，按西方的话语逻辑"给争论下定义"，由西方"提供参考术语"，从而掉进其"分配注意力"陷阱。总之，要在中国学术自信基础上推动话语体系建设，这是当代中国特色哲学社会科学走向成熟的标志。

[①] 董云虎：《努力建设中国特色哲学社会科学学术话语体系》，《学术月刊》2016年第4期。

加强中国特色哲学社会科学话语体系建设必须正确处理好政治方向和学术导向之间的关系。要尊重学术发展规律，善于用哲学社会科学的学术话语阐释并传播正确的政治观点，在更深层次和更大范围内，借学术逻辑、学术概念和学术语言表达正确的政治观点，避免以政策宣传替代学术研究，将学术理论简化为政治口号，削弱理论研究和学术研究的话语影响力和说服力。

（二）坚持话语继承与话语创新的统一

中国特色哲学社会科学话语体系建设，必须坚持以马克思主义话语体系为根与魂。一种话语体系能不能落地生根、能不能成为主流话语体系，关键要看它是否科学、彻底和说服人。马克思主义话语体系建立在科学的基础之上，是对客观世界、人的思维认识和人类社会发展规律的客观反映。马克思主义的立场、观点、方法和在这个立场、观点、方法指导下所构建的基本原理是一个科学的理论体系，它所提供的理论指导、分析框架、逻辑结构和话语体系仍然是我们洞察说明当代世界和探索预测未来社会的有力武器，它不仅没有过时，也不会过时。当代中国特色哲学社会科学话语体系建设需要继承马克思主义一贯的话语体系本色，在学术研究和理论宣传中要保持马克思主义话语永远"在场"。另外，马克思主义理论体系又是开放的、发展的，随着时代的发展和实践的推进，需要根据新的现实，构建出新的理论框架，揭示出新的学术原理，总结出新的思想观点，不断推出新的话语表达，丰富和深化马克思主义的逻辑范畴、术语概念和话语表达，赋予其新的时代内涵和表达形式，特别是中国特色的表述方式。①

中国特色哲学社会科学话语体系建设，必须把研究阐释习近平总书记系列重要讲话和治国理政新理念新思想新战略及其话语特色

---

① 王伟光：《学习贯彻落实习近平总书记关于哲学社会科学重要讲话精神，加快构建中国特色哲学社会科学》，《中国社会科学》2016 年第 12 期。

作为重要任务，准确把握其在马克思主义中国化进程中的历史定位，阐释好其实质要义、时代内涵和精神品格，阐明其与马列主义、毛泽东思想、中国特色社会主义理论体系一脉相承的关系，揭示其与时俱进的特质，把握其话语表达特点。譬如，要围绕"五位一体"总体布局、"四个全面"战略布局、"四个意识"、"四个自信"、"五大发展理念"等重要论述，进行深入具体的话语表达的创新性研究，使中国特色哲学社会科学话语体系更丰富更生动，更具有理论穿透力和舆论影响力。

（三）坚持话语创新与学术创新的统一

中国特色哲学社会科学话语体系建设离不开话语表达的创新。在哲学社会科学研究中，新的学术观点宣介往往需要用新的学术话语来表达。话语体系建设要重视学术话语表述创新，要赋予哲学社会科学话语更广阔的背景、更深远的语境、更富有特色的语言、更广泛的受众，推动话语体系的大众化、普及化。[1]

话语体系创新不能独立进行。话语体系创新应当贯穿于话语构建的各领域，涵盖学科体系、学术体系、教材体系和评价体系等方面。习近平总书记在全国哲学社会科学工作座谈会上指出："发挥我国哲学社会科学作用，要注意加强话语体系建设。"[2] 我国话语体系建设水平总体不高，在建设以马克思主义为指导的学科体系、学术体系、话语体系上功力不足、高水平成果不多。在学术命题、学术思想、学术观点、学术标准、学术话语上的能力和水平同我国的综合国力和国际地位还不太相称。话语体系建设要结合哲学社会科学的学科体系、教材体系、学术体系、评价体系等加大创新推进力度。

---

[1] 王伟光：《学习贯彻落实习近平总书记关于哲学社会科学重要讲话精神，加快构建中国特色哲学社会科学》，《中国社会科学》2016年第12期。

[2] 习近平：《在哲学社会科学工作座谈会上的讲话》，人民出版社2016年版，第24页。

中国特色哲学社会科学话语体系建设,要在学术创新过程中推动话语创新。话语创新离不开学术创新,话语创新要立足于学术研究的理论创新,既要建立在人类现有哲学社会科学成果之上,又要勇于突破原有的理论范式和学术原理,要敢于在前人基础上提炼出新概念、新观点和新术语。

构建中华思想史当代中国马克思主义学派[*]

构建中华思想史当代中国马克思主义学派，是中华思想史研究的一项重要任务。必须站在时代高度，把握时代主题，梳理、提炼中华优秀思想的脉络和精华；一以贯之地把历史唯物主义的立场、观点和方法贯穿到中华思想史研究的全过程。必须始终坚持从社会存在出发的原则，实现思想史与社会史相结合；坚持从人民立场出发的原则，书写人民思想史；坚持从占统治地位的思想出发的原则，提炼主流意识形态的脉络和线索；坚持从具体问题具体分析出发的原则，把思想史人物及其思想成果放在一定的历史条件下研究；坚持从思想斗争史出发的原则，梳理中华思想对立与斗争、借鉴与融合的主线索。既要继承传统更要勇于创新，既要立足中国又要放眼世界，从主流意识形态的视角，挖掘出蕴含在中华优秀传统思想中的主流精华，为中国特色社会主义现实服务。

一 站在时代高度，把握时代主题，梳理、提炼中华优秀思想的脉络和精华

纵观人类思想发展史，一切划时代的思想都在于它回应了那个

---

[*] 原载《中国社会科学》2019 年第 11 期，副标题为"关于研究编撰中华思想通史的若干问题"。

时代最迫切的问题。正如马克思所说："问题是时代的格言，是表现时代自己内心状态的最实际的呼声。"① 时代、时代问题、主流意识形态，这是研究思想史必须搞清楚的三个关键词。任何思想都是时代的产物，都是根据时代需要对重大时代问题的理论应答。每个时代都有每个时代占统治地位的思想，任何占统治地位的思想都是回答该时代问题的主流意识形态。研究一定历史条件下的思想成果，全面阐释其价值意义与精神实质，必须首先搞清楚该思想成果之所以能够形成的时代条件，搞清楚它回答了什么样的时代问题，与之相对立的思想是什么，必须把该思想成果放在一定的时代背景下来认识。

思想是在一定历史条件下产生的，同时又受到一定时代历史条件的制约。一切思想都是历史的、具体的，从来不存在什么抽象的、超历史的、超时代的、永恒不变的思想。思想变化的原因，归根结底要到历史时代的物质生产方式的变化中去寻找。时代的变迁，社会形态的更替，决定着观念的转变和新思想的形成，研究编撰《中华思想通史》（以下称《通史》）一定要遵循这样一个逻辑。

研究编撰《通史》，创建中华思想史当代中国马克思主义学派，不仅要了解大的历史时代背景，还要了解今天中国处在一个什么历史方位上。只有从世界所处大的历史时代和中国所处历史方位两个角度，才能真正吃透研究中华思想史的意义与价值，才能搞清楚中华思想史"源"自何方、"流"向何处，梳理出其发展逻辑与实质要义。

（一）站在马克思主义时代观的高度，研究编撰中华思想史

研究编撰《通史》，创建中华思想史当代中国马克思主义学派，从事这样一项学术创新的大工程，应当搞清楚当下处在一个什么样的时代，面临着什么样的时代问题，怎样站在时代的高度梳

---

① 《马克思恩格斯全集》第1卷，人民出版社1995年版，第203页。

理、总结、概括中华思想史的脉络和精粹。

从历史时代的根本性质和社会形态发展的历史进程来判断，我们现在仍然处于马克思主义经典作家所揭示的资本主义社会形态占统治地位的历史时代。从世界范围来看，现在仍然是资本主义社会形态占主导地位，但又是经过社会主义社会过渡，最终取代资本主义社会而进入共产主义社会的历史时代，在该历史时代充满了社会主义与资本主义两条道路、两种制度、两个力量的博弈，这就是马克思主义时代观的科学判断。习近平总书记2017年9月29日在主持中共中央政治局集体学习时指出：

> 时代在变化，社会在发展，但马克思主义基本原理依然是科学真理。尽管我们所处的时代同马克思所处的时代相比发生了巨大而深刻的变化，但从世界社会主义500年的大视野来看，我们依然处在马克思主义所指明的历史时代。这是我们对马克思主义保持坚定信心、对社会主义保持必胜信念的科学根据。[①]

必须从这样的时代观出发，认清每一历史时代的时代精神的历史价值、现实意义和发展逻辑。马克思、恩格斯在《共产党宣言》中指出：

> 至今的一切社会的历史都是在阶级对立中运动的，而这种对立在不同的时代具有不同的形式。
>
> 但是，不管阶级对立具有什么样的形式，社会上一部分人对另一部分人的剥削却是过去各个世纪所共有的事实。因此，毫不奇怪，各个世纪的社会意识，尽管形形色色、千差万别，总是在某些共同的形式中运动的，这些形式，这些意识形式，

[①] 《习近平谈治国理政》第2卷，外文出版社2017年版，第66页。

只有当阶级对立完全消失的时候才会完全消失。①

社会存在决定社会思想，社会思想反映并反作用于社会存在。阶级社会的社会思想是该社会的阶级、阶级矛盾和阶级斗争的意识形态反映。在中国封建社会历史时代，通过农民起义所反映出来的农民阶级代表人物的主张与封建地主阶级代表人物的主张反映着阶级之间的思想分歧与斗争。在资本主义社会历史时代，无产阶级与资产阶级的阶级矛盾和阶级斗争必然反映在意识形态领域，表现为社会主义和资本主义两种思想的斗争。毛泽东同志鲜明地指出：

> 无产阶级要按照自己的世界观改造世界，资产阶级也要按照自己的世界观改造世界。②

两种世界观的斗争就是资本主义社会历史时代阶级之间的思想斗争。列宁在《卡尔·马克思》一文中明确教导我们：

> 马克思主义提供了一条指导性的线索，使我们能在这种看来扑朔迷离、一团混乱的状态中发现规律性。这条线索就是阶级斗争的理论。③

只有遵循马克思主义时代观的基本原则，站在马克思主义关于历史时代科学判断的高度，学会运用阶级观点和阶级分析方法研究中国历史上的思想演变，探寻中国历史上每一个大的历史时代占统治地位的主流思想，梳理出该历史时代的思想斗争史，才能深刻把握研究《通史》的意义和价值，才能编撰出无愧于时代的中华思

---

① 《马克思恩格斯选集》第 1 卷，人民出版社 2012 年版，第 420—421 页。
② 《毛泽东著作选读》（下册），人民出版社 1986 年版，第 785 页。
③ 《列宁专题文集·论马克思主义》，人民出版社 2009 年版，第 15 页。

想史力作。

（二）从中国特色社会主义新时代的视域出发，创新研究中华思想史

研究中华思想史，不仅要从大的历史时代背景下来考量，也要从大的历史时代条件下中国特色社会主义新时代的背景下来考量，换言之，要从国际和国内两个历史视角来认识中华思想发展史。习近平总书记指出：

> 中国特色社会主义进入新时代，在中华人民共和国发展史上、中华民族发展史上具有重大意义，在世界社会主义发展史上、人类社会发展史上也具有重大意义。[①]

只有站在大的历史时代背景下和中国特色社会主义进入新时代这一特定历史方位上观察研究，才能科学确定中华思想史的学科定位和学术特色。只有站在马克思主义经典作家所判断的大的历史时代的广阔视野上，站在中国特色社会主义进入新时代的特定角度上，将两种观察角度结合起来，才能牢牢把握中华思想的过去、现在和未来，才能充分认清源远流长的中华思想的伟大意义，才能深刻理解研究中华思想史的历史和现实价值。

（三）为中华思想发展理出一条清晰、明确的脉络和主线，挖掘和弘扬中华思想的精华

结合大的历史时代和当今中国特色社会主义发展新时代的特征，实现中华优秀传统思想创造性转化、创新性发展，为实现"两个一百年"奋斗目标和中华民族伟大复兴的中国梦服务，是研

---

① 习近平：《决胜全面建成小康社会 夺取新时代中国特色社会主义伟大胜利——在中国共产党第十九次全国代表大会上的报告》，人民出版社2017年版，第12页。

究编撰《通史》的出发点和落脚点。

思想是对历史与实践的深刻把握、理论反映和精神传承。与人类社会发展史相一致，人类思想史是人类历史的记忆与精粹。认知当今现实，必须学习历史，学习历史理应学习思想史，研究历史必须研究思想史。"推古验今，所以不惑。先揆后度，所以应卒。"[①]不了解中国的历史及其思想史，就不能全面把握当代中国的社会现状，不能全面把握当代中华民族的初心和理想，不能全面把握中国人民选择的发展道路和时代任务。

对于中华优秀传统思想，中国共产党人历来高度重视。毛泽东同志说：

> 学习我们的历史遗产，用马克思主义的方法给以批判的总结，是我们学习的另一任务。我们这个民族有数千年的历史，有它的特点，有它的许多珍贵品。对于这些，我们还是小学生。今天的中国是历史的中国的一个发展；我们是马克思主义的历史主义者，我们不应当割断历史。从孔夫子到孙中山，我们应当给以总结，承继这一份珍贵的遗产。这对于指导当前的伟大的运动，是有重要的帮助的。[②]

习近平总书记特别强调，中国共产党人既不奉行历史虚无主义，也不奉行文化虚无主义，而是继承和光大中华优秀传统思想，鲜明地表达了中国共产党人对待中华优秀传统思想的科学态度、正确立场和基本原则。他指出：

> 人类已经有了几千年的文明史，任何一个国家、一个民族

[①] （西汉）黄石公：《素书·求人之志》，张商英注，载《丛书集成初编》第940册，中华书局1985年版，第6页。
[②] 《毛泽东选集》第2卷，人民出版社1991年版，第533—534页。

都是在承先启后、继往开来中走到今天的。①

当代中国是历史中国的延续和发展，当代中国思想文化也是中国传统思想文化的传承和升华，要认识今天的中国、今天的中国人，就要深入了解中国的文化血脉，准确把握滋养中国人的文化土壤。②

中国思想文化"体现着中华民族世世代代在生产生活中形成和传承的世界观、人生观、价值观、审美观等，其中最核心的内容已经成为中华民族最基本的文化基因"③。"在5000多年文明发展中孕育的中华优秀传统文化，在党和人民伟大斗争中孕育的革命文化和社会主义先进文化，积淀着中华民族最深层的精神追求，代表着中华民族独特的精神标识。"④"要加强对中华优秀传统文化的挖掘和阐发，使中华民族最基本的文化基因同当代中国文化相适应、同现代社会相协调，把跨越时空、超越国界、富有永恒魅力、具有当代价值的文化精神弘扬起来，激活其内在的强大生命力，让中华文化同各国人民创造的多彩文化一道，为人类提供正确精神指引。"⑤ 中华优秀传统思想积淀着中华民族最精粹的精神基因，是中华民族生生不息、发展壮大的丰厚的思想道德基础，也是中华民族文化软实力的突出优势。"只有坚持从历史走向未来，从延续民族文化血脉中开拓前进，我们才能做好今天的事业。"⑥ 在带领中

---

① 习近平：《在纪念孔子诞辰2565周年国际学术研讨会暨国际儒学联合会第五届会员大会开幕会上的讲话》，人民出版社2014年版，第7页。
② 习近平：《在纪念孔子诞辰2565周年国际学术研讨会暨国际儒学联合会第五届会员大会开幕会上的讲话》，人民出版社2014年版，第12页。
③ 习近平：《在纪念孔子诞辰2565周年国际学术研讨会暨国际儒学联合会第五届会员大会开幕会上的讲话》，人民出版社2014年版，第12页。
④ 习近平：《在庆祝中国共产党成立95周年大会上的讲话》，人民出版社2016年版，第13页。
⑤ 习近平：《在中国文联十大、中国作协九大开幕式上的讲话》，人民出版社2016年版，第15—16页。
⑥ 习近平：《在纪念孔子诞辰2565周年国际学术研讨会暨国际儒学联合会第五届会员大会开幕会上的讲话》，人民出版社2014年版，第14页。

国人民进行革命、建设、改革的伟大历史实践中，中国共产党人始终是中华优秀传统思想的忠实传承者和坚定弘扬者，高度重视汲取其中积极的养分。要发扬光大中华民族优秀传统思想，用社会主义意识形态战胜资本主义意识形态，就不能割断历史，丢弃中华优秀传统思想。我们今天的思想是从几千年中华优秀传统思想发展过来的。当然，也不能隔断与世界优秀思想的联系，对世界优秀思想也要兼容并蓄。

研究编撰《通史》：一是无论从时间断限还是从思想脉络来看，都要贯通古今。要上溯远古，下迄党的十九大，将中华民族在漫漫历史长河中形成的优秀思想挖掘总结、提炼集成起来，为中国共产党总结历史、开创未来提供丰富的思想资源，为世界文明和人类智识的提升作出属于中华民族的奉献。

二是既要挖掘传承中华优秀传统思想，又要融合会通外来先进思想。要深入探寻中国历史上的思想宝藏，同时注意中华思想对优秀外来思想的吸收融合，从中国和世界、历史与现实的双重维度，深入发掘中华优秀传统思想的精髓内核，探索中华民族绵延不绝的内在精神，为中华民族走向伟大复兴不断注入精神力量。

三是明确马克思主义中国化理论成果，特别是习近平新时代中国特色社会主义思想在中华思想史上的地位和作用。从中华文明历史变迁的角度，审视鸦片战争以来，尤其是中国共产党成立以来的中华思想发展轨迹，从学理上阐明马克思主义中国化理论成果在中华思想史上的价值作用，弘扬几千年中华优秀传统思想和马克思主义相结合所形成的先进思想，即作为当代中国马克思主义、21世纪马克思主义的习近平新时代中国特色社会主义思想。

二 一以贯之地把历史唯物主义的立场、观点和方法贯穿到中华思想史研究的全过程

当前，中华民族正处于走向伟大复兴的历史节点上，处于夺取

中国特色社会主义伟大胜利的关键时期。打造具有鲜明中国特色、中国风格、中国气派的中华思想史学科创新体系，必须坚持正确的政治方向和学术导向，这是中华思想史研究出成果、出人才、出影响力的根本保证。

马克思主义是当代中国学术理论的旗帜和灵魂。"坚持以马克思主义为指导，是当代中国哲学社会科学区别于其他哲学社会科学的根本标志，必须旗帜鲜明加以坚持。"① 在思想史研究领域，必须始终坚持马克思主义的指导地位，始终高扬唯物史观的旗帜。

思想是行动的先导，理论是研究的指南。唯物史观是当代中国史学的旗帜和灵魂，也是中华思想史学科的本旨和指南。唯物史观的创立是人类思想史上的一场伟大革命，赋予了人类正确认识社会及历史的唯一科学的世界观和方法论。它把唯心主义从社会历史领域中彻底清除出去，从而根本解决了历史观乃至历史学领域唯心主义长期占统治地位的问题。如果没有马克思创立唯物史观，人们对社会生活及其历史的认识还会在黑暗中摸索。正如列宁所言：

> 马克思的历史唯物主义是科学思想中的最大成果。过去在历史观和政治观方面占支配地位的那种混乱和随意性，被一种极其完整严密的科学理论所代替……它把伟大的认识工具给了人类。②

运用唯物史观开展中华思想史研究，"若排云雾而顿见太清，若登泰山而所视廓如"（《六祖坛经》）；背离了唯物史观，则似"以折锥探地而浅地，以屋漏窥天而小天"（《六祖坛经》）。研究编撰《通史》，创建中华思想史当代中国马克思主义学派，离开唯物史观的指导，就会流于表面，变成一纸空言，甚至走向反面。

---

① 习近平：《在哲学社会科学工作座谈会上的讲话》，人民出版社2016年版，第8页。
② 《列宁选集》第2卷，人民出版社2012年版，第311页。

五四新文化运动最大的贡献，就是给中国知识分子带来了新的思想武器——马克思主义。从思想史研究来看，正因为有了马克思主义的立场、观点和方法，有了唯物史观，研究中华传统思想才有了根基，才能分清楚哪些是精华，哪些是糟粕。中华人民共和国成立后，特别是改革开放以来，中华思想史研究领域异彩纷呈、硕果累累，但思想史研究在回应重大时代关切、形成具有鲜明中国特色的思想史马克思主义学派方面，离国家和人民的要求还有不小的距离；思想史研究领域的一些错误观点，特别是近年来以历史虚无主义、历史复古主义为代表的错误思潮，严重败坏正常的学术生态，造成人们的思想混乱，尤为值得警惕。史学本身具有鲜明的意识形态性，思想史研究更离不开意识形态视域。当前存在的历史虚无主义、历史复古主义，其错误倾向集中体现为"三化"：一是把马克思主义、唯物史观"边缘化"，把马克思主义唯物史观的指导地位和作用"虚位化"；二是主张离开党的领导、离开正确政治方向的所谓"纯学术"化，误入学术研究"去政治化"的治学歧途；三是否定哲学社会科学具有鲜明的意识形态性，主张学术研究"去意识形态化"。这"三化"集中表现为"告别革命"。所谓"告别革命"，不仅要告别中国共产党领导的新民主主义革命和社会主义革命，历史上一切推动社会进步的革命都要告别。这实际上是一种逆历史进步趋势而动的历史唯心主义，是否定唯物史观指导的错误历史观。这股错误思潮，最终是要否定中国共产党的领导，否定社会主义制度。这股错误思潮也侵入了思想史研究领域，造成了某些不良的研究倾向。如研究思想史，离开具体时代条件、社会形态和经济基础，离开社会形态一般发展规律，离开有文字记载以来的人类历史都是阶级斗争历史的史实，离开阶级和阶级斗争这条主线，离开阶级社会占统治地位的主流意识形态，把思想史碎片化，将其编排成为一个个毫无任何历史联系、毫无阶级关系的单个思想史人物及其观点的罗列堆砌。

魏徵在《谏太宗十思疏》中说道："求木之长者，必固其根本；欲流之远者，必浚其泉源。"① 五四运动以来，一批中国先进知识分子选择以马克思主义作为哲学社会科学研究的理论指南和方法论基础，这是由中国历史条件所决定的中国哲学社会科学的正确选择。当时中国先进分子所面临的首要问题是正确认识中国社会，找到解救中国的药方，这就必须掌握改造中国社会的先进思想武器，唯物史观理所当然地成为中国先进分子所最先接受的思想武器。在史学研究领域，一批史学家自觉接受唯物史观，开始运用唯物史观指导史学研究，试图运用唯物史观的立场、观点、方法梳理中华思想史的学术脉络，涌现出一批重要学者，留存下一批经典著作。李大钊等人处于中华思想史马克思主义学派的开创阶段，主要成就是提出必须运用马克思主义唯物史观来分析研究中华思想史，坚持了不同于其他学派的、具有鲜明马克思主义唯物史观特色的思想史研究基本立场；到郭沫若等人的中华思想史马克思主义学派的确立阶段，运用唯物史观对中华思想史的基本线索进行了梳理，奠定了思想史研究的马克思主义学派基础；再到侯外庐等人的中华思想史马克思主义学派的推进阶段，运用唯物史观，坚持思想史与社会史相结合，对中华思想史进行了系统的研究，形成了鲜明的马克思主义学派；改革开放新时期，步入中华思想史马克思主义学派的创新阶段。尽管受当时的历史条件和环境限制，以往的马克思主义学派有这样或那样的局限，但中华思想史马克思主义学派的基本学科体系已经确立。现在，历史已经把中华思想史马克思主义学派的创新任务赋予我们这一代学人肩上。

马克思主义哲学既是认识问题的世界观，又是解决问题的方法论。将马克思主义哲学世界观运用到对世界的思考认识上，为思想方法；运用在解决实际问题上，为工作方法。马克思主义的思想方法和工作方法是马克思主义世界观和方法论在实际工作中的具体运用。把马克思主义思想方法和工作方法运用于中华思想史研究，就

---

① 《旧唐书》卷 71《魏徵传》，中华书局 1975 年版，第 2551 页。

有了锐利的思想武器和共同的语言，就能统一思想、统一认识、统一方法。只有掌握马克思主义思想方法和工作方法，建立共同的语境，才能确保《通史》的政治方向和研编质量。研究编撰《通史》的过程，就是运用马克思主义的思想方法和工作方法展开对中华思想史上的人物、流派及其论点的研究分析，从而得出科学、正确结论的过程。在中华思想史研究领域，坚持马克思主义思想方法和工作方法，说到底就是坚持唯物史观的思想方法和工作方法，也就是坚持唯物史观的立场、观点和方法。

（一）必须坚持唯物史观的基本立场

立场问题，说到底就是为什么人的问题。从根本上讲，一定要站在人民的立场上，而不是站在少数人的立场上研究思想史。站在人民的立场上，就能够看清历史上的思想家是站在什么立场上说话、著述的，就能辨清思想史上的是非曲直、先进落后。百余年前，梁启超批评旧史学"知有朝廷而不知有国家"，"知有个人而不知有群体"。[①] 悉览近百年思想史研究成果，许多都没有摆脱以精英人物为主的窠臼，也没有摆脱历史唯心主义的局限，有意或无意地过分夸大思想家的个人作用，忽视人民群众的主体地位。开展中华思想史研究，构建中华思想史当代中国马克思主义学派，必须彻底扭转这种趋势，客观、全面、辩证地分析各个时代的思想，把研究主体放在人民群众身上，把研究重点放在真正代表人民大众的进步思想上，撰写出一部真正属于人民的思想史，书写一部无愧于时代、人民，经得起历史检验的精品力作。

（二）必须坚持唯物史观的基本观点

唯物史观是由一系列基本原理、基本观点构成的科学体系，生产的观点、阶级的观点和群众的观点是唯物史观最基本的观

---

① 《梁启超史学论著四种》，岳麓书社1985年版，第242—243页。

点。用这些基本观点分析中华思想史，就会搞清楚中华思想史上的各个流派、各种观点是从哪来的，为什么人说话，说什么样的话，起什么样的作用。唯物史观认为，物质经济根源是思想的本因，生产力是历史发展的根本动力。强调物质经济的最终原因，强调生产力的决定作用，并非主张片面的僵死的经济决定论和庸俗的唯生产力论，而是在客观地看待经济和生产力因素的决定、基础作用的同时，看到生产关系对于生产力、上层建筑对于经济基础的相对独立性和反作用力，辩证地把握物质与精神、存在与思维、实践与认识、经济基础与上层建筑的相互作用，把握各种因素的交互作用，认识隐藏于偶然性背后的历史必然性，认识社会历史发展的客观规律，认识思想于历史发展的积极或消极作用，从而科学地说明中华优秀传统思想的产生、发展及于中华民族历史进步的作用。

理解一定时代的阶级和阶级关系，成为理解那个时代的要枢。如果不承认奴隶社会以来的历史都是阶级斗争的历史，不认可阶级观点和阶级分析方法，不承认阶级斗争必然导致无产阶级专政，那就阉割了唯物史观的核心要义，唯物史观就变成唯心史观。必须坚持按照阶级分析的方法进行思想史研究与编撰。统治阶级的思想是什么，被统治阶级的思想又是什么，对于唯物主义、唯心主义，形而上学、辩证法，儒、道、墨、法、经、释、玄、理、心、实等学说，都要站在阶级分析的高度来认识和弄清。譬如，中国封建社会贯穿了地主阶级和农民阶级的思想斗争，存在地主阶级内部改革派和保守派之间的思想斗争，研究中国封建社会的思想史，就要做这样的阶级分析。

唯物史观认为，推动历史进步的真正动力是人民群众，强调人民群众是历史的真正主人和根本力量，并不是否认个人和英雄人物的历史作用，而是站在更加宏大的基础上，辩证地把握人民群众与少数历史人物的关系，看到整体社会发展的真正主人。在思想史研究中，要坚持人民创造历史的理念，同时也要注重思想家、理论家、学问家的作用。诚如恩格斯所说：

> 如果要去探究那些隐藏在——自觉地或不自觉地，而且往往是不自觉地——历史人物的动机背后并且构成历史的真正的最后动力的动力，那么问题涉及的，与其说是个别人物，即使是非常杰出的人物的动机，不如说是使广大群众、使整个整个的民族，并且在每一民族中间又是使整个整个阶级行动起来的动机；而且也不是短暂的爆发和转瞬即逝的火光，而是持久的、引起重大历史变迁的行动。①

总体上说，唯物史观揭示了生产力与生产关系、经济基础与上层建筑这一社会基本矛盾的运动规律，揭示了历史真正动因与历史活动主体（个人、阶级、人民群众）的辩证关系，揭示了人民群众与个别历史人物的辩证关系，为把握人类思想运动的轨迹和逻辑提供了有效的认识视野，为研究编撰《通史》开启了科学之门。

（三）必须坚持唯物史观的基本方法

经济分析、阶级分析、利益分析是唯物史观的基本分析方法。用这些基本方法分析中华思想史，就能够分清不同思想的所属阵营。一切社会历史问题，包括社会意识问题，都是由经济根源引发的，一定要从经济入手才能认清为什么会产生各种思想，才能分清哪家思想是为哪家经济、政治需求服务发声的；在阶级社会，经济利益关系表现为阶级利益关系，进行阶级分析就要分析思想背后的阶级利益需求。一切阶级的意识形态都是由阶级利益决定的，受阶级利益所支配，坚持阶级分析必须进行利益分析。只有这样，才能把唯物史观分析方法彻底贯穿到中华思想史的研究中，把中华思想

---

① 《马克思恩格斯文集》第4卷，人民出版社2009年版，第304页。

发展的线索厘清、弄透、搞明白。

三　研究编撰中华思想史必须始终坚持的重要原则

英国哲学家罗素曾经指出："中国至高无上的理论品质中的一些东西，现代世界极为需要。"① 经过多年努力和积累，中华思想史的研究已经渐渐抵近中华思想的核心，开始向中华优秀传统思想的内核发起拷问与探索，希冀发掘出中华民族最深层的精神追求，提炼出中华优秀思想的精神标识。完成《通史》编撰工程既是当代中国发展的需要，也是中国人民对世界发展的贡献。这是一项艰巨的学术任务，必须拿出跨越古今的气魄、百炼成钢的毅力、玉汝于成的精神，在注重思想史连续性与广阔性的同时，充分注意中华优秀传统思想与马克思主义的结合，为当代中国化马克思主义找到中华优秀传统思想的原始基因和发展动力，进而凸显中华思想的时代价值和伟大意义。

如何对待中国历史上的优秀思想，近代中国以来有两种极端的做法：一是把传统思想看作一团漆黑的文化虚无主义；二是固守旧有传统思想糟粕的文化保守主义。习近平总书记要求必须坚持辩证取舍、批判改造、推陈出新、古为今用、洋为中用的正确方针和科学态度。他指出"要处理好继承和创造性发展的关系，重点做好创造性转化和创新性发展"②，把跨越时空、超越国度、富有永恒魅力、具有当代价值的文化精神弘扬起来，把继承优秀传统文化又弘扬时代精神、立足本国又面向世界的当代中国文化创新成果传播出去。"要善于把弘扬优秀传统文化和发展现实文化有机统一起来，紧密结合起来，在继承中发展，在发展中继承。"③ 必须运用

---

① ［英］罗素：《中国问题》，秦悦译，学林出版社1996年版，第151页。
② 《习近平谈治国理政》，外文出版社2014年版，第164页。
③ 习近平：《在纪念孔子诞辰2565周年国际学术研讨会暨国际儒学联合会第五届会员大会开幕会上的讲话》，人民出版社2014年版，第11页。

马克思主义的立场、观点、方法，厘清哪些是应该吸取的精华，哪些是必须剔除的糟粕；同时立足新的实践，对中华优秀传统思想作出合乎逻辑的新阐释，为中华优秀传统思想注入新的时代内涵和现实价值。

推进《通史》研究编撰，既是思想史研究者树论立说的重要机遇，更是主动回应时代关切，以自身所学贡献于中华文明不断繁盛的使命担当。要深刻把握新时代中国哲学社会科学的使命与任务，通古今之变化、发思想之先声，为深入贯彻落实习近平新时代中国特色社会主义思想，坚定文化自信、思想自信，更好地构筑中国精神、中国价值、中国力量，作出中华思想史当代马克思主义学派应有的贡献。

中国特色社会主义伟大实践不断激发理论创新、学术创造的活力，为思想史研究打开了世界性的宏阔视野，奠定了中华思想走向世界的理论与现实根基。思想是时代的精华，学派是思想的果实。研究编撰《通史》要适应时代需要，不断回应重大时代关切，不断提出有客观依据、经得起实践和历史检验的原创性思想和学术观点，推出具有时代思想高度、代表国家学术水准的思想史研究成果。在与国际学术界平等对话的过程中，努力塑造和形成思想史研究的中国学派，为打造具有中国特色、中国风格、中国气派的哲学社会科学学术创新体系作出不懈努力。

以唯物史观为指导，就必须学会运用唯物史观立场、观点、方法，即马克思主义思想方法和工作方法，指导中华思想史的研究和编撰。

（一）坚持从社会存在出发的原则，实现思想史与社会史相结合

从社会存在看思想，从社会史看思想史，就可以看出，有什么样的社会存在就有什么样的思想，有什么样的社会发展史就有什么样的思想史。思想史上的一切范畴、概念、观点都是当时社会关系

的理论反映，是人们为了反映这种社会关系而制造出来的范畴、概念和观点。马克思指出：

> 不是人们的意识决定人们的存在，相反，是人们的社会存在决定人们的意识。①
> 意识［das BewuBtsein］在任何时候都只能是被意识到了的存在［das bewuBteSein］，而人们的存在就是他们的现实生活过程。②

按照马克思的说法，是移入人脑的观念化的外部事物的反映。从社会存在看思想，从社会发展史看思想史，这是研究思想史必须遵循的一个重要原则。任何一个社会占统治地位的思想都是由该社会时代条件所决定的。原始社会占统治地位的思想是由原始社会条件所决定的，奴隶社会、封建社会都是如此。资本主义社会条件决定资本主义社会占统治地位的思想，社会主义社会条件决定必须建立强大的、占主导地位的社会主义意识形态。

思想是存在的反映，人类思想的历史轨迹是人类社会历史轨迹的再现，社会发展的规律和思想发展的规律大体上是相吻合的。恩格斯指出：

> 历史从哪里开始，思想进程也应当从哪里开始。③

思想史上的每一个重要概念和范畴，都有当时历史时代条件下的特定内涵。人类思想是由社会存在决定的，但又具有相对独立性和反作用力，表现为超前性或滞后性、被动性或主动性。要通过社会存在找到思想是怎样产生的，反映什么，又要看到思想对社会存

---

① 《马克思恩格斯文集》第2卷，人民出版社2009年版，第591页。
② 《马克思恩格斯文集》第1卷，人民出版社2009年版，第525页。
③ 《马克思恩格斯选集》第2卷，人民出版社2012年版，第14页。

在产生怎样的作用及怎样发挥作用，看看哪些思想是先进的、有益于社会进步，哪些是落后的、阻碍社会发展。探索原始社会人们思想的萌发，要注意到公有制这一原始社会的经济基础。正是在原始社会公有制这一经济关系中，人们从事社会实践活动，进行集体劳动、集体生活、集体分配，这是观察原始社会思想起源的出发点。人们的集体劳动实践催生了原始社会人们的公有观念和集体观念。在与自然的斗争中，在生产劳动实践中，在人与人的交往中，产生了原始的思想萌芽，并影响了人们各方面的认识。

　　研究思想史的范畴概念，必须注意当时的社会历史条件。以"天下为公"为例，奴隶社会奴隶主讲的"公""公田"，与"普天之下，莫非王土"含义相通，是奴隶主阶级的公有观；封建社会帝王讲的"公""朕即国家"，实质上是封建统治阶级的公有观；孙中山讲的"公""天下为公"，代表了中国民族资产阶级替代封建地主阶级的意愿，是民族资产阶级的公有观。在不同的社会历史条件和背景下，"公"的内涵是不一样的。当然，不同社会的"公"又都具有普遍性因素，不同时代先进的中国人身上具有先公后私、公而忘私的品质，是值得继承和提倡的。

　　社会形态发展史是人类社会史的基础。唯物史观提出了"经济的社会形态"概念，建构了社会形态演变一般规律的理论。从社会存在出发看思想，就要坚持运用马克思主义关于社会形态的分期理论，科学划分思想史的分期。社会历史分期与思想史分期大体是一致的。

　　一定要坚持从马克思主义关于社会形态分期的视域出发考察人类思想史，同时考量每个历史时代中华思想史的主流意识形态及其对立面的意识形态，即占统治地位的统治阶级的思想及其对立面被统治阶级的思想。这是马克思主义史学学派必须坚持的研究原则，是同其他史学流派的基本区别。从不同类型社会形态的条件、状况和性质出发，揭示出思想产生的时代本质和历史特征，探求思想演变与社会变迁之间的内在关系，拷问思想是怎样反映社会存在的，对社会发展又起到了怎样的作用。

人的本质是社会关系的总和。研究社会史就要研究人与人的社会关系史。研究思想，研究思想史，就要研究思想关系史。人类思想不是一个一个孤立的、毫无联系的单个人的思想，而是互相联系的人的思想。研究思想不是单纯就思想而研究思想，而是要研究思想关系；研究思想不是单独研究哪个人物、哪个流派、哪个观点，而是要从社会关系看思想关系，即研究人物间、流派间、观点间由社会关系所决定的思想关系。思想关系不是从思想上寻找，而是从社会关系中寻找，从物质关系中寻找。

人的思想是从哪里来的呢？是社会存在决定的，从社会实践中来的。社会存在决定人的思想要经过一个复杂的社会实践过程。毛泽东同志在《人的正确思想是从哪里来的？》这篇文章中指出：

> 人的正确思想，只能从社会实践中来，只能从社会的生产斗争、阶级斗争和科学实验这三项实践中来。[①]

人的思想来自社会实践，这就是马克思主义的认识论。中华优秀传统思想是中华民族在长期的生产、生活和阶级斗争实践中形成的。人的社会思想是人的社会物质生产、生活过程及其条件的反映。一个人具有什么样的社会思想，主要由其生活的社会环境条件所决定，既与他所处的社会地位、社会关系和受到的社会教育等密切相关，更与他的社会实践密不可分。研究中华思想史的人物、流派及其观点，一定要将其放在特定的历史条件、历史环境、历史背景下考量，从他们所处的社会关系、阶级地位来考量，从他们所从事的广泛的社会实践中来挖掘，看一看他们背后的利益驱动，才能搞清他们所持思想的真实意图。

当然，人们的思想并不是社会存在的被动反映，人的思想对社

[①] 《毛泽东文集》第8卷，人民出版社1999年版，第320页。

会发展起着能动的反作用。社会史决定思想史，思想史反映社会史，同时思想史也体现了思想对社会能动的反作用。思想史研究的一项重要任务就是要揭示思想与社会存在的互动关系和互动作用，对思想史与社会史的互动过程作出符合历史事实和历史规律的描述及解释。

（二）坚持从人民立场出发的原则，书写人民思想史

人民是历史的真正主人、真正主体、真正创造者，人民既创造了物质财富，又创造了精神财富。人民群众是伟大思想家的母亲，是人类优秀思想的真正源头。研究思想史，如果离开了对人民群众及其实践的关注，就无法深入探求人类思想的精华。不能把思想史写成才子佳人的思想史，而是要把对人民思想史的研究与对思想家思想成果的研究结合起来，在重视思想家们思想成果的同时，必须关注人民群众的社会思潮、文化风俗、情感需求和价值取向，编撰出代表中国人民的中华思想史，把思想的历史重新还给人民。

要站在唯物主义历史观的立场上来认知思想史，深刻理解人民创造思想的真正意义。人民思想应该是代表人民根本利益、反映历史进步趋势的思想，这是人民思想史的核心要义。正确认识人民思想史，就要正确理解人民的科学内涵。一般来说，人民是指对社会历史发展起推动作用的人们，是指社会中占绝大多数的人们，其中最稳定的主体部分是从事物质资料生产的劳动群众。在阶级社会中，人民包含不同的阶级、阶层和集团。人民是一个历史的范畴，在不同的历史条件下，实际内涵是不同的。奴隶社会的人民，主要指奴隶，还包括一部分受奴隶主压迫的被统治阶级，比如自由民等。在封建社会代替奴隶社会的转变时期，代表先进生产力的地主阶级属于人民范畴。在新民主主义革命时期，民族资产阶级属于人民的范畴。中华各民族人民直接或间接创造了中华思想，要为中华各民族人民的思想创造树碑立传。思想家个人的思想成果要流传下去，起到历史进步作用，必须有利于社会前进，归根到底必须反映

人民的愿望，体现历史的前进方向。人民赞成不赞成、支持不支持、拥护不拥护，是判断是不是人民思想的重要标准。

这里所指的人民思想，是在这样的意义上讲的：一是一切直接或间接地产生于人民群众所提供的素材的思想。也就是说，有些思想直接取之于民，有的思想本身就是人民的一员提出来的，如毛泽东、邓小平、习近平等中国共产党的领袖人物，就是人民的一员，他们的思想就是人民的思想。二是一切产生于人民群众实践，对人民群众实践有正面反映的思想。三是一切反映历史进步、有利于生产力发展的思想。人民思想应当代表人民群众意愿，体现人民群众的要求。有的思想虽然不是人民直接提出来的，但经由当时先进知识分子的概括、提升，反映了人民的呼声，代表了人民的要求，如"水能载舟，亦能覆舟"的思想、民本思想等。四是一切人民群众在民间直接或间接地表达出来的思想。有的思想是人民直接提出来的，如陈胜、吴广起义时喊出"王侯将相，宁有种乎"的口号。所谓人民的思想史，就是站在人民的立场上，体现人民的实践需要、利益诉求和价值观念，代表社会历史的前进方向，打上人民的烙印，体现中华思想变迁的发展轨迹和内在规律的思想史。思想是人民创造的，同时也是通过思想家的历史活动反映出来的，要把研究人民的思想与研究思想家、理论家、政治家的思想有机地结合起来。

撰写人民思想史，一方面要高度重视历史上人民群众的创造与实践，重视历史上被统治阶级的思想创造。要特别细心搜集和整理历史上人民群众的思想观念，尤其是注意挖掘在历史上普通中国人心中绵延几千年而不绝并在当今时代仍然发挥着积极作用的精神追求、道德观念和思想认识。另一方面也要高度重视历史上统治阶级的思想，既要看到历史上统治阶级思想落后的一面，也要注意其上升时期进步的一面，从历史正反两方面的经验教训中总结当代思想建设可资借鉴的思想资源。中国封建社会的朝代更替，是由当时社会矛盾的激化引起的，人民大众特别是农民群众，在推动王朝更替过程中发挥了重要的历史作用,他们的思想需要我们进一步收集整理。人民思想不完全等同于哪个具体老百姓个人口中说出来的思想。不同时代思想家的思想,只要体现人民的根本长远利益,具有历史进步价值,同样也可以被认定为人民的思想。总之,对于人民思想史,要历史地看待、科学地分辨,并在研究中不断深化认识。

(三)坚持从占统治地位的思想出发的原则,提炼主流意识形态的脉络和线索

所谓主流意识形态,当然是在某一历史时代"占统治地位"的"统治阶级的思想"。马克思、恩格斯指出:

> 统治阶级的思想在每一时代都是占统治地位的思想。这就是说,一个阶级是社会上占统治地位的物质力量,同时也是社会上占统治地位的精神力量。[①]

主流意识形态首先是占主导地位的政治思想。梳理主流意识形态,除了政治思想外,还要注意梳理哲学思想和宗教思想。当然,经济思想、文化思想、军事思想等其他思想也要挖掘,但不一定面面俱到。

以主流意识形态为统纲,政治思想为重点,哲学思想为主脉,兼顾经济、文化、军事、教育、宗教等思想,梳理出中华思想的精华与糟粕,以把握思想发展的内在逻辑。在不同的社会形态中,主流意识形态是由当时的社会存在条件、人们的社会实践所决定的。在原始社会,以公有观念和集体观念作为主流意识形态,同时存在原始宗教崇拜以及其他思想萌发,如原始的哲学意识的萌发。原始社会向奴隶社会的过渡时期,同时也是非阶级社会向阶级社会的转变时期,家庭、私有制、阶级和国家在这一时期产生,随之产生家

---

① 《马克思恩格斯选集》第 1 卷,人民出版社 2012 年版,第 178 页。

庭观念、私有观念、王权观念、国家观念、阶级（等级）观念等。尽管这些观念存在一定的历史局限性，但与原始社会相比，这是人类从愚昧到文明的思想进步，是人类思想史上的重要转折与发展，是人类思想的深化与提升。

恩格斯的《家庭、私有制和国家的起源》是唯物史观的经典之作，也是思想史研究者的必读经典。学习恩格斯这部经典著作，学会运用贯穿全书的马克思主义思想方法和分析方法研究思想史，可以清晰地看出中华思想史的大体脉络。中华思想史上第一个成体系的主流意识形态——"礼治"思想，是随着中国奴隶社会的形成而发展的，"礼治"思想是奴隶社会等级制度的理论反映，具备一整套系统的理论构架，对奴隶社会制度起着非常重要的精神维护和固化作用。奴隶主阶级用礼制和烦琐的仪式将社会等级固定下来，并用"礼治"思想论证等级压迫的合法性，证明奴隶社会制度的合理性，使之成为奴隶社会统治阶级的思想。"礼治"思想体系构成中国奴隶社会的思想主线。春秋战国时期是中国封建社会代替奴隶社会的社会转型时期，"百家争鸣"是这一时期现实矛盾和斗争的思想表现。

历朝历代的封建统治阶级都经过由夺取政权到执政，从大治到兴盛，再到衰落，直至最后垮台的"历史周期"。法家学说在封建地主阶级登上政治舞台的过程中发挥了积极作用。商鞅变法所秉持的法家思想，是对"礼治"思想的否定，实质上是为封建制度开路，为新兴地主阶级张目，是为奴隶制度向封建制度的变革服务的。在封建地主阶级夺取政权初期，实行法家思想黄老之术以稳定社会秩序是必需的。儒学开始强调"克己复礼"，是为了适应维护奴隶社会制度的需要。到封建社会，儒学转变为封建社会的统治阶级思想，是为巩固封建秩序和政权服务的，它用"亲亲尊尊"迷惑民众，用"温情脉脉的面纱"掩盖封建专制统治的实质。法家思想逐步退出统治阶级主流思想的历史舞台，被封建社会的主要理论支撑——儒学取而代之。在中国封建社会漫漫历史长河中，国家哲学思想说到底就是儒家哲学思想。从经学到玄学，从玄学到理学，从理学到心学，为维护封建统治，儒学越发朝着唯心主义理性化、精致化的方向发展，越来越顽固地维持封建地主阶级的统治地位。心学已经使儒学发展到了登峰造极的地步，编织得非常精美、非常理性、非常系统。这一方面反映出封建主流思想理性思维和辩证思维的提升，另一方面也反映出维护封建统治的强烈的阶级意识。儒学既有精华也有糟粕。完全否定它，不是历史唯物主义观点，但把它捧得过高，也是片面的，应当历史地、辩证地看待儒学。

中国封建社会能够维持两千年左右的时间不发生根本性、制度性、颠覆性的变化，只是改朝换代，与儒学思想的维系作用关系极大。研究中华思想史的一个目的，是要摒弃儒学反动的、唯心的成分，把它所包含的中华优秀传统思想的精华保留下来，为实现中华民族伟大复兴的中国梦服务，为建设强大的社会主义主流意识形态和核心价值观、建设中国特色社会主义文化强国、建设中国特色社会主义服务。

编撰中华思想史一要"通"，二要"贯"。"通"即一脉相承，"贯"即一以贯之。要从阶级状况、经济基础和社会形态的演变来把握"通贯"。从阶级状况、经济基础和社会形态的演变来看每一历史时代占统治地位的思想的变化，就会搞清楚儒学"克己复礼"的实质，儒学又为什么转变为封建儒学，由封建儒学变成经学、玄学，进而变成理学、心学，到明清时期又为什么产生与之对立的实学。主流意识形态内在地反映了一个社会的主流价值观。要集中梳理体现中华民族一脉相承、一以贯之的主流意识形态和核心价值观。

中华文明是世界上罕见没有中断的古老文明。在五千多年的历史长河中，中华民族所创造的物质文明、制度文明与精神文明源远流长，博大精深。编撰《通史》的一个基本要求，就是要运用唯物史观的立场、观点和方法，从纷繁复杂的思想史料当中搜集、整理、分析、研究中华思想发展演进历程，通过对思想史料的去伪存真、去粗取精，梳理出一条明确的中华思想发展主流脉络，梳理出中华民族思想基因的密码，作为贯穿全书的灵魂。

思想是文化的灵魂、核心。对待中华传统思想，必须抱持尊重和继承的科学态度。尊重是继承的前提，但仅有尊重是不够的，必须对其作科学分析，对其进行批判性继承和创新性发展。中华优秀传统思想积淀着中华民族最深厚的精神财富，体现了中华民族优良的精神标识。从中华民族最古老的思想，到今天的中国特色社会主义理论体系和社会主义核心价值观，它们都是一脉相承、一以贯之的。要始终突出这一主流，不能割裂。习近平总书记指出：

> 我们要对传统文化进行科学分析，对有益的东西、好的东西予以继承和发扬，对负面的、不好的东西加以抵御和克服，取其精华、去其糟粕，而不能采取全盘接受或者全盘抛弃的绝对主义态度。[①]

从中华思想中吸收的优秀成分很多，究竟哪些属于中华思想最精华的内核？中华文明延续数千年，自有其内在的最基本的精神基因。要发掘、梳理和弘扬中华思想基因，就要关注中华思想中的世界观、人生观、价值观和审美观等核心观点。从原始社会到封建社会，一切代表当时先进生产力，代表社会进步的阶级阶层，都具有"天行健，君子以自强不息"这一共有的精神基因，展现了中华民族生生不息的精神。这就从思想层面上解释了中华民族为什么能够跌倒了再站起来、屹立不倒，这就是文化自信。文化自信说到底是思想自信。中华民族从古代文明发展至今，靠的是内在的、赓续传承的中国精神、中国思想、中国道德、中国文化，研究中华思想史

[①] 习近平：《牢记历史经验历史教训历史警示 为国家治理能力现代化提供有益借鉴》，《人民日报》2014年10月14日。

要致力于构建中华民族的文化自信和思想自信。

（四）坚持从具体问题具体分析出发的原则，把思想史人物及其思想成果放在一定的历史条件下研究

历史上任何人和事都离不开其存在的历史条件，任何思想史人物及其思想都离不开特定的历史环境。列宁指出：

> 在分析任何一个社会问题时，马克思主义理论的绝对要求，就是要把问题提到一定的历史范围之内。[1]

要始终坚持具体问题具体分析的原则，把思想史人物及其思想放在特定的历史环境中来认识，避免把思想史研究归于一种碎片化、微观化、细节化、非政治化、非意识形态化的所谓超越历史的抽象的实证考据；避免从历史细节中挑出一些片段，不顾前因后果，不讲时间地点，不问大是大非，作出一些违背历史事实和历史规律的判断。研究思想史上的历史人物，与研究其他重要历史人物一样，一定要依据当时特定的历史条件，用历史唯物主义的科学态度来认识，既不能人为拔高，也不必故意贬抑，而要实事求是地回到历史场景之中，全面充分地掌握材料，认真分析材料之间的内在联系，既充分把握人物所处的历史背景，又充分把握人物及其思想在中华思想史上的位置和作用。

（五）坚持从思想斗争史出发的原则，梳理中华思想对立与斗争、借鉴与融合的主线索

马克思主义哲学辩证法告诉我们，对立统一规律是宇宙间的根本规律。矛盾无处不在、无时不有、贯穿始终，是一切事物发展变化的根本原因。社会史如此，思想史也如此。研究思想史，就要研

---

[1] 《列宁专题文集·论马克思主义》，人民出版社2009年版，第302页。

究思想更替史、思想斗争史。思想永远是在对立斗争中发展的。如果不讲对立，只讲调和，是不符合思想史发展内在逻辑的。在人类思想发展进程中，正确与错误的斗争是永远不会完结的，正确思想是在不断斗争中发展起来的。列宁一针见血地指出：

> 思想史就是思想的更替史，因此，也就是思想的斗争史。①

这里讲的斗争是一个哲学范畴，是就对立统一的根本规律，就对立的绝对性、统一的相对性而言的。在思想斗争中，既有争论也有相互借鉴、融合发展。研究中华思想史，不能惧怕对错误思想的批判。要坚信真理，就要坚持正确的战胜错误的思想斗争原则。从总体和主线索上来说，有文字记载以来的人类思想史也是阶级之间的思想斗争史。思想的、意识形态的、文化的斗争是社会矛盾的反映，真理是在斗争中发展起来的。要正确分析中华思想史中先进与落后、正确与错误、科学与愚昧、善与恶、美与丑的思想矛盾与斗争。以先进与落后思想的分野为例，任何时期的统治阶级处在上升时期都是革命、先进的，而到了没落时期则转向保守和落后。要用阶级分析的方法，科学运用史料，分清思想的先进与落后、精华与糟粕，分清某思想属于哪个阶级、阶层、利益集团，属于哪个阵营。梳理中华思想史，要把每一时期主流意识形态及其与之对立的意识形态的较量作为中心线索来研究。任何一个历史时代都存在新旧两种社会形态的较量与斗争，也必然展现为新旧两种思想的较量与斗争。新思想起着推动社会进步的作用，旧思想起着阻碍社会进步的作用。当然也不能简单贴标签、搞对号入座，而要实事求是。

创建中华思想史当代中国马克思主义学派，研究编撰经得起时间、历史、实践和人民检验的扛鼎之作，是弘扬中华优秀传统思想，巩固马克思主义在思想文化领域指导地位，建设中国特色社

---

① 《列宁全集》第 25 卷，人民出版社 2017 年版，第 117 页。

主义文化强国的重要举措，也是一项光荣而艰辛的哲学社会科学学科体系、学术体系和话语体系创新工程。中华思想历史悠久、博大精深、包容并蓄，既是中国的又是世界的，既是中国人民弥足珍贵的精神财富，又是世界文明的思想瑰宝。研究编撰《通史》，构建中华思想史当代中国马克思主义学派，既要继承传统更要勇于创新，既要立足中国又要放眼世界，从主流意识形态的视角，挖掘出蕴含在中华优秀传统思想中的主流精华，为中国特色社会主义现实服务。

四 按照我国社会形态历史发展的真实顺序，科学划定中华传统思想的历史分期

根据马克思主义关于原始社会、奴隶社会、封建社会、资本主义社会、共产主义社会的五种社会形态演变规律理论和共产主义必经无产阶级专政的社会主义过渡原理，按照我国历史发展大体上的原始社会、奴隶社会、封建社会、半殖民地半封建社会和社会主义初级阶段的发展顺序，中华思想通史大体分为"五大历史时代""四大转型时期""三大历史段"。

"五大历史时代"为中国原始社会思想史时代、中国奴隶社会思想史时代、中国封建社会思想史时代、中国半殖民地半封建社会思想史时代、中国社会主义初级阶段思想史时代。"四大转型时期"是指中国不同社会形态变化之间的思想史转型期。夏王朝的建立标志着中国原始社会的结束和奴隶社会的开端，是奴隶社会代替原始社会的思想史转型时期；春秋战国是奴隶社会逐步解体和封建社会逐步形成、封建社会代替奴隶社会的思想史转型时期；鸦片战争后，我国进入半殖民地半封建社会，是由封建社会向社会主义初级阶段发展的思想史转型时期；中华人民共和国成立，经过短暂的国民经济恢复和向社会主义过渡，进入社会主义社会初级阶段，这是向未来社会主义高级阶段发展的思想史转型时期。"三大历史

段"包括：从原始社会早期到封建社会晚期 1840 年鸦片战争为止是中华古代思想历史段；从 1840 年鸦片战争至 1949 年中华人民共和国成立之前是中华古代传统思想向中华现代思想转折的中华近代思想历史段；从 1949 年中华人民共和国成立至今是中华现代思想历史段。

中国社会发展到今天，每一个历史节点的转变都是惊心动魄的。要把几个主要节点写清楚，把主要节点上思想产生、转变背后的生产力、生产关系、经济基础、政治的上层建筑都发生了哪些变化，与之相关的社会形态发生了哪些变化写清楚，如此，思想的转变就呼之欲出了。

与中华思想史"五大历史时代""四大转型时期"和"三大历史段"相一致，迄今为止的中华思想发展史，大致经历了"起源""形成""发展""转型"和"创新"五个发展阶段。

（一）原始社会及向奴隶社会过渡的原始社会晚期是中华思想的起源阶段

最早在原始社会的旧石器时期，中华先民的原始意识即已萌发，发展到新石器时期，中华先民的原始观念初步形成。与十分低下的社会生产力及其原始公社公有制相适应，中华先民孕育了原始的公有观念、集体观念和平等观念，孕育出了原始信仰、原始巫术、图腾崇拜和神话传说。

到了由母系社会发展到父系社会的原始社会晚期，陶器、青铜器等工具的发明，生产力的进一步发展，使得人们生产的劳动产品，除维持自身最低生活需要之外，开始有了一定剩余，于是私有财产开始出现。随着旧的劳动分工、私有制、阶级分化的出现以及向奴隶社会的转型，孕育了私有、家庭、等级（阶级）、王权、国家等观念，反映奴隶社会生产关系、阶级关系和奴隶主利益的"礼治"思想开始萌生，出现了萌芽状态的唯物主义与唯心主义、辩证法与形而上学的哲学意识，产生了最原始的天文、地理、宗教、算术、文学、艺术等观念。

（二）奴隶社会及向封建社会过渡的春秋战国时期是中华思想的形成阶段

青铜器的广泛应用，推进社会生产力长足发展，奴隶社会生产方式逐步成熟，其经济基础及上层建筑逐步确立，奴隶主阶级与奴隶阶级分野对立鲜明，大量考古发现证明了我国奴隶社会的生成、成熟、发展和衰落。经过夏、商与西周奴隶社会的建立和发展，萌生于原始社会晚期的代表奴隶主阶级的"礼治"思想逐渐发展成为奴隶社会中占统治地位的主流意识形态，君、臣、父、子，贵贱、上下、尊卑、亲疏各有名分和区分，体现了奴隶社会严格的阶级等级制度。

春秋战国时期，社会生产力得到较大提高，尤其是铁器的发明与使用，井田制逐步瓦解，产生了新的剥削阶级——地主阶级和新的被剥削阶级——农民阶级，奴隶社会开始向封建社会转变。在社会结构、阶级结构发生重大转折的背景下，夏、商与西周以"礼治"为核心的奴隶社会主流意识形态和"礼乐征伐自天子出"的社会统治秩序崩衰，"礼崩乐坏"已成为当时的社会常态。与此同时，随着学在官府的打破和私人讲学之风的兴盛，产生了一个被称为"士"的新的阶层，他们从各自依附并所代表的阶级、阶层和利益集团的立场出发，就社会转型以及社会、人生的种种问题提出看法与主张，形成"诸子百家"及其学说，相互间展开激烈论争，这就是历史上的"百家争鸣"，中华思想即形成于这一阶段。此后两千多年的中华传统思想，大都是这一阶段所形成的诸子百家及其学说的传继和取舍。

儒法之争是春秋战国时期中华思想斗争史的主线索，是新兴封建地主阶级与没落奴隶主阶级思想斗争的理论反映。法家学说主张用封建制度代替奴隶制度，儒家学说则极力维护奴隶制度。儒家的创立者孔子虽然是春秋时期的鲁国人，但在孔子之前，被称为儒家

"五经"的典籍即已存在。孔子时期的儒家学说及其哲学依据是力图维护奴隶制的意识形态,孔子一生的最大理想就是恢复周礼。然而,"礼崩乐坏"、奴隶社会向封建社会的转型以及国家从分裂走向统一已是那一时期社会的发展趋向,尽管孔子一生周游列国之间,传播他的所谓"仁学"思想,然而没有几个统治者愿听。春秋战国到汉初,儒家只是诸子百家中的一家,它不仅没有得到官方的认同,而且还遭到过秦始皇"焚书坑儒"那样的打压,支持新兴封建地主阶级的法家学说被当时的统治阶级奉为主导思想。

(三) 封建社会是中华思想的发展阶段

铁制工具的广泛使用与推广,极大地带动了封建社会生产力的发展,造就了封建社会的生产方式。占统治地位的封建土地所有制和自给自足的自然经济,封建地主阶级与农民阶级的严重分化对峙,构成中国封建社会的主要特点。以此为经济基础的中国封建社会的政治制度,是高度集权的封建君主专制制度。作为中华传统思想占统治地位的儒学是服从和服务于这一经济制度和政治制度的官方意识形态。

由于法家学说反对守旧,主张变革,适应了从奴隶制度向封建制度转化的时代需要,因而成为新兴地主阶级的思想政治武器。在依据法家思想的治理下,落后的秦国强盛起来,统一了中国,建立了第一个中央集权的封建制国家。秦朝作为中国历史上第一个"大一统"的封建制国家始终奉行法家学说。

西汉立国之初,统治集团实际奉行的是道、法家提倡的黄老之术。但是,随着汉王朝封建统治的逐步稳固,统治阶级需要调整统治方式及思想。为适应"大一统"的中央集权封建制国家的政治需要,西汉武帝时期,董仲舒提出"罢黜百家,独尊儒术"和设立"五经博士"的建议,受到统治者赞赏。武帝死后,经过不太长的时间,儒学成为西汉王朝的统治思想,并被此后的历代封建王朝所崇奉。经过封建社会长期的凝练、打磨和融合,儒学成为两千年间在中国封建社会占统治地位的地主阶级的统治思想。尽管历代封建统治阶级也吸收利用了法家治理国家的有益主张，甚至有些统治阶级的思想政治人物提出"外儒内法"的设想，但总体上法家学说逐渐暗淡下来，不再被地主阶级尊奉为统治思想。

为什么代表奴隶主阶级利益的孔子儒学会转变成为封建社会地主阶级的主流意识形态呢？

一是奴隶社会的统治思想与封建社会的统治思想，其剥削阶级的本质是一致的，这是孔子儒学转化为封建地主阶级统治思想的社会阶级原因。

孔子的思想政治主张是对统治阶级有利的。奴隶主阶级欢迎它，稳定了政权的地主阶级照样欢迎它。孔子的"天命"论，奴隶主阶级需要，地主阶级同样需要。在半殖民地半封建的旧中国，凡是逆历史潮流而动的势力都大树特树儒学，将其作为统治阶级维护统治地位的思想。即使在资本主义社会，虽然阶级结构发生了变化，但剥削阶级与被剥削阶级的对立结构没有改变，儒学仍在统治阶级思想范畴意义上受到吹捧，儒学也会转而为资本主义制度服务。由于儒学政治主张与历代统治者的政治主张具有共同的阶级立场，因此，一切维护剥削制度的剥削阶级都会把孔子奉为"至圣先师"。

只有到了社会主义社会，由于剥削制度被彻底拔除，作为统治阶级统治思想的儒学，其社会存在基础不复存在。但是，由于传统的惯性，在人们的思想意识中，传统儒学的影响依然不同程度地存在。一些顽固的复古主义者，还会利用儒学的顽固性，试图替代社会主义的指导思想。当然，这是枉费心机的倒退行为。社会主义对待儒学的态度，是从建设社会主义新文化的立场出发，剔除其糟粕，吸取其精华，实现创造性转化和创新性发展，为实现中华民族伟大复兴服务。这与历代统治者把儒学尊奉为统治阶级的统治思想，在根本性质上是完全不同的。

二是秦汉以后，随着封建制度的稳固，地主阶级成为掌握政权的统治者，日益走向反动，这是孔子儒学转化为封建地主阶级统治思想的社会历史条件。

春秋时期，孔子站在没落奴隶主阶级立场，主张倒退，反对进步；主张保守，反对革新。这对于处在奴隶制度向封建制度转型过程中的新兴地主阶级来说，是不能接受的。因此，新兴有为的地主阶级所运用的思想武器是法家思想。然而，随着奴隶社会复辟危险的消失，地主阶级政权日益稳固，地主阶级和农民阶级的矛盾日益尖锐，维护封建统治秩序成为地主阶级的第一需要，而农民阶级的反抗斗争，直至农民革命，成为地主阶级竭力防止的要务。受历史辩证法规律支配，地主阶级从春秋战国时期新兴有为、积极进取的革命阶级，成为守成落后的反动阶级。地主阶级中的极端保守派，率先抛弃了其上升时期的革命性，自觉地向反面方向转化。在这种历史条件下，法家学说不再成为统治阶级的主流意识形态，孔子儒学逐渐适应地主阶级的需要，受到了地主阶级的推崇。

三是孔子之后，儒学发生分化，不同阶级利益的代表对儒学纷纷进行改造，提出新的阐释，产生新样态儒学，以适应时代的发展变化，这是孔子儒学转化为封建地主阶级统治思想的社会思想基础。

如前所述，从春秋到西汉中期，儒家只是诸子百家中的一家。随着社会急剧变化，儒家也发生着变化。孔子之后，儒分为八，又主要发展演变为两派：一派是以孟子为代表的与法家相背而行的唯心主义儒学；另一派是以荀子为代表的吸纳法家思想的唯物主义学派。支持新兴地主阶级的法家通过荀子的学生韩非、李斯等人，为封建制度的建立作出很大贡献。清末时期的一些学者甚至认为，两千年之儒学实际是荀学。这样的观点虽未必确切，但反映了荀学的重要历史地位与作用。随着封建统治的巩固，儒学不断地向占主导地位的统治思想逼近。到汉武帝时期，董仲舒对儒学进行了彻底的唯心主义改造，消除了其中荀子学派的积极内容，使之成为与封建统治完全相适应的意识形态。孟子所代表的唯心主义儒学，以心性之学为根本，到了宋代以后，由于理学的倡导而得到弘扬。儒学的不断变化，对法家学说有利于统治阶级需要的内容的吸收，对朴素唯物主义因素的唯心主义改造，都是它能够成为封建社会统治思想的重要思想前提。

在漫长的封建社会，儒学经过了不同的发展时期，展现了不同的理论形态，涌现出一大批著名的思想家和学问家，为中华传统思想的形成和发展作出重大贡献。两汉经学是儒学成为封建社会统治思想的第一个发展形态。两汉经学又有今、古文之分，以儒为主，融合了道家、法家思想，是具备一定理论形态的统治思想。魏晋玄学受到佛和道的影响与渗透，但其本质上仍然具有儒学的内核，只是失去了儒学某些进取性，反映了战乱背景下人们的消极避世想法。宋明理学，适应封建统治需要发展成为精致化的、系统化的以唯心主义哲学为根据的封建统治思想。随着封建统治越来越走向反动，理学也越来越向唯心主义精致化方向发展，越发主观唯心主义化了。此后，心学成为中国封建社会历史上编织得最系统、最精致的封建儒学。儒学再发展，产生了代表新兴工商业社会阶层的实学，是从儒学阵营分化出来的反儒学唯心主义的唯物主义学派。但是，作为中华思想主体的儒家思想始终是两千多年封建社会的主流意识形态。

中国封建社会存在了两千多年，大致可分为前期、中期和晚期。在前期和中期，作为封建社会统治者的地主阶级处于上升和发展阶段，具有一定的思想活力，代表地主阶级利益的某些思想、主张及其措施在某种程度上体现了时代的需要。发展到中国封建社会晚期，地主阶级日益走向没落，封建制度弊端逐渐暴露无遗。明中叶以后，随着新的社会形态因素的逐步孕育与增长，中华传统思想中以儒学为主要代表的封建正统思想逐渐走向衰落；反映工商阶层利益和要求的新思想逐步萌发，为中华传统思想注入了新鲜内容。

地主阶级是封建社会的统治阶级，农民阶级是封建社会的被统治阶级，中国封建社会的经济剥削和政治压迫方式，决定了农民阶级和地主阶级之间的矛盾始终是封建社会的主要矛盾。由于地主阶级对于农民阶级的残酷经济剥削和政治压迫,农民阶级反抗地主阶级剥削和压迫的斗争异常尖锐和激烈。中国历史上的农民起义和农民战争的次数之多,规模之大,世界各国无出其右者,它们沉重打击了地主阶级的统治,或多或少地推动了封建社会的向前发展。农民起义的代表性人物,如陈胜、吴广提出的"王侯将相,宁有种乎"、黄巢提出的"天补均平"、钟相、杨幺提出的"均贫富,等贵贱"、李自成提出的"均田免粮",直到太平天国提出的"天朝田亩制度"等反映平等要求和大同社会的思想,极大地丰富和充实了中华优秀传统思想的内涵。

(四) 半殖民地半封建社会是中华思想的转型阶段

鸦片战争失败致使中国沦为半殖民地半封建社会。资本主义工商业的发展,在一定程度上冲击了中国封建社会的生产关系,催生出新的生产力和生产关系,导致新生资产阶级和工人阶级的形成。由于中国特殊的国情,资产阶级又分为官僚资产阶级和民族资产阶级,官僚资产阶级同封建地主阶级和帝国主义势力一道构成中国社会的反动阶级,是中国革命的对象。民族资产阶级又可分为上层和中、下层,上层民族资产阶级对帝国主义和封建主义的软弱性和妥协性更为明显,而中、下层民族资产阶级对帝国主义和封建主义的革命性更多一些。但无论上层,还是中、下层,民族资产阶级都属于人民的范畴,是革命团结和争取的对象。毛泽东同志在《中国革命和中国共产党》一文中指出,半殖民地半封建社会的性质,决定了帝国主义与中华民族的矛盾、封建主义与人民大众的矛盾是中国近代社会的主要矛盾,反对帝国主义侵略和封建主义压迫是中国革命的主要任务。1919 年以前,领导革命的是民族资产阶级,革命在性质上属于旧民主主义革命;1919 年五四运动之后,领导革命的是无产阶级及其先锋队中国共产党,革命在性质上属于新民主主义革命。

中华近代思想发展与中国近代的特殊国情是一致的。1840年鸦片战争爆发后，出现了"西力东侵"和"西学东渐"，在这股力量和思潮的冲击影响下，开始了从中华古代传统思想向近现代思想的转型，这一过程是极其艰难、曲折和复杂的。中西思想的冲突与融合，是旧民主主义革命时期中华思想演变的一个重要特征。1919年五四运动之后，尤其是1921年中国共产党成立，受马克思主义传入的影响，中华传统思想开始发生新的质变。

　　伟大的资产阶级民主革命先行者孙中山先生曾设想通过改良的道路来实现国家的富强，然而甲午战争的失败，使他认识到了清政府的顽固腐朽，毅然决然地抛弃了改良主义方案，力图通过武装革命推翻清王朝统治，发动了辛亥革命。辛亥革命是中国民族资产阶级领导的以推翻封建君主专制制度、建立资产阶级共和国为目的的资产阶级旧民主主义革命。辛亥革命集中反映了中华民族争取民族独立、振兴中华的深切愿望，结束了在中国延续几千年的君主专制制度，适应了近代中国社会发展的要求，促进了民众的思想觉醒和解放。然而，由于中国民族资产阶级的天生软弱和其两重性，它不能胜任中国革命的领导重任，辛亥革命未能完成中国民主革命的任务，中国社会性质并没有得到实质性改变。

　　资产阶级思想不能解救中国，那么中国传统儒学是否还能起到复兴中华的作用？经过与西方思想的冲突与融合，中华传统思想的主体构成和价值取向开始发生根本变化。近代以来，儒学再也不能适应历史发展，无法成为解决中国现实问题的思想武器。曾经作为主流意识形态的儒学，先是被中国民族资产阶级的旧民主主义思想所超越，后被马克思主义思想所取代。当封建君主专制制度进一步把儒学强化成为束缚人们思想解放、阻碍社会发展进步的严重思想桎梏时，服从和服务于封建君主专制制度的儒学也不可避免地出现了危机。尤其是鸦片战争后，面对西方近代思想和文化的挑战与冲击，儒学的危机日益严重起来。人们在反思中国何以落后挨打、遭受资本主义列强的欺凌和侵略时，深刻认识到儒学作为思想武器早已不适应现代社会进步的需要，甚至起到思想阻力作用。加之民国初年袁世凯、康有为等人为复辟帝制而对儒学加以利用，随着五四新文化运动的兴起，儒学也就自然成了人们批判的主要对象，不少思想家和学者纷纷投身到"打倒孔家店"的行列。尽管"九一八"事变后也有现代新儒学以及其他一些思想家和学者积极致力于儒学的发掘和弘扬，但总的来看，儒学的危机并没有完全消解，人们在寻找中国落后的根源时，往往将其归结为儒学的消极影响。中华人民共和国成立后很长一段时间，儒学依然日渐衰落。直到改革开放新时期，人们才真正清醒认识到，作为中华传统思想的核心内容，儒学是精华与糟粕并存，正确的态度和做法是吸取精华，弃其糟粕，对其精华加以发扬光大，以助力文化自信心的增强和中华民族的伟大复兴，儒学逐步得到科学、公正、客观的历史评价。

十月革命的成功对中国先进知识分子产生了巨大的震撼和影响，开阔了他们的眼界，使他们探索中国民主民族解放之路的思想方向发生了根本转折。毛泽东同志指出：

> 十月革命一声炮响，给我们送来了马克思列宁主义。十月革命帮助了全世界的也帮助了中国的先进分子，用无产阶级的宇宙观作为观察国家命运的工具，重新考虑自己的问题。走俄国人的路——这就是结论。[①]

经过对西方各种思潮、各种社会主义思想的比较，中华民族的先进分子认识到决定中国人民命运的不是资产阶级，不是资本主义，不是资产阶级思想武器，而是工人阶级、中国共产党、科学社会主义和马克思主义。中国先进知识分子冲破了资产阶级民主思想的藩篱，冲破了旧民主主义民主、科学、爱国的精神局限，接受了马克思主义。历史潮流不可阻挡。以马克思主义为指导、代表工人

[①] 《毛泽东选集》第4卷，人民出版社1991年版，第1471页。

阶级这一新生先进阶级的中国共产党应运而生，担负起领导中国革命、建设和改革，建设社会主义强国的伟大使命，中国的面貌、中华民族的面貌、中国人民的精神面貌焕然一新。在中国革命、建设和改革的伟大历程中，在马克思主义中国化的过程中，马克思主义与中国实际相结合，与中国优秀传统思想精华相结合，是马克思主义中国化的特征之一。新民主主义革命时期马克思主义中国化最显著的成果，是毛泽东思想的形成。毛泽东思想是马克思主义中国化的第一个理论形态，是马克思主义与中国实际的第一次伟大结合，是中华现代思想的第一次伟大飞跃。

（五）中华人民共和国成立到现在是中华思想的创新阶段

1949年中华人民共和国成立后，社会主义制度逐步建立和完善，社会主义道路的艰辛探索，推动毛泽东思想不断充实和丰富。党的十一届三中全会开启了社会主义改革开放新时期，创立和发展了以邓小平理论、"三个代表"重要思想和科学发展观为主要内容的中国特色社会主义理论体系。中国特色社会主义理论体系是马克思主义中国化的第二个理论形态，是马克思主义中国化的创新成果，是马克思主义与中国实际的第二次伟大结合，是中华现代思想的第二次伟大飞跃。中国特色社会主义进入新时代，形成了习近平新时代中国特色社会主义思想。这一思想是中国特色社会主义理论体系的组成部分，是21世纪当代中国马克思主义的新的理论形态，是马克思主义与时代特征和中国实际的又一伟大结合，是中华现代思想的又一伟大飞跃。中华现代思想的伟大飞跃推进了中华思想发展、创新和繁荣。

五 重在提炼中华思想一以贯之、一脉相承的思想精要

每个时代总有属于它自己的社会主题。每一时代统治阶级中的政治人物和思想家围绕所处时代面临的社会主题而提出的思想、观

念和主张，构成社会的主流意识形态，构成思想史的主要线索。每一个时代的主流意识形态，居于支配地位的是政治思想。在考察和研究中华思想的"形成""发展""转型"和"创新"阶段时，重点考察和研究的是政治思想，同时考察哲学思想、宗教思想以及其他思想。除主流思想外，非主流思想，尤其是那些具有进步倾向的非主流思想，如唯物主义、辩证法、反神学反宗教和被统治阶级思想，也是思想史研究的重要内容之一。

（一）中华优秀传统政治思想主要是"大一统"国家政治观念及其意识形态

"大一统"作为维护国家在政治和文化上高度统一的主流意识形态，起源和形成于奴隶社会以及向封建社会过渡的春秋战国时期，到了秦汉时期已发展成为官方的意识形态。建立和巩固"大一统"国家是秦始皇、汉武帝时期的基本国策。此后的两千多年中，尽管有时也出现过数个政权并立的局面，如南北朝时期和五代十国，但"大一统"国家观念及其意识形态则已深深根植于中华民族的心灵之中。构建"大一统"国家、维护国家统一和民族团结不仅是中国传统社会的主流意识，也是历代政治人物和思想家的不懈追求。这是中华民族历经磨难而国脉始终不绝，中华文明从未中断的精神内因。当然，"大一统"国家观念及其意识形态也给中华民族的发展产生过消极的影响，这就是在"大一统"国家观念及意识形态的影响下，封建君主专制制度的建立和强化，束缚了人们的思想。如果说在封建社会的前期和中期，封建君主专制制度对于维护国家统一和社会稳定、兴修大型水利工程、促进和保护社会生产力发展等方面发挥过积极作用的话，那么，到封建社会晚期，封建君主专制制度的进一步强化，则成了束缚人们思想解放、阻碍社会发展进步的严重枷锁。与此相一致，鸦片战争爆发后半殖民地半封建社会时期的进步政治思想，是反思和批判封建君主专制制度，以及对西方资产阶级民主思想和制度的引进、学习和实践。五四运动后，在马克思主义和十月革命的影响下，走俄国人的路，引进、学习、实践马克思主义和科学社会主义的政治思想和制度，又成了以中国共产党人为代表的中国人民的选择。中华人民共和国成立后，建立了符合中国国情的社会主义制度，中华优秀传统思想的"大一统"国家观念及其意识形态的合理成分，必然成为当代中国马克思主义的重要传承。

（二）中华优秀传统价值观主要是自强不息的奋斗精神

中华思想之所以延绵数千年而仍有其强大的生命力，中华民族之所以历经数度劫难而转危为安、浴火重生，并从1840年后遭受西方列强侵略的沉沦中走向复兴，这与中华思想一以贯之的优秀传统价值观是分不开的，这就是自强不息的奋斗精神。"自强不息"一词虽然最早出现于成书战国时期的《周易》，但其思想源头则可追溯到远古时期的神话和传说，这些神话和传说反映了中华先民与自然、与天神、与命运的顽强搏击和英勇抗争，表现出中华民族知难而进、坚韧不拔、自强不息之奋斗精神和精神基因。

春秋战国时期是中华思想的形成阶段，作为中华思想之优秀传统价值观念的"自强不息"之奋斗精神也形成于这一时期。形成于这一时期的中华传统思想元典中就包含丰富的刚健有为、勇猛精进的思想。其他儒家经典同样提倡刚健自强、日新精进。秦汉以后，人们在诠释、解读中华传统思想元典的过程中，不断传承、发挥和弘扬着"自强""弘毅""日新""健动"等思想，从而使自强不息的奋斗精神在中华思想发展过程中不断延续，一直激励着中华儿女奋发向上，敬业进取。

进入近代，外国资本主义列强的入侵，民族危机的日益加深，更进一步拓展了"自强不息"的含义，即从个人的自强，拓展到民族和国家的自强，以自强不息的奋斗精神来挽救民族危亡，成为半殖民地半封建社会中华民族的时代最强音。1840年鸦片战争失败后不久，面对以英国为首的西方资本主义列强的侵略，魏源提出了"师夷之长技以制夷"的主张，他要人们相信，中国虽然在鸦片战争中失败，但只要"厉精淬志"，发愤图强，奋起直追，就一定会"风气日开，智慧日出，方见东海之民，犹西海之民"，赶上甚至"反甲西洋"。①

中国共产党自1921年成立之日起，就把实现共产主义作为党的最高理想和最终目标，义无反顾肩负起实现中华民族伟大复兴的历史使命，团结带领人民进行了艰苦卓绝的斗争，谱写了气吞山河的壮丽史诗。她之所以能由小变大、由弱变强，领导中国人民夺取反帝反封建的最后胜利、建立起中华人民共和国，也正是继承和发扬了自古以来中华民族自强不息的奋斗精神。正如毛泽东同志所说：

> 我们中华民族有同自己的敌人血战到底的气概，有在自力更生的基础上光复旧物的决心，有自立于世界民族之林的能力。②

这就是民主主义革命时期中国共产党人的自强不息之奋斗精神的写照。中华人民共和国成立后，面临一穷二白的处境和外敌入侵的威胁，我们又在中国共产党领导下经过二十几年的艰苦奋斗，经过40年的改革开放，建成了经济总量居世界第二的社会主义国家，这同样是发扬自强不息之奋斗精神的结果。与此同时，自强不息的奋斗精神，也得到了更进一步的弘扬与提升。党的十八大以来，习近平总书记在多个场合的讲话中引用儒学经典中的"天行健，君子以自强不息"，激励国人自强不息、创新创造。习近平总书记强调：

---

① 魏源：《海国图志》卷2，岳麓书社2011年版，第39页。
② 《毛泽东选集》第1卷，人民出版社1991年版，第161页。

中华文明源远流长，蕴育了中华民族的宝贵精神品格，培育了中国人民的崇高价值追求。自强不息、厚德载物的思想，支撑着中华民族生生不息、薪火相传，今天依然是我们推进改革开放和社会主义现代化建设的强大精神力量。[①]

党的十九大宣告中国特色社会主义进入新时代。进入新时代，要有新气象、新作为。要实现"两个一百年"奋斗目标和中华民族伟大复兴中国梦，必须继承和发扬自古以来中华民族自强不息之奋斗精神。

（三）中华优秀传统经济思想主要是在先的"重农""强国富民"和其后的"以农立国""以商富国""以工建国"等主张

中华优秀传统经济思想源远流长。中华文明主要发源于黄河流域和长江流域，受地理环境和气候条件的影响，农业、农村、农民状况的好坏直接关系到国家的安危和社会的稳定。中国自古以来的经济思想就围绕"重本抑末"而展开，"以农为本""重本抑末"，发展农业，强国富民的"重农"思想自奴隶社会尤其是奴隶社会向封建社会过渡的春秋战国时期已经形成。早在殷周时期就出现了重视农业的观念，这在相关甲骨卜辞、青铜铭文等材料中都有体现。《国语·周语上》说："夫民之大事在农，上帝之粢盛于是乎出，民之蕃庶于是乎生，事之供给于是乎在，和协辑睦于是乎兴，财用蕃殖于是乎始，敦庬纯固于是乎成，是故稷为大官。""义利之辨"成为经济思想领域的主要争论，重利观成为"重农"观念的重要理论支撑。战国中后期，多数思想家都提到"重本"和"强国富民"的主张，其中荀子较有代表性。他说："强本而节用，则天不能贫；养备而动时，则天不能病；修道而不贰，则天不能祸。"（《荀子·天论》）他强调了加强农业生产的必要性，认为只

---

① 《习近平谈治国理政》，外文出版社2014年版，第158页。

有农业才是创造物质财富的唯一部门,"士大夫众则国贫,工商众则国贫,无制数度量则国贫。下贫则上贫,下富则上富。故田野县鄙者,财之本也;垣窌仓廪者,财之末也"(《荀子·富国》)。发展农业是商鞅变法的重要内容,商鞅说:"国之所以兴者,农战也"(《商君书·农战》),认为"入使民尽力,则草不荒;出使民致死,则胜敌。胜敌而草不荒,富强之功可坐而致也"(《商君书·算地》),强调农业是衣食之本,发展农业生产是国家富强的途径。管仲认为"国多财则远者来,地辟举则民留处","仓廪实则知礼节,衣食足则知荣辱"(《管子·牧民》),体现了重农的思想。孟子、韩非子及《吕氏春秋》都主张重农。韩非子提出"富国以农,距敌恃卒"(《韩非子·五蠹》),强调要"富国"必须使民众专力于农业。在两千多年的封建社会里,重农、强国、富民观点始终是占统治地位的传统经济思想。

南宋时期,随着江南商品经济和工商业阶层的发展,作为对重农思想的补充和修正,重商思想逐步彰显。南宋永嘉学派集大成者叶适,在坚持重本、坚持农本是"王业"基础的前提下,清醒认识到发展工商业对国家和社会的重要作用。他讲究"功利之学",以事功理论为支撑,主张"通商惠工,以国家之力扶持商贾、流通货币"[①],反对传统的重本抑商,即重视农业、轻视工商业的政策。他将民富作为国富的基础,主张重民富民,通过推进工商业发展以富民。从南宋以来,叶适事功重商思想是商品经济在意识形态上的反映。明中叶以后,虽然随着新的经济因素的萌生,有些思想家和政治家对"重农"思想提出过批评或修正,但"以农为本""重农""强国""富民"始终是历代封建王朝所遵奉的基本国策,其在经济思想上的主导地位也从来没有发生过动摇。

进到半殖民地半封建社会后的19世纪70—90年代,由于中国自给自足的自然经济在西方商品经济冲击下的解体与近代资本主义

---

① 叶适:《习学记言序目》卷19《史记》,中华书局1977年版,第273页。

工商业经济的产生，加上受传入的西方近代经济思想的影响，中国传统的"重农"思想先后受到具有"重商主义"性质的"以商立国"思想和具有"重工主义"性质的"以工立国"思想的冲击，一些先进的中国人相继提出了"商战"和"实业救国"的主张。尽管如此，无论是重农主张还是重工、重商主张都没有离开"强国富民"这一目的。20世纪20年代初，受第一次世界大战后"西方文化没落"论和英国"重农学派"理论的影响，建立在对西方资本主义工业化及其结果之反思基础上的"以农立国"论被提了出来，然而这并不是传统"重农"思想的简单回归。"九一八"事变后的30年代，为了探索民族危机下中国经济的发展道路，思想界曾围绕中国应该"以农立国"还是"以工立国"展开过激烈讨论。通过思想论争，人们对于中国经济发展道路的认识上升到了一个新水平，形成发展农业与发展工业相辅相成、互为条件的认识，提出了"以农立国，以工建国"的具有中国特色的经济思想。

当然，真正理解中华优秀传统经济思想并吸收世界经济思想积极成果的当属中国共产党人。毛泽东同志在领导中国社会主义经济建设实践中，形成了一系列关于社会主义经济建设的思想，构成毛泽东思想的重要组成部分，如"以农业为基础，以工业为主导"，实现"四个现代化"和重视价值规律作用、发展社会主义商品经济实现强国富民的伟大目标等重要思想。改革开放以来，中国共产党人提出和发展了社会主义市场经济理论和中国特色社会主义政治经济学，成为中国特色社会主义理论体系的有机组成部分。

（四）中华优秀传统哲学思想主要是唯物主义和辩证法思想

在与古希腊时期大体相当的中国春秋战国时期，道家、儒家、法家、墨家等哲学观点百家争鸣，开启了中国哲学的一个鼎盛时期，并为后来中国哲学的发展确立了基本的理论范式与风格。与"大一统"的国家观念及其意识形态一样，儒家哲学也成为中国封建社会的官方哲学。儒家哲学以唯心主义为主要内容，当然其中也不乏唯物主义和辩证法精粹。在中国古代，既产生了素朴的唯物主义和辩证法思想，也出现了早期的唯心主义和形而上学思维方式。随着封建社会的衰落，儒家哲学越发进入唯心主义和形而上学的死胡同。与唯心主义学派、形而上学思维方式相对应，中国哲学在其发展进程中形成了具有相当实力的唯物主义学派和丰富的辩证法思想，当然也包括儒学的唯物主义和辩证法因素，构成了中国古代哲学的精华。中华古代哲学思想始终贯穿着唯物主义与唯心主义、辩证法与形而上学的争辩，中华古代优秀哲学思想就是在论辩与争鸣的进程中发展起来的。

在中国殷周时期，已经产生了素朴的唯物主义思想。《周易》从自然界与人类社会复杂多变的事物、现象、属性中概括出阴与阳两种事物、现象和属性，以此作为天地万物的本原。《尚书·洪范》认为构成物质世界的是五种基本元素——"五行"。用"五行"这些当时人们在生产和生活中常见的具体物质形态作为世界万物的本源，在自然物质本身中寻求事物的根据，当作自然现象无限多样统一的基础，概括世界上复杂的事物，揭示自然万物的生成变化，表现出一种朴素、直观的唯物主义。素朴唯物主义是在与信奉上帝创世说和天命论的唯心主义的斗争中形成的。

春秋战国时期，正是中国封建制度代替奴隶制度的社会大变革时期，封建地主阶级与奴隶主阶级之间的斗争反映在哲学思想上，表现为唯物主义和唯心主义两条主线的斗争。以孔、孟为代表的儒家唯心主义，主张畏"天命"，维护唯心主义天命论，在认识论方面主张"生而知之"的唯心论先验论。以老、庄为代表的另一派唯心主义宣扬宿命论，主张人在自然面前无所作为，从另一角度宣扬唯心主义先验论。荀子和他的学生韩非代表了唯物主义，反对把"天"说成是主宰一切的有意志的上帝的唯心主义，把天解释为物质的天，即自然界，认为"气"才是构成万物和人的最根本的物质。他们否认人们必须服从"天命"，提出"制天命而用之"的"戡天"思想，主张发挥人的能动性。在认识论上，反对唯心主义先验论，主张唯物论的反映论，提出知识和才能是后天学习得来的。墨子承认外部物质世界的实在性，主张唯物论的经验论，强调"耳目之实"的感性认识，把对外部事物的直接感觉看作认识的来源和根据，但他过分夸大了感性认识的作用。

为适应封建地主阶级巩固统治地位的需要，汉代董仲舒把谶纬迷信神学与哲学结合起来，建立了目的论的唯心主义哲学体系。他歪曲唯物主义"五行说"，把阴阳五行说成是天的恩德刑罚的表现，与封建社会的三纲五常伦理关系联系起来，认为五行的运转是有道德的，整个自然万物都是为了体现上帝的意志。东汉唯物主义哲学家王充针锋相对地反对董仲舒的目的论唯心主义，提出元气自然论理论。他认为，世界万物的发生、消灭都是由于元气的自然运动聚散的结果，并不是天有意识有目的地创造出来的。天没有意志、没有目的，事物产生都出于自然。他一方面继承了朴素唯物主义传统，另一方面又发展了朴素唯物主义，坚持无神论，把中国古代哲学唯物主义推向一个新的高度。

魏晋玄学主张"贵天论"，以抽象的"本体"代替了神学的"上帝"和目的论的"天人感应"，使中国古代唯心主义哲学更狡猾、更隐蔽、更思辨、更精巧。在他们看来，具体的万事万物都是某种看不见的精神性本体的体现。魏晋玄学的代表人物王弼把这个精神本体称为"无"或"本"（本体）。"无"和"本"都是第一性的，而一切具体事物和现实世界是"无""本"的派生物，是第二性的。著名的唯物主义哲学家范缜提出"神灭论"，有力驳斥了"神不灭论"和佛教因果报应说，对形神关系作了唯物主义分析。范缜的唯物主义和无神论思想是这一时期唯物主义思想的代表。

宋明理学则把孔孟哲学和魏晋玄学以来的唯心主义发展到中国古代唯心主义哲学的顶峰。他们把"道""理""太极"等作为世界万物的本体，并与整个封建伦理道德密切联系起来，由它来囊括整个自然和社会，为封建社会的"四条绳索"（政权、族权、神权、夫权）提供了哲学依据。宋明理学分为两大派，一派是二程

（程颐、程颢）、朱熹的客观唯心主义理学，另一派是陆九渊、王阳明的主观唯心主义心学。

王安石、张载、陈亮、叶适、王夫之、颜元、戴震等在与宋明理学的唯心主义哲学斗争的过程中，把中国古代唯物主义哲学向前推进了一大步。他们强调，物质的"气""器"是第一性的，是本源，而"道""理"只是第二性的，是派生的，坚决反对和驳斥以超越事物之上的"道""理"为本体的唯心主义本体论。他们针对唯心主义本体论提出的体用、心性等问题，作了针锋相对的解答，从而把自然观、认识论、方法论等哲学各个方面贯通起来，构成了中国古代比较完整的唯物主义哲学体系。应当指出的是，中国古代唯物主义虽然在自然观方面坚持了唯物论，但他们在社会历史领域仍然是唯心主义。

到了近代，由于中国国情所致，中国资产阶级具有严重的两面性，中国资本主义没有条件发展起来。中国近代资产阶级政治家、思想家倾向于机械唯物主义、庸俗进化论，唯物主义不彻底，而且缺乏革命辩证法。

辩证法和唯物主义本来应该是一家，但在中国古代哲学史中却长期分离。往往辩证法与唯心主义结合在一起，一些唯心主义哲学家有着丰富的辩证法思想，而其辩证法思想又为唯心主义体系所闷死。有些唯物主义哲学家兼有辩证法的思想，而有些较为坚决的唯物主义哲学家却又往往陷入形而上学的泥坑。

辩证法思想是中国优秀传统哲学的精华。《易经》《洪范》就包含素朴的辩证法思想，认为阴、阳两种势力的变化矛盾是推动世界万事万物变化发展的推动力，提出阴阳对立谋和的思想。春秋战国诸子百家的思想也包含大量的辩证法思想。老庄的道家、孔孟的儒家，还有墨家、兵家、辩家、阴阳家都包含富有价值的辩证法思想。《道德经》《孙子兵法》是辩证法的上乘之作。汉初的《黄帝内经》、唐朝李筌的兵书，含有较为丰富的辩证法思想。中国古代佛教思想也包含大量的辩证法思想。宋明理学仍内含一定的辩证法思想。王安石、张载、王夫之等则在唯物主义立场上把中国古代朴素辩证法思想提高到一个新的水平。"穷则变、变则通、通则久"的变易思想，贯穿在中国古代哲学的辩证法思想中。当然，在中国封建社会辩证法思想发展进程中，也长期存在与辩证法思想对立的"天不变，道亦不变"的形而上学观。

真正继承发展中华优秀传统哲学思想的是中国共产党人。中国共产党人把马克思主义哲学与当代中国实际、中华优秀传统哲学思想相结合，形成了中国化的马克思主义哲学，产生了毛泽东哲学、邓小平哲学思想、习近平关于中国化马克思主义哲学重要论述等重要思想成果，把马克思主义哲学与中国优秀传统哲学的结合不断推向前进。

中华优秀传统思想一以贯之、一脉相承的精神基因极其丰富，如厚德载物、安贫乐道的人生修养，民惟邦本、强国富民的政治信念，天下兴亡、匹夫有责的爱国责任，海纳百川、兼收并蓄的博大胸怀，道法自然、天人合一的自然生态观，知行合一、躬行实践的实践观点，协和万邦、和而不同的大同理想，苟日新、日日新、又日新的创新精神，仁爱、诚信、正义、忠孝的伦理道德，清正廉洁、勤勉为公的从政理念，以法治国、德法相辅的治国理念，天下为公、公而忘私的远大志向，等等。

六　外来宗教必须走中国化的道路，宗教要与主流社会相适应是中华宗教思想的要义

自古以来，中国就没有形成一个全国性的一统天下的宗教。因为中华传统思想自萌生那天起，便重人文而轻鬼神。这是中华传统思想不同于世界其他一些民族思想的最显著特点之一。标志着中华传统思想形成的诸子百家及其学说，无论是儒家，还是道家，抑或法家、墨家、名家、农家、阴阳家以及其他各家，都是思想或学术而非宗教，当然不可否认墨家也还是有某些宗教因素。

中国的本土宗教是道教，道教产生于东汉时期，道教产生后虽然尊老子为教主，但老子是春秋战国时期道家的创始人，其学说与宗教风马牛不相及，道学与道教不是一码事。

佛教是西汉末年从印度传入中国的，是外来宗教。在魏晋时期，无论是佛教，还是道教，其影响都非常有限。佛教和道教的大规模传播，与魏晋之后南北朝时期的社会战乱有着非常密切的直接联系。社会战乱使人们无法把握自己的生死和命运，只好求助于菩萨或神仙的保佑，希望在佛教或道教那里获得安身立命之所。加之信仰佛教成为僧人，可逃避兵役和徭役，佛家田产亦可逃税，这更增强了佛教对人们的吸引力，佛教因而得到迅速发展。但佛教作为外来宗教，它与中国本土思想、宗教和文化不可避免地存在矛盾甚至冲突，更何况佛教的发展还严重影响到封建王朝的兵役、徭役和税收，影响到社会的安定，所以南北朝时期曾发生过两次大规模的由封建王朝所发动的灭佛运动，一些进步的思想家也对佛教的教义进行过批判。

到了唐代，无论佛教，还是道教，都有了进一步发展，形成道教、佛教和儒学三者并立的局面。佛教经过与中国本土思想、文化和宗教的长期冲突与融合，开始中国化，最终成为中国化的宗教，这便是禅宗的出现。佛教和道教的发展，尤其是佛教的中国化，对儒学构成了严重的挑战。在道教发展和佛教中国化的同时，反佛教、反神学的思想也在兴起和发展，一些思想家从维护儒学之正统性的立场出发，批判佛教及其学说。经过五代十国的动乱，进入宋代后，道教尤其是佛教对儒学的挑战更加严重。佛教提出的有关宇宙和人生的许多命题，都是儒学不曾论及或论及不多的问题，如果对这些问题不能给予回答，要维护儒家学说的正统地位，并使儒学在与佛教、道教的竞争中得到发展是根本不可能的。加上受佛教之中国化经验的启迪，一些思想家开始援佛、道入儒，引用道教尤其是佛教的心性学说、理事论等有关宇宙和人生的看法，对儒学作出新的阐发，这是产生宋明理学的一个重要内因。程、朱一派建立起以理为本体的形而上学的理论体系，吸取了华严宗理事论的某些理念；陆、王一派注意吸收禅宗心性学说，建立了以心为本体的形而上学的理论体系。从南北朝时期大规模的灭佛运动，到唐代的儒佛道"三足并立"，再到宋明时期的儒佛道"三者合流"，儒学、佛教和道教终于从激烈冲突走向了融合发展。外来的佛教虽然丰富了中华传统思想，但外来宗教不实现中国化必将被中华文明淘汰，它不仅没有从根本上改变儒家作为中华主体思想的基本内容和价值取向，相反还被中华传统思想逐渐同化，走上外来宗教中国化的道路，成为中华传统思想的重要组成。儒学、佛教和道教从冲突走向融合的历史说明，中华思想具有很强的包容性和开放性，这也是中华思想之所以生生不息、延绵数千年依然有其强大生命力的重要原因。

进入半殖民地半封建社会后，宗教方面的一个重要变化是，儒学、佛教和道教的融合进一步扩展到学术领域，晚清民国的不少思想家和学者都是儒、佛、道兼通，尤其儒、佛兼通，既是著名的儒学学者，也是著名的佛学学者，儒学和佛教都成了他们从事学术研究、阐发自己学术思想的重要来源。特别是佛教进一步学术化，这是晚清民国佛教发展的一个重要取向。与佛教学术化的取向相反，儒学则发生了宗教化的取向。戊戌变法期间，康有为有感于西方有国教而强、中国无国教而弱的原因，主张改儒学为国教，立孔子为教主，他自己则当中国的马丁·路德。面对帝国主义掀起的瓜分中国的狂潮，他提出了保国、保种、保教的主张。康有为所提出的保国，即保以爱新觉罗氏为皇族的大清国；保种，即保以汉族为主体的中华民族；保教，即保以孔子为教主的孔教。民国初年，他又发起了一场颇具声势的孔教运动，要求将孔教纳入宪法，立为国教，结果遭到以陈独秀为代表的进步思想家的反对。这也是五四新文化运动兴起的一个重要原因。

宗教方面的另一个重要变化，是西方基督教或天主教的大量传入和影响。早在1840年鸦片战争之前，一些西方传教士就来到中国，从事传教活动，但那时的传教是非法的，规模也不大。鸦片战争后，特别是第二次鸦片战争后，西方列强用大炮轰开了中国大门，并通过1860年签订的《北京条约》取得了在中国传教的合法性。于是，传教士们纷纷来到中国，他们受所在国教会的派遣，深入中国的城市村镇和民族边疆地区，传播上帝"福音"。一方面，由于传教士在传播所谓上帝"福音"的同时，又创办了不少教会学校和报刊，翻译和出版了一些西学书籍，从而将西方先进的科学文化知识和教育理念传入中国，在客观上促进了中国近代科学教育事业的产生和发展，促进了人们思想和文化观念的变革。另一方面，传教士所传播的上帝"福音"不仅与中国传统的思想和文化格格不入，而且不少传教士是一身二任，既是传播上帝"福音"的传教士，又是西方列强侵略中国的急先锋，他们为西方列强侵略中国绘制地图，搜集情报，制造舆论，有的还与当地土豪恶棍相勾结，强占民产，武断乡曲，干预诉讼，甚至左右地方官吏的升迁，这就不可避免地激起了以儒学为价值依归的广大士绅和下层民众的反对。自西方传教士大规模进入中国那天起，反"洋教"运动的"教案"就不断发生，规模最大、影响最大的是发生在19世纪末20世纪初的义和团运动。义和团运动本质上是一场以反"洋教"为旗帜的反帝爱国运动，但在运动中又表现出了较为浓厚的愚昧落后和盲目排外的倾向。既爱国又愚昧和排外，这可以说是中国近代反"洋教"运动的一个显著特点。进入20世纪20年代，随着新民主主义革命运动的兴起，在中国共产党的领导下，中国人民在废除不平等条约的斗争中，又掀起了反对帝国主义利用宗教进行文化侵略的非基督教运动和收回教会教育权运动，沉重打击了帝国主义在华的侵略势力。

中国宗教包括中国化的外来宗教，除了包容性、开放性的特点外，还兼具守法爱国、利乐众生等优点。例如，周恩来在抗战时期给佛教人士的题词中写道："上马杀敌、下马学佛"，赞扬了中国佛教人士的爱国壮举。这也是中国宗教能融入中华思想文明大潮中的重要原因。

中华人民共和国成立,社会主义制度确立,党和国家一方面在群众中加强无神论教育和宗教管理;另一方面主张宗教自由,引导外来宗教走中国化的道路,引导宗教与社会主义相适应,提倡宗教爱国守法、自主自立办教,依法取缔异教异端,推动了佛教、道教、伊斯兰教、基督教、天主教等宗教的健康发展。

创建中华思想史当代中国马克思主义学派,是中华思想史研究的一项重要任务。当然,创建中华思想史当代中国马克思主义学派不可能一蹴而就。"博学切问,所以广知。高行微言,所以修身。"[①] 中华思想史当代中国马克思主义学派需要更多兼具史学家和思想家气质的学者,需要更多将思想与时代、历史与现实勾连、对接起来的思想史家,需要更多站在思想和时代的制高点上,对当代中国和世界的发展作出更多哲学思考,并为国家和民族的未来提供科学的战略决策建议的真正的马克思主义思想史家。

[①] 黄石公:《素书·求人之志》,载《丛书集成初编》第940册,第5页。

附 录

《历史唯物主义研读笔记》目录[*]

1. 就《关于费尔巴哈的提纲》的有关译文同朱光潜老先生商榷
2. 关于道德的阶级性与继承性
3. 爱情·婚姻·家庭——《家庭、私有制和国家的起源》读书札记
4. 马克思中学论文到博士论文期间（1835—1842年初）的社会历史观

---

[*] 根据作者1980—1985年撰写的关于历史唯物主义的15篇文稿整理，限于篇幅这里仅开列篇目。第1—14篇原载王伟光《哲林漫步》，中国社会科学出版社2013年版，第45—48页、第67—222页、第246—281页；第15篇原载《马克思主义研究丛刊》1985年第3期，经济科学出版社1986年版。

5. 马克思由唯心主义历史观向唯物主义历史观的转变（1841年至1842年之交—1843年夏）

6. 马克思对黑格尔法哲学和国家哲学的全面批判（1843年6—8月）

7. 马克思在《德法年鉴》时期历史观的发展（1843年10月—1844年7月）

8. 马克思开始向现实的历史的人转变的准备阶段（《德法年鉴》至1845年《神圣家族》前）

9. 马克思在《1844年经济学哲学手稿》与《资本论》中怎样使用异化概念的

10. 从现实的人出发就是从现实的社会生产关系出发

11. 马克思在早期著作中关于人的问题的有关论述

12. 马克思关于人的本质的定义是科学的论断

13. 1848年欧洲革命和马克思主义的丰富和发展

14. 透彻的历史洞察力——《路易·波拿巴的雾月十八日》介绍

15. 马克思论人的本质与科学世界观的形成

编 后 记

关于本书编选缘起、结构安排、编选原则、编选意义与文稿价值诸方面内容，有必要在此作些简要说明。

多年来，我参与伟光院长担任主编的中华思想通史的编研工作，每每都会关涉唯物史观及其社会形态理论与大的历史时代观，令人印象至深。该项大型学术创新工程发挥我院优势，聚集骨干力量，久久为功，逐渐产出大批有影响力的成果。唯物史观及其社会形态理论与大的历史时代观属于马克思主义最基本的世界观和方法论，构成马克思主义理论大厦的基石，很值得深入探讨。唯物史观及其社会形态理论与大的历史时代观也是我的重点研究对象，多年来深耕不辍，一直关切这方面的研究动态。近年来我所招的博士生，也大多从事这一领域和方向的研究。尤其是多年参加伟光院长组织的"中华思想史高峰论坛""唯物史观与马克思主义史学理论论坛"两个系列活动之后，直接触发了此项编选整理工作——显然，在这两个系列论坛活动当中，谈得最多，也最深入的主题，无疑是唯物史观及其社会形态理论与大的历史时代观。该主题是这项学术创新工程的灵魂和旗帜，起着凝魂聚神和指导、指向作用。因而，整理这份材料显得十分必要，意义重大，受到伟光院长高度重视。

随着材料挖掘不断深入，伟光院长对于唯物史观及其社会形态理论的研究成果比预估的更广泛，也深入得多，时间上一直可以追溯到20世纪七八十年代，因而积攒起越来越丰富的材料，以至于有了如今70多万字的鸿篇巨著。

本书结构为：围绕唯物史观及其社会形态理论与大的历史时代观，勾勒出相对完整的理论逻辑体系，最终落脚在铸就中华思想史当代中国马克思主义学派上，因而主标题为"唯物史观·社会形态理论与大的历史时代观"，副标题为"铸就中华思想史当代中国马克思主义学派"。主、副标题有画龙点睛之效，表明全书两大亮点，充分烘托出唯物史观的当代价值，具有现实的针对性。全书共分六编，外加附录。首编"绪论"开宗明义，强调坚守马克思主义世界观和方法论、历史唯物主义的重要性；末编"展望"旨在为科学社会主义理论与实践的发展布局谋篇，表明中国社会科学院创新工程正在着手进行的中国特色哲学社会科学创新体系建设及人才队伍建设，以及如何进一步夯实基础，将马克思主义理论坚持与理论创新真正落到实处。全书主体结构则由唯物史观基本原理编、社会形态与大的历史时代观及其运用编、中华思想史当代马克思主义学派构建编、反对历史虚无主义批判编四个部分组成。

其中，主体结构四个部分中的第一、二部分是理论层面的阐述，奠定理论坚持与理论创新的基础；第三、四部分是实践层面的论证，不仅正面阐述以唯物史观为指导在实践中的具体运用，也从反面有力地批驳了历史虚无主义。后两部分的内容不仅将唯物史观的指导思想转化为认识与实践、转化为具体的思想方法和工作方法，也使得唯物史观及其社会形态理论与大的历史时代观研究有了实践归宿、有了落脚点，反过来又进一步夯实作为理论坚持与理论创新基础的前两个部分。

此外，编辑整理了作者早年有关历史唯物主义研读笔记，这部分内容具有同等重要性，一则反映出作者从事唯物史观研究有着长时间的积淀，同时也将中华思想史研究的全部底蕴和盘托出；二则这组笔记探索历史唯物主义起源与形成，全面研究唯物史观的基本原理，与全书主体结构相呼应，进一步拓展了研究视野。受篇幅限制，这部分内容最后只留目录，作为附录，以备检索。

总之，各部分内容彼此呼应，环环相扣，层层递进。除"绪论"以及"展望"第一篇外，其余皆按写作或发表时间排序，以强化思想循序渐进、与时俱进的整体性特征。应当指出的是，包含上述全部内容的整个思想体系，构成了编撰中华思想通史的指导思想。

整个编选整理工作是在伟光院长指导下进行的，进展顺利，日见成效。2020年12月正式启动，整项工作在三年新冠疫情下展开。最初从搜集资料开始，到2022年3月29日整理工作全面铺开；2022年9月27日经历一次大调整，由此全书整体框架结构得以最终确立；2022年10月29日作二次调整，增加"绪论""展望"两部分，进一步完善了结构。至此，主体结构和主要内容基本定型。2022年11月13日初步完成定稿工作，接着是结构微调、文字勘正等更为缜密细致的工作。至2022年12月12日，共进行了五轮修订，彼此反复切磋，不断提高质量。之后，将近一年时间用在出版校对上。最终，使得作品形式和作品内容都有较完美的表现，以期达到最满意的效果。当然，修订永无止境，没有最完善，只有更完善。至于那些尚未被发现、有待纠正的差错，敬请读者指正。

在编选整理的关键时刻，得到中国社会科学院办公厅张博博士襄助，提供了包括《中华思想史文论》（一至三）在内的电子文档和多篇论文；得到中国社会科学出版社田文女士帮助，提供了《哲林漫步》《中国社会科学院历史虚无主义批判文选》等较早出版物文档；伟光院长本人也提供了多篇论文复印件。中国社会科学院大学博士生杜旷同学协助转录《唯物主义历史观》《物质动力原则和历史唯物主义社会分析方法》《社会形态理论与社会形态演变一般规律》《马克思论人的本质与科学世界观的形成》等文，博士生谭晓婷同学协助完成著作最后一轮文字勘正。中国社会科学院图书馆学者文库室提供了良好的工作环境，对于有效开展工作帮助极大。

本书材料搜集主要源于三类渠道：一是学刊，主要是《中国社会科学》《哲学研究》《马克思主义研究》《世界社会主义研究动态》《世界社会主义研究》《史学理论研究》《社会科学战线》《国家行政学院学报》《中国社会科学院研究生院学报》《党委中心组学习》《解放军理论学习》《红旗文稿》等；二是报纸，主要是《人民日报》《光明日报》《中国社会科学报》《天津日报》等；三是专著，按出版时间排序分别是《马克思主义基本理论概述》《自然·社会·科学的辩证法》《王伟光自选集》《哲林漫步》《谈谈民主、国家、阶级和专政》《中国社会科学院历史虚无主义批判文选》《中华思想通史绪论》《中华思想史文论》（一至三）《国际金融垄断资本主义论》等。

编辑整理这部专著，一则为编撰中华思想通史提供马克思主义指导思想，进一步夯实理论坚持与理论创新的基础；二则为专业研究提供必要参考。这一著作的出版，在坚持马克思主义、坚持唯物史观守正创新、加快中国特色哲学社会科学创新体系建设的道路上无疑有着标识性作用，是中华思想史当代中国马克思主义学派的一份宣言书。

桁　林　谨识
2023 年 10 月 10 日